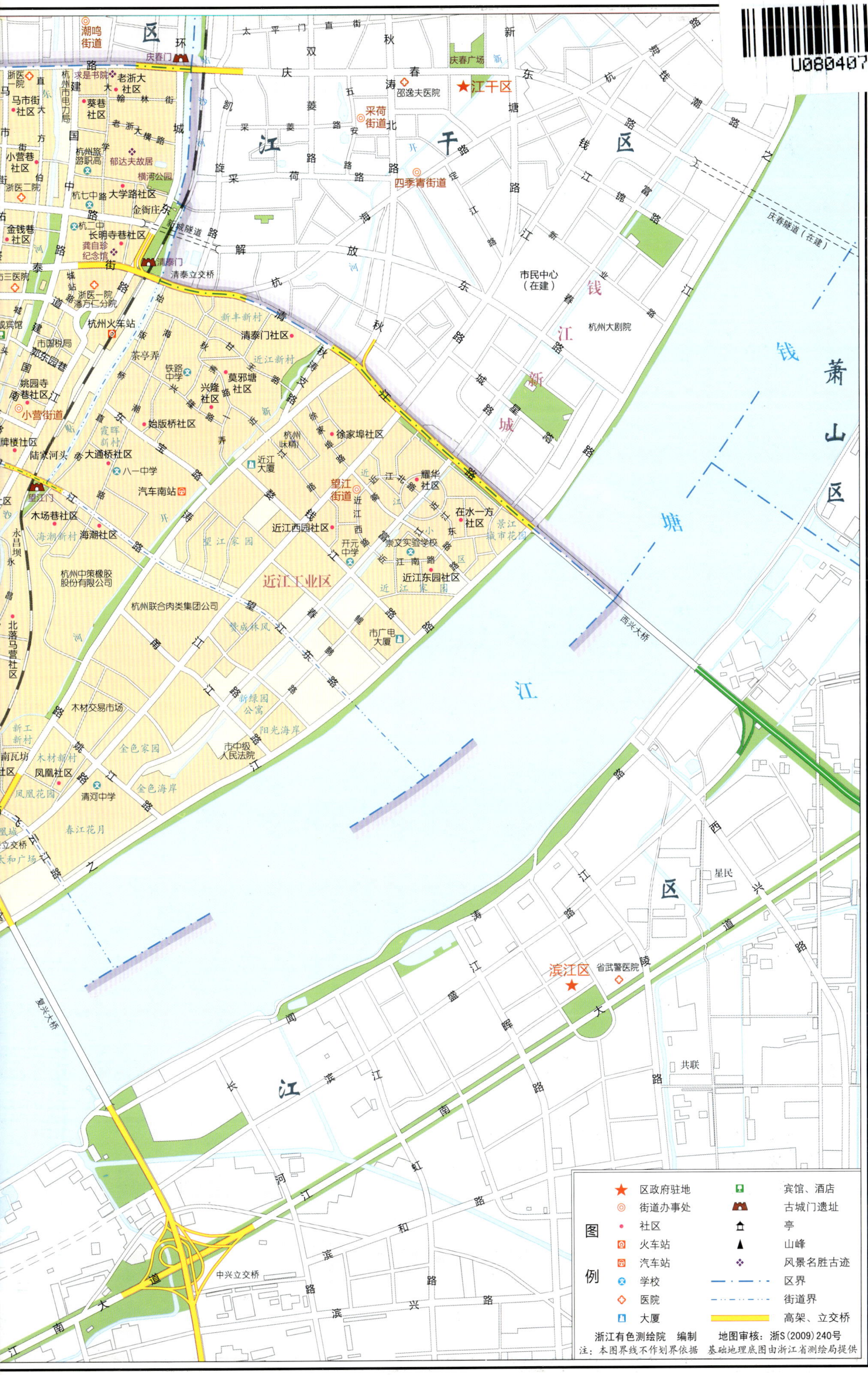

江干区
上城区
萧山区
滨江区
钱塘江
钱江新城
庆春门
清泰门
望江门
庆春广场
江干区
潮鸣街道
采荷街道
四季青街道
小营街道
望江街道
近江工业区
邵逸夫医院
市民中心（在建）
杭州大剧院
杭州火车站
汽车南站
市广电大厦
近江大厦
杭州中策橡胶股份有限公司
杭州联合肉类集团公司
木材交易市场
市中级人民法院
开元中学
崇文实验学校
清河中学
八一中学
铁路中学
杭七中
杭二中
杭州旅游职高
求是书院
老浙大社区
郁达夫故居
横河公园
龚自珍纪念馆
浙医二院
浙医一院
浙医一院潘方仁分院
市三医院
市国税局
大学路社区
金衔庄
长明寺巷社区
清泰门社区
莫邪塘社区
兴隆社区
始版桥社区
大通桥社区
徐家埠社区
耀华社区
在水一方社区
近江西园社区
近江东园社区
木场巷社区
海潮社区
凤凰社区
新丰新村
近江新村
霞晖新村
望江家园
景江城市花园
近江家园
赞成林风
新绿园公寓
阳光海岸
金色家园
金色海岸
春江花月
木材新村
海潮新村
新工新村
凤凰花园
省武警医院
星民
共联
庆春隧道（在建）
西兴大桥
复兴大桥
中兴立交桥
清泰立交桥
新城隧道
庆春路
解放路
清泰街
秋涛路
新塘路
钱江路
富春路
之江路
江南大道
西兴路
滨盛路
长河路
滨和路
江晖路
江陵路
闻涛路
中河路
环城东路
望江东路
复兴路
图例
区政府驻地
街道办事处
社区
火车站
汽车站
学校
医院
大厦
宾馆、酒店
古城门遗址
亭
山峰
风景名胜古迹
区界
街道界
高架、立交桥
浙江有色测绘院　编制
地图审核：浙S（2009）240号
注：本图界线不作划界依据　基础地理底图由浙江省测绘局提供

上城年鉴

（2012）

杭州市上城区地方志办公室

方志出版社

图书在版编目(CIP)数据

上城年鉴.2012/杭州市上城区地方志办公室编.
—北京:方志出版社,2012.10
ISBN 978-7-5144-0628-3

Ⅰ.①上… Ⅱ.①杭… Ⅲ.①区(城市)—杭州市—2012—年鉴
Ⅳ.①Z525.51

中国版本图书馆CIP数据核字(2012)第239862号

上城年鉴(2012)

编　　者:杭州市上城区地方志办公室
(杭州市上城区惠民路3号)
邮编 310002
电话 0571-87823451

责任编辑:王笃银
出 版 者:方志出版社
(北京市东城区夕照寺14号院富瑞苑公寓6层)
邮编 100061
网址 http://www.fzph.org
发　　行:方志出版社发行部
(010)67120966-6008
经　　销:新华书店
法律顾问:北京市大禹律师事务所
印　　刷:杭州余杭人民印刷有限公司

开　　本:889X1194　1/16
印　　张:34.25
字　　数:946千
版　　次:2012年10月第1版　2012年10月第1次印刷
印　　数:0001~1000册

ISBN 978-7-5144-0628-3/K·512　　定价:198.00元

上城区地方志编纂委员会

顾　　问　陈红英
主　　任　缪承潮
副 主 任　袁建祥　顾文友　顾敏达　陶晓亮
成　　员　陈忠明　吴诗兵　杜秀芬　朱荷芳　周忠诚
金燮彪　尉杭新　陈星豪　蒋　莉　卢　江
傅莉萍　来剑波　季黄辉　方本成　周建康
徐鸿华　丁建华　马　彦　钱国平　王汝雷
曹虢业　吴志平　孙　锦　夏　勤　胡建宏
张伟农
办公室主任　陶晓亮（兼）
副 主 任　马黎宪

上城年鉴编辑部

主　　编　王越剑
副 主 编　陶晓亮　马黎宪
编　　辑　（以姓氏笔画为序）
叶君如　许红霞　陈丹丹　黄小萍

编辑说明

一、《上城年鉴》是中共上城区委、上城区人民政府主办的综合性地情信息资料工具书，系统地记载上城区自然、政治、经济、文化、社会等方面发展的主要情况，为社会各界人士、研究者及中外投资者了解上城、熟悉上城、创业上城提供丰富、翔实的资料。本年鉴是创刊以来的第7部年鉴，由上城年鉴编辑部承编。

二、2011年，上城区委、区政府团结全区人民，以邓小平理论、"三个代表"重要思想和科学发展观为指导，围绕建设"具有国际水准的高品质中心城区"战略目标，推进政府行政管理与公共服务标准化国家试点区、省质量强省试点区、省可持续发展实验区建设，创建品牌经济、品位城区、品质生活，按照提升"厚重文化、高端产业、精致空间、人性交通、品质生活"五大内涵和"做大做强、做优做精"的发展要求，从区域实际出发，坚持转型升级、城市有机更新、文化软实力提升、共建共治共享、民主促民生等工作思路，深入打造旅游休闲商务区和生活品质国际体验区，区域经济持续增长、环境品质持续提升、民生事业持续发展、自身建设持续加强，经济社会得到全面协调发展。《上城年鉴(2012)》全面记载了2011年上城经济、文化和社会事业建设发展的情况，反映社会主义精神文明建设所取得的新成就、新变化、新发展、新经验以及在发展中遇到的新问题、新矛盾和新挑战。

三、《上城年鉴(2012)》为中篇结构，采用分类编辑法，由卷首、百科、卷尾三个部分组成，设类目、分目、条目三个层次。2012年卷有类目29个、分目139个、收入条目1412条、随文照片182幅、表格40张、图11张、附属资料85篇。全书采用双重检索系统，书前有详细目录，书后有索引。索引采用分析索引方法。

四、为综合反映年度社会经济面貌，年鉴采用彩色印刷，刊登各级领导在上城视察指导、上城荣誉、上城新貌、代表性企业、教科卫文体、街道及有关单位等的活动情况，更好地反映上城区经济和社会发展的全貌。

五、本年鉴采用的文字原稿，均由区各单位专人撰写，文后署名，并经供稿单位负责人审核，年鉴编辑部整理编辑。涉及到上城区国民经济和社会发展全局性数据以区统计局提供的统计公报为准。统计局未统计的数据由各业务部门提供。由于资料来源和统计口径不同，数值可能不尽相同。

六、《上城年鉴(2012)》编纂工作得到全区各单位的大力支持，广大编撰人员为之付出了艰辛劳动，借此深表谢意。书中如有疏漏或不足之处，恳请广大读者批评指正。

上城年鉴编辑部

2012年7月

3月29日,教育部副部长杜占元(左二)考察杭州市胜利小学。

(区教育局 供稿)

9月4日,国家标准化管理委员会主任陈钢(左二)到中国社区建设展示中心考察社区标准化建设工作。

(中国社区建设展示中心 供稿)

4月22日，民政部人事司（社会工作司）副司长柳拯（左一）考察望江地区社会工作组织建设和民政工作标准化建设工作。
（望江街道　供稿）

12月28日，民政部基层政权和社区建设司副司长王金华（第二排左五）到中国社区建设展示中心考察工作。
（区民政局　供稿）

12月2日，中共浙江省省委书记赵洪祝（前排右）与钱学森之子钱永刚（前排左）亲切交流。

（小营街道　供稿）

1月7日，中共浙江省省委副书记、省长吕祖善（前排左四）考察唯康老人公寓。

（区民政局　供稿）

6月1日，中共浙江省委常委、市委书记黄坤明（中）看望杭州市杨绫子学校师生。

（区教育局 供稿）

7月3日，中共浙江省委常委、省委组织部部长蔡奇（右三）考察中共杭州小组纪念馆。

（区档案局 供稿）

上城区

上城区

上城区

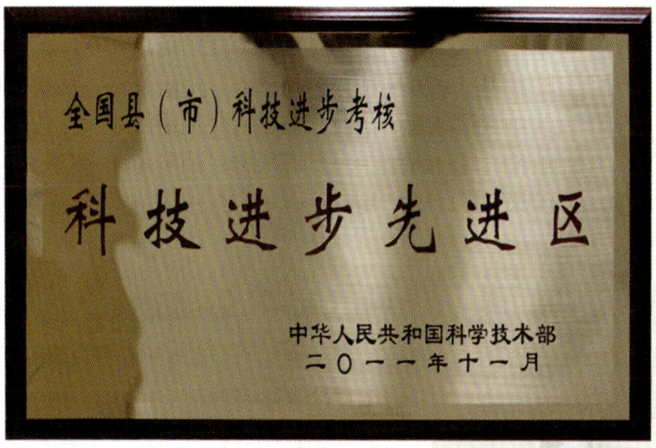

上城区

上城区

上城质监分局

清河坊历史街区管理委员会

清河坊历史街区管理委员会

区文广新局

区文广新局

上城地税分局

城站广场管理委员会办公室

上城年鉴办

玉皇山南指挥部

湖滨街道、清波街道、南星街道、紫阳街道

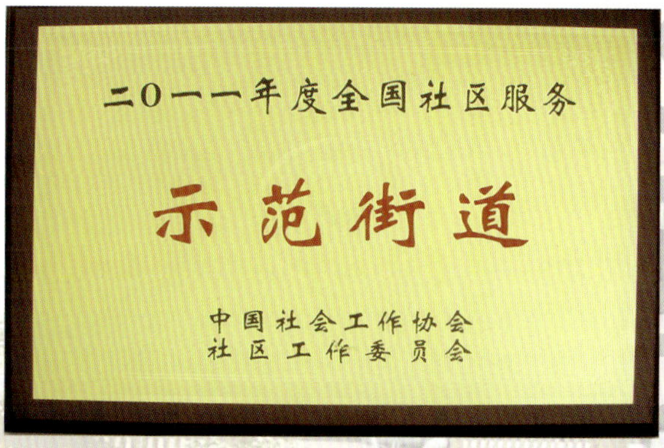

湖滨街道、清波街道、望江街道、南星街道、紫阳街道

紫阳街道上羊市街社区

望江司法所

2011 年区域教育发展论坛

（区教育局　供稿）

6 月 9 日，上城区“两馆一中心”被授予杭州市党史教育基地。　（区档案局　供稿）

7 月 1 日，中共杭州小组纪念馆开馆。　（区委组织部　供稿）

6 月 23 日，“红色浙江行”省、市级党报大型联合采访团奠扫于子三烈士墓。　（熊靖华　摄）

南星街道举办建党 90 周年红歌会

（南星街道　供稿）

2 月 14 日，召开 2010 年度和谐社区建设表彰大会。 （区档案局 供稿）

2 月 25 日，召开全区经济工作会议。 （区档案局 供稿）

2011 年，上城区庆“五一”暨表彰大会。 （区总工会 供稿）

5 月 5 日，成立区茶文化研究会。 （区档案局 供稿）

6 月 3 日，召开区生活垃圾分类推进暨“实名制”模式推广大会。 （熊靖华 摄）

1月6日，举行杭州市品牌农产品“大篷车”进社区启动仪式。（吴山指挥部　供稿）

4月8日，举行清河坊民间茶会开幕式。（望江街道　供稿）

3月29日，在吴山广场举行第四届中国民间艺人节开幕式。（吴山指挥部　供稿）

4月28日，举行南宋御街中华美食园开园庆典。（区档案局　供稿）

12月25日，举行第三届南宋御街国际旅游文化艺术节开幕式。（吴山指挥部　供稿）

5月15日，举办小营地区第九届全民健身运动会。（小营街道　供稿）

5月20日，举办上城区首届低碳环保节。（望江街道　供稿）

9月19日，举行“文明行动 从我做起——争创全国文明城市”签名活动。（区社区学院　供稿）

9月21日，举办2011年全国科普日暨第25届科普宣传周活动。（区科协　供稿）

12月22日，举行2011杭州市名优特产品大型展销会开幕式。

（杭州华日电冰箱股份有限公司　供稿）

5月12日，在江城中学举行防空防灾疏散隐蔽演练。（区人防办　供稿）

高银巷小学学生与中国美术学院志愿者参加清波街道“社团文化进社区”系列活动（清波街道　供稿）

上城少年领袖成长营营员寻访中国工艺美术大师朱炳仁活动（区教育局　供稿）

11月4日，建兰中学学生参加第三届杭州生活品质展全城联展活动。（中国社区建设展示中心　供稿）

12月1日，参加浙江省青少年“法在心中”法制宣传教育主题活动。（区司法局　供稿）

斐济总统夫人埃迪·考伊拉·奈拉幕考(左一)一行参观紫阳街道姐妹手工坊　(区妇联　供稿)

美国德克萨斯州警察研修团专家到上城考察执法规范化建设　(区民政局　供稿)

4月26日,外国友人参加品质生活国际体验区活动。(区档案局　供稿)

举行"人文江南"吾土吾民油画邀请展开幕式　(区委宣传部　供稿)

召开紫阳街道居家养老工作推进会暨青禾居家服务中心成立大会　(紫阳街道　供稿)

5月，参加杭州市庆祝中国共产党成立90周年大型群众歌咏大会。

（上城执法局　供稿）

6月20日，上城区举办中国共产党成立90周年歌咏晚会。

（区档案局　供稿）

1月20日，小营巷社区举办迎新春联欢会。（熊靖华　摄）

3月7日，举办上城区女职工时装走秀展示赛。（区总工会　供稿）

小营街道生活垃圾分类文艺演出（小营街道　供稿）

2011上城区离退休教师教育培训汇报演出（区社区学院　供稿）

9 月 2 日，在小营公园举办“记录杭州方言，展示和谐生活”文艺晚会。　　（区档案局　供稿）

9 月 8 日，举办戏曲港启动仪式暨首期锦霞戏剧艺术公益培训班汇报演出。　　（清波街道　供稿）

9 月 14 日，举办上城区学习优秀传统文化系列活动之国学经典吟诵会。　　（区委宣传部　供稿）

10月16日，举办区第八届社区艺术节暨临安—上城两地文化交流活动，图为区文化馆表演的原唱歌伴舞《风雅上城》。 （区文广新局　供稿）

11月23日，举办2011杭州美术节活动之小营街道“和谐生活 放飞希望”风筝艺术节。 （小营街道　供稿）

举行区体育特色团队展示活动暨晨晚练点文体团队器材赠送仪式 （区文广新局　供稿）

方谷园
（区背街小巷改善工程指挥部　供稿）

扩建后的建兰中学全景（区教育局　供稿）

改善后的五柳巷历史街区
（区建设局　供稿）

江洋畈湿地公园　（南星街道　供稿）

新开河生态环境（上城环保分局　供稿）

鼓楼堂　（熊靖华　摄）

上城消防大队屋顶绿化（区建设局　供稿）

吴山广场立体花坛　　（区建设局　供稿）

湖滨名品广场美化家园工程

（区建设局　供稿）

解百大厦屋顶整治工程（区建设局　供稿）

毛主席到过的地方　　　（熊靖华　摄）

小营街道办事处一门式服务大厅

（小营街道　供稿）

大马弄
(区背街小巷改善工程指挥部　供稿)

小营巷　(区城管办　供稿)

平整的人行道板　(区城管办　供稿)

中河东路(上城段)　(区建设局　供稿)

区生态文明联街结社工程
(上城环保分局　供稿)

太阳能垃圾分类收集亭
(上城环保分局　供稿)

目录 Contents

特 载

总 述

特辑

大事记

工业经济

科学技术

经济合作交流

城市建设与管理

文物保护

旅游经济

环境保护

经济管理

市场

党政

民主党派和工商联

群众团体

侨务 涉台事务

政 法

教育

社会生活

街　道

附 录

彩色图版

索引

推进国际化　提升幸福感
为建设"具有国际水准的高品质中心城区"而努力奋斗(摘要)

——在中国共产党杭州市上城区第九次代表大会上的报告

(2011 年 12 月 28 日)

中共上城区委书记　陈红英

中国共产党杭州市上城区第九次代表大会，是在全面开启"十二五"发展新征程，不断开创科学发展新局面的关键时刻召开的重要会议。大会的主题是：以马克思列宁主义、毛泽东思想、邓小平理论和"三个代表"重要思想为指导，以科学发展观为统领，深入贯彻落实党的十七届五中、六中全会精神，动员全区广大党员和干部群众，团结拼搏、开拓进取，推进国际化，提升幸福感，为建设"具有国际水准的高品质中心城区"而努力奋斗。

过去五年的主要工作

区第八次党代会以来，在省委、市委的正确领导下，团结带领全区广大党员和干部群众，紧紧围绕建设"具有国际水准的高品质中心城区"这一战略目标，依托打造杭州 RBD 和杭州生活品质国际体验区两大抓手，推进政府行政管理与公共服务标准化国家试点区、省质量强省试点区、省可持续发展实验区建设，创建品牌经济、品位城区、品质生活，克服国际金融危机的冲击、区域资源短缺、发展空间受限等不利因素，圆满完成区第八次党代会确定的各项目标任务。过去五年，是区发展速度快、发展质量高、城区面貌变化大、人民群众得实惠多的时期，既展现出老城区的独特魅力，又迸发出小城区的生机活力，全区各级先后获得全国法制宣传教育先进区、全国科技进步示范区、全国和谐社区建设示范区、全国养老服务社会化示范区、全国社会工作人才队伍建设示范区、全国少儿工作先进区、全国计划生育优质服务先进区、浙江省卫生强区、浙江省拥军爱国模范单位等 400 余项市级以上荣誉称号。

过去五年，以科学发展为引领，推进产业结构调整，区域经济增量提质。坚持发展是第一要务，好字为先，着力推进大产业、大企业、大平台、大项目建设，加快转变经济发展方式，区域经济实现又好又快发展，以占杭州市区 0.6%的土地面积，实现占杭州市 9%的

GDP和8%的地方财政收入。2011年,预计实现地区生产总值610.2亿元、工业销售产值584.5亿元、服务业增加值330.6亿元、社会消费品零售总额214.5亿元、财政总收入87.06亿元、地方财政收入53.24亿元,分别为2006年的1.77、1.52、1.8、2.14、2.03和2.05倍。突出高端高新高效导向,着力发展"五主多副"产业,经济结构不断优化。2011年,"五主"产业预计实现地方财政收入33亿元,占总量的62%;服务业增加值占全区生产总值比重为54.2%,较2006年提高6.9个百分点。强化为企服务,创新培育扶持政策,促进企业做大做强,广宇集团、奥普集团、中瑞思创、华策影视、赞宇科技等10家企业成功上市。高标准建设产业集聚平台,加大楼宇更新和业态调整力度,切实提高资源利用率和吸引力。湖滨(南山路)经典效应日益显现,清河坊被评为中国著名商业街、中国历史文化名街,玉皇山南国际设计创意产业园获中国文化创意产业最佳园区奖,复兴国际商务广场成为杭州市第一批服务业集聚区,佑圣观路茶叶一条街、劳动路书画一条街初步成型;税收超千万元楼宇52幢,其中亿元楼宇7幢。落实城乡统筹区县(市)协作工程,构建十大协作平台,已有11个项目、18亿元投资实现对接。深入实施招商引资"一把手"工程,不断创新招商引资理念和方法,着重引进现代服务业、高新技术产业和大项目,有力促进产业结构的优化。五年累计实际利用外资9.94亿美元,是上一个五年的4.9倍,其中1000万美元以上项目52个、世界500强项目3个;实际利用内资782亿元,其中亿元以上项目87个。大力推进科技创新,切实提升自主创新能力,引进杭州首个院士工作站,新增博士后科研工作站2家,国家、省市级技术(研发)中心30余家,2011年高新技术产业预计实现利税4亿元。

过去五年,在保护中改善,推进城市有机更新,老城更显特色魅力。坚持改造建设与经济发展相结合,提升城区品位与改善群众居住环境相结合,保护历史文化与强化中心城区功能相结合,整体推进与突出重点、分步实施相结合,高起点规划、高标准建设、高效能管理,着力推进一批事关全局、惠及群众的重点工程建设,以经典建筑、精致空间、精细管理、精美环境为特征的精品上城初步形成。五年累计完成固定资产投资338.9亿元,实施重点建设项目496个;南宋御街·中山路、新中东河、五柳巷历史文化街区、"四纵五横"精彩亮相,中山南路综合保护工程获中国人居环境(范例)奖,湖滨地区综合整治二期、玉皇山南综合整治、望江地区改造、南宋皇城遗址"51131"道路街巷综合整治工程、御街·二十三坊整治等工程全面推进。自加压力,推进"四改"工程,基本实现危旧房改善"五年任务三年完成"、庭院改善"三年任务两年完成"的目标,基本完成待改造地块外的背街小巷改善、截污纳管、低洼积水治理等民生工程,物业改善工程全面实施。扎实推进"最清洁城区"打造,着力提升应急处置能力,国内首创城市管理智能管控平台并获得浙江省科技进步奖,垃圾分类经验在全市推广,城市管理目标考核连续7年获全市一等奖,被评为杭州市打造"最清洁城市" 首批先进单位, 成功抗击台风及2008年雨雪冰冻等自然灾害。深入开展生态文明建设,创建全市生态文明城市唯一试点城区,实现生态街道全覆盖,启动"三江两岸"生态景观带上城段的保护建设。

过去五年,以民生优先为导向,推进社会事业发展,品质生活共建共享。从人民群众的根本利益出发,更加关注群众需求,更加主动化解热点、难点问题,更加突出政府的主导和保障作用,按照"人人有保障、家家有就业"的基本目标,突出"扩面提质、优质均衡"的基本思路,加大财政投入,创新政策措施,着力把群众真正需要的实事办好、好事做实。2007年以来,群众对政府解决生活就业难、看病难、上学难、清洁卫生难问题的满意率均保持在90%以上。注重普惠与特惠的有机结合,建立政策救助的兜底机制,创造性实施"双零"工程、困难群体"安居"工程和居家养老服务全覆盖工程,全市首创为失业残疾人、困难失业人员提供社保补贴政策,切实提高社会保障水平。深化名校集团化、名师名校长培养等举措,着力推进基础教育优质均衡发展,优质义务教育覆盖率90%以上。推进医药卫生体制改革,推行药品零差价,完善社区卫生服务网络,健全公共卫生防控体系,成功创建健康城区。大力加强公共文体设施建设,着力培育发展群众性文体组织,基本形成布局合理、功能完善的基层文化体育网络。以标准化为引领,规范公权、服务民权,切实推进公共服务的优质化、规范化,顺利通过政府行政管理与公共服务标准化国家试点验收,探索打造居家办事、居家就业、居家医疗、居家教育等“居家”系列服务品牌。以居民满意引领和谐社区建设，探索建立“四评一结合”和谐社区考评机制，培育发展社区社会组织，不断提升社区服务水平，共建共治共享的“333+X”社区大服务体系被民政部确定为中国和谐社区“上城模式”。

过去五年，以依法治区为抓手，推进平安上城建设，社会大局和谐稳定。坚持维护社会和谐稳定是硬任务，强化责任，创新机制，切实为经济社会发展营造良好的环境。扎实推进“法治上城”、“平安上城”和“最安全城区”建设，社会治安“大防控”、矛盾纠纷“大调解”和反邪教工作群防群治体系不断完善，信访突出问题和突发性、群体性事件得到积极妥善处置，社区矫正工作稳步推进，圆满完成北京奥运会、国庆60周年、上海世博会、广州亚运会等维稳安保任务，群众安全感及群众对政法工作满意率连续多年位居全市前列，连续6年被评为“浙江省平安区”，2010年被授予“浙江省创建法治县(市、区)工作先进单位”。深入推进社会管理创新，坚持“项目带动、示范引路、网格管理”工作思路，成功打造平安上城110社会联动、“联街结社”等特色载体，“五化”联动社会管理模式得到省委书记赵洪祝批示肯定。强化预防监管和应急管理，建立安全隐患信息监管平台，完善安全生产应急救援体系，开展消防、交通、食品、特种设备等综合整治，全市首创“五力合一”绿色护校行动模式，区域安全形势保持稳定。

过去五年，推进民主政治建设，充分发挥各方作用，团结拼搏氛围浓厚。加强和改善党的领导，引导各方围绕中心、服务大局，齐心协力促进发展。出台新形势下加强人大、政协工作的实施意见，加强街道人大工委建设，积极支持人大及其常委会依法履行职能，充分发挥政协政治协商、民主监督、参政议政重要作用。民族宗教工作稳步开展，爱国统一战线不断加强，工、青、妇、科协等工作日趋活跃，关心下一代工作成效显著，党管武装工作、国防后备力量建设得到加强。深入探索“民主促民生”工作机制，通过建立规范的民意调查程序、项目论证程序、政策制定程序、工作实施程序和监督评价体系，在规划编制、制度制定、项目推进、实事工程上全面落实“四问四权”，培育湖滨晴雨工作室、清波民间改善办、望江民情合议庭、南星民间食安办、紫阳邻里值班室等一批具有影响力的社会自治组织品牌。以上羊市街社区被民政部确定为“新中国第一个居民委员会”为契机，深入推进基层民主和居民自治建设，所有社区实现直选。

过去五年，不断深化“创先争优”，推进素质能力提升，党的建设全面加强。坚持党要管党、从严治党方针，突出抓好干部队伍和基层党组织建设，着力保持党的先进性。深入开展解放思想大行动、“树新形象、创新业绩”、学习实践科学发展观、“创先争优亮践比赛”以及纪念建党90周年等主题活动，精心打造中共杭州小组纪念馆，加强党史和爱国主义教育，全面启动学习型党组织建设，深化完善理论中心组、吴山大讲堂等学习制度，党员干部的思想政治素质不断提高。全面推进“发展强、党建强”双品牌建设，创新区域化大党建模式，清波街道吴山商圈“街校企社”四位一体、小营街道“三行动、三共享”党建共建模式、南星街道复兴商圈红色联盟得到省、市领导充分肯定。大力加强服务型党组织建设，创新党员活动新方式，巩固社区“党员会客厅”，建立功能型党小组，深化“片组户”工作机制，开展“党代表进社区”活动，被评为全省城市社区党建示范区。围绕育人促事深化干部人事制度改革，出台高素质干部队伍建设实施意见，建立区管职位空缺预告、干部选拔任用初始提名库、领导干部德的考核评价、量化评价、区管干部差额选拔等制度，提高选人用人公信度；完善实践锻炼、岗位交流机制，探索分类指导和菜单式学习，提升干部队伍知识、能力、境界；健全区管干部考核评价、退二线干部管理使用机制，探索公务员全程管理，优化干部成长环境。深化惩防体系建设，着力打造“廉洁上城”；抓好党性党风党纪教育，贯彻落实《廉政准则》，开展廉政文化“五进”活动和岗位廉政教育；构建权力阳光运行机制，持续开展作风建设年和执行力建设年活动，建立财政专项资金审批拨付、政府投资项目工程变更网上备案、国有资产授权经营和委托监管、重点工作督办等信息化平台，拓展延伸全程实时监督的电子监察系统；坚持有案必查，严肃查处违法违纪案件。

过去五年，是推进科学发展，建设“具有国际水准的高品质中心城区”的重要时期，为推进国际化、提升幸福感打下扎实的经济和社会基础。这些成绩的取得，是省委、市委正确领导的结果，是历届区领导班子继往开来、开拓创新的结果,是全区广大党员和干部群众团结拼搏、艰苦奋斗的结果,饱含着离退休老领导、老同志的关心和支持,凝聚着社会各界的智慧和力量,倾注着全区人民的心血和汗水。

未来五年的奋斗目标和主要任务

未来五年,国际与国内形势相互交织、相互影响,宏观形势依然复杂多变,世界经济将进入低迷期,国内长期发展与短期矛盾的两难选择将在较长时间内并存,经济下滑风险仍在积累,上城将进入转型发展关键期、经济增长平台期、城市建设攻坚期、民生改善加速期和社会矛盾多发期。在新的历史阶段,必须顺应形势,抢抓机遇,加快转型升级,推进国际化,提升幸福感,为建设"具有国际水准的高品质中心城区"而努力奋斗。

推进国际化,提升幸福感,是建设"具有国际水准的高品质中心城区"的内在要求。建设具有世界级品质,能与世界一流城区相媲美的中心城区,彰显"厚重文化、高端产业、精致空间、人性交通、品质生活"五大内涵,就必须以全球视野、国际标准去思考、去谋划,以促进人的全面发展、提升群众幸福感为导向、为宗旨。目前,上城区经济社会发展已经进入了更高的层次,人均 GDP、第三产业占 GDP 比重、人均期望寿命等一些指标已处于发达国家水平,群众生活品质、城市服务功能、公共服务能力、法治建设状况、生态文明水平等方面具备了向国际化水平迈进的基础。因此,要以更积极的姿态、更宽广的胸襟、更明晰的思路、更务实的举措,加快提高经济发展、城市建设、社会管理、公共服务、文明素质的国际化水平,增强竞争力,提升幸福感,推进上城新一轮跨越发展。

推进国际化,提升幸福感,是立足上城实际,顺应群众需求,实现可持续发展所作出的必然选择。未来五年,中国工业化、信息化、城镇化、市场化、国际化的步伐将进一步加快,利用国际、国内两个市场,抢抓机遇、统筹发展的力度将更大,在更高层次参与国际竞争势在必行;省委、省政府将大力发展海洋经济和加快推进块状经济转型升级,市委、市政府将进一步推进十大产业发展和城乡区域统筹发展,特别是随着西湖成功申遗、运河和南宋皇城大遗址申遗的启动,以及高铁、地铁时代的到来,为上城区加快转型升级,推进国际化,创造了历史性机遇;同时,以人为本的发展理念深入人心,群众对经济社会发展的期望更高、要求更加具体,发展社会事业、改善民生保障、促进公平正义、提升幸福感已成为全社会的思想共识和目标追求。因此,必须顺势而谋、乘势而进,以提高国际化水平为重点,坚持发展为民、强化发展质量、构筑发展特色、破解发展难题、激发发展活力、增强发展后劲,切实推进经济社会又好又快发展,不断改善社会民生,让群众生活得更有尊严、更加幸福。

推进国际化,提升幸福感,必须处理好当前与长远、质量与速度、社会与经济、保护与发展、传承与创新之间的关系,更加重视发展质量和民生改善,更加重视结构调整和产业升级,更加重视资源整合和高效利用,更加重视品牌传承和创新创优。根据这样的形势和要求,今后五年工作的指导思想是:以马克思列宁主义、毛泽东思想、邓小平理论和"三个代表"重要思想为指导,以科学发展观为统领,全面贯彻落实党的十七届五中、六中全会精神,围绕推进国际化、提升幸福感,以科学发展为主题,以转型发展为主线,以文化建设为主导,以富民强区、社会和谐为主旨,深入实施"五五"战略,不断提升产业结构、城市功能、公共服务、社会管理和文明素质,切实打响"南宋古都·经典上城"品牌,率先全面建成小康社会,加快建设"具有国际水准的高品质中心城区"。

今后五年的主要奋斗目标

经济发展跃上新台阶。全区生产总值年均增长9%(按同口径比较),服务业增加值年均增长11%,规模以上高新技术产业销售产值年均增长10%;力争到2016年,全区财政总收入突破120亿元,地方财政收入突破70亿元,楼宇(含园区)单位面积税收翻一番;全社会固定资产投资五年累计达到300亿元;实际利用外资五年力争达到8亿美元。

社会事业得到新发展。教育事业均衡优质发展,学前三年幼儿入园率达到100%,优质教育全覆盖;健康城区建设不断深入,社区卫生服务网络健全,居民电子健康档案建档率与居家养老健康需求服务率达到100%;文化体育事业蓬勃发展,形成较为完善的10分钟文化体育服务圈。

民生改善达到新水平。社会保障体系不断健全,实现企业职工养老、医疗、失业、工伤、生育保险全覆盖,消除零就业家庭,五年累计新增就业岗位10万个，城镇调查失业率控制在6%以下；保障性住房建设大力推进，力争五年累计开工100万平方米、竣工130万平方米，实现"房等人"；实施"四改"回头看工程，实现全区无危房、险房，准物业管理全覆盖；居家工程全面深化，实现居家服务、居家养老服务全覆盖。

协调发展呈现新局面。加快望江地区建设，做精湖滨区块，努力构建沿江、沿湖区域"一体两翼"协调发展的格局；大力构建资源节约型、环境友好型社会，成功创建生态文明示范城区，万元工业增加值综合能耗下降10%，区域污水截污纳管率达到95%，水环境功能区水质达标率达到85%，城区绿化覆盖率达到38%以上。

党的建设实现新加强。宣传思想理论工作不断深化，学习型城区初步形成；基层组织建设不断加强，全区80人以上非公企业党组织动态组建率达到100%；人才工作不断强化，力争到2016年全区人才总量达到15万人以上，累计引进带项目、带技术的海内外高层次创新创业团队10个、引进和培养海内外领军型人才20名；干部选拔任用机制不断健全，新提拔干部中竞争性选拔达1/3以上；党风廉政建设不断深入，"六不"问题得到有效遏制，违法违纪案件及时查处；群团和统战工作不断活跃，继续走在全市前列。

围绕推进国际化、提升幸福感和上述目标要求，重点抓好以下工作：

（一）着力做足集聚文章，加快产业结构优化升级

立足可持续发展，突出区位优势，大力推进产业集聚化、高端化、特色化，调整优化产业和税收结构，提高产业国际化水平，实现区域经济又好又快发展。

以楼宇为主体，打造产业集聚平台。坚持"五个一批"，做大规模、做强特色、做优布局、做精服务，充分发挥楼宇集聚要素和辐射带动作用，着力把84幢200万平方米楼宇打造成高端产业集聚发展主平台。高标准规划设计，高质量建设管理，着力建设一批相对集中、特色鲜明、功能完善、结构合理、管理优质的甲级商务楼宇。根据"有限资源、优质使用，优质资源、高效使用，社会资源、为我所用"的原则，建立激励引导机制，发挥政策和资金的杠杆作用，加快推进"三村"资源和市场的转型升级，着力提升存量楼宇品质，全面提高楼宇入驻率和入驻企业质量。大力发展专业特色商务楼宇，培育一批总部楼、金融楼、商务楼、科研楼、中介服务楼等，实现高端业态集聚。借力拓展发展空间，依托地铁建设，进一步做好地下空间和地铁站上盖物业的规划、建设和利用；深化城乡统筹区市协作，强化项目对接落地，开展多领域互联互动，促进发展平台向区外拓展。

以项目为带动，促进产业转型升级。坚持形态与业态互动，存量调优、增量引优，促进"五主多副"现代产业体系进一步壮大。以大企业、大品牌为龙头，优化业态层次、集聚精品消费、拓展夜间经济，做精湖滨商圈、吴山商圈，推进现代商贸业提升发展。以西湖成功申遗和运河、南宋皇城大遗址申遗为契机，开展战略研究，深化生活品质国际体验区建设，打好南宋牌、文化牌、国际牌，推进城市旅游快速发展。以提升"一谷"、建设"一园"、培育"一批"为主线，推进文创产业繁荣发展。以打造"两区"、提升"两带一路"、辐射沿江区块为框架，着力打造股权投资集聚区，推进金融服务业集聚发展。以工业园区和科创中心为支撑，大力发展网络信息装备制造业，改造提升都市型工业，培育壮大物联网、节能系统集成、服务外包、中介服务等新兴产业。依托特色街建设，集聚发展名品名店老字号等特色街经济、坊巷经济和十大特色潜力行业。紧紧围绕总部经济、现代服务业和成熟税源三大重点，聚焦行业龙头、大企业、大集团，着力引进一批带动性强的项目。

以服务为重点，强化政府保障作用。创新模式、完善机制，着力为企业发展提供优质高效服务。加大科技创新支持力度，加强孵化平台、公共科技条件平台、企业自主创新平台、科技中介服务平台建设，突出知识产权保护和品牌打造，按照"校区创新、园区创业"模式，做实浙江大学科技成果转化基地、中科院杭州射频识别研发中心等产学研合作项目，实现高校、科研院所和企业"优势叠加"，技术创新链和产业链"双向融合"。健全为企服务机制，加强为企代办中心建设，构建集政策咨询、行政审批、信息反馈等功能为一体的综合性服务平台；建立分类分层问题解决机制，做到一般问题部门解决、紧急问题限时解决、重点问题跟踪解决、难点问题合力解决，帮助企业及时有效解决困难。强化政策资金保障，严格落实扶持政策，完善促进经济发展激励机制，创新担保基金、风投基金等投融资平台，为企业特别是中小企业的发展壮大提

供有力支撑。深化街道体制改革，进一步强化街道在服务企业、服务群众和社会管理中的职能。

(二)着力做优空间环境，不断彰显中心城区特色

立足区位优势，围绕人民群众的需求和城市功能的提升，高起点规划空间布局，高质量推进工程建设，高标准保护历史建筑，高效能实施城市管理，推进城市国际化，推动经济发展和民生改善，切实彰显杭州城市性质主平台的功能定位和杭州窗口、西湖门厅的城区形象。

加快建设，打造引领发展的标志性空间。更加注重工程与文化、工程与民生、工程与产业、工程与景观的融合，彰显上城与众不同的特色魅力。借助南宋皇城大遗址综合保护等重大工程，以最大的决心、最强的合力、最优的品质，扎实推进南宋皇城遗址“51131”道路街巷综合整治工程和四大城市综合体建设，不断完善功能、提升形象，着力把湖滨(南山路)打造成展现经典时尚、品质休闲的城市综合体，南宋御街—清河坊打造成展现厚重文化、杭州韵味的国际旅游目的地，玉皇山南打造成展现生态景观、高端产业的国际化产业园，复兴国际商务广场打造成展现总部经济、现代商务的产业集聚区，使之成为引领发展的标志性空间。按“三年初见成效、五年基本建成”的目标，集全区之力推进望江地区改造，彻底改变望江地区“脏、乱、差”的面貌，使之成为展示品质生活、充满发展活力的新望江。

科学保护，打造传承文脉的历史建筑博物馆。以历史为根、文化为魂、民生为本、产业为基，加快推进历史建筑、历史街巷保护修缮，整理、挖掘历史碎片，修复、还原历史风貌，在确保历史建筑完整性、真实性和延续性的基础上，完善居住、旅游、休闲和展示功能，实现历史建筑的科学保护。以南宋皇城大遗址综合保护工程为核心，以生活品质国际体验区建设为载体，坚持“保护第一、生态优先，以人为本、以民为先，鼓励外迁、允许自保，文化为要、功能为主，细节为王、品质至上，克难攻坚、决战决胜”的方针，进一步落实历史文化遗产保护三年行动计划，统一规划、建设、管理、经营，全面完成104个整治(修缮)项目，恢复杭州坊巷格局，真正把上城打造成具有江南特色的世界级城市旅游目的地。

精细管理，打造低碳生态的一流城区环境。坚持以人为本的城市管理理念，以服务群众为导向，更加注重细节、柔性管理、规范执法，着力打造全市一流的城市环境。进一步明晰条与块的关系和职责，推进重心下移、所队联动，提升城市综合管理能力。注重传承与创新，深化完善数字化管理网和基础设施数据库，构建集“数字城管、数字执法、数字市政、数字应急”为一体的数字化城市管理模式。健全紧急救援协调、预警、应急处置机制，建立专群结合的应急抢险队伍，强化应急设备配置，普及减灾、防灾、救灾知识，确保城市运行安全有序。开展“四改”回头看，全面完成危旧房改善、庭院改善、背街小巷改善、截污纳管等工程，实现庭院改善与危旧房改善后的住宅小区物业管理全覆盖。推行产业低碳化，倡导生活低碳化，率先建设低碳示范城区。推进“三江两岸”生态景观带上城段的保护与建设，开展水源、大气综合整治，实施绿化美化工程，成功创建生态文明示范区。加大停车设施建设和免费单车进社区力度，着力缓解交通“两难”。

(三)着力做实民生保障，持续改善群众生活品质

立足不断满足群众新期待，坚持以人为本，加大财政投入，努力推进公共服务的均等优质和国际化程度，切实促进人的全面发展，不断提升群众幸福感。

民生保障扩面提质。坚持民生优先，发挥政府主导作用，确保新增财政收入的2/3以上用于民生改善，建立、健全具有上城特色的普惠型和特惠型有机结合的保障体系，让人民群众生活得更体面、更幸福。完善社会保障救助体系，积极推动社保扩面，加强政策制度创新，加大对残疾人的保障和扶助力度，努力实现基本社会保障和困难群众、老年人、残疾人、失业人员等重点人员的帮扶救助全覆盖。创建充分就业城区，促进大学生创业，动态消除零就业家庭；加大劳动监察力度，促进劳动关系和谐。深入实施居家养老服务全覆盖工程，努力破解机构养老床位瓶颈，满足群众多元化的养老服务需求。深化完善政策扶持措施，积极引导社会力量参与为老服务和慈善事业。

社会事业协调发展。坚持教育优先发展，实施轻负高质、支持学生成长、扩大教育开放、提升学前教育、实施管理创新“五大行动计划”，继续深化学校标准化建设和管办助评机制，实施品质校园文化建设工程，率先实现教育现代化、国际化，努力建设国内一流基础教育强区。深化医药卫生体制改革，开展医疗国际化合作，完善公益性医疗机构运行机制、管理体制和社区医疗服务体系，联手属地省、市医院打造智能医疗，扶持发展中医药事业，努力缓解群众看病贵、看病难问题。加强公共卫生体系建设，进一步健全疾病预防控制、健康教育、妇幼保健、精神卫生、应急处置等公共卫生服务网络，提高群众健康水平。深化人口和计生工作服务水平，全面提高出生人口素质。

社区建设继续领先。深入贯彻中共中央政治局常委、国家副主席习近平给小营巷社区党委复信精神，发挥“新中国第一个居民委员会”的引领作用，以强化社区党建为核心，以优化社区服务为基础，以深化社区信息化建设为手段，推进硬件设施标准化、民主自治规范化、社区服务品质化、社工队伍专业化、经费投入多元化、社区活动经常化，不断深化和谐社区建设，确保社区建设继续全国领先、全省示范。进一步理顺政府、社会和市民，部门、街道和社区，社区党组织、居委会和公共服务站之间的关系，整合资源、梳理职能、完善机制，不断深化共建共享共治的“333+X”社区大服务体系。强化社区服务，以为老服务为重点，整合社区便民利民服务资源，全面实施小餐饮、小洗烫、小修理、小理发、小超市“五小”工程。

（四）着力做细群众工作，积极创新社会管理

立足社会转型、矛盾易发的特殊阶段，加强民主法治建设，做深做细群众工作，努力实现社会管理向依法管理、民主协商、基层自治转变，着力构建符合国际化规则的社会管理体系。

加强社会沟通，凝聚思想共识。实施社会管理数字化工程，建立民情档案，打造“社情民意互联网”，畅通党群干群沟通联系渠道。充分发挥党代表、人大代表、政协委员，工青妇等人民团体以及基层党组织、社会组织在联系群众、服务群众、教育群众、维护群众合法权益等方面的重要作用，引领群众积极参与决策、参与管理、参与监督，探索构建社会、公众共同参与的多元化的社会沟通网络。借助网络媒体在信息传播、宣传引导、民意传递、舆论监督等方面的作用，积极推进党务政务信息公开，搭建党政与网络媒体互动平台，创新社会沟通方式。

加强各方联动，形成管理合力。坚持区、街道、社区三级联动，切实形成政府、企业和社会组织、社会群众密切配合、互补互动的“三位一体”合作治理良好局面。建立健全社会管理联动指挥中心，深化110社会联动机制，形成克难攻坚合力，提高社会管理效率。加强街道综治中心、社区服务中心以及基层党组织、党员服务中心建设，推动各类社会组织发展壮大，搭建好基层社会管理服务平台。坚持“四问四权”民主促民生机制，灵活运用社区民情恳谈会、事务协调会、工作听证会和成效评议会等载体，完善民情恳谈、楼道自治等形式的民主决策实践，推进群众自我管理、自我服务、自我监督、自我教育。

加强平安建设，维护社会稳定。继续推进“最安全城区”建设，加强社会治安防控体系建设和流动人口服务管理，依法打击各类犯罪，深化反邪教工作，最大限度地消除管理盲区、压缩犯罪空间，构筑严密可靠的“社会安全网”。全面落实安全防范措施，严格安全生产责任，加强食品药品安全监管工作，狠抓校园安全，有效防范和坚决遏制重大安全事故的发生。全面完善重大政策举措、重大工程项目等社会稳定风险评估，严格落实信访事项首办责任制和重大矛盾纠纷领导包案制，不断健全人民调解、行政调解、司法调解、行政仲裁联动机制，充分发挥社会民间组织作用，及时化解社会矛盾。健全完善突发事件、重大矛盾纠纷预警和快速反应机制，积极妥善处置群体性事件和信访突出问题。

（五）着力做强文化优势，切实提升文化软实力

立足人民群众不断增长的精神文化需求，提高文化自觉，增强文化自信，实施“厚重文化传承、先进文化引领、公共文化惠民、文化产业提升、文化人才支撑”五大工程，推动文化与经济、民生、社会全面融合，充分发挥文化在推进国际化、提升幸福感的引领作用，着力打造文化强区。

践行社会主义核心价值。坚持文化建设与凝聚共识、凝聚人心相结合，深入开展理想信念教育，加大对形势政策、发展成果、理论热点、党史历史等方面的宣传教育力度，坚定广大干部群众对中国特色社会主义的信心和信念。广泛开展以爱国主义为核心的民族精神和以改革创新为核心的时代精神教育，大力弘扬爱国主义、集体主义、社会主义思想，全面践行“追求卓越、品质至上”的上城精神，注入奋发向上的精神力量。深入开展社会主义荣辱观教育，弘扬中华传统美德，加强社会公德、职业道德、家庭美德、个人品德建

设，发挥先进典型的示范作用，引导市民增强道德荣誉感，自觉履行法定义务、社会责任、家庭责任，在全社会形成知荣辱、讲正气、作奉献、促和谐的良好风尚。强化市民国际化意识教育，努力培育富有“诚实、自立、责任”观念的现代市民。

健全公共文化服务体系。坚持文化建设与改善民生、满足民需相结合，构建设施完善、富有实效、惠及全民的公共文化服务体系。拓展公共文化设施覆盖，推进辖区单位文化体育设施“共建共享、互利互惠”，用好名人名居、博物馆、纪念馆等文化资源，精心打造一批体现时代精神、代表上城形象的标志性文化设施，使之成为城市的“文化符号”。创新公共文化服务方式，充分发挥公益性文化单位在公共文化服务中的骨干作用，加大对群众性文化体育组织及文体企业的扶持力度，提高重要公共文化产品、重大公共文化服务项目和公益性文化活动的服务效益。实施文化精品工程，提高精品创作的策划组织和管理服务能力，鼓励、支持文艺工作者不断推出专家叫好、观众叫座的精品力作。提高群众文化生活质量，深入开展有较高水平和较大影响的文化活动，大力培育广场文化、社区文化、企业文化、校园文化、老年文化、家庭文化。强化健康文化引领，实施科学素质提升行动，拓展文化阵地建设，净化文化环境。

构建特色文化发展体系。坚持文化建设与发展转型、社会转型相结合，依托特色文化先发优势，营造新一轮区域竞争的比较优势。率先深化与市场经济相适应的诚信和法治文化，全面推进“法治上城”建设，深入开展“六五”普法宣传教育、民主法治街道创建、“律师进社区”、法律“六进”等系列活动，积极倡导诚信为本、守信光荣、失信可耻。率先完善与良好城市文化环境相适应的终身教育体系，加强“e学网”建设，办好社区学院，完善公共图书服务网络，形成多层次、开放性、立体化、全民共享的学习服务平台，努力满足市民学习多样化需求。率先用好与国家历史文化名城主载体相适应的历史文化，积极推进南宋吴越文化的大众化，深入挖掘民俗文化，高度重视非物质文化遗产保护利用，加强老字号、老传统、老习俗、老戏剧的传承与弘扬，开展多形式、多层次的历史文化体验活动，保护好杭州DNA，彰显杭州上城、中国南宋、天下西湖的独特魅力。

加强和改进党的建设，不断提高领导科学发展的能力水平

事业成败，关键在党。必须紧扣执政能力和先进性建设这条主线，全面推进党的思想、组织、作风、制度和反腐倡廉建设，持续提升党员干部队伍素质能力，为推进国际化和战略目标实现提供坚强的政治保证。

加强思想政治建设，凝聚开拓进取的强大合力。深入推进学习型党组织建设，改进党委中心组理论学习，做好覆盖全区基层的理论宣讲工作，提高党员干部理论水平，以坚定的理想信念凝聚人。坚持与时俱进，鼓励探索、宽容失误，以良好的创新创优氛围凝聚人。加强各级领导干部国际化教育，使各级领导干部树立世界眼光，提高战略思维能力，善于从国际国内形势的相互联系中把握发展方向、抢抓发展机遇、创造发展条件，积极推进国际化进程，以时代的使命凝聚人。深入开展区情教育，用“具有国际水准的高品质中心城区”的美好蓝图鼓舞人心，用又好又快发展的成果激励斗志，不断巩固“老城区可以创造新优势、小城区可以实现大发展”的思想共识，以共同的愿景凝聚人。

统筹人才队伍建设，激发创新创业的活力源泉。牢固树立人才资源是第一资源的理念，坚持“四个尊重”方针，抓住人才培养、吸引、使用三个环节，以人力资源能力建设为核心，以创新人才工作机制为动力，以保证人才投入为支撑，统筹推进人才队伍建设。实施经营管理人才素质提升工程，着力打造懂经营、善管理、有绩效的企业经营管理人才队伍。实施领军型人才“1211”计划和“128”专技人才提升工程，抓好学术技术带头人的培养，加快创新团队建设，加强专业技术人员培训，努力建设一支数量充足、结构合理，既有拔尖领军又有后备骨干梯度配备的专业技术人才队伍。实施“高级蓝领455”培养工程，加强职业教育，广泛开展各种形式的职业技能竞赛和岗位练兵活动，努力建设一支适应现代化建设的技术工人队伍。实施社会工作人才“135”培养计划，培养和吸引高层次社会工作人才。实施“紫薇·原点”青年人才培养工程，促进青年人才健康茁壮成长。

坚持科学培养选拔，建设奋发有为的干部队伍。坚持德才兼备、以德为先的导向，扩大民主，积极探索完善“德”的考核评价办法，突出政治标准和科学发展实绩，把思想有境界、干事有激情、工作有办法、人生有作为的干部选拔到领导岗位。继续深化干部人事制度改革，完善“两轮推荐、两轮票决”等竞争性选拔机制，探索建立团队和个人量化绩效成长分析体系、退出领导岗位干部管理办法，健全干部交流机制，研究和突破干部“不在状态”退出机制，切实提高选人用人的科学性。加强干部教育培训工作，实施“1234”高素质干部队伍建设，选派年轻干部和后备干部到重点工程、信访部门和基层一线挂职锻炼，努力培养、造就一支有时代精神和现代素质能力的干部队伍。

深化“创先争优”活动，夯实执政为民的组织基础。创新党建理念，按照“促发展、惠民生、创品牌”要求，深化党建工作载体、平台和阵地建设，强化基层基础。健全组织设置，适应“两新”组织快速发展、城市管理重心下移等新变化，加快“两新”组织党组织组建步伐。围绕“片组户民情联系、区域化统筹服务”目标，通过创设专业型党组织，依托产业链、行业协会，借助党员服务中心、流动党员管理站等建立健全党组织，推动党建工作在各领域的全面覆盖。完善工作机制，健全“三级四层”共驻共建共享区域化大党建工作机制，全面推行党代表工作室、民生观察台等社会复合体建设，推进“管理网格化、责任定格化”，充分发挥党建对社会管理创新的引领作用。广泛开展基层党建三级联创活动，建设、表彰一批可看可学可用的先进基层党建示范点(群)。实施非公企业党建工作标准化建设，推行党建工作项目化管理，加强红芯党员信息管理系统、电子党务、远程教育网络等平台建设。依托中共杭州小组纪念馆和钱学森故居等红色资源，加强党史教育和爱国主义教育，强化党建、党史理论研究。

弘扬优良工作作风，树立执政为民的良好形象。大力弘扬求真务实、真抓实干的作风，围绕“任务目标化、目标项目化、项目责任化”，巩固深化区委常委领衔破难和三级联动克难攻坚机制，建立、健全任期目标管理考核和公务员、事业单位绩效管理制度，引导党员干部在思想上求实、作风上务实、工作上踏实，以实干求业绩、以实绩赢民心。大力弘扬以人为本、亲民为民的作风，开展蹲点调研，引导党员干部走进企业、走进社区、走进群众，进一步了解民情民意、破解发展难题、化解社会矛盾，促进干群关系融洽、基层发展稳定、机关作风转变。大力弘扬民主活泼、团结拼搏的作风，加强党的民主集中制建设，坚持和完善人民代表大会制度、中国共产党领导的多党合作和政治协商制度，大力支持人大代表、政协委员依法履行职责；进一步加强工会、共青团、妇联建设，完善基层组织，创新服务方式，激发广大职工、青年、妇女群众创业创新活力；切实做好民族、宗教、对台、侨务、人民武装、老干部、关心下一代等工作，着力形成万众一心干事业、群策群力谋发展的生动局面和强大合力。大力弘扬勤俭节约、艰苦奋斗的作风，切实加强“三公”管理，厉行节约，反对铺张浪费、贪图享乐，自觉把有限的财力、宝贵的资源用在发展经济和改善民生上。

深化完善惩防体系，打造勤政高效的“廉洁上城”。坚持“标本兼治、综合治理、惩防并举、注重预防”的方针，严格贯彻落实党风廉政建设责任制，全面推进惩防体系建设。进一步深化执行力建设，建立、健全监督检查和纪律保障机制，加强对政治纪律执行情况和区委、区政府重大决策部署执行情况的监督检查，确保政令畅通、方向一致。进一步深化作风效能建设，深入整治“六不”问题，不断提升机关干部工作效能。进一步加强反腐倡廉教育，推进公职人员岗位廉政教育，建立、健全常态化教育机制，积极探索实践廉政文化“5+X”模式，深入开展廉政文化示范点创建工作，增强反腐倡廉教育的针对性和实效性。进一步强化对权力运行的监督制约，规范公权、服务民权，健全前期预防、中期监控、后期处置的廉政风险防控机制，探索“科技制权”有效途径，完善国有资产运行和监管平台、建设资金集中管理平台、安置房信息管理平台、小额公共资源交易平台、网上行政服务中心等监督平台，建立、健全防止利益冲突制度机制，加强对领导干部的日常管理监督和经济责任审计，促进权力阳光规范运行。进一步加大查办违纪违法案件工作力度，坚决纠正损害群众利益的不正之风。

注释　杭州RBD：RBD为“旅游休闲商务区”的英文简称。2004年，区委、区政府经过深入调研，确立今后一段时期的发展定位为“打造杭州RBD”。

生活品质国际体验区：以做大做强“小城”、做优做精“老城”的发展理念为指导，挖掘、利用、优化、整合上城区的历史文化和现有优势资源，将时尚注入传统、现代溶入经典,使历史与未来、传统与现代、休闲与商务、高雅与民俗相融会,把上城区打造成为可住、可憩、可购、可游、可交流的,集国际国内人士居住生活、休闲购物、文化交流、观光游览、深度体验于一体,东西方生活文化创新融合的“生活品质国际体验区”,集中展示杭州不同时代的发展轨迹和厚重文化。

政府行政管理与公共服务标准化试点区:以建设公共服务型政府为导向,对政府职能及其运行机制进行科学分析,建构一套规范化、程序化、标准化的管理办法和运行机制。上城区为首批政府行政管理与公共服务标准化国家试点区。

质量强省试点:通过提升产品、工程、服务、环境四大质量,努力提高发展质量,增强发展竞争力。上城区是省委、省政府质量强省建设的四个试点区之一。

省可持续发展实验区:通过国家和各省对科技项目的支持,依靠科技进步、机制创新和制度建设,全面提高实验区的可持续发展能力,探索不同类型地区的经济、社会和资源环境协调发展的机制和模式,为不同类型的地区实施可持续发展战略提供示范。上城区于2010年正式启动省可持续发展实验区创建工作。

五主多副:“五主”指现代商贸业、旅游业、金融服务业、文化创意产业和精品房地产业;“多副”指都市型工业(高新技术产业)、特色街巷潜力行业、建筑业和其他现代服务业。

城乡统筹区县(市)协作工程:建立县(市)协作机制,明确萧山区、上城区和富阳市结对成立第一协作组。协作以产业共兴、项目共建、资源共享、环境共保、乡镇结对、干部挂职为主要内容,实现优势互补,加快城乡融合,着力提升五县(市)经济社会发展水平、农村文明程度和农民富裕程度。

十大协作平台:指产业项目推介平台、风险投资对接平台、联动招商平台、教育协作平台、劳动人力资源协作平台、旅游对接平台、农超对接平台、民政事业协作平台、医疗服务协作平台、街道乡镇结对平台。

四纵五横:“四纵”为建国路、南复路、浣纱路、江城路;“五横”为复兴路、清泰街、开元路、平海路、凤凰山路。

南宋皇城遗址“51131”道路街巷综合整治工程:是南宋皇城大遗址综合保护工程的重要组成部分。“5”指5条主要道路:延安路、西湖大道、平海路、南白路、之江路;“11”指11条街道:邮电路、仁和路、凤凰山东路、建国路(部分)等;“31”指31条坊巷:城头巷、五柳巷、太祖湾、元宝街、皇浩巷、思鑫坊等。

御街·二十三坊:指中山南路西侧区域的十五奎巷、城隍牌楼、大马弄、察院前巷、高士坊巷等23条大小坊巷。

“四改”工程:指危旧房改善、背街小巷改善、庭院改善、物业管理改善工程。

城市管理智能管控平台:以3S(遥感RS、地理信息系统GIS、全球定位系统GPS)、无线传输、视频/数据智能分析等技术为基础,整合城市管理基础信息与应用资源,综合运用路面探头、智能监控、车载监控等信息化设备实现非现场执法模式,形成动态管控、管控调度综合应用平台。

“三江两岸”生态景观带上城段:指依托“钱塘江—富春江—新安江”良好的生态资源,以改善水环境质量、构建生态保护带为出发点,整合各类自然和人文等旅游资源,实施全面整治,以整治带保护、带规划、带转型、带建设、带开发、带旅游、带宜居,把“三江两岸”打造成一条黄金生态旅游线。上城区同步启动“三江两岸”生态景观带上城段的保护与建设,以五年为期,打造出有上城文化底蕴的人文旅游休闲区;基本建成沿江的黄金生态旅游线,努力实现“生态环境优美、生态经济发达、生态文化厚重、社会发展和谐”的四大目标。“三江两岸”上城段范围:钱塘江北岸一桥到三桥段共约8.4公里范围,以及此段江岸沿线可视范围。

“双零”工程:指零贫困家庭工程和消除零就业家庭工程。

“安居”工程:由改善困难家庭家居条件(简称改善类救助)和对困难家庭实施拆迁安置救助政策(简称救助性安置)两部分组成。

居家养老全覆盖工程:以实现服务对象、服务内容、服务时间、服务途径全覆盖为目标,以信息化为支撑,整合社会养老服务资源,搭建居家养老对象全覆盖平台,为60岁以上老人提供个性化、规范化的居家养老上门服务。

“四评一结合”和谐社区考评机制:指通过“满意社区”、“社区公共服务星级社区”、“十佳民生实事项目”、“十佳社区社会组织”的评选,结合改善民生和社区社会管理机制创新,综合考评社区工作。

“333+X”社区大服务体系:即3个主体(政府、社区、社会)、3种体系(公共服务、自主互助服务、便民利民服务),3类载体(社区公共服务工作站、居民议事中心、“大管家”服务社),为社区居民提供吃、住、行、游、购、娱、健等与生活密切相关X个项目的服务。

平安上城110社会联动:以区110社会联动指挥中心为枢纽,建设全区统一的110社会联动处置机制和联网信息平台,有效整合公安110报警平台、行政执法智能管理平台、行政服务中心等部门现有信息平台资源,并涵盖工商(含消协)、食品、卫生、环保等市垂直管理部门业务专网信息系统资源,实现联动处置各类民生求助。

联街结社:即“联系街道、结合社区”的简称,是上城环保分局推出的一个“智慧环保”平台,集环保分局、街道、社区、居民的智慧来共同推进辖区生态环保工作。

“五化”联动社会管理模式:指社会管理标准化、社会管理信息化、社会管理透明化、社会管理服务化、社会管理集成化五个联动模式。

“五力合一”:组织公安、交警、城管、学校、志愿者五支力量,对每所学校、幼儿园定岗、定路段、定责任、定人开展护校行动,切实维护校园及周边安全稳定。

四问四权:“四问”指问情于民、问需于民、问计于民、问绩于民;“四权”指知情权、参与权、表达权、监督权。

湖滨晴雨工作室:湖滨街道整合街道原有的“社情民意信息直报点”、“社会舆情信息直报点”、庭院改善工程的“草根质监站”、社区调解的“和事佬”等单项平台资源,成立杭州市首个“民主促民生”社区互动平台——“湖滨晴雨”工作室。

清波民间改善办:清波街道邀请从事多年基建工作的居民担任负责人,和5名热心居民共同组成“民间改善办”,并逐步建立起“人员专业化、制度规范化、反馈限时化、验收民主化”的四化工作机制,及时收集群众意见,全面监督工程进度、材料质量、资金使用、施工质量、安全生产等。

望江民情合议庭:望江街道以具有丰富法律实践经验的老干部、老党员、老骨干为中坚力量,组成“民情合议庭”,以全方位、全接触、全过程、全时段倾听群众诉求机制为依托,结合地区动迁改造工作,及时化解各类纠纷、防止矛盾激化,为民排忧解困,为各项工作的有序推进和地区稳定大局提供优质高效的服务保障。

南星民间食安办:是南星街道及各相关职能部门协助指导、社区居民自发成立的民间食品安全监督机构。主要职责是发挥社会力量的宣传、监督、举报、应急作用,采取日常检查和定期抽查相结合的办法,切实履行职责,消除食品安全隐患。

紫阳邻里值班室:由紫阳街道上羊市街社区居民自发组织“邻里值班室”,以300户为基数,由居民小组长、退休人员自管组长、热心居民代表、党员及其志愿者等组成,开展楼道内自治管理,达到“小事不出楼道、大事不出社区、矛盾不上交、纠纷不激化”目标。

亮践比赛:指在“创先争优”活动中推出的“亮身份、践承诺、比业绩、赛贡献”主题活动。

吴山商圈“街校企社”四位一体:清波街道以辖区内中国美术学院、街道、社区以及驻区新经济、新社会组织为参与单位,共同构建的区域化大党建工作格局。

三行动、三共享:三行动指约、敲门、携手行动;三共享为享服务账户、服务团队、服务产品。

复兴商圈红色联盟:即以党员会客厅为一个服务主阵地,实行商圈工作例会、联谊协商、上门走访、为企服务四项制度,提供党员管理、招商服务、劳动保障、安全生产、便民服务、文化活动六大服务,在复兴商圈打造区域化大党建红色联盟平台。

党员会客厅:先进性教育期间社区党组织创设的一种服务党员、服务群众、服务社会的窗口,是社区党员发挥作用的阵地和推进社区党建工作的载体。

片组户:通过建立社工责任区、打造党员服务中心、构建党建促民生机制以及社区"e家人"网络平台等手段,开展"网格化管理、组团式服务、片组户联系"活动的服务机制。

廉政文化"五进"活动:廉政文化进机关、进社区、进企业、进学校、进家庭的系列活动。

"五五"战略:在继续实施"十一五"期间确定的"商旅富区、工业强区、科教兴区、环境立区、依法治区"五大战略的基础上,"十二五"期间又提出"品牌引领、发展惠民、文化振兴、创新驱动、人才优先"新五大战略,统称"五五"战略。

"六位一体"品质上城:指集"幸福上城、实力上城、精致上城、智慧上城、生态上城、和谐上城"六位于一体的品质上城。

"五有":指学有所教、劳有所得、病有所医、老有所养、住有所居。

十大产业:指文化创意、旅游休闲、金融服务、电子商务、信息软件、先进装备制造、物联网、生物医药、节能环保、新能源十大产业。

"六不"问题:指办事不用心、工作不主动、服务不到位、办事不公正、公务不节俭、形象不端正。

"五个一批":指招商一批、管理一批、更新一批、建设一批、规划一批。

提升"一谷"、建设"一园"、培育"一批":"一谷"指西湖创意谷,"一园"指玉皇山南国际设计创意产业园,"一批"指一批龙头企业。

打造"两区"、提升"两带一路":"两区"指玉皇山南私募基金股权投资集聚区和勾山里"西湖国际专业金融区","两带一路"指延安路、庆春路金融辐射带和西湖大道。

十大特色潜力行业:指美食、茶楼、演艺、疗休养、保健、化妆、女装、运动休闲、婴童以及工艺美术行业。

四大城市综合体: 指湖滨南山路城市综合体、南宋御街·中山路国际旅游综合体、玉皇山南城市综合体和复兴城市广场综合体。

智能医疗:即医院信息化,提高病人在医院内部接受治疗的效率。在社区医疗、双向转诊、健康管理等方面,通过区域卫生信息系统,搭建医疗协作平台,实现医疗卫生信息共享及医疗业务、公共卫生联动,提高跨医院医疗的效率,同时以居民健康档案为核心的卫生信息系统,具备重复检验检查提示、跨医院转诊转检、专家远程咨询会诊、专家门诊预约、康复跟踪治疗、疾病电子检测、治疗安全警示等功能,有效解决居民看病难、看病贵问题。

社会管理数字化工程:指运用网格化管理理念和现代信息技术,以责任制为依托,以合理划分网格管理单元、加强社会管理与公共服务为重点,综合考虑"人、地、物、事、组织"等因素,通过信息化手段,建立起信息收集、信息传递、事务派遣、事件处置、结果反馈、综合评价等数字化运行流程,实现资源整合和对社会的精细化、常态式管理。

社情民意互联网:指按照"民意随时表达、民情迅速传递、民生全力解决、民怨及时化解、民智充分聚集"的总体要求,通过建立责任区、明确责任人、完善信息库,打造"互联网"等措施,畅通联系渠道,细化群众工作,充分发挥群众参与社会管理的积极性、主动性和创造性,共同营造平安和谐的社会环境。

律师进社区:指在全区每一个社区派驻1名律师和2名在杭高校法学院法科学生,每周定期到社区工作半天。主要提供法律咨询、帮助困难居民依法获得法律援助、加强法律风险防范为主要职责,将法律服务、法治宣传与依法管理社区事务相结合,促进社区依法自治。

法律"六进":法律进机关、进乡村、进社区、进学校、进企业、进单位。

"e学网":寓意容易学、亿万人学,是上城区居民人人都可以参与的无门槛、无障碍的数字化学习社区。域名为http://www.3exw.com。

四个尊重:指尊重劳动、尊重知识、尊重人才、尊重创造。

领军型人才"1211"计划:指围绕上城区"五主多副"现代产业体系,重点向高新技术产业、金融及其衍生行业、文化及文化创意产业、现代服务业倾斜,用5年时间,引进和培养带项目、带技术的海内外高层次创新创业团队10个;力争引进和培养海内外领军型人才20名;引进留学人员创业企业10家、海外留学人才100名。

"128"专技人才提升工程:即到2015年按三个层次选拔和培养45岁左右的新世纪优秀中青年人

才110名（包括一定数量的优秀中青年领导干部），其中第一层次10名左右，具有国内、省内科技前沿水平，能进入“省新世纪151人才工程”序列的学术技术带头人；第二层次20名左右，具有市内外领先水平，在杭州市各学科、技术领域有较高学术技术造诣的带头人；第三层次80名左右，列入区有关单位重点培养计划的，在各学科领域做出较大成绩，起骨干作用，具有发展潜能的中青年优秀人才。

“高级蓝领455”培养工程：每年力争培养高级工400名，技师50名，高级技师5名。通过五年努力，使区高技能人才的比例达到技能劳动者总数的24%以上，其中中青年高级技工的比例达到30%以上。

社会工作人才“135”培养计划：“1”指建立一整套社会工作人才培养激励机制。包括鼓励社会工作者到大专院校和培训机构进行相关专业进修学习并取得证书的，给予学费资助。对持有社会工作者职业资格证书并从事社会工作相关服务的，给予职称津贴等激励措施；“3”指完善社区、社会团体、社会工作者“三社互动”机制，探索研究社会力量兴办社会工作服务机构的扶持奖励机制，充分发挥社区平台作用，逐步建立一支富有我区特色的社会工作人才队伍；“5”指五年内实现全区各类社会工作者职业资格证书持证率达50%以上。

“紫薇·原点”青年人才培养工程：指以挖掘紫薇园坐标原点对青年人才职业生涯启航的启示意义为整体路径，依托强化培训、拓宽联系渠道、搭建平台、整合资源等手段，发现、培养、造就一批“有品行、有境界、有能力、有知识”且与上城发展相适应的青年骨干人才。培养对象包括党政青年人才和社会青年人才。

两轮推荐、两轮票决：即从符合条件的现任区管副职干部中，经过个人推荐、单位推荐、全区领导干部会议(邀请区党代表参加)民主推荐和区委全委会民主推荐后，区委常委会和区委全委会(邀请区党代表参加)两轮票决，确定区管正处级领导干部拟任人选的方式。

“1234”高素质干部队伍建设：以领导力提升为目标，有计划地选派副处级以上干部到发达地区挂职锻炼以及到国(境)外和知名高校进行培训。即以3年为一周期，选派全区10名有发展潜力、综合素质较高的副处级以上干部到上海、广州、深圳等发达地区进行挂职锻炼；选派20名副处级以上干部到境外进行培训，开拓视野，学习先进理念和经验；选派30名部门正职分批到清华、北大、复旦等高校进行培训，学习充电，提升综合能力和全面素质；选派40名新招录公务员和事业单位年轻干部到基层一线挂职锻炼，加快熟悉区情，增长工作经验。

“三级四层”共驻共建共享区域化大党建工作机制：健全区、街道、社区三级区域化大党建联席会议制度，构建覆盖全区的区域化大党建工作格局的组织领导和统筹协调体系，实现辖区共驻、单位共建、资源共享。同时由区委组织部统一调配指导，基本形成区、街道、社区、楼道四层工作网络，切实加强对区域化大党建工作的组织领导和统筹协调。

廉政文化“5+X”模式：“5”指廉政文化进机关、学校、街道、社区、家庭；“X”指廉政文化进工地、进园区、进基层等。

杭州市上城区第十三届人民代表大会常务委员会工作报告(摘要)

——在上城区第十四届人民代表大会第一次会议上的报告

(2012年2月15日)

上城区人大常委会主任　丁晓芳

2011年的主要工作

2011年,人大常委会坚持以邓小平理论和"三个代表"重要思想为指导,全面落实科学发展观,认真贯彻党的十七届五中、六中全会精神,在中共上城区委的领导下,围绕区科学发展大局,服务转型升级,突出民生改善,推进民主法制建设,认真行使宪法和法律赋予的职权,各项工作取得了新的成绩,较好地发挥人大在推进基层民主、法制建设和经济社会协调发展中的职能作用。

(一)围绕中心,强化监督,积极推动"十二五"发展良好开局

常委会认真执行《中华人民共和国各级人民代表大会常务委员会监督法》,围绕事关长远、事关发展、事关民生的重大事项开展工作监督,切实提高监督实效,有力推动区"十二五"规划的良好开局。

加强经济财政监督。常委会高度重视规划纲要的实施,及时听取任务分解落实工作的汇报。围绕纲要提出的"五五"战略,视察"五主多副"产业发展,听取城乡统筹区县(市)协作、省级可持续发展实验区建设规划实施等工作汇报。关注区域经济运行,针对区在资源、政策、人才等方面存在的困难和不足,建议区政府抓住西湖申遗成功的历史机遇,加快发展旅游经济;发挥政策引导作用,加强经济人才培养,为经济持续发展注入动力、提供保障。审议意见得到有效落实,区政府研究出台《上城区推进"十大"产业发展实施意见》,完善区招商中心机构设置,增强了经济工作力量。依法开展预算执行情况监督,常委会分别审议财政、审计工作报告和区统计局、区城管办等单位的部门预算执行情况报告,审查批准2010年财政决算,并要求政府重视历年审计报告中屡查屡犯的问题,认真研究对策,切实抓好整改。开展财政资金使用绩效调研,建议深化公共财政改革,树立预算绩效管理理念,促进财政管理规范高效。

加强民生工作监督。常委会高度重视教育、卫生、文化和社会保障各项事业发展。关注初中教育改革发展,建议重视校长队伍、班主任团队建设,制定科学合理的考核评价机制,营造教师潜心教育的氛围。重视基本药物制度实施情况,组织专题视察、调研,提出要以便民惠民为工作着力点,完善卫生信息化建设,切实推进基本药物制度在上城区的实施。关心残疾人事业发展,组织代表视察,开展专题审议,推动残疾人康复救助办法不断完善,基本康复补助纳入公共财政支付范围。常委会还视察了社区文化建设、居家养老服务等工作,听取了缓解交通"两难"、城管智能管控系统建设运行等工作汇报,着力推进各项民生事业健康发展。

加强重点工程监督。常委会高度重视重点工程建设,关注"四改"工程及其后续管理工作,建议政府督促有关单位开展"回头看",抓好整改提升和对接移交工作,巩固改善成果。重视为民办实事项目的实施,通

过现场视察和专题审议，要求政府抓紧项目实施进度，正在实施的项目确保年底完成，无法按时完成的项目要向代表作出说明，历年结转的项目要坚持办好办实，兑现承诺。推进南宋皇城遗址“51131”道路街巷综合整治工程，多次赴建设指挥部调研，视察五柳巷历史街区、中山南路西侧·二十三坊、中华美食园、山南国际创意园区等项目，推进工程实施。关注望江地区建设，结合代表议案的督办，听取望江地区规划编制情况汇报，审议议案办理工作，要求落实控规方案，统筹空间布局，优先实施保障性住房及学校、社区卫生服务、邻里中心等公建配套设施建设，接轨钱江新城，提升建设品质，使之成为充满发展活力的新望江。

(二)以法为矩，促进公平，着力保障经济社会和谐发展

常委会充分发挥法律的规范、引导、保障和促进作用，加大全区的普法宣传教育和法律监督力度，营造有利于经济社会协调发展的法治环境。

推进普法依法治区。2011年，“六五”普法教育和依法治区规划启动，常委会就规划实施作出决议，并加大监督检查力度，组织专项视察，全面了解政府行政部门、街道社区、企事业单位的“六五”普法规划制定、年度计划落实、专项治理、基层学法等情况，推动普法工作贯穿于全区的执法、司法、社会管理和经济活动的全过程，推动“民主法治街道”等基层创建活动的深入开展，全面提升公民法律意识和社会法治化管理水平。常委会十分关注社会管理创新工作，专题听取平安上城110社会联动机制推进情况汇报，就加强保障、强化联动提出建议。区政府对此高度重视，克服困难，在较短时间内解决联动指挥中心用房，为联动机制的顺畅运作提供有力保障。

促进依法行政。为督促政府进一步提升公信力和执行力，提高群众满意度，专题听取“国家行政管理与公共服务标准化试点区”建设情况的汇报，建议要在推广运用、强化宣传上下功夫，通过标准化项目建设，探索构建和谐的社会治理结构，确保提供更加优质的公共产品和公共服务。消防安全责任重于泰山，开展《中华人民共和国消防法》执行情况检查，在肯定成绩的同时，要求区政府及消防部门进一步深化消防安全宣传教育、责任制落实，加强基础建设和队伍建设，加大消防隐患的排查监管，切实保障人民群众的生命和财产安全。专项视察餐饮业油烟在线监测工作，督促环保部门加强监管，确保《中华人民共和国大气污染防治法》的有效实施。依法开展规范性文件备案审查工作，对政府制定的4件规范性文件进行登记、审查和归档。重视依法行政，对区政府部门行政应诉能力进行调研分析，指出当前行政诉讼中存在的主要问题并提出建议，促进法治政府建设。

增进司法公正。为进一步推动法律监督工作的开展，听取和审议区检察院贯彻执行省人大常委会《关于加强检察机关法律监督工作的决定》的情况报告，充分肯定检察院在改进监督工作方法、创新监督工作机制等方面取得的成效，提出要不断增强法律监督能力、提高法律监督质效、加大宣传沟通力度、优化法律监督环境的审议意见。区人民检察院高度重视，认真研究，创新和完善工作机制，进一步强化法律监督能力建设，较好地推动法律监督工作的深入开展。常委会坚持监督工作与信访督办相结合，以涉法涉诉信访件的处理为抓手，加强对法院工作的监督。区人民法院结合实际，制定出台《阳光工作实施方案》，通过裁判文书网上发布、加强案件节点管理、开展公众开放日等举措，努力推行“阳光司法”，规范司法行为，维护公平正义。

(三)服务代表，畅达民意，积极融入社会管理创新实践

常委会把做好代表工作作为基础性工作来抓，注重载体建设，强化服务保障，拓宽履职空间，主动融入社会管理实践，充分发挥代表在上城区政治、经济、文化和社会建设中的重要作用。

加大议案建议督办力度。注重抓好代表议案建议办理的提质增效，及时交办人代会期间代表提交的98件区属职权范围的意见建议，其中常委会审议1件，主任督办10件。通过定期召开例会、上门督办、面商恳谈、组织视察、征询意见、不满意件重办等方法，强化督办工作。代表建议办理的面商率和办结率为100%，满意和基本满意率为98.97%，解决率为53.06%。加快清泰门社区卫生服务站扩建工程等一批办理难度较大的建议得到切实解决，受到代表和群众的称赞。对部分办理结果代表表示基本满意或不满意的建议，常委会认真分析调研，挑选出6件，在第三十五次常委会会议上首次组织开展专题询问，督促政府及有关单位加大办理力度，推动如杭州电厂二宿舍170余户居民用气难等问题的解决，增强人大监督实效。

拓展代表参政督政渠道。为切实保障代表的知情知政权,两次召开政情通报会,通报半年度政府工作、品质城区建设三年行动计划实施和区人大代表换届选举工作情况,并组织代表圈选2012年为民办实事建议项目。垃圾分类收集处置关系城市的可持续发展,常委会适时组织开展代表约见政府负责人活动,反映了24个问题,提出了28条建议,有力推动区垃圾分类工作。积极为代表创造闭会期间的履职条件,通过开展定向视察、评先评优、邀请参加或列席重要会议和执法检查等活动,发挥代表优势,拓展履职空间;通过认真组织省、市、区各级人大代表小组活动,组织市代表参加全市养老保险专项工作评议等方法,凝聚代表合力,促进代表履职。

深化代表进社区活动。坚持开展单月"代表进社区"活动,倾听民情民意,反映群众诉求,督促有关部门研究解决,凸显人大代表在化解基层矛盾、促进社会和谐中的积极作用。据统计,全年参加接待活动的各级代表共425人次,接待群众达1023人次,受理群众提出的意见和问题461件,落实解决或处理的373件。为加强代表进社区的载体建设,常委会及时召开代表接待站工作经验交流会,开展先进评选活动,代表进社区活动不断深化。抓好代表述职评议工作,39名区代表参加了届内最后一次述职活动,应述职的196名区十三届人大代表中,有193人完成了述职任务,代表的履职意识明显增强。

(四)转变作风,以学促干,着力提升常委会依法履职能力

常委会始终保持高昂的工作热情,以学习强素质、以制度求规范、以作风建设促工作效率,切实加强机关队伍建设,努力提高人大工作水平。

重视学习调研。以中共中央总书记胡锦涛七一重要讲话和十七届六中全会精神为主题,开展学习交流活动,加深对宗旨意识、社会主义核心价值体系的理解和认识,指导人大工作实践。参加省、市人大工作经验交流会,介绍区人大街道工委工作,学习借鉴先进经验。组织开展专题调研,形成老旧小区物业管理改善等12项调研成果。建设"具有国际水准的高品质中心城区"三年行动计划实施情况的调研报告,得到了区委、区政府领导的高度重视。区委召开专题会议,认真研究调研报告提出的问题和建议,要求政府在编制实施新一轮行动计划中予以采纳落实。

规范职权行使。为确保常委会在法律框架内行使职权,全面检查现有工作制度,废止两项不适用的制度,制定询问和质询办法,并将历届形成的工作制度汇编成册。总结本届以来常委会依法行使各项职权、服务代表履职等方面所取得的成绩和存在的问题,对常委会提出的审议意见落实、代表议案建议办理、实事项目完成等情况进行梳理,列出跟踪监督的事项,交由新一届常委会继续督办。总结提炼监督工作、代表服务、自身建设等方面的创新举措,为新一届人大常委会依法行使职权、更好地开展工作打实基础。

转变工作作风。以治庸治懒治散"效能亮剑"行动为抓手,加强勤政廉政建设,努力做到工作不松、干劲不减。重视人大街道工委工作和干部队伍培养,及时提供学习锻炼机会,鼓励机关干部参加竞争上岗,增强机关工作活力。积极参加"走访企业、服务单位"活动,帮助基层排忧解难办实事;开展主任接待代表、走访代表活动,倾听代表意见建议。机关干部积极参加结对社区的劳动,走访慰问帮扶对象,踊跃为春风行动捐款。认真做好人大之友联谊会服务工作,虚心听取离退休老干部的工作意见。区人大机关队伍精神振奋、团结协作、风清气正,呈现出积极向上的良好工作风貌。

加大宣传力度。常委会认真落实区委人大工作会议精神,高度重视信息宣传工作,从机构设置、人员配备、平台建设等方面给予支持保障。召开人大信息工作会议,定期开展信息交流,及时编发"上城人大信息"、"选举工作简报"、《上城报》"人大之窗"专版,全面反映常委会工作、换届选举以及代表履职情况。做好对外报道工作,广泛宣传区人大工作的亮点和经验。2011年,在各类媒体上,发表报道上城区人大工作、代表履职风采的新闻信息稿件280余篇,区人大机关被评为省、市人大信息工作先进集体。

(五)严格依法,保障民主,切实做好人大代表选举工作

人大换届选举是上城区人民政治生活中的一件大事。常委会牢牢把握党的领导、发扬民主和依法办事原则,加强指导、有序推进,圆满完成区十四届人大代表的选举任务。

组织指导有力。根据中央和省、市的总体部署,及时启动换届选举工作,设立选委会,成立选举办事处和选举工作联席会议,出台意见,作出决定。建立常委会领导联系责任制，深入选区和选举办事处，加强工作指导；通过张贴公告、法制宣讲、编印简报等形式，营造氛围，宣传选举的指导思想和重要意义，最广泛地发动和组织选民依法参选。2011年12月20日，全区85个选区共333369名选民参加投票，依法选举产生197名新一届区人大代表，参选率达91.29%，选举一次成功。

依法有序推进。为切实保障选民的民主政治权利，按照法定要求，精心制定计划、周密部署任务、统筹协调工作，顺利完成了选举准备阶段、选民登记阶段、提名推荐协商确定代表候选人阶段、投票选举阶段和总结阶段的各项工作任务。召开了三次选委会会议，落实选举工作责任，合理划分选区和分配代表名额，任命选区工作组长；举办四次选举工作业务培训，讲解工作要领和操作要点，规范各阶段的工作程序，强调保护好选民的知情权、参与权、表达权和监督权，确保了选举工作的依法有序和圆满完成。

代表结构优化。严格按照《中华人民共和国选举法》的规定和省、市有关人大代表换届选举的意见要求，把好代表素质关，努力优化代表结构。新一届人大代表中，中共党员133名，占代表总数的67%，民主党派和无党派各界人士64名，占代表总数的33%；妇女72名，占代表总数的37%；具有大专以上学历的有190名。当选的197名代表中，有基层工人45名，专业技术人员52名，企业负责人49名，各级党政干部45名，此外，还有军人、少数民族、离退休干部、宗教界人士和归侨侨眷等。代表总体结构合理，各方面素质较高，这为上城区新一届国家权力机关积极发挥职能作用，充分行使人民当家作主权利，奠定了良好的基础。

过去五年的主要工作回顾和体会

区十三届人大常委会任职的五年，是区经济和社会各项事业全面快速发展、综合实力持续增强、人民群众生活品质不断提升的五年，也是区人大工作在继承中创新、在创新中前进的五年。过去的五年，在区委的领导下，常委会坚持以邓小平理论和“三个代表”重要思想为指导，以科学发展观为统领，贯彻落实党的十七大和十七大以来历次中央全会精神，围绕中心，服务大局，认真履行宪法和法律赋予的各项职责，开创了良好的工作局面，圆满完成了本届历次人代会确定的各项目标任务，为推进上城经济社会健康发展、加快建设具有国际水准的高品质中心城区作出了应有的贡献。

过去的五年，常委会追求实效，监督工作有新进展。以贯彻《中华人民共和国各级人民代表大会常务委员会监督法》为主线，广泛征集监督议题，综合运用专题审议、执法检查、调研视察、专题询问等监督形式，加大监督力度，增强工作实效，监督工作取得了新进展。本届以来，召开常委会会议38次，主任会议101次，听取、审议“一府两院”专项工作51项，提出审议意见196条，收到意见处理报告48个，落实工作措施186条；开展执法检查18次、专项视察61次；实现所有部门预算上会审查，重点检查了7家单位预算执行情况；督办来信来访152件次。积极创新监督工作方式，在全市率先开展代表约见国家机关负责人、代表圈选政府为民办实事项目，尝试开展专题询问；跟踪督查常委会审议意见落实、政府为民办实事项目实施、代表议案建议办理情况，确保人大监督意见落实到位，有效推动“一府两院”工作。

过去的五年，常委会服务大局，决定重大事项有新作为。讨论决定本行政区域内经济社会发展的重大事项，是宪法和法律赋予人大及其常委会的重要职权。常委会总结实践经验，制定《关于讨论决定重大事项的规定》，从内容、程序等方面明确重大事项决定权的行使。本届以来，先后对依法治区、普法教育、望江地区建设、可持续发展实验区建设等重大事项作出了38项决议和决定，推进了事关全区经济社会发展的各项工作。围绕区委提出的“建设具有国际水准的高品质中心城区”发展战略目标，常委会通过深入调研，向区十三届人大三次会议提交议案，建议进一步建立目标体系、明确内涵要求、落实阶段目标、打造城区品牌、加强监督考核。为此，大会作出了全面推进战略目标实施的决议，号召全区上下凝心聚力，为建设具有国际水准的高品质中心城区共同奋斗。

过去的五年，常委会规范程序，人事任免有新举措。人事任免是地方人大及其常委会的三项基本职权之一。常委会按照党管干部和依法任免的原则，坚持和完善任前法律考试、任职表态发言、颁发任命书、提交任职目标等制度，增强被任命人员的人大意识、法律意识和公仆意识。本届以来，根据主任会议和“一府两院”的提请，任免人大常委会工作机构负责人26名，决定任免区政府组成人员56名，任免审判、检察人员84名，任免人民陪审员67名。在依法任免国家机关工作人员的同时，常委会加强任后监督，开展了8个部门的工作评议，进行满意度测评，了解和评价被任命干部依法行政、贯彻人大决议决定、办理代表议案建议、勤政廉政建设以及社会关注的热难点工作开展情况，督促国家机关工作人员为民依法履职。

过去的五年，常委会深化服务，代表工作有新成效。代表工作是人大工作的基础。常委会坚持探索创新，搭建履职平台，拓展活动方式，完善闭会期间代表履职保障，代表工作取得明显成效。本届以来，交办代表议案建议542件，重点督办39件，跟踪“正在解决”的议案建议91件；建立定向视察小组9个，将政府主要行政执法部门纳入代表监督，开展活动57次，提出意见和建议183条；深化“代表进社区”活动，整合资源，建立代表接待站21个，参加接待的市、区代表198名，组建由22名各部门业务骨干组成的义务咨询员队伍，开展接待活动107批次，受理意见1623件，处理落实1311件；代表进社区工作被13家媒体采访报道，向全国推介。开展“主任接待代表”活动23次，接待代表196名，解决代表提出的问题207个；组织开展代表约见政府负责人活动8次，有138名代表参与，提出问题和建议397个；召开政情通报会11次，举办代表培训会6次；健全代表履职约束激励机制，本届有98.5%的区代表作了述职，接受选民评议，代表履职得到了选民的广泛认可。

过去的五年，常委会锐意进取，自身建设有新面貌。加强自身建设，是人大依法履行职能的重要前提，是不断开创人大工作新局面的现实要求。常委会制定、落实《关于加强自身建设的决定》，注重学习研究，积极探索创新，加强队伍建设，不断提升人大工作水平。本届以来，工作机构得到健全，设立常委会研究室、信息科，配备各人大街道工委办公室主任；工作不断规范，制定工作制度13项；坚持会前学法，开展机关主题学习交流活动，人大机关连续5年被评为学习型机关；开展专题调研，形成调研报告87篇；加大宣传力度，信息宣传工作连续5年荣获市先进集体、连续4年获省先进集体；组织开展纪念区人大常委会设立30周年“五个一”系列活动，总结工作经验，汇集精彩篇章，展示区人大工作新面貌。

通过五年的人大工作实践，深刻认识到：

坚持党的领导，是做好人大工作的根本保证。五年来，常委会始终把坚持党的领导贯穿于依法履职的全过程，落实到人大工作的各方面。从思想上、行动上牢固树立党的观念、政治观念、大局观念，坚持重大事项请示报告制度，发挥人大党组的核心作用，正确认识和把握党的政策与法律、党的领导与依法办事、区委决策与人大决定、区委推荐干部与人大选举任免的关系，通过法定程序，把区委的决策转变为国家权力机关的决议、决定，体现党的意志，代表人民的利益，使人大工作服从于、服务于区委工作大局。区人大工作呈现出区委重视支持、“一府两院”主动接受监督、人大代表积极参与、人民群众关心关注、人大职能作用有效发挥的良好格局。

恪守法治精神，是做好人大工作的基本准则。五年来，常委会始终坚持以法治精神武装头脑、指导实践，从组织机构、运行机制、议事程序、工作制度等方面进行探索和创新，促进人大工作不断朝着法制化、规范化、制度化的方向发展。对法律的恪守，确保了常委会在法律框架内行权履职，依法监督能力不断提高，监督实效持续增强，有力地促进了宪法、法律和行政法规在全区的贯彻实施，为经济社会的健康发展营造了良好的法治环境。

关注民生民利，是做好人大工作的永恒主题。五年来，常委会始终把推进民生改善作为工作的出发点和落脚点，努力代表好、维护好、实现好最广大人民群众的根本利益。为了加快推进民生项目建设和城市有机更新，对“四改”工程、生态区建设进行了持续五年的监督；为了促进破解“七难”问题，常委会紧盯食品安全、学前教育、初中教育、社区卫生服务、社会化养老服务、停车场建设以及“双零工程”实施等一系列事关民生改善的问题。同时，还将安置房建设作为每年实事督办的重点。通过有力的监督，忠实维护了人民群众的切身利益。

发挥代表作用，是做好人大工作的坚实基础。五年来，常委会始终坚持尊重代表、依靠代表、服务代表的原则，充分发挥代表作用，夯实人大工作基础。通过深化“代表进社区”工作，搭建代表联系选民、主任接待代表、代表约见政府负责人三大平台，规范“代表接待站”建设，融入社会管理创新实践。组织代表深入选区了解民情、体察民意、汇集民智，积极反映并督办群众诉求，一大批涉及城建、环境、交通、教育、卫生和治安等方面的问题得到了不同程度的解决或处理。代表工作得到群众认可，树立了人大良好形象，密切了代表、群众和常委会之间的联系，人大工作实效得到了明显增强。

积极探索创新，是做好人大工作的活力源泉。五年来，常委会始终坚持解放思想、开拓创新的精神，在法律框架内，结合区情实际，研究人大工作的规律、特点，探索行之有效的新方法、新途径，努力使人大工作充满生机与活力。不断更新工作理念，丰富监督手段，重启约见权和询问权，切实增强了人大监督的刚性。不断创新工作方式，探索对重点工程“事前介入、事中监督、事后问效”的全程式监督，对常委会审议意见落实、跨年度结转议案建议办理、政府为民办实事项目的实施进行持续跟踪式监督，确保人大决议、监督意见、议案建议真正落实到位。不断完善工作机制，率先出台规定，通过在全体代表中进行为民办实事项目的征集与圈选，使实事项目更加顺应民心、符合民意。

今后的工作建议

区第九次党代会为上城区今后五年科学发展、率先发展、跨越发展描绘了新的蓝图，提出了推进国际化、提升幸福感，建设具有国际水准的高品质中心城区的奋斗目标。围绕这一奋斗目标，建议新一届区人大常委会的工作指导思想是：在中共上城区委的正确领导下，以转型升级为主题，以民主民生为主旨，以实施《中华人民共和国各级人民代表大会常务委员会监督法》为主线，以改革创新为动力，以提高能力素质为保证，认真行使宪法和法律赋予的职权，继往开来，奋发有为，在历届工作的基础上取得更大的成绩，努力开创区人大工作的新局面，为深入实施“五五”战略，切实打响“南宋古都·经典上城”品牌，率先全面建成小康社会作出新的贡献。

(一)要进一步依法履行职责，服务科学发展大局

要抓住事关全局、事关根本、事关长远的重大事项，适时作出决议、决定，推进决策的科学化和民主化。贯彻依法治国方略，着力推进普法教育和依法治区工作，开展执法检查，督促“一府两院”依法行政和公正司法，保证宪法和法律在全区的正确实施。加强工作监督，督促开展“十二五”规划纲要实施情况中期评估，及时听取审议国民经济和社会事业发展计划、财政预算的执行情况以及社会管理创新、文化事业发展等方面专项工作报告。围绕“五五”战略实施，继续关注“五主多副”产业发展、四大综合体建设、重点工程推进，积极推动区域经济、城市功能、公共服务、社会管理和文明素质的“五大转型升级”。

(二)要进一步突出民主民生，促进社会和谐

要始终把促进民生改善放在人大工作的突出位置，坚持民主促民生，以群众的呼声为第一信号，以群众的利益为第一追求，以群众的满意为第一标准，广泛听取意见，科学确定监督议题，推进人大工作的民主化、科学化。要以破解“七难”为重点，继续加大对保障性住房建设、优质教育发展、生态文明示范城区创建、食品安全、医疗卫生、社会救助、养老事业、实事项目、城市管理等民生工作的监督力度，努力推进公共服务优质化、均等化。要继续加强对望江地区建设、“四改”等民生工程的监督，切实改善居民群众的生活环境。要督促政府完善民生改善工作机制，加大民生保障力度，确保新增财政收入的2/3以上用于民生事业，让全区人民共享经济发展成果，提升幸福指数，促进社会和谐稳定。

(三)要进一步创新工作举措，提高监督实效

要贯彻各级人大工作会议精神，延伸人大监督范围，开展市垂直管理部门的工作监督和法律监督。加强对一些社会普遍关注的重大问题监督，综合运用审议、视察、执法检查、询问、质询等法定监督形式，创新工作方法，增强监督实效。及时反馈专题视察的意见建议，加强对审议意见处理落实情况的检查，加大跟踪监督力度，确保监督到位。完善财政监督方法，探索“参与式”预算监督方式，进一步推进预算公开化。完善人事任免程序，加强被任命干部的任后监督，评估任期目标完成情况，全面开展对政府组成部门的工作评议，推进“六型政府”建设。

(四)要进一步强化服务保障，激发代表履职

贯彻实施《中华人民共和国全国人民代表大会和地方各级人民代表大会代表法》，积极为代表履职创造条件、提供服务。加强学习培训，宣讲人民代表大会制度，指导代表提好议案建议，增强人大代表的责任感和使命感。加大议案建议督办力度，规范闭会期间代表建议的交办处理工作，提高办理质效，保障代表权利。坚持双月代表活动日、单月代表进社区、主任接待代表、代表向选民述职等制度，不断深化代表接待站工作，充分发挥代表密切联系群众的独特优势，为代表融入社会管理创新服务。拓展代表履职平台，建立专业代表小组，扩大定向视察覆盖面，着力提高闭会期间代表小组的活动质量。拓宽代表知政督政渠

道，坚持和完善政情通报制度，邀请代表列席常委会会议、参加执法检查和视察调研等活动，创造条件让代表在管理国家各项事务中充分发挥作用。

(五)要进一步加强自身建设，提高工作能力

新一届常委会组成人员选举产生后的首要任务，是加强理论学习，提高对人民代表大会制度的认识，研读组织法、监督法等法律法规，熟悉人大工作业务，正确行使法定职责。要加强制度建设和队伍建设，完善工作制度，规范议事程序，加强工作机构力量，为依法行使各项职权奠定基础。重视调查研究，树立服务意识，密切与人大代表、人民群众的联系，自觉接受社会监督。探索宣传工作新思路、新渠道，大力宣传人民代表大会制度的优越性，为人大工作开展营造良好的社会氛围。

政府工作报告(摘要)

——在上城区第十四届人民代表大会第一次会议上的报告

(2012年2月13日)

上城区人民政府区长　缪承潮

2011年和过去五年工作回顾

2011年，全区在市委、市政府和区委的正确领导下，在区人大和区政协的监督支持下，深入贯彻落实科学发展观，加快推进发展方式转变，全面实施“十二五”规划，经济社会沿着科学发展轨道实现“十二五”良好开局。全年实现地区生产总值615.98亿元，比上年(指2010年，下同)增长9.5%；服务业增加值337.10亿元，比上年增长8%；社会消费品零售总额215.86亿元，比上年增长18.5%；财政总收入90.01亿元，比上年增长12.3%；固定资产投资55.49亿元；万元工业增加值综合能耗下降15%；新增就业2.4万人；计划生育符合率98.8%。其中，地区生产总值、服务业增加值、社会消费品零售总额和财政总收入分别为2006年的1.8、1.8、2.1和2.1倍。人均GDP达2.91万美元、亩产税收32.6万元，均居全省区(县、市)首位。获得全国质量工作先进单位、全国城市社会工作示范城区等国家和省市级荣誉75项。

(一)区域经济持续增长

经济结构更加优化。按照杭州市发展十大产业规划要求，深入构建具有上城特色的“五主多副”现代产业体系，以现代商贸、金融服务和文化创意产业为主导，现代服务业为主体，传统服务业和都市型工业为辅助的产业格局进一步明晰。税收结构进一步优化，全年完成地方财政收入53.55亿元，在房地产(含二手

房交易)地方财政收入下降13.2%的情况下仍实现比上年增长6%的既定目标。十大产业实现增加值192.26亿元，比上年增长12.4%，增速高于全区GDP增速2.9个百分点。现代商贸、金融服务和文化创意三大主导产业加快发展，累计实现地方财政收入18.3亿元，比上年增长14.5%，占比达34.1%，比上年提高2.6个百分点。积极推进“购物天堂、美食之都”建设，湖滨、南山路、清河坊(含南宋御街·中山路)三大特色街区营业收入和税收比上年分别增长59.1%和101%。都市型工业启动新一轮转型升级，以海兴电器、中瑞思创等企业为代表的高新技术产业实现销售产值22.92亿元，比上年增长47.7%。

集聚效应更加凸显。楼宇经济势头良好，84幢楼宇全年实现地方财政收入16.6亿元，比上年增长

11.2%，特色建筑和楼宇整体招引大项目入驻有新突破。以四大城市综合体为核心，新增现代服务业企业939家，玉皇山南创意产业园、复兴国际商务广场被认定为杭州市第一批现代服务业重点类集聚区，以玉皇山南一带为核心的私募股权投资集聚区正在形成。工业园区新引进项目18个，实现工贸总收入42亿元，比上年增长20%。推进区市协作，落实产业协作项目14个；已有8家企业落户富阳，园区占地近千亩，总投资达18.20亿元；完成辖区街道与富阳市乡镇的协作对接。全年实际利用外资1.81亿美元，引进市外实际到位资金120.40亿元。世界500强企业沃尔玛并购项目以及3个首期到位资金5亿元以上的金融类大项目相继落户。上城区被评为市现代服务业集聚先进区和2011年中国最佳商业环境城区。

为企服务更加深入。制定关于促进十大产业发展、重点区域业态调整和人才培养引进的政策意见，表彰奖励企业82家，确定重点发展企业133家；全年引进各类人才5612名，入选市优秀中青年人才培养计划23名。发挥小额贷款公司、“风险池”基金平台作用；全年共兑付财政扶持资金1.80亿元，其中争取上级项目资助9162万元。组织实施市级以上科技计划项目90项，新增省、市高新技术研发中心9家、市以上高新技术企业9家；培育“四季星座”电子商务创业基地，成立海洋装备试验浙江省工程实验室杭州市上城区基地；区科创中心实现经营收入7.28亿元，税收2844万元，分别比上年增长10.3%和15.3%。建立为企服务代办中心，搭建“服务直通车”网络平台，落实领导定期走访制度，全年共为企业解决实际困难和需求1100余项。支持“三村”经济发展，经联社全年总收入比上年增长10.9%。参与长三角合作，“对口支援”和“山海协作”取得新进展。

（二）环境品质持续提升

功能布局更加完善。南宋皇城遗址“51131”道路街巷综合整治工程、五柳巷综保二期、“御街·二十三坊”和中山南路双面街建设进展顺利，中华美食园顺利开园。湖滨二期提升工程基本竣工，地铁龙翔站上盖物业一期建设项目主体结顶。玉皇山南创意产业园一期工程全面完成并投入使用，“山南人家”和公交停保场地块二期安置房建设顺利竣工。复兴国际商务广场完成亮灯等配套及道路绿化整治，地下停车场二期建设基本完成。望江地区改造取得较大突破，完成征迁1180户、企业搬迁10家，控规修编报市政府审批。完成两个地块出让。工业园区科技孵化大楼竣工。全年共实施重点工程项目181项，新开工88.20万平方米，竣工62万平方米，拆迁1674户，安置1411户。

城市管理更加精细。圆满完成全国文明城市创建、国家卫生城市复评及国家环保模范城市复评迎检任务，深入打造“最清洁城区”。城管智能管控系统运行成效显著，案件发现和处理时效同比提高50%，重复投诉量同比下降39.1%。“四化”管理水平继续位居全市前列，开展13项市容专项整治，中河高架和富春江路绿化、劳动路序化整治、河坊街亮灯工程成为全市示范；完成屋顶绿化2万平方米，整治经验全市推广。推进“光纤到户”，用户接入宽带能力全市领先。修缮历史建筑61处，竣工20处。实施背街小巷改善、庭院改善等民生工程扫尾和“回头看”，物业改善工程提前收官，10项为民办实事项目基本完成。

生态环境更加优美。以创建生态文明示范社区和示范基地为载体，积极开展生态文明城区建设试点工作。启动“三江两岸”生态景观保护三年行动计划。实施生态垃圾房改造84座，完成5项亮灯工程和7项市“1250”生态文明示范工程。加强环境监管，扩大油烟在线监控区域，完成新开河、新塘河水质生态治理，实施中东河生态综合整治900余平方米、河道清淤6000余立方米，望江铬渣污染土壤处置有新进展，环境重点监管单位检查合格率达100%。推进“联街结社”共建，广泛开展以环保低碳为主题的劳动技术竞赛、科普、志愿者服务和未成年人思想道德教育活动。重视“垃圾分类”收集，首创“定时定点”收集模式和“垃圾分类实名制”做法，受到中共中央政治局常委、国务院副总理李克强及省、市主要领导关注肯定，并在全市推广。

（三）民生事业持续发展

社会保障更加全面。全年保障救助支出达3158万元，比上年增长5.9%。实施职工技能培训提升工程，开展和谐劳动关系构建，全年完成各类培训3542人次，实现再就业1.3万人，新增大学生创业企业89家，带动就业600余人，成功创建市充分就业城区。养老、工伤、生育等净增参保人数均完成计划的200%以上，城镇居民养老保险参保率达90%，医疗保险基本实现全覆盖。开展低收入家庭认定和参保情况调查，深化养老服务和残疾人托（安）养工作。保障性住房开工

10.30 万平方米,竣工 23.80 万平方米。认真落实基本药物制度,探索困难群体基本医疗服务“零自负”机制,让利百姓 3315.70 万元,区级医疗机构门诊均次费用比上年下降 12.7%。

公共服务更加优质。出台学前教育“1+4”新政,8所幼儿园通过升等定级;开展教育发展性评价和“轻负高质”实践,小班化教育覆盖率达 93.3%,公办初中教学质量有较大提高,被命名为省中小学生课外文体活动工程示范区。社区卫生服务机构与浙江大学附属第二医院的医疗合作有实质性进展,卫生信息化建设全省领先;率先开展“专职医生进学校”,成立老年抑郁症管理指导中心;公共卫生服务保持优势,被评为省卫生应急工作示范区。创新“五化合一”计生工作模式,推进流动人口计生服务均等化。举办社区艺术节、首届文艺团队联合会艺术节等富有上城特色的群众文化活动,发放文体惠民活动券 113 万元,街道文化站规范化建设全部达标,非遗保护工作不断加强;开展以“三边工程”为特色的全民健身活动,成功创建省体育强区。

社会管理更加深化。健全社区工作机制,重视社会工作者队伍建设和社区社会组织发展,完善和谐社区考评机制,“333+X” 社区大服务体系被民政部确定为中国和谐社区建设“上城模式”,上城区被评为全国社区服务示范区。全面开展社会管理创新,实施 23 个重点项目,建立平安上城 110 社会联动机制,设计探索“网格化”管理,“五化”联动的工作模式得到了省、市主要领导的充分肯定。构建“社情民意互联网”,整合完善“四调七对接”的大调解工作体系,信访总量和疑难积案数量有明显下降,全年未发生影响重大的群体性事件,社会治安状况保持稳定。安全生产监管扎实有效,消防、交通事故较 2010 年均有下降;突出治理食品、药品热、难点问题,开展专项整治 30 余次,加大处罚力度,消除食品、药品安全隐患,切实保障居民消费安全。

(四)自身建设持续加强

政府管理更加高效。完成部门和街道机构改革方案,分类实施事业单位改革。加强编制管理,优化编制结构,面向社区工作者定向招考试点反响良好。推进财政精细化管理,制定国资运营中长期发展战略规划,积极开展国库集中支付、公务卡应用、部门预算公开和指挥部房产核查等工作。全面完成电子政务信息化建设五年规划;启动以“科学管理、人性服务”为目标的“智慧上城”建设,被列为杭州“智慧城市”建设试点。政府管理和公共服务标准化项目顺利通过国家试点验收,在市综合考评特色创新目标评比中名列前茅。深化作风建设和执行力建设,集中组织实施“效能亮剑”专项行动,着力治庸、治懒、治散,行政绩效有新提高。

依法行政更加深入。自觉接受人大依法监督和政协民主监督。定期向人大、政协通报工作,坚持重点议案、建议、提案区长督办制度,共办理“两会”议案、建议和提案 225 件。支持各民主党派、工商联和人民团体开展工作。巩固“五五”普法先进经验,完成并启动实施第六个法制宣传教育和依法治区五年规划,“民主法治街道”试点工作初见成效。继续深化法制建设,全面完成规范性文件清理工作,落实重大行政决策合法性审查制度,向人大报备规范性文件 4 件,对 714 件行政合同进行审查备案;进一步规范行政处罚自由裁量权,强化执法监督考核,认真做好行政复议与行政应诉。新增政府公开信息 1187 条。

权力运行更加规范。严格落实党风廉政建设责任制,继续完善惩防体系建设,加强对政府公职人员的教育、监督和管理。认真贯彻《中国共产党党员领导干部廉洁从政若干准则》,汇编五年反腐倡廉制度电子书,组织参观法纪教育基地、市反腐倡廉成果展等,强化岗位廉政教育。完善权力阳光运行机制,完成网上行政审批系统更新,纳入网上审批服务事项 229 项,全年共办结 17319 件。加大审计和行政监察工作力度,共完成审计项目 237 个,净核减资金 3900 万元;查处违法违纪案件 14 件,挽回经济损失 223.40 万元。严格执行“5 个严禁、17 个不准和 5 个一律”,为换届工作营造风清气正的良好氛围。

同时,民族、宗教、侨务和对台工作不断加强;统计、保密、档案、地方志、人防、征兵、国防教育、拥军优属等工作取得新成绩;红十字、妇女儿童、老龄、残疾人、慈善等事业健康发展。

过去五年,是上城推进科学发展、建设“具有国际水准高品质中心城区”的重要时期。团结带领全区广大干部群众,全面贯彻党的十七届五中、六中全会精神和科学发展观,认真落实国家宏观调控政策和省市各项战略部署,努力克服国际金融危机冲击和发展资源短缺等不利因素,化挑战为机遇,真抓实干,积极进取，区域经济实力进一步增强、环境品质进一步优化、人民生活进一步改善、社会管理进一步有序，圆满完成了区十三届人大历次会议确定的各项目标任务。

过去五年，是上城科学发展、开拓创新的五年。坚持以人为本，紧紧抓住发展这个第一要务，围绕建设"具有国际水准的高品质中心城区"战略目标，按照提升"厚重文化、高端产业、精致空间、人性交通、品质生活"五大内涵和"做大做强、做优做精"的发展要求，从区域实际出发，坚持转型升级、城市有机更新、文化软实力提升、共建共治共享、民主促民生等工作思路，正确处理好质量与速度、保护与改善、发展与稳定等方面的关系，深入打造旅游休闲商务区和生活品质国际体验区，经济社会得到了全面协调发展。坚持以解放思想、拉高标杆带动工作创新，积极整合资源，凝聚发展合力，实行财政、建设、教育、卫生、房管、商贸等系统管理体制调整，组建国资统一运营机构，深化行政审批制度改革，体制机制进一步优化；全面开展行政管理与公共服务标准化国家试点区、质量强省试点区、省可持续发展实验区建设，以不断拓展政务信息化为基础，为企服务、城市管理、保障救助、促进就业、社区建设、公共安全、行政管理与绩效评估等体系更加完善，"六型政府"建设取得了可喜成果。累计获得123项国家级荣誉，发展成效始终处于全市乃至全省前列。

过去五年，是上城抢抓机遇、克难前行的五年。始终坚持"环境立区"战略，充分把握实施西湖综保、南宋皇城大遗址综保和城乡区域统筹发展的历史机遇，努力突破土地、空间、资金、政策等瓶颈制约，着力推进大项目、大平台建设，以经典建筑、精致空间、精细管理、精美环境为特征的精品上城初步形成。累计实施重点建设项目496个，完成固定资产投资338.9亿元。南宋御街·中山路、新中东河、五柳巷历史街区、八卦田、"四纵五横"等精彩亮相，中山南路综保工程荣获中国人居环境（范例）奖。四大城市综合体打造、历史建筑保护等工程全面推进，待改造地块以外的民生工程基本完成，累计实施危旧房改善110万平方米、庭院改善1334幢、背街小巷改善298条、物业改善320万平方米、截污纳管310处、公厕改造125座、市场提升40家。工业园区新征土地27.33万平方米，建设标准厂房5万平方米、企业厂房7万平方米。楼宇服务功能不断完善，区市协作"十大平台"搭建初见成效。扎实推进"最清洁城区"和生态文明城区打造，城市管理目标考核连续7年获全市一等奖，生态街道实现全覆盖，城区环境得到较好保护和改善。

过去五年，是上城实力增强、品质提升的五年。推进产业结构调整，优化产业布局，着力构建具有上城特色的现代产业体系，以占杭州市区0.6%的土地面积，实现了占杭州市9%的GDP和8%的地方财政收入。2011年，服务业增加值占全区生产总值比重54.7%，较2006年提高7.5个百分点。五年累计实际利用外资11.2亿美元，是上一个五年的6.7倍；引进1000万美元以上项目55个、世界500强项目3个；实际利用内资915亿元，其中亿元以上项目87个。拥有税收超千万元楼宇54幢，其中税收超亿元楼宇7幢。引进5家企业总部；扶持10家企业成功上市，占全市92家上市企业的10.9%。引进杭州首个院士工作站；省级高新技术企业已达44家。以湖滨国际名品街和南山路"名车长廊"为核心，沿湖商圈日益时尚繁华；以南宋御街和4A级景区清河坊为核心，沿山商圈"宜居、宜商、宜文、宜游"氛围不断浓厚；以玉皇山南创意产业园和复兴国际商务广场为核心，沿江商圈金融服务和文化创意产业集聚高地正在迅速崛起。

过去五年，是上城成果共享、社会和谐的五年。始终从群众根本需求出发，以破解"七难"问题为重点，致力于完善民生保障，大力发展社会事业，切实维护和谐稳定，努力提高居民的生活品质。按照"保基本、补不足"的工作思路，不断完善政策救助的兜底机制，累计发放低保、"春风行动"等各类救助资金1.3亿元，49万余人次困难群众受益；创新实施"双零"工程和困难群体"安居"工程，率先出台为困难失业人员、失业残疾人提供社保补贴政策，帮扶救助工作连续5年获全市第一。社会事业突出惠民导向，大力加强硬件设施建设，积极推进名校集团化发展、医药卫生体制改革和"五大文化提升工程"，教育、卫生和文体网络布局更为合理，服务功能得到切实增强。探索打造居家养老、居家就业、居家医疗、居家教育、居家办事、居家安养等"居家"系列服务品牌，累计投入4000余万元，82万余人次受益。2007年以来，共完成44项为民办实事工程，群众对政府解决"七难"问题的满意率始终保持在90%以上。在全国率先提出"5A"社区服务目标，探索建立和谐社区考评机制，不断提升社区服务水平，连续7年被评为省民政工作先进区。扎实推进

“法治上城”、“平安上城”和“最安全城区”建设，荣获2006~2010全国法制宣传教育先进区荣誉称号，连续6年被评为“浙江省平安区”，群众安全感一直位居全市前列。

五年的发展实践，深切体会到：要坚持科学发展。通过不断强化科学发展理念，完善发展思路，始终坚持走差异化发展道路，将转型升级作为经济工作的主旋律，大力实施城市有机更新，协调推进环境改善、民生保障和社会事业，取得好中求快的发展成效。要坚持改革创新。积极应对国际金融危机和宏观调控趋紧的挑战，针对影响发展的体制机制、资源配置等问题，不断解放思想，立足自身优势，注重整合资源，善于借势借力，通过搭建平台、创新载体等手段，主动营造有利于发展的环境，抢抓新机遇，解决新问题，开创新局面。要坚持务实为民。坚持把为民谋利作为政府工作的根本，把实现人民生活的安康幸福作为一切工作的出发点和落脚点，办成一批事关群众切身利益的大事、实事，让发展成果实实在在惠及民众，从而得到群众的拥护，形成强大的发展合力。要坚持品质至上。始终秉承“追求卓越、品质至上”的上城精神，按照“精、强、优、美”的总体要求，高标准谋划和推动工作，在经济发展、民生保障、社会管理和公共服务等领域创造一批全国知名、省市领先的品牌亮点，形成率先发展的良好态势。要坚持真抓实干。通过深入开展作风建设和执行力建设，促进行政效能提升，贯彻省市和区委确定的重大战略决策与工作部署，扎实推进各项政府工作，团结协作、紧密配合，攻坚克难、勇往直前，在多重挑战中干成一批大事、难事。

五年的艰苦奋斗，铸就今日欣欣向荣之上城。成就的取得，是省、市党委、政府和区委正确领导的结果，是全区广大干部群众团结奋斗的结果，是历届班子打下良好基础以及老同志关心支持的结果，是区人大、区政协以及各位人大代表、政协委员履行职责、参政议政和有效监督的结果，也是各民主党派、工商联、无党派人士、人民团体、“新杭州人”以及社会各界共同参与的结果。

五年的成绩来之不易，发展中存在的问题更需理性应对。当前，上城区经济社会发展存在的问题和困难主要表现为:对宏观形势的研究分析不够，在高起点上稳增长、促转型、增强发展后劲面临的难题尚待破解；加快大平台建设提升、促进南北区域平衡发展的任务依然十分艰巨；政府职能转变与群众期望仍有一定差距，社会管理和公共服务等方面需要不断完善；公务员履职能力与实现战略目标的要求还不尽适应，作风建设和廉政建设有待进一步加强。对此，要高度重视，采取更加有力的措施加以解决。

今后五年经济社会发展的指导思想与总体目标

今后五年，是区加快转型发展、建设“具有国际水准高品质中心城区”的关键时期。在新的历史阶段，必须切实肩负起时代和全区人民赋予的重任，坚定信心，抢抓机遇，团结拼搏，开拓进取，全面推进上城经济社会又好又快发展，确保“十二五”规划与区第九次党代会提出目标任务的圆满完成。

今后五年发展的指导思想是：坚持以马列主义、毛泽东思想、邓小平理论和“三个代表”重要思想为指导，深入贯彻落实科学发展观，围绕推进国际化、提升幸福感，以科学发展为主题，以转型发展为主线，以富民强区、社会和谐为主旨，继续推进旅游休闲商务区、可持续发展实验区、生活品质国际体验区和质量强区建设，正确处理好“五大关系”，着力抓好“八大提升”，加快经济转型发展、城市空间优化、民生保障改善、公共服务均等化和文明素质提升，切实打响“南宋古都·经典上城”品牌，加快建设“具有国际水准的高品质中心城区”。

(一)今后五年的主要奋斗目标

经济发展跃上新台阶。全区生产总值年均增长9%(按同口径比较)，服务业增加值年均增长11%，规模以上高新技术产业销售产值年均增长10%；力争到2016年，全区财政总收入突破120亿元，地方财政收入突破70亿元，楼宇(含园区)单位面积税收翻一番；全社会固定资产投资五年累计达到300亿元；实际利用外资五年力争达到8亿美元。

协调发展呈现新局面。加快望江地区建设，做精玉皇山南区块和湖滨区块，努力构建沿江、沿湖区域“一体两翼”协调发展的格局；大力构建资源节约型、环境友好型社会，万元工业增加值综合能耗下降10%以上，区域污水截污纳管率达到95%，水环境功能区水质达标率达到85%，城区绿化覆盖率达到38%以上。

社会事业得到新发展。新建或重建2所初中、4所小学和10所幼儿园，实现优质教育全覆盖，教育质量社会满意率达到95%以上；基本完成社区卫生和公共卫生服务机构规范化建设，推广40项中医适宜技术，居民电子健康档案建档率达到100%，做好传染病防制工作，继续推进健康城区建设；完善区文化馆、老年和青少年活动中心功能，改善街道社区文体设施，形成较为完善的10分钟文体服务圈，创建省级文化先进区。

民生改善达到新水平。社会保障体系不断健全，实现企业职工养老、医疗、失业、工伤、生育保险全覆盖，五年累计新增就业岗位10万个，城镇调查失业率控制在6%以下；保障性住房建设大力推进，力争五年累计开工100万平方米、竣工130万平方米；实施"四改""回头看"工程，实现社区准物业管理全覆盖；"居家"系列工程全面深化，"七难"问题有效破解。

政府建设实现新加强。完成新一轮政府机构改革。人才队伍不断优化，力争到2016年全区人才总量达到15万人以上。依法行政全面深化，权力阳光运行长效机制基本形成。信息化和标准化网络体系健全，行政绩效有新提高。民主决策、矛盾纠纷预防和化解等机制不断完善，社会管理创新取得显著成效。作风和廉政建设持续深入，"六不"问题得到有效遏制，群众满意度进一步提高。

(二)今后五年发展的基本思路

以产业升级为核心，推动经济平稳健康增长。深入贯彻国家宏观调控政策和市十大产业发展战略，依托楼宇、城市综合体和园区基地三大平台，突出现有产业优势，坚持存量调优、增量引优两手齐抓，加快推动产业差异化、集聚化、高端化发展，提高产业国际化水平，优化税源结构，增强经济实力。以提升"一谷"、建设"一园"、培育"多点"为主线，推进文化创意产业繁荣发展。以打造吴山景圈私募股权投资集聚区和勾山里西湖国际专业金融区，提升延安路、庆春路和西湖大道金融辐射带，发展沿江区块为框架，推进金融服务产业集聚发展。以大企业、大品牌为龙头，结合地铁经济规划，做精湖滨商圈和吴山商圈，推进现代商贸服务业提升发展。以西湖成功申遗和运河、南宋皇城大遗址申遗为契机，深化生活品质国际体验区建设，推进城市旅游快速发展。以工业园区和科创中心为支撑，借力区市协作平台，大力提升都市型工业。依托街巷改善，积极发展工艺美术、中医保健、美食、休闲等特色潜力行业。

以打造精品为目标，推动空间环境更加优化。按照"双城三圈"的规划布局，扎实推进四大城市综合体、历史建筑保护和南宋皇城遗址"51131"道路街巷综合整治工程等重点工程建设；集中力量实施望江地区改造，争取"三年初见成效、五年基本建成"。更加注重工程与文化、工程与民生、工程与产业、工程与景观的有机融合，构筑体现精致品位、能够引领发展的标志性空间，努力形成沿湖核心商业圈繁荣兴旺、沿山历史文化圈魅力独特、沿江商务居住圈蒸蒸日上的区域均衡发展格局。构建集"数字城管、数字执法、数字市政、数字应急"为一体的全方位数字化城市管理模式，推进城市管理国际化。以生态文明建设为抓手，开展"三江两岸"景观带上城段的保护与建设，深化水源、大气综合整治，实施绿化美化工程，倡导低碳环保，着力打造一流的城市环境。

以破解"七难"为先导，推动生活品质持续改善。坚持民生优先，确保新增财力的2/3以上用于民生改善，努力推进公共服务的均等优质和国际化程度，不断提升群众幸福感。建立、健全普惠型和特惠型有机结合的保障体系，实现基本社会保障和帮扶救助全覆盖。优先发展教育事业，实施"五大行动计划"，建成国内一流的基础教育强区，率先实现教育现代化。完善社区卫生服务，加强公共卫生体系建设，提高群众健康水平。以构建"333+X"社区大服务体系为核心，不断深化和谐社区建设。坚持"项目带动、示范引路、网格管理"工作思路，积极创新社会管理。深入推进"平安上城"建设，不断健全民众诉求表达、矛盾调处、权益保障和公共危机应急管理机制，着力化解各种矛盾纠纷和突出问题，保障公共安全，维护和谐稳定。

以文化建设为支撑，推动社会事业繁荣发展。认真贯彻党的十七届六中全会精神，落实"文化振兴"战略，大力实施"五大文化提升工程"，推动文化与经济、民生、社会全面融合，充分发挥文化在推进国际化、提升幸福感进程中的引领作用，着力打造文化强区。坚持文化建设与凝聚共识、凝聚人心相结合，以打造学习型城区为载体，全面践行"追求卓越、品质至上"的上城精神，深入构建社会主义核心价值体系，倡导积极健康、和谐有序的行为准则，努力培养国际化城市公民所应具备的参与、公德、公益等公共意识。坚持文化建设与改善民生、满足民需相结合，构建设施完善、富有实效、惠及全民的公共文化服务体系，提高群众文化生活质量。坚持文化建设与发展转型、社会转型相结合,高度重视历史文化遗产保护利用,依托特色文化先发优势,营造新一轮区域竞争的比较优势。

以依法行政为准则,推动政府建设不断加强。学习行政管理和公共服务国际先进经验,加快政府职能转型。深化基层民主政治建设,保障人民群众的合法权益;围绕以民主促民生,创新工作载体,畅通参与渠道,推进民主科学决策。大力加强法制建设,更加突出依法行政,继续完善政府工作和重大事项向人大、政协通报制度,自觉接受人大及其常委会的监督,积极支持政协履行职能。坚持执政为民,扩大政务公开,健全政府职责体系;降低行政成本,提高服务效能,加强人才队伍建设,不断增强政府的公信力和执行力。努力践行"五要五不要"作风要求,进一步树立求真务实、勤政为民的良好形象。深入开展廉政建设,深化主题教育活动,加大监察、审计工作力度,进一步完善惩防体系,促进权力规范运行。

2012年的重点工作

2012年,是实施"十二五"规划承上启下的重要一年。当前,宏观经济形势依然十分严峻复杂,世界经济复苏的不稳定性不确定性上升。要高度关注、认真分析、加强谋划、妥善应对,继续保持经济社会发展的良好势头。

2012年全区经济社会发展的主要预期目标建议安排为:地区生产总值增长9%;服务业增加值增长9%;社会消费品零售总额增长18%;固定资产投资50亿元;地方财政收入增长6%;万元工业增加值综合能耗下降2%以上;新增城镇就业人数1.89万人;计划生育符合率达到97%以上。为实现上述目标,必须坚持稳中求进、奋发有为、优化结构、转型发展,以质量强区为主载体,以"八大提升"为主抓手,做好以下工作:

(一)围绕富民强区的发展目标,着力转型升级,切实增强经济实力

优先发展领军产业。以市发展十大产业战略为导向,重点提升金融服务和文化创意产业,带动现代服务业全面转型升级。强化地块招商、楼宇选商和政策留商,突出总部经济和成熟税源,大力吸引世界500强、国内外行业龙头和知名品牌企业,着力扶持和壮大一批带动性强的项目。全年计划引进内资68.1亿元,实际到位外资1.75亿美元。落实市"十二五"金融业发展规划,以玉皇山南创意产业园为核心,吸引国内外知名资产管理、投资机构落户,重点打造私募股权投资基金产业链;依托延安路、庆春路、西湖大道以及周边沿线,加快金融配套服务机构入驻。按照"一谷一园多点"的文化创意产业发展布局,做强设计服务、文化休闲旅游、艺术品和教育培训四大特色优势产业,培育信息软件、动漫游戏、现代传媒和文化会展四大新兴潜力行业,做精品牌,扩大辐射。立足区位优势,重视商贸服务业提升,加大中介服务和社区服务业的引进培育,推动现代服务业整体向高端化、特色化发展。

全力打造集聚平台。深入研究和规划,集中力量抓好楼宇资源的整合提升,盘活闲置特色建筑,推进"三村"资源和专业市场的转型升级,着力优化存量楼宇品质。以1~2幢楼宇为试点,按照国际化标准完善智能化、信息化办公系统和相关配套设施,打造精品示范楼宇。大力培育发展一批总部楼、金融楼、商务楼、科研楼、中介服务楼等特色商务楼宇。结合望江地区改造、湖滨二期提升等大项目实施,高标准规划建设一批功能完善、管理优质的甲级商务楼宇。依托地铁建设,进一步做好龙翔站地下空间和上盖物业的规划、建设和利用。认真经营四大城市综合体,加快玉皇山南创意产业园十个组团建设,打造全省文化创意产业20强园区;完善复兴国际商务广场配套环境,提升湖滨(南山路)和南宋御街·中山路综合体服务功能,打造有上城特色的发展大平台。充分利用工业园区,以"产出最高、效益最好、业态最高端"为目标,加快电子信息、物联网、节能环保、海洋经济等战略性新兴产业集聚。夯实区市协作平台,确保项目对接落地,计划转移产业投资2亿元。进一步完善为企服务,强化政策保障和资金扶持。

重视提升特色产业。加大科技投入,鼓励支持企业开发新产品;强化科技创新载体,组织实施科技发展计划项目60项,孵化科技成果6~8个,培育市级研发中心3家,以科创中心、浙江大学科技成果转化基地为依托,进一步发挥创新载体和创新团队的引领作用,加快都市型工业转型升级。落实扩大消费各项政策,围绕推进旅游国际化和生活品质国际体验区建设,优化湖滨、吴山两大商圈业态品牌,提升发展特色街经济和特色潜力行业。重视实体经济发展和扶持中小微企业,培育壮大上市梯队。深入实施领军型人才创新创业计划和专业技术人才、青年人才提升工程,创新人才工作机制,完善人才政策,拓宽引进渠道,加快留学生和大学生创业园建设，力争全年引进人才4000名以上。

（二）围绕“双城三圈”的发展格局，着力优化环境，切实提升城区品位

深入实施重点项目。计划新开工50万平方米、竣工50万平方米；拆迁1500户，安置1500户。实施“奋战望江”三年行动计划，全力推进望江地区改造建设，做好近江单元、望南区块征地拆迁及前期审批工作，抓好近江单元新开工及续建安置房项目，确保新开工8.80万平方米、竣工15.20万平方米，搬迁单位16家，出让土地9600平方米。完成湖滨国际名品街环境提升，吴山路商业中心国庆开业，湖滨三期工程完成拆迁扫尾，地铁龙翔站上盖物业一期年底整体竣工。基本完成玉皇山南生态改善和环境整治，启动大畈鱼塘南、北地块建设，实施凤凰山东路三期整治，马儿山、甘水巷、安家塘和目术塘更新项目年底土建基本竣工。实施清河坊和南宋御街扫尾工程，四宜路地块建设项目土建竣工。

加快完善基础设施。区行政服务中心、工业园区标准厂房及人才公寓动工建设，横河文体中心和区体育大楼项目争取开工。修缮36处历史建筑，竣工15处。实施“三江两岸”生态景观保护，启动樱桃山生态公园建设。推进“御街·二十三坊”整治，力争全面完成南宋皇城遗址“51131”道路街巷综合整治工程。继续开展河道综合治理，提升河道养护水平，改善河道水质。全面开展“四改”工程“回头看”，加强道路低洼积水、人行道、公厕等市政设施管理和改善；完成10万个家庭“光纤到户”和20处截污纳管改造工程。

巩固深化精细管理。以推进城市环境管理国际化为目标，努力打造精品亮点，不断提升“四化”管理水平。深化城市管理智能管控平台建设，健全市政管理资源数据库，建立“城管执法进社区”工作机制，拓展智能管控覆盖面。编制新一轮生态文明建设三年行动计划，开展6家生态文明示范社区创建，完成5项市“1250”生态文明示范工程。加大企业环境违法行为查处力度，不断改善大气、土壤、水、声等方面环境质量。深化“联街结社”共建，普及环保理念。巩固“垃圾分类”成果，继续推进“垃圾分类”工作。

（三）围绕为民惠民的发展理念，着力改善民生，切实推动协调发展

继续强化民生保障。完善困难家庭动态管理，深化低保工作规范化建设。进一步健全帮扶救助制度，实施困难群体基本医疗服务“零自负”和新的计生公益金政策，加大专项救助和临时救助力度。继续实施“双零”工程和困难群体“安居”工程，扎实开展充分就业城区、创业型城区及和谐劳动关系创建，力争实现社会保险全覆盖。加大政府主办和社会举办养老机构建设力度，完成所有街道敬老院提升，实现每个街道拥有1家老年食堂。推进居家养老服务全覆盖工程，政府为老人购买服务受益面达3.5%。巩固省扶残助残爱心城区创建成果，建立完善残疾人培训就业基地，落实残疾人单独施保政策，推进残疾人托（安）养工作。

认真办好民生实事。完成10项为民办实事工程：

1. 加快保障性住房建设，开工建设8万平方米，续建20万平方米，交付20万平方米。

2. 优化居民居住环境，完成物改“回头看”工程20万平方米，提升改造老旧小区信报箱5万个。

3. 改善区域道路环境，完成背街小巷改善10条。

4. 加快停车场（库）建设，建设停车场（库）10处以上，新增泊位1000个。

5. 改善2245户居民饮用水环境，取消仅存210只屋顶水箱，实现全区自来水直供全覆盖。

6. 继续推进环境绿化，全年改造扩绿8万平方米、完成屋顶绿化2万平方米。

7. 提升改造南星街道及小营巷社区、白塔岭社区便民服务中心，打造集公共服务、文体活动、社区管理等为一体的综合性服务基地，提升为民服务水平。

8. 积极开展就业帮扶，继续落实居民就业社保补贴等政策，帮助2550名就业困难人员实现再就业。

9. 加大教育投入，进一步改善教育设施，启动新行知幼儿园项目，新天地实验小学开工建设。

10. 积极缓解群众“看病难”问题，扩大社区卫生服务中心与省、市医院合作范围，实现电子健康档案互联互通，同步共享省、市专家预约服务，方便居民群众预约就诊。

大力繁荣社会事业。全面推进名校集团化办学，优质教育覆盖率达到100%；借鉴国际先进教育理念，推进教育“轻负高质”和均衡发展，开展学校特色文化建设，积极争创省教育现代化强区。继续落实基本药物制度，打造精品社区责任医师团队，广泛开展“中医药进社区”，完善社区医疗服务体系，推进公共卫生服务均等化和健康城区建设。深化人口素质工程,积极开展"三优"促进工作。围绕推动文化大发展、大繁荣,做好历史文化、民俗文化的传承与发展;加强社会主义核心价值观宣传教育和主题实践,深入贯彻"十二五"全民科学素质行动规划,提升公民道德、科学素质;加强公共文化服务体系建设,建立群众文体活动的长效运作机制,开展"社区文化活动年"系列活动,完善公共文体服务设施,继续做好非物质文化遗产保护工作。

努力构建"和谐上城"。按照"区有精品、街道有亮点、社区有特色"目标,整合"五小"行业社区服务资源,深化湖滨街道"湖滨晴雨工作室"、清波街道"123为老服务圈"、紫阳街道"邻里值班室"等已有特色品牌,重点打造小营街道养老服务中心、望江街道和南星街道邻里中心等社区建设示范点;继续开展"和谐(满意)社区"创建,积极培育社区社会组织和社会工作人才,提升民生工作水平和群众幸福感。加强社会管理创新,完善社会管理"网格化"和平安上城110社会联动机制,建成社会管理联动指挥中心。全面推进大调解工作体系建设,源头化解社会矛盾纠纷;完善社会稳定风险评估和信息预警机制,妥善预防和处置重大群体性事件,加强突发事件应急管理;充分整合社会治安资源,继续深入开展"一查、二打、三整、四建"综合行动,深化"零发案"小区建设,广泛开展"平安守望"活动,积极构建动态型、联动型、高效型的治安防控网络。完善食品药品监管,创建市药品安全示范区。强化安全生产"十大"体系建设,有效防范和坚决遏制重大安全事故发生。

(四)围绕执政为民的发展要求,着力规范高效,切实建设服务型政府

全面推进依法行政。自觉接受人大及其常委会的法律监督和工作监督,积极支持政协履行政治协商、民主监督、参政议政职能,支持人大代表和政协委员开展工作,认真办理议案、建议、提案。广泛听取各民主党派、工商联、无党派人士和人民团体的意见建议,积极开展民意调查,扩大公众参与,强化舆论和社会监督。深化民主决策机制,健全重大决策事项的调查研究、专家论证、风险评估、合法性审查、社会公示、实施情况跟踪评价和责任追究制度。完善行政执法责任制,开展依法行政示范单位创建活动,进一步规范行政处罚自由裁量权。深入开展"六五"普法,以公务员学法用法为重点,广泛开展法制宣传教育。深化法律援助。继续推进政府信息公开。

全面提升服务效能。完善领导干部联系基层制度,深化服务民生、服务发展、服务重点项目等活动,切实帮助基层群众和辖区企业解决实际困难。继续完善政务标准化和信息化体系,拓展网上行政服务功能,提高公共服务满意率。组织开展部门"三定"工作,有序推进新一轮政府机构改革。强化机关事务综合管理,提高后勤保障水平。加强"三公"经费管理,积极推进公车改革。深化干部队伍执政能力建设,提高服务意识,培养国际化视野和战略思维。重视公务员的教育培训,强化政务督查和效能监察,切实提升公务员素质和履职能力。围绕增强执行力和提高绩效,继续开展作风效能建设各项主题活动,推行"一线工作法"和效能"五诺法",进一步提升干部群众的精神状态和工作热情,戒除推诿拖拉、形式主义与行政不作为行为,确保政令畅通。

全面加强廉政建设。健全常态化廉政教育机制,深化"打造廉洁上城、建设品质示范区"主题教育活动,继续推进岗位廉政教育,探索上城特色廉政文化。落实党风廉政建设责任制,完善惩防体系,更加注重预防和制度建设,以"五大平台"为抓手,积极探索"科技制权"有效途径;深入构建权力阳光运行机制,加强对重要领域、关键岗位的行政监察和审计监督,深化财政预算公开,进一步规范资金使用管理、公共资源交易和政府采购行为。落实区委《关于加强对区管党政主要领导干部监督管理的办法》文件精神,推进领导班子党风廉政建设。认真执行领导干部"效能约谈"、信访谈话、诫勉谈话等制度,严肃查处违纪违法行为。

继续加强双拥共建和国防建设,做好民族、宗教、侨务、对台事务、档案、地方志、慈善和红十字等工作。

注释 **"风险池"基金平台:**指不以盈利为目的,建立市、区两级联保体系,由各区(县、市)科技局分别与市级政策性担保公司、银行根据可能发生的不良贷款按照各自匹配风险的比例出资组成的信贷风险补偿基金。同时各借款企业按照借款合同总额的一定比例缴纳风险金,补充"风险池"基金来源。

山海协作:是浙江省省委、省政府提出的对省内发达地区与欠发达地区之间区域经济协作的形象化概括,“山”主要指以浙西南山区为主的欠发达地区和舟山市,“海”主要指沿海经济发达地区。

四化:指洁化、序化、亮化、绿化。

“1250”生态文明示范工程:即杭州市实施的,在12个领域中启动50个生态示范项目,每年累计600个。

垃圾分类“定时定点”收集模式:是指在规定的时间段、规定的地点收集生活垃圾。

垃圾分类实名制:即以户为单位,对社区居民垃圾分类情况进行实名登记、监督、指导、考核的“垃圾分类”收集工作机制。

基本药物制度:“基本药物”指的是能够满足基本医疗卫生需求,剂型适宜、保证供应、基层能够配备、国民能够公平获得的药品,主要特征是安全、必需、有效、价廉。上城区作为杭州市的试点城区,于2010年2月正式实行此项制度。

困难群体基本医疗服务“零自负”机制:凡户籍在上城区的市、区两级困难家庭、残保家庭,且已加入基本医疗保险并在劳动保障部门备案登记的居民,减免其在辖区各社区卫生服务机构的所有门诊检查、检验、治疗(不含中医、乙类和丙类服务项目)和所用药品(仅限于国家基本药物)的“自负”部分的费用。

学前教育“1+4”新政:“1”指《上城区关于进一步加快学前教育均衡优质发展的实施意见》,“4”指出台、修订4个配套文件:即《上城区学前教育三年行动计划》、《2011~2020上城区学前教育布局(布点)专项规划》、《上城区学前教育专项资金管理办法》和《上城区民办幼儿园考核评估办法》。

轻负高质:是“轻负高质”课堂教学研究与课程改革的简称,是通过发掘研究基层教学经验,着力从作业校本化、教学标准化等方面改善教学管理。突出新教材疑难问题的解决,强化有效课堂的研究和教学规范的落实,提升学科教研水平,有效减轻学生负担,切实提高学习质量。

教育发展性评价:旨在促进被评价者发展,是注重诊断和激励的评价,是尊重个体差异、强调过程的评价。发展性评价通过评价主体与评价对象形成友好互信的关系,激发评价对象追求自我发展的动力,基于评价进行反思改进,从而使评价实现真正促进发展的根本目的。

专职医生进学校:即由卫生部门直接选派临床经验丰富、具备岗位所需的专业理论知识和实践操作能力的医护人员进驻校园,负责学校卫生工作。新校医将承担日常保健、卫生宣教、疾病预防、学生体检、突发处置、食品卫生和计划免疫等主要工作任务,使学校卫生实现“专业化”、健康管理“保姆化”。

五化合一:是计生群众自治新模式,即居民自治一体化、服务管理信息化、队伍建设专业化、制度评估标准化、优质服务均等化。

三边工程:即建设群众身边的体育设施、完善群众身边的体育组织、开展群众身边的体育活动。

“网格化”管理:为全面加强社会管理责任体系建设,完善社会管理长效机制,运用网格管理理念和现代信息技术,以建立并完善社会管理责任制为基础,以合理划分网格管理单元、加强对社会各类人员的服务与管理为重点,综合考虑“人、地、物、事、组织”等因素,通过信息化技术手段,有效整合社会资源,强化对社会成员的规范化、全覆盖服务,实现对社会的精细化、常态式管理,全面、深入推进社会管理创新。

四调七对接:即司法调解、人民调解、行政调解、仲裁调解和诉调对接、检调对接、警调对接、访调对接、裁调对接、上下对接、部门对接。

政府管理和公共服务标准化项目:即以服务型政府建设为导向,借鉴企业标准化管理思路,以规范行政权力、提升服务质量为目的,以构建政府职能标准化体系为核心,以制定具体职能管理标准为基础,以推进标准实施和动态完善为重点,全面推进区一级政府行政职能的标准化管理。已基本完成了包含1个大体系、4个子体系、31个分体系、3个应用辅助体系的区(县)级政府管理和公共服务标准化体系的构建;完成了154项标准编制并分别作为国家、省、市、区级标准颁布实施;其中包括1项国家级标准、5项省级标准。

“效能亮剑”专项行动:根据全市的统一部署,2011年5~8月,在全区开展以“创新服务、干在实处、开好新局”为主题,“治庸、治懒、治散”为突破口的作风建设专项行动。通过动员部署、监督检查、评述整改、建章立制4个阶段,增强党员干部的责任意识和执行力，提升干部职工的服务水平与工作效率，为上城区“十二五”规划开好局、起好步提供强有力的作风效能保障。

惩防体系：2005年，中央颁布《建立健全教育、制度、监督并重的惩治和预防腐败体系实施纲要》，2008年，中央制定《建立健全惩治和预防腐败体系2008~2012工作规划》，同年，上城区制定《完善惩防体系、打造“廉洁上城”2008~2012年工作意见》。从加强党的执政能力建设的高度，以标本兼治、综合治理、惩防并举、注重预防为方针，以教育、制度、监督、改革、纠风、惩处为手段，建立健全与社会主义市场经济体制相适应的一种反腐败体系，是从源头上防治腐败的根本举措。

权力阳光运行机制：指行政机关依法行使的权力，从权力项目的授权依据到决策、执行、结果实行全过程动态公开，并运用信息技术，固化权力运行流程，实行网上办公、办事，促使行政权力规范、透明、廉洁、高效运行的一种管理机制。上城区已建成以“网上行政服务中心”为平台，“数字监察”为保障的具有上城特色的权力阳光运行机制。

“5个严禁”、“17个不准”和“5个一律”：“5个严禁”是指严禁拉票贿选、严禁买官卖官、严禁跑官要官、严禁违规用人、严禁干扰换届。“17个不准”是指不准在民主推荐、民主测评、组织考察和选举中搞拉票等非组织活动。不准贿赂代表。不准参与或者帮助他人拉票贿选。不准以谋取个人职务晋升、调任、转任、留任或者提高职级待遇等为目的，贿赂他人。不准利用职务上的便利以为他人谋取职务晋升、调任、转任、留任或者提高职级待遇等为目的，索取、收受或者变相索取、收受贿赂。不准采取拉关系、走门子或者要挟等不正当手段，谋取职务或者职级待遇；不准封官许愿，或者为他人提拔、调动说情、打招呼。不准违反规定程序选拔任用干部。不准突击提拔调整干部；不准任人唯亲，指定提拔调整人选；不准违反规定超职数配备领导干部，或者违反规定提高干部的职级待遇。不准利用职务便利私自干预下级或者原任职地区、单位的干部选拔任用工作。不准私自泄露民主推荐、民主测评、考察、酝酿、讨论决定干部等有关情况。不准以威胁、欺骗等手段妨害代表自由行使选举权、被选举权和表决权。不准编造、传播谣言，诬告陷害或者侮辱诽谤他人。不准在换届选举期间私自向代表赠送纪念品和散发各种宣传材料。不准阻挠对违反换届纪律问题的调查和处理。“5个一律”是指对拉票贿选的，一律排除出考察入选，已列为候选人的取消候选人资格，已经提拔的责令辞职、免职、降职或者依法罢免，贿选的还要依纪依法处理；参与或者帮助他人拉票贿选的，比照为自己拉票贿选的行为给予相应处理。对买官卖官的，一律先予停职或者免职，再根据情节轻重进一步给予组织处理或者纪律处分；涉嫌违法犯罪的，移送司法机关依法处理；通过行贿手段获取的职务坚决予以撤销。对跑官要官的，一律不得提拔重用，视情节给予批评教育或者相应的组织处理，并记录在案；对搞封官许愿或者为跑官要官的人疏通关系、说情、打招呼的，要严肃批评，造成用人失察失误等严重后果的还要追究责任。违反规定作出的干部任用决定，一律无效，并严肃追究相关人员的责任。对干扰破坏换届选举工作的，一律严肃查处，涉嫌违法犯罪的移送司法机关处理。

六型政府：即创新型、责任型、节约型、服务型、法治型和廉洁型政府。

七难：困难群众生活就业难、看病难、上学难、住房难、行路停车难、办事难、清洁卫生难。

名校集团化发展：该战略旨在整合优质教育资源，推进基础教育均衡发展，有效缓解“上好学难”问题。自2005年以来，上城区一直稳步推进名校集团化工作，先后成立天长教育集团、宗文教育集团、胜利学前教育集团和行知学前教育集团等22个教育集团和15个区域内部互助共同体，涉及了全区所有的初中、小学和幼儿园。其中，14个为紧密型教育集团，8个为松散型的教育联盟。

“5A”社区服务：是上城区于2007年全国首创的社区服务新模式。是指通过依托“e家人”社区事务管理网、电脑服务网、电视服务网、电话服务网四大网络，搭建社区事务管理、居民互动、公共服务、志愿服务、养老服务、为民服务联盟六大平台，逐步实现“5A”社区服务目标，即任何人(Anyone)、在任何时候(Anytime)和任何地点(Anywhere)，通过任何方式(Anyway)得到任何的服务(Anyservice)。

五大关系：即当前与长远、质量与速度、社会与经济、保护与发展、传承与创新之间的关系。

八大提升：抓好金融服务业、文化创意产业、楼宇经济、城市管理、民生事业、人才队伍建设、公共服务等八个方面的工作提升。

“一体两翼”:“一体”是指上城区整个行政区域;“两翼”是指沿西湖区域和沿江区域。

“双城三圈”:双城,即“老城和新城”;三圈,即“沿湖核心商业圈、沿山历史文化圈、沿江商务居住圈”。

“五大行动计划”:指上城教育“十二五”规划中着重推进的“轻负高质”行动计划、支持学生成长行动计划、扩大教育开放行动计划、提升学前教育行动计划、实施管理创新行动计划等“五大行动计划”。

“五大文化提升工程”:即“厚重文化传承、先进文化引领、公共文化惠民、文化产业提升、文化人才支撑”五大工程。

“五要五不要”:指区治庸治懒治散“效能亮剑”专项行动要实现的工作目标。一要爱岗敬业、争创一流,不要不思进取、甘于平庸;二要谋事尽责、务实高效,不要敷衍塞责、得过且过;三要严明纪律、令行禁止,不要自由散漫、我行我素;四要团结协作、共事共为,不要本位主义、分工分家;五要文明办公、热情服务,不要官僚作风、衙门习气。

“一谷一园多点”:“一谷”即“西湖创意谷”,“一园”即玉皇山南国际设计创意产业园,“多点”即开元198、金巢新经济园、毛戈平时尚园、天工艺苑当代大师馆、江南艺术品交易中心、LOMO创意谷等创意点。目前,开元198、毛戈平时尚园、LOMO创意谷被认定为市级科技型企业孵化器。

“三优”促进工作:即根据浙江省人口计生委《关于加强优生优育优教促进工作的指导意见》(浙人口计生委〔2009〕62号)和《关于开展优生优育优教促进工作实施意见》(杭人口计生委〔2010〕15号)精神,依托卫生部门、教育部门、街道、社区、幼儿园、专业机构等,对目标人群(新婚夫妇、怀孕夫妇、0-3岁婴幼儿抚养人)宣传推进“优生、优育、优教”促进工作,引导目标人群增强提高出生人口素质的意识,指导目标人群自我预防出生缺陷,增强科学育儿和婴幼儿早期家庭教育的知识和基本技能。

“一查、二打、三整、四建”:“一查”即全面查控可能危害和影响社会和谐稳定的重点人员;“二打”即严打黑恶势力等严重犯罪活动,严打侵财性等多发性违法犯罪活动;“三整”即整治治安混乱的重点区域部位、整治治安复杂的行业场所、整治各类安全隐患;“四建”即建立人口管理长效常态机制、建立城乡社区主动警务长效常态机制、建立信息化深度应用机制、建立公正廉洁规范执法长效常态机制。

“平安守望”活动:是以区平安巡防队伍和“平安上城”志愿者队伍为主力,广泛动员网格内居民群众积极参与治安群防群治,开展信息收集、治安防范、矛盾化解等邻里守望互助活动,构建扎实的群众性治安防控网络。

安全生产“十大”体系:即安全责任体系、重点行业监管体系、隐患排查整改体系、安全宣教体系、监管队伍体系、执法检查体系、应急救援体系、标准化体系、钱塘江防潮安全监管体系、重大活动安全监管体系建设。

一线工作法:即鼓励机关干部职工深入基层、深入群众、深入一线,服务基层、服务群众,做到力量向一线倾斜、政策在一线落实、问题在一线解决、能力在一线锻炼、作风在一线转变、形象在一线树立、成效在一线检验。

效能“五诺法”:在治庸治懒治散“效能亮剑”专项行动中,区作风办把效能承诺活动分成定诺、示诺、履诺、评诺、查诺五个阶段,引导广大党员干部“作承诺、亮身份,当先锋、树形象,激活力、促发展”。

“五大平台”:指国有资产运行和监管平台、建设资金集中管理平台、安置房信息管理平台、小额公共资源交易平台、网上行政服务中心等五个监督平台。

中国人民政治协商会议第三届杭州市上城区委员会常务委员会工作报告(摘要)

——在政协第四届杭州市上城区委员会第一次会议上的报告

(2012年2月12日)

政协上城区第四届委员会主席　余　勇

过去五年的工作回顾

过去五年,是上城区继续解放思想,坚持改革开放,推动科学发展,积极应对严峻困难和挑战,各项工作取得显著成就的五年,也是上城区人民政协事业开拓创新、蓬勃发展的五年。五年来,在中共上城区委的领导下,区政协及其常委会坚持以邓小平理论和“三个代表”重要思想为指导,全面落实科学发展观,高举爱国主义、社会主义旗帜,牢牢把握团结和民主两大主题,围绕中心、服务大局,认真履行政治协商、民主监督、参政议政职能,为推动经济发展、促进民生改善、维护社会和谐作出了重要贡献。

(一)努力建设学习型政协,夯实思想政治基础

五年来,继承人民政协重视学习的传统,把加强学习作为履行职能的重要基础,举办专题辅导和学习报告会25次,增进全体委员的思想政治共识。

突出学习主题。科学发展观是中国经济社会发展的重要指导方针,是五年来常抓不懈的学习主题。按照中央和区委部署,扎实开展学习实践活动,牢牢把握科学发展观的深刻内涵、精神实质和根本要求。把学习实践科学发展观与贯彻中共十七大精神有机结合起来,与落实中央、全国政协及省、市委重要会议和文件精神有机结合起来,与开展先进性教育和解放思想大讨论活动有机结合起来,筑牢共同的政治基础和思想基础,增强走中国特色社会主义道路的自觉性和坚定性。

深化学习重点。《中共中央关于加强人民政协工作的意见》(以下简称《意见》),是指导新世纪新阶段人民政协工作的纲领性文件。围绕贯彻《意见》精神,组织学习交流会和专题研讨会5次。学习贯彻省、市委

政协工作会议和有关文件精神。协助区委召开全区政协工作会议,完成有关文件的起草工作。配合做好市委检查贯彻落实全市政协工作会议情况,得到市、区领导的充分肯定。召开专题座谈会和研讨会,学习胡锦涛总书记在庆祝人民政协成立60周年大会上的重要讲话精神,宣传人民政协和中国特色政党制度,切实增强履行职能的使命感和责任感。

改进学习方式。适应新形势新要求,不断深化学习内容,创新学习形式,打造学习品牌。坚持常委会和理论中心组学习制度,组织政协领导和机关干部参加各种学习培训。坚持委员暑期读书会制度,区政府及其部门领导到会通报工作,就经济发展、城市建设、社会事业、民生保障等专题,与委员开展政情交流活动。建立委员专家库,以经济形势分析、传统文化讲座、履职经验交流等为切入点,邀请委员作主题报告,取得良好反响。

开展调查研究。重视发挥理论引领实践的作用,围绕学习贯彻《意见》精神、人民政协与构建社会主义和谐社会、改革开放30周年、新中国暨人民政协成立60

周年、建党 90 周年、辛亥革命 100 周年等主题，组织开展研讨会、论坛等学术活动。围绕发展协商民主、发挥界别作用、创新基层政协工作等问题开展调查研究，形成一批有分量的成果。重视研究成果的转化，使之成为工作部署、思路和方法。其中，关于政协履行职能“三化”问题的调研，为召开全区政协工作会议作了思想准备，为区委出台有关文件提供重要参考和依据。

(二)围绕中心服务大局，着力提高履职水平

五年来，把促进发展作为第一要务，积极履行三项职能，为推进上城区建设“具有国际水准的高品质中心城区”建睿智之言、献务实之策。

政治协商格局初步形成

政治协商是人民政协的首要职能。五年来，区政协共召开 5 次全委会，24 次常委会、63 次主席会、97 次专题协商会。初步形成全委会整体协商、常委会专题协商、主席会重点协商、专委会对口协商的良好格局。

有序组织整体协商。每次全会，委员们都重点围绕政府工作报告、政协常委会工作报告和提案工作报告深入开展讨论，积极建言献策，提出科学性、前瞻性、可操作性的意见建议。各民主党派、委员进行大会发言 75 次(含书面)，区委、区政府主要领导到会聆听，责成有关部门落实办理相关意见建议，使协商参政收到了较好效果。

积极推进重点协商。积极参与全区经济、社会发展等重大问题的决策研究，协助区委、区政府科学制定改革发展规划。围绕区“十二五”规划的制定，走访单位 25 家，收集建议 300 余条，并举办专题常委会协商，为上城区制定“十二五”规划提供了重要参考。就《关于进一步加快杭州生活品质国际体验区建设的意见》、《上城区“省级可持续发展实验区”建设规划》、《关于以新型城市化为主导进一步加强城乡统筹与区市协作的实施意见》、《上城区“五主多副”空间结构优化指导意见》的贯彻实施展开协商，召开专题议政会，从加强规划协调、深化配套发展、完善合作机制等方面提出建议，一些重点建议已在区委、区政府落实的相关工作和制定的有关文件中得到体现。

广泛开展对口协商。区政协各专委会针对社会管理创新工作、历史文化遗产保护行动计划、南宋御街建设改造业态布局、“三江两岸”生态景观保护和建设、进一步推进品牌创建、实施质量强区战略等问题，与区政府对口联系部门广泛开展协商，为其制定措施、改进工作提供了重要参考，取得良好效果。

规范健全协商机制。积极争取区委、区政府对政治协商的重视与支持，借鉴外地先进经验，在实践中积极探索，协助区委、区政府逐步健全和完善政治协商工作的内容、形式和程序。区委高度重视政治协商工作，于 2010 年 5 月以区委文件形式制发《中共上城区委、上城区人民政府政治协商工作计划》，对政治协商工作的主要内容、方法程序和年度重点协商内容作出明确规定。区政协认真贯彻文件精神，切实强化具体措施，有效推动政治协商的开展。

民主监督工作稳步推进

民主监督是中国社会主义监督体系的重要组成部分。五年来，着眼于民主政治建设，稳步推进民主监督工作，既充分运用和实践好现有的形式，把民主监督融入政协各项工作中，又努力探索民主监督的新途径和新方法，使民主监督工作有了新的成效。

重视抓好提案监督。区三届政协以来，提案工作在政协常委会和主席会议的领导下，依靠党委、政府的高度重视和广大委员的积极参与，取得明显成效。在动员委员参政议政、建言献策方面，实现提案数量和质量的稳步提升，连续 5 年每年人均提交 1 件以上提案。在开展提案工作理论研讨方面，取得一系列积极成果。在创新工作机制，完善各项制度和提高提案质量、办理质量、服务质量方面，总结摸索出一整套行之有效的工作形式。在加强提案工作的制度化、规范化、程序化、信息化建设方面，取得实质性进展，制定出台《提案工作管理规范》。提案工作为推动全区经济建设和社会事业发展发挥了重要作用。

广泛开展视察监督。重点围绕经济社会发展的重点、政府工作中的难点、居民群众关心的热点问题，组织开展视察监督，参加委员达 800 多人次，突出视察的针对性。根据视察内容邀请省、市政协委员、专家学者、党政领导、社区代表、市民群众参加，请他们提出意见建议，提高了视察的专业性。在视察过程中将实地考察、现场座谈、分组调研、集中协商有机结合，凸显了视察的层次性。在工作方法上运用明察暗访、民主评议、问卷调查等方式，全面了解深层次问题，提升

了视察的灵活性。视察后，采用政协信息和情况专报的形式，将委员提出的意见建议反馈给区委、区政府及有关职能部门，引起其重视，及时改进工作，增强了视察的实效性。

充分运用信息监督。着力在提高信息质量上求实效，把反映社情民意作为民主监督的重要环节。在拓宽信息收集渠道、完善服务网络和促进调研成果转化上下功夫，筛选重要意见建议报送全国政协，提升信息反映的层次。五年来，共报送社情民意信息1300余篇，其中20余篇被全国政协采用，近80篇被省、市政协采用，《杭州日报》刊登8篇。多篇信息得到国家部委、省、市领导批示。如《保护钱江潮，传承潮文化，申报世界“双遗产”》得到省长批示；《让文化墙丰富城市文化内涵》得到市委书记批示，并被市委、市政府评为2010年度杭州市优秀人民建议创意奖；《关于筹建“杭州近代金融陈列馆”的建议》得到市长批示。区政协连续5年被评为“杭州市政协信息工作先进单位”。

积极参与行风监督。为拓展民主监督渠道，提高民主监督的组织化程度，统一委派行业接近、专业对口、工作负责的8名政协委员分别担任区人民法院“特邀听证员”、区人民检察院“人民监督员”、区质监局“行风监督员”。推荐100余人次政协委员参加市政府有关职能部门的“公述民评”活动。评议前委员们深入调查，征求社会各界人士意见，评议时既充分肯定成绩，也提出中肯的改进建议，得到各方的好评。

参政议政水平不断提高

参政议政是人民政协主动服务大局的重要途径。五年来，注重发挥政协人才荟萃、智力密集的优势，提高参政议政成效，努力推动全区科学发展。

为全区中心工作建言献策。紧扣全区中心工作、关注全区发展热点是区三届政协参政议政的重点。主动征求区委、区政府对调研选题的意见和要求，选择经济社会发展中具有综合性、全局性、前瞻性的重要课题，深入开展调研，努力在全局工作中发挥政协的独特作用。先后完成《完善中山南路动静态交通组织，打造“中国美食夜市第一街”》、《发展我区物联网产业的若干建议》、《杭州市中山路非物质文化遗产保护和利用的建议》、《有效运营国有资产，支撑带动RBD建设》、《促进我区初中学校均衡优质发展》、《关于“两河三路一口”历史文化遗存的挖掘和建议》等调研报告，均得到区委、区政府的高度重视和积极采纳。先后有7篇调研报告被《杭州政务调查研究》录用，5次得到市委书记、市长批示。形成的建议案有：《关于南宋皇城街巷综保工程历史文化挖掘和利用的建议案》、《关于中东河综保工程历史文化遗存挖掘展示的建议案》、《关于对上城区打造“低碳城区”的建议案》等，区委、区政府对建议案均做了回复，充分肯定区政协对于推进这些重点工作所起到的积极作用。

为转变发展方式论证求解。推动产业结构优化和发展方式转变，是区三届政协参政议政的主线。围绕文化产业发展问题召开专题议政会，提出设立文化产业主管机构和发展基金、扶持发展文化创意产业等建议，推动文化产业成为全区支柱产业。就上城区“西湖创意谷”三年行动计划(2008~2010年)的目标、规划、政策等提出《关于进一步推进我区创意产业发展的建议案》，为突破发展瓶颈献智。积极完成区委交办的重大调研课题，就《关于“后申遗时代”和“双铁”时代我区发展战略问题》、《上城区发展楼宇经济的调查与思考》、《杭州区县(市)城乡统筹发展中应关注的若干问题和相关建议》等事关上城区战略定位、发展思路的重要问题提出对策建议，区委主要领导充分肯定具有重要参考价值，不少建议被纳入全区改革发展战略。

为应对金融危机献计出力。积极应对国际金融危机，合力破解发展难题，是区三届政协参政议政的亮点。国际金融危机爆发后，响应区委号召，广泛走访委员企业，召开经济界别委员座谈会，研究保企业、保订单、保发展之策，提出了《关于促进我区中小企业发展的建议案》和系列提案，有关建议被区委、区政府采纳落实。围绕“企业服务年”、“作风建设年”活动，区政协领导赴有关企业调研，协助解决企业困难，推动经济企稳向好发展。

(三)以人为本关注民生，推动和谐社会建设

五年来，发挥人民政协代表性强、位置超脱的优势，把促进民生改善作为履行职能的重点，积极推动解决群众切身利益问题，共同维护社会和谐稳定。

推动改善城市人居环境。积极参与创建“全国文明城市”活动，组织130多人次委员视察相关工作，为杭州市成功创建“全国文明城市”作出了贡献。围绕建设生态文明城区召开专题议政会，为区委、区政府出台《关于推进上城区生态文明建设的决定》出谋划策。

围绕城市管理工作,组织委员就打造“最清洁城区”、数字城管、智能执法、上城区饮食业油烟智能监控试点等工作视察调研,提出有关意见建议,推动了城市人居环境的改善。

促进提高民生福利水平。围绕破解“7+X”难题这一总抓手,高度关注社会保障、医疗教育、收入分配等民生问题,把促进民生问题的解决作为以民主促民生的根本着力点。系统调研群众普遍关心的看病难、看病贵问题,报送了《国家基本药物制度试行工作中出现的问题应引起重视》信息,被全国政协采用并得到国家有关部委领导批示。就大学生就业问题、推进全区养老事业、校园安全工作、积极预防和妥善处理突发公共事件等问题组织专题议政,提出的建议得到有关部门采纳落实。就促进上城区初中学校均衡优质发展、妥善解决学前教育“入园难”问题、推进历史街区和历史建筑保护工作、完善安置房规范管理工作等问题开展专题调研,为维护社会公平、公正发挥积极作用。还围绕保障残疾人权益、食品安全、五五普法、司法公正、住宅电梯安全监管等问题开展议政或监督活动,得到社会各界的好评。

着力夯实社会和谐基础。围绕“以人为本构建和谐上城”进行协商议政,提出了改革社区管理体制、加大社区建设投入等建议。与市政协就“关心困难群体,共享生活品质”主题进行联动调研,对2500余户居民开展问卷调查,对低保、困难群体入户调查1000余户,形成《关心困难群体、完善帮扶机制、共享品质生活》调研报告,在市政协常委会上进行书面发言。政协领导经常深入街道调研,加强同基层群众联系,慰问贫困群众和外来建设者,帮助解决实际困难。就构建和谐劳动关系、基层执法等问题提出对策建议,维护社会和谐稳定。

积极投身公益慈善事业。据不完全统计,区三届政协委员及其企业慈善捐款捐物总值超过千万元。汶川特大地震灾难发生后,及时召开抗震救灾座谈会,发动委员为灾区恢复重建献计出力。为抗击南方冰雪灾害、青海玉树地震灾难等组织多种形式的募捐活动;赴桐庐等地扶贫支教,以实际行动支持灾区重建工作和公益慈善事业。

(四)发扬民主增进团结,推进社会主义民主政治建设

五年来,发挥人民政协作为大团结大联合组织的优势,不断扩大团结面、增强包容性,认真做好凝心聚力的工作,努力推进上城区社会主义民主政治发展。

切实推进协商民主。五年来,组织委员和社会各界人士,围绕中共上城区代表大会报告、政府工作报告、中长期发展规划、重要改革方案、重大项目建设等发表真知灼见,为全区中心工作的开展提供具有广泛民主基础的智力支持。区委、区政府领导参加政协重要会议300多人次、参加全会讨论100多人次,与委员共商改革发展大计;有关部门负责人也经常参加政协的会议和活动,发挥人民政协作为协商民主重要平台的作用。

大力促进多党合作。密切与各民主党派的联系,建立并坚持区政协领导联系民主党派制度。积极为各民主党派在政协履行职能创造条件,重点安排民主党派在全体会议上大会发言、常委会议和专题议政会上发表意见,重点督办民主党派集体提案,重点选派有民主党派身份的委员担任特邀监督员。重视发挥民主党派的作用,保证民主党派成员和无党派人士在政协委员、常务委员中占有较大比例。联合民主党派开展视察、调研、督办提案和下基层、进社区等活动。

紧密团结爱国人士。加强民族宗教工作,走访宗教界代表人士,推进民族团结和宗教和睦。密切与工会、共青团、妇联、工商联等人民团体的联系,广泛团结新的社会阶层,汇聚各阶层力量共同致力于社会主义事业。组织召开台商协会和台资企业座谈会,宣传贯彻党和国家对台工作方针政策。广泛团结归侨侨眷和海外侨胞,接待海外来访团组23批,增进国际社会对人民政协和上城的了解,巩固和扩大了爱国统一战线。

拓宽政治参与渠道。开展“政情交流”和“政协委员进社区”等活动,集中委员智慧,反映群众诉求。在全国政协系统率先研发成功和正式运行《上城区政协协同电子政务系统》,为加强政协信息化建设,提高提案工作科学化水平起到积极作用,《人民政协报》和《杭州日报》等媒体做了专题报道。通过网上议政、网络收集民意,拓展公民有序政治参与的空间,五年来,区政协网站访问量达43万人次。

创新加强文史工作。根据上城区历史文化名城核心区的功能定位,深挖地域文化内涵,编撰出版《图说南宋京城临安》、《漫游中东河》、《走读中山路》等9本史料书籍和2套影像资料。努力探索文史工作服务现实的途径,为“两河三路一口”、“51131”工程献计出力,编撰了五柳巷、西湖大道、延安路历史文化遗存等史料集,供建设部门参考。组织政协委员及其联系的社会各界人士撰写《浙江省非物质文化遗产代表性传承人口述史》、“抗震救灾”、“小天地大作为” 等亲历、亲见、亲闻文章。成立上城区茶文化研究会,开展有关活动。发挥人民政协书画联谊、翰墨传情的优势,每年举办政协书画展,特别是与清波街道、吴山书画院联合举办的“第二届科学与艺术·院士与书画家作品联展”,赵洪祝、黄坤明、茅临生等领导到场观看,给予高度评价。两次与中国美院联合举办“刘江西湖诗词篆刻书法展”;与台州市椒江区政协联合举办“上城区政协和椒江区政协书画联展”,《杭州日报》头版、省政协《联谊报》、省、市有关电视台等20多家媒体作了专题报道。

积极开展对外宣传。牢固树立精品意识,不断提高宣传质量,切实发挥宣传对政协工作的推动作用。创办《上城政协》内部季刊,增进对外交流,扩大社会影响。通过新闻媒体、互联网站积极宣传报道区政协主要工作和重要活动,2010年12月3日出版的《人民政协报》在头版头条发表《“智”塑特色文化街区——杭州上城区政协推动历史文化保护小记》纪实文章,对区政协积极参政议政,推动历史街区保护所取得的成效给予充分肯定。讲述区政协助推创意产业,促成上城区与中国美院合作,共同打造西湖创意谷的纪实文章《作为与地位》在人民政协网发表。

(五)重视强本固基,提高履行职能的成效

五年来,主动适应新形势新任务,把改善服务与科学管理有机结合起来,全面加强自身建设,政协工作的成效和水平进一步提高。

突出界别特色作用。就开展界别活动、加强界别工作等出台专门文件,建立健全界别工作的运作机制。寓界别建设于履行职能的经常性工作,探索开展界别活动的新方法新途径,调动各界别参政议政积极性,发挥政协界别在扩大社会各阶层有序政治参与中的重要作用。以专门委员会为依托,召开经济、教育、科学技术、医药卫生等界别座谈会,组织界别委员开展专项调研,反映界别愿望和诉求。

发挥委员主体作用。坚持政协领导走访委员及其所在单位制度,五年来走访委员500多人次,了解委员具体情况,帮助解决实际困难。安排委员参加区委、区政府重要会议及有关部门组织的检查督导工作;定期举办问政会、座谈会等,为委员履行职责创造条件。建立委员履职档案制度,规范委员履职行为。按照“活动制度化、内容专题化、形式多样化”的要求,组织开展政协小组活动。由于主题明确、因地制宜,组织精心、筹备周密,6个街道委员小组活动丰富活跃,有声有色,成效明显。委员在政协大家庭里拓宽了视野、提升了素质,政协工作的氛围更加活泼融洽。

强化专委会基础作用。加强对专门委员会工作的领导,建立主席会议指导专门委员会工作机制,常委会议和主席会议定期听取专门委员会工作汇报。加强专门委员会建设,调整专门委员会名称和职能设置,新成立委员学习和工作联络委员会,充实领导力量,激发工作活力。

加强机关保障作用。以提高机关的执行力和服务水平为重点,加强干部队伍建设,着力增强服务意识和责任意识。修订和完善11项规章制度,推进机关工作的制度化、规范化。区政协机关先后荣获全区学习型机关先进单位、区直单位综合考评先进单位等荣誉。

过去五年工作的主要经验

区三届政协继承和发扬历届政协的好传统,努力探索开展工作的新形式新方法,在丰富生动的工作实践中积累了许多有益经验。这些经验,既是长期形成的宝贵财富,也是今后开展工作必须坚持的重要原则,值得倍加珍惜。

必须坚持党的领导,形成良好工作局面。党的领导是人民政协开展工作的根本保证。五年来,自觉接受中共上城区委的领导,坚决贯彻执行区委的重大决策,重要问题及时向区委请示,重要活动主动征求区委的意见,紧紧围绕党政中心工作履行职能。区委高度重视政协工作,把政协工作纳入党委工作整体布局,区委常委会定期研究政协工作,坚持重大问题与政协协商,重要情况向政协通报。区委、区政府主要领导不仅主动给政协出题目、提要求,而且做到政协重大活动“有请必到”、重要建议“有文必批”、重点问题“有求必应”。特别是2009年,区委召开全区政协工作会议,下发了关于加强人民政协工作的文件及实施意见，及时派出督查组检查全区落实文件情况，为政协工作创造了必要条件。正是由于区委对政协工作的有力领导，上城区基本形成了“党委重视、政府支持、政协主动、各方配合、社会关注”的良好局面。

必须紧紧围绕中心，主动服务全区大局。围绕中心，服务大局是人民政协有所作为的基本要求。五年来，牢固树立中心意识，紧扣党政工作大局，始终与党委、政府方向一致、目标一致、工作一致。在政治协商议题的确定、调研课题的选择、视察内容的安排上，都围绕全区中心工作展开，为党政决策提供参考和依据。在履职过程中，更加积极地维护大局、融入大局、服务中心、推动发展；在经济建设、改善民生和维护稳定等方面积极作为，得到了区委、区政府和社会各界的认可和赞同。事实证明，只要始终围绕中心善谋实干，紧贴发展履行职能，就一定能实现政协工作的有为有位。

必须加强团结民主，为构建和谐上城贡献力量。团结和民主是彰显人民政协特色的两大主题。五年来，坚持发挥人民政协作为中国共产党领导的多党合作和政治协商的重要机构作用，努力加强与各民主党派、工商联、人民团体和社会各界人士的团结协作，积极支持各民主党派、人民团体运用提案、大会发言、反映社情民意等方式建言献策。充分发挥政协联系广泛、渠道畅通的优势，开展具有政协特色的活动。鼓励和引导委员加强同本界别群众的联系，围绕群众思想认识上的“困惑点”、矛盾“易发点”，主动协助区委、区政府做好协调关系、化解矛盾、理顺情绪的工作。只有坚持团结民主两大主题，在尊重多样性中保持一致性，才能更好地发挥政协组织广泛代表性和政治上最大包容性的优势，巩固和发展民主团结、生动活泼、安定和谐的政治局面。

必须不断开拓创新，进一步提高政协工作科学化水平。开拓创新是人民政协事业发展的不竭动力。五年来，坚持以创新谋发展、以作为树形象，积极探索完善政治协商新形式、民主监督新举措、提案办理新机制、反映社情民意新办法，促进了一批事关上城发展、群众热切期盼的提案、建议案得到落实解决，形成了一批高质量的参政议政成果。在政协制度化、规范化、程序化建设上，进一步创新和完善履行职能的各项制度和目标管理考评体系，形成了“年度工作有要点，月度工作有计划，重点工作有安排，履职工作有方案”的格局，提升了政协工作科学化水平。实践表明，政协工作要不断取得新发展，就必须在实践中大胆创新，在创新中不断前进，努力使政协工作更好地体现时代性、把握规律性、富于创造性。

必须突出委员主体，不断增强政协工作活力。发挥委员主体作用是做好人民政协工作的有效途径。五年来，加强委员培训，组织委员履职，开展了“先进委员小组”、“委员积极分子”、“优秀提案”等系列评优活动，调动委员积极性；邀请委员列席政协常委会议、政府常务会议等有关会议，扩大委员参与面；推荐委员担任区有关部门“特邀听证员”、“人民监督员”、“行风监督员”；参加政府部门“公述民评”活动，拓宽委员民主监督渠道。实践证明，只有委员主体作用得到了充分发挥，政协工作才能永葆生机，不断创造出生动活泼的新局面。

今后五年的工作建议

今后五年，是中国全面建设小康社会、实现中华民族伟大复兴的重要时期，也是人民政协事业实现新发展的关键时期。刚刚闭幕的中共上城区第九次代表大会，确立了上城区未来5年的发展思路，提出了推进国际化，提升幸福感，为建设“具有国际水准的高品质中心城区”而努力奋斗的总体目标，这对区人民政协工作提出了更高要求。区四届政协要继续高举中国特色社会主义伟大旗帜，深入贯彻胡锦涛总书记在庆祝人民政协成立60周年大会上的重要讲话精神，进一步落实《意见》要求，切实履行职能，认真做好协调关系、汇聚力量、建言献策、服务大局的工作，开拓创新、奋力前行，为区经济、政治、文化、社会和生态文明建设全面协调发展作出新贡献。

（一）进一步贯彻落实《意见》精神，在思想认识上有新提高

《意见》是指导新世纪新阶段人民政协事业发展的纲领性文件，全面贯彻落实文件精神是一项长期任务。全体政协委员，尤其是新一届区政协常委会要加强对《意见》精神的再学习、再宣传、再落实，并与贯彻落实中共十七届六中全会精神结合起来，与贯彻区第九次党代会的决策部署结合起来，与服务“十二五”规划实施的新任务结合起来。区政协参加单位和全体委员要坚持社会主义核心价值体系，坚定不移地走中国

特色社会主义政治发展道路，广泛凝聚智慧，为推动社会主义文化建设积极建言献策。要加强政协特色的文化工作，把实践政协文化作为新一届政协工作的一项重要任务摆在突出位置，渗透到政协工作的方方面面，以政协文化来引领政协事业发展，提升政协工作水平。要坚持理论联系实际的学风，通过学习不断提高委员的责任感、使命感和履职能力。要针对换届后新委员多的特点，着重加强委员的业务培训工作，组织委员学习政协章程、政协基本知识、委员职责和履职的基本方法等。各专委会和委员小组要结合自身特点开展学习活动，为委员发挥主体作用提供更多的平台。

(二)进一步围绕中心服务大局，在促进发展上有新贡献

要把推进国际化，提升幸福感，建设“具有国际水准的高品质中心城区”作为政协的中心任务，突出重点、选准角度、发挥优势、积极履职，协助区委执好政、政府行好政、各界人士参好政，充分发挥人民政协不可替代的重要作用。要着力提高政治协商质量，充分运用已有的协商形式，不断健全完善政治协商的制度和规程；要不断丰富政治协商内涵，加强与区委、区政府有关部门的联系和沟通，运用专题协商会等形式，开展多层次的协商讨论活动；要探索建立加强政协组织同社会组织沟通联系的工作机制，认真听取他们的建设性意见，反映他们的合理诉求；要适应信息网络民意越来越发达的新情况新形势，通过网络渠道发布信息、汇集民意、宣传政策、开展履职，形成网络民意与政协协商民主有机对接的新机制。要继续探索民主监督的有效形式和途径，主动与党政部门联系，适时展开民主评议试点工作；要积极推荐责任心强的委员担任特约监督员，参与执法检查和专项检查；要充分运用社情民意及时反映社会上的热点、难点问题；要加强对委员所提意见采纳情况的跟踪反馈，努力提高民主监督的实效。要努力深化参政议政实效，围绕全区统筹协调发展、城市有机更新、历史文化遗产的保护与利用、特色主导产业的集聚、公共文化服务体系建设、民生改善工程、创新社会管理等，加强与区委、区政府的工作衔接，力求把政协的专题调研同党委、政府的调研课题有机结合起来，并主动承担一些力所能及的重大课题，向党委、政府提出有见地的意见建议。

(三)进一步促进五大关系和谐，在维护社会和谐稳定上有新作为

坚持发扬民主、增进团结、协调关系、化解矛盾的优良传统，努力为促进政党关系、民族关系、宗教关系、阶层关系、海内外同胞关系的和谐发挥积极作用。要善于探索和运用平等议事、商量办事的协商民主方法，围绕党委政府重大决策部署，认真组织政治协商、民主监督和参政议政活动，让各党派、团体、民族、阶层、界别的意见得到充分表达，让方方面面的利益诉求得到充分反映，为推动党委政府科学民主决策提供重要依据，为促进重大决策部署的落实提供重要帮助，为各方利益的协调和兼顾提供重要渠道。要善于探索和运用求同存异、体谅包容、联谊联络的团结联合方法，尊重和维护各党派团体和各族各界人士的民主权利，努力营造和衷共济的浓厚氛围和良好环境。要发挥界别优势，积极引导各界群众有序、合理、合法表达利益诉求，实现有序政治参与，维护社会和谐稳定。

(四)进一步加强自身建设，在提高政协工作三化水平上有新局面

坚持把解放思想、开拓创新贯穿于自身建设的各个方面，积极探索政协工作的新思路、新举措，努力开创区人民政协事业新局面。不断巩固和深化区人民政协自身建设已经形成的“五位一体”协调推进的态势。进一步发挥民主党派和无党派人士在政协履行职能中的特殊作用，支持他们参与调研视察和各种参政议政活动，为他们履行职责创造良好条件。进一步发挥政协界别的特色作用，积极研究建立界别活动的组织机制、党政有关部门与政协界别的联系机制、政协机关为界别活动提供服务的工作机制，不断丰富界别活动形式，切实发挥界别在团结委员发挥作用方面具有的独特优势。进一步发挥政协委员的主体作用，加强对委员队伍的建设和管理，认真做好委员提案、意见、建议的跟踪、督办和反馈工作。广大委员要切实发挥在本职工作中的带头作用、政协工作中的主体作用、界别群众中的代表作用，自觉树立和展示政协委员良好形象。进一步发挥政协专委会的基础作用，切实增强工作活力。进一步加强政协机关的保障作用，牢固树立为统一战线服务、为政协履行职能服务、为政协委员服务的指导思想，增强服务意识，不断提高服务水平。

总 述

General Survey

历史沿革

【概况】 上城区东南临钱塘江，西北连接西湖，西南沿凤凰山脊毗连玉皇山，东北与下城区、江干区为邻，是杭州市的老城区。南宋时建皇城于杭城南部，习惯称南边为上，区名由此而得。

上城区境域远古系湖海相连之海湾。东汉光武年间，会稽郡议曹华信筑堤挡海潮，堤西成湖，堤东泥沙淤积，遂成陆地。隋文帝开皇九年(公元 589 年)，置杭州；隋开皇十一年(公元 591 年)，移州治于柳浦西凤凰山麓，依凤凰山筑城。唐建中年间，杭州刺史李泌在涌金门至钱塘门之间，开井 6 口，均在上城区境内，导西湖水入城，原负山而居依山泉为生的居民逐渐北展，生齿日繁，民居日众。后梁龙德三年(公元 923 年)，封钱镠为吴越国王，建都杭州，钱镠两次扩展罗城范围，今上城区境域皆是都城中心。自北宋至清末，今上城区境域分属钱塘县和仁和县。民国 3 年 (公元 1914 年)属钱塘道之杭县。民国 16 年 (公元 1927 年 5 月)，始建杭州市，属杭州市之城区。民国 19 年 (公元 1930 年)，杭州编为 13 个区，一至四区为今上城区范围。民国 23 年(公元 1934 年)，并为 8 个区；民国 26 年(公元 1937 年)，日军侵占杭州后，改为 7 个区；民国 34 年(公元 1945 年)，抗战胜利，恢复为 8 个区，今上城区境域为一、二区。1949 年 5 月，杭州解放，当月建 8 个区，一区更名为上城区，二区更名为中城区。1957 年 5 月 30 日，杭州市人民委员会决定，撤销中城区建制，其大部分划归上城区。

自隋唐以来，辖区内一直是商贾辐辏，官衙毗邻，名贤辈出的繁华地区。境内的凤凰山东麓是隋唐时期州治及五代吴越国王宫和南宋皇宫所在地，留有众多的古迹遗址和人文景观，具有较高的历史价值，通过近几年的遗址考古发掘，累计有 5 项被评为年度全国十大考古新发现。宋时的三省六部，德寿宫，龙翔宫，安抚司；元时的江浙行省；明清时期的织造署，南巡行宫；清代的旗营将军署，以及宋至清的杭州府署；元至清的仁和、钱塘县署；民国时期的浙江省政府等省、市官衙、名宅、重要机关；新中国成立至 1995 年 12 月，中共杭州市委、市人大常委会、市人民政府、政协杭州市委员会等机构均设在上城区域内。

上城区道路纵横，交通发达。省、市、区的大批商业、旅游业、服务行业，省、市各大银行，省、市著名医院和文化设施皆云集于此，是杭州市的商贸“黄金”地段。上城区在保留和开发历史街区、加快旧城改造、打造精品街区等方面快速发展，城区面貌日新月异，全区旅游、购物、休闲环境日益优化。

杭州悠久的历史为上城区留下了极其丰富的文化遗产，且拥有秀丽的自然风光，国家、省、市有关部门确定在上城区境域内的重点文物保护单位 74 处，其中国家级文物保护单位 11 处、省级文物保护单位 13 处、市级文物保护单位 33 处，市级文保点 17 处。其中凤山水门 2011 年由市级文物保护单位升级为省级文物保护单位。

地理概况

【地理位置与面积】 上城区地处杭州城区中部偏南，东以贴沙河、清江路至西兴大桥与江干区为界；西自钱塘江大桥经虎跑路、铁路涵洞桥、玉皇山脚、万松岭路、西湖东岸、庆春路西延伸段与西湖区接壤；南以钱塘江主航道为界与滨江区相望，北以庆春路与下城区毗连。区域面积18.3平方公里，2006年，杭州市国土资源局上城分局组织专家对上城区区域面积重新测定(含山体、水域面积)为25.4平方公里。地形以平原、丘陵为主，地势西南高、东北低。

【气候】 上城区地处亚热带季风气候区，冬季受蒙古高压控制，盛行西北风，以晴冷、干燥天气为主，是低温少雨的季节。夏季受太平洋副热带高压控制，以东南风为主，海洋带来充沛的水气，空气湿润，是高温、强光照的季节。春秋两季为过渡期，气旋流动频繁，锋面雨甚多。全区年平均气温16摄氏度左右，无霜期达230~270天，年平均降水量在1480毫米左右。夏季多台风，有些年份曾出现旱、涝等灾害性气候。暖热的气温，充沛的降水，为亚热带植被提供了良好的生长条件。山区林木覆盖、郁郁葱葱，平地以柳浪闻莺为代表的各大公园分布辖区。全区绿地面积约544.38万平方米，覆盖率达33.1%，人均公园绿地面积7.52平方米，人均绿地面积16.74平方米。 (年鉴编辑部)

人口变迁

【常住人口数及户籍家庭】 2011年，全区共有户籍家庭115229户，总人口327912人，比2010年减少18户、增加1146人，平均每户2.8人；其中男性164806人，占总人口数50.26%；女性163106人，占总人口数49.74%；男女性别比101：100。总人口按年龄段分布为：18岁以下32803人，18~35岁（含18岁不含35岁)82898人，35~60岁（含35岁不含60岁)132018人，60岁以上80193人，分别占总人口数的10%、25.28%、40.26%和24.46%。出生人口2695人，死亡人口2065人，迁入人口4217人，迁出人口1306人。

【暂住人口和出租房屋变动情况】 据2011年6月30日暂住人口年报表统计，全区暂住人口94998人，同比2010年暂住人口增加7634人。2011年，全区登记出租房屋共计17311间，比2010年增加964间。

【少数民族】 2011年，上城区共有少数民族2093人，其中蒙古族68人，回族341人，藏族16人，维吾尔族人25人，苗族234人，彝族88人，壮族211人，布依族110人，朝鲜族45人，满族192人，侗族127人，瑶族45人，白族20人，土家族241人，畲族114人，其他216人。 (顾　宁)

行政区划

【概况】 1997年1月，杭州行政区划调整，上城区区域面积增至18.3平方公里(不含山体、水域面积)，辖6个街道、54个社区。区政府驻地惠民路3号。

表1　　2011年上城区行政区划

街道名称	区域面积(平方公里)	所辖社区
湖滨	1.6	东坡路、岳王路、吴山路、涌金门、青年路、东平巷(6个)
清波	2.2	清波门、劳动路、定安路、清河坊、柳翠井巷(5个)
小营	2.7	紫金、马市街、小营巷、葵巷、老浙大、大学路、茅廊巷、金钱巷、长明寺巷、梅花碑、姚园寺巷、西牌楼(12个)
望江	4.0	大通桥、兴隆、始版桥、莫邪塘、清泰门、徐家埠、耀华、近江东园、近江西园、在水一方、婺江(11个)
南星	4.31	馒头山、紫花埠、美政桥、复兴街、海月桥、水澄桥、玉皇山、白塔岭(8个)
紫阳	3.49	十五奎巷、太庙、木场巷、彩霞岭、上羊市街、新工、凤凰、海潮、候潮门、北落马营、春江、甬江(12个)

(陈学军)

政治文明建设

【概况】 2011年，上城区按照中共十七大和十七届五中、六中全会提出的要求，坚持以科学发展观为统领，紧紧围绕建设“具有国际水准的高品质中心城区”战略目标，主动适应后金融危机时期转型发展、统筹发展的趋势特点，圆满完成区第八次党代会确定的各项目标任务，并始终注重“坚持党的领导、人民当家作主和依法治国”的有机统一，加强社会主义民主政治的制度化、规范化和程序化建设，切实提高人民群众生活品质。

【发挥党委领导核心作用】 坚持和完善党的领导，深入开展创先争优“亮践比赛”以及纪念建党90周年等主题活动，精心打造中共杭州小组纪念馆，加强党史和爱国主义教育，全面启动学习型党组织建设，加快推进“发展强、党建强”双品牌建设，创新区域化大党建模式，清波街道吴山商圈“街校企社”四位一体、小营街道“三行动、三共享”党建共建模式、南星街道复兴商圈红色联盟得到省、市领导充分肯定。按照“总揽全局、协调各方”原则，进一步加强党对人大、政协工作的领导，加强街道人大工委建设，支持人大及其常委会依法履行职能，充分发挥政协政治协商、民主监督、参政议政重要作用。民族宗教工作稳步开展，爱国统一战线不断加强，工、青、妇、科协等工作日趋活跃，关心下一代工作成效显著，党管武装工作、国防后备力量建设得到加强。

【完善党委政府科学民主决策机制】 深入探索“民主促民生”工作机制，通过建立规范的民意调查程序、项目论证程序、政策制定程序、工作实施程序和监督评价体系，在规划编制、制度制定、项目推进、实事工程上全面落实“四问四权”，培育了湖滨晴雨工作室、清波民间改善办、望江民情合议庭、南星民间食安办、紫阳邻里值班室等一批具有影响力的社会自治组织品牌。

【加强政府依法行政能力】 政府坚持依法行政，自觉接受区人大及其常委会监督，支持人民政协民主监督和参政议政，完善人大代表约见区政府领导和政府部门负责人制度，做好人大代表建议和政协委员提案办理工作。继续开展作风建设和执行力建设活动，深化权力阳光运行机制建设，完善行政权力运行全程实时监督系统，有效提高政府行政管理效能。坚持“项目带动、示范引路、网格管理”工作思路，成功打造平安上城110社会联动、“联街结社”等特色载体，“五化”联动社会管理模式得到省委书记赵洪祝批示肯定。

（陶琴梯）

建党90周年

【纪念建党90周年活动丰富】 在建党90周年之际，区委宣传部从社会宣传、活动策划、内外宣传结合等多角度出发做到提早谋划、精心组织、创新载体、营造氛围。发动全区各街道、社区组织悬挂国旗、党旗，橱窗、黑板报、电子荧幕制作播出庆祝建党90周年标语口号，在全区营造了浓厚的社会宣传氛围。联合组织部等相关部门共同策划十大纪念活动，并重点牵头策划组织“红旗飘飘——庆祝中国共产党成立90周年群众性歌咏活动”“祝福献给党——千条红色微博征集活动”“庆祝建党90周年书画摄影比赛”和“党旗辉煌 光耀神州”大型歌咏晚会等活动，其中红色微博收稿1125条并编辑成册，96幅书画摄影作品参加比赛并评奖，全区组织红歌赛200余场。区城市管理执法局的合唱团在杭州市唱红歌比赛中荣获二等奖。一报一网开设“庆祝建党90周年”专栏，持续关注报道上城区各级群众庆祝90周年的精彩活动，营造庆祝建党90周年的良好社会氛围。

【群众性歌咏晚会】 5月30日，由中共杭州市委宣传部、市文明办主办，上城区委宣传部协办的“红旗飘飘——庆祝中国共产党成立90周年群众性歌咏晚会”在吴山广场举行。有大型舞蹈《欢腾》、社区大合唱《东方红》、女生独唱《红梅赞》、男生二重唱、歌舞表演《风雅上城》、男生独唱《独木长歌》、女生四重唱《家在湘湖边》、歌舞表演《一江春水绕富阳》、大合唱《没有共产党就没有新中国》以及快板表演。150人参加表演，上城区600名居民代表观看歌咏晚会。（丰宗华）

【举办庆祝中国共产党成立90周年大型歌咏晚会】 6月20日，上城区为纪念中国共产党建党90周年，在红星剧院举办“党旗辉煌 光耀神州”大型歌咏晚会，区

5月30日,参加"红旗飘飘"群众性歌咏活动。（区委宣传部 供稿）

四套班子领导及机关干部1000人参加晚会。晚会分展现党史、展望未来两块,由"星火燎原"、"火红年代"、"复兴之光"三大篇章及近20首不同时期的经典红歌串联组成，所有参演人员来自机关部门、6个街道、文化团队和辖区有关单位,表演集歌、咏、舞、情景等为一体,辅以大型滚动背景画面及舞美、灯光等,整台晚会群情激昂、场面壮观、气势恢宏、高潮迭起,以此表达全区人民群众对党的伟大生日的衷心祝福。（张雪梅）

【开展纪念建党90周年系列活动】 在建党90周年之际,区直机关下发了《关于在区直机关开展纪念建党90周年"六个一"活动的通知》,开展"亲情"党课宣讲比赛,通过"亲情"党课集中展示上城区在"创先争优"活动中的先进典型,树立一批身边的党员干部好榜样。开展党章、党史知识竞赛活动,通过学党章、读党史,进一步增强党员干部踏实工作、无私奉献的精神。开展党员志愿者服务活动,组织公、检、法等30余家职能部门在吴山广场开展为民服务活动，通过与市民面对面的交流,进一步密切党群联系,真正做到"情为民所系,利为民所谋"。（祝 端）

【召开统一战线各界人士纪念建党90周年座谈会】 6月23日,举行以"重温历史 同心同行"为主题的全区统一战线各界人士纪念中国共产党建党90周年座谈会,回顾中国共产党和参政党携手奋斗历史,讴歌党领导革命、建设和改革的丰功伟绩,上城区委建立以来上城区经济社会取得的瞩目成就。中共上城区委书记陈红英、区政协主席余勇出席并讲话。区领导黄爱芳、王朗晨、陈小玲、戴晓军、方莉与42名各界人士代表参加了座谈会。区各民主党派负责人、非公经济人士、民族宗教界人士、港澳台侨界人士、区政协有关界别组织中的代表作了发言。会议由区政协副主席、区委统战部部长袁巧玲主持。

【侨联开展纪念建党90周年系列活动】 5月20日,区侨办、侨联下发通知,要求各基层侨联认真开展纪念中国共产党建党90周年系列活动。6月21日，组织20名侨界党员代表观看中国共产党建党90周年献礼影片《建党伟业》;6月23日,召开侨界人士代表座谈会,抒发对党的热爱之情;组织100名侨务干部和归侨侨眷参加杭州市侨办组织的纪念中国共产党成立90周年文艺汇演;6~7月,组织基层侨联分批参观浙江省第一党小组中共杭州纪念馆,接受爱国主义教育。（毛健儿）

【"红色段子"显心意】 为纪念中国共产党成立90周年,回顾党的光荣历史,歌颂党的丰功伟绩,进一步调动广大党员群众参与弘扬红色文化的积极性,清波街道运用手机短信作为构建文明城市的有效传播途径和宣传手段,通过征集健康向上、倡导文明、传递情意的"红段子",为建党90周年献礼。本次活动共征集真情祝福、励志格言、哲理短句、警句良言、幽默小品等在内的"红段子"300余条,有歌颂党的光荣历史和丰功伟绩,有赞扬街道、社区改革与发展历程中所取得的成就,反映清波地区党员群众爱岗敬业、无私奉献、团结互助、奉献爱心、好人好事等事迹以及辖区各项事业蓬勃发展的美好前景，居民通过争相转发与传阅,表达对党和国家的热爱,营造了良好的节庆氛围。

【开展"社团文化"进社区活动】 为纪念建党90周年，全力配合推进杭州市争创全国文明城市工作,清波街道与中国美术学院合作,通过整合美院学生社团资源,结合各社区特色,推出了"社团文化进社区"红色主题系列活动,以各种群众喜闻乐见的形式充分调动辖区居民的参与积极性，为纪念建党 90 周年献礼。5 月 27 日，校地双方率先在清波街道文化中心举办了“红心向党　文明入心”活动，拉开了整个系列活动的序幕。街道文化中心前两条长约 8 米的画卷，绘满了孩子们和志愿者对建党 90 周年和文明创建的喜悦之情，吸引了不少路人和游客的眼光。

【举办建党 90 周年书画摄影作品展】　6 月，为纪念中国共产党建党 90 周年，讴歌中国共产党带领全国各族人民实现伟大复兴的峥嵘岁月和丰功伟绩，再现党的光辉历程，反映清波街道党建工作的丰硕成果，展现群众多姿多彩的精神生活，街道在文化活动中心举办了一场建党 90 周年书画摄影作品展，共收集社区居民的各类作品 47 件，经过精心的挑选，33 件书画、摄影作品脱颖而出，并进行为期 6 天的展览。展厅中，挥洒自如的书法，惟妙惟肖的画卷，动静具全的摄影作品都让前来参观的市民群众大饱眼福，赞叹不已。如定安路社区的居民陈关照绘制的“延安颂”和“忆圣地延安”两幅画表现对革命圣地延安的向往和歌颂；清波门社区的 75 岁老人俞涤萍写下“天下为公”、“和谐中华”两幅书法作品，并将自己的“映日荷花别样红”、“望日莲”两幅国画作品精美装裱，送到社区。居民们表示，书画艺术是中国传统文化的精髓，举办这样的活动既丰富文化生活，又感受到浓浓的书香气息，也在建党 90 周年之际给党和群众献上一份文化大礼。

【召开纪念建党 90 周年暨七一表彰大会】　6 月 29 日，清波街道举行纪念建党 90 周年暨七一表彰活动，街道党工委书记、人大工委主任叶素，街道党工委副书记、办事处主任陈勇等领导，机关全体党员，5 名社区党员代表，辖区“两新”党组织党员代表参加了此次会议，会议由街道组织委员童邵恩主持。会上叶素从三个方面提出下阶段党建工作的重点：全面发挥党组织的战斗堡垒作用和党员的先锋模范作用，把“创先争优”活动引向深入；提高地区资源整合力度，继续深化区域化党建工作，打响区域党建工作品牌；切实开展好治庸治懒治散“效能亮剑”专项活动，促进作风效能建设取得新成效。会上，还对 2010 年度清波街道先进基层党组织、党员积极分子和建党 90 周年“红段子”征集活动优秀创作奖的获奖人员进行了表彰。杭州红泥沙锅大酒店党支部、定安路社区党委负责人进行了“创先争优”工作交流。　（柳景春）

6 月 3 日，举办清波街道建党 90 周年书画摄影展。　（清波街道　供稿）

【“红色历程”书画展献礼建党 90 周年】　6 月 14 日，望江街道在水一方社区举行“红色历程”书画艺术展。望江地区 50 余名书画专业人士和爱好者的 85 幅书画作品吸引众多居民观看。在现场展出的书画作品中，既有歌颂中国共产党丰功伟绩的书法，又有流传千古的诗词警句；既有描绘祖国大好河山的画卷，又有反映城市建设的壮景。望江街道的民间书画协会、团体及艺术爱好者到场参观。此次“红色历程”书画展共吸引 300 余人现场观摩。　（周廷波）

【开展“红色”活动纪念建党 90 周年】　紫阳街道开展纪念建党 90 周年活动，举办“红色庆生会”，邀请辖区 3 名与党同龄的老党员和 9 名市级以上优秀老党员共同为党庆祝 90 岁生日。举行“红色之旅”活动，与辖区 5 家党建共建单位赴湖南韶山毛主席故居，学习红色韶山精神。举办“红色先锋大讲堂”活动，组织辖区优秀党员，从 6 月起定期在辖区巡回宣讲优秀共产党员先进事迹。开展“红色文化”传播，组织辖区企、事业单位开展“红歌赛”、党史知识竞赛、“党在我心中”征文赛、红色电影进社区、开辟“红色墙”、“向党说句心里

6月14日,望江街道庆祝建党90周年"红色历程"书画展在在水一方社区举行。 （望江街道 供稿）

话"等活动。 （竹美敏）

精神文明建设

【加快文创产业中心区建设步伐】 上城区文化创意产业办公室(以下简称区文创办)对全区的文化创意企业开展广泛深入的调查摸底工作。全面掌握全区文化创意产业发展的各项统计指标、重点企业税收情况和文创产业项目建设情况。对全区文创企业相关经济指标进行综合分析和排序,建立区文化创意产业重点企业库,包括全区文创企业的前30强和分行业的重点企业排序情况。西湖创意谷·开元198园区对房屋等硬件设施进行维修整理,建立了统一的视觉标识系统,通过选商引资,引进3家具有良好发展潜力的文创企业入驻。玉皇山南国际设计创意产业园已完成建筑面积4万平方米,其中天龙寺组团、凤凰山组团已投入使用,园区配套服务物管公司及园区餐厅均已开始运营。园区一期整体招商基本完成,园区范围内总入驻文化创意类企业55家。按照区委、区政府的要求,区文创办拟定《关于促进文化创意产业发展的扶持意见》,不断优化全区文化创意企业的发展环境。从扶持范围和重点、扶持的政策内容、规范扶持管理办法和其他方面制定了30条有关政策。组织召开了文创产业发展推进会暨部分骨干企业座谈会。市委常委、宣传部长翁卫军,市金融办、市文创办和多位区领导出席会议。走访服务思美传媒、宇天科技、汇都化妆品等重点企业,帮助文创企业申报市文创专项资金扶持项目,全年共上报37个单位的45个文创扶持项目,已经通过专家审核立项扶持28个项目,共争取市专项扶持资金599万元。组织文创企业参加培训200人次,做好为企服务工作。玉皇山南国际设计创意产业园被授予"杭州市文化创意产业园"称号。杭州市大学生创业园(复兴大院、LOMO园区)、上城区时尚创意园、天工艺苑等单位被命名为市首批"杭州市文化创意产业特色楼宇"。

【提高生活品质】 2011年,区文化创意产业领导小组办公室共组织和协助上级部门组织节展活动3次,自行组织的第四届杭州市文化创意产业博览会上城区展位获得好评。承办2011杭州美术节,通过连续两年的杭州美术节举办,已形成政府搭台、名家唱戏、公众参与的艺术盛宴,为繁荣文化艺术、提升生活品质,营造产业环境,提高上城知名度和美誉度做出了贡献。上城区"2010杭州美术节"被杭州文娱品牌促进会、杭州市城市品牌促进会评选为2011杭州生活品质行业点评文娱生活年度品牌。

【加强市民思想道德教育工作】 深入开展全国道德模范推荐评选宣传教育活动,向杭州市精神文明建设委员会办公室推荐事迹突出、影响力广泛的候选人。以"做一个有道德的人"为主题,深入开展道德模范学习宣传活动,组织开展"3·5"学雷锋、"公民爱心日"等活动,配合做好第七届"杭州十大平民英雄"评选、第七届"阳光少年"评选等工作,组织干部群众听取杭州市道德模范宣讲团先进事迹报告会,观看道德模范故事汇"身边的感动",学习"最美妈妈"吴菊萍的先进事迹,评选上城区"夕阳红环保卫士",树立道德榜样,同时结合"我们的价值观"大讨论活动,在全区掀起向道德模范学习热潮。

【深化未成年人教育活动】 以庆祝中国共产党成立90周年和纪念辛亥革命100周年为契机,以爱党、爱国、爱家乡为主题,以全区各级各类中小学校、社区学院等为平台,在全区青少年中开展社会主义核心价值体系教育,进行阅读、征文和知识竞赛活动。进一步加强爱国主义教育基地建设和管理,有效发挥基地作用,组织学生到毛主席视察小营巷纪念馆、烈士陵园参加活动,学习中共中央政治局常委、国家副主席习近平的“复信”精神,追忆红色历程,树立爱国情怀。通过建立馆校、馆社、馆企共建机制,把小营街道的“红色走廊”办成青少年爱国主义教育的“第二课堂”,开展“党旗在我心中”主题教育活动,开展“走进实践基地”、“走进博物馆”、“走进敬老院”、“走进纪念馆”、“走进军(警)营”、“走进民营企业”等第二课堂实践活动。组织创塑馆社共建、第二课堂、文化资源等系列文化品牌,并示范推广。深入开展“学《弟子规》,做文明人”主题教育活动,培育发展童谣节、青少年国学讲堂、“暑期快乐总动员”、“小候鸟驿站”、“百场公益夏令营”、“流动少年宫”、少儿动漫大赛等特色鲜明、充满活力的未成年人思想道德建设活动。参加活动的未成年人达20万人次。

【市民文化活动丰富多彩】 2011年,开展“双百活动”,每周平均演出两场,吴山广场周末平均观众达到3000人次。举办首届上城区文艺团队联合会艺术节暨第八届上城区“城市一家人”文化艺术节,参演人数达1万人次。举办主题为“生活因健身充满活力,城市因体育勃发生机”的体育特色团队展示活动,对获奖的团队和为上城区群众体育事业发展作出贡献的“十佳社会体育指导员”等进行了表彰,向全区6个街道35支晨晚练点文体团队赠送活动器材。举办首届文艺团队联合会艺术节,活动历时3周,共有30场展示表演,为各团队提供广阔的展示平台。开展“百团百场”广场演出、红歌会等文艺演出活动,丰富群众精神生活。根据杭州市特色学习港打造要求,结合上城实际,设立“国学港”和“戏曲港”两个特色学习港,建立长效机制。开展第八届“邻居节”活动,分别评选出青年路社区和水澄桥社区为杭州市“最佳社区邻居节”和“最有创意社区邻居节”、小营巷社区居民鲍颖为杭州市“好邻居”。全年共有25万人次参加活动。

【全国文明城市创建成绩显著】 全力做好创建全国文明城市各项工作。健全组织体系,推行例会制度、首问责任制、问题整改报告制,落实问题责任、强化督查力度、加快整改速度。狠抓责任落实,形成“条管单元、块管网格、定格管理”创建模式,建立区、街道、社区、片区、楼道层层抓落实的五级网格责任体系。督查解决问题,领导带头,各专项组和各街道就各自职责范围的实地考察点进行持续反复的地毯式排查督查,对督查抄告的问题回复率100%、及时整改率100%、处置率100%。完善台账资料,多次赴各考察点指导检查,保证台账符合要求。树立典型示范,以南星街道、紫阳街道北落马营社区等典型示范带动全区创建工作进步。广泛发动群众,在提高群众知晓率、发动群众力量参与、以文化熏陶群众上下功夫。组织了全区居民的入户宣传,组织全区创建文明城市测评体系的培训、在社区学院举办《文明礼仪大讲坛》等系列文明讲座。区委宣传部被中共杭州市委、市政府评为创建全国文明城市先进单位。

【深化“国内最清洁城市”工作】 11月21日,区文明办与区生态文明办联合开展上城区第二批“生态文明示范社区”评选活动,命名青年路社区、劳动路社区、梅花碑社区、葵巷社区、近江东园社区、紫花埠社区、北落马营社区及春江社区为上城区第二批“生态文明示范社区”。大力开展特色绿化建设,推进、推广小区垂直绿化、水体绿化等工程,重点推进屋顶绿化工程,完成新侨饭店周边屋顶绿化试点工作。2011年,上城区被评为2010年度打造“国内最清洁城市”工作先进区县(市)。南宋御街·中山中路被评为2011年度杭州市第四批打造“最清洁城市”示范点。

【举办首届“国学日”系列活动】 9月9日,上城区整合“学国学精粹,塑经典上城”优秀传统文化系列学习活动载体和孔庙、西湖国学馆等文化资源,启动上城首届“国学日”,开展“国学日”尊师敬孔典礼、国学之旅、国学讲座和中秋诗词吟颂会等系列活动,为辖区居民带来一场国学盛宴。打造“国学港”和“戏曲港”两大特色学习港。国学港设于孔庙西湖国学馆内,通过请进国学大师及引进师资等途径,定期开展国学讲座、经典诵读、传统文化体验等活动,为市民提供学习机会。“戏曲港”设于清波文化站内,结合“锦霞戏剧艺术公益培训基地”开办以越剧为主的传统戏曲培训课程,面向杭州市区越剧票友免费授课,由浙江越剧团国家一级演员、中国戏剧梅花奖得主舒锦霞担纲艺术总监,打造戏曲爱好者的免费学堂。

9月9日，举行上城区学习优秀传统文化系列活动启动仪式。

（区委宣传部　供稿）

【2011杭州美术节在浙江美术馆拉开帷幕】 11月11日，为期一个月的2011杭州美术节围绕“文化发展增辉 艺术繁荣添彩”主题，以上城区为主阵地，通过高峰论坛、主题画展、艺术创作、精品展览展销、艺术进社区等多种形式在浙江美术馆拉开帷幕，其间举办了“人文江南——吾土吾民系列油画邀请展、百人画扇千人行善——藏画于民艺术品交流、共绘美好前景——上城、富阳两地城乡统筹采风、中国当代儿童插画家精品展——创意点亮上城、全国油画版画名家邀请展、追寻历史遗迹——2011地域美术研究吴山论坛、美术走进千家、杭州市少儿绘画大赛、《FA》明信片创作大赛（巡展）、艺术品经营街区和机构美术精品联展暨名家对接公众开放日”等四大类、12个大项、30个小项具群众性、艺术性的特色活动，参与人数达10万人次。当天开幕的“人文江南”——吾土吾民系列油画邀请展作为2011杭州美术节的重头戏，是浙江美术馆开馆以来举办的最大规模油画展。共展出来自浙江、江苏、安徽、江西、上海等地几代油画家300多件优秀作品，其中不乏艺术大师吴冠中、朱德群，及著名油画家全山石、许江、杨参军、潘鸿海等的精品佳作。

（丰宗华）

中共杭州小组纪念馆

【中共杭州小组纪念馆布局设计方案正式确定】 中共杭州小组纪念馆筹建工作顺利开展，明确纪念馆选址为方谷园2号（钱学森故居）部分和方谷园3号。总设计面积约1092平方米，包括中共杭州小组纪念馆435平方米，上城党建展示中心75平方米，钱学森事迹陈列室372平方米，公共活动场地210平方米。方案确定该纪念馆布展结构包括三个部分，“潮起钱塘篇”、“星火钱塘篇”和“奔腾钱塘篇”。“潮起钱塘篇”重在展示中共杭州小组成立前杭州经济社会状况；“星火钱塘篇”是展览的核心内容，主要反映中共杭州小组诞生的情况；“奔腾钱塘篇”重在通过省、市两条主线反映新中国建立至今党领导人民走向辉煌和党组织壮大的过程。该纪念馆于2011年6月竣工，以此向建党90周年献礼。

【中共杭州小组纪念馆筹建工作进入施工布展阶段】 自2010年11月以来，上城区相继完成“钱塘星火——中共杭州小组纪念馆”的方案编制、史料征集、文稿撰写、展陈设计等工作，并进行招投标、采购、施工、周边环境整治及布展等相关工作。根据规划，该纪念馆于2011年7月1日正式开馆。上城区成为由中共杭州小组纪念馆、毛主席视察小营巷纪念馆、中国社区建设展示中心等组成的全市最为集中的红色展馆区域，打响寓旅游与教育于一体的革命胜迹品牌。杭州市委副书记王金财等市领导赴上城区调研时提出四点要求：围绕精品工程，坚持细节为主，争取在有限的时间内体现水平、做出精品；围绕党史个性，注重形式创新，纪念馆布展风格既要体现时代性，又要保持严肃庄重；围绕两个主题，做到和而不同，党小组纪念馆和钱学森故居两个主题既有区别又有联系，两者要形成一个和谐的整体；围绕杭州党小组，体现引领性、辐射性，充分体现出中共杭州小组对整个浙江省党组织和周边党组织的引领作用，突出其中心地位。

（区委党史研究室）

【中共杭州小组纪念馆开馆】 7月1日，浙江省第一个党组织——中共杭州小组纪念馆开馆。中共杭州小组纪念馆位于杭州市上城区方谷园3号，展陈面积约850平方米。纪念馆以杭州（浙江）党组织诞生、发展、壮大的历史为主题，重点展示中共杭州小组的诞生历程。纪念馆共分4个展厅：第一展厅——“潮起钱塘”，主要展示中共杭州小组成立前的背景内容，反映红色革命浪潮在20世纪初杭州的发展状况和马克思主义在杭州的传播历程，以及党领导的第一个农民运动和一系列工人运动的情况；第二展厅——星火钱塘，是纪念馆的核心部分，主要展示社会主义青年团杭州支部和中共杭州小组的诞生历程以及党组织早期活动的情况；第三展厅——奔腾钱塘，主要展示自浙江省委成立到杭州解放期间，党在杭州和浙江的发展情况以及全省各地首个党组织的创建情况；第四展厅——今日钱塘，主要展示新中国成立后，在市委领导下杭州经济社会发展和党的建设的成果，重点突出杭州市十一个五年规划的发展成果。自7月1日开馆以来，已接待观众5万多人次。省委书记赵洪祝，省委常委、组织部长蔡奇，省委常委、宣传部长茅临生，省政协主席乔传秀，省委副秘书长、党史研究室主任舒国增，省委常委、市委书记黄坤明，市委副书记王金财，市委常委、组织部长于跃敏等领导先后到馆参观指导工作。（周才娇）

7月1日，市委书记黄坤明为中共杭州小组纪念馆题字。（小营街道 供稿）

【与杭州市宗文小营实验学校签订“馆校共建”协议】9月，中共杭州小组纪念馆与杭州市宗文小营实验学校签订了《2011~2015年共建协议书》。体验实践活动。纪念馆为学校提供参观讲解，对学生进行党史及爱国主义教育，学校开设“小小讲解员”培训班，推荐优秀学生作为“小小讲解员”。场地资源共享。纪念馆为学校提供相关教育场地，如在小广场举行主题队会，在影视厅播放红色电影等。开展校外辅导。学校聘请纪念馆馆长吴建民为校外辅导员，不定期到校对学生进行爱国主义教育。

【加强中共杭州小组纪念馆规范化建设】出台纪念馆日常管理规范。根据工作人员的不同主体、职责，设立日常工作制度、学习例会制度、请假调休制度、保安员岗位责任制、讲解员岗位责任制、场务人员岗位责任制、清洁工岗位责任制、电子设备维护员岗位责任制等。针对前期接待和日常运行维护中存在的问题，提出人员配置、运作经费、安全保卫工作等方面的工作设想和建议。组织参加“我为纪念馆献一计”和“纪念馆随想征文比赛”活动。发动社区老中青三代、社区团员、党员、辖区单位职员等各类人群为纪念馆的发展献计献策，使纪念馆成为群众乐享、爱享的党史教育基地和爱国主义基地。

【完成中共杭州小组纪念馆周边区块综合整治工程】小营街道通过制定任务倒排时间表，实行相关人员进驻现场及例会、重点内审会等工作机制，及时协调解决问题，加快推进中共杭州小组纪念馆周边区块综合整治提升工程实施。周边道路方谷园、银枪班巷、慎德里、小营巷均完成浇筑和石材铺设工作。银枪班巷立面项目完成墙体修缮，完成纪念馆入口违建拆除，慎德里小营花厅进行屋面补漏、门窗整修及油漆项目，并启动景观绿化工作。（章 舒）

钱学森故居

【概况】钱学森是人类航天科技的重要开创者和主要奠基人，是20世纪应用数学和应用力学的领袖人物，是享誉海内外的杰出科学家。杭州不仅是钱学森的祖籍地，也是他得到人生启蒙、留下美好回忆的地方。钱学森的一生，给人们留下了十分宝贵的精神财富。他胸怀祖国，一心向党；追求科学，矢志不渝；博学多才，成果卓著；心系人民，严于律己。他是知识的宝库，是科学的旗帜，是中华民族知识分子的典范，是伟大的人民科学家。钱学森故居的保护和修缮通过对钱学森一家在

12 月 1 日，钱学森之子钱永刚(中)参加纪念钱学森诞辰 100 周年专题讲座活动，并合影。（马黎宪 摄）

杭州生活场景的再现，引导参观者进入到孕育出一代奇才钱学森的“杭州墙门”中，去感悟、思考一代科学巨匠成长的背景经历和精神动力。以“爱国、奉献、求真、创新”为标志的钱学森精神，是钱学森留给人们的宝贵精神财富，对构建社会主义核心价值体系，树立爱岗敬业、求真务实、开拓创新的工作作风，培育区域科学发展、转型发展新的精神动力，具有重要意义。

（区委党史研究室）

【钱永刚对“钱学森故居”筹建工作建言献策】 4 月 11 日，钱学森之子钱永刚到小营巷社区参观方谷园 2 号钱学森故居和小营公园，对钱学森故居筹建工作提出 3 点建议。钱学森故居要与国内其他地方在建的钱学森纪念馆有所区分，集中资源打造成精品亮点工程；围绕钱均夫、钱学森父子与杭州这一脉络对纪念馆进行布局，重点突出杭州之子那种淡泊名利、治学严谨、高风亮节的科学精神；由于时间紧迫，任务较重，工程分两期，第一期工程于建党 90 周年之际完成，第二期工程在钱学森诞辰 100 周年之际完成。此外，钱永刚带来钱学森各个时期的珍贵照片及与钱学森相关的书籍、影视作品等宝贵资料；向钱学森故居捐赠了碗柜、石磨石臼、衣橱、皮箱、衣服、被褥、烘手烫炉、贺年字画、摆设饰品等 60 余件钱学森在上海交大求学时期所用的生活用品；并寄语“热爱祖国，崇尚科学，追求真理，报效人民——录钱学森 2001 年寄上海交大全体师生语，与杭州市上城区小营街道小营巷社区《钱学森纪念馆》筹建同仁共勉”。

（章 舒）

【钱学森故居正式开放】 方谷园 2 号是钱学森早年生活、休养的旧居。在市委、市政府的重视下，钱学森旧居保护和修缮工作于 2008 年启动，上城区充分挖掘、收集、整理钱学森与杭州相关的照片、信件和生活用品等珍贵史料，确定以“钱学森与杭州”为主题，突出杭州特色，以“修旧如旧”为原则，对原有格局进行恢复，完整地向人们展示这位伟大科学家与他的故乡——杭州之间的深厚感情和渊源。2011 年 12 月 1 日，钱学森故居揭牌仪式在方谷园 2 号举行。故居一楼展厅布展“杭州之子”、“航天之父”、“情系故乡”三部分内容，通过图板、实物、电子互动平台等多种形式，展示了钱学森与杭州的重要事件以及钱学森生平中重要事件；二楼通过布置钱学森房间、父母亲房间、书房、荣誉陈列室、书画陈列室、实物陈列室等场景，再现钱学森旧居当年古朴、雅致的生活场景。钱学森故居自 7 月 1 日试开放以来，共接待观众 3.60 万人次。故居的正式开放，将进一步发

12 月 1 日，在方谷园 2 号举行钱学森故居揭牌仪式。（熊靖华 摄）

挥党史工作“以史鉴今，资政育人”的作用，并与毛主席视察小营巷纪念馆、中共杭州小组纪念馆等一起，成为杭州和浙江的党史教育基地、青少年爱国主义教育基地、红色旅游基地。（周才娇）

【举办纪念钱学森诞辰100周年专题讲座】 12月12日，举办纪念钱学森诞辰100周年专题讲座系列活动。特邀总参谋部高级工程师、清华大学和上海交通大学兼职教授、钱学森之子钱永刚到上城作纪念钱学森诞辰100周年专题讲座。钱永刚围绕钱学森青年赴美留学、创建航天事业、晚年科研成果三个方面，以钱学森赴美期间的导师冯·卡门、秘书涂元季、钱学森本人评价钱学森的三句话为线索，通过一段不为人熟知的往事，讲述了钱学森爱国、奉献、求真、创新的传奇一生。此次讲座是“纪念钱学森诞辰100周年活动月”系列活动的重要组成部分，也是打造青少年爱国主义教育基地、党史宣教基地的重要内容。（区委党史研究室）

“六五”普法

【概况】 2011年是“五五”普法总结表彰之年，也是“六五”普法启动之年，上城区在“五五”普法继“二五”、“四五”之后再获全国先进的基础上，区依法治区普法办公室（以下简称区依普办）根据中央、省、市“六五”普法有关文件要求，结合区实际，高起点、高标准制订《上城区第六个法制宣传教育和依法治区五年规划（2011~2015年）》，经过区委常委会讨论和区第十三届人大常委会第三十三次会议审议通过，由区委、区政府正式发文批转实施。“六五”普法期间，上城区扎实开展普法和依法治区工作，深化重点对象法制宣传教育，加大创新力度，将普法教育同宣传上城特色有机结合，打响普法品牌，构建与国际化高品质生活城区匹配的法治文化。

【召开“五五”普法表彰暨“六五”普法启动大会】 区依普办于6月15日召开“五五”普法总结表彰暨“六五”普法动员大会，总结“五五”普法经验，表彰先进典型，对“六五”普法进行全面动员和部署，为整个“六五”普法的顺利开展奠定良好的基础。参加启动大会的浙江省司法厅副厅长林丹军肯定了上城区在“五五”普法工作中取得的成绩，并鼓励上城区要从“零”开始、与时俱进、开拓创新、不断开创“六五”普法工作的新局面。

【召开依普领导小组工作会议】 5月17日，区依普领导小组召开会议，各依普领导小组成员听取区依普办关于《上城区第六个法制宣传教育和依法治区五年规划（2011~2015年）》（草案）的情况说明，并对规划提出了进一步修改的意见建议。区委副书记袁建祥在会上提出要求，统一思想开好局，服务大局抓重点，创新特色强宣传。

【创建民主法治街道】 2011年，区依普办进一步巩固加强“民主法治社区”创建工作，新增1个省级民主法治社区和1个市级“民主法治社区”，全区已创建省级“民主法治社区”5个，市级“民主法治社区”26个，超出全省和全市平均水平。2011年3月，上城区被确立为杭州市“民主法治街道”试点城区，将民主法治街道创建工作列为上城区“六五”普法工作的创新思路和重点工作，努力填补浙江省法治县（市、区）创建与民主法治社区建设之间的层级空白，构建“区——街道——社区”三位一体、三级联创的法治建设格局。通过专家讨论、多层面人员座谈、赴外地考察调研，制订出台了《上城区创建民主法治街道实施意见》，起草了

6月15日，召开“五五”普法表彰暨“六五”普法启动大会。（区司法局 供稿）

《上城区民主法治街道创建评估暂行办法》(草案)和《上城区民主法治街道创建评估表》并进入意见征求和论证阶段;成立了“民主法治街道”创建工作办公室,办公室主任由区普法办主任兼任,具体负责开展区“民主法治街道”创建的日常工作;精心指导各街道开展民主法治街道创建工作,将法治建设纳入本地区经济社会发展总体规划,努力提升街道工作法治化水平。“民主法治街道”创建试点工作取得初步成效,涌现了南星街道“一长六员”工作法、湖滨街道的“新杭州人普法大讲堂”等法治创建品牌。

资料　“一长六员”:即一个楼道长身兼六职:政策宣传员、治安调解员,民情观察员、环境保护员,扶老助残员和就业助岗员。

(俞　丹)

组织机构

【区级主要机构及负责人名单】

(2011-01~2011-12)

中国共产党杭州市上城区第八届委员会

书　记:陈红英(女)

副书记:缪承潮

朱履林(~2011-04)

袁建祥(2011-04~)

常　委:陈红英(女)

缪承潮

朱履林(~2011-04)　袁建祥

顾文友　占仁义　王越剑

黄爱芳(女)　黄昊明　刘一明

麻承荣　陈洪涛　郑　平

沈　民(2011-04~)

陈秋芳(2011-11~)

叶　素(2011-12~)

委　员:(按姓氏笔画为序)

丁晓芳(女)　王越剑　占仁义

卢　江　叶　素　叶　榕

朱履林(~2011-04)　刘一明

刘志安　李森红(女)　张　璐(女)

沈　民(2011-04~)　陈红英(女)

陈秋芳(2011-11~)　陈建中

陈洪涛　陈浩然(~2011-06)

金夔彪　周　勤(女)　郑　平

施金良　袁巧玲(女)　袁建祥

顾文友　顾敏达　徐鸿华

黄昊明　黄爱芳(女)　麻承荣

傅莉萍(女)　管光尧　缪承潮

候补委员:(按得票数为序)

陈　彬　方本成　朱红卫(女)

曹競业　蒋　莉(女)

区委工作部门

区委办

主　任:顾敏达

组织部

部　长:黄爱芳(女)

宣传部

部　长:王越剑

统战部

部　长:袁巧玲(女)

政法委

书　记:袁建祥

610办公室

主　任:来建刚

区直机关工委

书　记:周忠诚

老干部局

局　长:杨　敏(女)

区委区政府信访局

局　长:林　森

区委党史研究室

主　任:周朝星

中国共产党上城区纪律检查委员会

书　记:朱履林(~2011-04)

沈　民(2011-04~)

副书记:杜秀芬(女)　谢　宁

常　委:朱履林(~2011-04)

沈　民(2011-04~)

杜秀芬(女)　谢　宁

林文杰　周建明

上城区第十三届人民代表大会常务委员会

主　　任：丁晓芳(女)

副 主 任：叶洪泉　高万洋

王文成　李　静(女)

王国民　韦　云(女)

党组书记：丁晓芳(女)

区人大常委会工作部门

人大办公室

主　任：陈忠明

法制工作委员会

主　任：谢根福

财政经济工作委员会

主　任：许　强

城建环保工作委员会

主　任：施惠民

教科文卫工作委员会

主　任：戈海光

代表工作委员会

主　任：章　麒

上城区人民政府

区　　长：缪承潮

副 区 长：袁建祥(~2011-05)　顾文友

刘志安　宦金元　管光尧

麻承荣　黄昊明　陈洪涛

党组书记：缪承潮

区政府工作部门

政府办公室

主　　任：陶晓亮

发展和改革局(统计局)(物价局)

局　　长：陈浩然(~2011-07)

党委书记：陈浩然(兼)(~2011-06)

叶　榕(2011-12~)

统计局

局　　长：周建康

党组书记：宣　寅(女)

教育局

局　　长：蒋　莉(女)

党委书记：蒋　莉(女)(兼)

财政局

局　　长：来剑波

党委书记：来剑波(兼)

科技局

局　　长：卢　江

党组书记：卢　江(兼)

民族宗教事务局

局　　长：金燮彪

监察局

局　　长：谢　宁

民政局

局　　长：傅丽萍(女)

党组书记：傅丽萍(女)(兼)

司法局

局　　长：钱国平

党组书记：钱国平(兼)

人事局

局　　长：季黄辉

劳动和社会保障局

局　　长：方本成

党组书记：方本成(兼)

建设局(人防办)

局　　长：陈星豪

党委书记：陈星豪(兼)

商贸旅游局

局　　长：徐鸿华

党委书记：徐鸿华(兼)(~2011-12)

徐俊明(2011-12~)

招商局

局　　长：孙　锦

党委书记：孙　锦(兼)

文化广电新闻出版局(体育局)

局　　长：丁建华

党组书记：丁建华(兼)

卫生局

局　　长：马　彦

党委书记：周　勤(女)

人口和计划生育局

局　　长：夏　勤(女)

党组书记：夏　勤(女)(兼)

审计局

局　　长：胡建宏(女)

城市管理行政执法局

局　　长：张伟农

党委书记:张伟农(兼)

安全生产监督管理局

局　　长:王汝雷

城市管理办公室

主　　任:林国平

党委书记:曹兢业

公安分局

局　　长:刘一明

党委书记:刘一明(兼)

政协上城区第三届委员会

主　　席:余　勇

副 主 席:王朗晨　陈小玲　戴晓军

方　莉(女)　　袁巧玲(女)

秘 书 长:吴诗兵

党组书记:余　勇

区政协工作部门

政协办公室

主　任:吴诗兵

经济科技委员会

主　任:伍天舒

社会法制和港澳台侨委员会

主　任:吴　坚

提案委员会

主　任:来国良

城建和人口资源环境委员会

主　任:王健伍

文史和教卫体委员会

主　任:瞿旭平(女)

区人民法院

院　　长:施金良

党组书记:施金良(兼)

区人民检察院

检 察 长:李森红(女)

党组书记:李森红(女)(兼)

群团组织

总工会

主　　席:韩丽华(女)

党组书记:韩丽华(女)(兼)

团区委

书　　记:章　琪(女)

妇　联

主　　席:周　莹(女)

工商联

主　　席:陈砚菁(女)

党组书记:陈砚菁(女)(兼)

科　协

主　　席:陈　彬(~2011-12)

金燮彪(2011-12~)

党组书记:陈　彬(兼)(~2011-12)

金燮彪(2011-12~)

残　联

理 事 长:金水根(2011-04~)

街　道

湖滨街道

党工委书记:叶　榕(~2011-12)

人大工委主任:叶　榕(兼)

办事处主任:毛素云(女)

清波街道

党工委书记:叶　素

人大工委主任:叶　素(兼)

办事处主任:陈　勇

小营街道

党工委书记:任　平

人大工委主任:任　平(兼)

办事处主任:徐文孝(~2011-07)

望江街道

党工委书记:石小明(女)(~2011-12)

朱黎明(2011-12~)

人大工委主任:石小明(女)(兼)

办事处主任:俞国海(~2011-12)

南星街道

党工委书记:陈少华

人大工委主任:陈少华(兼)

办事处主任:鲁　军

紫阳街道

党工委书记:李一青(女)

人大工委主任:李一青(女)(兼)

办事处主任:柴闻乐

(区委组织部)

各级领导调研上城

3 月 21 日，国家人口和计生委副主任赵白鸽等一行，在省人口计生委副主任宋贤能，副市长陈小平，市人口计生委党组书记蒋建安、主任姚雅仙的陪同下，到上城区调研基层计生干部队伍建设情况，实地考察紫阳街道上羊市街社区，并现场召开区、街道和社区共同参加的座谈会。区政协主席余勇和紫阳街道就区委、区政府在人口的理论和决策问题，以及街道如何运用信息化手段获取群众的计生需求提供优质服务进行专题汇报。赵白鸽对上羊市街社区以和谐家庭工作室为依托，运用华数、社区大管家、手机等信息化平台开展特色计生服务的工作模式及服务人员的素质和服务水平给予充分肯定，鼓励上羊市街社区要在优良硬件设施的基础上，积极打造高素质计生队伍，为辖区居民提供优质服务。在为高龄群众做好健康检查的同时，做好婚前检查和优生筛查，积极预防出生缺陷，全面提高出生人口素质，实现人口均衡性发展。

4 月 1 日，副省长王建满一行到上城区考察农贸市场管理工作，区委书记陈红英，区委副书记、区长缪承潮，区委常委、副区长顾文友，区长助理陈鸣等陪同考察。王建满一行详细了解大学路翰林农贸市场的硬件设施、消费水平等情况。看到市场提供刷卡付账、电视信息、电子屏幕展示、广播播报服务，市场还配有售后服务站，质量检测站，区消费者协会监督联络站，并由市工商行政管理局上城分局开设责任片区，设立责任人时，王建满表示满意。他对区农贸市场建设管理给予高度评价，肯定了上城区在“保供应、保物价、保安全”工作上所取得的成绩。要求以星级农贸市场为样板，提高农贸市场建设标准，向设施现代化、环境商场化、商品品牌化、管理精细化、服务优质化方向迈进。

4 月 16 日，中央政策研究室党建局副局长唐方裕一行在市委组织部副部长洪永跃，区委书记陈红英，娃哈哈集团有限公司董事长宗庆后以及区委组织部、区总工会等有关部门负责人的陪同下，到上城区调研企业构建和谐劳动关系的情况。调研组在实地察看了娃哈哈集团有限公司下沙生产基地、职工之家、党员活动中心后，听取了娃哈哈集团有限公司负责人关于构建和谐劳动关系情况的工作汇报。唐方裕肯定了企业在构建和谐劳动关系方面所取得的成绩。他说，娃哈哈集团有限公司是一个社会形象好，社会责任履行充分的和谐企业，公司党委通过在关注党员和员工的思想、成长、生活方面出台一系列制度和举措，使员工和企业形成利益共同体、事业共同体和命运共同体，确立了员工的主人翁地位，从而形成良性循环，实现企业稳健发展，让员工感受到在娃哈哈集团有限公司发展有奔头，生活有甜头。他强调，企业发展是构建和谐劳动关系的重要基础，企业有了发展，才能有实力去做关心员工的事情。

4 月 22 日，民政部人事司(社会工作司)副司长柳拯、中国社会工作协会副秘书长南燕一行到上城区调研社区社会工作。柳拯一行在省民政厅人教处副处长任晓林、区委书记陈红英等区领导的陪同下，先后到南星街道美政桥社区陈峰工作室、望江街道望江社会工作服务社、紫阳街道上羊市街社区和中国社区建设展示中心进行调研，并召开座谈会，听取区社区社会工作在组织领导、制度建设、资金保障、机构培育等方面的工作汇报。柳拯肯定上城区依托现有社区力量培育社区社会工作组织,引进专业力量培育民办社会工作机构,充分发挥政府力量培育民办社会工作机构的工作做法。指出,民政标准化体系建设是对民政领域社会管理机制的创新,上城区民政标准化工作起步早、认识高、基础牢、力度大、成效显著,值得肯定。标准化实质上是对程序的管理、工作成效的评估。他要求,要进一步加大宣传力度,健全完善标准化体系建设,进一步提升标准化工作水平,推进民政工作更好、更快地发展。

4月25日,中央党校中青一班学员考察上城区清河坊、南宋御街。区委书记陈红英、区委副书记袁建祥等陪同考察。

4月26日,民政部副部长姜力一行考察上城区中国社区建设展示中心。市民政局局长邵胜,区委书记陈红英,区政协主席余勇,区委常委、组织部长黄爱芳,副区长宦金元陪同考察。姜力一行实地观看了中国社区建设展示中心陈列的珍贵历史档案,参观了上羊市街社区的信息化建设,其中有"大管家"服务站、"生命旅程"触摸显示屏等信息化建设成果。姜力在考察中对上羊市街社区的创新举措予以肯定。对上城区领导班子致力于公共服务建设表示赞赏。姜力一行考察了上羊市街残疾人艺术中心,对残疾人能克服疾病和生理缺陷,通过自身劳动实现就业和实现自我价值表示钦佩。

同日,中共中央委员、全国人大常委会、内务司法委员会副主任白景富一行到上城区清河坊和南宋御街,考察消防安全工作。区委书记陈红英,区委常委、上城公安分局局长刘一明等陪同考察。考察期间,白景富到清河坊青上阁石雕工作室、胡庆余堂中医药博物馆和朱炳仁铜雕博物馆仔细查看消防安全设备,询问消防安全情况,并与在场的艺术家亲切交谈。

5月19日,国家质检总局党组成员、国家标准化管理委员会主任纪正昆率国家标准委国际部主任郭辉、工业二部主任戴红等一行,在省质监局副局长杨烨、市政府副秘书长赵立康、市质监局局长郭东风陪同下到上城区调研政府管理与公共服务国家标准化试点工作。纪正昆一行先后调研中国社区建设展示中心、上羊市街社区的居家养老管理与服务规范、区城市管理应急指挥中心的城管执法智能管控项目。区委书记陈红英汇报上城区开展政府管理与公共服务标准化试点工作的情况,区委副书记、区长缪承潮介绍上城区的区情。纪正昆听取汇报后肯定上城区在政府管理与公共服务国家标准化试点工作中所取得的成绩。他说:上城区在标准化试点工作中,从探索到实施,坚持"以人为本"的正确理念,体现民生的要求,取得了很好的成绩。他要求,下一步的标准化试点工作,要总结好上城区四年探索的经验,做优机制管理。同时还要不断完善地方标准,积极申报国家标准,将上城经验推广到全国范围,为全国各地做好示范。

5月19日,中华全国供销合作总社党组书记、理事会主任李成玉一行,在副省长葛慧君,省供销合作社主任史济锡等陪同下到上城区分别考察杭州绿联再生资源有限公司,浙江名优农产品博览中心及中国国际茶叶拍卖交易服务中心。区委副书记、区长缪承潮,区政协主席余勇陪同考察。

5月23日,公安部党委副书记、副部长李东升,副部长陈智敏等领导率全国厅、局长40余人到湖滨派出所调研。

5月26日,全国政协原副主席张怀西到上城区考察南宋御街·中山路。

6月9日,全国人大常委会法工委国家法室副主任孙镇平一行,在南京军区政治部副秘书长徐建国,省军区政治部副主任、省国教办主任江震洲,杭州警备区政治部主任孟吕岳及省、市人大法工委相关负责人的陪同下,到上城区小营巷社区进行贯彻落实《中华人民共和国国防教育法》执法检查。孙镇平一行参观了毛主席视察小营巷纪念馆,并听取社区全民国防教育情况的汇报,肯定了小营巷社区国防教育工作所取得的成绩。他说:"自1958年毛主席视察小营巷以来,几代小营巷人传承不朽精神,创造出一个个辉煌的业绩。社区国防教育工作全面、系统,在具体做法上形式多样,载体创新,成绩斐然"。区委副书记袁建祥、区人大常委会副主任高万泽、区人武部政委楼复进等陪同。

6月18日,国务院发展研究中心副主任卢中原一行,在市委办、市委政研室、市政府政研室负责人的陪同下到上城区调研社会管理创新工作,先后到湖滨街道"红色港湾"党员服务中心和紫阳街道上羊市街社区进行实地考察,听取社区管理和服务创新工作汇报。区委书记陈红英,区委常委、区纪委书记沈民,副区长宦金元等陪同调研。调研中,卢中原一行认真听取上城区开展社会管理创新工作所取得的亮点,上城区在各级党委、政府的领导下,在上级业务部门指导下,按照“试点先行、全面推进、保障到位、力争一流”的工作思路,高起点、高标准、高质量地推进“数字社区建设”,用现代信息技术来提升社区管理和服务水平,以“二化四网六平台”为主要内容的社区信息化建设取得显著成效。首创“5A”社区服务信息化模式,成为多个城市代表团考察社区工作的典型示范城区,是杭州市唯一一个连续4年获得“杭州市社区信息化整体推进示范(先进)区”荣誉称号的城区。

6月20日,司法部法制宣传司司长肖义舜在省司法厅副厅长林丹军、市司法局局长洪慧萍等陪同下到上城区调研。肖义舜一行在区委副书记袁建祥,区委常委、副区长顾文友等陪同下到望江街道近江东园社区调研。听取区法制宣传教育和社区民主法治建设情况的工作汇报。肖义舜对区法制宣传和民主法治社区的创建工作给予充分肯定。他指出,普法和社区民主法治建设工作的成绩,离不开区委、区政府的大力支持,离不开上级司法行政部门的指导,离不开各部门街道的配合,也离不开广大居民的积极参与。他强调,要进一步加强对这项工作的领导、指导、督促和检查,确保领导、组织、平台、经费的“四落实”,推进普法和社区民主法治建设不断深入发展,为经济社会和谐发展,为保障服务民生作出新的贡献。他希望上城区在新一轮普法中能再接再厉,再出新经验,再创新佳绩。

6月27日,由总参政治部副秘书长黄柯大校率队的全国双拥模范城考核检查组,在省民政厅副厅长王文娟,市委常委、杭州警备区政委、市双拥领导小组副组长陈边凯陪同下到上城区考察双拥工作。考核检查组实地考察清波街道“双拥一条街”,详细了解打造“双拥一条街”具体做法,并听取工作汇报。考核检查组对区双拥工作所取得的成果予以充分肯定和高度评价。认为,领导高度重视,拥军效果显著。创新力度大,社会拥军氛围浓厚。最后,考核检查组希望区继续加大双拥工作力度、贡献成绩,作为典型走向全国。

7月4日,以国务院发展研究中心社会研究部副部长、研究员、博士贡森为组长,国务院发展研究中心社会研究室副主任、博士王列军为副组长的调研组在市委政策研究室副处长刘伟的陪同下到上城区调研湖滨街道社会管理和服务创新、社区管理、公共服务、居民自治等工作,并召开座谈会,听取湖滨街道工作情况汇报。调研组分组与社区书记、主任、工作室负责人、民情观察员、社区和事佬协会等进行交谈。

8月1日,中国社科院、中央党校领导专家一行赴上城区调研社会管理创新工作。

8月15日,省政协副主席、民进浙江省委会主委盛昌黎,省公安厅副厅长董晓伟,省禁毒总队长蔄牛,省禁毒办专职副主任周联盟一行到上城区视察社区禁毒(康复)工作,市公安局副局长金捷、区政协主席余勇、区委常委、上城公安分局局长刘一明陪同视察。

9月4日,国家标准化管理委员会主任陈钢一行,在省质监局党委副书记、副局长杨烨,市质监局党委书记、局长郭东风等陪同下到上城区,考察中国社区建设展示中心,上羊市街社区居家养老管理与服务规范(国标立项)和区城市管理应急指挥中心城管执法智能管控规范(市级标准),并召开汇报会,听取了区委书记陈红英关于区开展政府管理与公共服务标准化试点工作的汇报。区委副书记、区长缪承潮,区委常委、副区长麻承荣陪同并参加汇报会。

9月24日,区委副书记、区长缪承潮陪同国家文物局局长单霁翔等领导考察临安城遗址有关工作,参加全国重点文物保护单位临安城遗址保护规划评审会。

10月14日,国务院研究室教科文卫司副司长侯万军一行到上城区调研社区文化建设工作。

10月27日,中纪委、中组部国有主要骨干企业巡视一组组长滕久明一行到上城区实地考察清河坊历史街区、南宋御街,省政协经济委员会副主任钱锦根,市政府原秘书长许小富,区领导陈红英、袁建祥、顾文友、沈民陪同考察。滕久明一行先后到南宋遗址陈列馆、朱炳仁铜雕博物馆、鼓楼进行考察。在考察中,滕久明一行听取了区领导、吴山指挥部负责人的相关介绍。在朱炳仁铜雕博物馆,滕久明与朱炳仁进行了亲切交谈。滕久明希望这座享有“江南铜屋”美誉的博物馆能够得到更多的支持,使之成为传世瑰宝。滕久明对上城区建设特色街区、推进城市有机更新等方面作出的努力予以肯定。他说,南宋遗址陈列馆展示的这条千年御道被列为2004年全国十大考古新发现,上城区投入大量人力、物力对其进行建设保护,不仅为学术研究提供了宝贵资料,也为杭州历史文化遗产的保护提供了精确的坐标。

11 月 16 日, 中国社科院调研组一行在该院政治学所所长助理、研究员陈红太带领下到上城区调研社会建设和管理工作,副区长宦金元等陪同调研。调研组一行先到中国社区建设展示中心,观看了“中国城市居民委员会发展厅”了解居民委员会发展史,观看再现“新中国第一个居民委员会”选举场景的 4D 电影《主人》,并在“三维动态演示厅”虚拟漫游了上羊市街社区。在“96345”便民服务中心和社区大管家服务社,调研组还观看了社区“居家宝”便民利民服务系统,了解该系统日常服务、紧急求助和亲情提示等个性化服务的呼应机制。随后,调研组一行和区相关部门负责人围绕“加强社会建设,创新社会管理”进行座谈。区民政局汇报了上城区共建、共治、共享的“333+X”社区大服务体系的建设情况;紫阳街道介绍了创新基层社会管理机制,建立“邻里值班室”的有关工作情况。双方就如何在党的领导下,更好地开展社会管理创新工作进行了交流。 (年鉴编辑部)

特色街区

【第四届中国民间艺人节】 10 月 12 日, 第四届中国民间艺人节在清河坊、南宋御街和吴山广场举行,来自全国 33 个省、市、自治区的 200 余名民间艺术家的 2000 余件民间手工艺精品亮相杭州清河坊历史街区,并角逐全国民间文艺领域最高奖——中国民间文艺“山花奖”。第四届中国民间艺人节围绕“保护、传承、发展、创新”的主题,推出中国民间工艺精品展、中国休闲旅游工艺品推介汇展、中国民间艺术高层论坛、中国民间收藏品交流展、中国民间造像艺术精品展和中国民间工艺精品拍卖会六大活动板块。其中“中国民间工艺精品展”是这次活动的重点和亮点,来自北京、上海、广州、重庆、湖南、黑龙江、浙江、山西、青海、甘肃、西藏、内蒙古等 33 个省、市、自治区的百余名民间艺术家到杭州参展献艺。除刺绣、剪纸、雕刻、书画等一些民间艺术门类外,像熔铜画、龙泉剑、徽墨、丝绸烫画、扇面真金微书、绳编、团扇等一些往年少见的民间艺术精品也集中亮相。第四届中国民间艺人节由中国民间艺术家协会、浙江省文联、杭州市政府等单位主办;上城区政府、杭州市旅游委员会、杭州市贸易局、清河坊历史街区管委会等单位承办,是杭州西湖博览会重点项目,2011 年被列入杭州世界休闲博览会重点项目。活动历时 7 天,于 18 日结束。本届中国民间艺人节评出“中国十佳民间艺人”,他们分别是计青(甘肃)、朱文立(河南)、江再红(湖南)、张星(陕西)、张小红(江西)、张叶胜(浙江)、陈明湖(台湾)、季益顺(江苏)、胡海明(浙江)、霍庆有(天津)。

4 月 10 日,在伍公山州治广场举行斗鸟比赛。 (吴山指挥部 供稿)

【第三届南宋御街国际旅游文化艺术节】 12 月 25 日,由上城区人民政府、杭州市旅游委员会、杭州市文化创意产业办公室、杭州市贸易局等单位主办,上城区商贸旅游局、清河坊历史街区管理委员会、杭州南宋御街美食夜市管理有限公司联合承办的第三届南宋御街国际旅游文化艺术节在南宋御街举行开幕仪式。区委副书记、区长缪承潮,区委常委、副区长麻承荣等出席。本届艺术节以“经典老街,市井流转;风情南宋,炫色文化”主题,推出南宋御街精品荟展、珠宝“秀”、南宋文化展演、南宋饮食文化周、南宋御街欢乐购、欢动老街六大板块活动。来自泰国、肯尼亚等国家特色商品琳琅满目,各种杂技、杂耍、训鼠等南宋文化表演活动轮番登场。活动 22 日开始于31日结束。

【2011清河坊民间茶会】 4月8日，2011清河坊民间茶会在鼓楼广场开幕。茶会以“茶文化”为主题，推出斗茶、问茶、赏茶、品茶、展茶五大系列活动。斗茶活动设有大碗茶王挑战赛和斗鸟大赛两个项目。大碗茶王挑战赛于9日在伍公山州治广场举行初赛，当日下午2:00~3:00进行总决赛；斗鸟大赛于10日举行，来自各省、市的200余只鸟王在伍公山州治广场展开鸟王争霸赛。在吴山广场展茶区，有茶叶、茶具展销，各种茶点心、茶制品、保健茶等展位83个。茶会活动期间，吴山广场、鼓楼、城隍阁及南宋御街都有不同形式的赏茶和品茶活动。鼓楼广场有韩国茶艺、太极茶道长嘴壶功夫茶、浙大城市学院乌龙茶泡制等茶艺表演，还设有“茶与咖啡”品香会。茶会活动历时7天，于14日结束。

【吴山庙会伍子胥祭祀大典在伍公庙举行】 11月3日，吴山庙会伍子胥祭祀大典在吴山伍公庙举行，来自马来西亚、美国等世界各地伍氏宗亲会的伍氏后裔集聚吴山祭拜先祖。整个仪式由献花敬酒、宣读祭文、集体参拜、载愿放生等9个规程组成。祭祀结束后，巡街祈福活动开始，由四人手挽伍子胥像在舞龙、舞狮队、盘鼓队、幡棋队从鼓楼出发，途径南宋御街、河坊街、华光巷、吴山广场，一路巡游祈福，沿途向市民分发五谷杂粮。参加这次祭祀大典的有来自世界伍氏宗亲总会、马来西亚雪隆伍氏宗亲会、广东省中山市伍氏宗亲联谊会、苏州伍氏宗亲等近30名伍氏后裔和各界群众代表约200人。

【入选2011年中华文化游浙江省精典景区(景点)名单】 1月11日，浙江省旅游局首次公布12个2011年中华文化游浙江省精典景区（景点）名单，清河坊历史文化景区作为全市唯一景点名列其中。清河坊历史文化景区占地13.66万平方米，由河坊街、高银街、大井巷、小井巷、安荣巷、鼓楼等街巷、区块组成，着重展示杭州清末民初民俗文化、中药文化、饮食文化等，积聚符合古街区氛围的各类业态商户300余家。2011年，该景区共接待海内外游客1600万人次，比上年（指2010年）增长23%；接待外来参观考察团队132批。总营业收入达14亿元，上缴税收4200万元，分别比上年增长125%、46%，呈现“人财两旺”的喜人态势。

【清河坊亮相东京中国历史文化名街展】 12月16日，由中国文化传媒集团及东京中国文化中心、中国文物报社共同主办的中国历史文化名街展在东京中国文化中心开幕。清河坊作为浙江省唯一的一条历史名街与国内29条街区以独特的历史人文风采亮相东京中国历史文化名街展。清河坊历史街区管委会主任曹兢业携清河坊龙泉宝剑工艺大师张叶胜参加了此次展览开幕式，在东京向日本民众展示了清河坊历史街区的南宋古韵和市井风情，展现了杭州悠久历史中的深厚文化底蕴，体现了一脉传承的中华文化的万千风情，也向日本民众宣传了杭州这座“生活品质之城”。

【参加“中国历史文化名街保护与管理工作研讨会”】 9月，清河坊历史街区作为已评出的30条“中国历史文化名街”代表参加了由国家文物局主办、中国文化报社、中国文物报社承办的“中国历史文化名街保护与管理工作研讨会”，在研讨会上，就历史街区的整治、修复、保护、管理提出了自身的建议和看法。

11月3日，在伍公山伍公庙举行伍子婿祭祀大典。 （吴山指挥部 供稿）

10月14日,泰国清迈市副市长沈宝瑚(左四)一行到清河坊历史街区考察。
(吴山指挥部　供稿)

【泰国清迈市副市长参观考察清河坊】 10月14日,为加深泰国清迈老街与清河坊特色街区的相互了解,加快推进两地姊妹街区的建立,清河坊管委会与泰国清迈市政府代表在清河坊管委会进行了座谈交流。泰国清迈市副市长沈宝瑚,杭州市政府副秘书长、西博办主任叶敏,区委常委、副区长麻承荣,清河坊历史街区管委会主任曹兢业等参加座谈交流。会上叶敏介绍杭州城的悠久历史与文化发展变迁。他说,杭州与泰国一直以来就有着一衣带水的深厚友情,20世纪80年代,杭州市与泰国佛统市就已缔结友好关系,现在将再次期望清河坊历史街区与清迈老街能够缔结为姊妹街区。曹兢业表示,泰国清迈老街和清河坊历史街区可以通过两地文化、艺术家、产品的相互展示与交流,促进两地姊妹街区的建立,共同推进两国、两地友谊和交流合作。

【中国民间艺人节获第三届“节庆中华奖”】 5月,落户杭州清河坊的“中国民间艺人节”荣获第三届“节庆中华奖——文化传承奖”。“节庆中华奖”是一项面向中国大陆及港、澳、台地区的年度性公益性节庆评奖活动,以其“关注文化内涵”的价值导向,坚持“公益、公正、公信”的评选原则,得到了社会各界的广泛认可,也赢得了国内知名节庆城市与节庆组织的积极参与和响应,已成功举办了3届。据悉,申报第三届“节庆中华奖”的节庆活动达到317个,入围初选的达169个,最终39个节庆活动和个人获奖。

【获“中国历史文化名街”称号】 6月11日,经文化部、国家文物局批准,由中国文化报社、中国文物报社联合主办的第三届“中国历史文化名街”评选在山东济宁揭晓,清河坊历史街区入围十大名街。该活动的评审以保护历史的真实遗存、保护街区的历史风貌和其他要素(包括道路、街巷、院墙、溪流、驳岸、古树)、维护街区功能的延续和文化的传承为标准。此次入选的名街还有:山西省晋中市祁县晋商老街、江苏省无锡市惠山老街、上海市徐汇区武康路历史文化名街、福建省长汀县店头街、广东省潮州市太平街义兴甲巷、安徽省黄山市歙县渔梁街、贵州省黔东南州黎平翘街、河南省洛阳市涧西工业遗产街、云南省大理州巍山彝族、回族自治县南诏古街。

【南宋御街·清河坊“缤纷夜游”拉开帷幕】 6月12日,以“御街缤纷夜,共享盛世年”为主题的南宋御街·清河坊“缤纷夜游”暨“南宋瓦肆”首演仪式在鼓楼启动。此次“缤纷夜游”活动既有动态的巡游,又有定点的演出,活动从6月底持续到8月,每周六定时举办。主要包括大型巡游演绎活动——南宋皇帝巡街;各种市井杂耍尽显南宋街区的繁华;南宋御街各个点位的风情演出精彩纷呈,有琵琶、古筝、笛子、萨克斯演奏和假面舞会等。缤纷夜游活动还推出了“有奖征集照片”,邀请市民广泛参与。

【获2011全国商业街先进集体】 9月,“2011中国商业街行业年会”在天津召开,向全国推出中国著名商业街3条、中国特色商业街5条,2011全国商业街先进集体10余家。清河坊历史街区管委会在本届年会上入选“全国商业街先进集体”。该管委会秉承“以文化为核心,旅游为龙头,商业为主体”的理念,把清河坊历史街区成功打造成为了“中国特色商业街”、“中国历史文化名街”,在商业街行业开发建设、经营管理方面走在全国前列。　(吕春生　孙仲杰　陈　斌)

【湖滨银泰概况】 杭州湖滨银泰是由中国银泰集团与杭州市上城区人民政府共同打造的多功能、复合型城市综合体。位于杭州市繁华的商业及旅游休闲区——湖滨地区,毗邻美丽的西湖,与五星级杭州凯悦大酒店相邻。湖滨银泰项目分三期开发,一期湖滨名品街于2005年10月开业运营,是中国三大奢侈品集聚中心之一,浙江及长三角集商业、人文景观、风景旅游为一体的综合性商业街区;二期为购物中心2010年12月结顶,开始商业招商,预计2012年底开业;三期商业部分正在开发规划中,预期2015年完成。一期半封闭式步行街区呈三角形,东起东坡路,西至湖滨路,南由解放路,北到平海路。总建筑面积3.35万平方米,总商业面积约1.80万平方米。其整体由一组青砖灰瓦的建筑群构建而成,内庭上方有一组像大英博物馆一样可以开合的透明玻璃穹顶,将蓝天、白云与各具特色的品牌旗舰店保持最亲近的距离。湖滨名品街的建筑群,将传统江南建筑风格隐现在砖墙之间。骑楼式建筑经设计师的重新规划,体现出简洁的形式与古典的内涵。西方古典建筑中的拱廊等形式依旧被保留,为整个街区留出足够的空间;低调沉静的建筑物语,西湖盈盈微风贯穿其中,颇有地中海式的通透。各大品牌矗立骑楼建筑之间,均为2~3层空间,顶层为各大品牌的贵宾VIP室,静谧而又不乏亲合力。人们在这里,感受到的是崭新的生活理念与优异生活品质;感受到的是中西方文化、建筑、艺术、时尚等的碰撞与接触。30多家店铺的装修设计、店堂布置和橱窗展示彰显个性,传递当今世界最为前沿的时尚文化、品牌文化和消费美学。2005~2012年,国际顶级品牌Gucci(古琦)、Cartier(卡地亚)、Prada(普拉达)、Versace(范思哲)、Giorgio Armani(乔治·阿玛尼)、Hermes(爱马仕)、Ermenegildo Zegna (杰尼亚)、Dolce&Gabbana(多喜佳伴娜)、Salvatore Ferragamo (菲拉格慕)、YSL(圣罗兰)、Moncler(孟克莱)、Balmain(巴尔曼)等陆续落户名品街。这里曾是Dolce&Gabbana中国大陆第一家旗舰店、Giorgio Armani中国单体面积最大旗舰店的所在地,也是Hermes和Versace杭州首家旗舰店的诞生地。未来LV等一线奢侈品牌的强势登陆,将令整个街区的档次更为奢华。专卖店单店面积为200平方米~2000平方米不等,店内设有VIP服务专区,其营业区、休息室、试衣间专为VIP提供一对一的服务。

【开展各项活动】 2011年1月,湖滨银泰推出“2010湖滨双诞(旦)跨年活动”。借助节日的气氛和礼品馈赠带动消费,提升营业额,增强美誉度。2月14日,结合街区品牌开展“365+1WONDERFUL DAY”活动,加强品牌与客户间的互动,提升服务质量。9月1~5日,举行“月满湖滨”中秋活动,凡在湖滨国际名品街当日累计消费满1万元(以上)的顾客,凭当日消费小票即可领取尊贵中秋礼盒一份。12月24~25日,推出“2011梦幻蕾丝 圣诞季”活动。 (沈 蓉)

南宋皇城大遗址综保工程

【“51131”工程道路设计方案进入专家评审阶段】
3月17日,杭州市建设管理委员会牵头召开“51131”工程道路设计方案专家评审会,对上城区“51131”工程中涉及的30条道路的立面和市政设计方案进行评审。杭州市建设管理委员会、杭州市发展改革委员会、杭州市规划局、杭州市城市管理办公室、市交警、市公交、市交研中心等20余个部门参会,同时评审会邀请中国美院、省古建院、省规划协会等单位专家参加。

【市民观察团为“51131”工程献计献策】 清波街道市民观察团成员分别对西湖大道、延安南路两条主干道及羊坝头、旧藩署、红门局3条坊巷进行走访与调研,提出涉及人文、绿化、交通等意见和建议22条:如在“三巷”中增设碑记、铭记、图记等标识,烘托历史建筑文化氛围;调整和增补“两路”出入口处的绿化,丰富绿化景观及形式;采用绿化覆盖的方式解决露天变电箱与周边建筑物风格不统一问题;通过调整紫薇园坐标原点周边绿化来进一步提升其影响力;此外还建议在西湖大道设置公交换乘中心,通过公交车、地铁、公共自行车三种交通工具“零换乘”缓解该处交通压力,以及通过改造道路排污系统,发挥工程“带一把”作用,解决周边道路地势低易积水问题等。

【南宋皇城遗址“51131”道路街巷综合整治工程】 作为南宋皇城大遗址综保工程之一,南宋皇城遗址“51131”道路街巷综合整治工程用两年时间完成5条道路、11条支路、31条坊巷综合保护工程,以道路有机更新带动历史街区的有机更新,打好“南宋牌”、“生态牌”、“交通牌”、“民生牌”。为打好“南宋牌”，建设部门多次组织南宋皇城保护机关志愿者服务团、市民观察团对南宋历史风貌保护、城市肌理回复和城市有机更新作了有益探索。为打好“生态牌”和“交通牌”，教育全体参战人员以“铁”的纪律落实三个最低限度承诺，即把工程对市民出行和沿线商家的影响降到最低限度，把工程实施过程中树木迁移量降到最低限度，把工程建设的成本降到最低限度。为打好“民生牌”，建设部门先后开展三轮民主促民生，对47条街巷沿线876幢建筑进行调查摸底，在5个街道13个社区公示设计方案，召开居民和业主代表座谈会27次，征求意见建议160条，对于收集到各类意见建议，努力做到“条条有反馈、件件有着落”。南宋皇城遗址“51131”道路街巷综合整治工程按照“保护为主、抢救第一、合理利用、加强管理”的方针，已有12条道路完工，机务段道路完成85%，建国路立面施工完成95%，旧藩署、红门局管线完工。

【确定“51131”工程七种建筑风格】 南宋皇城遗址“51131”道路街巷综合整治工程涉及5条道路、11条街道、31条坊巷共47条街巷。上城区结合南宋皇城所在地的历史文化底蕴，因地制宜确定七种类型的建筑风貌展示古韵遗风，包括：中山路综保工程风貌、玉皇山南皇城遗址风貌、湖滨商贸及历史街区风貌、第一居委会风貌、五柳巷历史街区风貌、延安路第一商业街区风貌和西湖大道涌金池河道风貌。

表2 南宋皇城遗址“51131”道路街巷综合整治工程——5条道路

序号	路　名	起止点	长度(米)	宽度(米)
1	延安路	庆春路—吴山广场	2200	40
2	西湖大道	南山路—城站	1990	60
3	平海路	浣沙路—湖滨路	550	26
4	南白路	复兴路—凤凰山路	480	20
5	之江路	钱江一桥—钱江三桥	——	——

表3 南宋皇城遗址“51131”道路街巷综合整治工程——11条支路

序号	路　名	起止点	长度(米)	宽度(米)
1	邮电路	惠兴路—东坡路	480	15
2	仁和路	岳王路—东坡路	385	15.5
3	吴山路	平海路—解放路	370	12
4	板桥路	仁和路—学士路	300	18
5	太平里	庆春路—长生路	130	12
6	海月路	复兴路—凤凰山东路	115	20
7	机务段路(延伸段)	引渠路—尼龙山路	590	7
8	凤凰山东路二标	矿山机械—凤山路	1100	29
9	建国路	郭东园巷—河坊街	380	12~22
10	惠兴路	解放路—仁和路	264	9
11	岳王路	仁和路—庆春路	530	8

表 4　南宋皇城遗址"51131"道路街巷综合整治工程——31 条坊巷

序号	路　名	起止点	长度(米)	宽度(米)
1	旧藩署	高银巷—惠民路	300	6.7
2	劝业里	蕲王路—东坡路	90	3
3	牛羊司巷	望江路—抚宁巷	142	4.6
4	五柳巷	西湖大道—斗富三桥	270	2.2~2.5
5	红门局	劳动路—延安南路	300	6
6	孝友里	庆春路—清吟街	238	3
7	崔家巷(部分)	中山中路—惠兴路	210	5
8	城头巷	西湖大道—河坊街	650	3~6
9	四维里 1 弄	城头巷—五柳巷	40	3.5
10	四维里 2 弄	城头巷—五柳巷	40	3.5
11	三昧庵巷	东河下—建国南路	60	3~3.5
12	建新里	东河下—建国南路	60	2~2.5
13	河水弄	东河下—建国南路	60	2~2.5
14	东河下	西湖大道—河坊街	70	3~3.5
15	西河下	斗富三桥—河坊街	70	3~3.5
16	樱桃山路	引九路—机务段路	285	7
17	元宝街	中河路—金钗袋巷	100	2
18	九间头路	三角地—养殖场	400	7
19	羊坝头	定安路—后市街	300	6
20	太祖湾巷	凤凰山东段—山脚	60	4.5
21	皇浩巷	九洲宾馆—商业大厦	330	7
22	紫巷	引渠路—南白路	300	4.5
23	云巷	引渠路—南白路	300	4.5
24	水巷	引渠路—南白路	300	4.5
25	兰巷	机务段路—铁路浙赣线	200	4.5
26	竹巷	机务段路—铁路浙赣线	200	4.5
27	梅巷	机务段路—铁路浙赣线	200	4.5
28	思鑫坊	学士路—菩堤寺路	115.6	3
29	直紫城巷	西湖大道—开元路	155.5	2.7
30	甘水巷	老复兴路—樱桃山路	425	4~6
31	里仁坊巷	中山中路—惠兴路	97	6

说明:之江路、惠兴路、岳王路、直紫城巷、甘水巷、里仁坊巷于 2012 年进行修缮保护。

【"51131"工程围绕六大原则实施"7+X"整治】 上城区围绕"文化、古朴、靓丽、可游、可购、可吃"六大原则,立足"差异化建设,特色化培育,品质化提升"要求,明确"51131"工程"7+X"整治内容,即在项目实施中统筹考虑道路和街巷沿线立面整治、屋顶(垂直)绿化、业态调整、停车、亮灯、店招、城市家具以及其他项目整体推进,努力实现道路、街巷沿线环境、业态、生活品质的全面提升, 加快推进南宋皇城遗址"51131"

道路街巷综合整治工程。（年鉴编辑部）

【御街·二十三坊重现南宋市井风情】 集吃、住、行、游、购、娱为一体的坊巷旅游综合体中山南路西侧区块，以太庙遗址为核心，覆盖万松岭遂道以北、伍公山麓以南、中山南路以西、紫阳山麓以东范围，占地面积约4万平方米，主要包括十五奎巷、城隍牌楼等23条坊巷，称为御街·二十三坊。上城区将此打造成集吃、住、行、游、购、娱为一体的坊巷旅游综合体，2011年底已基本完成一期工程，包括十五奎巷、城隍牌楼、大马弄、察院前巷、四牌楼5条坊巷，井弄、晓霞弄、花生弄、茶啾弄、元宝心、元宝心支路一、元宝心支路二、四牌楼31~38号8条周边支巷。御街·二十三坊区块历史底蕴浓厚，多数院落建于清、民国或新中国成立初期，加之乾隆上山御道、施公庙、普福庵等历史遗痕散落其中，使其成为杭州为数不多、保存较为完整的传统生活街区。

整治后的五柳巷　（区建设局　供稿）

【御街·二十三坊整治工程有序推进】 本着“居民自主创业为主、商业机构招商为辅”的原则，推行示范街、示范店先行，出台提升补贴政策，着力做好坊巷业态的调整工作，现有商家261家，业态调整完毕172家，已调整完毕申请业态奖励的商户83家；同时，积极协同区有关部门，做好整治过程的居民宣传、协调等工作，把御街·二十三坊打造成集吃、住、行、游、购、娱为一体的坊巷旅游综合体。（竹美敏）

【整治五柳巷】 五柳巷历史文化街区是杭州市具有代表性、规模较大、传统风貌保存较完整的一处老城区，其重点保护区范围北靠西湖大道，南至河坊街南，东依建国南路，西达城头巷、直吉祥巷，涉及住户1100户。作为杭州仅存的也是唯一的能够代表江南水乡风情的区块，五柳巷综保工程分两期进行，第一期工程沿中东河段已于2010年10月竣工，涉及房屋104幢，受益居民283户。第二期工程于2011年3月启动，涉及房屋448幢，院落126座，改善户数890户，其中不乏像建于民国的四维里税务局这样的历史保护建筑。面对如此庞大的建筑群落，五柳巷历史街区的设计采用了因地制宜，一幢一策的办法，将有机更新分为保护、改善、整饬、拆除、更新、保留六种模式，打造杭州的“历史建筑博物馆”，现已完成80座院落的主体工程。

【南宋御街西侧坊巷特色街区深化业态改造】 中山南路南宋御街西侧坊巷特色街区项目改造目标定位为还原清明上河图，再现南宋皇城根下的繁荣市井；建设太庙小型城市综合体，打造杭州“不夜城”。截至12月底，已基本完成西侧坊巷业态提升调整，正处于深化西侧坊巷内业态规划过程。该项目获2011年度第六批市文化创意专项资金扶持，扶持额度为30万元。

【樱桃山生态公园设计方案通过专家评审】 樱桃山生态公园位于上城区玉皇山南侧，占地面积3.03万平方米，新建建筑面积1500平方米，项目包括环境绿化、景点景观建设、水系梳理及景点配套设施的完善。樱桃山生态公园建设方案由中国美术学院建筑设计研究院设计，设置3个功能区，利用地形进行景观布置，注重游览路线设计和园林建筑设计。该设计方案已通过省、市有关规划、建筑专家及相关职能部门的评审。

【机务段路建设项目正式启动】 机务段路属城市支小路，是玉皇山南地区拆迁安置房配套道路。该项目西起樱桃山路，东至引渠路，全长约350米，宽12米，用地面积4200平方米，包括对道路、雨污水工程、综合管线工程以及配套附属设施等建设。截至12月底，机务段路建设项目已完成。

【万松岭路建筑环境立面整治工程方案通过专家审议】 万松岭路东端与中山南路相接，西端与南山路交汇，总长1800米，该整治项目是南宋皇城大遗址综保工程中重要部分，包括对道路沿线的建筑立面进行合理的美化与整治，优化现有绿化品质，同时增加城市雕塑和城市家具小品。整治方案已通过杭州市建设管理委员会牵头相关专家及市园文等多家单位组成的专家组评审。

【推进凤凰山东路项目动迁工作】 凤凰山东路东起凤山路，西至南复路，全长2610米，是南宋皇城大遗址综保工程的重点项目之一，涉及该段道路建设需搬迁村居民207户，企业12家，铁路单位4个。上城区以危旧房改善形式完成大资福庙地块及乌龟山地块80户住户搬迁；启动大资福庙前35号(原杭州第二水泥厂宿舍)48户住户搬迁；与11家企业签订搬迁协议，签约率达91.7%。由杭州市铁路设施投资有限公司牵头负责涉及铁路部门4个单位搬迁工作。

(年鉴编辑部)

望江区块改造

【概况】 望江地区位于上城区东部，是钱江新城的辐射区块之一，东至望江路、南至飞云江路、西至铁路和贴沙河、北至清江路，总用地范围2.94平方公里，承载着杭州市从沿湖发展向沿江发展提升的过渡带功能，承载着上城区老城到新城的转变，引领着全区未来区域经济发展。自2005年启动保障性住房建设以来，为上城区上万户老百姓的安居乐业带来福音。2011年，取得望江地区“十二五”规划的开门红，揭开望江地区改造建设的新篇章，圆满完成开工、竣工、拆迁、安置四项建设目标任务，其中拆迁完成1180户，是望江地区改造建设启动前5年拆迁总量的70%。近江片味精厂、徐家埠、印铁制罐厂3个地块先后启动征迁，取得初步成效，为2012年印铁制罐厂地块、味精厂地块36班小学的开工建设打下坚实基础。2011年，望江指挥部以“企业搬迁带动住户搬迁”的理念，抓住时机，多方对接，加大力度落实省(市)属企业搬迁，取得有效突破。近江片印铁制罐厂、近江化工厂年底前搬迁完毕；市商业资产经营公司下属的近江片西湖味精厂已进入实质谈判，其他5家下属企业正在积极推进；近江锁具市场等村属企业逐步进入评估阶段；经多次对接、多轮协商，望南区块最大的国有企业——杭州中策橡胶厂已制定完成分期搬迁计划表，并将于2012年底全部搬迁完毕，这对加速推动望南区块的改造建设起了关键作用。

(年鉴编辑部)

【制定《望江街道现场拆迁指挥部工作的实施方案》】 按照区委、区政府提出的动迁工作目标和要求，及时制定了《望江街道现场拆迁指挥部工作的实施方案》，进一步明确指导思想、工作原则、工作措施、阶段性工作目标和工作任务。组建望江动迁现场指挥部的宣传、服务、洽谈、维稳调解等7个动迁工作功能小组，明确各个功能组和组长、成员的具体工作职责和要求。及时制定并执行动迁工作联席会议制、工作人员廉洁自律制、拆迁绩效考核制等七项工作制度，确保层层落实，责任到人。切实担负起自身职责，统一指挥、有序组织，积极协调，及时调度，紧密联系好相关部门，进一步细化分解任务，各司其职、各负其责。做到主要负责人全力抓，动迁责任领导具体抓，一线工作人员攻坚突破突出抓，“党员责任包干” 全员抓，形成强大的工作合力，解决好动迁中的各类问题。

【重点解决居民关心的突出问题】 坚持把人民满意、群众放心摆在首位，切实做好生活保障、城市更新、治安维稳等基础性工作，重点解决居民关心的突出问题。时刻关注动迁居民的思想动态，做好失地农民的就业再就业帮扶工作，切实维护动迁户的合法权益。

在不影响拆迁企业、拆迁住户原有生产进度和生活水平的基础上，统筹安排，妥善安置好其过渡时期的生产生活。加强对拆迁户和困难户的联系和慰问，对因拆迁发生困难的拆迁户实行帮扶救助。仔细听取群众对于拆迁改造工作的疑虑，耐心做好解释说明工作，做到把道理讲在前、把关心放在前、把各项保障措施落实在前，努力实现“人性化拆迁”，确保辖区社会稳定。针对拆迁地块范围较大、拆迁企业、住户较多的实际，以创建全国文明城市活动为契机，推进动迁阳光、阳光问责机制，做到工作成效让居民评议，工作程序让百姓监督。进一步抓好日常管理、有序推进，坚持“一把尺子”，不搞“两套作风”，切实把动迁改造作为提升地区档次和居民生活品质的重点工程来抓；同时，坚持拆管并重、拆治并重的原则，加快基础设施建设，落实好回迁户的过渡、安置工作，做到拆一片，清一片，管一片，亮一片，力争把旧城改造的难点转变成为文明创建的亮点。

【推行“党员干部挂包拆迁户”破解动迁难题】 望江街道针对前期摸排出来的拆迁重点对象，落实责任到人。制订机关党员干部挂包联系卡，对走访次数、阶段进度和居民评议进行详细记录，定期进行督查通报。针对部分动迁户存在不愿交流、不肯协商的“沟通难”情况，党员干部以第三方联系人的身份，进行个性化服务协调，化解拆迁户抵触情绪，做到沟通“全天候”、“全畅通”。依托城市管理“十位一体”机制联动抓、功能性党小组组团式服务分片抓，发动动迁户所在的楼道、支部、单位“一起劝”，全力推进动迁进程。

资料　“十位一体”机制：由望江街道牵头，近江指挥部、钱江新城、近江集团、望江华兴实业公司、望江派出所、望江工商所、交警六中队、执法四中队、望江环卫所、第五房产公司等十家单位共同组成“望江地区城市管理十位一体联动机制”。

（周廷波）

【望南地区改造工程稳步实施】 8月20日，正式启动望南地块综合整治工程，望江指挥部紫阳街道动迁分指挥部全体人员大力弘扬“5+2”、“白加黑”、“实加巧”的工作精神，坚持奋战在动迁一线。通过制定动迁风险评估预案，制作“一类一策”动迁方案，创造、运用各种灵活技巧引导住户腾空交房856户，实地评估974户，签订协议794户，完成年度目标任务。（竹美敏）

2011 年大事记

1 月

1 日 杭州·祈福 2011 暨“唱响幸福、福传万家”送福进万家活动在吴山广场启动。

4 日 杭州市副市长俞志宏调研上城区城市管理智能管控平台运行情况和屋顶美化工作。

6 日 浙江省省委副书记、省长吕祖善走访慰问区困难群众和相关企业。

同日 杭州市市委常委、组织部长于跃敏到区工业园区调研“创先争优”工作。

10 日 中国人民政治协商会议第三届杭州市上城区委员会第五次会议开幕(于 13 日闭幕)。

11 日 杭州市上城区第十三届人民代表大会第五次会议开幕(于 14 日闭幕)。

14 日 市委创建“平安杭州”领导小组对上城区平安(综治、维稳)工作进行检查考核。

17 日 区召开工会六届五次全委(扩大)会议。会议表彰获得区“先进基层工会”、“2010 年上城区职工民主管理工作先进单位”、“优秀工会干部”等荣誉的集体和个人。

同日 市综合考评工作领导小组到上城区开展综合考评检查,并专题听取工作汇报。

18 日 区召开南宋皇城大遗址综保工程及历史街区、历史建筑保护 2010 年度总结表彰暨动员大会。

同日 杭州市规模最大的社区早教服务中心——南星街道“优生优育优教”三优指导中心正式启用。

19 日 浙江省委党史研究室副主任金延峰、市委党史研究室主任安蓉泉一行在区委常委、组织部长黄爱芳的陪同下,调研指导中共杭州小组纪念馆筹建工作,并听取了纪念馆建设工作情况的汇报。

同日 杭州市人大常委会主任王国平,市人大常委会副主任徐祖萼,副市长张建庭、俞志宏,市政协副主席董建平到上城区实地考察延安路综合整治、西湖大道及西湖与中东河沟通工程等有关工作。

28 日 杭州市委副书记王金财等市领导慰问上城区社区工作者,区委副书记、区长缪承潮等区领导陪同慰问。

30 日 浙江省委常委、市委书记黄坤明,市委副书记、市长邵占维等领导先后到望江路胡雪岩故居、钱江路望江路交叉口,慰问了城管执法队员和保洁人员,向他们送上新春的问候,区委书记陈红英,区委副书记、区长缪承潮等领导陪同。

31 日 区委、区政府在省人民大会堂宴会厅举行新春团拜会,社会各界人士欢聚一堂,共庆新春,共话发展。区委书记陈红英致辞,区委副书记、区长缪承潮主持。

2 月

11 日 杭州市人大常委会主任王国平、副主任徐祖萼,副市长俞志宏,市政协副主席董建平调研区南宋皇城遗址“51131”道路街巷综合整治工程和中山南路双面街建设工作。

17 日 浙江省委常委、市委书记黄坤明视察区元宵灯会工作。

同日 区十三届人大常委会召开第 82 次主任会议,传达 2011 年省、市人代会精神,讨论 2011 年区人大常委会工作任务分解,讨论区十三届人大五次会议代表议案建议重点督办事项。

18日 浙江省副省长王建满调研区质量强省试点工作。区委书记陈红英,区委副书记、区长缪承潮,区委副书记朱履林陪同调研。

同日 区委副书记朱履林参加台湾特产美食城开业庆典活动。

同日 浙江省军区副政委蓝荣崇到上城区调研人民武装工作。

20日 杭州市委副书记、市长邵占维调研湖滨国际名品街提升改造项目、湖滨(南山路)城市综合体打造建设工作。

21日 清波街道文化活动中心启用仪式在鼓楼小广场举行。省文化厅厅长杨建新,省武警部队原政委张德忠,区委副书记、区长缪承潮出席仪式并揭幕。

同日 组织开展全区"第96个代表活动日"活动。

22日 浙江省委政研室副书记郭占恒等一行在区民政局、紫阳街道办事处等负责人的陪同下,实地考察中国社区建设展示中心及上羊市街社区标准化和信息化建设等工作。郭占恒对上羊市街社区"96345"数字电视服务体系以及大管家服务系统等特色工作给予肯定。他说:上羊市街社区的信息化建设走在了全市乃至全省前列。上羊市街社区"96345社区便民服务亭"由城市电视、触摸查询屏、LED屏和宣传广告栏组成。

24日 区委副书记、区长缪承潮陪同副市长佟桂莉调研湖滨国际名品街和杭州山南国际设计创意产业园。

27日 区委副书记、区长缪承潮陪同芬兰驻沪总领事贺睦宁踏勘复兴地块,考察世博芬兰馆落户上城事宜。

3月

1日 区召开妇联十三届三次执委(扩大)会暨纪念"三八"国际劳动妇女节101周年大会。

3日 小营街道紫金社区与辖区单位浙江泰隆商业银行杭州分行合作成立的"红色给力"民生服务社举行启动仪式,泰隆银行与紫金社区当场签订合作协议。

同日 区召开文明委扩大会暨杭州市创建全国文明城市上城区迎检动员会,区委书记陈红英出席并讲话,区委副书记、区长缪承潮等四套班子领导出席会议。

同日 上城区在鼓楼小广场举办"志愿服务文化体系发布会暨志愿者科普嘉年华"活动。团市委领导为上城志愿服务微笑驿站授牌,区领导为志愿服务卡通形象揭幕,并为区科普志愿服务队授旗。

6日 区委副书记朱履林接待黑龙江省虎林市党政考察团。

7日 上城区各街道总工会,系统(局)、直属工会的一线女职工、女干部近300人,在杭州市工人文化宫活动中心,参加上城区女职工"庆三八、展风采"时装走秀展示赛活动。此次时装走秀展示赛由区总工会、区工会女职委主办,商贸旅游局工会协办,旨在纪念"三八"国际劳动妇女节101周年,让全区女职工过一个热闹、开心而有意义的节日。同时展示广大上城女职工的自信、自强、自尊、自爱的美丽风采,体现新职业女性在事业、家庭的纷繁事务中不断实现越活越美丽、越活越自信的美好愿望。

同日 区委书记陈红英、区委副书记朱履林接待黑龙江省鸡西市党政考察团。

9日 区委书记陈红英,区委副书记、区长缪承潮接待兰州市城关区党政考察团。

11日 贵州省遵义市政府考察团一行在遵义市人民政府副秘书长杨升平带领下,到上城区考察学校建设,副区长刘志安,杭州市教育局、上城规划分局、区财政局、望江指挥部等单位的负责人陪同考察。考察团一行考察了开元中学、胜利小学赞成林风校区、娃哈哈学前教育集团赞成林风园区。双方相互交流了住宅区配套中小学、幼儿园建设、室内设计和校园文化建设和管理的工作。就如何建造与高品质城区匹配的学校提出了意见和看法。

14日 浙江省委常委、市委书记黄坤明陪同省委常委、宁波市委书记王辉忠率领的宁波市党政代表团到上城区城市管理行政执法局进行调研。区委书记陈红英代表区委、区人大常委会、区政府、区政协致欢迎词并汇报区城市管理智能管控平台建设情况。副区长管光尧汇报了智能管控平台运行情况。黄坤明、王辉忠一行观看了智能管控平台的日常运行演示。黄坤明看到监控画面出现执法队员在整治“莫邪塘北村7幢”的情况时,称赞平台的实时管控效果。他说,该平台不光是解决问题,还要想办法从源头上减少问题的出现。上城区要在整合“流浪乞讨人员救助”、“野导、黑车整治”、“工地管理”等方面工作的基础上,进一步做好城市管理智能管控平台的整合工作,发挥平台在城市管理中的作用。王辉忠表示,上城区城市管理智能管控平台能够做到全天候、全覆盖、24小时不眨眼,能够早发现问题,与过去城市管理的被动应付完全不同,缓解了群众的一些意见,实现了执法的人性化。上城的这些做法很值得宁波学习。区委书记陈红英,区委副书记、区长缪承潮陪同。

17日 区委书记陈红英接待宁波海曙区党政考察团。

同日 区十三届人大常委会召开第83次主任会议,听取区政府关于破解交通“两难”工作情况、关于城管执法智能管控“三化”运行情况的汇报;讨论《关于制定〈上城区第六个五年法制宣传和依法治区规划〉的议案》;讨论区十三届人大常委会第三十二次会议有关事项;讨论人事任免事项;讨论2010年人大信息宣传工作先进表彰事项。

18日 召开区纪委八届六次全体(扩大)会议。区委书记陈红英强调,要深入推进党风廉政建设和反腐败斗争,全面践行以人为本、执政为民理念,不断开创“廉洁上城”建设新局面。区委副书记、区长缪承潮主持会议。区委副书记、区纪委书记朱履林代表区纪委常委作题为《全面完善惩防体系,积极打造“廉政上城”为推进转型发展开创富民强区新局面提供有力保障》的工作报告。

21日 国家人口和计生委副主任赵白鸽等一行,在省人口计生委副主任宋贤能,副市长陈小平,市人口计生委党组书记蒋建安、主任姚雅仙的陪同下,到上城区调研基层计生干部队伍建设情况,实地考察紫阳街道上羊市街社区,并现场召开了区、街道和社区共同参加的座谈会。区政协主席余勇和紫阳街道就区委、区政府在人口的理论和决策问题,以及街道如何运用信息化手段获取群众的计生需求提供优质服务进行专题汇报。

22日 由省文化建设领导小组办公室组织《浙江日报》、“浙江之声”、“浙江卫视”等8家省级主流媒体组成的“我们的文化梦想”宣传报道组,到上城区山南国际设计创意产业园采访报道。区委书记陈红英,区委副书记、区纪委书记朱履林,区委常委、副区长顾文友,区委常委、宣传部长王越剑等领导出席会议。省文建办、市文创办相关领导陪同采访。

26日 黑龙江省虎林市市长高启民率代表团,在省人民大会堂举办旅游及绿色农产品招商推介会,推介当地旅游及绿色农产品。上城区作为虎林市友好城区,区四套班子领导带领50多家宾馆、旅行社、绿色食品和旅游企业参加推介会,区委书记陈红英致辞,区领导缪承潮、丁晓芳、余勇、麻承荣、叶洪泉出席推介会。

25日 中华股权投资协会杭州交流会在上城区召开,中华股权投资协会杭州投资考察团领队熊晓鸽致辞。市金融办主任奚素勤,经委副主任许忠虎,科技局副局长金承涛,区委常委、副区长麻承荣出席交流会。区委常委、常务副区长袁建祥主持会议。参加交流会的还有市服务业办公室、区财政局、区发改局、区招商局、玉皇山南指挥部,西湖创意谷的主要负责人。

29日 区委书记陈红英,区委副书记、区长缪承潮陪同教育部副部长杜占元调研教育信息化工作。

同日 区委书记陈红英,区委副书记、区长缪承潮接待四川省广元市党政考察团。

31日 区委书记陈红英,区委副书记、区长缪承潮陪同省委常委、组织部长蔡奇调研党建和大学生创业工作。

4月

2日 上海世博会杭州馆回到了“娘家”,在吴山城隍阁重新亮相。得到保留的杭州馆钱塘狂草、百人活水、杭州人家等展区,与城隍阁内原有大型硬木彩塑《南宋杭城风情图》交相辉映,全面展示杭州的过去与现在,体现了杭城人民亲水的传统。

8日 2011年西湖国际茶文化博览会清河坊民间茶会在鼓楼北广场开幕。本次茶会由区人民政府、市旅游委员会、市贸易局主办,区商贸旅游局、清河坊历史街区管理委员会、吴山景区管理处承办,清河坊经济发展有限公司、南宋御街商业管理公司、吴山艺术团协办。活动以“逛民俗茶会·品养身茶饮、展南宋古韵·闻茶香四溢”为口号。茶会活动主要分斗茶、问茶、赏茶、品茶、展茶5个环节,每个环节都设置了丰富的展示和互动活动。8~14日,在南宋御街步行区、清河坊历史街区吴山景区举行。

同日 南宋御街中华美食园试营业。中华美食园位于南宋御街美食夜市的东侧,有国内9家知名餐饮企业在此落户。

16日 中央政策研究室党建局副局长唐方裕一行在市委组织部副部长洪永跃, 区委书记陈红英,娃哈哈集团有限公司董事长宗庆后以及区委组织部、区总工会等有关部门负责人的陪同下,到上城区调研企业构建和谐劳动关系的情况。

18日 新疆哈密市禁毒支队政委厉万兵一行,到清波街道调研社区戒毒(康复)工作。

20日 上城区召开庆祝五一国际劳动节暨表彰大会。区委书记陈红英出席会议并讲话,区委副书记、区长缪承潮主持会议,区领导出席会议。区委常委、组织部长黄爱芳宣读表彰决定。会上对“‘金锤奖’区杰出职工代表”、“区十佳外来务工人员”、“职业道德建设标兵”、“职业道德建设标兵单位” 等先进集体和个人进行表彰,劳动模范代表作了发言,区职工代表向全区劳动者发出倡议。陈红英代表区四套班子,向为全区经济建设和各项社会事业发展、辛勤劳动和拼搏奉献的广大职工群众,致以节日的问候,向受到大会表彰的先进个人和集体,表示热烈祝贺。

同日 区“第97个代表活动日”。

21日 区十三届人大常委会召开第84次主任会议,听取区政府关于《上城区国民经济和社会发展第十二个五年规划纲要》任务分解落实情况汇报;听取政府行政管理和公共服务标准化建设情况的汇报。

22日 区直机关工委举行“庆五一、强体魄、当先锋”为主题的登山活动,区直机关百余名党员干部参加活动。

23日 上城区、萧山区、富阳市三地举行上城千人团游富阳活动启动仪式。区委常委、副区长麻承荣,萧山区副区长方毅出席并分别讲话。富阳市副市长方仁臻致欢迎辞。杭州市旅委党委书记、主任李虹宣布活动开始。启动仪式上,上城、萧山、富阳领导向“三地”协作旅行社代表和旅客代表赠送旅游手册。

25日 中央党校中青一班学员考察上城区清河坊、南宋御街。区委书记陈红英,区委副书记袁建祥等陪同考察。

26日 民政部副部长姜力一行考察上城区中国社区建设展示中心。市民政局局长邵胜,区委书记陈红英,区政协主席余勇,区委常委、组织部长黄爱芳,副区长宦金元陪同考察。

同日 第四届杭州生活品质国际体验日启动仪式在上城区孔庙广场举行。

28日 由区委宣传部、区总工会联合主办的2011年庆五一唱红歌“放歌天堂”外来创业者(职工)声乐大赛在市工人文化宫举行。此次活动是上城区广大职工以唱红歌的形式,唱响共产党好、伟大祖国好、改革开放好、社会主义好、各族人民好系列经典歌曲,庆祝五一,喜迎中国共产党建党90周年。比赛在2010年美声民族组、通俗组的基础上,增加了合唱组的比赛,参赛选手全部唱红歌。经过全区各级工会的海选,共有19家单位选报了48个参赛节目,其中合唱组11个、美声民族组13个、通俗组24个。这些声乐爱好者从事各行各业,有企业一线生产工人,有教师、社工、也有物业公司的工作人员。

同日 南宋御街中华美食园正式开园。副市长张建庭宣布开园,区委书记陈红英致辞,区委副书记、区长缪承潮主持开园仪式。

同日 阳光品质工程——第33期上城品质生活大讲坛在上城区社区学院开讲,邀请杭州市天伦专修学校老师戴一江为160名居民作了一场有关文明礼仪的讲座。

5月

4日 省委巡视组组长,正厅级巡视专员曾浩明,省委巡视组副厅级巡视专员王学文一行对上城区进行了实地考察,区委书记陈红英,区委副书记、区长缪承潮,区委常委、副区长顾文友陪同。

5日 区茶文化研究会正式成立。全国政协文史和学习委员会副主任、中国国际茶文化研究会会长周国富为茶文化研究会授牌。

12 日 由省发改委副主任赵彦年为组长的省“双服务”(服务企业、服务基层)专项行动省直第一服务组一行到上城区，调研服务望江地区保障性住房建设。区委书记陈红英,区委副书记、区长缪承潮,区委常委、副区长顾文友陪同调研。赵彦年一行到望江东园屋顶视察第四发射台及周边情况,实地踏勘第四发射台,调研望江街道徐家埠社区。望江地区保障性住房建设工程是杭州市保障性住房的重点建设项目和南宋皇城大遗址综保工程的配套安置工程,主要涉及望南望北、近江片、望江片等区块改造,关系到上万户百姓安居乐业。

同日 美国希伯学者基金会主席汤姆·M·希伯带队的代表团一行 12 人,参观清河坊、南宋御街。

13 日 区十三届人大常委会召开第 85 次主任会议,听取区政府关于城乡统筹区县(市)协作工作实施情况汇报;讨论《上城区第六个法制宣传教育和依法治区五年规划(2011~2015 年)》(草案);讨论区残疾人事业发展的调研报告;讨论区十三届人大常委会三十三次会议有关事项;讨论人事任免事项。

14 日 由区文化广电新闻出版局主办、区文化馆承办的上城区第十一届歌手大赛在杭州市工人文化宫举行。本次大赛规模大、覆盖面广,有 500 名来自社会各界的优秀歌手及声乐爱好者。大赛分设中老年组、青年组,经选拔,最终分别产生老年组及青年组的通俗、美声、民族等唱法的金奖 1 名、银奖 2 名、铜奖 3 名。

20 日 由市科技局,区人民政府主办,区科技局、望江街道承办的区“2011 科技活动周暨首届低碳环保节”启动仪式在望江街道近江西园社区公园举行。区委常委、副区长顾文友宣布启动仪式开幕,区科技局、区科协、望江街道相关负责人参加启动仪式。会上,社区居民代表宣读了《提高环保意识,争当低碳市民》倡议书。

同日 上城区在南星街道南白路海月水景公园举行防汛抗台应急抢险演习,副区长管光尧宣布演习开始并作点评。区政府、区城管办、区城管执法局,各街道、市区河道监管中心等负责人观看演习。此次防汛抗台应急抢险演习共分为树木保护应急处置、组装启动发电机、搭架浮桥、排水项目。在区城管办统一组织和指挥下，参加演练的人员完成每个演练环节,体现良好的精神风貌。

23 日 公安部党委副书记、副部长李东升,副部长陈智敏等领导率全国厅、局长 40 余人到湖滨派出所调研。

同日 省委巡视组考察杭州山南国际设计创意产业园。

26 日 全国政协原副主席张怀西到上城区考察南宋御街·中山路。

同日 浙江省委政法委副书记宋光宝到上城区调研社会管理创新工作。

6 月

1 日 浙江省委常委、市委书记黄坤明，市委常委、秘书长许勤华,副市长陈小平等市领导到杭州市杨绫子学校进行六一儿童节慰问。区委书记陈红英陪同。

7 日 区十三届人大常委会召开第 86 次主任会议,传达区治庸治懒治散“效能亮剑”专项行动动员大会精神;讨论区人大常委会关于上城区残疾人事业发展情况的审议意见。

8 日 区委书记陈红英陪同新华社浙江分社领导赴杭州山南国际设计创意产业园采访调研。

9 日 浙江省委常委、市委书记黄坤明,市委副书记王金财,市委常委、组织部长于跃敏,市委副秘书长郭禾阳,市委党史研究室主任安蓉泉等一行到上城区小营街道方谷园 3 号,调研中共杭州小组纪念馆筹建情况。区委书记陈红英,区委副书记、区长缪承潮,区委副书记袁建祥,区委常委、组织部长黄爱芳,区委常委、上城公安分局局长刘一明等陪同调研。

同日 区直机关工委在吴山广场举行“党在我心中”党章、党史知识竞赛,以及党员志愿者服务活动。

11 日 由天津市委副书记、滨海新区区委书记何立峰率领天津市考察团到上城区,考察玉皇山南国际设计创意产业园园区发展情况,并召开座谈会,听取上城区相关工作介绍。随同一起考察的有天津市委常委、宣传部长成其圣,滨海新区区委副书记张继和等。市委常委、宣传部长翁卫军,市委宣传部常务副部长魏皓奔,区委副书记、区长缪承潮,区委常委、宣传部长王越剑等陪同考察。

同日 第三届“中国历史文化名街”在山东济宁揭晓,共有十大名街入围,其中清河坊历史街区名列其中。

15日 区委书记陈红英接待青岛市市南区党政考察团。

同日 区委副书记袁建祥接待由重庆市南岸区委副书记林彬率领的重庆市南岸区党政考察团。考察团考察清河坊历史街区和南宋御街。

同日 区召开“五五”普法总结表彰暨“六五”普法动员会。会议宣读《上城区第六个法制宣传教育和依法治区五年规划 (2011~2015年)》,《关于实施上城区第六个法制宣传教育和依法治区五年规划 (2011~2015)的决议》以及区委、区政府《关于表彰“五五”普法先进单位和个人的决定》, 与会领导为先进单位和个人颁奖。区教育局、湖滨街道、上羊市街社区作了发言。

16日 杭州市委副书记叶明在督查上城区“效能亮剑”专项行动时强调,以深化作风建设效能专项行动为契机,实实在在地解决一些具体问题,尤其是一些事关发展和民生的问题,以实际行动向党和人民交上一份满意的答卷。

17日 杭州市委常委、宣传部长翁卫军率《杭州日报》、“杭州电视台”两大媒体,在区委书记陈红英,区委常委、宣传部长王越剑,区委常委、组织部长黄爱芳的陪同下,实地考察了计划七一开馆的中共杭州小组纪念馆,随后召开座谈会,听取工作汇报。

18日 国务院发展研究中心副主任卢中原一行,在市委办、市委政研室、市政府政研室负责人的陪同下到上城区调研社会管理创新工作,先后到湖滨街道“红色港湾” 党员服务中心和紫阳街道上羊市街社区进行实地考察, 听取社区管理和服务创新工作汇报。区委书记陈红英,区委常委、区纪委书记沈民,副区长宦金元等陪同调研。

20日 司法部法制宣传司司长肖义舜,在省司法厅副厅长林丹军,市司法局局长洪慧萍等陪同下到上城区调研。肖义舜一行在区委副书记袁建祥,区委常委、副区长顾文友等区领导的陪同下到望江街道近江东园社区调研。听取区法制宣传教育和社区民主法治建设情况的工作汇报。

同日 区在红星剧院举行庆祝中国共产党成立90周年大型歌咏晚会。区委书记陈红英致辞,区四套班子领导出席,由上城公安分局、区人民法院、区教育局等部门及6个街道组成的12支演出队伍参加歌咏晚会。歌咏晚会共分“星火燎原”、“火红年代”、“复兴之光”3个篇章及20首不同时期的经典红歌串联组成。

同日 第98个代表活动日, 本届20%的区人大代表开展向选民述职并接受评议活动,至此共193名区第十三届人大代表参加了述职评议。

22日 大连市西岗区区委书记吴继华率领党政考察团,考察湖滨国际名品街和南宋御街。区委常委、副区长顾文友陪同考察。

同日 平安上城110社会联动启动仪式在吴山广场举行,区委书记陈红英宣布平安上城110社会联动机制全面启动。平安上城110社会联动机制是区创新推出的一项社会管理机制,以区110社会联动指挥中心为枢纽,建立全市统一的110社会联动处置和联网信息平台,并整合“12345”、“96345”公安110、行政执法职能管理平台、行政服务中心等部门现有信息平台资源,能迅速有效的处理人民群众在生产生活中遇到的非警务类警情和各类险灾事件。

23日 区召开统一战线各界人士纪念中国共产党建党90周年座谈会。区委书记陈红英、区政协主席余勇出席并讲话。

24日 杭州市委副书记、市长邵占维等市领导走访慰问区老党员和生活困难党员,区委书记陈红英等区领导陪同。

同日 上城国土分局以 “节约集约利用国土资源”为题,制作大型背景签名画板,在吴山广场开展“万民群众签名”活动,吸引过往群众驻足签名留念。

27日 上城区被民政部确定为第一批民政范围管理标准化建设试点地区。民政部此次共确定了53个区(市、县、街道)和24家单位为第一批民政范围管理标准化建设试点地区和单位,上城区是浙江省唯一入围的试点地区。

28日 由宁波市江东区常务副区长张极星率领的政府考察团到上城区调研专业市场改造提升工作,

实地考察龙翔桥市场。区委常委、副区长麻承荣陪同考察。

7月

1日 浙江第一党小组——中共杭州小组纪念馆正式开馆。

5日 区召开数字电视“社区频道”上线开通暨数字电视“社区频道”使用培训会，区人大常委会副主任王文成出席，杭州市信息化办公室信息推进处副处长骆国平，杭州市“96345”便民服务中心主任曹虹音、区长助理陈鸣出席并致辞，华数数字电视传媒集团及6个街道相关人员参加会议。

6日 浙江省委常委、市委书记黄坤明在省委副秘书长、省信访局局长陶君毅，市委常委、秘书长许勤华和随行律师等陪同下，率省、市有关部门负责人，到上城区接待来访群众，并召开座谈会。在接访中，清泰门社区的居民代表反映小区经庭院改善、铺设煤气管道后，约5000户居民尚未开通管道煤气的情况。上羊市街社区代表反映小区内600户居民饮用水因三次供水、水质较差的问题。

8日 上城区在社区学院报告厅启动“学国学精粹 塑典型上城”学习优秀传统文化系列活动。邀请西湖国学馆老师许涛作“半部论语悟人生”的国学讲座。参加听讲座的有区委宣传部、区教育局、各街道的相关领导和附近的社区居民、参加暑期活动的中小学生和退休教师。这是上城区开展“国学讲堂进社区”第一课，“国学讲堂进社区”将陆续走进全区6个街道12个社区。

同日 区十三届人大常委会召开第87次主任会议，听取区政府关于2010年度财政决算（草案）和2011年财政预算上半年执行情况汇报，关于2010年度财政预算执行及其他财政收支情况的审计工作汇报；听取和讨论区政府2011年国民经济计划上半年执行情况汇报；讨论区人大常委会关于批准上城区2010年度财政决算的决议（草案）；讨论财经工委关于区上半年经济运行情况的调研报告；讨论法工委关于上城区贯彻执行《浙江省人大常委会〈关于加强检察机关法律监督工作的决定〉》情况的调研报告；讨论人事任免事项；讨论区十三届人大常委会第三十四次会议有关事项。

13日 区十三届人大常委会召开第88次主任会议，听取区政府通报区机构改革初步方案。

15日 区档案馆接收到中共中央政治局常委、国家副主席习近平给小营巷社区党委的复信，并对原件做了珍藏。

20日 由区文广新局和区体育总会主办的“生活因健身充满活力，城市因体育勃发生机”特色体育团队展示暨晨晚练点文体团队器材赠送仪式在吴山广场举行。活动分三个部分，首先进行体育特色团队的节目展示，来自南星街道的夕美健身队等4支队伍进行了展示表演（展示的团队都是在前不久进行体育特色团队比赛中获得一、二等奖的团队）。第二部分对获奖的团队和为区群众体育事业发展作出贡献的“十佳社会体育指导员”进行表彰。最后一项是举行区晨晚练点文明团队赠送器材仪式，全区6个街道的35支文体团队获得赠送的器材。

22日 由上城区商贸旅游局、萧山区旅游局、富阳运动休闲办公室联合主办的“推进杭州城乡区域统筹旅游发展萧山、上城、富阳三地旅游产品联合推广活动”在吴山广场举行。

同日 区十三届人大常委会召开第89次主任会议，讨论区人大常委会关于区上半年经济运行情况的审议意见；讨论区人大常委会关于区人民检察院贯彻执行《浙江省人大常委会〈关于加强检察机关法律监督工作的决定〉》情况的审议意见；各工委汇报上半年工作情况。

26日 区举行“万户家庭网上学”暨垃圾分类网上培训活动启动仪式，市妇联主席魏颖宣布活动启动，区委副书记袁建祥讲话，副区长管光尧出席启动仪式。

28日 区直机关党员干部为“7·23”甬温线特大铁路交通事故受伤者献血。220名党员干部参与了献血活动，献血量为3.80万毫升。

29日 国家美沙酮维持治疗督导组成员、云南药物依赖研究所研究员杨芳、李乙萍一行在上城区禁毒大队副大队长王洲的陪同下，到清波街道调研社区戒毒（康复）与美沙酮药物维持治疗项目资源有机整合项目。

8月

1日 中国社科院、中央党校领导专家一行赴上城区调研社会管理创新工作。

5日 区召开全区防御台风工作会议，紧急部署“梅花”防台工作，要求各部门各街道全力做好防御工作，确保全区居民生命财产安全。区委书记陈红英，区委副书记、区长缪承潮出席会议并讲话，区领导麻承荣、管光尧出席会议，区各部门和6个街道及各建设指挥部主要负责人参加会议。

9日 中共上城区委召开八届十一次全体(扩大)会议，全面贯彻中共十七大和十七届三中、四中、五中全会以及省委十二届九次全会、市委十届十次全会精神，回顾总结上半年工作，研究分析经济社会发展的新形势、新任务，部署落实下一步工作举措，扎实推进社会管理和创新，确保“十二五”发展开好局、起好步。区委常委主持会议，区委书记陈红英作题为《切实加强社会管理和创新为“十二五”发展创造和谐稳定的环境》的报告。区委副书记、区长缪承潮作总结讲话。

同日 国家信访局接访司巡视员张艳明一行到湖滨街道涌金门社区调研，视察指导涌金门社区“12345”工作，并对上城区社区“12345”工作给予肯定。

10日 杭州市人大常委会主任王国平一行到区调研南宋皇城遗址“51131”道路街巷综合整治工程，参加中山南路西侧御街·二十三坊巷综保工程开工仪式。

15日 浙江省政协副主席、民进浙江省委主委盛昌黎，省公安厅副厅长董晓伟，省禁毒总队队长蔄牛，省禁毒办专职副主任周联盟一行到上城区视察社区禁毒(康复)工作，市公安局副局长金捷，区政协主席余勇，区委常委、上城公安分局局长刘一明陪同视察。

16日 杭州市人大常委会副主任顾树森一行到上城区调研指导人大换届选举工作，听取区关于下半年开展人大换届选举工作前期调研情况的汇报，以及就市、区人大在选举宣传、选民登记、时间节点等具体工作衔接上征询了意见。区人大常委会副主任叶洪泉陪同调研并作工作汇报。

18日 区举办文体活动惠民券发放仪式，区委常委、宣传部长王越剑出席并讲话，区人大常委会副主任韦云，副区长宦金元，区政协副主席方莉出席发放仪式。区教育局，区文广新局等部门、单位，6个街道负责人，低保户代表及企业代表参加发放仪式。本次发放的文体惠民券总价值达113万元，将发放到全区2098户低保(残保)户家庭，惠及人数达3151人。每户家庭将领到一份市场价值540元的惠民活动券，主要包含游泳券和娱乐券，居民可根据活动券要求在规定时间内免费到指定地点用。

24日 浙江省建设厅厅长谈月明一行到上城区调研历史文化遗存保护及城市规划建设情况，区委书记陈红英，区委常委、副区长麻承荣以及区委办、区建设局的负责人陪同调研。

同日 由区总工会、区劳动和社会保障局、区科学技术协会联合举办的区第六届现代服务业（美容、美发）技能大赛在杭州市工人文化宫活动中心举行。本届大赛设立的女式剪吹、新娘化妆两个比赛项目，是上城区自开展职业技能大赛以来，首次进行的区级职业技能一类竞赛项目。40余家企业组成的12支代表队共80名(其中美容38名、美发42名)参赛选手参加了本届大赛。有6人获得金奖及高级工职业资格证书;14人获得银奖及中级工职业资格证书。他们同时被选聘为“上城区职工职业技能带头人”。1家企业位获得团体金奖,2家企业获得团体银奖,2家企业获得最佳组织奖,4家企业获得优秀组织奖。

同日 区十三届人大常委会召开第90次主任会议，听取区政府关于初中教育改革发展情况的汇报；讨论区人大常委会《关于建立和完善以民主促民生工作机制的实施意见》(初稿)；讨论《杭州市上城区人民代表大会常务委员会询问和质询办法》(初稿)。

25日 杭州市委常委、宣传部部长翁立军到上城区调研创建全国文明城市工作时强调，创建全国文明城市工作已进入关键时刻，各地各部门要拉高标杆、注重细节，高质量完成各项创建任务。实地检查了南星街道水澄桥社区和美政桥社区的创建文明城市工作，并召开座谈会，听取工作汇报。

同日 区召开优化提升南宋御街美食夜市有关工作专题会议，传达了市人大常委会主任王国平对市商资公司《关于进一步做好美食夜市一条街优化提升工作的报告》的批示，听取杭州南宋御街美食夜市投资管理有限公司关于夜市流动摊车布局方案的工作汇报，协调优化提升美食夜市工作的有关问题。区委常委、副区长顾文友出席会议并讲话。

9月

2日 由区政协主办，区政协文史研究会承办的《图说南宋京城临安》首发式暨“图说南宋京城”作品展开幕式在杭州市唐云艺术馆举行。全国政协文史和学习委员会副主任、省政协原主席周国富，九届全国人大常委、省人大常委会原副主任毛昭晰，市委原副书记杨招棣，市政协副主席张鸿建，《浙江日报》原总编辑江坪，省政协文史资料委员会主任侯玉琪，省政协文史资料委员会专职副主任曹骅，以及区四套班子领导陈红英、缪承潮、丁晓芳、余勇、王越剑、方莉等出席并为活动剪彩。

3日 杭州市作风办与区作风办在吴山广场联合开展市、区两级机关“转作风、提效能、送服务”活动。区委常委、区纪委书记沈民到现场参加活动。此次活动有42个单位参加，发放宣传资料1万份。22个市、区两级机关部门现场受理有关事项72项，其中两级作风办和“96666”投诉中心接待群众咨询32人次，现场受理投诉29件；11个市直机关部门接待群众咨询594人次，现场受理有关事项23项；9个公共服务单位接待群众咨询639人次，现场受理事项36项；志愿者服务等活动接待群众咨询643人次，现场服务40人次。

5日 浙江省司法厅副厅长李会光到上城区调研上羊市街社区工作

9日 上城区在孔庙大成殿广场举行首届“国学日”启动仪式。

10日 浙江省委常委、市委书记黄坤明率市委常委、秘书长许勤华一行督查上城区创建全国文明城市工作。区委书记陈红英，区委副书记、区长缪承潮，区委常委、宣传部长王越剑，以及区创建办等相关部门陪同督查。

15日 浙江省高级人民法院院长齐奇一行到上城区考察法院工作。区委书记陈红英等陪同。

19日 区召开政府管理与公共服务标准化国家试点验收迎检准备专题会议，听取验收迎检准备工作汇报，布置验收迎检准备工作。

20日 上城区获国内首个政府单位质量全国最高奖——“全国质量工作先进单位”称号。

同日 省科协党组书记、副主席鲁善增，市科协党组书记、主席郄丽娜等一行到上城区调研考察科协工作。区委书记陈红英，区委常委、组织部部长黄爱芳等陪同调研。

同日 区召开全国第八届残运会火炬传递活动协调会，副区长宦金元出席并讲话，区残联、上城公安分局、区文广新局、区西博办等负责人参加会议。

同日 区十三届人大常委会召开第92次主任会议，讨论代表建议办理工作专题询问拟提出的问题。

21日 区科协在吴山广场举办2011年全国科普日暨第二十五届科普宣传周活动，清波街道科协、上城食品药品监督管理分局、区医学会、区质量协会等28家协会、学会、地区单位参加宣传活动。

23日 上城区在政府大院举行应急处置预案演练活动。

同日 清波街道举办首届社区工作者辩论赛。

24日 区委副书记、区长缪承潮陪同国家文物局局长单霁翔等领导考察临安城遗址有关工作，参加全国重点文物保护单位临安城遗址保护规划评审会。

27日 区十三届人大常委会召开第93次主任会议，讨论代表工委关于区十三届人大五次会议代表建议、意见办理情况的报告；讨论城建环保工委关于要求加快望江地区建设改造议案办理情况的调研报告；讨论关于杭州市上城区人民代表大会换届选举的决定(草案)；讨论关于建立杭州市上城区选举委员会的决定草案；讨论区十三届人大常委会第三十五次会议有关事项。

28日 上城区顺利通过国家标准化管理委员会对政府行政管理与公共服务标准化试点项目的评估。

同日 区召开老龄工作表彰大会暨庆祝浙江省第24个老人节文艺汇演。

10月

6日 漳州市党政代表团一行在市委副书记叶明，区委副书记、区长缪承潮，区委常委、副区长管光尧等领导的陪同下,实地查看了方谷园、银枪班巷等小营巷地区的背街小巷、庭院改善情况,到南宋遗址陈列馆、中山中路河坊街四拐角、中山南路美食夜市一条街等地,考察南宋御街、中山南路双面街建设管理情况。

12日 第四届中国民间艺人节在吴山广场开幕。市委副书记叶明,副市长张建庭,区委书记陈红英,区委副书记、区长缪承潮出席开幕式。

同日 第十三届杭州西湖国际博览会教育项目中国杭州名师名校长论坛分论坛“第二届中国小学数学教育峰会”在上城区举行。本届峰会是继2010年第一届“中国小学数学教育峰会”成功举办之后,由《人民教育》编辑部与上城区教育局再度联合主办的峰会。

13日 湖滨街道率先成立区域化党建共驻共建工作委员会。区委书记陈红英为工作委员会授牌,区委常委、组织部长黄爱芳,副区长管光尧等出席。

14日 国务院研究室教科文卫司副司长侯万军一行到上城区调研社区文化建设工作。

同日 上城区在杭州市服装职业高级中学举办2011年全民终身学习活动周暨第八届终身教育节,来自全区各社区300多名市民代表参加终身教育节的开幕式。省教育厅职成处处长高迎春宣布开幕,区委常委、组织部长黄爱芳致辞,区人大常委会副主任韦云,副区长宦金元,区政协副主席方莉出席开幕式。

同日 区委书记陈红英陪同由唐山市开平区区委书记和春军率领的开平区党政代表团一行到上城区考察社区建设和城市管理工作。

同日 由区健康办主办的2011年上城区市民健康生活知识大赛在区疾控中心六楼会议室举行。来自上城区各街道的6支代表队共30名选手参加了比赛,比赛由区爱卫办副主任陆永华主持。

同日 区十三届人大常委会召开第94次主任会议,讨论区人大常委会关于要求加快望江地区建设改造议案办理情况的审议意见;讨论区人大常委会关于区十三届人大五次会议代表建议、意见办理情况的审议意见。

16日 由区文广新局和临安市文广新局联合主办的上城区第八届社区艺术节开幕式暨上城—临安两地文化交流在吴山广场举行。区委常委、宣传部长王越剑,区人大常委会副主任韦云,区政协副主席方莉和临安市副市长裘小民出席开幕式。

18日 区召开党务公开网业务培训会,区委常委、纪委书记沈民出席会议并讲话。区直各党(工)委、区委各部门、各群团组织的党务公开网分管负责人以及网站信息维护人员近70人参加培训。

同日 上城区举办2011新闻发言人培训会,邀请国内著名危机管理专家,新传媒网危机管理首席顾问,清华大学、北京大学、香港商学院客座教授叶东讲课。区委常委、宣传部长王越剑作动员讲话。区直机关、街道的新闻发言人及社区的宣传联络员70余人参加培训会。

20日 由区委、区政府主办,区委组织部、区人事局、团区委、清波街道承办的“紫薇·原点”青年人才培养工程举行启动仪式,区委副书记袁建祥出席并讲话,市人力资源和社会保障局副局长柳胜伟,团市委副书记赖明诚,区领导高万洋、刘志安、戴晓军出席仪式,上城区有10多家用人单位的负责人参加仪式。仪式由区委常委、组织部长黄爱芳主持。

21日 “2011杭州休闲生活暨十大特色潜力行业展”在杭州萧山休博园会展中心开展。清河坊历史街区由上城区商贸旅游局牵头,派出了老字号商铺、手工艺人、老中医、景区管理中心工作人员参加此次展会。

23日 区总工会举行2011职工乒乓球比赛。经过角逐,杭州娃哈哈集团有限公司的刘建伟、望江门小学的魏佳蓓分别获得男子组、女子组第1名。杭州娃哈哈集团有限公司、区科技工业基地、区直机关工委、区教育局、上城公安分局、区卫生局等获得优秀组织奖。

同日 上城区圆满完成2011杭州西湖国际烟花大会工作任务。

24日 为庆祝新中国第一个居民委员会成立62周年和杭州市第二届社区工作者节开幕,上城区举办社区工作者辩论赛。此次辩论赛,全区6个街道各派出一支由4名辩手组成的代表队,分别就“在社区工作中,社会工作专业技巧重要还是实践经验重要”、“现行社会条件下实行垃圾分类是否已经具备条件”

等5个辩题进行辩论。经过初赛、半决赛和决赛,最终小营街道代表队夺得桂冠,南星街道赢得二等奖,望江街道获得三等奖,湖滨、清波、紫阳街道获得优秀奖。

25日 区举行庆祝浙江省第十五个环卫工人节暨表彰大会,市政管委副主任彭保华,区政协副主席陈小玲等出席会议,区人大常委会副主任李静宣读表彰决定,副区长管光尧讲话,区城管办负责人、各街道分管城管副主任、直运公司代表、各环卫所、保洁公司环卫工人代表共100余人参加大会。会上表彰了2011年上城区环境卫生工作先进集体、"十佳城市美容师"、"优秀城市美容师"。

同日 由唐山市开平区区委副书记、区长常庆久率领的开平区党政考察团一行到上城区,考察社区建设和城市管理工作。区委副书记袁建祥,副区长宦金元陪同考察。

26日 浙江省委常委、市委书记黄坤明与市委常委、市委秘书长许勤华等一行,在区委书记陈红英,区委副书记、区长缪承潮,区委副书记袁建祥等陪同下先后调研复兴商圈党委的非公企业党建工作和湖滨街道"湖滨晴雨工作室"工作。

27日 区委书记陈红英等区领导专门接访困难群众,帮助解决实际困难。

31日 为了更好地展现"南宋古都·经典上城"品牌内涵,区委宣传部联合《杭州日报》共同举办了"发现·经典上城"摄影大赛,为了让参赛者能更好地展现上城区"厚重文化、高端产业、精致空间、人性交通、品质生活"的内涵,区宣传部决定以"高端产业"为主题,专门组织摄影采风活动,让摄影爱好者有机会亲身感受上城区知名企业的风采。

同日 紫阳街道举行街道准物业管理中心(邻里服务中心)启动仪式,区人大常委会副主任李静,副区长刘志安、管光尧,区政协副主席陈小玲为中心揭牌。

同日 湖滨街道青年路社区举行第九届邻居节活动。

11月

1日 区召开全区领导干部大会,传达学习贯彻中共十七届六中全会精神,部署换届、"创先争优"、作风建设有关工作。

2日 浙江省政协文史委主任侯玉琪带领省政协文史委与新闻出版界别部分委员到上城区,考察临安城遗址保护规划进展情况。区政协主席余勇,副主席戴晓军,玉皇山南指挥部的负责人,以及特邀委员仲向平等陪同考察。

同日 上城质监分局组织举办《卓越绩效评价准则》培训宣贯会,邀请省质量协会质量奖高级审核员韩训谟作专题讲座。娃哈哈集团有限公司、中瑞思创科技公司、浙江宝庆建设公司等14家辖区内知名企业的相关负责人参加培训。

同日 区人防办(民防局)人防管理协会在杭州天阳明珠商业中心联合举办"民防知识进企业"活动。

3日 中共上城区委召开八届十二次全体会议,表决通过《关于召开中国共产党杭州市上城区第九次代表大会的决议》(以下简称《决议》),全面部署党代表换届选举的相关工作。

同日 2011吴山庙会的重头戏暨伍子胥祭祀大典在伍公庙举行。

4日 区举办第三届杭州生活品质展"品质教育开放建兰"展示点活动启动仪式暨建兰中学新校园落成典礼。启动仪式上,区委副书记、区长缪承潮,区委常委、宣传部长王越剑宣读省委副书记、代省长夏宝龙和省委常委、市委书记黄坤明的贺信,副区长宦金元宣读区政府关于表彰区建设局在建兰中学改扩建工程中作出贡献的决定,学生代表和教师代表分别宣读写给全国人大常委会原副主任路甬祥的一封信及回信。区教育局负责人及建兰中学校长分别致感谢辞。

7日 杭州市委副书记、市长邵占维在上城区调研"创先争优"和2012年工作思路时强调,以"创先争优"为动力,为推动科学发展提供保障。

8日 区举行"2011杭州美术节"新闻发布会。市文娱品牌促进会常务副会长、市艺术品经营协会会长席挺军出席讲话。区委宣传部、区文广新局、各街道、清河坊管委会和天工艺苑股份有限公司、吴山书画院、岳王艺术城等组委会成员单位的负责人及新闻媒体参加了发布会。

同日 区工商联合会第八次会员代表大会召开。

有188名代表出席会议，会议总结过去五年的工作，确定今后一个时期的工作任务，选举产生新一届领导班子。

同日 杭州市委副书记叶明一行在区委书记陈红英，区委常委、宣传部长王越剑及区相关部门负责人的陪同下，调研上城区南宋皇城遗址“51131”道路街巷综合整治工程和文化建设工作。

同日 区委常委、组织部长黄爱芳率领区委人才办、区人事局、科技局、招商局、留学生创业园等相关部门的负责人及娃哈哈集团有限公司等重点企业，参加“2011浙江·杭州国际人才交流与合作大会”，开展对海外留学生人才创业项目及技术项目合作，招才引智洽谈，并取得初步的成果。

9日 由中国教育政策研究院、杭州市人民政府主办，上城区政府与市教育局共同承办的杭州名师名校长论坛·2011年区域教育发展论坛开幕。这次论坛以“区域教育综合改革与质量提升”为主题，引领和推动《国家中长期教育改革和发展规划纲要(2010~2020)》关于“推进县(市)教育综合改革试点”要求的进一步落实。

同日 区召开作风建设领导小组暨“效能亮剑”专项行动阶段性总结工作会议，传达全市深化作风建设经验交流会暨“效能亮剑”专项行动阶段性工作会议精神，总结回顾全区“效能亮剑”专项行动阶段性工作情况，研究部署下一步作风建设工作。

同日 南星街道办事处和富阳市渌渚镇人民政府签订城乡统筹结对合约书，双方将在经济协作、文化旅游、民生公益、政府管理与公共服务等方面开展统筹项目，共同推进城乡双赢发展。

10日 由杭州市委办公厅、市委宣传部、上城区委宣传部与杭州师范大学联合举办的“孝悌之道、德性修养”价值提炼研讨会在上城区西湖国学馆召开。

11日 上城区第六届机关事业单位钓鱼比赛在市郊周浦镇铜鑑湖生态渔场举行，全区机关事业单位的100余名钓鱼爱好者参加比赛。

13日 由上城区区委宣传部、《美术报》社主办的2011杭州美术节主干项目——第四届美术报艺术节杭州推广会在秀空间艺术会所拉开帷幕。区委常委、宣传部长王越剑，《美术报》副总编王平出席推广会。

14日 由新疆维吾尔自治区和田市市委副书记、市长阿迪力·努尔麦麦提率领的和田市党政代表团一行，在区委副书记、区长缪承潮的陪同下，考察了鼓楼、中山中路、河坊街、四拐角等处。

同日 紫阳街道举办第八届邻居节活动。

15日 由江苏省省委常委、苏州市委书记蒋宏坤和苏州市委副书记、市长阎立率领的苏州党政代表团到上城区实地考察南宋御街，市政协主席孙忠焕，区委书记陈红英，区政协主席余勇等陪同考察。

16日 中国社科院调研组一行在该院政治学所所长助理、研究员陈红太带领下到上城区湖滨街道“湖滨晴雨”工作室就“加强社会建设，创新社会管理”为调研课题。副区长宦金元、区委办副主任余向平、湖滨街道主任毛素云等陪同调研。

同日 举行位于青年路48号杭州大华书场重展新颜揭牌仪式。

同日 区委副书记袁建祥接待安徽铜陵市铜官山区考察团。

同日 区人大常委会召开第95次主任会议，讨论人事任免事项；讨论关于建立和完善以民主促民生工作机制的实施意见(草案)及询问和质询办法(草案)；讨论现有常委会工作制度的梳理情况；讨论区十三届人大常委会第三十六次会议有关事项；讨论区十三届人大常委会工作报告框架。

17日 区委书记陈红英、区委副书记袁建祥接待大连市中山区党政代表团。

18日 区文化馆组队参加浙江省第五届排舞大赛。此次活动由浙江省文化厅主办，上城区文艺团队联合会红舞鞋舞蹈队、艾拉拉舞蹈队联合组成的“嫂子”舞蹈队参加中老年A组比赛，参赛曲目《杰虹》赢得了现场观众评委的一致好评，并获得了浙江省第五届中老年A组金奖。

21日 区委副书记袁建祥接待苏州国家高新技术产业开发区管委会考察团。

同日 浙江省体育强区检查验收组到上城区检查验收创建省体育强区工作，区委书记陈红英致辞，区委副书记、区长缪承潮汇报工作，区人大常委会主任丁晓芳等区领导及区各相关部门和街道的负责人参加会议。

23 日 由中国文物保护基金会酒基会和上城区政府共同主办的“中国红釉酒保护高峰论坛暨首届南宋酒文化节”,在南宋御街中华美食园开幕。市政协副主席、市工商联主席张必来,以及中国文物保护基金会、中国食品科技学会黄酒学会、中国酿酒工业协会、上城区等单位领导出席开幕式。

同日 紫阳街道举行御街·二十三坊业态调整奖励发放仪式,副区长管光尧出席并讲话,区政府办、背街小巷改善办公室、商贸旅游局、上城工商分局、上城环保分局等相关部门负责人参加仪式。

24 日 区十三届人大常委会召开第 96 次主任会议,讨论关于上城区贯彻执行《中华人民共和国消防法》情况的执法检查报告;讨论关于 2011 年政府为民办实事项目实施情况的调研报告;讨论关于建立和完善以民主促民生工作机制的实施意见(草案)。

25 日 中国首家非常规天然气产业投资基金——凯泰清洁能源产业投资基金在上城区正式成立。

同日 浙江赞宇科技股份有限公司(原省轻工业研究所)成功登陆深圳证券交易所中小板。这是上城区继中瑞思创后,又一家高新技术企业挂牌上市。该工司是专业从事日用化工、表面活性剂等领域研发和生产的高新技术企业。

同日 区“紫薇·原点”青年人材培养工程与浙江工商大学青年领袖培养工程项目对接仪式在上城区南星街道水澄桥社区举行。启动仪式上,团区委与浙江工商大学团委签订志愿服务、就业创业长期战略合作协议,南星街道与浙江工商大学公共管理学院签订共建大学生校外实习基地和优秀本科生、研究生到社区挂职协议。

27 日 由区委宣传部、区文化创意产业办公室、中国工商银行杭州财富管理中心联合举办的“妙行无往”——刘国辉国画小品品赏会在中国工商银行杭州财富管理中心举行。

28 日 上城区文艺团队联合会首届艺术节暨第八届区“城市一家亲”外来务工者艺术节开幕式在吴山广场举行。市委常委、宣传部长翁卫军宣布艺术节开幕并为区文化志愿者分队成立授旗,区委书记陈红英致辞。

29 日 上城区党务公开网开通仪式在区政府会议中心举行。

30 日 区召开第六次全国人口普查总结表彰大会,区委常委、副区长顾文友出席并讲话,区委常委、副区长麻承荣, 以及区第六次人普领导小组全体成员、人普办全体人员、先进个人代表、各街道有关负责人等参加会议。会上,对清波街道等 12 个先进集体、王跃进等 100 名先进个人进行表彰。

同日 举行区疾控中心和卫生监督所成立 10 周年庆祝大会。

12 月

1 日 位于方谷园 2 号的钱学森故居正式对外开放。当天上午,浙江省委书记赵洪祝参观考察钱学森故居。

2 日 市人大常委会主任王国平到上城区调研城头巷、五柳巷、御街·二十三坊等综保工程。他强调:坚持“保老城、建新城”,努力发挥上城在“保老城”中的作用。

5 日 区委副书记袁建祥接待呼和浩特市赛罕区考察团。

6 日 区十三届人大常委会召开第 97 次主任会议,讨论区人大常委会关于区贯彻执行《中华人民共和国消防法》情况的审议意见、关于 2011 年政府为民办实事项目实施情况的审议意见;各工委总结本届以来工作,提出明年工作建议。

7 日 区委副书记袁建祥接待山西临汾市尧都区考察团。

8 日 区召开欢送新兵入伍大会。

9 日 区举办第十六期吴山大讲堂, 邀请央视百家讲堂名师、高级历史教师袁腾飞作《杭城英雄》专题讲座。

同日 由区商贸旅游局和富阳市农办联合举办的区县(市)协作富阳特色农产品展销会在吴山广场举行。

13 日 浙江省省委常委、市委书记黄坤明调研上城区宇天科技股份有限公司。

同日 浙江省工商局局长郑宇民调研区玉皇山

南国际设计创意产业园。

同日 区十三届人大常委会召开第98次主任会议,讨论丁晓芳、朱荷芳分别辞去区选委会主任职务、区选委会委员职务的请求。

14日 区委书记陈红英接待开封市党政考察团。

15日 是"中国科协会员日",区科协组织开展以"创新文化、服务会员"为主题的2011年中国科协会员日活动。本次活动以会员座谈会、会员联谊会、会员咨询服务、会员表彰奖励、学会工作研讨、学会意见征集、学会成果展示等多种形式开展,内容包括宣传学会章程、开展会员调查、征询会员意见建议、发展学会会员、交流学术成果等,旨在进一步激发广大科技工作者的主动性、积极性,更好地为上城区经济社会发展贡献才智。

16日 区委书记陈红英、区委副书记袁建祥接待南京市秦淮区党政考察团。

同日 区委副书记、区长缪承潮接待南京市雨花台区政府考察团。

16~17日 区档案馆组织全区各单位档案员、史志鉴撰稿人、档案学会会员、地方志学会会员赴衢州江山考察档案文化建设工作。

20日 上城区举行投票选举第十四届人大代表。全区共有333369位选民在85个选区参加投票选举,依法选举产生197名区第十四届人民代表大会代表。

21日 杭州市综合考评组在市考评办副主任曹佃杭的带领下,到上城区进行综合考评检查并召开汇报会。区委书记陈红英汇报区综合考评工作完成情况,区委常委、副区长麻承荣汇报区特色创新项目完成情况。

同日 组织开展区"第101个代表活动日"。各代表小组总结全年工作;评选推荐2011年度代表工作积极分子和先进代表小组;评选推荐2011年度"代表进社区"工作积极分子和先进"人大代表接待站";评选推荐2011年区人大代表"优秀议案";圈选区政府2012年为民办实事项目。

同日 上城区顺利通过杭州市学前教育强区复查。

22日 区委副书记、区长缪承潮,区委副书记袁建祥接待大同市城区考察团。

同日 清河坊历史街区亮相东京中国历史文化街区。

25日 由区政府、市旅委会、市文创办、市贸易局联合主办,区商贸旅游局、清河坊历史街区管委会、南宋御街美食夜市管理有限公司联合承办的第三届南宋御街国际旅游文化艺术节在南宋御街举行开幕仪式。

26日 区委书记陈红英接待日本早稻田大学、浙江大学联合专家组,并进行交流研讨。

同日 区十三届人大常委会召开第99次主任会议,讨论召开区十四届人大一次会议的决定草案及其会议日程安排草案;讨论上城区第十三届人民代表大会常务委员会代表资格审查委员会关于区第十四届人民代表大会代表资格审查的报告;讨论区十三届人大常委会工作报告稿。27日,"上城先锋"是区委组织部的官方微博。该微博对区委、区纪委的换届全过程进行实时直播,关注该微博者达7000余人,体现了换届工作的透明与公开。

28日 中国共产党杭州市上城区第九次代表大会开幕。这次大会的代表共235名,因事、因病请假10名,实到225名。杭州市委副书记、市长邵占维出席本次大会。区委副书记、区长缪承潮主持大会,宣布中国共产党杭州市上城区第九次代表大会开幕。区委书记陈红英代表中共杭州市上城区第八届委员会向大会作题为《推进国际化,提升幸福感,为建设"具有国际水准的高品质中心城区"而努力奋斗》的报告。

同日 经浙江省专家组评审认定,上城区成功创建为浙江省卫生应急工作示范区。

同日 上城消防大队依法取缔一非法储存、充装液化气窝点。

同日 民政部基层政权和社区建设司副司长王金华赴中国社区建设展示中心视察工作,并参加中国社区建设展示中心工作汇报会暨全国城市社区工作者队伍建设座谈会。

30日 中国共产党杭州市上城区第九次代表大会闭幕。

31日 上城区举行第十二次"春风行动"募捐活动,区领导和机关干部踊跃带头捐款。

同日 上城区举行2012年军政新春座谈会。

工业经济

Industrial Economy

工业经济综述

2011年是上城区全面实施“十二五”规划的第一年，上城区发展和改革局（以下简称区发改局）贯彻落实科学发展观，围绕“转变发展方式、推动转型升级”的工作主线，着力打造新平台，不断创造新优势，在复杂多变的宏观形势下，全区经济稳步发展，各项社会事业协调发展。计划执行情况总体良好。全年实现全区生产总值（GDP）615.98亿元，比上年（指2010年，下同）增长9.5%，其中服务业增加值337.10亿元，比上年增长8%；完成工业销售产值600.75亿元，比上年增长16.7%；实现社会消费品零售总额215.86亿元，比上年增长18.5%；社会固定资产投资完成55.49亿元；完成财政总收入90.10亿元，其中地方财政收入53.55亿元，比上年分别增长12.3%和6.6%；万元工业增加值综合能耗下降15%。（魏建军）

工业企业

【杭州娃哈哈集团有限公司概况】 2011年，杭州娃哈哈集团有限公司（以下简称娃哈哈）完成饮料产量1277万吨，实现营业收入549亿元，利税112亿元，上缴税金54亿元。娃哈哈荣列2011年中国企业500强第148位、中国制造业企业500强第69位、中国企业效益200佳第60位，在中国民营企业500强中营业收入居第12位、利润第8位、纳税第5位。同时还获得“全国模范劳动关系和谐企业”、“第六届中华慈善奖”、“全国非公有制企业双强百佳党组织”、“全国实施卓越绩效模式先进企业”、“全国双爱双评先进企业”、“最佳美誉度品牌”等多项荣誉。

【贯彻落实《中华人民共和国食品安全法》】 2011年，娃哈哈结合食品安全法颁布实施以来政府部门下达针对食品添加剂使用、乳制品生产、产品标签标识等重要法律、法规，完成《分公司食品安全法贯彻实施操作指南》的修订，拟定分公司统一接受监督检查的接待流程，规范各分公司形成统一模式接受政府监管部门的监管。为强化各分公司质检科长对食品安全知识法规的理解，以片区为单位组织开展年度“食品安全法规知识竞赛”，通过现场考核加深基层质量业务负责人员对法规知识的理解。2011年下半年，顺应国家质检总局关于乳制品生产企业需建立电子信息记录追溯系统要求，公司开发了内部使用的乳制品电子信息化系统，在娃哈哈所有乳制品生产企业进行试运行，顺利完成国家相关质量监控要求。

【“爽歪歪”获中国驰名商标称号】 2011年，娃哈哈生产的“(R)爽歪歪(TM)”益生菌发酵酸奶饮品是以复原牛乳为主要原料，经益生菌发酵后添加一定的辅料和风味物质进行调制，经超高温瞬时灭菌、灌装等工艺制成的长保质期发酵型乳饮料，是一个能够为消费者提供多方面合理均衡营养的全新产品，于2006年初在全国市场推出。该产品配方独特、营养丰富、口味新颖，上市后受到广大消费者特别是少年儿童的喜爱。多年来公司为“爽歪歪”商标及其产品投入6亿多元的广告费用，产品年销售额超50亿元，是国内市场上最畅销的含乳饮料产品之一。2011年11月，“爽歪歪”商标被评为中国驰名商标，这是继1999年“娃哈哈”商标后，公司再次获得中国驰名商标认定。

【构建和谐劳动关系】 娃哈哈坚持以人为本,把员工当作企业的主人,着力构建和谐劳动关系。通过实行员工持股,使员工成为企业的股东,让员工共享企业发展成果;每年给基层员工加工资,并在住房、医疗、休假、子女入学等方面给予员工全方位的保障,减除员工的后顾之忧;通过鼓励和引导员工不断学习、提高素养,打破员工身份与等级差别,坚持"能者上、庸者下",切实保障员工实现自身发展的权利。使企业内部始终保持团结、奋进、和谐的良性竞争局面。2011年8月,娃哈哈获"全国模范劳动关系和谐企业"荣誉称号。

【娃哈哈2011千万宏迷"激活·爱"大型公益宏歌会】 2011年,由娃哈哈慈善基金会发起,云南青基会协办的娃哈哈2011千万宏(歌手王力宏)迷"激活·爱"大型公益宏歌会活动辗转珠海、南京、宁波、合肥、杭州5地,于7月10日在杭州电视台落下帷幕,共募得善款596177元,可资助1200名孩子重返校园。

11月21日,举办"长青一期"储备管理干部培训班。

(杭州娃哈哈集团有限公司　供稿)

【"长青一期"储备管理干部培训班】 11月21~28日,娃哈哈人力资源部牵头组织举办"长青一期"储备管理干部培训班,参加培训人员来自全国八大片区48家公司和部门,90名学员涉及设备、质量、生产、综合管理等业务线。既有各分公司的骨干员工,亦有已具备一定管理经验的管理干部。培训班邀请优秀的外部师资,娃哈哈内部的部厂长、管理干部及各业务线骨干为学员们讲解管理知识,分享管理经验,剖析经典案例。总经理宗庆后在培训班上讲话,鼓励员工不断创新学习,争做企业需要的人才。

表5　　2011年度杭州娃哈哈集团有限公司荣誉

荣誉名称	颁发单位	颁奖时间
"家"文化荣获第五届全国十佳企业管理案例奖	《企业管理》杂志社	2011-01
2010年度最佳网络声誉企业	人民网	2011-01
2010年度全国"安康杯"竞赛优胜单位	中华全国总工会、国家安全生产监督管理总局	2011-01
网友最喜爱的饮料品牌	人民网	2011-03
网友最信赖的十大食品品牌	人民网	2011-03
第二届中国管理科学学会管理科学奖(实践类)	中国管理科学学会	2011-04
2011中国罐头(内销)十强企业	中国罐头工业协会	2011-05
感谢证书(对"5.12"汶川地震救灾工作的捐赠和支持)	中国扶贫基金会	2011-05
中国第八届残疾人运动会浙江十大爱心民企特别赞助商	中华人民共和国第八届残疾人运动会组织委员会	2011-06
感谢参与公益活动(2009~2011年作为协办单位参与饮料行业社会公益活动)	中国饮料工业协会	2011-07

续表 5-1

荣　誉　名　称	颁　发　单　位	颁奖时间
第六届中华慈善奖	民政部	2011-07
2011 中国民营企业制造业 500 强第 6 位	中华全国工商业联合会	2011-08
2011 中国民营企业 500 强第 12 位	中华全国工商业联合会	2011-08
全国模范劳动关系和谐企业	人力资源和社会保障部、中华全国总工会、中国企业联合会、中国企业家协会、全国工商业联合会	2011-08
2011 年中国企业效益 200 佳第 60 位	中国企业联合会、中国企业家协会	2011-08
2011 中国企业 500 强第 148 位	中国企业联合会、中国企业家协会	2011-08
2011 中国制造业企业第 69 位	中国企业联合会、中国企业家协会	2011-08
全国非公有制企业双强百佳党组织	全国党建研究会非公有制经济组织党建研究专业委员会、新华网、《半月谈》杂志社、《非公有制企业党建》杂志、中国非公有制企业党建网	2011-08
全国双爱双评先进企业	中华全国总工会、中华全国工商业联合会	2011-09
商标创新奖	国家工商行政管理总局、世界知识产权组织	2011-09
全国实施卓越绩效模式先进企业	中国质量协会	2011-10
2010~2011 年度全国轻工行业统计信息直报工作先进单位	工业和信息化部运行监测协调局、中国轻工业联合会	2011-11
最佳美誉度品牌	中国商报社	2011-11
中国驰名商标(爽歪歪)	国家工商行政管理总局商标局	2011-11
2011 消费者最喜爱的浙江食品品牌	中国食品博览会委员会	2011-12
2011 中国食品博览会金奖	中国食品博览会委员会	2011-12
新华网 2011 年度最佳合作奖	新华网股份有限公司	2011-12
2011 年度中国长三角十大新锐青商	第四届中国长三角青商论坛组委会	2011-12
浙江省“百佳”关爱农民工先进单位	浙江省政府农民工工作联席会议、浙江省人力资源和社会保障厅	2011-02
AAA 级信用企业	浙江禾晨信用管理有限公司	2011-03
书香民企劳动奉献奖	浙江省工商行政管理局、浙江民营企业发展联合会	2011-04
浙江省首批“示范数字档案室”	浙江省档案局	2011-04
民企党建百家助推转型升级示范企业	浙江省工商行政管理局、浙江省民营企业发展联合会	2011-06
2010 年度浙江省百强民营企业	浙江省工商行政管理局、浙江省民营企业发展联合会	2011-06
先进基层党组织	中共浙江省委	2011-06
2011 年度浙江省制造业百强企业	浙江省企业联合会、浙江省企业家协会	2011-06
2011 年度浙江省百强企业	浙江省企业联合会、浙江省企业家协会	2011-06
浙江省领军企业	浙江省企业联合会、浙江省企业家协会	2011-07
首届世界浙商大会协办单位	首届世界华商大会组委会	2011-10
2011 年重庆电视广告十佳合作品牌	重庆广播电视集团(总台)	2011-11

续表 5-2

荣誉名称	颁发单位	颁奖时间
浙江省优秀级档案室	浙江省档案局	2011-11
浙江省品牌文化建设优秀企业	浙江省思想政治工作研究会和浙江省企业文化建设协会	2011-11
圆梦 2011 爱心浙江扶残助学慈善会	浙江省残疾人福利基金会	2011-12
2010 年度杭州市最大规模工业企业百强榜	中共杭州市委、杭州市人民政府	2011-02
杭州市对口支援青川县灾后恢复重建工作先进单位	中共杭州市委、杭州市人民政府	2011-02
杭州市工业行业龙头骨干企业	杭州市人民政府办公厅	2011-03
杭州市 2010 年度工业兴市功勋企业	杭州市人民政府	2011-05
2010 年度杭州市上规模大企业大集团	杭州市人民政府办公厅	2011-05
2010 年度工业兴市功勋企业十大突出贡献工业企业	杭州市人民政府办公厅	2011-05
杭州市企业社会责任建设最佳企业	中共杭州市委、杭州市人民政府	2011-09
杭州市企业社会责任 HZ2010 评价体系证书	中共杭州市委、杭州市人民政府	2011-09
第十一次春风行动爱心奖	中共杭州市委、杭州市人民政府	2011-12
中国(北京)国际妇女儿童产业博览会优秀产品奖(幸福牵线)	中国(北京)国际妇女儿童产业博览会	2011-07
中国(北京)国际妇女儿童产业博览会优秀产品奖(营养快线)	中国(北京)国际妇女儿童产业博览会	2011-07
中国(北京)国际妇女儿童产业博览会优秀产品奖(娃哈哈爱迪生奶粉)	中国(北京)国际妇女儿童产业博览会	2011-07

表 6　　2011 年度杭州娃哈哈集团有限公司董事长宗庆后荣誉

荣誉名称	颁发单位	颁奖时间
2010 年中国民营经济十大人物	中华工商时报	2011-01
2010 浙江经济年度人物	《今日早报》、浙江在线	2011-01
2010 浙江经济年度人物评委会特别奖	《今日早报》、浙江在线	2011-01
浙江慈善奖个人奖	浙江省人民政府	2011-02
浙江省关爱员工优秀企业家	浙江省总工会、浙江省工商业联合会、浙江省企业联合会	2011-04
2010 年度工业兴市功勋企业优秀经营者	杭州市人民政府	2011-05
首届世界浙商大会杰出浙商奖	首届世界浙商大会组委会	2011-10

（陈小冬）

【杭州华日电冰箱股份有限公司概况】 2011 年，家电“以旧换新”等政策逐渐退出，国内家电制造业进行新的调整和整合，家电市场呈现复杂多变的形势，家电企业面临新的挑战。杭州华日电冰箱股份有限公司(以下简称华日）积极发挥自身 28 年专业制冷的优势，努力做好电冰箱主业，推进企业的转型和创新，强化企业管理，着眼于企业的运行质量和降本增效工作，调动和凝聚企业全体员工的团队力量，不断提升企业的综合竞争力。加强市场推广力度，组织开展全国范围内各种形式的新品推展会和促销服务宣传活动，巩固和开拓华日产品新的市场，提高市场占有率，以诚信经营，互动共赢的企业理念，赢得全国更多经销商的合作，成为具有专业优势特长，有突出文化特征，有良好服务精神的企业。2011 年，华日产品销售平稳增长，外贸产品比上年（指 2010 年，下同）增长 35%，企业得到持续良性发展。2011 年，华日连续第 20 年获“全国用户满意产品”称号，华日研发中心被命名为“省级高新技术企业研究开发中心”。获“中国家用制冷电器具制造业排头兵企业”、“中国家用制冷电器具制造行业科技创新企业”，全国冰箱行业的“卓越品质奖”“优秀外观设计之星”等荣誉，再次被认定为“浙江省高新技术企业”“杭州市工业行业龙头骨干企业”“杭州市外贸进出口百佳企业”“杭州市工业投资与技术改造先进单位”等。

【创新开拓市场空间】 华日以28年专业制造的技术积累，在技术创新中打造高品质产品，开拓华日产品新的市场空间。2011年，产品的技术创新以研发、生产智能控制、低碳节能环保和人性化的产品为主导，推出60余款新生代电冰箱产品，其中有亚洲风设计的对开门、全风冷超大容量豪华型系列，市场需求的大冷冻室系列和青花瓷系列、水墨系列等，满足国内不同地区、不同消费群体新的消费需要。华日冰箱2011年制冷系列新产品，在传承了华日品质优秀、性价比高的传统特色外，在节能技术上进行了重点提升。华日冰箱日耗电量最低为0.24千瓦时，主要产品的品质技术水平达到国家“6A”水平，同时把具有中国经典文化的元素融入到产品中，开发了水墨系列等产品。2011年的产品进一步提升了华日冰箱的专业技术水平、综合性价比和相对优势，为华日中高端市场提供了更多有竞争力的产品，同时也开发了许多适应农村市场的家电下乡产品。

资料 **“6A”**：指电冰箱产品在节能、噪音、快速制冷、大冷冻能力、负载温度回升、食物存储质量六大方面的指标达到或超过国家A级技术标准。

【提高企业运行效益】 2011年，华日进一步强化企业管理，在全公司范围广泛持续地开展降本增效活动，全员树立降本增效的强烈意识，对供应、采购，产品设计到生产制造，销售等企业运行的主要环节，进行务实管理、创新管理，强化物耗、能耗和工时消耗的管理，加快新技术、新工艺和新方法的应用，落实增效降本的有效措施，不断改进，降低成本，提高效率。通过一系列扎实的工作，降本增效见成效，提升了企业的市场竞争力。面对新的市场，华日以创新的经营理念做好企业工作。引进和实施先进的管理，有效推进产品研发、质量管理、信息化管理、市场营销、人力管理等工作。开展全员多层次、多方面的培训，有效地提高员工的综合素质，促进了企业生产经营管理工作。

【以优质服务赢得消费者信任】 2011年，华日努力做好产品服务工作，走进省内华日产品销售地区的各大社区，开展“华日品质服务年暨低碳生活进社区”活动。在杭州的江干区采荷社区、上城区太庙社区、下城区朝晖社区举办“华日品质服务暨低碳节能进社区”活动，开展华日拳击队冠名、现场征集“华日节能之星”、举办纳凉晚会、免费服务咨询和保养冰箱等活动，深受广大社区居民的欢迎。开展杭城夏季华日冰箱品质服务活动，使广大社区居民和消费者享受到了华日“免费上门保养冰箱”特别服务，取得了良好的社会效益。华日在产品服务上一贯以消费者满意为标准，加入更多的品质服务和人性化服务，获得消费者的良好口碑，提高了华日品牌的长久效应，带来了更广泛的消费群体，通过新闻媒体的现场报道，扩大了华日品牌在广大消费者中的知名度和美誉度，提升了华日产品的市场影响力。2011年，华日再次被评为全国优质服务先进单位。

7月22日，举办“华日夏季品质服务暨低碳节能社区行”活动。

（杭州华日电冰箱股份有限公司　供稿）

表 7　　2011 年度杭州华日电冰箱股份有限公司荣誉

荣誉名称	颁奖单位	颁奖时间
中国制造业信息化最佳实践奖	(e-works)中国制造业信息化门户网	2011-02
家电制造业科技创新企业	中国工业报社	2011-11
2011 中国家用制冷电器具制造行业排头兵企业	中国工业报社	2011-11
2011 年度优质服务先进单位	中国消费者报社	2011-10
华日电冰箱制冷技术——省级高新技术企业研究开发中心	浙江省科学技术厅	2011-12
高新技术企业	浙江省科学技术厅、浙江省财政厅、浙江省国家税务局等	2011-10
杭州市外贸进出口百佳企业	杭州市人民政府	2011-02
杭州市工业行业龙头骨干企业	杭州市人民政府	2011-03
华日 BCD-268/TEAXG 获 2010~2011 年度冰箱行业优秀外观设计之星奖	国家信息中心信息资源开发部	2011-05
2011 年度冰箱行业环境贡献奖	国家信息中心信息资源开发部	2011-05
2011 年度冰箱行业卓越品质奖	国家信息中心信息资源开发部	2011-05
华日牌电冰箱评为 2011 年全国用户满意产品	中国质量协会全国用户委员会	2011-11
2011 年全国轻工业优秀质量管理小组	中国质量协会轻工分会	2011-07
2011 年全国轻工业优秀质量管理小组	中国质量协会轻工分会	2011-07
2011 年度企业信用 AAA 级“守合同重信用”单位	浙江省工商行政管理局	2011-08
杭州市工业投资与技术改造先进单位	杭州市人民政府	2011-05

(娄剑南)

【杭州奥普电器有限公司概况】 杭州奥普电器有限公司(以下简称奥普电器)成立于 1993 年,是一家以生产卫浴电器产品为主的外商独资企业,主要生产销售包括浴室多功能取暖器(浴霸)、浴顶、通风扇等卫浴电器系列产品。拥有北京、上海、江苏等 6 个分公司和近 20 个省级营销中心,产品销售网络遍布整个中国及澳洲、北美市场。奥普电器相继获得浙江省名牌、浙江省著名商标、浙江省驰名商号、中国驰名商标等称号。奥普电器致力于科技创新,参与国家各种标准的制订,成为国家浴霸和浴顶行业标准的制订工作组长单位,其中浴霸国家标准已于 2009 年 9 月正式实施。奥普电器现拥有包括国家级发明专利在内的近百项产品专利,是中国浴霸生产企业中专利最多的一个。2011 年,奥普电器含税销售金额 4.16 亿元。奥普浴霸蝉联 2010 年度全国同行业销量第一,销售量市场份额达 47.9%,销售额市场份额达 57.9%。奥普入选 2011 年中国 500 最具价值品牌,这是奥普第五次入选中国 500 最具价值品牌,品牌价值达到 35.91 亿元。奥普浴霸被中国家用电器研究院授予“最具成长力家电品牌”荣誉。

(诸葛哲)

【杭州海兴电力科技有限公司概况】 杭州海兴电力科技有限公司(以下简称海兴)是全球领先的能源计量、管理整体解决方案的提供商,业务涵盖电力系统发电、变电、配电、用电各个环节。凭借“诚走四海,精业则兴”的精神,海兴不断创新,跨越电力计量和管理的挑战,为全球的电力企业提供高标准的产品和服务。海兴在杭州、宁波、深圳、长沙设立研发中心和生产工厂,在印尼、巴西、突尼斯、中东等地建立了 5 家合资工厂,并在荷兰、秘鲁、菲律宾等地设立营销中心,进行本地化销售和服务。产品覆盖 70 多个国家和地区,是全球能源计量和管理产品的领航者。2011 年,海兴销售突破

1月6日，市委组织部部长于跃敏（右）一行考察海兴。

（杭州海兴电力科技有限公司　供稿）

10亿元，比2010年增长了100%，产品出口额超1亿美元，是国内最大的能源计量产品出口企业。海兴拥有从基础产业（模具、注塑、机械、自动检测设备及自动化流水线）、配网自动化产品（SCADA系统、配网变压器、智能开关、RTU终端）、智能用电管理终端（专变采集终端、配变监测终端、集抄终端、手持终端、智能交互终端及单、三相智能电能表）、通讯模块（GPRS/CDMA/3G/Ethernet、S-FSK/OFDM载波通讯模块、Zigbee通讯模块、本地无线通讯模块）到电力系统软件（AMI系统、网络预付费系统、用电信息采集系统、能效评测系统）的智能电网能源计量和管理领域完整产业链的研发、生产能力；以及配网、电站等工程的整合运营能力，以产业链完整、品种齐全、技术高精、品质优良的一站式服务，为客户创造更大价值。

【市场开拓稳步发展】 2011年是海兴销售业绩全面提升、快速发展的一年。国内事业部在稳步提高传统市场占比的基础上，新设立了5个驻外办事处。海兴国内市场网络覆盖25个省网公司，已连接起国家电网公司东北、华北、西北、华东、华中五大区域，2011年，进入国网智能电表招标前六名，实现了国家电网全覆盖的市场格局。海外市场保持稳中有升的良好势头，各海外事业部、项目组协同配合，依靠创新的产品、优质的服务，市场规模进一步扩大，并在3个国家开展了工程承包业务。2011年公司先后参加了欧洲、印尼、迪拜、伊拉克、巴西、尼日利亚、南非、墨西哥、摩洛哥等国家电力行业展会，为推广海兴国际化品牌起到了促进作用。

【技术创新见成效】 海兴有序展开技术研发、产品创新、服务配套等工作。以客户需求为导向，积极探索，取得多项成果，基本实现造型结构系列化，结构件标准化。形成了自主品牌、知识产权的200余种产品，拥有30项发明及实用新型专利，30项软件著作权。海兴是国家电工仪表行业标准制定单位，参与了预付费系统、国网能效评测平台、国网智能交互终端、安全测试台等10多项国家及行业标准的起草。

【企业文化与党建落到实处】 2011年，海兴重点加强企业文化建设。公司开展了企业品牌形象提升、内部刊物《海兴人》升级等工作。海兴党委组织了红歌比

表8　2011年度杭州海兴电力科技有限公司荣誉

荣誉名称	颁奖单位	颁奖时间
国家火炬计划重点高新技术企业	科技部火炬高技术产业开发中心	2011-10
海兴智能用电及智能电网省级高新技术企业研究开发中心	浙江省科学技术厅	2011-12
来杭投资企业纳税大户	杭州市人民政府	2011-02
杭州市重点骨干企业	杭州市人民政府	2011-05
杭州市外贸进出口百强企业	杭州市人民政府	2011-02
杭州市十佳高新技术企业	杭州市人民政府	2011-05

（娄小丽）

赛、篮球对抗、七一演讲、拔河比赛、踏春等业余活动,把企业文化与党建工作落在实处。2011 年,海兴获得了国家火炬计划重点高新技术企业、省级高新技术企业研究开发中心、杭州市重点骨干企业、杭州市十佳高新技术企业、杭州市外贸进出口百强企业、杭州市著名商标等荣誉。 (娄小丽)

【杭州捷尔思阻燃化工有限公司概况】 杭州捷尔思阻燃化工有限公司(以下简称公司)是一家集研发、生产、销售于一体的阻燃系列产品的省级高新技术企业,拥有独立的省级无卤阻燃材料高新技术企业研究开发中心(以下简称研发中心)。注册资金 500 万元。本着“创新、质量、服务”的理念,无卤阻燃技术处于国内领先水平。其中 II 型多聚磷酸铵已成为全球三大生产商之一。2011 年,研发中心先后承担国家、省、市各级研发和产业化项目近 20 项,已获国家发明专利 6 项。成为浙江省千家“发展之星”企业之一,并多次获得杭州市创新型企业称号。发明专利的产业化生产和销售使得企业发展迅速,全年销售达到 1.31 亿元,直接研发经费投入 1444 万元,占企业销售收入总额的 11.2%。杭州捷尔思阻燃化工有限公司始终坚持“自主创新”和“自有品牌”的发展战略,坚持创新活动必须结合市场的发展理念,重视新产品的开发与创新,建有一个省级研发中心,拥有一批高素质的专业技术研发人员。人员配置合理,突出重点岗位,保证企业高效运转。聘请国内知名院校和行业内的权威专家为公司的技术顾问,保证科研开发水平具有较高的起点,并在技术上形成可持续竞争力。与浙江大学、浙江工业大学、北京理工大学建立长期稳定的合作关系。公司的技术与管理成员时刻关注着阻燃及其相关专业领域的发展动态和法规变化,及时而有选择地进行知识补充,各成员之间优势互补,知识、设计思路相互渗透。与 GE、杜邦、美国 GLS、广东金发等行业著名企业保持常年紧密联系和技术合作关系。经过发展和产品的开发,形成了以专利为核心,结合独特的产品配方和加工工艺等专有技术,产品质量达到国际同类产品水平,在无卤阻燃技术的开发和应用上处于国内领先水平,已成为国内行业中具有较高知名度和技术领先的无卤阻燃剂生产企业,在国际上也得到世界 500 强企业和行业龙头企业的认可。 (金长根)

【杭州璟江瑞华科技有限公司概况】 杭州璟江瑞华科技有限公司(以下简称公司)是一家生产阳离子染料的专业企业。经过多年的高速发展,公司已从国内阳离子染料行业近 40 家生产企业中最小的一家,发展成长为中国阳离子染料行业最大的生产企业之一,并成为一家集科研、开发、生产、销售于一体的现代高新技术企业。产品销售量已占全世界阳离子染料总量的 30%。公司与欧洲大公司建立了密切合作关系,提升了公司产品的品质和国际地位。通过 ISO 9001:2000 质量管理体系认证、ISO 14001:2004 环境管理体系认证、标准化水平确认、三级计量认证。公司总部位于杭州市区,生产基地位于杭州市下沙经济开放区近江工业园区和江苏省盐城射阳经济开发区。两个生产基地的总土地面积 20 万平方米,厂房面积 1.74 万平方米。生产园区的设备配套齐全,拥有有效的污水排放系统和一系列先进的生产、质检测试和科技研发等设施。两个生产基地的固定资产原值 2947 万元,固定资产净值 2302 万元。2011 年是公司扩大生产、加强投入的关键一年,在河南和浙江海宁开始建设新生产基地,公司销售额稳步上升。全年实现销售额 1806 万元,占总销售额的 14%。公司的产品有阳离子染料,SD 型阳离子染料,混合体染料及碱性染料和染料中间体,主导产品为阳离子染料,主要用于腈纶和混纺毛料的染色和印花。2011 年,研制出新产品阳离子艳红 X-B、液状阳离子艳红 X-5GN、液状阳离子黄 X-5GL、液状阳离子蓝 X-BL、液状阳离子翠兰 X-GB,申请发明专利 1 项——一种甲川类阳离子染料的制备方法及其产品,专利申请号:201110193402.4。阳离子艳红 X-B、液状阳离子蓝 X-BL2 个产品经浙江火炬生产力促进中心鉴定为国内领先技术新产品。2011 年,公司和杭州江南科学研究院有限公司合作开发新型材料阳离子艳红 X-B,成功获得新产品鉴定证书。新型染料阳离子艳红 X-B 工艺简单、基本无废水产生,销往海外市场。世界各著名的大公司都与公司建立了密切的供销关系。其中包括:德国的 DYSTAR(全球最大染料公司);瑞士的 CIBA(全球第二大染料公司);台湾台唐工业股份有限公司(台湾最大的染料公司之一);日本的保土谷以及伊朗 KHAZRA(中东地区最大的阳离子染料经销商)。公司与德国 DYSTAR、瑞士 CIBA 签定阳离子染料独家销售供货协议;伊朗 KHAZRAL 和公司签定了中东地区独家代理销售的10年合同。

（孙　希）

【杭州绿盛集团有限公司概况】 杭州绿盛集团有限公司(以下简称绿盛集团)组建于2004年,前身是杭州绿盛食品有限公司,成立于1993年,拥有总资产4亿元。绿盛集团本着吸引一流人才、创造一流产品、成就一流企业的宗旨,十多年来,秉承中华传统工艺,融合当代卓越科技成果,形成一套独特的制作工艺,实现了传统与现代、艺术与科技的完美结合,逐渐的完善和发展企业的使命。2011年8月18日,参加中央统战部组织的毕节试验区同心水窖建设解囊相助活动。被评为2011年度成长之星企业。

【实现产品多元化发展】 绿盛集团成功研发和生产"绿盛牛肉干"、"农夫与海"、"百卤坊" 三大系列包括牛肉粒、酱鸭舌、手撕牛肉、卡通丁等近百种规格的产品。"绿之盛牌牛肉干"被评为2002年浙江农业博览会优质奖、2003年浙江农业博览会银奖,成为杭州市上城区人民政府重点发展企业。集团销售网络覆盖全国20多个省,100多个地级市,2万多家网点,销售额从2001年起以每年翻一番的速度逐年递增。

【扩大发展和完善管理】 绿盛集团在杭州市上城工业园区投资500万美元,建立占地2.93万平方米的生产基地,为实现"立足高新农产品研发,打造超百亿企业"的战略,绿盛集团于2010年投资3000万美元,在千岛湖建设占地9万平方米百卤坊生产基地。投资5000万美元,在萧山机场路建设"农夫与海"生产基地,一期占地4.62万平方米,二期占地13.33万平方米,建造集高科技、高产能、现代化为一体的厂房,为"十二五"期末年产值达到60亿元打下坚实的基础。同时,2010年9月,成立集团监检部和集团发展委员会,同年10月成立绿盛销售管理学院;2010年11月,做出"十二五"规划(把上城工业基地打造成上城创业新功能区,及杭州海上留学生归国人士创业园和杭州市大学生创业园)。2011年7月,成立总厂管理发展委员会,2011年10月,在千岛湖"百卤坊"生产基地成功召开经销商大会。绿盛集团不断引进先进的生产设备和技术,实行人性化管理,使集团稳健发展迅猛壮大,现已发展成为全国最大的牛肉干生产商之一。(贺　寅)

【杭州中瑞思创科技股份有限公司概况】 杭州中瑞思创科技股份有限公司(以下简称公司)是一家专业从事零售商品电子防盗系统(简称EAS)和无线射频识别系统(简称RFID),集研发、生产、销售为一体的高科技企业,总部位于杭州上城科技工业基地。公司总资产12亿元,下辖多个子公司,员工1000余人,是国内电子防盗系统行业的龙头,也是全球最具有规模的电子防盗产品生产基地之一,拥有一流的EAS、RFID

杭州中瑞思创科技股份有限公司生产车间　　　　(上城工业基地　供稿)

生产设备和检测设备。产品出口世界各地，拥有300多个代理商，遍布欧洲、美洲、中东及东南亚等60多个国家和地区。2011年，中瑞思创荣获“2010年度杭州市外贸创新型百佳企业”荣誉称号，被评定为“杭州市创新型试点企业”、“杭州市最具成长型中小企业”“强保障、促和谐”示范先进企业。作为高科技企业，产品的研发创新一直是公司发展的重点，公司研发的电子货架标签系统获得2011“市长杯”创意杭州工业设计大赛产品组优秀奖，电子防盗及RFID系统产品被评为“杭州市名牌产品”，公司顺利通过高新技术企业复审。RFID业务得到大力拓展，募投项目逐步实施投产，其中募投项目“电子商品防盗射频软标签”的子项目标签年生产能力从6亿张提升至8亿张。同时，公司深入细化SBU机制，为今后在资本支持下的迅速扩张奠定了基石，收购德国TBS一案迈出了公司国际并购的第一步。公司总裁路楠当选杭州市第十一届委员会委员。 （郑彬洁）

【南华期货有限公司概况】 南华期货有限公司（简称南华期货）成立于1996年，注册资金4.50亿元，主要从事商品期货经纪、金融期货经纪及期货投资咨询业务。南华期货现为上海期货交易所、郑州商品交易所、大连商品交易所的全权会员、中国金融期货交易所全面结算会员。拥有800余人的专业团队，营业网点遍布国内主要经济中心，随时响应客户的需求。16年来，南华期货始终以高于行业平均速度成长，综合排名位列行业前茅。南华期货拥有较强创新精神，不断进取，在业内率先通过了ISO 9001:2000质量管理体系认证，并首家设立期货研究机构，为投资者提供全面、周到、专业、可靠的服务。2005年3月，业内第一个商品指数——南华期货商品指数宣布设立，被誉为中国的“CRB”指数，填补了国内缺乏综合、及时反映大宗基础性商品价格波动的基准指标的空白。2011年，南华期货荣获上海期货交易所、大连商品交易所、中国金融期货交易所“优胜会员奖”；中国金融期货交易所“投资者教育奖”、“技术管理奖”、“适当性制度落实奖”；并荣膺2011年度“中国最佳期货公司”，“中国期货业最佳管理团队”，“中国金牌期货研究所”、“浙商最信赖期货公司”等行业大奖。 （封海英）

科技与科普

【概况】 2011年，从本级财政获得科技经费7665万元，比上年(指2010年下同)增长12.3%。其中技术创新专项资金2745万元，比上年增长24.5%。争取到省级及以上科技项目18个，获得省级及以上科技项目经费812万元，比上年增长8.8%。至年末，全区有省级以上高新技术企业44家，当年新增6家；市级高新技术企业46家，新增5家；区级高新技术企业55家，新增2家。全年新认定市级创新型示范(试点)企业4家，新增市级高新技术研发中心4家；获杭州市科技创新十佳单位(项目)3家(个)，其中，十佳高校院系(科研院所)1家、十佳产学研合作科技成果转化项目1个、十佳高新技术企业1家。组织实施区级科技计划项目110项；推荐申报国家、省、市科技计划项目90项；引进科技型企业15家。引导企业投入科技研发经费超过5亿元，获市级以上各类项目资助经费1800万元。区科技创业中心企业实现技工贸总收入7.28亿元，比上年增长10.3%，实现税收2844万元，比上年增长15.3%。2011年，上城区被科技部表彰为“全国科技进步考核先进区”、获“杭州市2010年度党政领导科技进步与人才工作目标责任制考核优秀单位”、通过“浙江省科技强区”两年一次复评和“杭州市专利试点区”验收，区科技创业中心通过“国家级科技创业服务中心”三年一次复评、被认定为省(市)级科技创业服务中心考核优秀单位。全年共获得省、市科技进步奖7项。其中，省级奖5项，市级奖2项。

【“十一五”科技创新工作成效显著】 “十一五”期间，区科技工作紧紧围绕创新型城区建设目标，两次召开了全区科技创新大会，持续强调抓科技创新，38家科技企业和65个科技创新项目以及36名科技人员受到区委、区政府表彰，有效地调动了全区上下共同参与科技创新的积极性、主动性和创造性。上城区连续两次获得“全国科技进步考核先进区”等10多项市级以上荣誉。“十一五”末，区科技经费投入占区财政支出比例的3.9%，在财政资金的引导下，全区企业科技投入达到5亿元，科技经费起到了“四两拨千斤”作用。积极构建科技创业、公共科技条件、企业自主创新三大平台，率先在全省将发展文化创意产业纳入孵化器管理，区科创中心被认定为国家级高新技术创业服务中心，被科技部确认为首批全国大学生科技创业见习基地试点单位。区科创中心经营收入和利税均保持10%以上的增长。全区通过国家新标准认定的省级以上高新技术企业达38家，已建省、市级研发中心和技术中心40家，拥有市级以上专利试点(示范)企业12家，列入国家“火炬计划”等各类科技计划项目30项，省、市科技计划项目150项，取得市级以上科技进步奖48项，获得杭州市科技创新“十佳”企业7家。以建设“全国科技进步示范区”为契机，大力实施“十大优先项目与工程”，有效地将科技手段融入于经济发展、公共服务、保障民生等方面。建成160个路面公共安全电子动态监控点，建立了24小时随呼随访的社区医疗卫生服务体系，建立了“数字社区”、“数字城管”、“数字执法”、“科技审判法庭”信息平台等一批精品亮点工程与项目。

资料　“十大优先项目与工程”：即产业技术提升与创新示范工程、ERP企业资源信息化管理示范工程、孵化器与区域创新服务体系建设工程、RBD核心区块国际化科技示范工程、中心城区公共安全电子动态监控工程、中心城区公共卫生快速反应体系示范工程、小康社会型社区现代设施建设示范工程、终身教育与国民教育双体系协调发展示范工程、生态环保主题公园科普示范工程、生殖健康与优生优育示范工程。

【获科技型中小企业技术创新基金立项资助】 2月22日,科技部、财政部公布2011年度科技型中小企业技术创新基金第一批立项项目,涉及电子信息、生物医药、机电一体化、新材料、新能源和环保等领域的创新类项目3827项,资助金额达24亿元。上城区区属企业有4个项目列入其中,分别是杭州亿恒科技有限公司承担的大型高精度实时数据采集与分析系统、杭州三高光电科技有限公司承担的仪器仪表用注塑成型LED背光源、浙江宇天科技有限公司承担的支持快速搜索和个性化服务的手机阅读平台、浙江高校自动化技术研究所承担的基于校园网的开放式电工专业实验室管理系统,共获得无偿资助310万元。

资料 科技型中小企业技术创新基金:是经国务院批准设立的一项专门用于鼓励、培育、支持和促进科技型中小企业技术创新项目的政府专项基金,被誉为科技创业者获得政府支持的“第一桶金”、科技型中小企业发展的“助推器”,有效推动了全民创新创业。该创新基金通过拨款资助、贷款贴息和资本金投入等方式扶持和引导科技型中小企业的技术创新活动,促进科技成果的转化,培育一批具有中国特色的科技型中小企业,加快高新技术产业化进程,对中国产业和产品结构整体优化,扩大内需,创造新的就业机会,带动和促进国民经济健康、稳定、快速发展等起到积极的作用。

【加大科技企业培育力度】 加强与科技项目的联动,整合科技、信息服务、文化创意等项目资源,鼓励并指导企业申报国家、省、市科技计划项目,获取市级以上科技经费资助达1000多万元。加强与相关机构的联动,与软银中国、金沙江、华瓯创投等投资机构联合搭建服务平台。建立科技银行体系,联合杭州银行科技支行建立风险池基金,2011年,有7家企业通过该基金,获得1700万元的科技贷款。建立科技担保体系,联合杭州高科技担保有限公司、杭州市中小企业信用担保有限公司为科技企业提供担保服务,12个项目担保金额近8000万元。建立科技创投体系,成立上城区风险投资引导基金,学易科技、宇天科技、慧达驿站等10多家企业获得浙商创投、红杉资本、华瓯创投等机构上亿元的风险投资。

【召开创建省级可持续发展实验区年度工作会议】 3月23日,上城区创建省级可持续发展实验区领导小组首次召开各成员单位会议,落实上城区第十三届人大常委会第三十次会议通过的《上城区“省级可持续发展实验区”建设规划(2011~2015年)》(以下简称《规划》)各项工作,分解2011年度可持续发展实验区创建任务,重点将《规划》中涉及的30项发展指标和19个示范项目责任落实到具体部门和单位,确保创建工作开好局、起好步,并有步骤、有计划的推进。

3月23日,召开上城区创建省可持续发展实验区领导小组成员单位会议。
(区科技局 供稿)

【开展知识产权月活动】 “4·26”是世界知识产权宣传日。区科技局(区知识产权局)根据国家、省、市知识产权部门提出的活动要求,围绕"企业保护知识产权与自主创新"主题,结合上城区实际,组织一系列活动。以"知识产权助推经济转型"为宣传载体,邀请专利事务所专家,开展专利保护进企业活动,分3次对区重点企业和科技型孵化企业进行知识产权保护和专利知识培训。4月26日,在吴山广场设咨询台,开展知识产权咨询和相关政策宣传,为前来咨询的市民解答专利申报程序、专利维护和专利转化相关知识。活动月期间,区科技局(区知识产权局)还参与杭州市打击侵犯知识产权和制售假冒伪劣商品专项行动领导小组办公室牵头的专项行动,协同有关部门对辖区内的部分专业市场、超市进行检查。

【开展城乡统筹科技合作与服务】 2011年,上城区与富阳市携手开展城乡统筹科技合作与服务实施四大计划。建立两地城乡统筹决策交流联席会议机制,每半年召开一次,并设立办公室,负责两地城乡统筹日常联络和协调。以"推动项目合作、成果转化、惠民工程和培训"为主要工作目标,提供科技服务,交流合作信息。在5年协议期内,上城区将围绕科技创新、民生项目、孵化器建设等方面的内容,组织开展3个以上的科技项目合作或培训以及交流活动。计划用3年时间投入经费150万元,实施科技惠民支撑工程,协助富阳打造社区"预约诊疗服务平台"和中小学"学籍电子化信息服务平台"示范工程。

【多举措深化为企业服务活动】 2011年,区科技局先后为工业园区企业、孵化创业企业和街道层面引进的企业举办科技政策和知识产权讲座6场,参加人员380余人次。通过在全区广泛征集优选,建立区级计划项目源110项,第一时间指导企业申报各级各类科技计划项目80多项,获市级以上科技项目资助经费1800万元。由科技、财政、国税、地税等相关部门联合成立服务小分队,上门服务,确保被授牌的企业继续享受国家高新技术企业优惠政策。为企业牵线搭桥开展产学研对接,有24家企业31项技术难题与中科院、浙江大学等10多所省内外院校实现对接,开展产学研合作攻关。

【5家企业获浙江省科学技术奖励】 5月12日,浙江省委、省政府召开全省科学技术奖励大会,表彰2010年度浙江省科学技术奖279项,上城区有5家企业成果受到表彰。分别是浙江水利水电勘测设计院与有关单位承担的"档潮泄洪双拱闸门关键技术与应用研究"项目获省科学技术一等奖;浙江博世华环保科技有限公司与有关单位承担的"生活垃圾埋场渗滤治理工艺系统优化集成"项目、杭州捷尔思阻燃化工有限公司承担的"无卤阻燃热塑性弹性体"项目、浙江纺织服装科技有限公司等单位承担的"竹炭纤维保健纺织品技术研究和产品开发"项目、浙江赞宇科技股份有限公司承担的"三氧化硫膜式磺化系统工程优化的研究开发"项目获省科学技术三等奖。

【开展2011科技活动周活动】 5月15~21日为全国科技活动周。区科技局根据科技部、中宣部、中国科协等19个部门及杭州市关于举办2011年科技活动周精神,围绕"携手建设创新型城市——创新创业、转型升级"这一主题,精心组织并策划活动周活动,组织上城区10家企业参加杭州市在市民广场举办的科技创新成果展示。通过联办的形式,区科技局与望江街道

5月15日,杭州市科技活动周在杭州市民广场启动,上城区组团参加开幕式。
(区科技局　供稿)

等有关单位联合,举行首届上城区低碳环保节启动仪式。全区6个街道、54个社区以及相关科普基地均结合各自实际,组织开展一系列丰富多彩的科技(科普)宣传活动,弘扬科学精神,普及科学知识,传播科学思想,倡导科学方法。活动周期间,全区共设置活动项目68项,直接参与活动人员2.60万人。

【获杭州市科技创新十佳】 5月31日,杭州市政府发文表彰2010年度杭州市科技创新十佳单位(项目)40项,上城区两家单位和1个项目受到表彰。机械科学研究院浙江分院有限公司被授予“市科技创新十佳高校院系、科研院所”,杭州海兴电力科技有限公司被授予“市科技创新十佳高新技术企业”;由机械科学研究院浙江分院有限公司等单位承担的波汶片自动化生产线被授予“市科技创新十佳产学研合作科技成果转化项目”。

【上城区通过杭州市专利试点区验收】 8月15日,杭州市科技局、杭州市知识产权局联合发出通知,公布专家组对第二批杭州市区、县(市)专利试点单位的试点工作情况,上城区通过专利试点区验收。上城区于2008年开始创建杭州市专利试点区,在创建过程中注重持续抓目标考核、抓激励机制、抓优质服务等工作,取得了较好成效,有力地推动上城区专利申请和授权量的增长,并取得突破性进展,2011年,上城区共申请专利1461项,比上年增长145.13%,列全市第一,第一次专利申请突破千件;授权专利952项,比上年增长118.4%,列全市第二。

【获国家科技计划项目立项】 8月31日,科技部发文下达2011年度国家有关科技计划项目。上城区杭州图强工程材料有限公司实施的EX型涨壳式可预应力中空注浆锚杆成套技术和浙江博世华环保科技有限公司实施的生活垃圾填埋场渗滤液治理及示范工程被列入2011年国家火炬计划项目立项,杭州捷尔思阻燃化工有限公司实施的无卤阻燃耐火复合材料和浙江亚通金属陶瓷有限公司实施的高压开关金属化陶瓷项目被列入2011年国家重点新产品计划项目立项。为鼓励企业创新,上城区对获得国家科技计划项目立项的企业,将依据《上城区科技经费使用管理办法》规定,给予一定额度的经费资助。

【获党政领导科技进步与人才工作考核优秀单位】 11月14日,杭州市委、市政府办公厅发文通报表彰2010年度区、县(市)党政领导科技进步与人才工作目标责任制考核优秀单位,上城区以全市考核第五名成绩列入市级优秀单位。区、县(市)党政领导科技进步与人才工作目标责任制每年考评一次,2010年度的考核涉及区域创新能力、区域创新载体、区域创新投入、人才密度、人才效益等十大项26个指标,从省科技进步统计监测报告显示,上城区科技进步统计变化情况综合评价在全省第38位,比上年度上升19位,进位增长幅度在全市排第1位。

8月15日,上城区参加杭州市专利试点区验收汇报会。 (区科技局 供稿)

【连续6次获全国科技进步考核先进单位】 11月21日,科技部发文表彰2011年全国县市科技进步考核先进集体和个人,上城区再次被授予全国科技进步考核先进区。全国县市科技进步考核每两年一次,严格设置了各地党委和政府对科技进步工作的重视和领导情况、科技管理部门机构建设与履行职能情况和本级科学技术支出及其使用情况三个一票否决指标,目的是通过考核,增强县市党委、政府抓科技第一生产力意识,大力推进县市科技进步与创新，促进经济转型升级，实现富民强县。截至2011年，上城区已连续6次通过全国科技进步考核并荣获考核先进单位，18人次获得全国科技进步考核先进个人荣誉。

【20家高新技术企业通过省级复评】 12月19日，浙江省科技厅、浙江省财政厅、浙江省国家税务局、浙江省地方税务局联合发文，公布2008年度第一批通过国家级重点扶持领域的高新技术企业复评名单，上城区共有20家国家重点扶持高新技术企业参加复评并全部通过。根据国家《高新技术企业认定管理办法》、《高新技术企业认定管理工作指引》和《关于高新技术企业更名和复审等有关事项的通知》有关规定，被认定的高新技术企业资格有效期为三年，复审通过后方可继续依照《中华人民共和国企业所得税法》、《中华人民共和国企业所得税法实施条例》、《中华人民共和国税收征收管理法》及《中华人民共和国税收征收管理法实施细则》等有关规定，申请享受税收优惠政策。

【风险池科技贷款助推企业发展】 2011年，区科技局发挥科技经费的放大使用效益，将科技经费与科技贷款进行有机结合。在上一年风险池基金运行的基础上增加200万元，新增科技贷款额度4000万元，风险池科技贷款总额度达7000万元。全区有12家中小型科技企业获得风险池贷款，实现科技贷款4000万元。风险池科技贷款切实为中小型科技企业提供成本较低、抵押方式灵活的贷款，较好地解决了企业融资难的问题。 （杨永清）

上城科技工业基地

【概况】 2011年，上城科技工业基地（以下简称工业基地）坚持以科学发展观为指导，以科技平台建设为突破口，不断完善基础设施建设，强化扩容提质理念，提高综合服务水平，投资环境不断优化，产业优势日益显现，科技创新加快推进。经济保持持续增长态势，实现速度、效益、结构协调发展。获得“杭州市特色城镇工业功能区（省级经济开发区）综合考评单项先进奖”、“杭州市高新技术产业园综合考评优秀单位”等荣誉，同时，被认定为“浙江省科技兴贸出口创新基地”。工业基地作为上城工业经济发展的主战场，在全区工业经济发展中继续发挥着重要的示范、辐射和带动作用。

2011年，工业基地实现工贸总收入42亿元，比上年（指2010年，下同）增长20%；其中工业销售产值32亿元，比上年增长42%；出口交货值15亿元，比上年增长56%。利税合计9.20亿元，比上年增长84%；其中税收收入3.60亿元，比上年增长98%。地方财政收入9431万元，比上年增长76%。从工业经济运行的轨迹和政策、投资、招商引资、市场及产业结构调整的支撑情况看，工业基地经济新一轮转型升级的态势已初步形成。

【招商引资工作成效显著】 2011年，工业基地完成合同外资1052万美元，完成计划的1.05倍；实际到位外资552万美元，完成计划的1.10倍；完成到位内资3.24亿元，完成计划的2.94倍；其中市外资金2.58亿元，完成计划的3.23倍。引进项目18个，增资项目8个，引进的大项目有：浙江古谷热导新材料有限公司、杭州铁城信息科技有限公司、杭州汇坤控制技术有限公司、浙江嘉普控制技术有限公司。这些项目符合当前产业导向，在行业技术领域属于领先地位、新兴市

上城科技工业基地全景 （上城科技工业基地 供稿）

场的开拓者,发展前景广阔且成长性好。

【前期工程建设】 余杭地块标准厂房及外来人才公寓项目、杭州烟草物流配送中心、浙江中交通路建设有限公司、杭州捷尔思阻燃化工有限公司、杭州化工原料有限公司、杭州海兴电力科技有限公司、杭州花中城食品有限公司7家单位已完成土地招拍挂手续,取得了土地权属。其中杭州捷尔思阻燃化工有限公司、杭州化工原料有限公司和浙江中交通路建设有限公司已进场施工;杭州海兴电力科技有限公司正在进行方案报批;杭州花中城食品有限公司已完成方案报批。2011年,在基础设施及配套建设上,共投入3891.65万元。投资3.60亿元的10万平方米标准厂房及2万平方米人才公寓建设项目已办理建设工程规划许可证,现处于施工招投标阶段;杭州地块标准厂房已完成全部职能部门验收,正在进行土地的复核验收和房产证的办理,招商工作已完毕,现有7家企业入驻并投入生产;孵化大楼已完成1~4层公共区域的装修工程,开始整体竣工验收。余杭地块一期道路工程已完成市政管线及路基工程施工建设;余杭二期54614平方米土地已签订出让补充协议,余杭方同意一年内完成净地交付工业基地进行招商使用。企业建设方面:杭州奥普电器有限公司厂房改建项目已进入方案设计报批阶段。浙江亚通冶金科技有限公司二期建设项目正在进行方案设计。浙江理想门业有限公司二期建设项目正在进行施工图审查。浙江求是科教设备有限公司、浙江中源电气有限公司二期和领东(杭州)科技有限公司建设项目已开工建设。杭州绿盛集团有限公司和杭州兴达特种橡胶有限公司地块改造提升方案正进行可行性研究。

【搭建科技平台】 2011年,成功引进杭州宇控机电工程有限公司、浙江双元科技开发有限公司、杭州亿恒科技有限公司、杭州博洋科技有限公司等高科技企业。由杭州市人民政府与中科院上海微系统研究所共同组建的中科院杭州射频识别技术研发中心,通过与企业和政府部门合作,高铁安防系统(杭州慧景科技有限公司)、道路交通监测(杭州市交通局)、钢瓶安全处理(杭州市质量技术监督局)、商场智能魔镜(浙江汉帛服饰营销管理有限公司)、ZigBee智能电表(杭州海兴电力科技有限公司)、智能燃气表(浙江威星智能仪表股份有限公司)、RFID电子标签和红芯党员管理系统(杭州中瑞思创科技股份有限公司)等多个项目已实现产业化。通过杭州宇控机电工程有限公司引进海洋装备浙江省工程实验室(设在浙江大学)下属水下装备室综合试验基地。将在海洋装备和试验的发展战略决策、海洋装备和试验产业人才培育、海洋装备和试验主导产业关键共性技术开发及成果转化等方面深入开展合作。即将启用的孵化大楼以引进、整合科技资源为依托,以集聚高端人才、孵化高端项目、培育高端产业为目标,充分发挥政府履行科技公共服务职能,以科技创新引领产业发展,以科技大平台建设推动经济转型和发展方式转变。

【重点科技企业引领发展】 2011年,杭州海兴电力科技有限公司实现销售产值12亿元,比上年增长1.07倍,并获得商务部出口创新奖。杭州中瑞思创科技股份有限公司实现销售产值3.60亿元,比上年增长14.6%;杭州捷尔思阻燃化工有限公司实现销售产值1.30亿元,比上年增长1.2%;杭州幸福机电科技有限公司实现销售产值1.40亿元,比上年增长97.3%;浙江双元科技开发有限公司实现销售产值6883万元,比上年增长18.6%;浙江中源电气有限公司实现销售产值6614万元,比上年增长18.2%;浙江亚通冶金科技有限公司实现销售产值5613万元,比上年增长5.9%;浙江求是科教设备有限公司实现销售产值6333万元,比上年增长35.4%。杭州柯林电力设备有限公司实现销售产值6886万元,比上年增长53.9%。工业基地始终把加强技术改造,推进自主创新,作为加快工业产业结构调整,提速工业转型升级的主抓手,全力支持企业实施科技含量高、竞争力强、环境污染少的项目,推动工业企业向高新技术产业快速发展,紧跟科技前沿抢先占领市场的高科技企业脱颖而出,为工业基地经济发展带来新的增长点。杭州捷尔思阻燃化工有限公司、浙江双元科技开发有限公司、杭州柯林电力设备有限公司、杭州大光明通信系统集成有限公司、杭州慧景科技有限公司、浙江博世华环保科技有限公司、浙江中杭电子有限公司、杭州铁城信息科技有限公司等成长性科技企业已受到高盛投资(杭州)有限公司、浙江省科技风险投资有限公司、浙江中胜创业投资有限公司、浙江华瓯创业投资有限公司、浙江天泉创业投资有限公司等国内外多家风投机构的重视。

【加快推进产业转型升级】 工业基地在高新技术特色产业的基础上，基本形成了“十大产业”的发展基础。拥有17家高新技术企业，其中省级高新技术企业16家，区级高新技术企业1家，2011年新增省级高新技术企业3家：浙江求是科教设备有限公司、杭州博洋科技有限公司、杭州宇控机电工程有限公司。另有8家高新企业通过复审。工业基地除由杭州市人民政府与中科院上海微系统研究所共同组建的中科院杭州射频识别技术研发中心外，还拥有各类企业研发中心17家，其中省级技术研发中心4家，省级工程实验中心1家，市级技术研发中心8家，市级企业技术中心4家。2011年，共实施工业投资(技改)项目13个，项目计划总投资1.27亿元，累计完成工业性投资9308万元，其中重点骨干企业投入项目效益明显，如杭州中瑞思创科技股份有限公司的“电子商品防盗射频标签及REID应答器”及“电子商标硬标签”技改项目完成投资4000万元；杭州海兴电力科技有限公司“能效测评系统及管理终端研发生产建设”项目完成投资1400万元。2011年列入计划内新产品研发项目61项。市级项目有：市重大科技专项(杭州海兴电器有限公司)、专利产业化(杭州捷尔思阻燃化工有限公司)、产学研合作(杭州亿恒科技有限公司、杭州璟江瑞华科技有限公司)、市创新型试点企业(杭州捷尔思阻燃化工有限公司、杭州海兴电器有限公司、杭州海兴电力科技有限公司、杭州中瑞思创科技股份有限公司、杭州亿恒科技有限公司)。

【技术领域新突破】 2011年，工业基地企业在强化和提升自主知识产权方面得到了持续的发展，在各个技术领域都有突破性进展。2011年授权的专利有发明专利6项、实用新型39项、外观专利16项、软件著作权8项。由于企业的产品和研发技术在国内名列前茅，已有多家企业参与或编写国家标准和行业标准。如：杭州海兴电力科技有限公司参与起草国家标准《低压电力线载波通信》第11部分、第31部分；《户内智能显示终端》第1部分、第2部分；浙江亚通金属陶瓷有限公司受委托起草的《电触头材料金相图谱 GB/T 26872-2011》、《电触头材料金相试验方法 GB/T 26871-2011》

表9　2011年新增省级以上科技项目

序号	项目类别	项目编号	项目名称	承担单位
1	国家创新基金	11C26213301526	仪器仪表用注塑成型LED背光源	杭州三高光电科技有限公司
2		11C26213301553	大型高精度实时数据采集与分析系统	杭州亿恒科技有限公司
3		11C26213304708	用于标识管理的高精度同步移动喷码系统	杭州杰特电子科技有限公司
4		10C26213301288	采用独立SDH环支持多协议的3G基站监控系统	杭州大光明通信系统集成有限公司
5	国家火炬计划	2011GH061147	生活垃圾填埋场渗滤液治理及示范工程	浙江博世华环保科技有限公司
6	国家重点新产品	2011TJC20013	高压开关金属化陶瓷	浙江亚通金属陶瓷有限公司
7		2011TJC20169	无卤阻燃耐火复合材料	杭州捷尔思阻燃化工有限公司
8	省新产品试制计划	2011D60SA110002	YJ-001水源地保障预警系统	杭州鼎利环保科技有限公司
9		2011D60SA610115	T702磺酸钠	杭州捷尔思阻燃化工有限公司

等国家标准;浙江中源电气有限公司起草和参与的《永磁同步电动机标准》、《抢险救灾永磁同步柴油发电机组》、《纺织化纤专业应用永磁电机标准》等国家标准;杭州中瑞思创科技股份有限公司、杭州捷尔思阻燃化工有限公司、杭州亿恒科技有限公司等多家企业参与国家标准、行业标准的编写起草工作。

【海洋装备试验浙江省工程实验室落户上城】 海洋装备试验浙江省工程实验室是一所依托浙江大学海洋学科、面向浙江省海洋新兴产业、服务浙江省海洋经济发展的省级实验室。实验室下设省海洋工程、水下装备、船舶装备3个专业实验室,分别依托浙大海洋系、流体主机电系统国家重点实验室和浙大舟山海洋中心进行建设;其综合试验基地、零部件测试和总装集成基地则主要与省内具备海洋工程、水下装备、船舶装备零部件测试条件上的研究院所、海洋装备生产企业开展共建。工业基地拥有杭州宇控机电工程有限公司、中杭电子股份有限公司等一大批水下装备制造企业和试验设备,与该工程实验室的海洋工程综合试验基地形成互补。上城区设立专项资金,提供1000平方米零租金试验用房及相关试验设施,助推上城区海洋装备产业发展。 (朱勤华)

经济合作交流

Domestic Economic Cooperation

经济合作交流综述

【加快招商引资发展】 2011年，上城区完成合同外资4.29亿美元，实际利用外资1.81亿美元，完成市下达目标的1.04倍。全年引进实际到位市外资金120.43亿元。全区自营出口额11.94亿美元，比上年(指2010年，下同)增长18.7%，完成市政府下达的出口目标的1.02倍。新批境外投资项目7个，增资项目1个，合计境外投资总额3069万美元(其中中方投资3069万美元)，占年度计划的3.34倍。完成离岸服务外包(离岸外包是指转移方与为其提供服务的承接方来自不同国家，外包工作跨境完成)执行合同5090.21万美元，服务外包人才培训450人次。新增入库企业17家，均为有实际业绩企业。完成新批境外企业7家，均为实际投资，涉及生产、贸易和商业领域。企业投资重点区域不断扩大，由原来的一般国家扩大到发达国家和地区。同时，获批非建筑类工程承包企业1家，实现工程承包营业额3398万美元。

【参加2011杭州（广州）经济合作洽谈会】 4月12日，由区委常委、副区长麻承荣带队，小营街道、望江街道、南星街道参加杭州市政府在广州举办的2011杭州(广州)经济合作洽谈会，并于会后拜访了深圳杭州商会、深圳华融投资担保有限公司等单位。

【2011杭州(上海)经济合作洽谈会成功签约】 7月18日，由区委常委、副区长麻承荣带队参加杭州市政府在上海举办的2011杭州(上海)经济合作洽谈暨第十三届中国杭州西湖国际博览会新闻发布会。会上，上城区成功签约两个内资项目，分别是浙江滔博体育用品有限公司项目，总投资4亿元；浙江美华医疗有限公司项目，总投资2亿元。

【2011杭州(北京)经济合作洽谈会成功签约】 8月23日，由区委常委、副区长麻承荣带队参加杭州市政府在北京举办的2011杭州(北京)经济合作洽谈暨第十三届中国杭州西湖国际博览会新闻发布会。会上，上城区成功签约1个内资项目，浙江贝付科技有限公司项目，总投资5亿元。

【第十四届杭州国内经济合作洽谈会成功签约】 10月28日，区委书记陈红英，区委常委、副区长麻承荣带队参加了第十四届杭州国内经济合作洽谈会。会上，上城区成功签约2个项目，分别是浙江西安交大研究院项目，总投资为4亿元；浙江正德影视文化发展股份有限公司，总投资4亿元。

【入选杭州市“双百”企业】 根据《杭州市人民政府办公厅关于开展争创百强和百佳创新型外经贸企业活动的通知》要求，经考核评定，上城区共有15家企业入选全市“双百”企业，其中入选百强企业7家，百佳企业8家。

【加大外贸扶持力度】 2011年，上城区有1家企业获得市出口名牌，1家企业获得省出口名牌。组织企业参加63个境外展，合计展位152个。全年累计出口11.95亿美元，其中，机电产品出口4.59亿美元，比上年增长9.1%，占全区出口额的38.4%，高新技术产品出口 8897 万美元，比上年增长 98.0%，占全区出口额的 7.5%。

【完成第 110 届广交会展位申请工作】 为鼓励企业积极拓展市场空间，区招商局就 110 届广交会参展工作对全区外贸出口企业进行申报动员，有 44 家企业进行 130 个展位的申报。经过与市外经贸局的沟通协调，34 家企业申请到 73 个展位。

【举办服务外包培训讲座】 3 月 25 日，区对外贸易经济合作局举办了上城区 2010 年度服务外包培训讲座，邀请服务外包法律专业人士作业务宣讲。来自辖区各职能部门的分管领导及区属 6 个街道负责人和招商工作人员参加了本次会议。会议重点就服务外包的定义及发展服务外包的重要性做了详细说明。

招商引资

【敲门招商】 2011 年，全年组织重大招商活动 6 次，签约项目 3 个，累计投资总额 2 亿美元。组织各类招商活动 12 次。成功引进杭州联洋科技有限公司项目 1980 万美元；杭州银泰国俊商贸有限公司 4900 万美元。外资增资扩股杭州海兴电力科技有限公司 2898 万美元；杭州湖滨国际发展有限公司 4000 万美元。强化"敲门招商"，全年共参加省、市重大招商活动 4 次，签约项目 5 个，累计投资额 19 亿元。组织各类招商活动 28 次，成功引进了浙商金汇信托、贝付科技、佐卡伊珠宝等项目。

【推进"以商引商"工作】 外资增资项目：杭州诺百力电器有限公司增资 1590 万美元；杭州索太新能源技术开发有限公司增资 1993 万美元；绿舟科技(杭州)有限公司增资 420 万美元。

【引进世界 500 强项目】 10 月，上城区的杭州雅客多百货有限公司外资并购项目得到杭州市外经贸局批准。杭州雅客多百货有限公司原系中国自然人严文志与罗碧容共同投资的内资有限责任公司，后经决议，严文志与罗碧容分别将其占公司 50%的股权溢价转让给 Bounteous Company Limited(以下简称"BCL 公司")，同时由"BCL 公司"增资 150 万美元。并购增资完成后，公司变更为外商独资企业。"BCL 公司"系根据国际公司法规定，是 1997 年 7 月 11 日注册成立的一家国际商业公司，其控股人为世界 500 强企业——美国沃尔玛公司。

【加强跟踪服务】 进一步完善招商重点项目区领导跟踪联系机制，全年跟踪外资重点项目 12 个，完成 11 个。内资重点项目 28 个，完成内资项目 16 个。全年跟踪信息项目 213 个，落地项目 121 个，总注册资金 132.20 亿元，其中市外资金 68 亿元，占总额的 51.4%。

【引进杭州佐卡伊电子商务有限公司项目】 7 月 21 日，杭州佐卡伊电子商务有限公司正式落户上城区南宋御街，该项目由凯泰基金与浙江省创新产业基金共同注入风险投资资本，主要从事高档钻石、珠宝销售及相关电子商务业务。

【引进浙商金汇信托项目】 浙商金汇信托股份有限公司是中国银行业监督管理委员会批准的专业信托理财机构，注册资本为 5 亿元，于 2011 年 8 月注册在杭州市上城区。浙商金汇信托股份有限公司将立足浙江、辐射上海及长三角洲地区，服务于全国经济发达地区。

【引进省中小企业再担保项目】 浙江省中小企业再担保有限公司由浙江省财政出资 10 亿元设立，于 2011 年 12 月落户上城区，是为省内优质规范的融资性担保公司提供担保增信、分担风险等服务的机构。

【加大企业上市力度】 2011 年，上城区有 1 家招商企业成功上市，浙江赞宇科技股份有限公司于 11 月 25 日在深交所中小企业版正式上市，募集资金总额约 7.20 亿元。

【发展楼宇经济】 全区规模以上楼宇实现税收 30.40 亿元，比 2010 年增长 15.2%。税收过亿的"亿元楼"有 7 座，税收1000 万元以上的楼宇 54 座，新城大厦、定安名都等 8 座楼宇被评为杭州市 50 佳先进商务楼宇。

【"四大转变"推进招商引资工作】 转变精神面貌。重点抓好招商税源与业态指导，树立信心，创新工作方式。转变引资方式。进一步拓展信息渠道，加强对投资基金类企业的沟通协调，探索发展新型招商方式。转变引资重点。掌握区域资源，以楼宇项目为重点，做好后续摸排工作，并抓好企业服务，梳理宣传优惠政策，完善服务机制。转变统筹观念。加强协作两地沟通协调，搭建教育、企业投资等平台，用好用对帮扶资金，最大限度地发挥政策引导激励作用。

对口帮扶

【完成与富阳城乡统筹协作对接工作】 上城区与富阳立足"大统筹"，安排落实资金项目，搭建经济共促、党建共建、人才共育等合作平台。小营街道与富阳洞桥镇签署了五年城乡区域统筹发展战略协作协议；清波街道与高桥镇协商共建高桥镇社区卫生服务中心，已完成选址立项，正在积极申报土地指标；望江街道与受降镇签订协作协议，计划在2011~2012年，联合实施集镇自来水管道及燃气管网改建工程，以解决当地1万多居民的饮水和安全用气问题。截至12月底，上城区5个街道与富阳市5个乡镇全部完成了城乡统筹协作对接工作，已落实基础设施、社会发展、中心镇、中心村建设等项目7个。2011年，由市"联乡结村"财政专项资金、杭州市上城区人民政府、杭州娃哈哈集团有限公司、浙江百诚集团、思美传媒、杭州海兴电器、兴业银行杭州分行等单位出资完成帮扶资金物品累计190万元(其中集团资金152万元，物品8万元，协调资金30万元)。实施帮扶项目12个。

【开展对口支援工作】 大力推进对口支援活动，落实对口支援援助金35万元，用于帮助四川省阆中市宝台乡中心学校教学楼维修加固，其中幼儿教学楼维修加固400平方米，新建学生厕所300平方米，项目建成后，可解决200个儿童入园学习及1500名师生公共卫生设施的改善。

【开展城乡区域统筹工作】 开展区域城乡统筹活动，形成"一个核心、两大工程、十个协作平台"的互动工作机制，为区、市协作的全面深入创造了良好的条件，取得较好成效。"一个核心"：建立以领导机构、计划制定、保障措施、督查考核等为主要内容的长效工作机制；"两大工程"：以产业协作工程、社会事业协作工程为抓手；"十大协作平台"：产业项目推介平台、风险投资对接平台、联动招商平台、教育协作平台、劳动人力资源协作平台、旅游对接平台、农超对接平台、民政事业协作平台、医疗服务协作平台、街道乡镇结对平台。2011年，落实区县协作专项资金2000万元，落实结对资金250万元。

【稳步推进区县协作工程】 继续推进产业协作对接。上城区组织农贸市场协会和劳动路、翰林、茶亭、凤凰北苑、三桥、紫阳7家农贸市场负责人对富阳市部分农产品种植基地进行考察，双方就在上城区部分农贸市场设立富阳农产品直供直销点的具体形式、优惠政策等达成共识。举办旅游产品联合推广活动，推出水上游乐项目、乡村采摘游、夏季旅游线路等系列主题活动，并现场派发旅游体验券及景点门票。上城区计划投入52万元开展与富阳市的三年卫生事业协作计划，实施四大协作项目：组织省、市级医院专家健康教育讲师团赴富阳市乡镇开展"送健康知识进农村"活动；对富阳市社区卫生服务站、村卫生室的医护人员进行老年人心理卫生技能培训；开展两地社区卫生服务中心结对相互交流学习等；投入20万元用于富阳市相关信息化硬件建设。 (楼立武)

城市建设与管理

Urban Construction and Management

城市规划

【开展《上城区沿江生态景观规划设计》编制工作】 杭州市规划局上城分局(以下简称上城规划分局)围绕建设“生态浙江”、实施“五大战略”、打造“生态市”的特定背景和实现上城“国际水准的高品质中心城区”这一战略目标，把在人多地少的上城寻找城市发展的新起点作为规划重点。通过规划,为上城区提出了融合“南宋皇城大遗址公园、玉皇山南国际设计创意产业园综合体和复兴国际商务广场综合体”等要素和《三江两岸生态景观概念规划》提出的“打造秀美山水、生态宜居、城景交融、和谐发展、世界一流的风景廊道”的目标,规划精彩纷呈的生态休闲、旅游观光、商务生活的沿江综合体区块,为上城区今后几年的城市发展绘宏图。

【推进《杭州市望江管理单元控制性详细规划》编制工作】 随着城市有机更新的逐步推进，望江地区成为上城唯一一块至今尚未全面启动的城市面貌落后、生活环境质量低下的区域,与该地区区位条件的优越性完全不符合。同时,望江地区由于铁路、河道、农居、工厂等诸多因素制约,形成实施难度大的局面。受望江地区的规划地块开发资金、面积平衡的影响,规划编制工作难以全面开展。鉴于该地区的实际情况,上城规划分局多次组织杭州市规划局与上城区委、区政府、区人大等多层次、多方位的互动研讨会,破解矛盾,寻找共识,完成了《杭州市望江管理单元控制性详细规划》的编制工作,上报市政府。在报批《杭州市望江管理单元控制性详细规划》的基础上,配合望江地区建设改造指挥部开展望江地区城市设计,引导和谋划好望江地区高品质开发建设。

【开展《上城区学前教育布点规划》的编制工作】 为解决上学难问题,对幼儿园每百户配置指标从 9.30 个生源提高到 11 个，使上城区幼儿园配置问题愈加突出,面临大量的入学儿童,却没有更多的用地可以用来扩大幼儿园的规模。上城规划分局通过调研、分析,与区教育局共同合理划分入学片区,在现有用地的基础上合理提高各幼儿园的经济技术指标,使上城区能在有限的资源条件下发挥更大的社会效益,并使幼儿园的布局在规划上得到细化、深化和固化。

【开展新一轮控制性详细规划的评估和修编工作】 2011 年,上城规划分局开展《上城区低碳示范区规划研究》、《南宋皇城大遗址公园保护与利用专项规划》、《南宋皇城大遗址公园保护用地整合专项规划》、《南宋皇城大遗址公园公共艺术专项规划》、《南宋皇城大遗址公园风貌保护与景观提升专项规划》、《南宋皇城大遗址公园交通专项规划》、《杭州市北大桥及周边地区概念规划》(上城科技工业基地地块包含其中)等规划研究、编制。为拓展上城区的城市可持续发展利用空间,在《杭州市停车设施专项规划的基础》上,开展《南宋皇城大遗址公园(上城区)范围公交设施及社会公共停车设施布点规划》,整合资源,挖掘潜力,解决制约上城区社会经济发展的停车难、行车难问题。结合延安路整治实施实际，以恢复繁华的商业大街,体现商业融合文化、自然景观为目标,开展《延安路城市景观规划设计》编制工作。为解决历史遗存保护与利用之间的矛盾,开展《上城区历史文化遗产保护利用规划》的编制工作，率先在全市开展新一轮控制性详细规划的评估和修编工作。开展和完成的规划有《湖滨清波单元控制性详细规划》、《小营紫阳单元控制性规划》、《复兴单元控制性详细规划》、《南星单元控制性详细规划》、《近江单元控制性详细规划》、《望江单元控制性详细规划》，覆盖上城区全部范围。

【加强城乡规划宣传】 《杭州市城乡规划条例》于2011年10月1日施行，上城规划分局为配合条例的实施，让社会各界更好地了解条例，对城乡规划的编制、实施、监督检查和法律责任方面的相关内容进行了问卷调查、送条例到基层，悬挂横幅、张贴宣传标语等宣传活动。9月27日，上城规划分局在吴山广场设台宣传，局领导亲自接待来访、咨询的群众。分发《中华人民共和国城乡规划法》、《浙江省城乡规划条例》、《杭州市城乡规划条例》等宣传资料800份，征求意见表90份，并就主要路段规划改造、违法建筑查处、规划公示效果等群众关心的热点、难点问题与市民进行对话，当场解答了57个问题。通过宣传，使广大城乡居民了解城乡规划法律、法规与有关规划内容，激发了城乡居民参与、支持和监督城乡规划实施的主动性和积极性，使城乡居民的规划意识、法律意识进一步增强。

【开展规划培训工作】 2011年，上城规划分局就如何办理规划审批手续和落实浙江省规划条例，组织4次规划法律、法规及业务知识的培训，培训人数260人。在巡察工作中，及时指导建设单位应在哪些方面着重管理，如何按规划许可要求进行建设，在施工过程中若出现与规划许可不符的情况应如何处理，及时解决建设项目出现的与规划要求不符的现象，为建设项目顺利竣工打好基础，取得良好效果。

【启动“2+4+2”工作机制】 上城规划分局针对上城区的实际情况，邀请杭州市规划局主要领导到上城区现场办公，主动提议启动“2+4+2”工作机制，并由上城规划分局邀请杭州市规划局规划处、用地处、建管处负责人到上城，协调、解决上城区重点工程建设。截至11月底，召开了4次研讨会，协调了34个项目，解决了26项目。

资料　“2+4+2”工作机制：指8个部门（单位）定期召开规划研讨会。“2”即：上城规划分局、区重点办；“4”即：湖滨指挥部、玉皇山南指挥部、吴山指挥部、望江指挥部；“2”即：区筹建办、区建设局（区危改办）。

【与区执法局开展联合巡查】 在联合巡查中，上城规划分局监督检查科向区行政执法局介绍了规划监督检查工作的方法、程序及工地检查中需注意的事项，就规划许可证、总平面图、建施图、附图、附件的各类规划技术指标作了讲解。着重对违法案件的移交及查处进行对接。有效地尝试了与区行政执法局协同管理建设项目的创新机制，理清了规划与区行政执法局职责边界，实现了对上城区建设项目违法行为的“早发现、早制止、早处置”的工作目标。

【主动走访送策献计】 上城规划分局领导5次带队走访企业21家，指导企业如何办理规划审批手续和处理建设过程中的疑难问题，为企业提供规划政策法规支持及服务项目支持。对建设项目进行监督管理的同时，着力加强对建设单位的服务工作，及时召开建设项目批后跟踪管理座谈会，保障建设项目有序进行。

【定期召开规划批后管理座谈会】 为进一步推进规划管理部门与建设单位在建设工程管理中的分工配合与经验交流，探讨新形势下如何提升上城区规划批后管理工作效能，共同促进上城区建设工程的规划批后管理工作，不断优化上城区的建设环境和建设秩序，监督科定期与建设单位召开批后管理座谈会，及时向建设单位介绍规划工作领域的新政策、新动态，并结合管理中遇到的问题，讲解如何关注施工过程的重要节点，避免在施工过程中出现与规划许可不符的情况，不断促进建设单位自我管理的能力，为构建上城区良好的建设秩序奠定基础。

【做好信访工作】 在信访处理过程中，涉及到多起规划没有审批过的因招商引资、改变使用性质、未批先建、违章搭建等原因而引起的信访案件。上城规划分局耐心倾听群众的呼声，接待来访人员，做好各种解释和引导工作，及时处理各类信访案件。截至11月20日，共参加信访协调会26次，处理区信访局转来的信访案件59件。配合杭州市规划局、区信访局做好群体性的来访工作，共接待来访群众170余人。

（陈卫东）

国土资源管理

【概况】 围绕“加快建设具有国际水准的高品质中心城区”的指导思想，全年在盘活存量土地、经营性用地做地及征地拆迁管理等重点工作中抓重点、出亮点。扎实推进年租金征缴、地质灾害防治、依法治土等国土资源管理基础工作。全区31宗已审批的建设用地全部纳入全程动态监管。全年签订年租金合同170份，总计征收702万元，创历史新高。

【推进地籍信息化建设】 落实全市节约、集约用地“365”行动工作任务，重点推进地籍信息“一张图”工程建设及其应用。全年通过地籍信息电脑实时查看系统，调取地籍信息数据库资料，制作并绘制完成“上城区存量地块汇总图”、“上城区三年行动计划重点工程图”、“上城区楼宇经济指标图”等各类图册共计25份、600张。推进盘活存量地块信息调查及利用的可行性研究，提出多宗土地节约、集约利用建议，对杭州卷烟厂后山坡近1.33万平方米土地与烟厂进行整体开发、对钱江路出租车综合服务区边地块进行调整规划建设综合行政服务楼、杭州师范大学第一附属小学闲置地块置换利用、抗咸工程市政设施用地开发利用等建议。同时围绕批而未供、供而未用以及闲置土地清理开展工作，共调查批而未供项目21宗，总用地面积107.76万平方米，未供面积36.34万平方米，所有地块全部上图并进行逐个分析和查找原因。

【深化拆迁监管工作】 按照杭州市政府出台的《关于进一步加强集体土地征地拆迁工作的通知》，全面推行区、街道、建设单位和社区“四位一体”的征迁组织模式，推进阳光征迁。选派经验足、能力强的人员组成动迁工作服务组进驻望江指挥部，主动参与帮助协调拆迁户对话、动迁政策解释。9月，在望江指挥部紫阳街道动迁分指挥部投入人员力量，开展征迁矛盾排查，力争问题在一线解决、矛盾在现场化解，切实把履行征地拆迁价格审核、安置资格审查、拆迁进度申报等基础工作做细做实。同时杭州市国土资源局上城分局(以下简称上城国土分局)牵头落实集体土地征地拆迁年度计划管理，全年共征收集体土地项目5个，征地面积4.48万平方米，征地费用1748.68万元足额发放；实施集体土地拆迁项目7宗，签约面积3.40万平方米，签约联建房130套，有力推进望江地区改造、玉皇山南国际设计创意产业园等重大项目征地拆迁工作。

【加强土地依法行政】 按照“整改在前、查处在早、预防在先、长效规范”的工作要求，全年共动态巡查132次、264人，做到违法用地早发现、早制止、早查处。全年发现违法用地行为6起，涉及土地面积约6132平方米，发出责令停止土地违法行为通知书6份，并全部移交区拆违办予以组织拆除，经教育自行拆除违法建筑面积约2000平方米。同时，成立卫星遥感土地执法检查工作领导小组，全年组织开展部、省、市各级土地矿产卫星遥感执法检查图片执法检查4次，检查卫星图斑37处，做到卫片执法检查全覆盖，逐宗进行了实地核查和内业审核，查处违法用地3宗，涉及用地面积约5.83万平方米。立案查处望江地区G-16地块公园绿地项目，责令退还非法占用的4.32万平方米土地，没收在非法占用土地上新建的符合土地利用总体规划的4.38万平方米建(构)筑物，并处以罚款44.68万元。建立和完善信访听证、信访风险评估等10项工作制度。切实抓好初信初防，提高信访办理质量，坚决防止重复访和越级访，做好信访维稳工作。全年共受理“三访件”13件，信访件受理率、办结率均达到100%。

【落实地质灾害防治】 有效落实开展地质灾害防治工作，做到隐患点有监测人、易发区(社区)有巡查人，地灾防治工作疏而不漏。通过汛前排查、汛中巡查和汛后核查，及时发现新增隐患点7处，及时提出相关防治和巡查监测措施和建议。完成白云路30、34号边坡崩塌地质灾害隐患点、烈士陵园纪念馆东侧上山公路边坡崩塌隐患点的治理。

【建立“廉洁国土”长效机制】 上城国土分局开展“机关治庸治懒治散”活动，围绕“增能力、提效率、聚合力、添动力”，对照“五要五不要”，查找问题，狠抓督查和整改。年初，在全局范围内组织开展以“在基层工作中要弘扬开放大气精神”为主题的学习讨论活动。通过讨论学习，机关干部思想进一步解放，学习和实践能力进一步增强，执行意识、执行能力、合力意识进一步提升。同时制定反腐倡廉建设工作计划，召开全局党风廉政建设大会，全面部署廉政建设工作，开展“贯彻廉政准则、打造廉洁国土”主题教育活动，进一步构筑干部思想防线，提高拒腐防变能力。以贯彻落实《中国共产党党员干部廉洁从政若干准则》为抓手，结合国土资源系统“两整治一改革”活动，整体推进思想教育、制度建设、监督检查、纠风和惩治各项工作。配合杭州市国土资源局纪检巡查组对上城国土分局的工作进行检查督导。开展“公述民评”、“行风评议”等活动，征求各方意见建议，接受来自社会各阶层的监督。年终对杭州市国土资源局巡查组督查反馈意见进行全面分析，对所有意见、建议进行逐条整改，完善制度，落实举措，确保整改落实到位。

3月30日，召开上城国土分局党风廉政建设“开放大气”主题学习交流大会。
（上城国土分局 供稿）

【开展“6·25”全国土地日宣传服务活动】 在人流量较多的路口悬挂全国土地日宣传横幅，向群众发送宣传资料，利用社区电子背景版、张贴宣传画等进行广泛宣传。举办“国土杯”乒乓球比赛，以“节约、集约利用国土资源”为题，在吴山广场开展“万民群众签名”活动，开展宣传咨询和宣传板报展览，设立地籍管理、土地利用、执法检查、计划生育、环境保护等咨询点，现场接受群众咨询，并受理违法用地举报。（陈芝群）

建设管理

6月24日，开展纪念第21个全国土地日“万民群众签名”活动。
（上城国土分局 供稿）

【概况】 2011年，区建设局以“大建设、大监管、大服务”的理念，强力推进各项实事工程建设，着力优化和创新监管机制，先后荣获市级荣誉24项。被评为杭州市第二批学习型党组织示范点、上城区“创先争优”活动示范单位、上城区党务公开示范点，区建设局行政办事大厅被评为区窗口单位和服务行业示范点。上城区政府在全区进行通报表彰，并授全局“嘉奖”奖励。民生工程建设取得新成效。全年完成危旧房改善16.75万平方米，五柳巷历史街区作为杭州市危旧房改善的重要部分被住房和城乡建设部评为“中国人居环境范例奖”，并作为大运河重要部分申报世界文化遗产，南宋皇城遗址“51131”道路街巷综合整治工程工程顺利推进，建兰中学(抚宁巷校区)改扩建工程被评为2011年度杭州市建设工程“西湖杯”，屋顶绿化整治完工2万平方米，提前超额完成老旧小区物业改善320万平方米，实现绿化提升8.20万平方米，新建绿地6.94万平方米。提高区域城建监管服务水平。编制《上城区建设工程管理规范若干规定》，对工程施工期间的设计、招投标、监理、质量等各个环节进行全方位监管；完成全区5年以上125套空置安置房源管理使用情况调查，动态实时跟踪全区安置房使用和管理情况；建设工程全面实行资格后审制度，在区属国有总投资额200万元以下小型建设工程公开招标项目中试点新的“二次平均法”，取得阶段性成果后全面推行，全年完成小型建设工程招投标171项，完成工程交易额1.85亿元，核减金额5586.61万元，核减率30.2%。加强机关建设。开办“上城建设大讲堂”培训普通干部职工，开讲48次课、培训4500人次；开辟“新闻时评”、“廉政之窗”、“局务公开”、“先进荣誉”4个宣传橱窗，第一时间传递党的声音、第一时间传递区领导的声音；开展廉政文化进工地(机关、窗口、基层)系列活动，有效提高防范风险的能力；制定出台的《政府投资项目工程量清单变更管理办法》获2010年度区党风廉政建设“十佳创意奖”；先后制定各类规章制度13项，如《建筑业质量安全监督管理规范》，通过专家质量论证，填补了杭州市空白；编印完成《上城区建设局事业单位工作人员考评手册》，人手一册、定岗定职、明晰职责；推进财务委派制，对基层单位财务人员实施交叉轮岗；出台非住宅租赁管理办法，由站单独审批变站、局两级联网联审；对全区7723套直管公房进行入户调查，摸清了现状和底数，以“知党史、报党恩、增党辉”为主题，结合“创先争优”活动，开展“唱响红歌跟党走”歌咏大赛、“永远跟党走”书画展等10项活动，庆祝建党90周年。

【创建文明工地】 2011年，区建设局采取六项措施严密部署全区创文明工地工作。由区建设局班子成员带队组织相关科室人员对26个监管建设工地采取分区、分片和定人、定点的办法，明确责任分工，全面抓好落实；开展“百名协管员进工地创文明”志愿服务活动。利用原有社区住房与建设协管员资源，由2名协管员组成一个志愿服务组，担任文明施工、行风建设监督员、工地安全信息员、文明工地宣讲员“三大员”，利用业余时间对全区建设工地进行网格化管理，该做法获2011年度杭州市建设系统创建文明工地十佳案例。建立通报抄告制度。对检查结果进行排名，定期在网站、媒体上通报；加大处罚力度。坚持严管重罚，做到六个“一律”，依法从严予以扣分、行政处罚。营造氛围。推进实名制管理和岗前培训工作，着力构建实名制管理、岗前培训、民工学校三位一体管理模式，做到人人知晓、人人参与。抓好围挡整治。做到美化、亮化、序化、洁化，开展民工宿舍大清洁活动。全年共查处文明施工问题376条，签发限期整改通知书166份，简易行政处罚5次。区建设局获杭州市2011年度创建文明工地先进单位。

资料　“六个一律”：指工地检查中做到所有的工地“一律”检查到底、屡教不改的“一律”停工、问题严重态度恶劣的“一律”曝光或约谈、有管理责任的“一律”问责、工地民工宿舍橱柜“一律”配齐、政府投资工程“一律”安装空调。

【出台《事业单位工作人员绩效考核管理办法》】 区建设局在全区率先出台《事业单位工作人员绩效考核管理办法》，对9家局属事业单位73个岗位进行细化、量化考核，构建融目标、责任和过错三位一体的科学合理、公平公正、富有活力的内部分配制度，有效激发了城建房管工作人员的积极性和创造力。纠正上班迟到、早退现象、疲沓作风和违纪苗头。此办法正接受杭州市质量部门规范文本审核认证。

【开展廉政文化活动】 区建设局党委从源头上加强风险防控，强化崇廉尚廉意识。开展6个方面的工作。在局机关办公楼新开辟廉政书画走廊，精心挑选局系统干部职工创作的书画作品18幅，寓理以景，以物明志，装饰在走廊两侧，营造崇廉尚廉氛围；开辟“廉政之窗”宣传专栏，每周张贴1~2期廉政格言、廉政故事、廉政漫画等，以图文并茂的形式引导全体公职人员廉洁从政、秉公用权，全年共刊61期；将廉政教育纳入大课教育中，举办“预防职务犯罪”教育讲座，邀请市委党校教授及区人民检察院领导等授课讲座，解析法律规范，讲述真实案例，警示干部职工牢牢把住反腐倡廉思想关；在区建设局106名党员干部中开展人人读一本廉政读物，写一篇廉政感悟文章活动；创建党风廉政建设QQ群，利用网络平台及时向党员群众发布党风廉政建设信息和工作动态，达到信息实时沟通、把握思想动态的目的；组织全体中层干部旁听吴山地区开发建设指挥部拆迁安置部一处原处长沈林桥贪污、受贿案庭审，用身边案例提高反腐倡廉意识；重温岗位职责，熟记廉政风险，组织排查廉政风险点279个，涉及岗位94个，制订防控措施346条。

【城南物业公司获物业管理百强企业】 入选好管家杯·2010年中国优秀物业管理百强企业的城南物业公司是一家从房管职能部门跨入到物业服务行业的国有企业。2011年，已成为跨地区、多元化、规模化、具有国家二级资质的专业企业，拥有一支500人的员工队伍，管理的楼盘中有全国物业管理示范住宅小区1个，省级优秀住宅小区2个，市级优秀住宅(示范)小区及大厦8个。

【加快南宋皇城遗址“51131”道路街巷综合整治工程】 围绕综合体建设和历史街区保护，上城区争取用两年时间，完成5条道路、11条支路、31条坊巷，共计47条道路的综合保护工程。围绕“文化、古朴、靓丽、可游、可购、可吃”六大原则，立足“差异化建设，特色化培育，品质化提升”要求，明确“51131”工程“7+X”整治内容，即在项目实施中统筹考虑道路和街巷沿线立面整治、屋顶(垂直)绿化、业态调整、停车、亮灯、店招、城市家具以及其他项目整体推进，努力实现道路、街巷沿线环境、业态、生活品质的全面提升，加快推进南宋皇城遗址“51131”道路街巷综合整治工程。2011年，结合南宋皇城所在地的历史文化底蕴，因地制宜确定七种类型的建筑风貌展示古韵遗风，包括：中山路综保工程风貌、玉皇山南皇城遗址风貌、湖滨商贸及历史街区风貌、新中国第一个居民委员会风貌、五柳巷历史街区风貌、延安路第一商业街区风貌和西湖大道涌金池河道风貌。重点做好延安路、西湖大道的道路整治工程，以道路的综合整治，推进历史街区、历史建筑保护修复及周边路、街、巷整治修缮。

【提升物业管理整体水平】 2月15日，浙江省住房和城乡建设厅发文公布2010年度全省物业管理示范项目考评结果，上城区金色家园、金都华府花园、东方金座项目通过考评验收，被评定为2010年度全省物业管理示范住宅小区、示范大厦。省级物业管理示范项目10个。截至2011年底，上城区物业服务企业已达87家，专业物业管理面积790万平方米，占全区可实行物业管理面积的70%左右，从业人员1万多人，物业管理整体水平位居全市前列。

【提前完成老旧小区物改“三年行动计划”】 2011年是物改“三年行动计划”的收官之年，截至10月底，上城区提前超额完成市、区两级部门签订的目标责任，完成老旧小区物业改善提升86处，1151幢房屋，320万平方米，惠及住户53266户，基本实现庭院改善与危旧房改善后的住宅小区物业管理全覆盖，为落实长效管理，区建设局编制《社区准物业管理规范》，成立湖滨、清波地区准物业维修服务中心，打造区域全覆盖网络，物业改善工程成为继危改、庭改、背改后的又一民心工程。

【新增1511个停车泊位】 为切实缓解“行路停车难”问题，上城区经过排查统计、深入挖潜，完成建兰中学地下停车库、玉皇山综合体公交停保场地下停车库、天龙寺仓库地下停车场、玉皇山综合体公交停保场地块地下停车场等社会专业停车场(库)项目10个，新增泊位1511个，不列入2011年考核指标的计划储备项目7个，泊位734个。

【加强工程运输车管理】 落实工程运输车辆各项安全责任，要求各建设单位对照《杭州市建设工地渣土管理办法》明确职责，确保工程运输车辆相关证照齐全。严格核查工程运输车相关手续，要求施工企业和工程运输车辆企业签订书面合同和安全责任书，切实消除安全隐患。开展专项治理活动，7月，组织区建设局、上城交警大队、区安监局等部门实施联合执法，对工程车驾驶资格、渣土证、车辆完好程度、超载等情况开展严格检查。

【湖滨·清波准物业维修中心挂牌成立】 8月18日,上城区首家准物业维修服务中心——湖滨·清波准物业维修服务中心(简称中心,下同)挂牌成立。该中心与区建设局原有的抢修中心、房管站修建部、质安站以及社区的房屋协管员队伍连成网络,全天候对房屋结构安全、附属设施工程维修进行服务。中心制定了岗位职责,聘请8名高级维修技工,对专业人员进行了岗前培训,配备抢修车、疏通机等大型现代化设备,聘请高级维修工,对实施准物业管理小区实行24小时不间断服务。中心的成立标志着房管部门在房屋安全预案启动、监测预警、应急防范处置、物资资金保障等方面建立了全方位的服务网络体系。

【中河东路获样板工程一等奖】 中河东路紧邻中河东侧,北起庆春路,南至望江路,全长约2100米,宽度为9米~13米。支路建设是提升和完善中河慢行系统的重要举措,整治内容包括管线铺设、人行道板调整更换、绿化景观改善等方面。整治后的中河东路人行道宽度不足3米,按规定可以不设盲道,本着以人为本理念,区建设局克服困难,创造条件,设置盲道,践行上城区"人性交通,精致空间"的城市建设理念。行道板采用高湖石材质,树池铺有鹅卵石,每30米间隔浮雕小石墩,整个路面铺设乳化沥青,道路整洁划一,给盲人朋友的出行带来方便,与新中东河的南宋文化和市井民俗浑然融为一体,中河东路获2010年度杭州市区支路建设整治样板工程一等奖。区建设局也被评为2010年度支路建设整治工程先进单位。

【打好抗雪防冻攻坚战】 全面排查,消除安全隐患。以社区为单位对辖区内的建筑工地、危旧房、建筑工棚等进行全面排查,一旦发现险情隐患,立即组织人员转移安置,确保"不死一人,不伤一人"。加强监测,及时掌握情况。启动抗雪防冻应急预案,实行24小时值班和领导带班制度。根据天气变化情况及时组织群众做好防灾避险工作。清扫积雪,确保交通畅通。组织机关干部、志愿者开展扫雪活动,累计排查树木3974棵,加固支撑583棵,处理危险树木280棵,重点加强对古木名树的保护。

【开展建设工地安全大检查】 5月,上城区对建兰中学抚宁巷校区改扩建工程、望江地区改造建设R21-04地块拆迁安置房工程、玉皇山南综合整治拆迁安置房一、二期工程等17个工地进行了检查。累计出动检查26人次,查处安全隐患73条,文明施工问题29条,签发局部停工整改通知单3份,限期整改通知单12份。

【四措并举部署春季绿化工作】 结合重点道路和河道开展绿化改造。对延安路、西湖大道等5条道路,邮电路、仁和路等11条街道,旧藩署、红门局等31条坊巷进行统一整治,将道路周边绿化建设纳入市绿化改造计划。对东河、新开河、贴沙河3条河道的局部段进行水体净化。推进民生绿化工程。完成全年大树修枝工作,以及古树的排查加固工作,为全年"三防"工作打好基础。全年修枝1000余株。实施绿化美化家园工程。着力完成八卦田公园、凤山门公园、新开河沿线以及延安路道路周边绿化建设,完成城站广场周边绿化提升(窗口单位)以及紫阳街道候潮门社区南星公寓(社区)的建设。开展特色绿化建设。以屋顶绿化为重点,2011年,全区屋顶绿化主要集中在延安路、西湖大道及重点坊巷周边,共涉及建筑19幢。鼓励属地范围内的单位和庭院开展立体绿化,改善生态环境,提高景观质量。

改扩建后的建兰中学教学楼　　（区建设局　供稿）

【权力阳光服务标准系列规范通过审定】 6月15日，由区建设局、区人防办制定的《区建设、房管、人防权力阳光服务标准系列规范》通过专家审定。该规范包括行政许可、非行政许可两类，其中行政许可包括《建筑装饰装修工程施工许可》、《人防工程拆除、改造许可(300平方米以下)规范》、《人防工程建设设计许可(200万元以下)规范》等5个事项，非行政许可类包括《城市园林绿化企业资质（三级及以下）初审规范》、《建筑业企业资质(三级、劳务)初审规范》、《招标文件备案规范》等11个事项。

【开展17条支小路整治缓解交通“两难”】 为进一步缓解交通“两难”，改善城市支路网结构，2011年，上城区开展17条支小路整治，包括玉皇山南地区引渠路、机务段路、南白路、海月路等，湖滨地区仁和路、邮电路、皇诰巷、孝友里等。上城区支小路整治计划和南宋皇城遗址“51131”道路街巷综合整治工程进行有效结合，在改善交通的同时体现南宋风格。

【做好西博会烟花大会安全防范工作】 10月23日，杭州西湖国际烟花大会在钱塘江等地举行，区建设局领导召开专题会议，成立由主要负责人任组长的领导小组，选派业务精良的人员，做好沿江免票观看区安全护栏等硬隔离设施的搭建工作，并成立巡查小分队，定期实地检查，确保安全到位；及时下发通知，与沿江建设工地签订烟花大会安全保卫工作责任书，要求各局属单位在烟花大会期间做好在建建设工地、危改工地、拆迁工地的安全防范工作，同时要求上述工地于烟花大会当天停止使用塔吊，中午12时起停止施工，并切断电源、疏散民工，安全监管人员到位，确保烟花大会安全有序进行。

【提升房屋维修抢修能力】 规范上城区房屋抢修应急中心管理，构建市局、区局、房管站三级服务网络，提升房屋“110”——87025227的24小时维修抢修能力。成立湖滨·清波准物业维修服务中心和紫阳街道邻里服务中心，以庭改后实施的准物业小区作为维修服务重点，聘请高级维修技工，建立完善物改、庭改后续长效机制；强化住房与社区协管员队伍管理，配备应急抢修车、发电机等硬件设施，定期组织专业技能培训，及时、快捷、高质抓好房屋日常维修、应急抢修等工作。2011年，完成多元产权维修3处、直管公房大修15处，日常维修及应急抢修4900处，涉及金额320万元，直管公房屋顶水箱清洗350次，接到表扬信20多封，锦旗10多面。

【开展建设工程施工工地消防安全管理整治】 2月，区建设工程质量安全监督站组织专业人员对上城区25个区管建设工地，特别是进入主体装饰阶段的建设工程现场的消防安全进行了集中整治，累计出动检查58人次，发现隐患12条。检查重点包括：消防安全责任制的落实以及各项消防管理制度、应急预案的制定情况；特种作业人员尤其是电焊工、电工是否持证，动火审批程序是否到位；现场临时用电规范管理措施落实情况，易燃易爆物品的存放及使用情况，消防水源、消防器材是否配备并完好有效；现场临时设施及民工宿舍的消防安全管理情况等。针对检查情况，要求各建设单位及时整改，并对隐患整改落实情况进行跟踪，确保消防安全工作落到实处。

【成立南宋皇城保护机关青年志愿者团队】 1月18日，上城区成立了由40名区级机关志愿者组成的上

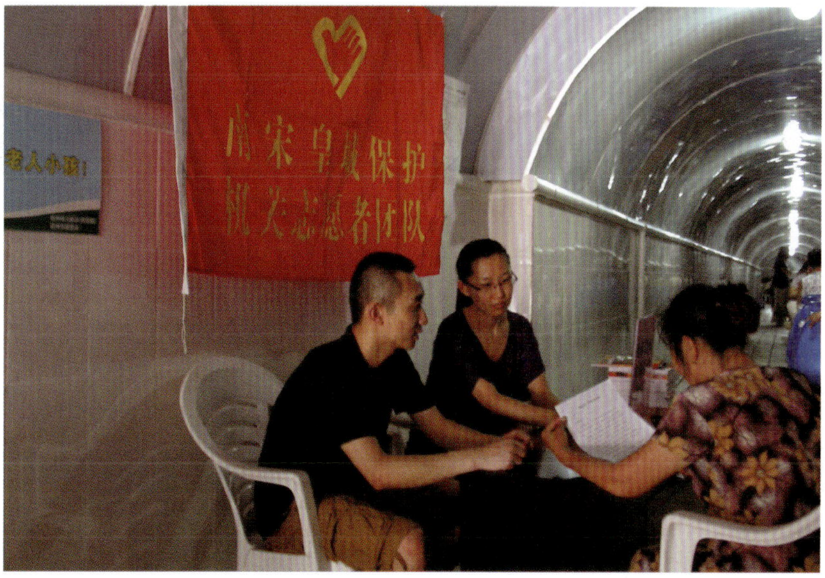

南宋皇城保护机关志愿者团队工作现场 （区建设局 供稿）

城区南宋皇城保护机关青年志愿者团队和由12名当地居民组成的南宋皇城保护市民观察团，聘请10名文化保护及相关领域知名专家组成专家咨询团指导监督南宋皇城综保工程，这是上城区建立、健全历史建筑保护工作联络网络，民主促民生工作机制的又一大举措。在上城区南宋皇城大遗址综保及历史街区、历史建筑保护总结表彰暨动员大会上，3个团队正式予以授牌并宣布成立。（倪佳佳）

房地产业

【广宇集团股份有限公司概况】 2011年，在国家宏观调控下，广宇集团股份有限公司(以下简称广宇集团)秉着“稳健”发展战略，在集团董事会和经营班子的领导下，公司全体员工团结拼搏，围绕“六个管理”开展工作，各项工作取得了良好的业绩，整体运营保持稳定发展的良好态势。截至12月31日，广宇集团全年完成销售面积13.44万平方米，销售合同金额11.30亿元；全年累计新开工37万平方米；完成项目竣工交付面积23万平方米；新增土地储备面积4.15万平方米。2011年，广宇集团新增2个在建项目，共有5个项目在建。杭州项目在1~4月保持了较高的销售额，异地项目的销售崛起成为一大亮点，为广宇集团补充了宝贵的资金，也体现出项目多区域配置的重要性。2011年，广宇集团先后获中国房地产百强企业、中国诚信房地产企业、精品房地产重点企业、杭州市先进基层党组织、杭州市双品牌建设百佳基层党组织、杭州市“联乡结村”活动先进单位、杭州市“春风行动”爱心奖等荣誉称号；顺利通过“浙江省文明单位”和“杭州市文明单位”的复评工作。

12月15日，望江地区建设指挥部和广宇集团举行望江地区01、03号地块安置房代建项目签约仪式。（广宇集团股份有限公司 供稿）

【上东城项目】 2011年，上东城项目共完成销售5.40亿元，上东臻品项目按计划完成各项工程建设任务，并在12月底完成全部竣工验收备案工作，进行项目交付工作。上东名筑项目各项施工进度按计划顺利进行。上东城项目获2011中国(杭州)年度风云楼盘称号。

【东承府项目】 广宇·东承府位于丁桥CBD中央区，北眺皋亭山森林公园，近揽丁兰公园、勤丰港公园，坐拥52万平方米品牌大盘上东城成熟社区。东承府项目规划有多层公寓、高层公寓、单身公寓等产品。该项目于2011年1月四证申领成功，2月正式开工15.17万平方米。

【临平鼎悦府项目】 广宇临平鼎悦府项目于2011年11月开工，是广宇集团倾力打造、独具都市风情的经典力作，洋溢都市新贵高雅的格调，鼎悦府是极具品位的高端品质住区。从项目精心选址到产品细节推敲，倾注大量的心血，以更舒适、更现代、更前卫的卓然气度，树立临平都市人居标杆。

【竞得杭政储出〔2011〕20号地块项目】 2011年7月14日，广宇集团联合浙信房地产有限公司以9.60亿元的总价成功竞得了杭政储出〔2011〕20号地块的住宅用地(编号：天城单元FG04-R21-06地块)。该地块比较方正，位于江干区机场路以西，靠近新火车东站和地铁一号线，形成铁路、高铁、地铁、多条城市公交线路贯穿的交通格局。同时，距武林广场约4千米，距钱江新城约6.50千米，区位优势明显。具体范围为：东至规划农工路、规划道路，南至规划道路，西至规

表 10　2011 年度广宇集团股份有限公司荣誉

荣　誉　名　称	颁　奖　单　位	颁奖时间
2011 中国房地产开发企业 100 强	中国房地产研究会、中国房地产业协会、中国房地产测评中心	2011-03
2011 中国房地产开发企业发展潜力十强	中国房地产研究会、中国房地产业协会、中国房地产测评中心	2011-03
2011 中国房地产上市公司百强	中国房地产研究会、中国房地产业协会、中国房地产测评中心	2011-05
2011 中国房地产上市公司业绩成长十强	中国房地产研究会、中国房地产业协会、中国房地产测评中心	2011-05
2011 中国房地产上市公司综合实力百强	中国房地产研究会、中国房地产业协会、中国房地产测评中心	2011-05
2009~2010 年度中国房地产诚信企业	中国房地产业协会	2011-12
第十一次春风行动爱心奖	中共杭州市委、杭州市人民政府	2011-12

划道路,北至规划白田畈路,是 2011 年杭城首次推出的无需配建保障房的宅地。

【取得近江单元代建项目】 广宇集团于 2011 年 12 月 15 日取得杭州近江单元 R21-B01a、R21-B01b 和 R21-B03 地块农转非拆迁安置房的建设项目(以下简称“代建项目”),同日与杭州市上城区农居多层公寓建设管理中心就该代建项目签署了《项目代建管理合同》。此代建项目总用地面积约 3.81 万平方米(最终以国土部门测绘资料核定为准)。总建筑面积暂估为 1.66 万平方米。广宇集团将通过参与代建、联建保障性住房等方式,进行产业链内的多元化探索,降低公司产品类型集中度过高的风险,为国家保障性安居工程建设贡献力量。(陈　翀)

城市管理

【概况】 2011 年,是杭州市创建全国文明城市和国家卫生城市、国家环境保护模范城市复评的“三创”之年,也是上城区城市管理工作继往开来,创新发展,努力开创品质城管新局面的重要一年。上城区城市管理工作坚持以“理念创新引领品质城管”思想为指导,以“服务民生,提升品质”理念为引领,道路保洁、市政养护、绿化美化、停车收费、垃圾分类、防汛抗台、创新管理等多项城市管理主要工作名列全市第一,尤其在杭州市城市管理委员会 10 项优胜评比中,上城区有 7 项工作入选,其中 6 项第一。区委书记陈红英对上城区城市管理办公室(以下简称区城管办)2011 年工作给予十二个字的高度评价:工作扎实、亮点纷呈、成效明显。2011 年,区城管办被市委、市政府表彰为“创建全国文明城市工作先进集体”,获城市管理考核一等奖、城市河道长效管理先进单位、城区抗雪防冻先进单位、庭院改善先进集体、防灾减灾工作先进单位、数字城管工作先进集体、停车新政工作先进集体等荣誉,为上城区城市管理工作在“十二五”期间继续保持“全国一流、全省示范”目标奠定了良好的基础。以“三创”工作为抓手,深入推进以打造“最清洁城区”为主导的“四化”管理工程,圆满完成全国文明城市创建和国家卫生城市、环保模范城市复评任务。努力提升城管水平和服务能力。以惠及人民群众为目标,完成城管类为民办实事工程。2011 年,道路分类保洁清洁度 96.85 分,累计城区清洁度 96.13 分,皆位列全市第一名。以改善百姓生活环境、提升生活品质为重点,努力办好、办实城管类为民办实事工程。全年完成 64 处截污纳管改造项目,全区截污量为 3500T/D,基本实现雨污分流,截污率(污水收集率)达 95.8%,水质状况大大改善。实事工程项目考核全市第一名。以“数字城管”全覆盖为平台,实现了城市管理全覆盖,城市管理问题及时处置率和服务保障能力不断提高,城市数字城管问题累计及时解决率 99.99%;12319 城管热线处置率 99.8%。以创建人民满意单位为载体,社会评价意见整改和“两会”承办件满意度持续提高。

【提升绿化整体水平】 重点围绕“扩绿提质”要求,分类做好绿化工作。高架绿化提升后不仅常年绿意盎然,而且鲜花锦簇;解放路打造成“鲜花大道”并建立

道路绿化　　　　（区城市管理办公室　供稿）

长效管理制度。2011年，上城区高架（立交）绿化“双最”评比全市第一名、道路绿化“双最”评比全市第二名（10个区），富春江路被评为全市3条“最佳道路”之一，绿化整体水平明显提高。

资料　**“双最”**：最佳道路（高架）、最佳河道。

【市政设施考核实现八连冠】　2011年，抓住全国文明城市创建机遇，对全区市政道路、设施开展全面整治，道路与人行道养护量较2010年同期分别增加了75%、30%；严把审批关，占道、挖掘审批数量比2010年同期下降25%。全国文明城市创建前期，重点对22条必检道路、其他必检点周边道路的人行道破损、路面不平等问题进行集中整治，确保市政设施完好率95%以上，重要市政设施完好率100%。市政养护考核连续八年全市第一名。

【亮化工程凸现城市品质】　提升“高品质中心城区”亮灯环境，统筹实施中山南路美食街、玉皇山南、中河高架沿线建筑的亮灯工程建设，完成中山南路美食街等5个亮灯工程任务；做好“三面云山一面城”的夜景文章，结合延安路整治，继续重点完善西湖东望天际线建筑物夜景照明，做好拾遗补缺，“西湖东望天际线”夜景初具规模。对584个断字缺亮等问题限时整改，确保亮灯完好率，以彰显城市品质。

【背改工程超计划完成】　作为背街小巷“回头看”工程重点打造的小营巷区块，七一前夕亮相，为中共杭州小组纪念馆的外环境氛围增色不少，列为全市背改“回头看”样板工程。基本完成了中山南路西侧坊巷前期改造主体工程，得到了市领导和市民、专家的充分肯定。全年完成25条背改项目，超目标任务15条。

【庭院改善突出难点热点】　自2008年实施庭院改善以来，共完成344个庭院、1335幢房屋的改善任务，占全市改善总数的28%，基本完成全区（除改造地块外）的庭改任务。2011年工作重点是望江地块改善工程和社会公益单位房屋改善，完成35幢庭改项目。通过开展“回头看”工程，改造生态垃圾房84座，超全年目标任务34座；安装小区监控1098只，超全年任

背街小巷“回头看”工程　　　　（区城市管理办公室　供稿）

务目标298只。

【深化生活垃圾分类工作】 垃圾分类工作作为2011年城市管理创新项目拉高标杆。湖滨街道首创的“垃圾分类实名制”做法受到中央政治局常委、国务院副总理李克强的关注，省委书记赵洪祝，省委常委、市委书记黄坤明等领导批示推广。小营街道首创的“垃圾定时、定点投放收运”做法，得到中央电视台四套《中国新闻》专题报道，在《杭州日报》和《杭州杂志》以《垃圾分类上城区走在全国前列》为题，作了专版报道。通过建立志愿者队伍、组织宣传培训进机关、进学校，全区参与实施垃圾分类共47个社区239个小区，占全区小区总数的68.3%，参与家庭达91133户，占全区家庭比例的77%。区垃圾分类综合正确率从45.7%提高到76.4%，远高于全市62%正确率。在全市百个垃圾分类优胜小区评比中，上城区占32个，入选数量全市最多。

【提升城区河道生态环境】 完善河道管理机制。通过增加人员、强化监管、制订标准、纳入目标考核等举措，将河道管理常态化、标准化、规范化。实施河道清淤。完成新开河(贴新二闸—清江路)、新塘河(姚江路—清江路)等两条辖区河道的清淤。提前完成新塘河(姚江路—清江路)、新开河(贴新二闸—清江路)河道清淤工作，清淤2.60万余立方米。实施水质生态治理。完成对新开河(贴新二闸—清江路)、新塘河(姚江路—清江路)生态治理工程，通过生物膜+造流曝气+水生植物净化等技术，河道水质明显改善。加强河道日常监管。全年河道日常监管考核平均分97.21，全市排名第二。

【开展河道生态治理工作】 深入开展河道生态治理工作，一手抓河道清淤。成立上城区城市河道清淤领导小组，完善清淤工程例会制度，建立现场巡查监管机制，把好标准关、质量关、进度关，全程参与勘探调查、招投标、“四问四权”等工作环节，做到清淤工作常态化、规范化和标准化。圆满完成“两段3公里3万方”年度清淤工作任务。一手抓生态治理。实施了新开河、新塘河生态治理试点项目，覆盖水域面积达4.37万平方米。通过人工浮岛、人工湿地、人工水草和曝气复氧相结合对河道水环境进行生态修复，利用生物栅工艺设备与曝气工艺设备有机结合，全面提高水质改善效果。

【努力缓解“停车难”矛盾】 针对机动车持续增加，无车位可停矛盾日益突出的实际。区城管办创新管理模式，提高服务质量。通过开展“错时停车”盘活停车泊位1200余个；控制包月数量，提高停车周转率达25%。加快望江立交桥下等3个停车场(库)、原工具厂地块停车场(库)建设，努力挖掘停车泊位资源。全年新增泊位604个，超年初目标签订任务484个，占全区新增泊位任务总数40%。全年停车收费考核平均分90.36，排名全市并列第一。

【开展非法占用公共泊位专项整治活动】 排摸到位，区停车收费服务监管中心集中力量对部分商家利用地锁、竖立标牌“圈地占位”情况进行调查，按照属地管理原则，做到不留一个非法泊位。取证到位，一经发现非法占用现象，立即拍照取证，将非法占用泊位的材料及图片移送区行政执法部门，做好备案。宣传到位，积极做好与部分商家的沟通，宣传各项政策法规，以杭州创建文明城市为契机，请商家积极配合。截至年底，已有3家单位计20余个泊位恢复了正常使用，其他单位私装的地锁也将被陆续清除，让更多的社会车辆有泊位可停。

【提升停车收费管理群众满意度】 深化管理机制。实行分级管理、约束管理和连带责任管理，对于操作不规范、服务不到位等问题，根据考核制度追究监管人员、小组长及收费员的连带责任。细化考核机制。根据市考核指标，建立一整套从服务质量到行为规范、工作纪律及业务操作等多层面的考核内容，出台实施条例100余条，实现“横向到边、纵向到底”的管理考核。强化监管机制。不断完善监管制度和巡查方式，加强路面监管的全面性、平台监查的实时性，实行全时段、全覆盖、无缝隙监管机制，实现数据化、精细化监管巡查目标。优化团队结构。定期开设培训例会，从职业道德、职业素质、行为规范、优秀员工经验交流等多方面入手，加强员工综合素质与业务技能。停车中心湖滨分部收到12319城管热线表扬的好人好事达30余件,实现了包月管理“零投诉”。

【做好防汛抗台应急处置】 围绕“四不一正常”和“居民家中零进水、道路积水3小时排除”目标,重点建好联动、考核、应急三个机制;定好网络化管理、全程化防范、全面化落实三个标准;实现保安全、保民生、保树木、保供应、保畅通五个确保。全市防汛抗台工作考核,上城区第一名。

资料 “四不一正常”:江河不决口、水库不垮坝、城镇不进水、人员不伤亡,人民群众生产生活正常。

【推进系列专项整治活动】 推进“五乱”专项整治,开展广告拆除、渣土偷倒、垃圾乱扔等系列专项整治活动。结合“三创”迎检,抓好城郊结合部的环境整治,对排查到的卫生死角、工地垃圾、污水横流、地面坑洼等66个城郊结合部问题作逐一登记、整改、消号,并落实长效管理机制。对市、区综合考评涉及区城管办8件意见逐一分解,制订整改方案,提出整改目标,列入年度目标予以重点落实解决。认真办好34件区“两会”交办件,主办20件,满意率、面商率均100%,非常满意率65%,为历年最高,指向性意见建议均按要求办结解决。共受理市、区来电、来信、来访共552件(人次),当事人满意率99.3%,重复交办率1.9%。较上年同期相比,有责投诉信访量下降30%,重复投诉率下降50%,信访满意率上升3%。湖滨、小营环卫所支部率先开展窗口单位达标创建工作,并顺利通过示范、达标窗口现场验收。

【“五个坚持”提升城市管理品质】 坚持人本化管理。利用“数字城管”信息平台、信访电访,及时掌握社会舆情并制订切实可行的措施。坚持高标准管理。深化“四化”管理,努力实现“清洁、绿色、清静、亲水、无视觉污染”目标。坚持精细化管理。进一步深化保洁等工作,推进城市管理向精细化、精致化方向发展。坚持创新管理。利用科技手段,推进环卫机械化作业,提升“数字城管”和城区防汛指挥决策系统功能。坚持发挥人民群众作为城市管理的主体作用,动员群众、依靠群众、组织群众做好城市管理工作。

【打造品质城管】 积极创新思路。着力破解热点、难点问题,继续推进环卫保洁机械化、市场化,监管信息智能化、市政作业数字化、城管执法一体化、宣传方式群众化。重视人才建设。努力培养一支高素质城管队伍,建立完善“政策引人、情感暖人、待遇留人”机制,选拔高素质年轻干部到中层领导岗位重点培养,打造一支业务水平高、团队协作强的高素质城管队伍,为品质城管提供“硬保证”。明确目标任务。充分发挥激励杠杆作用,细化分解全年工作目标,做到目标任务、重点要求、时间进度、责任人员、奖罚措施“五明确”,奖惩、问责“两到位”。

【抓好美食街保洁工作】 合理配置人员,实现全天候保洁。抽调业务能力强的保洁人员组成南宋御街美食街保洁小组,为中山南路道路和公厕的24小时保洁提供人力保障。创新保洁机制,提升人机结合效率。洒水车、清扫车、高压冲洗车依次对街面进行巡回作业,并针对顽固油污污染,采取高压冲洗车和人工冲洗车相结合进行“刷、洗、冲”清除油污。细化保洁标准,扩大保洁范围。以道路街面保洁为重点,及时清理御街景观水面垃圾,清洗城市家具。根据店家开关门的时间、垃圾乱扔时间进行逐个清理并做好绿化带等卫生死角的清理工作。做好应急保障,处理好突发事件。成立应急保障小组,公布服务热线,发现突发性垃圾满溢、化粪池满溢确保随叫随到,100%解决居民投诉。加强监督检查,实现长效管理。做到日查、错时巡查,对环卫清扫、公厕管理、设施维护等工作质量与作业规范进行全面性检查或暗查。实现道路和公厕“一天一检查,一天一通报”。

【创新实施垃圾分类收集“四大模式”】 采取“实名制”收集。针对无物业管理小区,以户为单位,对社区居民垃圾分类情况进行实名登记、监督、指导、考核,并建立起“八个一”工作机制。实行“定时段”收集。针对物业管理小区,设置规定的投放时段,实行“桶车”相接,实现“垃圾不落地、垃圾不过夜”。采用“定点定位”收集。针对沿街店家专设店家垃圾投放点,采用特定颜色的垃圾桶并标注“店家垃圾投放点”,解决沿街店家垃圾混扔问题。实施“上门收集”模式。针对高档物业小区,定做小型分类垃圾桶放置于每幢楼宇内,采取人工上门收集方便居民投放。2011年，上城区26个小区进入杭州市首次公布的市区生活垃圾分类“百个优胜小区”榜单，位列各城区之首，其中，湖滨街道有15个小区获得该荣誉，居全市第一。

资料 **“八个一”**：指一户实名、一袋分类、一日三投、一人监管、一册登记、一栏公示、一纸提示、一月评比。

【做好“五化”促城区环境提档升级】 制定园林绿地考核制度化。建立高架施工养护周例会、主要道路包干分配等制度，确保绿地整体养护保持良好状态。实施绿地景观整治一体化。城管办、各街道、执法部门联合力量开展绿地景观专项治理，加大对河坊街、中东河沿线的日常管控，及时补种、修剪、梳理绿化。力求绿地景观改造精品化。实施贴沙河（环城东路段）河岸、建国路、新开河绿化美化工程。实现绿化监管养护标准化。严把标准关、培训关、质量关，加强对植物修剪、施肥、更换等养护工作的监管。完善绿化问题巡查整改日常化。实行分块巡查，定人定岗定责任，发现问题当即整改、及时反馈。

【规范渣土处置工作】 抓工地源头管理，按照辖区内建筑工地渣土处置规范管理标准，对未按规定办理渣土处置手续、使用核准运输单位的建设单位，不予建设施工许可手续，对屡查屡犯、拒不落实管理责任的施工单位，取消其参与下一轮建设工程招投标资格，直到驱逐出建设市场。抓途中运输管理，区城管办、城管执法局、上城交警大队组成联合执法队伍，在全区36个固定检查点重点检查未密闭改装以及没有准入手续的渣土运输车辆；并对辖区内渣土运输情况开展机动检查。抓渣土消纳管理，对没有落实规范渣土倾倒点的不办审批手续，已办好手续的要求倾倒点出具倾倒量回执。渣土乱倒现象得到有效控制。

（丁炜锋）

广场经营管理

【完成2011年春运、暑运的管理工作】 2011年的春运和暑运（以下简称“二运”）呈现三个特点：打破了春运和暑运制定的时间跨度，“二运”启动早、落幕晚；“二运”客流再度冲新高；旅客较理性，加之火车班次增加，短暂滞留广场的旅客较上年减少。2011年春运（1月19日~2月27日）历时40天，进出城站广场的客流量达717.78万人次。其中，进站旅客390.50万人次，比上年（指2010年，下同）增加6%，出站旅客327.28万人次，比上年增加5.70%。城站广场管委会做到早打算、早准备、早实施，与铁路部门实现春运工作无缝衔接。按照“科学组织、安全第一、优质服务”的原则，整个春运期间，广场管委会的200名管理人员实行24小时全天候管理，确保春运管理任务圆满完成，没有发生任何重大治安和安全事故，创下连续11年春运安全无事故的成绩，被杭州市春运工作领导小组评为春运工作先进集体。2011年暑运期间（7月1日~8月31日），平均每天的客流维持在14.10万人次左右，比上年暑运期间的客流略有增加，城站广场管委会针对旅客来得快、散得快的特点，及时调整管理措施，充实相关管理人员和岗位，每天两次对广场综合秩序进行巡、督查，现场分析、协调解决管理中存在的问题。同时，与铁路部门及各职能部门保持了相关信息和工作

1月19日，副省长毛光烈（中）等领导到城站火车站检查春运工作。

（城站广场委员会 供稿）

上的对称、协作和配合,使2011年暑运平稳度过。

【完成节假日期间的综管工作】 2011年五一、十一期间,城站广场管委会主要将管理重心放在如何让旅客“进得来、出得去、散得快、走得舒心”的目标上。五一3天的客流达到66万人次;十一黄金周客流达到105万人次,节日期间,派驻广场的公安、交警、运管、城管、工商等部门及180余名环卫、保安、协管、维修等人员均放弃休息,24小时循环参与广场整体管理,严防死守确保广场运转万无一失。

【完善城站广场公共配套设施】 火车东站整体搬迁改造和动车、高铁列车开通后班次的不断增加,城站广场的客流达到了前所未有的高峰,给广场的交通带来了不小的压力,旅客快速同步换乘成了一大难题,市、区政府多次研究近几年城站广场的交通组织方案。作为现场管理和新交通方案实施部门,城站广场管委会对地下出租车库进行改造,腾出更多的空间,保证大量出租车进入地下出口处接送旅客疏散;无偿腾出清泰立交桥下停车场作为公交车的短驳中心;在江城路、邮驿路、环城东路等地段设置非机动车停放处等。地下出租车旅客候车处原来一到夏天闷热难熬,虽然设置了中央空调系统,但候车旅客一多,现有的空调几乎失去作用,旅客每年怨声载道,投诉不断。城站广场管委会将这一问题列入了必须解决的民生工程,召集多家厂家多次现场勘测,打破安装常规,增添安装了3台5匹空调柜机和30多台壁扇,并设置老弱病残旅客候车专用休息椅,改变旅客候车环境。2011年夏天,没有接到这方面的任何投诉。

【开展多项联合整治】 2011年,城站广场管委会对广场存在的问题进行了疏理,将“黑车”非法营运、“黄牛”拉客、盲流席地而卧的整治列为重点工作。特别是对打击“黑车”作出强势布置,城站广场管委会全年协调公安、交警、运管等部门开展专项行动7次,每次行动实行错时打击。11月10日~12月31日,在7次整治行动中,现场查获“黑车”59辆,已全部处理到位。针对广场的“黄牛”拉客现象。在人防上组建了6人小组的保安机动巡逻队,公安派出所在管理上作支撑,专门盯住拉客人员,用电喇叭、哨子等提醒旅客不坐非法营运车辆等;对地下出站大厅等处实行24小时电子监控,随时控制“黄牛”拉客行为;增设公交引导系统、出租车引导系统,护栏设施等,提醒旅客乘坐正规车辆。每月集中开展两次“清盲”行动,开展每天早晨一清查,由城站广场管委会、行政执法、公安、环卫等部门共同参与,采取“有人清人、无人清物”的办法。共劝离盲流498人次;实行救助60人次,清理地下车库等处盲流堆积物共13车。

【全力打造“洁美窗口”】 2011年,杭州市委、市政府提出“举全市之力,创建全国文明城市”活动。城站广场管委会在软硬件环境得到充分提升的基础上,将文明城市创建与打造“洁美窗口”活动充分融为一体,实施宣传、督查、整改等一系列保障机制。发挥宣传机制。利用广场的广告资源,制作了1000平方米的创文明城市活动公益广告;向辖区单位发放了200份创建文明城市宣传资料;与30家重点经营户签订创建工作承诺书,要求店家承诺做到文明经营、礼貌服务,不出售假冒伪劣商品、不欺诈消费者,做好“门前三包”和店堂卫生,实行亮照、亮证经营等。强化责任机制。在各职能部门中强化迎检工作职责,确保把主要力量全部用到最需要的时间和地点,部门之间做到信息互通,紧密配合,迎检工作实行“一点一方案”,疏密结合,确保不留盲点和死角。健全创建机制。根据《城站广场创建全国文明城市迎检方案》,迎检工作做到横向到边,纵向到底,全深入全覆盖。落实督查和整改机制。城站广场管委会自7月初开始对广场环境、管理等方面实行每日督查制,排查突出问题,在2个多月的时间里,自身排查出大小问题110个,城站广场管委会在铁路部门的配合下,整改到位,做到了一般问题整改不过天,小问题整改不过时。创建全国文明城市期间,市、区领导和相关部门多次到城站广场检查、指导工作,对广场的创建工作给予了充分肯定,2011年,城站广场委员会被中共杭州市委、杭州市人民政府授予“创建全国文明城市先进集体”称号。再次被杭州市人民政府授予“规范洁美窗口”称号。城站广场已连续8年获“洁美窗口”称号,也是全市车站广场中唯一的一个“八连冠”。

【做好残运会运动员接送站工作】 全国残运会于10月13~17日在杭州召开，近2500名运动员、裁判员和工作人员相继乘坐火车到杭和离杭，为充分展示“窗口”形象和做好相关服务工作，城站广场管委会专门成立了领导小组，在残运会召开前后的1个多月内，多次现场查看行走线路，排出接送站时间表，做好广场内的宣传、秩序维护等工作，保质、保量完成了残运会运动员的接送站工作，被中华人民共和国第八届残运会组委会授予“优秀服务接待单位”称号。

（张晶辉）

1月28日，省委常委、市委书记黄坤明（前排左）等领导视察城站春运工作。

（城站广场管委会 供稿）

表11 2011年吴山广场主要活动

序号	时 间	场地	主 办 单 位	活 动 内 容
1	2011-01-01	7#	中共杭州市委宣传部、杭州市广电集团	杭州·祈福2011
2	2011-01-01	7#	中共杭州市委宣传部	周末文化大舞台（杂技专场）
3	2011-01-02	7#	中共杭州市委宣传部、杭州市群艺馆	“送戏下乡”启动仪式
4	2011-01-03	7#	中共杭州市委宣传部、杭州市群艺馆	基层文化活动基地汇报演出
5	2011-01-10	1#3#4#	杭州市公安局	全市公安机关“开门评警、走进110”统一活动
6	2011-01-16	7#	中共上城区委宣传部	百场百团文艺演出
7	2011-01-29	5#	广州市闪创文化传播有限公司	浙江联通·诺基亚乐动达人征集赛
8	2011-02-06~08	7#	中共杭州市委宣传部	新春特色广场文艺演出（杂技专场）
9	2011-02-16~18	1#-7#	共上城区委、上城区人民政府、区文化广电新闻出版局	元宵灯会
10	2011-02-25	1#3#	杭州市民营（私营）企业协会	第九次就业再就业招聘会
11	2011-03-02	4#	上城区残疾人联合会	第十二次全国“爱耳日”宣传咨询活动
12	2011-03-04	4#	共青团杭州市委员会、杭州市志愿者指导工作委员会	浙江省暨杭州市“3·5”扶残助残志愿服务月暨第八届全国残运会城市志愿服务启动仪式
13	2011-03-08	1#4#	诸暨市风景旅游管理局	2011西施故里（诸暨）文化旅游年开游仪式
14	2011-03-09	4#	浙江省医学会、浙江大学医学院附属第一医院	2011年第六个“世界肾脏日”义诊咨询活动
15	2011-03-11	4#	杭州市机动车管理局	杭州市机动车维修行业“阳光维修、让汽车生活更美好”服务管理规范年主题活动启动仪式

续表 11-1

序号	时　间	场地	主　办　单　位	活　动　内　容
16	2011-03-11	5#	杭州市绿化办公室	2011 年春季绿化宣传咨询活动
17	2011-03-15	1#3#5#	杭州市消费者协会	“3·15”消费者维权日宣传活动
18	2011-03-26	4#	杭州娃哈哈股份有限公司	爱迪生奶粉推广活动
19	2011-03-28	4#	杭州市数字城管信息处置中心	“创文明城、做文明人——数字城管在您身边为您服务”广场活动
20	2011-04-08~14	1#–4#	上城区人民政府、清河坊历史街区管理办公室	茶会
21	2011-04-08	大通道	杭州市体育彩票中心	浙江省暨杭州市体育彩票“乐乐透”启动仪式
22	2011-04-16	5#	杭州中国茶都品牌促进会	杭州·第三届全民饮茶日
23	2011-04-22~24	3#5#	浙江省农业厅优农中心	浙江省鲜花展示展销会
24	2011-04-23	7#	杭州市地方税务局纳税服务局	“生命阳光　税收起航”广场宣传活动
25	2011-04-26	1#4#	天台县人民政府	2011“天大舞台”大型推介活动
26	2011-04-28~29	1#3#5#	浙江人民广播电台音乐调频	2011 广场汽车展
27	2011-05-07	1#4#	杭州市红十字会	杭州市红十字会“创建全国文明城市”暨纪念“五八”世界红十字日广场服务活动
28	2011-05-12	5#	杭州市人民防空办公室(民防局)	“5·12”防空防灾日宣传咨询服务
29	2011-05-13	4#	浙江康大科技股份有限公司	中国香榧产业发展推进会暨 2011 年春季浙江香榧系列新产品发布会
30	2011-05-14~15	1#5#	钱江报系有限公司	汽车展
31	2011-05-15	4#	杭州市公安局经侦支队	打击防范经济犯罪宣传日活动
32	2011-05-19	1#	杭州市旅行社行业协会	庆祝“5·19”中国旅游日——杭州旅行社旅游线路特卖会
33	2011-05-21	5#	杭州新希望双峰乳业有限公司	新希望双峰乳业宣传推广活动
34	2011-05-22	5#	浙江省信用中心	“信用浙江”建设十年大型广场文化活动
35	2011-05-25	4#	浙江省医学会	2011 年第三届国际甲状腺周广场义诊科普活动
36	2011-05-27	4#	浙江电视台教育科技频道	国际爱眼日——《噶是噶非》走进吴山广场文艺演出
37	2011-05-28~29	3#5#	浙江都市快报传媒有限公司	汽车展
38	2011-05-30	7#	中共杭州市委宣传部	红旗飘飘——庆祝中国共产党成立 90 周年群众歌咏大会
39	2011-06-01	6#	杭州市公安局刑侦大队	打击拐卖妇女儿童宣传活动
40	2011-06-03	1#4#	上城区安全生产监督管理局	上城区“安全生产月”宣传咨询活动
41	2011-06-09	1#6#	上城区直机关工委	上城区直机关“党群连心”党员志愿者服务活动
42	2011-06-11	1#4#5#	浙江省献血管理中心	浙江省暨杭州市第八个“6·14”世界献血者日大型无偿献血活动
43	2010-06-12	5#	杭州市消费者权益保护委员会	2011 年杭州地区消费教育巡回宣传服务活动

续表 11-2

序号	时　间	场地	主　办　单　位	活　动　内　容
44	2010-06-18	5#	好易购家庭购物有限公司	好易购挂牌二周年庆典
45	2011-06-21	4#	浙江省卫生厅	新《公共场所卫生管理实施细则》宣传周启动仪式
46	2011-06-22	4#	上城公安分局	平安上城 110 社会联动启动仪式
47	2011-06-22	5#	中共上城区委 610 办公室	反邪教宣传
48	2011-06-22	4#	杭州市休闲博览会办公室、上虞市人民政府	上虞“二都杨梅又红了”广场活动
49	2011-06-24	4#	上城国土资源分局	“土地日”咨询活动
50	2011-06-25	4#	中共浙江省直属机关工委	“央企在浙江、反哺社会情”广场民生服务活动
51	2011-06-26	5#	杭州市公安局禁毒处	“6·26”禁毒日宣传活动
52	2011-06-28	4#	浙江省第八届全国残疾人运动会志愿者工作部	第八届残运会开幕倒计时 100 天志愿者扶残助残集中行动启动仪式
53	2011-06-29~07-01	7#	中共杭州市委宣传部	庆祝建党 90 周年专场文艺演出
54	2011-07-02	4#	杭州花剑广告有限公司	幸福家庭挑战赛(初赛)
55	2011-07-02	7#	上城区残疾人联合会	第八届残运会倒计时 100 天文艺演出
56	2011-07-02~03	2#	中粮地产	房地产展示
57	2011-07-09	2#	方正证券	反洗钱宣传咨询活动
58	2011-07-09	4#	杭州花剑广告有限公司	幸福家庭挑战赛(决赛)
59	2011-07-13	7#	杭州市精神文明建设委员会办公室、杭州电视台综合生活频道	绿色伴我行社区行大型环保活动
60	2011-07-16		浙江广远堂广告有限公司	广汽丰田逸致上市鉴赏会
61	2011-07-16~17	4#	浙江蓝鲸广告有限公司	百事纯果乐展销活动
62	2011-07-20	4#	上城区体育局	2011 年上城区特色体育团队展示活动
63	2011-07-22	1#4#	上城区商贸旅游局	上城、萧山、富阳三地旅游互动广场推广活动
64	2011-07-24	7#	杭州市精神文明建设委员会办公室、交通之声广播电台	“和谐之歌”社区巡回歌会汇报演出
65	2011-07-25	4#	杭州贝竹电子商务有限公司	智能旅游营销系统展示咨询活动
66	2011-07-30	5#	杭州致扬广告设计制作有限公司	怡宝矿泉水宣传活动
67	2011-08-09	1#4#	杭州市休闲博览会办公室、上虞市人民政府	上虞“野藤葡萄熟了”推广活动
68	2011-08-11	1#	上城区市政园林管理所	“市政管理人人参与、设施安全个个受益”公益宣传咨询活动
69	2011-08-12	1#4#	杭州首善图文设计工作室	伊力特·行者无疆穿越新疆之旅启动仪式
70	2011-08-26	1#3#4#	钱江报系有限公司	钱报读者节之“吴山之夜”广场嘉年华
71	2011-08-29	1#4#	杭州市文明办公室、交通之声广播电台	文明出行文艺晚会
72	2011-08-29	5#	浙江省测绘与地理信息局	《中华人民共和国测绘法》宣传咨询活动
73	2011-09-03	1#4#	中共上城区纪委	为民服务活动
74	2011-09-14	7#	中共上城区委、区人民政府、区委宣传部、区文明办公室	2011 年学习优秀传统文化系列活动之“国学日”中秋诗词吟诵会
75	2011-09-18	1#	杭州口腔医院	“爱牙日”咨询活动

续表 11-3

序号	时 间	场地	主 办 单 位	活 动 内 容
76	2011-09-20	4#	浙江大学医学院附属口腔医院	浙江省第二十三个全国爱牙日活动
77	2011-09-21	5#	上城区科协、清波街道	上城区2011年全国科普日暨第25届科普宣传周活动
78	2011-09-21~22	1#	《楼市》杂志社	2011首届楼市置业节活动
79	2011-09-23	1#4#	绍兴县旅游局	“接轨杭城 休闲柯桥”2011绍兴县旅游走进杭州专题推荐会
80	2011-09-24	7#	中国杭州世界休闲博览会	“畅享休闲 乐动全城”国际文艺展演之一
81	2011-09-24~25	5#	钱江报系有限公司	2011钱江晚报秋季汽车展
82	2011-09-24~25	2#	杭州艾玛妇产医院有限公司	妇产知识宣传咨询活动
83	2011-09-28	5#	杭州市蟋蟀协会	2011年杭州蟋蟀大奖赛
84	2011-10-01~03	7#	中共杭州市委宣传部	国庆文艺展演(杂技专场)
85	2011-10-10	7#	杭州市文化广电新闻出版局	迎残运文艺演出
86	2011-10-12~18	1#–5#	中国民间协会、上城区人民政府、清河坊历史街区管理办公室	第四届中国民间艺人节
87	2011-10-16	7#	上城区精神文明建设委员办公室	上城区第八届社区艺术节开幕式
88	2011-10-17	7#	杭州市文化广电新闻出版局	杭州市迎残运群众文艺精品展演
89	2011-10-19	7#	中国杭州世界休闲博览会	“畅享休闲 乐动全城”国际文艺展演之二
90	2011-10-25~31	1#–4#	上城区人民政府、清河坊历史街区管理办公室	吴山庙会
91	2011-10-29	7#	浙江电视台钱江频道	钱江频道《九点半》栏目开播三周年观众见面活动
92	2011-11-06	1#–7#	浙江广播电视集团	第六届电视节(观众嘉年华)
93	2011-11-09	大通道	上城公安分局	“11·9”警营开放日
94	2011-11-10~14	1#3#4#5#	德清县人民政府	2011德清融入杭州活动日吴山广场展示活动
95	2011-11-11	6#	浙江省电力局、杭州市电力局	学习江小金为民服务活动日
96	2011-11-17	1#–4#	杭州市保健品行业协会	2011年养生保健旅游文化节
97	2011-11-18	4#6#7#	杭州市咖啡西餐行业协会	2011中国(杭州)咖啡西餐节
98	2011-11-19~20	5#	浙江都市快报传媒有限公司	感恩节汽车展
99	2011-11-23	1#	杭州市典当行业协会	第三届“典当行业广场服务日”活动
100	2011-11-25	6#	杭州景嘉广告有限公司	2011年康师傅江南美食系列路演
101	2011-11-26	4#–5#	浙江电视台民生休闲频道	2011“彩虹计划”慈善公益助学结对大会
102	2011-11-28	1#–7#	中共上城区委、上城区人民政府	首届上城区文艺团队联合会艺术节开幕式
103	2011-12-01	7#	中共浙江省委宣传部、浙江省司法厅、浙江省关心下一代工作委员会	“12·4”全国法制宣传日——浙江省青少年“法在心中”广场主题活动
104	2011-12-02	4#	浙江证券业协会	《中华人民共和国证券法》宣传咨询活动
105	2011-12-3~4	5#	杭州电视台综合频道	年末汽车优惠大展销
106	2011-12-4~6	4#	中共四川广元市委、四川市人民政府	四川广元图片展示活动
107	2011-12-09	1#	杭州市农产品推广中心、富阳市农业、上城区商贸旅游局	富阳优质农产品进上城推荐活动

续表 11-4

序号	时　间	场地	主　办　单　位	活　动　内　容
108	2011-12-10	4#	浙江省军区、上城区人民武装部	2011 年浙江省新兵入伍欢送仪式
109	2011-12-10~11	5#	海南易居旅游地产经纪有限公司	中旅服海南精品楼盘中国行——杭州站
110	2011-12-17	5#	杭州电视台西湖明珠频道	“我为父母熬阿胶”大型亲情关爱行动
111	2011-12-22~28	1#-4#	上城区人民政府、清河坊历史街区管理办公室	第三届南宋御街国际旅游文化艺术节
112	2011-12-23	5#	杭州市阳光工艺大舞台创业园	阳光旅游宣传活动
113	2011-12-25	5#	杭州龙贵名门文化策划有限公司	淘宝婚庆——情定西子湖畔活动
114	2011-12-31	4#	浙江省水利水电工程局	浙江省第一次水利普查大型宣传活动

说明：1. 周末文化大舞台全年演出 46 场次

2. 百场百团文艺演出全年演出 23 场次

（陆伟康）

城管执法

【概况】 2011 年，上城区城市管理行政执法局(以下简称区行政执法局)围绕建设“具有国际水准的高品质中心城区”的战略目标，以城管执法智能管控平台为载体，建立城管执法规范化管理工作新机制，以全新的城管执法形象更好地履行城市管理为公众服务的职能。运用标准化方法逐步创新城市管理行政执法长效管理工作机制，实现队伍建设制度化、执法行为规范化、市容秩序管理长效化、工作绩效考核量化。严查各类违法行为，消除热点、难点问题，2011 年，群众来信、来访和来电的处理率 100%，反馈率 100%，满意率 99%以上。深入开展作风建设，开展“创先争优”活动，丰富群团文化建设。2011 年，区行政执法局被评为市级文明单位、杭州市创文明城市先进集体、杭州市纪检监察先进集体、省建委系统道德模范单位。7 月，区行政执法局组建的合唱队代表上城区在庆祝建党 90 周年系列演出中，获全市 13 区县(市)第二名。“城管执法智能管控平台”通过 2011 年省科学技术成果鉴定。

【城市管理科学有序】 2011 年，区城管执法局依托信息化手段，运行标准化方法逐步创新城市执法长效管理工作机制，推出城管执法智能管控平台，依靠无线视频传输、全球定位、地理信息、遥感影象、智能分析等核心技术，使用 113 路固定监控、27 路智能固定监控、26 辆无线车载移动监控、22 部便携移动视频终端，154 台“城管通”路面采集设备及车载群呼通等设备，实现远程视频监控、数据信息共享、案件实时办理、执法实时监督、决策实时辅助的城市管理综合平台。以平台为载体，已形成标准化的工作机制：队伍建设制度化、执法行为规范化、市容秩序管理长效化、工作绩效量化管理。开展垃圾乱扔、摊点乱摆、车辆乱停、广告乱贴、工地乱象等 13 个项目的专项整治工作，实现市容秩序长效化管理。

城管执法智能管控平台　　（区行政执法局　供稿）

【以量化管理促廉洁执法】 区行政执法局按照“量化考核、标准测评、网络支撑、全面覆盖”的要求，结合《中华人民共和国公务员法》《行政执法工作考核办法》，以“三个层面、四种类型、五大项目”为主要内容，制定339条考核细则，对队伍进行量化管理，结果纳入绩效考核系统，作为队员奖惩、任免的重要依据。该系统详细录入个人工作职责、工作计划，将智能管控系统作为信息支撑，对队员巡查路线、执法规范、管理效果进行监督和管理。将队员态度是否耐心，执法是否文明，程序是否合理，工作是否到位，是否有违规、违纪行为等情况全程摄录，有效消除执法随意性，实现队伍管理事前有计划、事中有控制、绩效能量化、责任能追究。实行量化管理后，队员工作作风和工作效率明显提高，遵守各项规章制度的自觉性明显增强，队伍整体素质得到提升。

资料 “三个层面、四种类型、五大项目”：即“345”行政执法量化管理工作机制和测评体系。“三个层面”指制定工作量化标准，对中队、分队、队员的日常工作实施量化，进行常态化内部管理。“四种类型”指通过建立量化工作测评体系，对机关、中队、分队、队员实施有区别的工作效能测评。“五大项目”指通过制定队伍建设、路面管控、规范执法、信访投诉、数字执法的管理实施细则及考核办法，搭建覆盖全局工作的量化管理体系。

【成立河道行政执法监察中队】 区行政执法局牵头成立上城区首支河道行政执法监察中队，有队员15人，主要对中河、东河、贴沙河实施执法监察，查处在河道内洗涤、倾倒污染物、钓鱼、游泳及绿化带滞留的盲流等损害城市河道的行为。区河道监管中心对中河、东河、贴沙河周边违法、违章情况频繁聚集点予以逐一调查、分类记录，并制作河道违法、违章平面分布图，掌握第一手资料提供给河道行政执法监察中队，通过“智能管控平台”发现违法行为，运用“喊话”设备，对后台发现的河道违法行为，通过播放录音劝导违法当事人自行改正，起到教育宣传的作用。2011年，上城区有3例河道执法是市民直接举报“有人污染河道”，河道管理逐步走入市民参与执法。杜绝在河道里洗涤、游泳、垂钓等不文明行为。

【推进社会管理创新项目化工作】 在城管执法中，以前经常出现暴力抗法事件，上城区为此开发了全国第一个“城市管理智能管控平台”，利用卫星遥感技术，随时将现场拍摄的情况即时传输至后台指挥中心，对首次违法且违法程度轻微、可以立即整改的违法行为，通过数据库查询当事人信息，以短信提醒、电话告知或直接调度就近的巡查人员上门教育，劝导当事人整改，并将整改记录收录在数据库内。对于屡教不改或违法情节严重的，则转为立案处罚程序进入权力阳光系统。通过短信自动提醒系统和智能喊话系统，实现对违法行为当事人柔性而客观的处置，促进和谐执法。创新电话劝离人行道违章停车驶离的机制，9月12~17日“三创”迎检期间，共电话劝离违停机动车710辆。在6分钟内驶离的概率为65%。另有25%驶离时间超过10分钟后贴单处理。同时对20辆不及时驶离又占压盲道的机动车实施拖离。据统计，被电话劝离的车辆违停时间平均为6分钟，与采用贴单处罚相比，现场违法行为消除时间短、效率高，社会反映好。同时实现减员增效，全区城管协管员已从原来320人减少到现在的160人，每年可节约开支500万元。

【取缔无证出租自行车】 在倡导低碳环保的氛围下，自行车成为众多市民及游客出行的首选。出租自行车应运而生。出租自行车经营中，出现违法占道，无工商经营许可证等情况，众多游客的利益得不到保障，对景区周边环境造成一定的影响，市容、市貌也遭到一定程度的破坏。上城区从2008年杭州推出公共自行车后，就对无证出租自行车点进行取缔。但随着西湖申遗的成功，迎来更多外地游客，一直沉默的自行车出租点又偷偷冒出来。景区道路被强行霸占，收费标准不统一，与游客争执的事情时有发生，不断遭到游客的投诉，严重影响杭州文明城市的声誉。上城区自2011年7月开始，对无证自行车租赁点进行前期的摸底调查工作，8月开展集中整治，对违法出租自行车者下达整改责任书，通过宣传教育、整改、集中整治。9月1日，区行政执法局联合区城管办、上城工商分局、上城公安分局、上城交警大队等多个部门对南山路、元华商场北门开展执法检查。对南山路没有工商部门出具的营业执照无证出租自行车老板，元华商场北门无证出租自行车的安徽小伙子按惯例对自行车进行没收处罚。

【有效解决群众诉求】 对于交办件、投诉件，严格执行“半小时快速反映机制”，对于各类市民诉求，第一时间到现场了解情况，第一时间处置解决，第一时间沟通答复，平均处置信访投诉案件时间在15分钟~20分钟，有效防止投诉问题对市容秩序的进一步损害，以及因等待时间长而引起的二次投诉。2011年，区行政执法局信访投诉交办量为15017件，比2010年同期(17471件)减少2454件，减幅14%。重复投诉量为1160件，比2010年同期(2086件)减少926件，减幅44.4%。

【开发网上培训新载体】 以上城区城市管理行政执法局业务培训系统为载体，运用新的业务学习考试系统，采取网上自学和集中考试相结合的方式，对全体队员的学习培训情况进行定量和定性评价，要求全体队员每月自学时间不得少于8小时，并配套制作在线考试习题，使全体队员的培训学习规范化、制度化、信息化。 (黄 晶)

旧城改造开发

【吴山指挥部工程建设】 2011年，完成庭院改善10幢(开工面积45.60万平方米、竣工面积43.50万平方米)；完成危旧房改善及有机更新9处(开工面积7719平方米、竣工面积1.69万平方米)；完成积善坊巷、东平巷等背街小巷改造4处(开工面积3276平方米、竣工面积3276平方米)；完成维景大酒店、中山南路及打铜巷区块(新增)3处亮灯工程；完成杭州市历史街区、历史建筑保护办公室下达的2011年历史建筑修缮竣工计划(开工面积3007平方米、竣工面积3007平方米)；全面实施南宋皇城遗址“51131”道路街巷综合整治工程中旧藩署、红门局及羊坝头等5条坊巷的道路改造和立面整治建设项目，完成部分道路改善及立面整治(开工面积18万平方米、竣工面积16万平方米)；实施两项新增停车场(库)建设工程项目，白马庙巷停车场99个车位已投入使用；万松岭中河高架桥下停车场(共计181个车位)设备安装到位；完成中山南路综保工程绿化及配套设施项目建设(竣工8400平方米)，南宋御街中华美食园于4月8日以崭新的面貌展现给杭州市民和各地消费者，并于4月28日顺利开园。

【中山南路综保工程绿化及配套设施项目】 由杭州市吴山地区开发建设指挥部承建的中山南路综保工程绿化及配套设施工程项目于2010年6月开工建设，2011年10月完成所有分项项目，包括新宋式建筑(16座)、望仙阁、公共厕所(2座)、南侧铜灯、北侧牌楼、高台、景观、水系、绿化、公共艺术(东坡与美食、梦回水城门等5个)、亮灯等。该项目位于上城区紫阳地区吴山与中河之间，北起十五奎巷，南至万松岭路口，东临中河路，西接中山南路，全长1400米，占地面积22053平方米，建筑总面积约8400平方米，总投资约9969万元。项目已投入使用，共入驻商户11家，入驻率100%，包括：上海沈大成、南京永和园、南宋十八鲜、西安饭庄、玖仟坊、丰乐楼、陶然居、庞府、建新园、味中味等。本项目的实施完善了南宋御街·中山路的配套服务设施及绿化环境与景观，体现南宋御街·中山路历史街区历史文化内涵。

【中山南路入口处标志性建筑望仙阁】 望仙阁是在2010年夏天，杭州市考古所挖掘出南宋时期手工艺遗址上建造的。为了保护遗址，给它加了“保护罩”，在遗址上面盖一座楼。望仙阁的屋顶、挑檐、格子门、铜饰，都带有很多宋代建筑的特点。南宋定都杭州后，建筑吸取了杭州地方特点，屋顶平缓，利于泄雨水，挑檐很深，望仙阁最长的一处挑檐长约4米。往下走到地下室，就能看到当年染坊的灶台和墙体的遗迹。望仙阁的总高度近40米，是这一带的最高建筑，登上3层阁楼，东瞰胡雪岩故居、西眺吴山城隍阁、南望南宋御街中华美食园、北临鼓楼御街坊。 (刘羽姿)

【湖滨指挥部工作概况】 2011年，湖滨旅游商贸特色街区、南山路艺术休闲特色街区全年共引进利用内资1760万元，外资8900万美元，实际到位4690万美元，超额完成全年招商引资任务；两条街区全年营业额合计为24亿元，实现税收1.30亿元，销售总额、税收比上年(指2010年)均递增30%以上，均创历史新高；利用有限的环境资源发展街区经济，自主创收工作实现零的突破,全年共实现创收20.45万元。开展安全生产检查,全年出动执法人员511人次,发现隐患259条,整改259条。2011年5月,建立旅游执法中队和旅游服务咨询点并开展工作,与公安、行政执法等部门联手成立由30人组成的保安综合巡逻队伍,共同进行综合秩序的管理,街区的综合管理水平上了一个新台阶,全年共收到"数字城管"、"四化"抄告等案卷655件次,反馈率、及时率、结案率均达到100%。对湖滨路实施美化家园工程,对绿化做整体提升、改造,并获得杭州市美化家园工程特色单位第一名。3月25日,参加在南京的浙江(江苏)旅游交易会,同年9月参加在杭州世贸中心举办杭州商业特色街10年发展成就综合展示、中国国际旅游交易会等各类展示活动。2011年,湖滨旅游商贸特色街区、南山路艺术休闲特色街区被命名为市级商业特色街区。湖滨旅游商贸特色街区、南山路艺术休闲特色街区被评为2011年度商业特色街先进单位。湖滨街区获得2010年度市级"洁美窗口"竞赛规范单位称号;南山路街区获得2010年度市级"洁美窗口"竞赛达标优胜单位称号;11月28日,南山路被评为社会资源国际旅游优秀访问点。

【湖滨二期吴山路购物中心建筑整体竣工】 湖滨二期吴山路购物中心项目用地面积2万平方米,建筑面积10万平方米,地上四层地下三层。该项工程于2010年底主体结顶,2011年展开砌体、粉刷、管线、设备、幕墙等各类施工,建筑整体基本竣工。

【地铁龙翔站上盖物业城市综合体一期主体结顶】 2011年底,地铁龙翔站上盖物业城市综合体,建筑面积7.80万平方米,地上九层地下三层,上半年进行地下室施工,至9月完成至±00。11月已施工至地上主体九层,截至12月完成主体结顶。该项目建筑工地开展"廉政文化进工地"活动,获杭州市创建全国文明城市通报表彰。

【皇诰巷安置房项目通过竣工验收】 2011年6月,皇诰巷安置房项目通过验收并交付回迁安置,该项目位于小营街道紫金社区,北起庆春路商业大厦,南至皇诰巷8号,东起孝友里,西至皇诰巷,总建筑面积2.80万平方米,由一栋多层、两栋高层建筑及地下室车库组成。项目于2008年底开工,至2010年底竣工。项目在建设过程中,先后被评为市级"双标化"工地、"绿色工地"、"平安工地",2号楼正报评杭州市建筑"西湖杯"。经过两年的建设,1号、2号楼及地下室已通过竣工验收,3号楼在春节后进行竣工验收,9月完成住户安置108户。

【推进湖滨地区"51131"街巷综保工程】 2011年3月,湖滨指挥部根据区委、区政府的部署安排,有序推进南宋皇城遗址"51131"道路街巷综合整治工程一系列前期工作。开展对延安路等前期摸底调查和征求住户、沿线单位的意见。依据实施层次的分工抓紧落实方案设计。成立道路整治专门机构抽调精兵强将确保工程推进。截至2011年底,延安路沿线建筑立面整治工程(整治路段吴山广场至庆春路段,涉及沿线大型建筑及建筑群27处;整治内容包括立面整治、清理、灯光亮化处理和立面清洗等;整治目标体现"繁华商业构建、精致空间塑造、人文历史传承"的精髓)完成方案设计深化和建委批复进入道路整治施工,同步开展街景整治。邮电路等10条支路街巷综合整治(其中邮电路、仁和路和吴山路、板桥路、太平里和劝业里2011年完成招标;皇诰巷和孝友里已于9月竣工)。上述支路整治施工经指挥部科学合理安排,施工工程全年有序推进。

【南山路地区历史建筑修缮工作】 2011年,湖滨指挥部完成荷花池头19号、南山路202号与204号、萱寿里二弄5~6号、九星里建筑5处市级历史建筑修缮施工。完成上城区历史建筑三年行动计划的考核目标。

【湖滨单元四处"历保"建筑通过市历保办验收】 1月,位于上城区白傅路5号和孝友里19号的两处历史文物保护(简称"历保")建筑通过杭州市历史文物保护办公室验收。其中,白傅路5号的"历保"建筑由三层砖木结构别墅与周边厢房组成,建筑面积约1200平方米;孝友里19号的"历保"建筑由二层正房和南北厢房组成,建筑面积约400平方米。1月17日,湖滨五福里二弄1、2号和九星里历史建筑群3、4、5号历史建筑通过杭州市历史文物保护办公室验收。两个项目于2010年9月启动,修缮建筑面积1500平方米,涉及单位、住户20余家。在修复过程中,依托"1+1"群众工作联动机制,项目实施得到相关单位和住户的积极配合,取得了较好的修复效果。（陈　理）

【玉皇山南综合整治工程指挥部概况】 2011年,玉皇山南指挥部(以下简称指挥部)以推进南宋皇城大遗址综保工程及两个综合体建设为主线,以实施"五个二"工程为载体,以破解"两难"(拆迁难与审批难)为重点,加快各类工程项目建设进度;以发展两大平台(山南国际创意园与复兴商务广场集聚区)为抓手,推进山南地区及复兴地区产业集聚;以打好两张牌("文化牌"与"生态牌")为特色,提升百姓生活品质,为打造生活品质国际体验区奠定坚实基础;以抓好两大要素(盘活土地和队伍建设)为保障,为工程建设提供资金支持和人才智力支撑;以探索两大举措(部门支持与街道联动)为推手,创新工作机制,促进经济社会和谐发展。全年实施项目38个,新开工10万平方米,竣工18万平方米,动迁住户436户,搬迁单位3.60万平方米,安置住户738户。玉皇山南国际创意产业园及复兴国际商务广场两大集聚区成效显著,税收均过亿元,其中园区税收比上年增长20%。

【完成玉皇山南地区年度拆迁安置工作】 2011年,指挥部的动迁任务为330户。为了推进"51131"相关道路、历保项目及玉皇山南国际创意产业园区建设更新,指挥部针对相关项目地块,落实住户及单位动迁,切实推进了凤凰山东路综合整治、安家塘、甘水巷、樱桃山等历保项目的实施,完成了园区一期更新。结合动迁工作开展面临的政策不明朗因素,指挥部自加压力,进一步做好动迁启动地块搬净、拆平,针对地块剩余住户做好动迁工作,完成了浙江省地质矿产厅地块、玉皇经联社马儿山、目术塘等3.60万平方米厂房及仓库搬迁,为项目早日启动施工奠定了基础。全年完成动迁436户,超过目标任务的1/3。7月,接受了住房城乡建设部、国土资源部、公安部、监察部等部门组成督查组的专项检查,督察组对指挥部和谐动迁的成效给予充分肯定。指挥部在杭州市动迁经验交流大会上作动迁经验交流。积极谋划安置回迁工作,完成白塔人家拆迁安置房预分配方案,全年安置住户738户。

【扎实推进玉皇山南地区"51131"街巷综保工程】 南宋皇城遗址"51131"道路街巷综合整治工程涉及玉皇山南地区,2011年,列入实施计划的共14条道路,指挥部积极谋划,主要通过三方面确保建设任务高质高效完成。真抓实干,切实提升道路整体品质。10月,南白路全面建成通车,凤凰山东路二期整治竣工,截至12月底,海月路、机务段路延伸段整治竣工,三巷三弄、九间头路、樱桃山路、甘水巷路、太祖湾路等均按照年度目标实施。尊重历史,充分融入文化元素。为进一步丰富道路的历史文化内涵,打好"南宋牌",专门邀请专家汇编《"51131"南宋皇城街巷综保工程——玉皇山南建设项目历史文化遗存》,对街巷沿线历史文化遗存进行挖掘整理,提出街巷命名的建议与方案,丰富道路设计中的南宋元素。关注民生,努力缓解百姓出行困难。2011年实施的南白路、海月路、机务段路延伸段、凤凰山东路二期等道路均是玉皇山南地区两大安置房周边的重要通道,是该区块居民出行必经的几条重要通道。上述道路的贯通进一步使得铁路以北地块与复兴路等主干道的连通,方便了老百姓的出行。2011年,机务段路、万松岭路获杭州市区支路建设整治样板工程二等奖,八卦田路获"最美支小路"摄影一等奖,万松岭路(二等奖)、机务段路及江月路均高票入选"最美支小路"。

【实施市区公共停车场(库)建设项目】 2011年,玉皇山南地区共有4个地下停车库项目列入市区公共停车场(库)建设计划,分别位于公交停保场、天龙寺仓库、马儿山仓库及樱桃山地块(储备),公交停保场及天龙寺地下停车库建设竣工,马儿山及樱桃山地下停车库提前进入施工阶段,实际新增停车位795个。玉皇山南地区公共停车场库建设项目任务重,难度大,指挥部主要通过3种方式超额完成年度目标任务。超配建停车位用于公共停车。在公交停保场地下停车库项目中超配380个车位,并将向社会开放,缓解周边停车需求。适度利用景区内地下空间。玉皇山南地区位于西湖风景区及城市建设的重叠区域,地下空间开发利用尚无据可依,在省、市相关部门的支持下,秉持适度利用的原则,积极申报审批手续,陆续启动天龙寺仓库、马儿山仓库及樱桃山地下停车库建设。大力拓展地面停车资源。经指挥部与南空部队数次沟通，已协商一致由指挥部对部队部分闲置区域进行绿化改造用于停车，该项目将于2012年正式实施，预计可增加停车位60个。

【全面完成保障性住房开竣工指标】 为使南宋皇城大遗址综保工程拆迁住户早日回迁，加快推进玉皇山南地区有机更新进度，指挥部加大以拆迁安置房为主的保障性住房建设力度。2011年，山南人家(里太祖湾地块安置房)5.80万平方米建设竣工，复兴15-3地块保障性住房2.80万平方米开工，玉皇山南地区安置房项目开竣工指标均能得以落实。同时，为进一步改善回迁住户的居住条件，提升生活品质，在确保工程如期完成的情况下，着力从提升安置房品质入手。不断提升小区建设标准。在具体建设过程中，不断提高装修标准及绿化投入，以商品房的标准建设安置房，确保绿化率在30%以上。注重完善服务功能。配建服务功能齐备的社区办公中心，采用公开招标的方式挑选优质物业，确保回迁户入住后能享受优质的服务。进一步完善配套设施，根据入住规模高标准配建健身器械区，同时，在每个围合架空层设置邻里活动空间，最大程度满足群众生活和娱乐需求，引进经营性服务设施，让回迁住户体验品质生活。

【妥善做好历史建筑保护更新】 2011年，指挥部卯足“能快则快、能上则上”的积极干劲，推进历史地段建设修缮更新，最大程度地丰富该地段的厚重文化，提升建筑品质，并结合业态调整加以合理利用。针对安家塘21号等历史建筑、拟保建筑，秉持“修旧如旧”的原则加以修缮，安家塘历史建筑保护项目土建已竣工。针对甘水巷地块部分有保护价值的老房子采取风貌保护的方式进行修缮。该部分修缮项目土建已竣工。针对历史地段保护性修缮的文化符号，结合其利用进一步体现文化元素，大资福庙及周边保护更新项目完成后，定位为浙江文化精品体验馆。同时，围绕本区域宗教文化、农耕文化、陶瓷文化、近代铁路工业文化等，做足做好历史文化保护与传承，进一步丰富区域内历史文化内涵，形成展示历史文化的精品亮点。

【盘活土地争取各类政策扶持】 2011年，指挥部做地项目共有5处，包括轿子巷地块、大畈鱼塘南北地块、复兴商务广场地下空间项目、南星单元G06地块等。上述地块的各项出让准备工作均已完成，待土地储备中心挂牌出让(招租)。同时，积极套用各类政策，向上争取各类资金。“51131”街巷综保工程、“三江两岸”生态景观保护与建设、历史建筑保护、危旧房改善、绿化工程、亮灯工程等各项政策，享受市财政50%的配套资金。2011年，累计争取到各类配套资金、扶持资金1.06亿元，为指挥部建设项目推进提供了一定的资金保障。

2011年7月，国务院督察组一行到安家塘历史地段视察动迁工作。

(玉皇山南指挥部　供稿)

【全面提升玉皇山南国际设计创意产业园集聚区】 玉皇山南国际创意产业园集聚区规划10个组团，以陶瓷品市场转型升级为抓手，分期分批对玉皇经联社原有仓储功能及山南地区简易粗加工形态进行调整提升。致力于打造园林式办公楼，在绿化、景观方面加大投入，坚持品质导向，坚持高标准建设。截至2011年底，已累计完成近4万平方米(包括凤凰山组团、天龙寺组团)更新项目，地下停车库、配套物管公司及餐饮企业均已到位并投入使用，马儿山、安家塘、甘水巷、樱桃山、目术塘5个组团也陆续启动更新。做好硬件建设的同时,谋划好软件提升。坚持发展文化创意、金融创投两大业态导向,坚持高品质招商选资,坚持完善配套设施建设。截至2011年底,集聚区累计签约、入驻企业75家。全年园区税收过亿元,比上年增长20%。2011年,玉皇山南国际设计创意产业园及复兴国际商务广场分别作为文化创意产业集聚区及商贸服务业集聚区成功入选,成为上城区仅有的两个杭州市首批现代服务业重点类集聚区。园区正在争创省文化产业"百强振兴计划"20强园区,省现代服务业示范区及省金融办挂牌"财富管理中心"。

【开展"三江两岸"生态景观保护与建设】 通过建设海月水景公园,扩大水域面积,定期引入自来水,改善水质。结合企业搬迁及村居民动迁,搬迁与风景区不相协调的企业,稀释景区内住户密度,减少工业污染和生活污染。结合历史建筑保护,实施安家塘、甘水巷历史风貌建筑保护、樱桃山拟保建筑保护、凤凰山东路风貌建筑保护及白云庵风貌建筑保护项目。结合重点工程保护与建设开展低洼积水治理及地质灾害治理,开展绿化调整,预计新增绿化10万平方米。实施复兴商务广场亮灯工程和之江路沿线整治提升工程,配合做好白塔公园建设和之江路改造,提升两岸景观。发挥山南创意园龙头企业的集聚效应,推进复兴商务广场城市综合体建设,大力打造杭城东南区块宜商、宜游、宜居的大型国际化"休闲商务区"。

【完善复兴国际商务广场集聚区】 继续以发展商贸服务业为主导,定位国际高端取向,进一步扩大复兴商务广场的辐射力与影响力。致力于进一步做好商务广场的配套服务,多次会同南星街道组织企业联谊会,听取企业意见、建议,商讨商务广场发展空间。为缓解停车难问题,进一步做好地下空间项目前期工作,推进地下空间利用。截至2011年底,复兴商务广场累计入驻企业476家,科技、文创、现代服务业企业263家,占总入驻企业的55%。楼宇内进出口企业共40家,其中太和广场20家。2011年,新增企业104家,主要类型为现代服务业、文创、科技类企业(共69家),占楼宇总引进企业数比例的66%。全年,复兴商务广场实际到位内资5.19亿元,其中市外资金3.53亿元。全年税收1.08亿元。

【南白路建成通车】 南白路属玉皇山南地区主要支路,北起凤凰山路、南至复兴路,下穿沪昆铁路,与南复路平行。2010年8月,浙江铁建公司正式启动南白路公铁立交桥工程即道路与沪昆绕行线相交处铁路桥涵下行施工,2011年3月底,全面完成并通过验收。8月,南白路完成公路管道、管线铺设,提前2个月竣工通车。南白路建成后,缓解南复路的通行压力,实现复兴路与凤凰山路周边各景点的贯通,发挥联系铁路南北向交通功能的作用。

【浙江南方建筑设计有限公司入选浙江省服务业重点企业】 6月15日,浙江省委、省政府授予全省108家企业为"浙江省服务业重点企业"称号。玉皇山南国际设计创意产业园一期企业浙江南方建筑设计有限公司为区入选企业,同时也是浙江省唯一入选的建筑设计类企业。以此为契机,指挥部继续加大对入驻企业的扶持力度,加强对行业重点企业的引导协调,建立长效服务机制,营造有利于企业发展的良好环境,帮助企业扩大知名度及影响力。

【完成地质灾害隐患点治理工作】 8月,位于白云路30~34#边坡崩塌地质灾害隐患点治理工作全面完成。该隐患点地处玉皇山南坡麓,临近玉皇山南国际设计创意产业园天龙寺组团,属早期建筑切坡,形成多年未进行任何防护,存在崩塌隐患。为确保边坡安全、消除地质灾害隐患、保障坡脚建筑及人员安全,本次治理合理选择边坡支护方案,在施工前做好相应防护措施,并尽可能减少建筑施工对园区的干扰。(周　颖)

【望江指挥部概况】 2011年,是望江地区开拓创新、蓬勃发展的一年,新的领导班子、新的理念思路、新的体制机制,为望江地区改造建设带来新的生机与活力。在省、市领导的关注下,区主要领导以及分管领导赴兄弟城区考查取经,学习了一些成功的拆迁经验,区委、区政府建立由区政府、望江指挥部(以下简称指挥部)、街道(社区)、经联社联合组成的"四合一"核心体制,加强望江地区征迁领导组织。通过望江街道、紫阳街道、相关职能部门、经联社的积极参与,以及指挥部全体人员的共同努力，圆满完成了年度目标任务，全年开工 10 万平方米，竣工 21 万平方米，拆迁 1180 户，完成了望江地区改造建设实施以来前五年总量的 70%，实现了望江地区“十二五”规划的开门红。秋涛路公建及望江启动区块 01 地块、近江片 B-R21-05 地块两项保障性住房建设项目土建工程竣工，共计竣工建筑面积 21 万平方米。望江启动区块 01 地块、近江片 B-R21-05 地块共计 16.39 万平方米保障性住房，于 2011 年底前交付使用。望江启动区块 04 地块二标段获 2011 年度杭州市安全生产“双标化”工地，望江 04 地块二标段获 2011 年度杭州市“绿色工地”，望江启动区块 04 地块一标段、二标段获2011 年度杭州市平安工地。5 月 4 日，浙江省委巡视组一行在组长曾浩明的带领下，视察了望江地区保障性住房建设项目。5 月 12 日，浙江省发改委副主任赵彦年率省“双服务”第一服务组全体成员视察了望江地区第四发射台地块及周边地块情况，并召开了“双服务”座谈会。5 月 23 日，市长邵占维一行专题调研望江地区建设工作，区委书记陈红英，区委副书记、区长缪承潮等区领导陪同实地考察了望江地区总体情况、回迁安置情况、保障性住房项目。6 月 16 日，市委副书记叶明率市作风办和督察组的领导对望江地区保障性住房建设情况进行督查指导。

【召开望江地区动迁工作对接会】 会议明确要求近江、望江经联社配合尽快办理印铁制罐厂地块、望南 R21-03 地块有关征地手续。明确近江运输公司相关情况，进行有效谈判。望江经联社加快对望江片二期电台地块村属企业的搬迁倒排时间表，尽快进行对接。针对味精厂地块营业用房的搬迁，根据原有政策进行延伸，分类解决相关问题。掌握拆迁地块第一手资料并做好调查。望江、近江经联社要加强动迁力度，安排专人对接，定期进行研究。积极发挥望江、近江经联社党员、干部带头作用，先行评估村属企业、单位，尽快落实近江集团的办公用房，带头搬迁。

【成立街道动迁分指挥部】 在“四合一”核心体制的领导下，于 3 月成立望江街道现场动迁指挥部、紫阳街道现场动迁指挥部，明确街道为动迁责任主体，相关职能部门为责任单位，抽调骨干力量，投入到望江地区拆迁工作中，分区块实施，同步推进，形成联动施策、责任明晰的“集团军”效应，从而改变了靠指挥部“单打独斗”的工作局面，实现了整体联动。

【前期项目有序推进】 2011 年，完成近江片味精厂地块、徐家埠地块、印铁制罐厂地块、望南 04 地块 4 个地块的征迁许可证申领，望南区块 1 个地块方案设计、1 个地块选址论证、两个地块方案设计招标、3 个地块土地预审、4 个地块控规调整，望江地区 4 个教育配套项目完成立项，其中近江片一所配套小学正在进行方案设计。

望江指挥部 2011 年工作会议　　（望江指挥部　供稿）

【调整完善望江地区规划方案】 根据中共杭州市委、市政府的要求和部署，指挥部会同杭州市发展规划研究院、区发改局等单位，着眼于规划的科学性、合理性和可实施性，在原有规划方案的基础上，与时俱进，深刻剖析，全面谋划望江地区发展，经过反复论证，适当调整用地性质，围绕海潮寺、城站东广场和婺江路沿线增加商业金融用地，全面谋划望江地区发展，以“深化、细化、固化”为目标，结合望江地区资源优势条件，接轨钱江新城、南宋皇城遗址保护、城站东广场规划、地铁经济等有利时机，在满足保障性用房的基础上，增加商业面积约 30 万平方米，有利于促进区域经济发展，发展大型企业的总部经济。截至2011 年 8 月，完成《望江单元控规修编》，报杭州市人民政府批复。

近江片 B05 地块(原杭州牙膏厂)保障房交付使用　　（望江指挥部　供稿）

【完成近江单元 B-C2-06 地块土地出让】　近江单元 B-C2-06 地块是 2011 年望江地区出让的第一块地，东至中国石油化工股份有限公司，南至望江家园东园，西至规划道路，北至婺江路，土地出让面积 4285 平方米，容积率 3.80，可建面积 1.63 万平方米，11 月22 日经公开竞拍，由杭州东铁集团有限公司以 1.67 亿元竞得，楼面价为 10247 元/平方米。该地块地理位置优越，位于望江地区重要的商业道路——婺江路沿街商业地带，距地铁 1 号线婺江路站仅 100 米~200 米，距汽车南站仅 600 米，周边为婺江小区、望江家园、近江家园等，为商业金融用地，该地块建设将成为婺江路商业带的一大亮点，有效提升区域生活品质。

【解决保障房产权证办理难题】　群众反映较强烈的已交付保障性住房办证问题得到有效解决，望江新园一园、望江新园二园保障性住房已办理房屋初始登记，共计 1387 套，居民已开始办理房屋产权证。

【启动望南区块搬迁工作】　望南区块一期地块海潮新村、大通桥河下、南落马营 8 月 20 日启动搬迁，涉及住户 1254 户。该区块危旧房集中连片，城市基础设施缺位，百姓要求搬迁改造的呼声强烈，自 8 月 15 日起，不少百姓陆续自发排队等候搬迁，为防止突发事件的发生，指挥部启动应急预案，实行 24 小时轮值制，成立现场搬迁工作领导小组，明确分工，责任到人，做好指挥、解释等工作。组建“集团军”，打好攻坚战。维稳、公安、信访、卫生、教育、安监等部门密切配合，协同做好应急、维稳、安置、防暑降温、医疗保障等工作。抓好业务培训，加强宣传引导。截至 2011 年底，已搬迁 630 户，完成该区块搬迁任务的 50%，为望南区块保障性住房建设开了个好头，开拓了“奋战望江”的新战场。

【印铁制罐厂签订征迁协议】　指挥部以“效能亮剑”活动为契机，抓住重点、加大力度，按照“企业搬迁带动地块搬迁”的思路，在省、市、区相关部门的支持下，强力推进企业搬迁，取得初步成效。位于秋涛路 358 号的近江片面积最大的一家企业——杭州印铁制罐有限公司，占地面积 1.79 万平方米，经过指挥部积极对接、多次谈判，于 6 月 20 日正式签订搬迁协议。

【望南区块杭州中策橡胶厂交房时间敲定】　杭州中策橡胶有限公司是望南区块规模最大的搬迁单位，占地面积 10.47 万平方米，需拆迁房屋建筑面积 11.50 万平方米，已于 2009 年签订拆迁协议，计划于 2012 年底完成搬迁。为加快推进望南区块改造，在市长邵占维亲自协调下，明确杭州中策橡胶厂的腾空时间，涉及行知幼儿园地块的于 2012 年 6 月底前腾空，04 安置房地块于 2012 年底前腾空，该厂其他地块于 2013 年一季度全部腾空。

【获“西湖杯”结构优质工程奖】　望江地区启动区块 R21-01 地块保障性住房建设项目位于东宝路与海潮路交叉口，建筑面积 10.62 万平方米，由浙江宝庆建设有限公司负责施工。2011 年，该项目已竣工并逐步交付使用，为望江地区保障性住房示范工程项目。该项目被评为 2011 年度杭州市建设工程“西湖杯”结构优质奖工程,成为望江地区首个获此殊荣的保障性住房建设项目。

【提升工作效能】 成立“效能亮剑”专项行动督查组,不定期地对各部室进行明查暗访,向作风与效能建设亮出利剑,加强工作人员务实苦干的责任感;制订内部考核机制,调动全员积极性;严格财务制度、责任审计制度,使资金投入、方案设计、工程招投标,拆迁安置及工程施工等各个环节都阳光透明、规范高效;指挥部与部室负责人签订效能亮剑承诺书,层层落实责任;制定《望江指挥部工作人员工作作风和效能问责暂行办法》,防止工作不作为、懒作为、慢作为的行为,改进工作作风,提升工作效能,努力树立指挥部开拓、务实、勤政、廉洁的形象。

【编制《望江指挥部内控管理制度》】 指挥部根据《杭州市政府投资工程项目建设单位内控管理办法》的规定,组织前期部、工程部、办公室等相关部室,分工负责,整编汇总,将指挥部执行的省、市、区各项规章制度,以及指挥部内部管理制度,针对指挥部内控管理涉及的重大事项审议制度、项目建设岗位责任制度、中介机构比选委托制度、招标采购监督管理制度等十项制度分类汇编成册,编制成《望江指挥部内控管理制度》,以制度促行动,以行动促实效,切实保障望江地区改造建设的廉洁、高效、优质、安全。被确定为上城区建设指挥部《内控管理制度》编制示范本。

修缮一新的十五奎巷店招　　(背街小巷改善工程指挥部　供稿)

【推行代建制模式】 大力推行代建制,在择优选取的绿城、广宇等6家房地产公司中,根据百姓意愿,选择高层次的房地产公司负责保障性住房建设,实行设计、施工、配套工程一条龙服务,从户型设计、规范管理、优化质量等方面切实提高保障性住房的品质,让老百姓住舒适房、优质房。

【信访办件数量明显下降】 截至2011年12月10日,指挥部共受理信访办件312件,比上年下降16.5%。其中受理省、市级交办信访电150件,比上年下降20%;受理区级交办信访电92件,比上年下降26.9%;本部受理信访电70件,比上年下降45.1%。同时,实现“两会”等重大活动期间“零上访”,征迁矛盾得到有效化解。2011年,在取得前所未有的征迁成效的同时,实现了和谐拆迁、文明拆迁,确保改造建设区块的平安稳定,被评为区信访和区长公开电话工作先进集体。

(叶　健)

【背街小巷工程概况】 2011年是庭院改善的收官之年,也是背街小巷改善深化之年,根据杭州市城市管理委员会统一安排,上城区围绕“建设具有国际水准的高品质中心城区”的战略要求,结合全市目标任务,投入资金6500万元,完成25条背街小巷、35幢庭院的改善任务,同时结合项目提升带动,完成生态垃圾房改造84座,安装电子监控1169个,完成1279幢庭院准物业移交工作,做到全区范围内应改则改、全面覆盖。坚持“以民为先,以人为本”的理念,累计平整道路4万余平方米,梳理管网3000米,增设路灯150余盏,修缮古井50口,通过道路拓宽、打通断头路、人行道降坡处理、划定停车泊位等方式,挖掘街巷通行潜力,进一步缓解交通“两难”;开展立面景观整治,修缮老墙面、破屋顶11万平方米,实现增绿、扩绿5000平方米,增设休闲凳椅设施,生态环卫设施1000平方米;针对基础功能不适应、后续管理不到位等问题,投资899万元,对全区462幢庭院开展“回头看”工程,做好消防设施、单元电控门等拾遗补缺工作，切实提升除望江、山南地块零星地段外的老旧小区人居环境。充分挖掘历史文脉、深化细节、整合资源，打造实事工程精品亮点。投资800万元，实施小营巷区块背街小巷“回头看”工程，这是杭州市庆祝建党90周年重点献礼工程。七一前夕顺利完成区块内小营巷、方谷园、银钱班巷、银枪班巷支路、原慎德里5条坊巷提升改造，被杭州市城市管理委员会列入背街小巷改善样板工程，在全市范围内推广改善做法；8月，启动中山南路西侧御街·二十三坊综合保护工程，投入资金1700万元，着眼修旧如旧、修复功能、提升景观、满足需求目标，年底前完成涵盖十五奎巷、城隍牌楼、四牌楼、大马弄、察院前巷5条主路及沿线井弄、晓霞弄、花生弄、茶啾弄、元宝心、元宝心支路一、元宝心支路二、四牌楼31~38号8条支路的一期项目主体工程，被市人大常委会主任王国平评价为杭州市“保老城、建新城”的典范。二期丁衙巷、瑞石亭、燕春里、太庙巷、白马庙巷、高士坊巷、严官巷、泗水弄、察院前支路一、察院前支路二10条坊巷计划2012年4月开工，十一前亮相。

表12　2011年上城区庭院改善情况

序号	项目名称	幢数	序号	项目名称	幢数
1	景云村14、15、16号	1	16	小营巷服务站	1
2	四宜亭50号	1	17	金钱巷服务站	1
3	丰家兜25号	1	18	梅花碑服务站	1
4	上水陆寺巷	1	19	太庙巷7号杭州市紫阳小学	1
5	始板桥东村22号	1	20	东坡路94号杭州市天地实验小学	1
6	南复路218号	1	21	劳动路95号娃哈哈小学	1
7	长明寺巷服务站	1	22	高银巷37号杭州市高银巷小学	1
8	馒头山服务站	1	23	复兴南苑12号上城区教育学院附属小学	2
9	定安路服务站	1	24	义井巷5号杭州市胜利幼儿园	2
10	在水一方服务站	1	25	直吉祥巷9号杭州市天艺幼儿园	2
11	东坡路服务站	1	26	严衙弄7幢	1
12	岳王路服务站	1	27	环城东路16号	1
13	美政桥服务站	1	28	皮市巷20、22、24、26	4
14	玉皇山服务站	1	29	河坊街89号	1
15	十五奎巷服务站	1		合计	35

表13　2011年上城区背街小巷改善情况

序号	项目名称	起止点	道路长度(米)	总面积(平方米)
1	四条巷主路	蔡官巷—孝子坊	320	2200
2	四条巷支路一	主路—支路二	180	820
3	四条巷支路二	蔡官巷—孝子坊	320	1500
4	东平巷	中山中路—青年路	240	958
5	小营巷	直大方伯—马市街	211	1055
6	银枪班巷	小营巷—方谷园	170	595
7	方谷园	马市街—直大方伯	211	1055
8	银枪班巷支路	银钱班巷—小营公园	148	830

续表

序号	项目名称	起止点	道路长度(米)	总面积(平方米)
9	慎德里	小营公园—方谷园	105	500
10	察院前巷	中山南路—大马弄	280	4320
11	大马弄	太庙巷—城隍牌楼	340	2440
12	城隍牌楼	中山南路—四牌楼	340	4040
13	四牌楼	十五奎巷—元宝心	145	1450
14	十五奎巷	中山南路—城隍牌楼	406	7308
15	井弄	十五奎巷—伍公山	180	532
16	晓霞弄	十五奎巷—伍公山	70	300
17	茶啾弄	十五奎巷—伍公山	110	480
18	四牌楼 31-38	四牌楼—防空洞口	98	420
19	花生弄	四牌楼—南塞	80	250
20	元宝心	四牌楼—吴山	90	650
21	元宝心支路一	元宝心—南塞	110	330
22	元宝心支路二	元宝心—北塞	75	300
23	芭园弄	婺江路—钱江路	500	6000
24	积善坊巷	中山中路—青年路	240	958
25	长生路	东坡路—湖滨路	330	1650
合计			5299	40941

(计慎忆)

【危旧房改善工程获人居环境奖】 2011年底,杭州市危旧房改善工程获中国人居环境范例奖。2011年,上城区危旧房改善工作办公室(以下简称区危改办)落实"六大抓手",确保完成年度目标任务。抓进度,有序推进历史建筑、危改项目年度目标计划。优设计,在五柳巷历史街区中,以"为南宋皇城大遗址综保工程增色,彰显古朝水乡韵味"为要求,开展"一户一方案"设计,真实体现街区内不同年代房屋的建筑风貌。强质量,坚持细节为主的原则,确保每一处危改工程保质保量完成。重民主,组织街道、社区通过开展"社区共建"、"党政、媒体、市民三位一体"互动、"民主恳谈会"、"聘请义务监督员"等形式多样的"民主促民生"活动,落实"四问四权"。保安全,迎接文明杭州城市评选,将文明施工列入工程考核,确保文明施工。促廉洁,形成《上城区危旧房改善办公室建设项目综合管理制度汇编》,促进危改项目优质、廉洁。

【申报世界文化遗产】 五柳巷历史地段位于杭州市老城区东南,北靠西湖大道,南至河坊街南斗富三桥,东依东河建国南路,西达城头巷直吉祥巷。该历史地段为杭州古城的重要地段,历代遗迹众多。重点保护区建筑总面积8.29万平方米、户数1173户。五柳巷历史文化街区综合保护工程分两期施工。一期综保工程作为新中东河综保工程的重要内容,于2010年8月启动,涉及104幢民居建筑、户数283户。五柳巷沿东河两侧房屋立面整治工程于2010年9月30日完工。户内基础设施改造、周边环境提升等工程于2011年2月底全面竣工。二期综保工程于2011年3月启动,主要对街巷内房屋实施修缮、复建,涉及房屋448幢,院落126座,改善户数890户,区危改办充分落实"四问四权",坚持速度与质量并重、建设与管理并举,按照"以线带面、加快推进"的思路,采取"倒排计划、滚动开工、滚动竣工"的方法,以院落为基本单位,因地制宜、一幢一策，通过保护、改善、整饬、拆除、更新、保留六类模式对老房子进行有机更新。2011年底，五柳巷历史文化街区作为大运河的一部分申报世界文化遗产。

【获评杭州市优秀危旧房改善项目】 2011年，区危改办完成危旧房改善总面积（含施工量）16.75万平方米，5月，劳动新村及劳动路9号重建改善，十五奎巷晓霞弄17~19号维修改善，严官巷35号维修改善，旧藩署30、32号维修改善，崇文弄9号5个危改项目被杭州市政府评为2010年杭州市优秀危旧房改善项目；燕春里建筑群保护利用项目获评2010年杭州市优秀历史建筑保护利用项目。（何敏慧）

城市绿化管理

【概况】 上城区绿化办（以下简称区绿化办）是杭州市上城区绿化委员会的常设机构，为区级绿化行业行政主管部门，依据《杭州市城市绿化管理条例》，主要负责全区的绿地系统规划，绿化建设、绿化养护管理、宣传发动义务植树、绿地（树木）的占、用（借）、迁、砍的行证许可等事宜。2011年，区绿化办以扩绿工程、绿化美化家园工程和屋顶绿化整治为重点，按照高起点规划、高标准建设、高效能管理的原则，统筹规划，精心组织，建设一批能高效改善上城区生态环境，提升城市形象绿化精品工程。2011年，上城区新增绿地6.94万平方米，绿地率和绿化覆盖率分别达到29.7%和33.1%。

【打造绿色校园】 3月7日，在杭州市天长小学开展“第33个植树节”活动，1000名师生一起植下桃树、李树，播下绿色的种子。同时启动了区教育局、区绿化办联合举办的2011年“绿色文明 品质生活”植树节护绿养绿主题活动。副区长刘志安、副主任杨盛强，区建设局副书记邬晓华，区绿化办副主任邵竹宏等领导参加。在启动仪式上，杭州市天长小学的少先队员代表宣读了“致上城区全体少先队员的倡议书”，倡议大家从自身做起，并为大家介绍了低碳节能创意——“自创雨水收集器”等，自2008年3月以来，区教育局和区绿化办联合开展“我的绿色我作主”和“内涵发展，绿色起步”护绿养绿活动，取得了良好的效果。进一步巩固3年来绿化活动建设成果，充分发挥现有绿化对学校环境的改善作用，营造“生态校园”，全面推进上城的绿化校园发展。

【花坛“吴山乐章——共鸣”获三等奖】 为美化城市环境，烘托节日气氛，由杭州市园林文物局组织的杭州市城区“五一”花境花坛创作竞赛活动在全市范围展开，上城区选送3组花坛、花境参加评比，其中名为“吴山乐章——共鸣”的花坛获三等奖。该花坛位于吴山广场，面积约590平方米，立面上采用意鼓、古筝、琵琶为设计元素，突出共鸣氛围，欢迎四方游客，共同谱出动人的吴山乐章。花境有两处，一处名为“绿野隽峰”，位于南复路与之江路交叉口，面积约80平方米，采用湿生植物配散落的太湖石来突出城市街角绿地的野趣；另一处名为“天风花语”位于吴山广场，面积约60平方米，以吴山天风为背景。

【推进屋顶绿化建设】 2011年，上城区完成屋顶绿化2万平方米，主要是城站周边、五柳巷周边以及西湖大道周边地块，设计子项目共计12个，总面积约2.10万平方米，包括杭州第四中学约4380平方米、第六空间艺术生活广场大楼屋顶约2500平方米，中闽大厦屋顶约2000平方米等。工程注重屋顶绿化建设的特殊性，如屋顶结构特殊、特有的承重问题等，对部分已完成项目进行了提升优化，为丰富新侨饭店屋顶绿化，弥补因原有设计以及过冬所带来的苗木损失，在原有基础上增加了桂花、竹子等大量盆栽，既考虑了屋顶承重问题，也满足了美观效果；而由于承重问题不能实施屋顶绿化的单位交通银行及两家设计院屋顶则选用红、绿等艳丽的色彩以几何图形为主做了抽象彩绘。

【国庆绿化小品百花齐放】 为美化杭城环境，烘托建国62周年节日气氛，庆贺第二届世界休闲博览会、第八届全国残疾人运动会的召开，10月1日，由杭州市园文局、杭州市城区绿化办组织的以“休闲—提升生活品质”、“运动——增强健康体魄”为主题的立体花坛、环境小品竞赛活动在全市范围展开。区绿化办选送立体花坛、环境小品各一组参加评比。其中以吴山

2011中国杭州第二届菊花艺术节(上城展区)　　(区建设局　供稿)

广场花坛为基础,残运会吉祥物标志为主题的立体花坛获得三等奖;配合五柳巷改造,在直吉祥巷以"德·寿"为主题的环境小品获得鼓励奖。

【美化家园工程实施】　"美化家园工程"是提升城市绿地景观质量、美化城市环境的一大亮点,2011年,区绿化办、公园、窗口单位、社区4处实施"美化家园工程",分别为凤山公园美化家园工程、复兴国际商务广场美化家园工程、湖滨名品广场美化家园工程及云雀苑美化家园工程。其中湖滨名品广场美化家园工程获窗口单位类评比第一名,凤山公园美化家园工程获公园类第三名。

【获2011中国杭州第二届菊花艺术节银奖】　为弘扬菊花文化,丰富群众精神文化生活,让花卉装点生活,陶冶情操,提升品位,改善生活品质,推动品质之城的建设。"西湖秋韵"——2011中国杭州第二届菊花艺术节于10月28日开幕,由区绿化办选送的菊展作品总面积约400平方米,以深厚的南宋文化为底蕴,将斗拱、回纹等结构纹饰融入到古桥、水城门、白塔等元素中,呈现"家住皇城河"的主题。菊展作品用3万盆多头菊、独本菊、悬崖菊、塔菊、盆景菊等多个品种菊花组成。获"西湖秋韵"——2011中国杭州第二届菊花艺术节银奖。

(童心琦)

文物保护

Relics Protection

历史文物保护

【新增太庙巷 58 号等 23 处历史建筑】 12 月 9 日，杭州市人民政府公布了杭州市第六批历史建筑名单，全市共 53 处，其中上城区 23 处，包括太庙巷 58 号建筑、高士坊巷 4 号建筑、杭州市轻工局旧址等。截至 2011 年底，上城区有历史建筑 172 处，占全市历史建筑总数比例达 50.6%。全年，上城区实施历史建筑修缮 61 处，完工 21 处。

表 14　　杭州市第六批历史建筑名单（上城区）

序号	编　号	名　　称	地　　址
1	LSJZ6-1	太庙巷 58 号	太庙巷 58 号
2	LSJZ6-2	高士坊巷 4 号	高士坊巷 4 号
3	LSJZ6-3	高士坊巷 5、6、8 号，严官巷 9、12 号	高士坊巷 5、6、8 号，严官巷 9、12 号
4	LSJZ6-4	德馨堂	高士坊巷 16 号
5	LSJZ6-5	杭州市轻工局旧址	国货路 5 号
6	LSJZ6-6	金钗袋巷 3 号	金钗袋巷 3 号
7	LSJZ6-7	朱婆弄 4 号	朱婆弄 4 号
8	8LSJZ6-8	星远里建筑群	星远里一弄 1、2、3 号，星远里二弄 4、6、7、8 号，星远里三弄 3~10 号，蕲王路 10、12 号，白傅路 3 号
9	LSJZ6-9	奎垣巷 13 号	奎垣巷 13 号
10	LSJZ6-10	奎垣巷 20 号	奎垣巷 20 号
11	LSJZ6-11	奎垣巷 21 号	奎垣巷 21 号
12	LSJZ6-12	冯山人巷 6 号	冯山人巷 6 号
13	LSJZ6-13	城头巷 79 号	城头巷 79 号
14	LSJZ6-14	浙江矿业公司旧址	城头巷 123 号
15	LSJZ6-15	樱桃山铁路职工宿舍建筑群	樱桃山 25~41 号
16	LSJZ6-16	白塔岭 4~9 号	白塔岭 4~9 号
17	LSJZ6-17	西华大楼	解放路 212、214 号
18	LSJZ6-18	闸口电厂二宿舍建筑群	虎玉路 29 号
19	LSJZ6-19	安家塘 8~12 号	安家塘 8~12 号
20	LSJZ6-20	安家塘 22~24 号	安家塘 22~24 号
21	LSJZ6-21	安家塘 26~30、43 号	安家塘 26~30、43 号
22	LSJZ6-22	杭州铁路中学 3 号教学楼	兴隆西村 28 号
23	LSJZ6-23	泗水新村建筑群	泗水新村 1~26 号

表 15　　2011 年上城区历史建筑保护修缮完成情况

序号	历史建筑名称	建筑面积(平方米)	修缮部门	修缮情况
1	开元南一弄 4 号	353	区危改办	已修缮
2	开元南一弄 2、3 号	280	区危改办	已修缮
3	红门局 65 号别墅	620	区危改办	已修缮
4	九星里建筑群	1378	湖滨指挥部	部分已修缮完工
5	开元路 78 号民居	280	区危改办	已修缮
6	牛羊司巷 16、17 号	742	区危改办	已修缮
7	金钗袋巷 19 号,朱婆弄 10、12、13 号	491	区危改办	已修缮
8	比胜庙巷 4 号	771	吴山指挥部	已修缮
9	渤海医庐	1136	吴山指挥部	已修缮
10	安家塘 21 号	212	玉皇山南指挥部	已修缮
11	建国南路 129 号	286.65	区危改办	已修缮
12	斗富二桥 33 号	587	区危改办	已修缮
13	三昧庵巷 8 号	290	区危改办	已修缮
14	四维里建筑群	2563.5	区危改办	立面修缮竣工
15	西河下 1 号	530	区危改办	部分已修缮完工
16	浙江矿业公司旧址	495	区危改办	已修缮
17	邮电路 16 号民居	1010	杭州市租赁房投资有限公司	已修缮
18	浣纱路 159 号	646	杭州市交通经济开发总公司	已修缮
19	方谷园胡宅	2490	杭州市历史建筑保护办委托区危改办修缮	立面整治完工
20	方谷园 7 号	378	杭州市历史建筑保护办委托区危改办修缮	立面整治完工
21	南山路 204 号	238	使用单位	立面修缮完工

【完成牛羊司巷 16、17 号建筑修缮工程】 牛羊司巷 16、17 号建筑,建于清末,为一组二层、木构传统民居建筑群,其中 16 号为坐东朝西的二进院落,17 号为坐南朝北的一进院落。整组建筑粉白外墙,小青瓦双坡屋面,建筑内还保留着宝瓶形栏杆、雕花挂落、槅扇门窗、中式木楼梯特色构件。2011 年,区危改办对该建筑实施了整治修缮。此次保护修缮工程在保护历史真实性、风貌完整性的前提下,尽可能的恢复历史建筑内外部风貌,通过对屋面、木结构的检修和加固,进一步提高历史建筑的结构安全性,同时,结合建兰中学地块整体功能定位,合理调整历史建筑的使用功能,实现历史建筑的有效保护和合理利用。

修缮后的比胜庙巷 4 号　　(区建设局文保科　供稿)

【比胜庙巷 4 号建筑修缮竣工】 比胜庙巷 4 号建筑建于二十世纪初,坐北朝南，为砖木结构，院落式建筑。院落主入口在西面，院内保留一口水井。建筑共三层，白墙黛瓦。为杭州市第三批历史建筑。据档案资料记载，该建筑原产权人叫边华勤，是当时边福茂鞋店的老板。2011 年，比胜庙巷 4 号建筑由吴山指挥部实施修缮，12 月，该建筑通过竣工验收。

修缮后的斗富二桥 33 号 （区建设局文保科 供稿）

【完成斗富二桥 33 号建筑修缮工程】 斗富二桥 33 号建筑建于民国初年，坐落于五柳巷历史街区内，为一处砖木结构的传统院落式民居建筑。建筑整体格局为二进院落，有主楼与附房。据档案资料记载，施程隽与妻子施哲文于民国时期从其父施降东处继承了此房产权。施程隽任职于浙江省人民政府文物管理委员会，施哲文任职于浙江省人民法院。该建筑为杭州市第四批历史建筑。2011 年，结合五柳巷历史街区整治，区危改办对其实施了修缮，修缮工程于 12 月完工。修缮后的斗富二桥 33 号不仅较好地恢复了历史风貌，且居住安全性与舒适性得到了提高。

【邮电路 16 号民居建筑修缮竣工】 邮电路 16 号民居建筑建于民国时期（约 1933 年），建筑面积 1130 平方米。该建筑为二层砖石结构，多面坡屋顶，形式精巧，多个老虎窗，变化丰富，红色木窗上有横梁或半圆砖拱洞，局部为三层平顶碉堡式。建筑前有水井，现已不用。为杭州市第一批历史建筑。2010 年，杭州市租赁房投资有限公司对其实施了整修，整治修缮工程于 2011 年竣工，现为杭州市历史建筑保护管理中心办公用房。修缮工程拆除了违章搭建，整治了院落环境，恢复了历史风貌。 （陈洪卫）

修缮后的邮电路 16 号 （区建设局文保科 供稿）

非物质文化遗产保护

【概况】 2011 年，上城区完成市级非遗项目杭州刺绣、浙派古画古籍装裱技艺、杭州小热昏、南宋官窑、吴越人家代表性传承人的申报工作。张小泉剪刀、朱炳仁铜雕、邵芝岩笔庄等非遗企业参展 2011 年中国深圳文化创意博览会和中国义乌文博会暨第三届浙江省非遗博览会。上城区非物质文化遗产保护中心参与区政协文史和教文卫体委员会专家调研中东河五柳巷历史街区、西湖大道沿线历史文化遗产挖掘活动，并承担有关非物质文化遗产的普查和资料撰写工作。上城区申报的“振兴祥中式服装制作技艺”入选第三批国家级非物质文化遗产名录；古画（籍）修缮及墨拓和梨膏糖传统制作两项技艺被列入第四批市

12 月 9 日,举行区非物质文化遗产保护与利用成果展示开幕式。
(区文广新局　供稿)

级非遗名录。本着"以保护带动发展,以发展促进保护"的宗旨,通过全面普查、摸清家底、健全机制、规范管理、整体保护、传承发展的有效举措,非物质文化遗产保护又结硕果。全区共有四级名录 68 个,其中有国家级非物质文化遗产项目 6 个、省级非物质文化遗产项目 15 个,市级非物质文化遗产项目 18 个,区级非物质文化遗产项目 29 个,基本构建起国家、省、市、区县四级名录体系。

【非遗项目亮相文化产品交易博览会】 4 月 20~23 日,由文化部、浙江省人民政府主办,浙江省文化厅、浙江省文化产业促进会等单位承办的 2011 中国文化产品交易博览会在义乌举办,上城区参展的邵芝岩笔庄、南宋官窑、杭州刺绣、张小泉剪刀、朱炳仁铜雕 5 个非遗项目在博览会精彩展出,充分显示上城区厚重的文化底蕴和非遗保护工作所取得的丰硕成果。

【非遗项目获 2011 中国(浙江)非遗博览会金奖】 4 月 22 日,上城区组织王星记制扇技艺、杭州铜雕制作技艺、张小泉剪刀镶钢锻制技艺、南宋官窑制作技艺等国家级、省级、市级非遗保护项目参加了 2011 中国(浙江)第三届非物质文化遗产博览会。其中,南宋官窑制作技艺获得浙江省雕镌塑作类青年作品评选金奖,杭州刺绣技艺获得浙江省"民间巧女"手工技艺大赛金奖。本次博览会上,陈水琴的杭绣双彩双面绣《博美犬》最为抢眼。报送的王星记制扇技艺以其精湛的工艺、迥异的功能、高雅的情趣,继成功打入北京奥运会之后,又精彩亮相该博览会。

【"振兴祥中式服装制作技艺"入选国家级非遗名录】 5 月 23 日,国务院正式公布第三批国家级非物质文化遗产名录 191 项,上城区传统手工技艺"振兴祥中式服装制作技艺"榜上有名,这是上城区继胡庆余堂中药文化、张小泉剪刀镶钢锻制技艺、王星记制扇技艺、浙派古琴、杭州铜雕技艺成功申报国家非物质文化遗产名录之后,第六个入选国家级非遗名录的项目。也是上城区非物质文化遗产保护的又一重大成果,对上城区进一步打响"南宋古都·经典上城"的品牌,具有重要影响。"振兴祥中式服装制作技艺"是

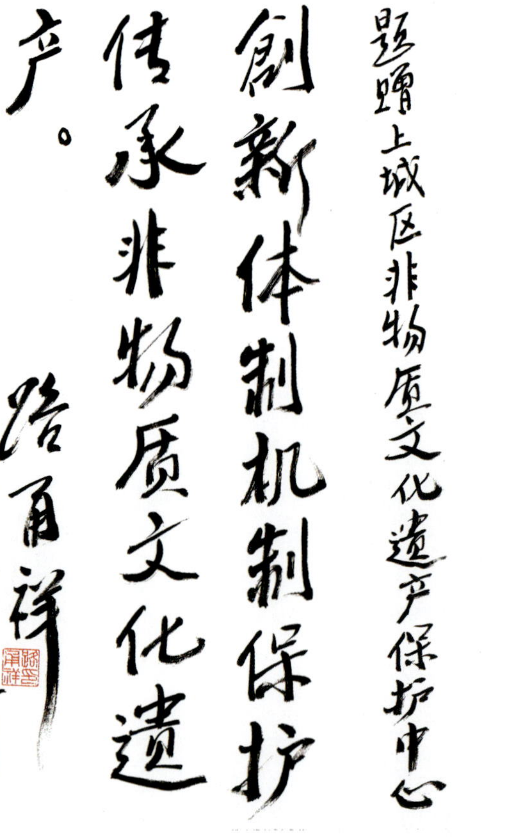

12 月 5 日,全国人民代表大会常务委员会副委员长路甬祥为区非物质文化遗产保护中心题词。
(区文广新局　供稿)

以手工制作中式传统服装，是国内从历史上完整保留至今从未间断过中式服装生产的中华老字号企业，诞生在素有“丝绸之府”美称的浙江杭州。百余年来，吸收和传承了中华民族几千年的服饰文化精髓，形成了“大襟、立领（又称中国领）、一字扣、镶、嵌、滚、宕、盘、钉、勾、绣”等具有鲜明中华民族服饰风格的独特技艺。以高档织锦缎和丝绸为面料，裁剪缝制出旗袍、长衫马褂、男女中式套装、丝棉袄等系列产品，是中国服饰文化的代表，在海峡两岸及东南亚地区有着深远的影响。

【举行非物质文化遗产保护与利用成果展】 12月9日，上城区举行“厚重文化·轻松体验”——上城区非物质文化遗产保护与利用成果展。共展出非物质文化遗产名录宣传图板40块，内容丰富、技艺精湛。展览现场邀请振兴祥中式服装制作技艺、张小泉剪刀镶钢锻制技艺、杭州木板水印技艺进行技艺展示，特别是杭州小热昏国家级非物质文化遗产代表性传承人周志华现场表演了杭州传统说唱艺术，让市民群众亲身体验，领略非物质文化遗产的新魅力。

【参加非遗保护师徒传承工程启动仪式】 10月12日，“杭州市第一批专家领衔非物质文化遗产项目保护工程”和“杭州市非物质文化遗产项目保护师徒传承工程”启动仪式在上城区孔庙国学馆举行。上城区国家级非遗保护名录振兴祥中式服装制作技艺作为第一批10个项目之一，由项目保护责任单位负责人包文其与此项目的领衔专家杨光宇进行了现场签约，同时，包文其与徒弟进行了师徒结对。（张雪梅）

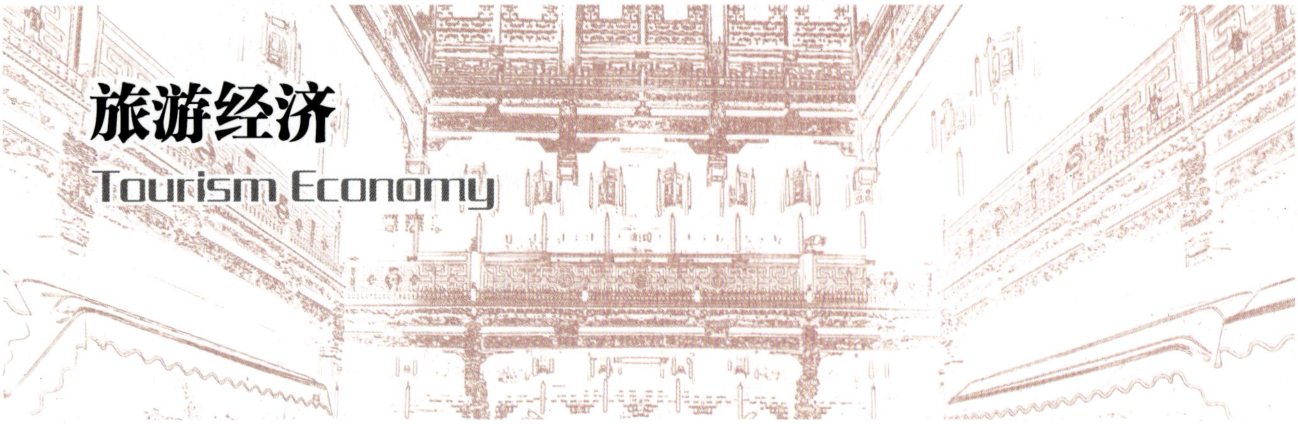

旅游经济

Tourism Economy

旅游经济综述

2011年,上城区制定《2011上城区“购物天堂·美食之都”建设工作系列重点活动实施方案》,推出60项促销活动,实现社会消费品零售总额215.86亿元,比上年(指2010年,下同)增长18.5%。接待国内外游客2576万人次,总营业收入48.75亿元,上缴税收2.84亿元。组团参加杭州2011新春旅游推广团,分赴青岛、天津、成都、桂林、昆明、武汉6个主要城市,对上城区旅游业、六大潜力行业及休博会项目等进行推广,发放各类宣传资料近千份,并重点推荐河坊街、南宋御街·中山路等景点。五一小长假期间,清河坊历史文化特色街区、湖滨特色街区和南山路特色街区共接待游客143万人次,营业收入共计2600余万元,比上年分别增长18%和10%。其中清河坊历史文化特色街区接待游客113万人次,营业收入423万元,比上年分别增长7.6%和10.3%。近年来,开展“诚信上城,品质旅游”活动,塑造行业品牌,结合网络、旅交会、宣传册等多种途径对外宣传、促销,饭店业发展呈现良好态势。杭州索菲特西湖大酒店、杭州马可波罗假日酒店、杭州香溢大酒店及杭州友好饭店、浙江梅地亚宾馆、杭州香溢浣纱宾馆分别获杭州市旅委评选的“2010年度十佳星级饭店”和“2010年度优秀星级饭店”称号。上城区湖滨、南山路、清河坊3条特色街实现税收2.84亿元。调研南宋皇城街巷综保工程“51131”业态,提出《南宋皇城街巷综保工程“51131”业态规划和调整计划》。上城区连续10年获得杭州市旅游西进考核城区组一等奖,并获2010年度浙江省旅游工作先进单位、第十二届中国杭州西湖国际博览会先进集体、2011年城区陆生野生动物保护管理考核一等奖、2010年度杭州市重大动物疫病防控和畜产品安全目标管理工作一等奖、2010年度旅游行业财务信息工作优秀单位、2011年度杭州市旅游市场开发工作优秀单位、第二届杭州市金牌导游员评比活动最佳组织奖、杭州市畜牧兽医法律知识竞赛优秀组织奖等荣誉称号。

【如期完成为民办实事工程】 凤凰北苑农贸市场是上城区2011年为民办实事工程之一。该农贸市场附近有凤凰南苑、新工社区、春江花月、金色海岸等小区。长期缺乏正规的农贸市场,导致无证摊贩滋生,卫生环境脏、乱、差,居民投诉不断。为破解这一带居民的买菜难问题,根据《杭州市人民政府关于变更凤凰北苑R5组8号楼农贸市场(净菜超市)用途复函》精神,于2011年3月开始对凤凰北苑农贸市场进行施工,于10月28日开张营业,如期完成为民办“实事”工程。

【金牌导游大赛成绩居13个县市区榜首】 结合建设“具有国际水准的高品质中心城区”的目标,打造上城旅游质量软环境,2011年,重点抓好培育金牌导游员工作。组织导游员进行培训,加强导游队伍建设,提高导游综合素质。通过实施“金牌导游”培训工程,以及建立金牌导游员选拔、培训、使用、管理、激励等机制,加强金牌导游员的宣传,发挥金牌导游员的骨干和引领作用,规范导游人才队伍建设,培育了一批素质较高、结构合理的优秀导游人才。在2011年杭州市第二届金牌导游员选拔大赛中有30名选手进入决赛，入围人数位居全市第一。有16名导游被授予金牌导游员称号，4名导游被授予文明导游员称号，两项入围人数占全市获奖总数1/3，位居杭州市13个县市区第一。

【策划制作旅游宣传册及旅游网站】 完成制作"南宋古都·悠游上城"组合旅游宣传册。把上城"吃、住、行、游、购、娱"六大旅游要素分别设计"六合一"宣传册，把上城旅游六大要素和与众不同的市井民俗、历史文化的特色景点、特色行业、特色企业全方位向中外游客宣传。将宣传册免费投放到省内外各大宾馆、饭店、旅游集散中心。该旅游宣传册获2011年第一届"荷花奖"三等奖。同时，运用网络平台，面向中外游客，创新设计理念，把各条旅游线、各个景点串珠成链，最大限度为中外游客提供方便、快捷、舒适的旅游服务，把怎样到达，哪里旅游，哪里就餐、购物、娱乐、住宿、停车等进行详细描述，用独特旅游促销手法吸引更多中外游客到杭州、到上城。

【推进旅游商贸城乡统筹系列工作】 按照《关于建立区县(市)协作机制推进城乡统筹发展的实施意见》，根据上城区、萧山区、富阳市区市协作框架协议的总体部署，推动三区市商贸、旅游产业协调发展。旅游产业方面，以打造"萧山会客"、"富阳健身"、"上城休闲"为主题，三方旅游休闲合作，全年组织实施了2011上城千人团游富阳活动、"三地联合推广活动"等。其中，7月22日，上城、萧山、富阳三地组织旅游部门在吴山广场开展大型旅游推广活动，共同进行"休闲在上城、会务在萧山、运动在富阳——闲踏三地 寻悠江南"三地旅游宣传。同时，配合区、市间形式多样的产业合作，形成三区市旅游合作共赢的发展格局，增强区域旅游品牌竞争力和辐射带动作用。促成富阳市经济贸易局、富阳市农村工作领导小组办公室与商贸旅游局及农贸市场经营户座谈对接，以蔬菜直供、直销为契机，由上城区农贸市场提供摊位，组织富阳当地农产品生产企业或农户到上城区销售，并与富阳交流共享上城区农贸市场改造提升的经验，加强两地农产品流通环节互助共赢。12月，在吴山广场组织开展富阳农产品大型展销活动。

【借"休博会平台"宣传"经典上城"】 组织实施休博会国际文艺展演活动、第四届中国民间艺人节、2011杭州西湖国际烟花大会、2011杭州吴山庙会、2011中国杭州名师名校长论坛、杭州市首届南宋酒文化节、第三届南宋御街国际旅游文化节、2011中国杭州咖啡西餐节8项活动，在2011年第二届世界休闲博览会的"2011杭州休闲生活(十大特色潜力行业)展"上，以"品千年南宋文化、享御街休闲风情——悠游上城"为主题，以"一个造型、二大展区、三块主题、四重演艺"为主要内容精心设计展馆，充分展示上城区"千年历史的文化精髓"、"现代元素的时尚休闲"和"品质生活的精致空间"。利用休博会这一平台，打响上城休闲品牌，进一步扩大国内外知名度。

【特色线路带动元旦旅游市场】 为推广南宋御街、清河坊"承南宋古韵、揽市井风情"的特色，元旦期间特别推出"2011元旦休闲之旅"的两条特色线路：老杭州经典游和中药文化游，抓住元旦节假日的契机，进一步向中外游客和市民宣传促销上城浓厚的南宋文化和人文历史文化。1月1~3日，清河坊(南宋御街)景区共接待游客19.98万人次，比上年增加11%，营业额890.40万元，比上年增加11.1%。

【组团参加中国农产品品牌博览会】 1月13日，上城区首次组团参加2011年"中国农产品品牌博览会暨杭州市·都市圈优质农产品迎新春大联展"，以"品质上城·绿色食品"为主题，精心策划，统一设计布展，组织具有上城特色的浙江省金华火腿有限公司、杭州景阳观调料酱品有限公司和杭州绿盛集团有限公司等品牌企业参加。展会为期4天，3家参展企业总营业额达23万元。

【成立茶文化研究会】 自南宋定都杭城，上城区作为"皇城根儿"，御街茶行、茶市遍布，茶楼、茶坊林立，清河坊四拐角处还曾是西湖龙井茶的中心集散地。为了更好地传承茶文化，上城区茶文化研究会于5月5日正式成立，弘扬茶文化，打造茶品牌。旨在深入挖掘整理南宋以来上城区茶文化脉络和茶文化史料，并以推动上城茶产业发展，改造提升茶叶市场，规范茶楼、茶馆经营为重点，制定上城茶产业发展规划，在全区倡导茶文化进社区、进学校、进企业、进家庭“四进”活动，大力宣传“茶为国饮”理念，为打造“杭为茶都”品牌作出积极贡献。

【3家旅行社荣登百强排行榜】 开展“诚信上城·品质旅游”活动，培育行业龙头，塑造行业品牌，开展扶优扶强，辖区旅行社数量逐年递增，2011年已达87家，占全市旅行社总数的17.2%。2011年，杭州有6家旅行社上榜国家旅游局2010年度“全国百强旅行社和全国四项十强旅行社”名单，其中上城区有3家，分别是浙江中旅旅业集团有限公司(第21名)、浙江省中国旅行社有限公司(第54名)和浙江中山国际旅行社有限责任公司(第97名)。

【泰山堂入驻南宋御街】 10月8日，泰山堂成为继胡庆余堂、叶种德堂、万承志堂、方回春堂、张同泰之后又一家入驻南宋御街的百年医药老字号，重现了“杭城国药六大家”的历史盛况，推动上城中医药特色文化圈建设。新恢复的泰山堂设有中医馆、中药馆，经营面积达1500平方米，汇集50余名国家级、省级名中医药专家，提供中医中药问诊、预防调养及养生保健等服务。泰山堂在省内首创成立由国家级、省级名老中医组成的中医专家委员会和中医学专家咨询委员会，为患者会诊疑难杂症，提供养生、健康咨询等。

(贾元元)

5月5日，成立上城区茶文化研究会。　　(区档案局　供稿)

西湖博览会在上城

【概况】 2011年，第二届杭州世界休闲博览会(以下简称休博会)和第十三届中国杭州西湖国际博览会(以下简称西博会)自9月17日至11月18日，历时9周。休博会(西博会)期间，上城区围绕建设“具有国际水准的高品质中心城区”的战略目标，以“休闲——提升生活品质”的主题，依托上城的“人文历史、优质教育、旅游商贸”，借助休博会(西博会)的会展平台，开展旅游休闲、文化休闲、时尚休闲、娱乐休闲、美食休闲等节庆会展活动，加快推进城乡区域统筹发展，推动旅游产业转型升级，打造休闲旅游品牌，促进杭州“国际旅游休闲中心”、“购物天堂·美食之都”建设，提升现代服务业。带动区域旅游商贸和现代服务业的快速发展，塑造和展示全区经济和社会发展的良好形象，彰显“南宋古都·经典上城”的品牌。提升杭州的旅游国际化水平，扩大杭州旅游的美誉度、知名度。精心筹划西博会上城区的一系列活动，重点实施8个活动项目，取得圆满成功。

【2011杭州西湖国际烟花大会】 2011年杭州西湖国际烟花大会设3个燃放区域，钱塘江主会场和运河分会场。主会场烟花燃放区域位于复兴大桥(钱江四桥)与西兴大桥(钱江三桥)之间的钱塘江水域；运河分会场在拱墅区桥弄街以南、吉祥寺路以西规划地块以及运河西岸国际艺术区公园地块和下城区的西湖文化广场景观桥及景观桥北侧两岸运河游步道。10月23日晚，总施放烟花22.50万发，其中高空烟花约6.20万发，烟花最高高度达260多米。主会场燃放规模：总发数7万发，其中高空造型烟花3.20万发。同时在钱江四桥东侧桥面安排瀑布冷烟花。40分钟的烟花燃放，分“钱塘欢歌”、“天堂胜景”、“和谐古都”、“创新发展”4个篇章。为提升整体观赏效果，在3个燃放区新增激光与烟花燃放的互动表演，其中钱塘江燃放区利用海上工程船自带发电设备的有利

条件，直接在燃放平台上设置激光束灯光表演配合烟花燃放。

【2011 中国(杭州)咖啡西餐节】 11月18~20日，由杭州市培育发展十大特色潜力行业工作领导小组办公室、杭州市贸易局、杭州市上城区人民政府主办，杭州市清河坊历史街区管理委员会、杭州市咖啡西餐行业协会承办的2011中国(杭州)咖啡西餐节暨“百人同煮、千人同品牙买加蓝山咖啡”大世界基尼斯认证活动在吴山广场及南宋御街举行。11月18日，上海基尼斯总部和杭州国立公证处进行了“百人同煮、千人同品牙买加蓝山咖啡”大世界基尼斯活动现场认证，杭州市咖啡西餐行业协会受牙买加咖啡工业局的委托对国内蓝山咖啡销售商家等代表进行统一授牌。发起蓝山咖啡国内共同发展联盟倡议；组织国内咖啡行业同行参加“认知蓝山咖啡、对话 CIB”活动；筹办“第七届中国咖啡师大赛杭州地区选拔赛”；制作《爱咖啡享生活》专刊。活动期间还向市民游客发放5万张总价值100万元的消费优惠券和杭州市咖啡西餐地图、评选出星级门店、邀请200名市民代表参加免费品尝咖啡西餐活动等。其中咖啡西餐广场展示与市民直接互动，得到领导、市民、游客及业内人士一致好评，全国40多家媒体对盛况做了报道。

【杭州市首届南宋酒文化节】 11月23~25日，由中国文物保护基金会酒文化保护专项基金管理委员会和上城区人民政府主办，杭州米奥生物科技有限公司、杭州南宋御街美食夜市投资管理有限公司承办的杭州市首届南宋酒文化节暨“中国红糟酒保护高峰论坛”在南宋御街中华美食园和杭州索非亚大酒店举行。中国文物保护基金会、中国食品科技学会黄酒分会、中国酿酒工业协会、上城区等单位领导出席开幕式。杭州的酒文化历史悠久，举办首届南宋酒文化节是重温杭州八百多年前的酒业辉煌，使酒文化成为杭州休闲文化的另一张名片。本届南宋酒文化节暨中国红糟酒保护高峰论坛邀请了国内红糟酒行业的权威人士，对酒文化与城市发展、酒文化遗产保护、酿造工艺乃至文物、考古、医药养生等方面展开深入探讨。杭州米奥生物科技有限公司被中国文物保护基金会酒基会命名为“中国红糟酒(浙江)创新研发基地”。

表16 第二届杭州世界休闲博览会和第十三届中国杭州西湖国际博览会上城区活动项目

序号	名称	主办单位	承办单位	举办地点	举办时间
1	第二届杭州世界休闲博览会“畅享休闲·乐动全城”国际文艺展演系列活动	中共杭州市委宣传部、杭州世界休闲博览会组织委员会办公室、西湖风景名胜区管委会、杭州市文化广电新闻出版局、上城区人民政府、下城区人民政府、江干区人民政府、上虞市人民政府、湖州市南浔区人民政府	西湖风景名胜区湖滨管理处、清河坊历史街区管委会、西湖文化广场管委会、杭州砂之船国际生活广场、上虞商贸办公室、南浔区人民政府办公室	吴山广场、涌金广场、西湖文化广场、波浪文化城、上虞分会场、南浔分会场等	9月23日~10月28日
2	第四届中国民间艺人节	中国民间文艺家协会、中国文物学会、浙江省文联、杭州市人民政府等	上城区人民政府、杭州市旅委、杭州市贸易局、清河坊历史街区管委会等	南宋御街、清河坊历史街区、吴山广场	10月12~18日
3	2011杭州西湖国际烟花大会	杭州市人民政府	杭州市西湖博览会组织委员会办公室、杭州市旅委、杭州市园文局、杭州市交通局、上城区人民政府、滨江区人民政府、江干区人民政府、萧山区人民政府、钱江新城管委会、下城区人民政府、拱墅人民区政府	钱塘江、运河	10月23日

续表

序号	名　称	主办单位	承办单位	举办地点	举办时间
4	2011杭州吴山庙会	上城区人民政府、杭州市旅委、杭州市贸易局、杭州市文化广电新闻出版局、西湖风景名胜区管委会	清河坊历史街区管委会、吴山景区管理处、上城区商贸旅游局	吴山广场、清河坊、吴山景区	10月25日~11月2日
5	2011中国杭州名师名校长论坛	中国教育政策研究院、杭州市人民政府	上城区人民政府、杭州市教育局	西湖国宾馆	11月9~10日
6	2011中国(杭州)咖啡西餐节暨“百人同煮、千人同品牙买加蓝山咖啡”大世界基尼斯记录创立活动	杭州市培育发展十大特色潜力行业领导小组办公室、杭州市贸易局、上城区人民政府	清河坊历史街区管委会、杭州市咖啡西餐行业协会	吴山广场	11月18~20日
7	杭州市首届南宋酒文化节暨中国红釉酒保护高峰论坛	中国文物保护基金会酒文化保护专项基金管理委员会、上城区人民政府	杭州米奥生物科技有限公司、杭州南宋御街美食夜市投资管理有限公司	南宋御街中华美食园、索非亚大酒店	11月23~25日
8	第三届南宋御街国际旅游文化艺术节	上城区人民政府、杭州市旅委会、杭州市文化创意产业办公室、杭州市贸易局	上城区商贸旅游局、清河坊历史街区管委会、南宋御街美食夜市投资管理有限公司	南宋御街、清河坊历史街区、吴山广场	12月22~31日

(潘德明)

环境保护
Environmental Protection

环境保护综述

2011年,上城区作为全市创建生态文明城市唯一试点主城区,8个社区成功创建为第二批区级"生态文明示范社区",两个点被命名为"上城区生态文明示范点",7项工程被列入市"1250"工程并如期完成。2011年,杭州市环境保护局上城分局(以下简称上城环保分局)"联街结社"工作得到浙江省环境保护厅厅长批示,要求在全省宣传推广;《中国环境报》头版头条报道"联街结社"工作。上城环保分局授牌3个"环保交心社";评选65名"夕阳红环保卫士";结合2011年的"创模"复检工作,上城环保分局走进6个街道的41个社区,举办各类讲座43场次;张贴"三级提醒"温馨提示绿色标志284张;将排污申报等环境管理具体事宜下移至各街道,实现属地申报、缴费、打证一条龙服务,全年在街道办理排污申报60家。2011年,上城环保分局多番牵线浙江省钱塘江管理局,为之江路下穿方案寻求技术支持;在市级环境重点监管单位抽查中,上城区合格率100%,名列主城区前茅;2011年,共受理信访投诉159件,省、市转信访比上年(指2010年,下同)分别下降67%和51%,继续位于主城区前茅;杭州市环境保护局组织的信访件抽查中,上城区满意率为100%,名列主城区前茅。2011年,上城环保分局完成河坊街、高银街美食特色街和中华美食园油烟在线监控安装26家,对湖滨街道、小营街道区域分片实施存量餐饮店的安装工作,完成88家;全年上城环保分局共审批项目183家,项目总投资14.57亿元。

生态区建设

【注重体系建设】 2011年,上城区作为全市创建生态文明城市唯一试点主城区,上城环保分局以"生态文明示范社区"和"生态文明建设示范基地(点)"双示范作为试点工作的主要载体,建立一整套的指标体系,填补了省内空白。2011年,在继2010年东平巷社区等6个社区创建成为上城区首批"生态文明示范社区"后,青年路、劳动路等8个社区成功创建为第二批区级"生态文明示范社区"。清波门社区手工DIY利乐包环保物

6月3日,杭州市环境保护局局长朱党其(前排右二)参观清波门社区手工DIY利乐包环保物品制作。
(区环保分局　供稿)

品制作等两个点被命名为“上城区生态文明示范点”。

【加快工程建设】 2011 年,上城区有 7 项工程被列入市“1250 工程”。生态垃圾房、东平巷社区美化家园工程、小营街道的新能源利用工程完成并通过验收。东河、贴沙河河道水体植物生态化处理工程和中瑞思创的清洁生产工程如期完工。两个生态文化推介工程为首批生态文化推介工程。

【注重政策保障】 2011 年,为鼓励区域生态文明建设,上城环保分局制定了《上城区生态文明细胞工程创建奖励暂行规定》等制度,从政策上推动试点工作的广泛深入实施。

环境监督与管理

【主动服务全区经济建设】 围绕上城区经济建设,上城环保分局在项目审批中主打“服务牌”,充分发挥桥梁作用,协调区重点工程的审批进度。2011 年,共审批项目 183 家,项目总投资 14.57 亿元。上城环保分局在项目受理上采用电话预约式服务,在现场踏勘过程中实行一次性告知,通过增加自身工作量来减少建设单位的上门次数。

【改善城区环境提品位】 30 家试点单位在线监控设施经一年多时间运转测试,基本达到预期目标要求。2011 年,上城环保分局餐饮油烟在线监控实施的重点区域是河坊街、高银街美食特色街和中华美食园。该区域已完成安装餐饮油烟在线监控 26 家。开展对湖滨街道、小营街道区域分片实施存量餐饮店的安装工作,全年累计完成 58 家,现上城区共有油烟在线监控单位 88 家。

环境管理执法

【开展各项整治工作】 上城环保分局通过开展油气回收、大气监测点位影响因素分析、工地扬尘污染监管、饮用水源保护、突发辐射污染事件应急演习等推进大气、水环境改善及辐射安全工作。2011 年,在市级环境重点监管单位抽查中,上城区合格率达到 100%,名列主城区前茅。

环境综合整治

【坚持“联街结社”之路】 上城区生态文明“联街结社”工作得到浙江省环境保护厅厅长批示,要求在全省宣传推广;10 月 24 日的《中国环境报》头版头条对上城环保分局“联街结社”工作进行了专题报道。区委书记陈红英、杭州市环境保护局原局长朱党其曾对该项工作批示 20 余次。浙江省环保厅生态处处长韩志福参加专题调研,宁波海曙区、嘉兴嘉善县等外地相关单位到上城区参观学习。杭州电视台“生态杭州”连续做了 3 期专题播出。9 月 19 日的《浙江省生态建设工作简报》第 33 期和 9 月 29 日的《杭州环保信息》第 14 期发专刊进行宣传。上城环保分局在劳动路社区、北落马营社区和在水一方社区设置“环保交心社”,定期或不定期与辖区内的群众开展环保问题交心活动,构建一个上通下达·畅通民意的沟通平台。针对上城区老龄化的特点,发放 1560 张调查表,完成《老年人环境诉求调查分析报告》,评选出 65 名“夕阳红环保卫士”,以老年人生态环保理念的普及来带动上城区整体生态文明意识的提升;结合

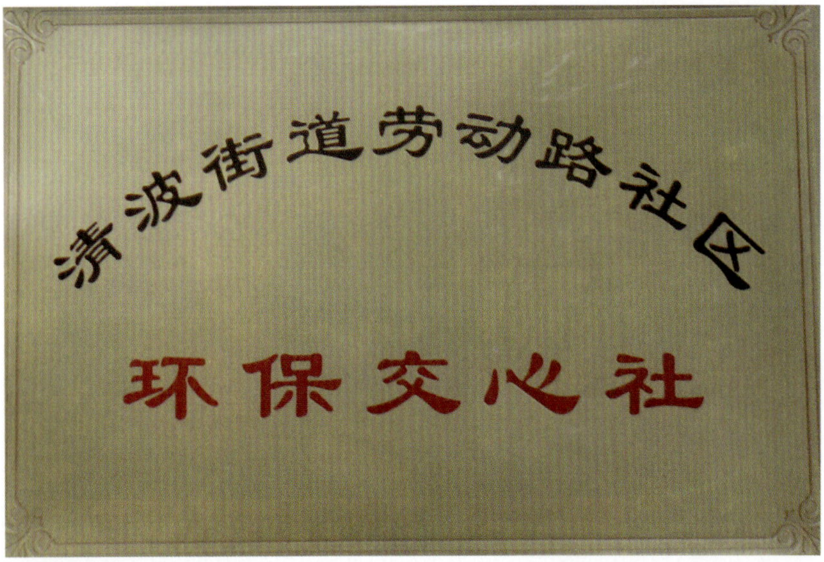

劳动路社区环保交心社 (清波街道 供稿)

2011 年的“创模”复检工作，上城环保分局走进辖区 41 个社区，举办各类讲座 43 场次。在措施上，注重环境风险的事先预防，对于尚处在转让、装修阶段，不符合环保要求的营业用房张贴“三级提醒”温馨标志，张贴绿色标志 284 张，黄色标志 6 张，红色标志 4 张；将排污申报等环境管理具体事宜下移至各街道，实现属地申报、缴费、打证一条龙服务，2011 年，在街道办理排污申报 60 家。在机制上，上城环保分局和区财政局联合下发《“联街结社”共建活动考核与奖励办法》，有效调动全体工作人员的积极性和创造性。

【做好“三江两岸”整治的启动工作】 上城区全面完成规定的六项工作，包括成立工作领导小组、成立现场办公室、召开动员大会、编制《上城区沿江生态景观设计规划》、制定工作方案、完成对钱塘江上城区段沿江排污口的实地摸底调查并按时完成封堵任务。此外，区现场办招聘了两名大学生专职从事“三江两岸”工作。同时，上城环保分局多次牵线浙江省钱塘江管理局，为之江路下穿方案寻求到技术支持。上城环保分局获“三江两岸”生态景观保护与建设优秀组织奖。

（赵晓英）

经济管理

Economic Management

发展改革实施

【加快产业转型升级】 “五主多副”产业发展优势明显。结合上城区“五主多副”产业发展优势,编制“十大产业”总体发展规划出台《关于推进上城区“十大产业”发展实施意见》,研究制定扶持政策,产业集聚优势和发展活力不断增强,“十大产业”实现增加值180亿元,比上年(指2010年,下同)增长11%,快于地区生产总值增速1.5个百分点。制定下发“五主多副”产业任务分解表,着力发展商贸、旅游、金融、文化创意等主导优势产业,服务业对地方财政贡献率超过90%。南宋御街·中山路、湖滨(南山路)等景点的知名度不断提高,全年接待游客2600万人次,比上年增长18.2%,实现营业收入43亿元、上缴税收2.30亿元,比上年分别增长53.1%和62.5%。组织开展“购物天堂·美食之都”系列活动,引导和鼓励企业发展夜间经济,商贸龙头企业营业收入比上年增长18.3%。湖滨名品街整体改造工程顺利实施,南山路“名车长廊”税收突破9000万元。商贸服务业实现地方财政收入10.30亿元,比上年增长14.1%。文创企业规模效应不断增强,实现营业收入123.50亿元,比上年增长11.6%。山南国际设计创意产业园、西湖创意谷·开元198等文化创意产业园规模不断壮大。新引进浙江金汇信托、浙江创新基金等金融类企业,深入推进玉皇山南国际金融园建设,金融业实现增加值113.40亿元,比上年增长8.4%。加快中介服务业和养老服务业培育,中汇会计师事务所、八达物流、在水一方养老集团等新兴服务业企业入围杭州市服务业企业100强。

【工业经济发展良好】 全年完成规模以上工业销售产值595.27亿元,比上年增长16.7%。重点抓好娃哈哈集团有限公司、杭州华日电冰箱股份有限公司等8个企业的技改项目,超额完成市政府下达的工业投资年度目标任务。深入推进工业企业“退二进三”,帮助印铁制罐厂等企业做好搬迁稳定工作。高新技术产业快速发展,实现工业销售产值22.90亿元、利税6.20亿元,比上年分别增长47.7%和80.2%,工业新产品产值率达到6.5%,较上年提高0.9个百分点。推进上城区电子信息产业基地建设,新培育6家省级高新技术企业,引进浙江鼎诺节能科技有限公司等一批优质企业。战略性新兴产业快速增长,先进装备制造、物联网、信息软件业实现营业收入42亿元,比上年增长20.1%。宇控机电研发的深海沉积物取样器于2011年搭载蛟龙号载人潜水器成功下潜5180米,为中国发展海洋经济作出贡献。

资料　退二进三:“二”指工业,“三”指服务业,“退二进三”指减少工业企业用地比重,提高服务业用地比重,重点发展服务业。

【加快平台建设步伐】 楼宇经济迅猛发展,制订上城区楼宇经济三年行动计划,全面启动楼宇“五个一批”提升工程,加快智能化楼宇建设,全区规模以上楼宇实现税收30.40亿元,比上年增长15.2%,税收3000万元以上楼宇达23幢,其中新城大厦、华都大厦等7幢楼宇超亿元。服务业集聚区建设成效显著,山南国际设计创意产业园、复兴国际商务广场被认定为杭州市第一批现代服务业重点类集聚区,南宋御街·中山路和湖滨·南山路城市综合体已通过专家评审。以四大城市综合体为核心的集聚区实现税收4.10亿元，比上年增长17.60%。

【工业功能区稳步增长】 以“十大产业”为引导，引进了浙江古谷热导、浙江中航电子等优质企业，全年实现工贸总收入42亿元，比上年增长20%，发展质量稳步提升。

【扎实推进招商引资】 多次组织赴上海、广州、北京、深圳等地开展专题招商活动，借助杭州国内经济合作洽谈会、西博会等招商平台，提升招商引资成效。全年新引进内资项目1126个，实际到位资金198.60亿元，其中1000万元以上内资项目158个，实际到位资金125.3亿元，占总额的63.1%；新批外资项目30个，合同外资4.30亿美元，实际利用外资1.80亿美元，其中引进1000万美元以上项目8个，累计合同外资2.80亿美元，占总额的65.8%。围绕“十大产业”和高端产业招商，世界500强企业沃尔玛并购雅克多、省电子商务企业10强贝付科技等项目落户上城区。

【对外开放成效明显】 对外贸易稳步增长，开展上城科技兴贸创新出口基地和公共服务平台建设，促进外贸结构转型升级。全区实现进出口总额24.50亿美元，比上年增长26.7%，其中自营出口11.70亿美元，比上年增长18.7%。外经合作扎实推进，全区赴境外设立各类企业8家，累计投资3609万美元。服务外包产业快速发展，实现服务外包接包合同额8500余万美元、离岸外包执行额5500余万美元。

【加快城乡统筹】 加强与萧山、富阳合作，不断提升协作质量。浙江华日投资实业有限公司、杭州城建开发集团等8家企业项目落户富阳，6家企业与富阳签约，总投资达18.15亿元。街道与乡镇对接工作深入展开，教育、医疗、社区、养老等社会事业协作全面推进。

【全面推进城区建设】 根据区域发展实际，强化功能规划引导，编制完成望江、吴山、玉皇山南地区发展规划。全年新开工88.24万平方米，竣工61.02万平方米，拆迁1674户，安置1411户，全面完成四项指标任务。加快城市有机更新，南宋皇城遗址“51131”道路街巷综合整治工程进展顺利，五柳巷历史街区二期综保工程“十一”精彩亮相；望江地区改造取得突破性进展，企业搬迁及望南地区拆迁工作加快推进；保障性住房建设扎实推进，全年新开工10.30万平方米、竣工23.80万平方米；湖滨地区一期、二期（吴山路地块）基本竣工，三期已开始拆迁；山南国际设计创意产业园及景区综合整治等工程稳步推进；南宋御街综保工程基本收官，中华美食园顺利开街。

【完善基础设施】 全面实施道路整治工程，完成101条道路修复。2011年，中河中路被评为特色人行道，南山路被评为无障碍设施示范点。加强民生设施建设，完成危旧房改善16.75万平方米（含竣工量）、庭院改善35幢、背街小巷改善25条，物业改善94处，实施楼宇亮灯工程5个。

【优化人居环境】 不断完善城区绿化，实施6条道路绿荫工程，完成屋顶绿化2万平方米，全年扩绿6.94万平方米。优化改善生活设施，新建（改建）生态垃圾房84座，完成公厕提升任务。围绕“三江两岸”整治工程，制定河道生态修复方案，开展实施新开河、新塘河清淤工程，累计完成清淤量6000余立方米。开展全区污染源排查，完成截污纳管项目63个，日增截污量4400吨，截污率达到95.8%。

【深化重点改革】 围绕优化政府职能，进一步完善机构改革方案，政府机构改革有序推进。不断完善事业单位管理体制和运行机制，稳步推进实施绩效工资，事业单位分类改革取得新进展。深化国库集中支付改革，推行公务卡制度改革，公务支出透明度有效提升。推进企业上市，赞宇科技在深交所创业板实现上市，汇都化妆品被确定为上市重点培育企业。推进金融改革创新，上城区被认定为小额贷款保证保险试点，新增杭州文广投资控股为小额贷款公司。进一步完善国有资产监督管理体制，推进上城区行政事业单位报废资产首次集中处置，国有资产保值增值能力显著增强。

【加大科技创新力度】 组织实施可持续发展实验区发展规划，创建可持续发展实验区，通过全国科技进步先进城区、浙江省科技强区复查。加强研发机构的建设，成立海洋装备试验浙江省工程实验室杭州市上城区基地,新建5家省级高新技术研发中心。加强产学研合作,有11家企业与省内外院校实现对接,启动13项产学研合作攻关和科技成果推广应用项目,组织认定创新示范、试点企业4家。强化孵化资源的优化与调整,科创中心实现经营收入7.28亿元,比上年增长10.3%。全区专利申请1500件,授权950件,比上年增长30%。发展环境持续优化。深入开展"双重"服务,全面落实各项政策,落实"五主多副"企业奖励资金1200万元。积极推进创新科技金融工程,有12家企业获得"风险池"科技贷款4000万元,出资建立小额贷款风险补偿机制,缓解中小企业融资难。组织450余家企业申报各类产业扶持资金,兑现产业扶持资金1.80亿元。组织实施10项国家科技计划项目,争取市级以上科技经费支持2000万元。深入实施人才发展三年行动计划,设立600万元促进创业专项资金,加快推进大学生(留学生)创业园及LOMO创意谷、复兴大院等创业基地建设,引进各类人才5500余名。

【打好"三张牌"扎实推进重点工程建设】 全面实施望江地区改造建设工程,稳步推进望北地块、近江片、望南区块安置房建设。加强文保历保建筑修缮,推进王文韶大学士府三期、太平天国听王府项目。扎实推进保障性住房建设,上半年保障性住房竣工面积达2.70万平方米。加快实施南宋御街·中山路综保工程,全面推进玉皇山南综合整治工程,着力抓好湖滨商贸旅游特色街区二期改造,大力提升复兴国际商务广场综合体的品质品位。整体推进10项列入2011年现代服务业重点建设项目,上半年完成投资7.89亿元。2011年上城区实施的181个重点项目中,新开工16万平方米,竣工5.10万平方米,完成拆迁648户,安置456户。

【企业成功上市】 8月31日,在中国证券监督管理委员会发行审核委员会第195次会议上,审核通过了浙江赞宇科技股份有限公司首次公开发行股票申请。浙江赞宇科技股份有限公司(原省轻工业研究所)主要从事表面活性剂系列产品的研究开发和生产经营,以及相关的技术转让、技术服务、检测业务及进出口业务。为国内生产规模最大、产品种类最为齐全、技术实力最强的表面活性剂生产企业之一,产销规模、技术水平等居行业前列。浙江赞宇科技股份有限公司本次公开发行股票2000万股,发行后总股本8000万元,发行价格36元/股,募集资金6.65亿元。上市首日,赞宇科技以42元的价格开盘,高开16.7%,最终收报42.77元,涨幅为18.81%。截至11月底,上城区已有10家企业成功上市。 (魏建军)

工商行政管理

【概况】 2011年,杭州市工商行政管理局上城分局(以下简称上城工商分局)紧紧围绕建设"具有国际水准的高品质中心城区"战略目标,全面实施"五五"战略,积极应对国内外复杂多变的经济环境,坚持把服务发展作为第一要务,充分发挥登记许可准入、市场秩序监管等职能,贯彻实施中央及省、市出台的一系列政策措施,在服务上城产业升级、平台建设、招商引资、项目推进、要素保障上发挥积极作用,有力促进了区域经济平稳较快发展。截至2011年12月,上城工商分局登记在册的实有内资企业8310户(含分支机构,下同),注册资本158.04亿元,比上年(指2010年,下同)分别增长9.1%和13.6%。其中私营企业7747户,注册资本132.56亿元,比上年分别增长9.5%和17.1%。国有、集体等非私营内资企业563户,注册资本25.48亿元,与上年同期相比户数增长3.9%,注册资本减少1.3%。个体工商户14669户,资金数额8.17亿元,与上年同期相比户数减少3.8%,资金数额增长5.0%。农民专业合作社1户。

【内资企业登记】 2011年,全区新设内资企业1287户,注册资本17.36亿元,比上年分别增长11.7%和49.6%。其中新设私营企业1227户,注册资本14.09亿元,比上年分别增长10.4%和34.1%。新设个体工商户2958户,资金数额1.80亿元,比上年户数减少0.9%,资金数额增长9.9%。全年注销企业359户,注册资本5.72亿元,比上年户数减少1.1%,注册资本增长54.6%。其中私营企业注销333户,注册资本5.26亿元,比上年户数减少0.3%,注册资本增长49.2%。个体工商户注销2336户,比上年增长24.7%。从各类市场主体累计户数的比例来看,非私营内资企业占各类市场主体总数的2.5%,私营企业占33.7%,个体工商户占63.8%。

表 17　　2011 年上城区内资企业登记基本情况　　单位:户、万元

项目			内资企业	私营企业	个体工商户	农民专业合作社
累计登记	户数	2011 年	8310	7747	14669	1
		2010 年	7615	7073	15253	1
		同比(%)	9.1	9.5	-1.3	
	注册资本	2011 年	1580357	1325605	81742	
		2010 年	1390715	1132539	77824	
		同比(%)	8.3	5.8	10.3	
本期登记	户数	2011 年	1287	1227	2858	1
		2010 年	1152	1109	2986	
		同比(%)	11.7	10.4	-0.9	
	注册资本	2011 年	173556	140880	18038	
		2010 年	115991	105031	16418	
		同比(%)	49.6	34.1	9.9	
本期注销	户数	2011 年	359	333	2336	
		2010 年	363	334	1873	
		同比(%)	-1.1	-0.3	24.7	
	注册资本	2011 年	57243	52647	——	
		2010 年	37021	35297	——	
		同比(%)	54.6	49.2	——	

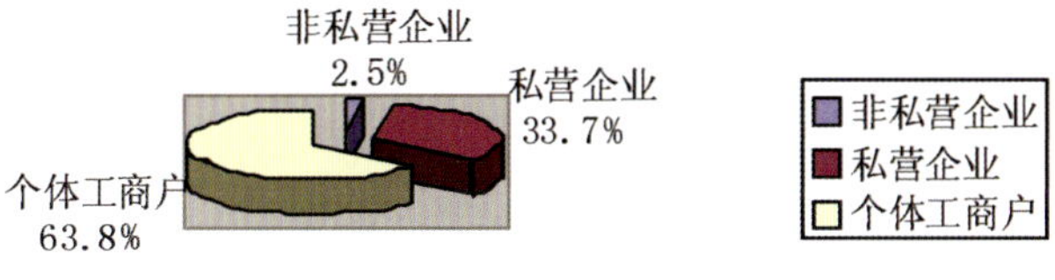

图 1　2011 年各类市场主体累计户数所占比例情况

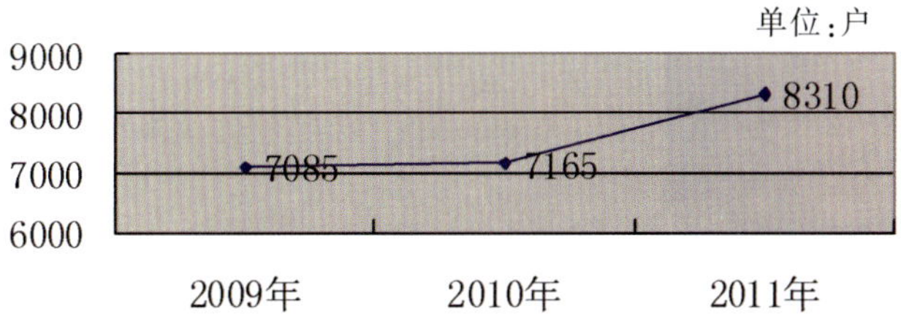

图 2　2009~2011 年上城区累计内资企业发展情况

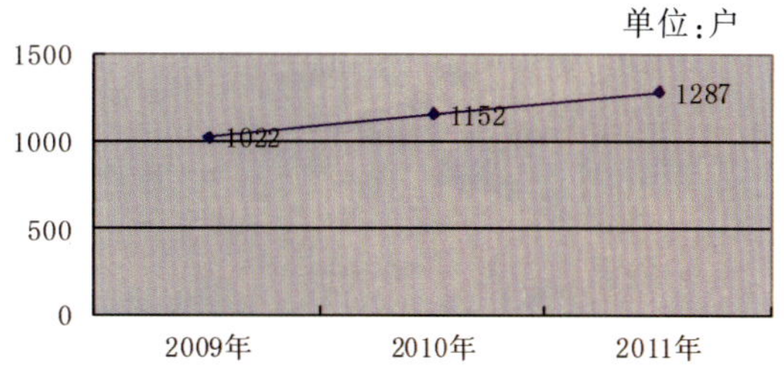

图 3　2009~2011 年上城区新设内资企业发展情况

【内资企业发展特点】 2011 年，全区登记在册的内资企业达 8310 户，比上年增长 9.1%。新设企业 1287 户，比上年增长 11.7%。企业发展连续呈现双增长的势头，特别是新设企业保持了两位数增长的欣喜局面，充分体现了区域经济良好的发展态势。

【不同企业类型发展情况】 2011 年，国有、集体、股份合作企业、独资企业逐年减少，所占比重持续下降。

统计数据显示，国有、集体、股份合作企业、独资企业期末实有户数分别为47户、137户、15户、244户，比上年分别减少了4.1%、9.3%、11.8%、0.8%。国有企业比重为0.6%，比上年下降了0.07个百分点；集体企业比重为1.7%，比上年下降了0.33个百分点；股份合作企业比重为0.2%，比上年下降了0.04个百分点；独资企业比重为2.9%，比上年下降了0.29个百分点。公司制企业优势突出，比例逐年上升。统计数据显示，公司制企业期末实有户数为7854户，注册资本154.03亿元，比上年分别增长10%和13.9%。其户数和注册资本所占比重分别为94.5%和97.5%，比上年分别上升了0.75和0.23个百分点。截至2011年12月10日，全区登记在册的私营企业实有户数7747户，占内资企业总户数的93.2%，比上年增长9.5%。全年新设私营企业1227户，占全年新设内资企业总户数的95.3%，比上年增长10.6%，成为市场主体扩张的主要力量。全年新设一人公司128户，较上年的96户增长33.3%，其中自然人独资107户，比上年增长30.5%，法人独资21户，比上年增长50%。

【企业发展规模情况】 截至2011年12月，实有内资企业注册资本158.04亿元，比上年增长13.6%，户均注册资本190.16万元，比上年增长4.1%。全年新设内资企业1287户，比上年增长11.7%，注册资本17.36亿元，比上年增长49.6%，户均注册资本增长34.2%。其中1000万元以上（含本数）的企业37户，比上年增长37.0%，行业主要集中在投资与资产管理业，占40.5%。新设企业户均注册资本134.85万元，比上年增长33.9%。

【内资企业行业分布情况】 2011年，新设内资企业户数排名前三位的行业依次是批发零售业，租赁商务服务业、科研技术服务业，户数分别为537户、395户、93户，三大行业占新设企业总户数的79.6%。累计户数和新设户数双双下滑的行业为房地产业、居民服务业、教育服务业。特别是房地产企业降幅明显，由于受到限购、房产税、价格控制等一系列调控政策的影响，2011年，新设房地产企业只有37户，比上年减少24.5%，而注销企业则有39户，比上年增长62.5%。发展较快的行业有金融业、科研技术服务业、水利环境服务业、住宿和餐饮业，与上年同期相比分别增长300%、52.5%、50%、30.3%。

【三大产业结构】 2011年，上城区三大产业8310户，第三产业所占比重与上年同比基本持平。第一产业1

表18 2011年上城区不同企业类型发展情况

单位：户、万元

企业类型	户数(累计)			注册资本(累计)		
	户数	同比	所占比重	注册资本	同比	所占比重
国有企业	47	-4.1%	0.6%	7891	-13.9%	0.5%
集体企业	137	-9.3%	1.7%	25737	13.0%	1.6%
股份合作企业	15	-11.8%	0.2%	1032	-5.1%	0.1%
公司制企业	7854	10%	94.5%	1540332	13.9%	97.5%
独资企业	244	-0.8%	2.9%	4686	-0.7%	0.3%
合伙企业	12	9.1%	0.1%	679	4.6%	0.04%
其他企业	1		0.01%			

表19 2009~2011年上城区内资企业注册资本情况

单位：万元

年份	累计注册资本	累计户均	新增注册资本	新增户均
2009	1284340	181.28	142234	139.17
2010	1390715	182.63	115991	100.69
2011	1580357	190.16	173556	134.85

表 20　　2011 年上城区内资企业行业分布情况　　单位：户

行　　业	2011 年		2010 年		同比增长(%)	
	累计数	新设数	累计数	新设数	累计数	新设数
农、林、牧、渔业	1		1			
制造业	141	2	148	1	-4.7	100
电力、燃气及水的生产和供应业			2			
建筑业	305	51	250	51	22	
交通运输、仓储和邮政业	132	4	121	6	9.1	-33.3
信息传输、计算机服务和软件业	393	44	356	50	10.4	-20
批发和零售业	3549	537	3283	454	8.1	18.3
住宿和餐饮业	378	43	362	33	4.4	30.3
金融业	20	4	18	1	11.1	300
房地产业	293	37	298	49	-1.7	-24
租赁和商务服务业	2014	395	1767	362	14.0	9.1
科学研究、技术服务和地质勘查业	393	93	292	61	34.6	52.5
水利、环境和公共设施管理业	16	3	15	2	6.7	50
居民服务和其他服务业	538	51	567	52	-5.1	-1.9
教育	7	1	11	2		-50
卫生、社会保障和社会福利业	31	2	31	6		-66.7
文化、体育和娱乐业	99	20	83	22	19.3	-9.1
合　　计	8310	1287	7605	1152		

户，仅占企业总户数的 0.01%，累计注册资本 100 万元，占资本总额的 0.01%；第二产业 446 户，占总户数的 5.4%，累计注册资本 12.45 亿元，占资本总额的 7.9%；第三产业累计户数 7863 户，占总户数的 94.6%，累计注册资本 145.57 亿元，占资本总额的 92.1%。

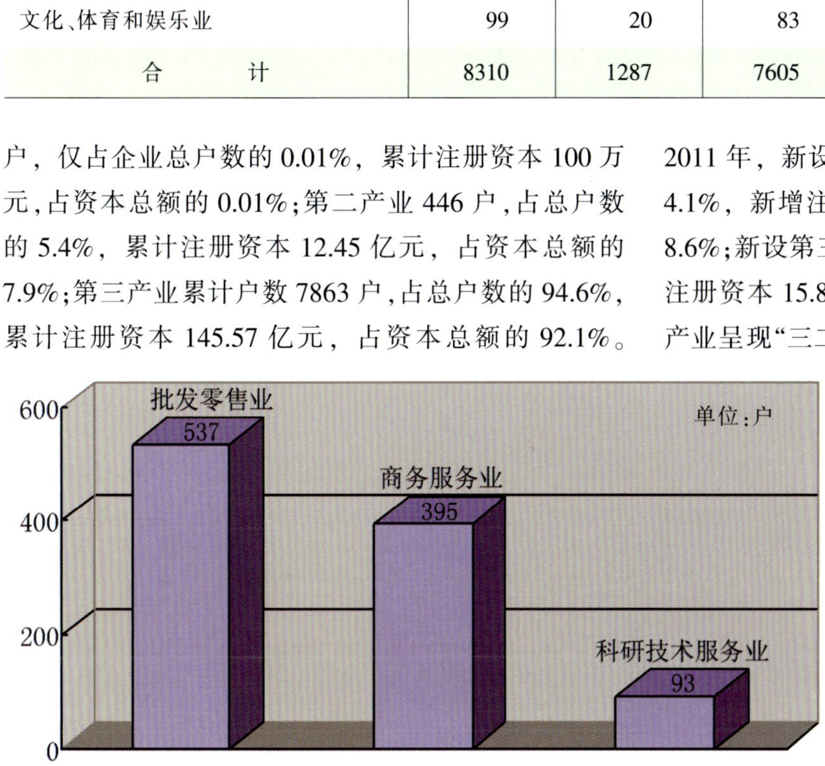

图 4　2011 年新设内资企业排名前三位的行业

2011 年，新设第二产业企业 53 户，占新设总户数的 4.1%，新增注册资本 1.48 亿元，占新增资本总额的 8.6%；新设第三产业 1234 户，占新设数的 95.6%，新增注册资本 15.87 亿元，占新增资本总额的 91.5%，三大产业呈现“三二一”排列，结构合理，符合上城区坚持现代服务业优先的发展思路。

【注销登记】 注销户数下降，但规模呈扩大趋势。反映经济发展的另一个直接数据是企业注销的数量。2011 年，办理注销登记 359 户，涉及注册资本 5.72 亿元，与上年相比，注销户数减少 1.1%，注册资本增长 54.6%。从平均注册资本看，注销企业的户均注册资本为 159.45 万元，而2010 年注销

表 21　2011 年上城区三大产业的企业在总户数中的比重　单位:户

产业分布	累计企业户数	所占比重(%)	新设企业户数	所占比重(%)
第一产业	1	0.01		
第二产业	446	5.37	53	4.12
第三产业	7863	94.62	1234	95.88
合　计	8310	100	1287	100

表 22　2011 年上城区三大产业的注册资本在资本总额中的比重　单位:万元

产业分布	累计注册资本	所占比重(%)	新增注册资本	所占比重(%)
第一产业	100	0.01		
第二产业	124543	7.88	14843	8.55
第三产业	1455714	92.11	158713	91.45
合　计	1580357	100	173556	100

表 23　2009~2011 年上城区个体工商户基本情况　单位:户

年　份	累计户数	同　比	新设户数	同　比	注销户数	同　比
2009	13971	-0.4%	2446	-11.4%	2748	-21.0%
2010	15253	9.2%	2986	22.1%	1837	-31.8%
2011	14669	-3.8%	2953	1.1%	2336	24.7%

企业的户均注册资本只有 101.99 万元,户均注册资本的增加彰显了企业规模的扩大。注销企业数下降,新设企业数增加,这“一降一升”从一个侧面反映出后金融危机时代,企业抵御风险能力的增强和对发展前景的看好。2011 年,共办理注销登记 2336 户,比上年增长 24.7%,而新设户数呈下降趋势,比上年减少 3.8%。

【个体工商户】　截至 2011 年 12 月,全区个体工商户实有户数为 14669 户,资金数额 8.17 亿元,户数比上年减少 3.8%,资金数额比上年增长 5.0%。新设个体工商户 2958 户,资金数额 1.80 亿元,户数比上年减少 0.9%,资金数额比上年增长 9.9%。从各行业的实有户数看,批发零售业成为个体工商户户数最多的行业,达 11929 户,占个体总户数的 81.3%,其次是居民服务和其他服务业 1251 户,占 8.5%,住宿和餐饮业 1061 户,占 7.2%,这三大行业户数占个体总户数的 97.1%。新设个体工商户也相对集中在传统的批发零售业、居民服务和其他服务业、住宿和餐饮业这三大行业,所占比重分别为 80.9%、6.8%和 11.3%。

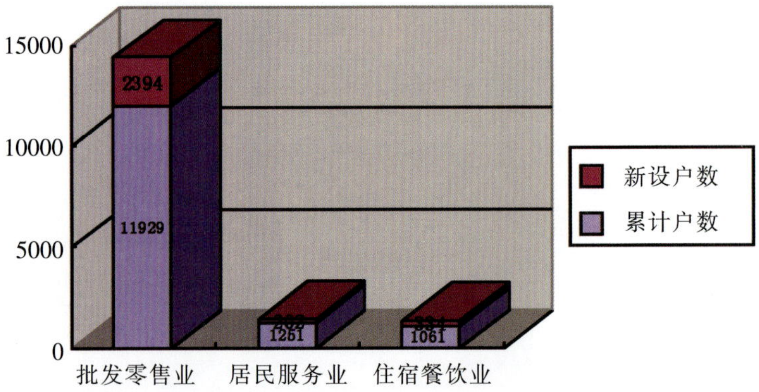

图 5　2011 年上城区个体工商户排名前三位的行业

【优化服务助动经济发展】　2011 年,上城工商分局以优化准入服务,为市场主体提供高效服务。推行注册提速,服务升级,全面开展服务承诺制、特事特办制、限时办结制等措施,实现企业所有登记事项的办结承诺时限在当日办结,实行预约服务、延时服务,跟踪服务,对重大建设项目变被动受理为主动介入。对政府重点项目,推行一事一策,特殊服务和有针对性的提供导向服务、全程服务，充分运用政策资源优势，为企业融活资本，通过搭建股权出质、动产抵押、商标权质押，帮助企业解决融资难问题。2011 年，办理股权出资登记 2 家，股权出资增资 8461 万元；办理股权出质登记 21 件，出质股权 1 亿元，融资金额 1.41 亿元；进行企业动产抵押登记 17 份，主债权金额 5.52 亿元。

【整治市场经营秩序】 2011 年，上城工商分局积极探索创新执法监管模式，以百姓密切相关的食品安全为重点整治对象，加大抽样检测力度，对各类农贸市场、蔬菜批发市场、超市等场所的各类食品进行了 3101 个批次的抽检，查处不合格商品 96 批次，销毁不合格商品 168.40 公斤，查处假冒伪劣食品案件 69 件，案值 44.46 万元，罚没款 70.64 万元，下架问题食品 5700 包，受理处置申诉举报 2588 起，为消费者挽回经济损失 54.80 万元；受理处置来信、来访 34 件，办结率 100%；开展节日市场专项整治工作，加强对生活必需品市场、食品市场、保健品市场等重点市场的监管；开展旅游目的地专项环境秩序整治行动，检查宾馆、酒店 34 家；开展商场超市专项整治，共查办案件 13 件，罚没款 28 万元；加大对“两虚一逃”行为的查处力度，查处“两虚一逃”企业 14 家，罚没款 139.37 万元；开展户外广告专项整治，共整治户外广告 300 块、2000 平方米，拆除新增户外广告 30 块。2011 年，共查处各类经济案件 319 件，其中立案查处案件数 312 件，罚没款 682.24 万元，总案值 3813 万元，其中大要案件 134 件，移送公安机关案件 4 件，办理各类经济违法案件比上年增长了 4%，其中大要案件增长 16%，收缴罚没款增长 36%。

资料 **“两虚一逃”：**公司虚拟注册资本和股东虚假出资、股东抽逃出资的三种违法行为。

【加快市场品质提升】 2011 年，上城工商分局以市场老城区向市场新强区的转变为目标，制订《上城区农贸市场提升改造及创星工作三年规划》，会同区商贸旅游局等职能部门，对辖区市场进行全面具体的指导和帮助，要求完善设施、优化环境、规范价格，特别是在“保供应、保物价、保安全”方面提出高标准、高要求。3 月 10 日，浙江省副省长王建满在浙江省工商局副局长张雪林、上城区委书记陈红英、杭州市工商局副局长李江、上城工商分局局长毛学庆等陪同下，到上城区翰林农贸市场视察，称赞翰林农贸市场为“地不湿、无异味、菜放心、价公道”农贸市场，要求充分发挥样板市场的带动作用，以点带面推进全区市场改造提升。4 月 1 日，全省“保供应、保物价、保安全”农贸市场现场会在翰林农贸市场召开，各地方政府和工商部门的领导 300 人，实地参观考察翰林农贸市场。截至2011 年 12 月，全区市场拥有五星级农贸市场 1 处，四星级农贸市场 4 处，三星级农贸市场 13 处，二星级农贸市场 2 处，实现了全区市场品质的提升。

【强化商标管理】 2011 年，上城工商分局出台《上城区商标品牌三年培育规划》，以“品牌产品 品牌企业 品牌产业 品牌经济 品牌上城”为发展思路，综合运用经济、法律、行政手段，培育、保护和发展品牌。全年新申报省著名商标 5 件，续评省著名商标5 件；新申报市著名商标 4 件，续评市著名商标 2 件；2011 年，核准注册商标1268 件，农产品商标 102 件，服务类商标 413 件；申请注册商标 1100 余件。截至 2011 年底，全区拥有注册商标4700 余件，其中，马德里国际注册商标 14

3 月 10 日，市、区领导陪同副省长王建满（前左二）视察翰林农贸市场。

（上城工商分局　供稿）

10月26日,杭州市旅委系统代表参观"党建强、服务强"双品牌单位上城工商分局。 (上城工商分局 供稿)

件;中国驰名商标9件,省著名商标18件,市著名商标20件,全区自主商标及驰(著)名商标品牌已成体系,并取得良好的经济效益和广泛的社会效益。

【推进企业信用建设】 2011年,上城工商分局开展"信用走入企业、信用走入行业"专题活动,与企业"零距离"沟通交流,主动了解企业诉求,服务企业发展,积极向金融机构推荐"信用管理企业",推进银企合作,提供信用贷款支持,依托小额贷款公司,筹备个体私营企业协会融资服务中心,健全企业融资担保体系。全年共走访"信用管理示范企业"4家,示范行业两个,示范企业24家。自主开发责任区信用监管电子地图,对所监管的各类企业、个体户的基本情况如住所、名称、经营范围、监管类别、所属监管片区以及日常巡查记录、信用记录、信用等级、年检情况和责任干部统一规范。突出加强商场、超市信用监管,对商场、超市进行信用行政约谈,抓好索证索票,把好商品质量关,加强对糕点、卤味现场制售的管理,重点对添加剂进行管理,加大对食品安全电子监管平台的数据录入,要求商场、超市对消费者负责,对社会负责,敦促商场、超市合法经营、守法经营,全面落实"六个一"要求,切实落实及完善经营者自律长效的管理机制;开展商场、超市专项整治工作,制定出台《杭州市工商局上城分局商场超市信用监管评价办法》、《上城工商分局信用管理公示办法》,全面开展商场、超市信用评价,加强商场、超市的信用预警,组织编写《商场超市信用管理十大典型问题剖析》,使每个商场、超市经营者从中吸取教训,起到警示的作用;使消费者在日常消费过程中了解自己应注意的相关环节,以维护自己的合法权益;为工商部门进一步提高市场监管效能发挥积极的作用,达到规范市场秩序、推动整个社会经济运行的效率,促进国民经济发展的目的。

资料 "六个一":即有一系列有效的自律制度,有一套健全的台账,有一块醒目的信息公示栏,有一个便民的消费维权联络站,有一名以上专职的消费维权联络员,有一个规范的格式合同。

【开展"3·15"特色消费维权宣传活动】 上城工商局围绕中国消费者协会确定的"消费与民生"活动主题,全面推进"12315"进商场、进超市、进市场、进企业、进学校,加强消费者协会基层组织和消费维权网络建设,在全区建立了19家消费者协会监督联络站,鼓励企业自行受理调解各类投诉、纠纷2772起;开展省、市"消费者信得过单位"评选活动,上城区有两家省级"消费者信得过单位"、16家市级"消费者信得过单位"得到表彰。开展"大工商牵手小工商",为Do都城工商局里的"小工商"讲解营业执照的登记申请要点和假冒伪劣产品的辨别方法,通过执法巡查活动进行现场辅导。安全义务监督员体验乳粉抽样检验,邀请5名市民食品安全义务监督员代表全程参与4个批次的不同奶粉抽样检验过程。旁听消费纠纷调解会,将消费纠纷解决过程展示给群众,进一步增强群众依法维权意识、丰富依法合理解决消费纠纷的知识。

(俞家铭)

审计

【概况】 2011年,区审计局把推进法治、维护民生、推动改革、促进发展作为审计工作的出发点和落脚点。全年完成审计项目22项,提出审计意见、建议51条,审计项目获省、市优秀项目 3 项，获审计署“AO”应用实例应用奖 1 项，计算机技术方法在第二期杭州市强审大讲坛上作经验交流。完成工程结算审计 177 项，净核减 3092.95 万元。编发《上城审计信息》43 期，被上级部门转载 26 篇（次），得到区领导批示 11 篇（次）；完成浙江省审计学会一般课题 1 项，杭州市审计局重点课题 2 项，上城区 2011 年度调研项目 3 项；报送省、市内审论文 6 篇，内审案例 2 篇。

资料 **“AO”**：现场审计实施系统。

【落实财政同级审和国有企业监管运营体系审计】 2011 年 10 月，区委副书记、区长缪承潮在 2012 年区级部门预算编制会议上指出：各预算单位一把手要对 2012 年的部门预算编制负总责，加强部门工作计划，与部门预算对接，实事求是的提出预算计划建议，增强预算的计划性和预见性。区审计局在财政同级审中发现年初预算不够完整和细化，提出增强对超收财力和可用资金的计划和预测；加强项目落实与资金分配的衔接。区财政局落实在 2012 年区级部门（单位）预算编制的具体部署工作中，对《关于编制上城区 2012 年区级部门（单位）预算建议计划的通知》中要求各部门整改落实审计提出的各项意见，加强结余资金管理、完善项目预算管理、增强转移支付资金编制的具体措施。完善国有企业监管的建议，上城区投资控股集团有限公司对现有国有全资企业按照企业不同特点制定相应监督考核办法，形成一套完整、系统的国有资产的监督考核体系，确保国有资产保值增值。区建设局成立清理领导小组，对长期无业务发生的企业进行清理，对债权债务关系、对外投资逐笔进行取证，在有关部门审批后，予以核销。

【规范国家建设投资项目审计】 规范协审单位管理，按照资质、管理、质量等对原有 13 家协审单位进行考核，取消 3 家单位协审资格。规范送审资料，与区纪委（监察局）、区财政局联合印发《关于规范工程竣工结（决）算送审资料的通知》。加强培训和辅导，举办建设项目工程管理辅导讲座，全区 29 个建设单位，75 名工程管理相关人员参加。发现问题与落实整改同步，出具《政府投资项目跟踪审计意见单》33 份、跟踪审计建议函 2 份和综合报告 1 份，及时整改问题 52 个。

【深化国家建设资金及部分专项资金审计】 开展危旧房改善项目竣工决算审计，从项目计划管理、工程建设管理、资金核算与使用、内部控制四方面反映工程管理中存在的投资超概算、核算欠规范、拆迁补偿费台账管理薄弱，部分合同条款欠缺，每个项目未单独明细核算，支付设计、监理费时无项目明细清单等问题，涉及审计调整金额 14.16 亿元，上缴税金 203.99 万元，收回多付款项 10.50 万元。撰写《五项举措提升投资审计工作水平》、《建设单位如何防止施工单位通过不平衡报价提高工程结算价》和《竣工资料不规范影响结算审计的若干问题》等研讨文章。开展中小学校舍安全工程专项审计调查，针对校舍安全工程规划的执行、工程项目的实施和质量管理、建设资金的落实和使用等方面开展审计。撰写的《上城区采取六项措施推进中小学校舍安全工程》一文转载于《浙江日报》。

【推进经济责任审计】 改变从账本入手的传统审计模式，探索以一个单位职能、体制、制度为立足点，以该单位收发文、会议纪要（记录）为抓手，沿着该单位的工作重心、重要经济事项展开审计的审计方式。贯彻落实新颁布的中办发〔2010〕32 号《党政主要领导干部和国有企业领导人员经济责任审计规定》，修订《上城区党政领导干部经济责任审计对象分类管理》、《上城区领导干部离任经济事项交接办法》。利用培训讲座、经济责任审计告知手册，告知部门主要领导应履行的经济责任，经济责任审计的主要内容，经济责任界定方法。按照《行政事业单位绩效审计评价规范》，从管理水平、行政成本、工作效益三方面选取 15 个指标，审计分析被审计单位领导干部在经济决策、行政绩效、廉政建设方面的情况，最终形成定量、准确的总体评价。规范经济责任审计程序。审计前，通过上城电子政务网实行审前告示制度，拓宽信息来源渠道，同时由区纪委、区委组织部、区审计局联合参加进点审前调查座谈会，明确审计内容和重点。审计中，落实“质量关”，建立科室负责人、专职复核人员和局领导“三级复核”制度；严把“人情关”，签订廉政责任状和承诺书，在必要的项目上实行回避制度。审计后，把好

"评价关",严格区分主管责任和直接责任,重大事项召开业务会议讨论决定,确保评价客观公正。

11月24日,杭州市审计局局长潘再高(左一)调研上城审计工作。
(区审计局　供稿)

【完成民生审计调查】 2011年,完成区居家养老、居家就业、居家安养救助政策执行情况的审计调查,肯定上城区这项惠民工程取得的社会效益,对其中的服务缺陷提出整改建议,撰写的《探索创新政府公共服务模式,上城区推出居家系列帮扶救助政策》一文被《中国审计报》头版头条采用。开展基本药物制度试点情况审计调查,调查结果表明群众看病费用负担虽有所下降,但药物品种数量减少,存在群众就医不便的问题,提出应根据老百姓需求适当增加基本药物品种的审计建议,区委书记陈红英批示要求区卫生局认真研究审计意见,完善基本药物制度。

【提升内部审计服务水平】 区审计局分别以街道民政片组、行政事业片组和建设指挥部片组开展研讨交流会。结合各自内审工作的特色、内审实务经验,建立符合所在单位实际的内部审计管理模式,推进内部审计信息化建设。召开建设单位内审人员参加的建设工程内审知识研讨会,研讨内部审计项目评优、内审信息的总结提炼、内审论文、案例的撰写。召开全区内审工作会议,提升内审人员素质。

9月14日,召开上城区内部审计工作会议。　(区审计局　供稿)

【创新审计方法】 利用网络信息化平台开展审计,利用计算机筛选出金额较大、现金支付的支出记录,通过上海市税务局网站发票查询系统和浙江省地税因特网办税服务系统等查询,针对假发票的行为,建立以餐费、邮电费、手续费等作为预警指标。依据预警模块提示的异常,查出部分费用开支不合规、不合理情况。完善政府投资项目审计管理系统平台,将建设工程审计项目全部纳入平台。采取全部政府性资金、财政预算执行情况、国有企业监管运营体系和企业扶持资金绩效四个审计及调查项目相结合、一个审计组、同时进点审计的新办法,整合审计资源,减轻被审计单位的负担。

【加强内部控制管理】 区审计局采取五项举措加强部门下属二、三级单位内部控制管理。增强内控意识。树立"第一责任主体"意识,创造良好的内部控制环境,做到查错防弊、堵塞漏洞、消除隐患。健全会计内控制度。各级各部门建立和完善内部控制制度和专项资金的使用规定,加强对薄弱环节和重要岗位的控制,实现"制度管人,责任到人",形成一个有章可循的内部会计控制体系。加强部门内部审计。通过审查和评价内部控制，监督其有效地执行内部控制制度，总结内审工作经验。加强会计人员培训。不断更新会计人员知识和技能，规范行使会计职责权利。强化外部监督。联合纪检监察、财政和审计等部门共同监督和指导，提高会计工作效率和质量，维护国家财产的安全。

【提升投资审计水平】 参与项目的事前协调，重点介入招投标等前期管理环节，跟踪审计政府改造、整治类两个重点工程项目，提出整改建议80余条。针对变更随意、高估冒算等突出问题，组织召开区建设工程廉政大会、进行专题学习，促成8项建设工程监管制度陆续出台。从资质条件、工作流程、违约责任等方面实行协审单位准入制，建立限时审结办法及协审机构淘汰机制，确保质量及效率。自行研发政府投资项目审计管理系统，全过程监控全区国家建设投资审计项目每一环节，实现痕迹保留。通过聘请土建、市政、园林绿化等领域的专家，以定期召开专题业务会、讲座等形式，对审计中遇到的棘手问题提出专业化意见，提升投资审计水平。

【强化审计工作纪律性】 修订和完善上城区审计局相关制度规定，强化办公秩序监督。落实审计回访制度，制定走访计划表，由区审计局主要领导牵头，组成回访小组赴部分被审计单位检查“八不准”审计纪律和审计程序的执行情况，诚恳听取被审计单位对审计工作意见和建议。向部分人大代表、政协委员、被审计单位和有关人员公布《审计纪律》、《审计程序》和监督举报电话，接受监督。落实全局查找出的24个风险点的31条防范措施。全体审计干部对照《局考勤及工作考核制度》《四条禁令》《八不准审计纪律》及工作目标开展自查。

资料 **“八不准”**：审计署关于加强审计纪律的八项规定：不准由被审计单位支付或补贴住宿费、餐费；不准使用被审计单位的交通工具、通讯工具等办公条件办理审计工作无关的事项；不准参加被审计单位安排的宴请、旅游、娱乐和联欢等活动；不准接受被审计单位的任何纪念品、礼品、礼金、消费卡和有价证券；不准在被审计单位报销任何因公因私费用；不准向被审计单位推销商品或介绍业务；不准利用审计职权或知晓的被审计单位的商业秘密和内部信息，为自己和他人谋利；不准向被审计单位提出任何与审计工作无关的要求。

【推进干部队伍建设】 学习中共中央总书记胡锦涛在建党90周年的讲话和中共十七届六中全会精神，开展社会主义荣辱观教育，加强社会公德、职业道德、家庭美德、个人品德建设。制定《上城区审计局定期学习活动方案》，营造“学习工作化、学习终身化、学习全员化”的氛围。通过“引进来，派出去”的模式，锻炼审计干部。引进由省审计厅下派业务骨干，帮助区审计局开展审计工作；派出年轻干部上挂省审计厅及工程审价协审单位实习，派业务骨干参加全省的县市长经济责任审计。制订适合机关特点和个人需要的学习计划。鼓励干部参加专业考试，2011年，有3人参加造价员和审计师的考试；有1人被推荐参加区中青班学习；组织28人(次)参加省、市组织的新准则等相关培训学习，确保审计工作能力的整体提升。 （葛海萍）

统 计

【全区经济总量】 2011年，全区实现地区生产总值(GDP)615.98亿元，按可比价格计算，比上年(指2010年，下同)增长9.5%。其中，第二产业实现增加值278.88亿元，比上年增长11.4%；第三产业实现增加值

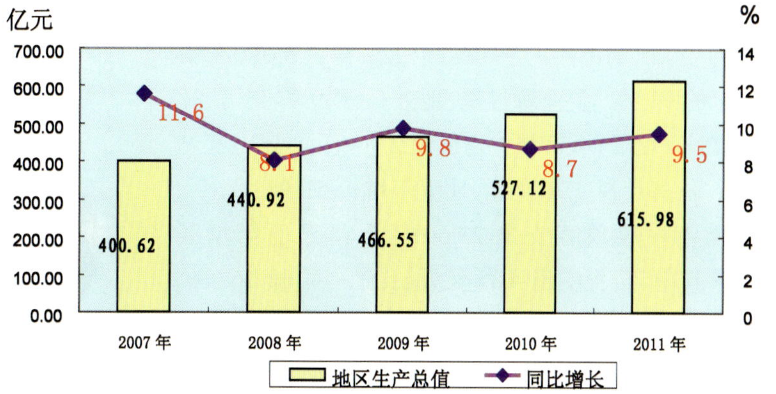

图6 上城区2007~2011年地区生产总值

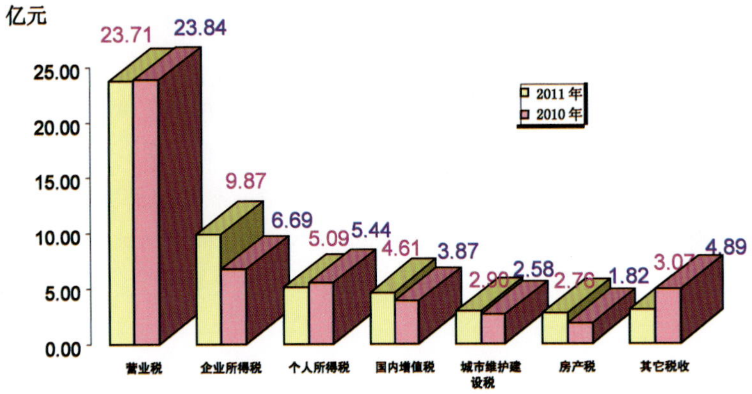

图 7　上城区 2011 年地方财政主要税种收入

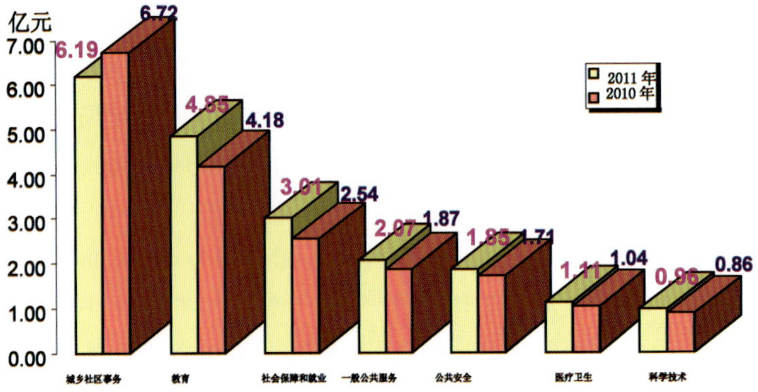

图 8　上城区 2011 年地方财政主要支出

337.10 亿元,比上年增长 8%。第三产业对地区生产总值的贡献率为 46.3%,拉动地区生产总值增长 4.4 个百分点。二、三产业结构为 45.3:54.7。按全区 2011 年末户籍人口计算,人均 GDP 为 18.82 万元,比上年增长 16.3%,按 2011 年平均汇率计算,人均达到 2.91 万美元,比上年增加 5242 美元,高于全市人均水平1.34 万美元。

全年完成财政总收入 90.01 亿元,比上年增长 12.3%,列全省第 13 位。实现地方财政收入 53.55 亿元,比上年增长 6.6%,列全省第 10 位。在税收收入中,增值税(地方部分)4.61 亿元,比上年增长 19.2%;营业税23.71 亿元,为上年的 99.4%;个人所得税 5.09 亿元,为上年的 93.5%;企业所得税(地方部分)9.87 亿元,比上年增长 47.5%;城市维护建设税 2.90 亿元,比上年增长 12.6%;房产税 2.76 亿元,比上年增长 51.6%。

全年一般预算支出 23.66 亿元,比上年增长 7.6%。其中,教育支出 4.85 亿元,比上年增长 16.3%,科学技术支出 9600 万元,比上年增长 10.9%;社会保障和就业支出 3.01 亿元,比上年增长18.6%;医疗卫生支出1.11 亿元,比上年增长 7.5%;城乡社区事务支出 6.19 亿元,为上年同期 92.1%;一般公共服务支出 2.07 亿元,比上年增长 10.8%;公共安全支出 1.85 亿元,比上年增长 8.3%。

【固定资产投资】 2011 年完成固定资产投资 55.49 亿元,为上年的 69.1%。其中,工业投资 1.74 亿元,比上年增长 5.6%,房地产开发投资 27.67 亿元,为上年的 58%。全年完成房屋施工面积 133.03 万平方米,为上年的 95.6%;其中,新开工面积 35.83 万平方米,为上年同期 92.9%;竣工面积 10.24 万平方米,为上年同期 22.6%。

【工业】 2011 年,全区工业总产值、销售产值分别达到 602.06 亿元和 600.75 亿元,双双突破 600 亿元大关,均比上年增长 16.7%。其中,规模以上工业实现工业总产值、销售产值分别达到 596.58 亿元和 595.27 亿元,均比上年增长16.9%。

工业重点行业支柱作用明显。特别是仪器仪表及文化、办公用机械制造业,发展势头十分强

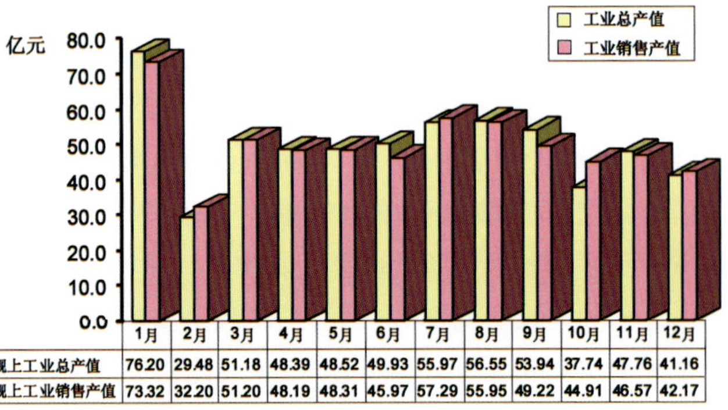

	1月	2月	3月	4月	5月	6月	7月	8月	9月	10月	11月	12月
规上工业总产值	76.20	29.48	51.18	48.39	48.52	49.93	55.97	56.55	53.94	37.74	47.76	41.16
规上工业销售产值	73.32	32.20	51.20	48.19	48.31	45.97	57.29	55.95	49.22	44.91	46.57	42.17

图 9　2011 年规模以上工业生产、销售情况

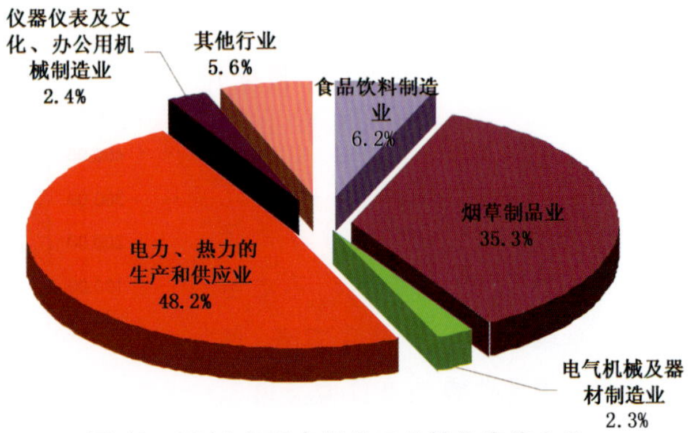

图 10　2011 年重点行业工业销售产值占比

表 24　　2011 年规模以上工业企业能源消耗量

能源名称	计量单位	年消耗量	工业生产消费量	比 2010 年同期增长(%)
原煤	吨	56759	56759	1.5
天然气	万立方米	18.19	15.53	-47.2
汽油	吨	1670	707	3.1
柴油	吨	8286	6574	10.1
液化石油气	吨	34	14	-12.5
热力	百万千焦	400244	388212	1.8
电力	万千瓦小时	93096	92344	-11.7

劲,实现销售产值 14.66 亿元,为上年同期 198.7%,翻了一番。其他几大重点行业实现销售产值分别为:电力、热力的生产和供应业 289.81 亿元,比上年增长 17.2%;烟草制品业 211.86 亿元,比上年增长 17.5%;食品饮料制造业 37.08 亿元,比上年增长1.1%,电气机械及器材制造业 13.64 亿元,比上年增长 9.8%。五大行业销售产值占规模以上工业销售产值 94.4%。

全年实现新产品产值 38.60 亿元,比上年增长 34.8%,增幅排六城区第一。新产品产值率由上年的 5.6%上升到 6.5%,提高 0.9 个百分点。全年高新技术产业完成工业总产值 23.43 亿元,比上年增长 50.8%,完成销售产值22.92 亿元,比上年增长 47.7%。全区规模以上工业企业(不含市电力局)实现产品销售收入 360.27 亿元,比上年增长 10.8%;实现利税 194.94 亿元,比上年增长 23.9%,其中利润 30.24 亿元,比上年增长 43.4%。工业产品产销衔接良好,产销率达 99.8%。

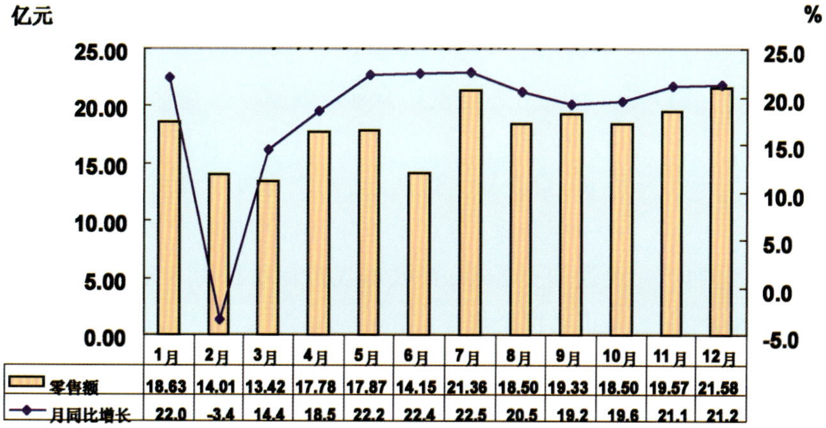

图 11　2011 年社会消费品零售额

【工业综合能源消耗】 全年工业企业综合能源消耗量为 15.53 万吨标准煤,比上年下降 9%。万元产值综合能耗为 0.026 吨标准煤,比上年下降 22.2%,万元工业增加值综合能耗降低率初步测算在 15%左右。

【建筑业】 全年实现建筑业增加值 19.43 亿元,为上年同期的 94.7%。全区有总承包和专业承包建筑企业 98 家,完成建筑业总产值 204.13 亿元,比上年增长 15%;实现竣工产值 81.88 亿元,为上年同期 70%;全年房屋施工面积 1657.96 万平方米,为上年同期 99.9%,竣工面积 303.69 万平方米,为上年同期 70.1%

【国内贸易】 全年实现社会消费品零售总额 215.86 亿元,比上年增长 18.5%。分行业看,批发零售业实现零售额 182.10 亿元,比上年增长 19%;住宿餐饮业实现零售额 33.76 亿元,比上年增长 16.1%。分规模看,限额以上企业实现零售额 155.50 亿元,比上年增长 21.9%;限额以下企业实现零售额 60.36 亿元,比上年增长 10.8%。

全年实现商品销售收入 1946.42 亿元,比上年增长22.6%。其中,批发零售业实现销售收入 1895.42 亿元,比上年增长 22.7%,住宿餐饮业实现销售收入 51 亿元,比上年增长 18.3%。

全区共有商品交易市场 31 处,比上年增加 1 处,全年市场成交额 117.57 亿元,比上年增长 1.9%。其中,亿元市场 8 处,成交额 107.99 亿元,

表 25　　2011 年上城区市场成交额情况

市场分类	市场处数	2011 年成交额(单位:元)	去年同期成交额(单位:元)	为上年同期(%)
食品饮料,烟酒类	12	772412	768828	100.5
服装,鞋帽针,纺织品类	9	119942	93430	128.4
金银珠宝类	1	5525	5184	106.6
文化办公用品类	2	9178	8590	106.8
家具类	1	33218	34932	95.1
通讯器材类	1	764	759	100.7
木材及制品类	1	28419	28638	99.2
建筑及装潢材料类	2	197074	203193	97.0
其他类	2	9164	9977	91.9
合　计	31	1175696	1153531	101.9

比上年增长 0.6%,占全区市场成交额 91.9%。

【社会保障】　年末全区拥有各类福利院、敬老院 16 所,床位 1420 张(其中当年新增日托床位 137 张,机构床位 205 张),年末在院老人数 684 人。全区享受城镇最低生活保障人数 1382 人，残疾人基本生活保障人数 739 人,全年发放低(残)保金 1256 万元;困难家庭物价补贴和水电煤补贴 284 万元。深入实施“零贫困家庭”工程和困难群众“安居”工程,全年救助 76 户,发放救助款 68 万元。第十一次“春风行动”爱心捐款 394 万元,区慈善总会全年发放慈善救助款 169 万元。开展“慈善超市”、“爱心银行”救助工作,救助款物折合人民币 70 万元,2876 人次困难群众受益。完善“春风行动”长效救助机制,全年救助各类困难群众 8.43 万人次,发放救助金 2574 万余元。2 万多人次困难、独居、空巢老人享受居家养老服务,政府买单服务经费 519 万元,比上年增长 9.7%。全年办理结婚登记 4525 对,离婚登记 868 对。　(莫　晨)

价格管理

【概况】　2011 年,上城区共查处价格违法案件 27 件,实现经济制裁 39.61 万元。其中,退还消费者 25.92 万元,罚没款 13.69 万元。审批各类培训班备案 20 期,停车收费备案 12 家,幼儿园等级审核备案 1 家。查处 5 起价格欺诈案件,涉及商场、超市、家居等行业,其中,杭州第六空间家居生活广场惠尔邦橱柜价格欺诈案于 11 月列入了杭州市 2011 年度十大民生价格违法查处案件,在全市各大媒体予以曝光。围绕价格热点、难点问题,组织开展价格专项检查,加强对涉企行政事业性单位的价格政策执行情况的检查,严厉查处涉企乱收费行为;重点关注辖区内医疗药品行业的价格政策执行情况,进一步规范医疗机构价格行为。对辖区内学校开展联合检查,规范教育收费秩序,确保价格收费政策得到有效落实,价格和收费秩序有了很大改善。2011 年,共受理价格投诉 180 件,查实价格违法行为 16 起,退还消费者 12.50 万元,切实维护了消费者的合法权益。区物价局被浙江省物价局评为“2011 年度全省价格监督检查先进集体”，是杭州市城区中唯一的获奖单位,也是全市各区、县(市)连续 3 年获此殊荣的首家单位。

【开展节日价格大检查】　先后开展了元旦、春节、五一、十一、西博会等节日以及重要活动期间的市场价格大检查。元旦、春节期间,针对年夜饭标价不规范的现状,检查知名饭店、高档宾馆餐厅及高银街餐饮企业 100 余家,重点检查年夜饭明码标价情况,发出整改通知书 8 份,查处不规范标价行为 3 家,维护了节日市场价格秩序。

【开展药品和医药服务价格专项检查】　按照杭州市物价局《关于开展全市医药卫生服务价格大检查的通

知》精神，从5月初开始对辖区内的5家社区卫生服务中心、8家民营医院以及12家门诊部的价格政策执行情况进行了检查。结果表明，全区基本药物制度政策执行情况较好，但有个别医疗机构存在一些违价行为，区物价局依据有关法律、法规文件，予以立案查处，促进了药品和医疗服务价格政策的落实。

【开展商品房明码标价专项检查】 2011年5月，根据杭州市物价局《关于开展商品房明码标价专项检查的通知》，对上城区蓝色钱江和绿城赛丽2个楼盘及受杭州市物价局委托的下沙、滨江4个楼盘商品房明码标价情况进行专项检查。从检查结果看，一房一价执行情况良好，但也存在个别楼盘车库销售未按规定明码标价的违规行为，对此问题要求开发企业立即整改，并将检查情况上报杭州市物价局，有效地整治房地产市场价格秩序。

【开展教育收费专项检查】 根据教育收费检查要求，区物价局对胜利小学、天长小学、建兰中学、娃哈哈幼儿园开展教育收费专项检查，并配合杭州市物价局对胜利幼儿园、崇文实验小学、新世纪外国语学校、勇进中学收费进行检查。检查结果表明，义务教育阶段中小学校收费规范，但存在插班生多收择校费的问题；幼儿园收费基本规范，但有个别幼儿园利用在园时间办培训班。对上述违规行为，要求立即整改，并依据有关规定予以立案处理，维护了教育收费政策的严肃性。

【开展旅游行业专项检查】 为配合延安路百城万店无假货示范街复查、河坊街申报国家级百城万店无假货示范街复审及全国文明城市检查，区物价局加强对延安路、解放路、南山路、河坊街及吴山广场等重点地段的1125家商家价格监督检查，对部分有违价行为的商家作出整改、罚款等处理，及时纠正了个别商家的价格违法行为。

【开展应急事件(食盐)价格专项检查】 2011年3月，受日本核辐射传闻影响，食盐销售引发抢购涨价风潮。针对这一紧急事件，上城区一方面耐心做好食盐价格政策宣传解答；另一方面组织检查人员到超市和各专营销售点进行检查，查实1起违法价格案件，迅速平息本区域的食盐涨价风波，维护了市场价格的公正。

【开展行政事业性收费验审工作】 3月22日，区物价局会同区财政局联合召开区行政事业性收费验审工作会议，并举行了行政事业性收费政策培训，区属28个部门和系统的财务负责人参加了会议和培训。会议针对2010年验审中发现的问题和2011年省、市验审工作的新要求，进行了重点说明与讲解，组织收费单位进行了相关政策研讨，布置收费验审的自查工作。经过对各部门、街道上门查账及审核，于5月顺利完成全区的验审工作。经审核，全区2010年度行政事业性收费总额为4201.24万元，与2009年相比减少了122.67万元，减少幅度2.8%。全区行政事业性收费总额、行政性收费、事业性收费总体呈下降趋势。截至11月底，28个行政事业性收费部门中有7个取消、暂停行政事业性收费项目，并因此注销了收费许可证，其余单位重新核发收费许可证。

【加强价格监测工作】 区物价局按照杭州市物价局统一布置，加强了元旦、春节、五一、十一等节假日期间的农副产品节日价格监测，做到每周两报，完成4期监测报告，为杭州市物价局提供上城区的基础参考数据。根据价格监测资料分析市场价格变动情况和影响因素，逐步提高应对价格异动情况的预警处置能力，保障市场价格秩序的稳定。

【开展价格宣传培训工作】 2011年，区物价局到杭州西湖银泰，为企业提供价格服务，对商家的明码标价填写进行现场指导，并召开了60余家商户参加的价格法律、法规政策宣讲会。8月，为规范物业管理收费，区价格协会组织对辖区内物业管理企业服务点的物价员进行培训，共有71个服务点的物价员参加了培训。

【价格服务进商业街】 4月，区物价局和清河坊历史街区管委会联合召开河坊街78家商户参加的价格法律、法规政策宣讲会，受到了街区商户的欢迎和好评。针对湖滨名品街各商家经营现状，探索培育明码实价一条街建设，召集了52家商家店长进行价格政策宣讲，并与清河坊历史街区管委会共同研究明码实价工作实施办法,提出了适合名品街的商品标价签统一形式,做好明码实价一条街推进的前期工作。

9月21日,召开杭州市物价局价格服务进社区(上城区)恳谈会。
(区物价局　供稿)

【价格服务进社区】　区物价局会同工商、技监、卫生、环保等部门在吴山广场、柳浪闻莺、西湖时代广场开展“3·15”消费者权益保护日活动,举办一系列政策咨询宣讲活动,现场受理各项投诉8件,发放宣传资料110份。5月6日,区物价局领导深入清波街道清波门社区,以座谈、宣讲及设立举报投诉台等方式,受理群众有关价格方面的咨询18件、投诉3件,接访群众31人次,发放资料67份。9月21日,杭州市物价局联同区物价局召开了价格服务进社区(上城区)恳谈会,全区54个社区的书记和社区主任参加。会议就有关价格问题进行现场答疑,对国家价格法律、法规政策进行宣传讲解,专门介绍了物价部门对消费指数上涨而采取的各项措施。

【做好价格认证工作】　区物价局2011年共完成价格鉴定案件414件,鉴定涉案财物1318项,5000余件物品,涉案标的总额525万元。为政府行政单位(区行政执法局和上城工商分局)提供价格协助,办理价格认证案件2起,涉案物品3445件,涉案金额89万元。为社会企事业单位提供服务,办理价格水平合理性的价格认证案件4件,涉及事项55项,其中涉及花木14350盆,涉及租赁场地面积75.02万平方米,涉及认证标的金额3385万元,未发生重新鉴定或复核裁定案件。
(曹天艳)

【做好价格服务工作】　以“价格服务进万家”为工作主线,开展一系列价格服务进企业、价格服务进商场、价格服务进医院、价格服务进学校、价格服务进社区等活动,通过价格政策宣讲会、恳谈会及现场设立举报投诉台等方式,全方位进行价格宣传服务和指导。针对价格投诉举报处理工作,工作人员“接待热心、调查耐心、处理细心”,严格做到有报必查、快速受理、及时办结,2011年,共受理价格投诉180件,按时办结率和反馈满意率均为100%,查实价格违法行为16起,退还消费者12.50万元,保障了消费者的合法权益。

开展价格服务进社区活动　(区物价局　供稿)

【营造良好执法氛围】　通过法律宣传、说理教育、提醒告诫、行政处罚密切结合的人性化价格执法方式,在具体个案的处理中,根据各类的价格违法行为诱因和表现区别对待,不片面

表 26　　市区居民消费价格指数

项　　目	2011 年	2010 年
市区居民消费价格指数(上年=100)	104.8	103.9
食品	105.5	107.3
烟酒及用品	100.9	101.9
衣着	106.1	98.0
家庭设备用品及维修服务	104.2	103.6
医疗保健和个人用品	103.6	105.5
交通和通信	98.4	99.8
娱乐教育文化用品及服务	100.1	102.2
居住	104.8	105.8

追求罚没款项数字，而强调宣传教育，重在规范整改，较好地实现了“法、理、情”的有机统一。

【加强制度建设】 增强价格执法效能。结合工作实际，制定了目标明确、重点突出、步骤清晰、责任明确的实施细则，将执法责任、目标考核、执法奖惩激励等制度有机结合，以工作任务、行政执法、工作目标等为重点开展全方位考核，坚持用制度管人，用制度规范执法活动，及时纠正执法人员在价格执法中存在的“满、怠、散”等现象，有效地推进了执行力建设。抓好《中华人民共和国价格法》、《价格行政执法人员廉洁自律规定》等法律、法规的学习，有针对性地进行爱岗敬业、勤政廉政、依法行政等内容的思想教育，引导工作人员不断增强爱岗敬业意识、法律法规意识和自我约束意识，自觉遵守廉洁从政的规定，不断强化检查干部队伍建设，自觉维护良好形象，树立积极主动执法、客观公正执法、无私无畏执法的依法行政理念。

（魏建军）

【“三个到位”严控工程报价虚高问题】 工程设计细分到位。对工程设计图进行合理细分，减少后期图纸修改，避免工程变更价款。材料价格分级到位。详细说明各项目的工作内容和范围，针对价格差距较大的各项贵重材料按照其品牌、规格、质量明确等级。约定价款变更到位。在招标文件及合同中约定价款变更的计算原则，若有不平衡报价，如投标价高于信息价的项目变更，变更时按投标价扣除，增加时则按信息价计入；如投标价低于信息价的项目变更，变更时按信息价扣除，增加时按投标价增加，避免施工方通过变更材料提高结算价款。

（莫　晨）

质量技术监督

【概况】 2011 年，杭州市质量技术监督局上城分局（以下简称上城质监分局）坚持以科学发展观为统领，按照上级党委的决策部署，围绕社会管理创新、改善民生服务和经济转型升级三项重点，按照“一条主线”（全省质监系统开展民主评议行风活动）、“两大战略”（质量强区战略和标准化发展战略）、“三个安全”（食品生产领域安全监管、特种设备安全监察、区域性产品质量安全）的工作思路，坚持真抓实干，充分履行质监工作职能，各项工作取得显著成绩。

【开展民主评议行风活动宣传】 上城质监分局把行风评议活动作为一项重要工作，多次召开党组会，成立了由区纪委副书记谢宁和上城质监分局局长包志青任组长的评议活动领导小组，制订《上城质监分局关于开展民主评议行风活动的实施意见》，及时召开动员大会进行全面部署，通过横幅、网站、图板、意见箱等形式向社会公开宣传评议的内容，鼓励社会各界参与评议、支持评议、监督评议。以“万千百十”活动为重点，采取“请进来、走出去、内部自查、邀请督查”等多种形式，全方位、多层次深入查找问题。结合业务工作，组织召开各类座谈会 8 次，260 余人参加；走访街道社区 150 人次,走访服务对象100家,发放征求意见建议信函600份(收回521份)。开展“质监邀你看企业”2次,请媒体、市民实地参观利民食品厂生产车间和月饼制作过程。组织由中策橡胶厂等20家重点监控单位参加的现场会,推广浙江大学医学院附属第二医院的特种设备管理经验。上城质监分局领导按计划走访相关企业,调研企业需求,把《上城区政府质量奖评审管理办法(试行)》等政策送到企业手中。开展法制进社区系列活动,向群众宣传政策法规。在全区54个社区宣传窗口统一张贴特种设备宣传挂图1套(共6张),让更多的老百姓懂得电梯、锅炉等特种设备安全常识和相关法律法规。

资料　“万千百十”活动: 是指在2011年,杭州市质监系统开展民主评议行风的一项具体活动,“万”是指发“万”封征求意见建议函、“千”是指走访“千”家企业、“百”是指走进“百”个社区(乡、镇)、“十”是指开展“质监邀您看企业”等十项活动活动。

【抓问题剖析促整改规范】 对收集到的意见、建议进行梳理,将整改工作落实到每个人,明确指导思想。加强政策宣传,让质监工作深入人心。质监职能内涵不断丰富、监管服务范围越来越广,既有助推经济转型升级加快发展的重任,又有保障安全、服务民生的重责。由于企业、群众及社会有关方面对部分质监工作的职责了解不够深。很多优惠政策、措施不能得到及时有效落实,企业群众遇到相关问题时也不知道如何寻求质监部门的帮助解决。上城质监分局在做好各项具体工作的同时,做好宣传,让社会群众更加了解支持质监工作。加大查处力度,让违法行为无处藏身。2011年,主动查处产品的范围、数量、案值等各项指标,有了成倍上升,有力地震慑了各类违法行为,保护了合法企业。制订人员年度教育计划,抓好内部考核,切实提高干部队伍的整体素质。不断改进工作方法,调整执法手段,深入开展下基层、下企业调研活动,查找工作差距和基层需求,以优质服务取信于民。健全网络,落实长效监管。针对质监部门人员编制、经费保障等方面不足因素,发挥主观能动性,寻找破解难题的方法,加强长效管理机制探索,调动各方面力量,不断提高监管强度,确保履职到位。

【围绕履职重视管理】 严格按照杭州市质量技术监督局党委与上城质监分局签订的各项工作年度目标责任书内容,查找自身存在的薄弱环节。落实党风廉政建设责任制。遵守各项规章制度,切实加强领导班子建设。贯彻杭州市质量监督局党委的各项决策部署,上城质监分局与每位中层干部签订了党风廉政行风建设年度目标责任书。严格按照要求做好一年两次向杭州市质量技术监督局党委书面报告党风廉政建设情况等具体工作。抓好纪检监察和党建工作。扎实开展“争先创优”、“效能亮剑”等各项学习教育活动,不断提高基层党组织的战斗力和凝聚力。各项活动做到“三及时”(及时成立领导小组、及时出台方案、及时开展工作部署),确保工作落到实处。抓好人员学习教育和监督管理工作。利用“金质工程”讲坛、学习新干线等平台资源,落实年度学习教育计划,切实提高全体人员的综合素质。在各项教育活动中,注重监督、管理、引导并举,做到人员、时间、内容“三落实”,培养大家的参与意识、责任意识和大局意识,以良好的政风、作风、行风保证各项业务工作的如期完成。

资料　“金质工程”: 是指杭州市质监系统加强干部学习教育管理而提出的一项计划,主要目的是培育教育干部。

【探索政府标准化与质量强区工作的结合点】 结合区情,大胆探索,提出“以标准化为引领的质量强区”工作目标。杭州市上城区质量强区领导小组办公室(以下简称强区办)研究出台了《上城区实施质量强区战略的意见》、《上城区质量强区工作评价指标》等8项配套制度,使质量强区工作规范有序展开。为了加强对质量强区工作进行动态督查,强区办开发了质量强区工作信息化督查系统,构建和完善具有上城特色的质量强区管理体系。发布实施《上城区政府质量奖评审管理办法(试行)》和《上城区政府质量奖评审细则》。上城质监分局组织企业开展《卓越绩效评价准则》培训,启动“区政府质量奖”的评审工作。要求企业认真自查,进行定期组织巡查,将企业自查材料与现

9月28日，召开上城区政府行政管理与公共服务标准化试点项目评估会。
（上城质监分局　供稿）

场核查相结合，发现问题及时督促企业整改，推进获证企业加强自律，完善企业质量保证能力，确保企业持续稳定保持生产合格产品的能力。为鼓励企业继续实施名牌战略，提升产品市场竞争力，促进上城区经济更好更快地发展，根据评价指导目录，在全区范围内进行摸底调查，根据企业实际情况制定培育计划。组织企业申报名牌产品工作，2011年，全区5家企业申报浙江省名牌产品，其中1家新申报，4家复评；7家企业申报杭州名牌产品，其中6家新申报，1家复评。上城区"以标准化为引领的质量强区"工作得到全国人大常委会副委员长路甬祥、省委书记赵洪祝的批示肯定。浙江省副省长王建满年初率领"四大质量"部门的负责人到上城区进行考察，对上城区质量强区工作给予充分肯定。浙江省质量技术监督局局长瞿素芬和杭州市质监局局长郭东风多次对上城区的质量强区全省试点工作给予指导帮助。在区中心组学习会上，浙江省质量技术监督局副局长杨烨就质量强省工作作了专题辅导。《人民日报》、《经济日报》、《中国质量报》、《浙江日报》、《杭州日报》等媒体给予专题报道。在9月20日召开的全国质量大会上，上城区被评为2009~2010年度全国质量工作先进单位。

【首推12项卫生行政权力阳光服务标准】 6月9日，上城区卫生系统12项（9个行政许可、3个非行政许可）权力阳光服务标准规范经市卫生局、市卫生监督所、市标准化协会、区法制办等单位的领导和专家组成的审定组集中审定获得通过，从公布之日起施行。这12项标准规范名称分别是:《餐饮服务许可证核发》《母婴保健专项服务人员资格认定》《母婴保健专项技术服务许可》《医师执业注册许可》《建设项目职业病危害预评价报告审核》《公共场所卫生许可证核发》、《放射诊疗许可证核发》、《设置医疗机构审批》(不设床位或者床位不满100张)、《医疗机构执业许可》《医疗机构义诊备案》《护士执业注册》《门诊部、诊所、卫生所（室）备案》。该系列标准规范为全市首创，实现了政务管理和反腐倡廉的有机结合，促进了服务型政府建设。

【公共服务标准化试点项目通过国家验收】 上城区人民政府自2009年被确定为首批政府行政管理和公共服务标准化国家试点以来，以群众最关注的社区服务、养老、教育、住房等问题为重点和突破口，在国内

5月19日，国家标准化委员会主任纪正昆（左）调研上城公共服务标准化工作。
（上城质监分局　供稿）

率先尝试建立城区政府标准化工作体系。2011年,国家标准《居家养老服务与管理规范》立项成功,40项省、市级地方标准颁布实施,完成制定了近113项区级地方标准规范。上城区政府标准化工作已经从政府领域延伸至党群、人大、政协等领域,《非公企业党建工作标准规范》、《政协提案办理工作规范》等标准正在陆续发布实施。国家标准化管理委员会主任纪正昆、陈钢先后到上城区调研,肯定上城的政府管理与公共服务标准化工作是社会管理创新的有益实践;《浙江日报》专题报道《上城区公共服务走向标准化》工作。9月底,上城区的公共服务标准化国家试点项目以95.30分的优秀成绩通过国家标准化管理委员会评估验收。

【深入实施先进技术标准战略】 经过宣传发动帮扶,引导鼓励企业积极采用国际标准和国外先进标准,参与国际市场竞争,使企业认识到采用先进标准是提高产品质量,实现做大、做强目标的一个重要途径。选择杭州中瑞思创科技股份有限公司等5家出口企业的5个产品采用国外先进标准,帮扶企业争取国家标准立项;完成杭州奥普电器有限公司等6家企业6个产品的采标登记工作。选择杭州奥普电器有限公司等2家企业4个产品列入年度计划指导;截至2011年12月,上城区规模以上企业可采标产品100%采用了国际和国外先进标准。完成了区域内57家规模以上企业主导产品执行标准情况核对工作,主动帮助企业纠正原先填报各类错误。

【抓好特种设备安全监察工作】 以"保安全"为主线,以住宅电梯为重点,以监督、检查、服务为着力点,按照安全监察职责开展工作。共出动771人次,现场检查使用单位335家,总计检查特种设备1563台(件),检查发现各类安全隐患587个,通过跟踪督促整改,已整改582个。全年发放各类宣传资料2500余份,未发生安全事故。上城质监分局先后与杭州市质量技术监督局、上城区人民政府、重点监控单位共同签订了22份责任书,将特种设备列入考核内容,落实了监察与管理责任。以《杭州市电梯安全管理办法》等新出台的法规为主,与区建设局、区安监局、区商贸旅游局等部门联合组织培训,抓好联动宣传。以"电梯安全 法制知识进社区"活动和现场咨询服务、应急演练为主线,抓好常规宣传。以相关节日为重点,开展车站、医院、商厦、综合市场的巡查工作;突出重点设备,联合横向部门及街道质管员、社区协管员,开展冬季锅炉、起重机械专项整治,对54家电梯维保单位实施不定期质量抽查。金隆花园4台电梯由于房屋结构设计原因被判为不合格,再加之使用时间长、设备老化等原因,经常出现电梯故障。上城质监分局召开了由区政府领导主持,区安监局、区建设局、区信访局、街道办等多部门参加的协调会,确定将电梯改造缺口资金列入街道危改、庭改计划的新思路,为解决老旧住宅小区电梯因缺资金改造难的问题提出了一条新路子。通过整改,金隆花园4台电梯的4个安全门已开设,2台电梯已整体更新。上城质监分局领导带队与城站管委会、杭州市特种设备检测院、市财政局、市城建中心等单位进行沟通协调,对城站自动扶梯整体改造工作进行评估并帮助协调落实了改造经费,已进入招标程序。对翰林花苑电梯安全隐患问题,邀请领导、法律和技术专家会诊把关,召开协调会进行沟通,于4月20日完成了整改。

【抓好食品安全监管工作】 2011年,国家、省、市对上城区食品及相关企业共抽检48个批次产品,抽检合格率为100%。全年未发生被上级和媒体关注或报道的食品安全问题。食品监管重点把好"五个关"。2011年,上城质监分局对食品企业使用的原料进行抽样监控,共抽检奶粉、牛(猪)肉、鸭肫、烘焙专用粉、纸质蛋糕托等36个样品,检验结果均为合格,有效防止了输入性的安全事故;选择熟悉行业内部规律、工作阅历丰富、责任心较强的6家企业的质量负责人为食品质量风险防范信息员,及时掌握行业"潜规则",便于主动监管。通过监督检查、年度审核,及时发现企业存在的问题,督促企业纠正,持续保持法定条件。通过申报、核查,确保食品企业添加剂的使用符合"国标2760"的要求。2011年,上城质监分局举办食品企业培训2次。

资料　"五个关":原料关、防范关、监管关、添加剂关、培训关。

"国标2760":是指GB2760-2011食品安全国家标准。

【抓好区域产品质量安全】 全年共出动执法人员362人次，检查企业441家次，查处违法行为24件，其中立案案件10件，现场处罚9件，责令整改5件，罚没款6.38万元。查处违法产品数340件，查处不合格产品标值5.22万元，没收产品额4.09万元。对5个已立案件实施数字化执法，2个案件进行了阳光案审。全年处理各类投诉处理9件，“12365”投诉处理回复率100%，监督检查后处理8件，完成率100%。行政立案案件结案率为100%，无行政复议案件和行政诉讼案件。全年开展了民生计量、侵犯知识产权和制售假冒伪劣商品、絮纤维产品、聚碳酸酯饮用水罐、重机械等11项专项整治，组织区内相关人员进行4次质量监管知识的培训。通过整治与帮扶，2011年，上城区生产企业产品监督抽查合格率96.2%。

【抓好民生计量监管工作】 抓好农贸市场计量监管工作。与区商贸旅游局联合召开农贸市场计量工作会议，对计量器具强检及监督检查情况进行通报，与14家市场签订年度目标责任书。开展农贸市场计量服务站工作，全年完成了740台计量器具的检定、维修任务。加强对农贸市场在用计量器具的巡查工作，使全区共1724台电子秤的检定合格率始终保持在99%以上，比2010年提高12%。抓好医疗计量工作。对街道社区卫生服务中心、妇幼保健院和民营医院开展计量监督检查工作，检查覆盖率达100%，共检查各类计量器具2085台，对问题单位进行督促指导，全区医疗计量器具检定率达100%，保障了群众诊疗安全。抓好以南宋御街商圈为核心的餐饮计量工作。不定期对区域内杭州知味观等30余家餐饮企业的计量管理情况进行执法检查，结合检查将《餐饮业作业指导书》分发给每个企业，要求对照检查，营造放心消费环境。

（田宝庆）

食品药品监督管理

【概况】 2011年，杭州市食品药品监督管理局上城分局(以下简称上城药监分局)以科学发展观为指导，以保障群众饮食用药安全为己任，依托“质量强省”试点城区、打造“具有国际水准的高品质中心城区”三年行动计划，不断提升监管水平、解决监管难题、巩固监管基础、深化监管工作，开拓创新、勇于奋进，基本实现了全区食品药品安全形势的平稳可控。2011年，上城药监分局组织药械专项检查10次，牵头开展食品安全专项检查11次，开展食品安全联合执法8次。开展食品药品宣传活动12次，检查涉药企业589家次(其中医疗机构110家次)，完成GSP认证和跟踪检查6家，处理食品药品投诉举报97起，监督抽样药品141批次，共出动执法人员1180人次，处理案件18起，结案17起，涉案金额10万元，罚没款达到8100元，没收假劣药货值2200元。上城药监分局于2011年9月30日由中山南路203号搬迁至复兴路118号。

【开展创建全国文明城市系列工作】 为响应中共杭州市委、杭州市人民政府“努力争创全国文明城市”的号召，上城药监分局对照《全国文明城市测评体系》涉及药品的内容，在全区社会药店和医疗机构药房中，开展“创文明城市，做文明药店(房)”活动。上城药监分局组织药品经营企业代表签订《创文明城市、做诚信药店》承诺书，针对创建标准，组织企业从药人员开展培训和教育，在全区涉药企业中营造人人参与的良好氛围，为进一步提升良好企业形象和行业形象，促进医药行业健康发展提供平台。完善食品药品协管员制度。在工作目标、工作职责和任务分工上对原有的食品药品协管员制度进行完善，建立协管员定期汇报制度，加强协管员培训，发挥协管员的基层作用，做好街道和社区的食品药品监管工作。加强药械企业检查力度。对辖区药店开展地毯式检查，及时纠正不规范的行为，确保创建活动不失分。创建期间，上城药监分局共监督检查药店单位140家次，出动执法人员286人次，覆盖率为100%。杭州胡庆余堂国药号有限公司庆余堂连锁店、杭州全德堂药房有限公司、杭州方回春堂国药馆有限公司被评为“诚信示范药店”，杭州永丰堂药店被评为“诚信药店”。

【整治食品行业】 进一步完善辖区食品安全事故应急预案和应急预案操作手册并组织学习。对相关食品生产经营单位进行全面排查，对发现的问题及时整改。切实加大无证、无照“三小”(小食品加工场、小食品店、小餐饮店)行业的整治力度，对辖区无证无照“三小”行业进行摸底调查，对符合条件的部门加大规范提升进度,截至2011年底,共规范提升415家。切实做好食品信访工作。针对多次上访、投诉问题职能不清、群众不满意难处理、难解决的食品信访投诉,上城药监分局牵头各职能部门开展联合执法共同解决。2011年,上城药监分局有效处理食品信访投诉65起,召开协调会15次,其中对投诉较多、多次劝说停业或转行而不停业或转行的进行取缔,共开展联合取缔行动8次,取缔6家无证、无照小餐饮店,规范22家。

开展药品安全现场检查　（上城药监分局　供稿）

【深入推进药品安全专项整治】 加强分类监管。按照辖区药械单位信用等级评定情况,对药械流通使用单位进行分类监管。检查药品批发企业及连锁总部86家次;检查药品零售企业306家次,其中新开办12家,变更地址和增加经营范围现场检查11家次;检查医疗机构药房106家次;检查医疗器械生产经营使用单位共100家次。加强重点品种监管。加强对特殊管理药品、蛋白同化制剂和肽类激素及含麻黄碱类复方制剂的购销资质,物流、票流和资金流的流向情况进行重点监管,确保此类药品不流向非法渠道。3~5月,上城药监分局联合杭州市稽查支队、湖滨街道及吴山夜市管委会,多次对吴山夜市隐形眼镜进行专项检查,检查中查获多起违法经营角膜接触镜行为,已移交杭州市稽查支队查处。加强重点行为监管。于2010年11月至2011年6月,开展为期8个月的打击侵犯知识产权和制售假劣药品专项行动,为加大知识产权的保护力度创造良好环境。开展非药品冒充药品专项行动,以整治补肾壮阳类、减肥类药品为重点,要求药店对照杭州市食品药品监督管理局下发的《非药品冒充药品目录》进行自查,对违规药品进行下架,共出动执法人员420人次,检查单位168家次,责令下架非药品88批次,抽样1批次,警告1家次。

【加强食品领域安全综合治理】 开展打击食品非法添加和滥用食品添加剂专项整顿行动。对非法添加邻苯二甲酸酯类物质的食品和食品添加剂进行全面排查,对辖区内涉及杭州溢香园生物科技有限公司和广东江门市高迪食品有限公司的问题原料和产品进行全面清查,保证"涉塑"产品不流向市场。加强糕点、米面制品和辣椒及其制品以及酒类等重点品种的监管工作,严厉打击燕窝中非法添加和滥用食品添加剂违法行动。开展地沟油整治和餐厨废弃物管理专项行动。根据上级部门的统一部署,牵头制订了加强地沟油整治和餐厨废弃物管理的方案,成立了上

开展食品安全检查　（上城药监分局　供稿）

城区地沟油整治和餐厨废弃物管理工作领导小组。开展保健食品整顿工作，制定了《上城区 2011 年保健食品生产企业检查方案》，对国家食品药品监督局发布的暂停销售的保健食品以及假冒的保健食品进行查处，通过短信平台提醒辖区 45 家单体药店和 4 家连锁药店总部，并对 110 家药店和保健食品经营企业进行现场检查。开展保健食品店堂广告监测，共检查药店及保健食品经营企业 124 家，未发现违法广告。

【深入开展中药市场治理】 开展辖区中药无硫化专项行动。和企业签订《中药材、中药饮片行业质量自律承诺书》，在打造中药饮片无硫化示范一条街——河坊街的基础上，对企业购销渠道、资质审核、贮存保管、合法票据索取等方面进行重点检查，并针对杭州市食品药品监督管理局公布的 26 个品种进行抽样，全年共完成无硫化抽样 41 批次。开展滋补类中药材市场的专项检查。通过检查和整治，市场中药材管理整体改观，中药材打粉后销售及少数摊位超范围经营药品等问题已经基本杜绝，市场的滋补保健类中药材的销售逐步走向规范。

【建立药械监管"直通车"网络平台】 建立药械监管"直通车"网络平台是 2011 年上城区社会管理创新项目，上城药监分局全力推进零售药店信息化建设工作，联合浙大网新易盛网络通讯有限公司为辖区每家单体药店安装统一的信息化监管平台和药师指纹考勤系统，通过平台，上城药监分局实现了驻店药师在岗在职、处方药凭处方销售、药品购销渠道等情况的网上监控，提高工作效率。辖区 34 家单体药店均已纳入信息平台监管范围。

【深化食品药品监管依法行政工作】 上城药监分局坚持执法为民的原则，全面推行依法行政，不断提高执法能力和执法水平。2011 年，共处理药械投诉举报 32 起，发出责令改正通知书 28 份，共查处案件 18 起(其中一般程序 6 起、简易程序 12 起)，涉案金额 10 余万元，截至 2011 年底，已结案 17 起，共没收药品货值 2200 元，罚没款总额 8100 元。同时，上城药监分局在日常监管中加大药品抽样检测的针对性，根据辖区特点明确中药饮片和基本药物为抽样的重点。全年共完成药品监督抽样任务 141 批次。

【加强食品药品宣传力度】 不断拓展社区宣传平台，与区民政局、华数数字电视合作在社区华数数字电视 LED 电子公告屏上发布食品药品安全信息，引导社区群众共同参与食品药品监管。参加"食品安全宣传周、全国安全用药月"等宣传活动，面向群众，近距离宣传食品药品安全知识，接受现场群众咨询，向群众讲解食品药品法律、法规常识，进一步增强群众食品药品安全自我保护意识和维权意识。向区人民政府、区人大、区政协及部门宣传食品药品监管工作，2011 年共编辑工作信息动态 82 条，编辑《食品药品监管简报》 12 期。

【开展打击制售假冒伪劣药品专项行动】 上城区采取执法检查和宣传教育相结合的办法，完成为期 5 个月的打击侵犯知识产权和制售假冒伪劣药品专项行动。对涉及性保健品展销会、药品零售企业、互联网销售假药等重点环节加强检查力度，并着力规范药品经营企业和医疗机构的药品购入、储存、保管、销售、使用等行为。组织两次大型志愿者进社区的宣传服务活

举办"食品药品安全 健康与您相伴"志愿者服务活动

(上城药监分局 供稿)

动,定期发送相关信息报道。专项整治行动共出动执法人员850多人次,检查涉药单位368家次,发出责令改正通知书7份,立案查处假劣药品经营案件3起,起到较好的震慑教育作用。

【"两加强一突出"清除食品药品安全监督盲区】 加强责任落实。结合全国文明城市创建,制定计划、明确目标、完善措施,进一步强化责任体系。加强预警机制。实行24小时值班,畅通群众举报渠道,做好预警和应急准备。并通过简报、网站等载体,向公众发布食品药品安全监管信息和消费警示。突出监管重点。针对旅游区、火车站等人员多、杂的区域开展专项检查,排摸查找薄弱环节和安全隐患,及时采取措施并整改,加大对药店、超市、小餐饮店等场所的监管力度及药械和蔬菜、肉类、水果、粮油、水产品、月饼、糕点等食品的质量监测。 (荆 璐)

安全生产监督

【概况】 2011年,上城区安全生产监督管理局(简称区安监局,下同)贯彻落实《中华人民共和国安全生产法》《浙江省安全生产条例》《杭州市安全生产管理条例》等法律、法规以及省、市、区领导的一系列讲话、指示精神,不断强化组织领导、落实主体责任,强化排查治理、消除安全隐患,强化宣传教育、夯实安全基础,强化执法检查、加大处罚力度,强化队伍建设、提升监管水平。2011年,全区共发生各类事故98起,死亡5人,直接经济损失100.40万元。其中:生产安全事故一起,亡1人,直接经济损失45万元;道路交通事故61起,比上年(指2010年,下同)下降9.0%。亡4人,比上年下降50%。直接经济损失11.34万元;消防安全火灾事故36起,比上年下降了50%,未发生亡人事故,直接经济损失44.06万元,比上年下降36.3%。各项亡人指标均控制在市下达的范围内,多个指标有不同程度下降,安全生产工作向稳定平安的目标发展。

【扩大责任书签订面】 2011年初,根据市对区考核属地化的新情况,上城区安全生产委员会(简称区安委会,下同)及时调整了责任书的内容,将除地铁工程等重点工程以外的中央和省、市属企业纳入监管和考核范围。同时扩大责任书签订面,各个签约单位层层签订安全生产责任书,重点督促签约单位与危改、庭改、临时性工地等事故多发行业领域生产经营单位签订责任书,做到广泛覆盖与突出重点相结合。2011年,全区共签订各类安全生产责任书4561份。

【突出重点时段和领域开展各类检查】 2011年,区安监局按照行业监管与属地监管条块相结合的原则,突出重点时段和重点领域开展各类检查。南星街道发挥专家支撑作用,推行专家会诊式检查,提升了检查的效率。紫阳街道采取定期检查、抽查、联合检查等多种形式,主要领导亲临一线带队检查。工业园区结合文明城市创建工作,对备选企业进行全方位检查,增强企业的本质安全水平。望江指挥部完善管理模式,开展安全竞赛,加大物质奖励力度,调动施工、监理单位广泛进行自查自纠,消除了大批隐患。吴山指挥部针对大型活动开展专项检查,确保活动顺利举办。2011年,全区共出动16326人次,检查14384家生产企业,排查隐患7122条,整改落实7100条,整改率99%以上。

11月4日,区安监局在吴山广场检查"观众嘉年华"安全工作。
(区安监局 供稿)

【加强公共领域安全监管】 2011年，区安监局将安全监管延伸至公共领域。进一步加强钱塘江防潮安全监管，突出长效化管理新要求，将管理贯穿全年。中秋大潮汛等重点时段，严格依照规定进行巡查，注重发动志愿者和沿江居民，形成工作合力。清波街道联合安监、消防部门开展群租房整治，以海底捞餐饮公司员工宿舍为试点，制定整治方案，房屋出租房东须主动申报，否则将处以高额罚款；由消防部门进行安全检查，符合消防要求的才能出租；由公安部门对承租人员进行登记，男女分租；符合以上条件后，到所在社区或物业备案；制定法规，根据其居住的人数提高相应税金；当对其他业主造成损害时，房东和承租人应积极配合解决问题，否则可由相关部门（如执法局、房管局）进行依法处罚。该方案在取得阶段性成果后在辖区推广。

【突出重点行业安全监管】 2011年，区安监局突出危险化学品和烟花爆竹安全监管，严格行政审批，压缩经营户总量，开展危险化学品使用、经营单位以及烟花爆竹安全大排查工作，积极履行安全生产综合监管职责，全年出动684人次，检查生产经营单位1569家，发出整改指令书16份，行政处罚20万元。

【开展“一打三整治”专项行动】 从4月底至7月初，集中力量对事故多发的道路交通、消防安全、建筑施工等行业领域开展了“一打三整治”专项整治，在道路交通、建筑和消防等行业领域严厉打击非法生产、违规经营、违章作业、违法建设等行为，安监、消防、建设、运管等部门发挥牵头作用，各个街道积极配合，严厉打击非法生产、违规经营、违章作业、违法建设等行为；将发动企业自查和部门督查相结合，广泛宣传和执法处罚相集合，开展了有限空间作业专项整治；4~6月，以营运客车为整治重点开展了道路客运安全整治活动，充分运用动态监管手段，强化对客运车辆的路面监控，重点打击非法营运、营运车辆超员、超速、疲劳驾驶等非法违法行为，从路面管理上消除安全隐患。“7·23”甬温线高铁特大事故发生后，根据省、市统一部署，在全区范围内开展为期两个月的安全生产大检查活动，各个部门深入开展隐患排摸，安监、质监、建设、消防等执法部门加大执法力度促隐患整改，有效地提升上城安全水平。

【创新宣传形式】 突出重点开展培训。各个街道、部门突出行业地域特点，有针对性开展各类培训。湖滨指挥部组织建设施工、监理单位负责人、安管员举办多期培训班。华日集团重点抓好新员工三级安全教育和岗位培训，提高员工安全意识。区文化广电新闻出版局对游泳池救生员进行培训，并适时进行演练，提高了人员素质。2011年，全区各级、各部门共培训企业负责人1510人，安管员2633人，其他人员22430人，培训总人数为26573人。精心组织“安全生产月”活动。6月3日，在吴山广场举办安全生产月广场大型宣传活动，现场设置摊位咨询解答群众有关劳动保护、职业病防治、安全常识等方面的问题，发放宣传资料。通过图片展览、流动消防宣传车，有奖猜谜活动宣传各类安全知识；举行文艺演出。现场展出图板60余块，发放宣传手册6000份，发放猜谜奖品2000份。广泛宣传各类安全知识。各个街道和相关部门针对各自实际情况和行业领域特点，结合各类专项治理活动，广泛开展消防、交通、特种设备、建筑施工、日常生活等方面的安全知识宣传。湖滨街道、望江街道广泛开展安全进社区活动，针对老弱病残重点人群宣传用

10月28日，举行上城区文化市场安全培训。（区安监局 供稿）

12 月 15 日，杭州市安全生产监督管理局考核组视察钱塘江沿岸防潮安全工作。（区安监局 供稿）

火、用电、烟花爆竹以及交通安全等方面安全常识。娃哈哈集团有限公司结合文明城市创建工作，开展安康杯知识竞赛、摄影大赛等系列活动，企业安全文化宣传有声有色。

【提高突发事故处置能力】 2011 年，在进一步完善各类安全生产应急预案的同时，在区、街道、社区和企业等部门多个层面开展特种设备、消防安全、建筑施工等多方面的应急演练。区安监局、上城消防大队、紫阳街道联合在冠盛大厦举行高层建筑救援演练。玉皇山南指挥部在安全生产月期间举行了在建工地消防安全应急演练。区教育局有针对性地将应急知识纳入学校教育范畴并组织学生开展逃生自救演练。2011 年，全区共开展不同层次和类型的演练 125 次。通过开展各类型演练，完善了应急预案，锻炼了救援队伍，提高了安全意识。

【实行“三个抓”落实安全监管工作】 日常工作抓提高。先后开展安全生产隐患排查、烟花爆竹行业安全集中整治等活动，对隐患单位实施挂牌督办，完善隐患排查治理长效管理机制。狠抓企业安全生产教育培训，促进特种作业人员持证上岗率进一步提升。同时开展多种形式的社会宣传活动。重点、难点工作抓成效。针对安全生产薄弱环节和事故多发、易发行业领域，继续组织开展专项整治。同时，落实企业主体责任，提高企业自身安全水平和抵御风险能力。特色工作抓争先。加大对外来务工者的安全培训力度及事故查处和执法检查力度，进一步健全专家查隐患的机制，在上城区安全生产委员会统一组织下，会同相关部门联合开展检查执法新模式。

【实施安全监管执法新模式】 立足执法为企业服务，对企业发展中遇到的各类安全问题，主动给予科学规范地指导和服务。立足人性化执法，执法中向当事人耐心讲解有关政策法规，讲清违法事实，做到处罚与教育相结合。立足标准化检查，严格执法程序，坚决杜绝人情案、关系案，确保行政处罚公平、公正、合法、合理。立足工作改进，随时随地接受企业监督。立足执法教育，贴近生活、贴近员工、贴近实际进行执法宣传，提高企业安全意识，促进执法工作与安全生产宣传教育有机结合。

【抓好钱塘江大潮期间防潮安全工作】 抓巡查。建立专兼职相结合、志愿者参与的巡防队伍，严格落实喊潮预警制度、巡查记录制度和防潮报表报送制度，在潮水到来前、后一小时采用普通话进行喊潮预警，实行喊潮预警、巡防管理和劝导救助。抓宣传。在沿江各个下江口处涂刷防潮安全标语，在江堤上设置防潮安全宣传栏并定期维护更新。沿江各街道和建设局每年针对辖区居民、外来租住人员、工地民工举办多期培训班，并免费发放防潮安全小册子。抓督查。区领导多次带队实地检查巡防队员巡查情况、沿江设施完备情况，区防潮办对相关部门和街道落实考核，督促各单位共同做好防潮安全工作。

（马硕遥）

财　政

【概况】 2011 年，上城区实现地区生产总值 615.98 亿元。全年完成财政总收入 90.01 亿元，比上年（指 2010 年，下同）增长 12.3%；地方财政收入完成 53.55 亿元，比上年增长 6.6%。全年完成地方财政支出 20.48 亿元(不含省、市补助，下同)，完成调整预算 100%，比上年增长 5.0%。其中用于民生支出 16.32 亿元，比上年增长 5.1%，占地方财政支出的 79.7%，新增民生支出 7935 万元，占新增财力的 2/3 以上。全年财政收支平衡，略有结余，为全区打造"具有国际水准的高品质中心城区"提供了坚实的财力保障。

【组织财政收入】 区财政局加强与国税、地税、市直属税务分局的协调，定期召开财政收入分析联席会议，及时编制财政收支分析月刊，跟踪区属重点企业的收入增减情况，准确把握收入形势，做好协税、护税工作。按浙江省人民政府非税收入管理条例的规定，加强和规范非税收入征管，建立非税收入管理考核评价机制，组织征收部门依法、及时、足额征收，确保全年收入任务的完成。全年地方财政收入 53.55 亿元，圆满完成区人民代表大会目标任务，财政总收入超过目标任务 90 亿元，再上历史新台阶。

【促进产业结构优化】 根据杭州市发展 "十大产业" 的相关意见，结合上城区域特色，先后拟定《上城区发展"十大产业"促进转型若干政策意见》、《关于促进玉皇山南园区金融产业发展的政策意见》、《上城区中山南路西侧坊巷业态调整奖励办法》，围绕"五主多副"现代产业体系，突出发展现代商贸服务业、文化创意产业、金融及衍生产业。全年"十大产业"及现代商贸服务业合计实现地方财政收入 33.74 亿元，比上年增长 21.6%，占地方财政收入的 63.0%，比上年增加 7.75 个百分点，上城区产业结构进一步优化。

【加大企业扶持力度】 落实 2011 年全区经济工作会议要求，加大扶持企业力度，突出特殊贡献企业经营团队奖励，帮助企业做好各类项目资金申报工作，全年共计兑付财政扶持资金 1.83 亿元，其中争取上级项目资助 9162 万元。协助企业做好增值税"先征后返"工作，对再生资源、文宣产业等企业退付增值税款 721 万元。及时兑付家电"以旧换新"补贴资金，全年兑付补贴资金 2310 万元。通过建立小额担保贷款风险补偿机制，促进金融机构向上城区中小企业融资倾斜，缓解区属中小企业融资难。

【加大民生事业投入】 2011 年，围绕"学有优教、劳有多得、病有良医、老有善养、住有宜居"目标，调整支出结构，加大民生事业投入，提高居民群众生活品质。保障区域环境品质提升。推进城市有机更新，全年安排财政资金 3.50 亿元，确保南宋皇城遗址"51131"道路街巷综合整治工程、五柳巷危改工程、准物业管理等"四改"民生改善项目和望江地区保障性住房建设的顺利推进。优化居民生活环境，财政支出 1.94 亿元用于城市"四化"管理、屋顶绿化建设、生态垃圾房建设、"垃圾分类"，及"三江两岸"生态景观保护三年行动计划的启动等。完善社区公共服务机制，全年社区建设和事务管理支出 4810 万元。完善社会保障体系建设。保障离退休人员待遇到位,全年离退休支出1.40亿元。深入实施居民最低生活保障和零贫困家庭工程,发放各类救济支出2706万元。全面推进居家养老全覆盖工程,居家养老支出1105万元。扎实推进充分就业城区建设,促进再就业及居家就业支出2292万元。提高企业退休人员社保补贴标准,企业退休人员节日慰问费及社会化管理支出6086万元。推进残疾人事业发展,残疾人康复工程及就业、扶贫补助等支出1776万元。确保教科文卫事业投入。贯彻《国务院关于进一步加大财政教育投入的意见》,全年财政教育投入5.14亿元,保障教育绩效工资的发放以及建兰中学等学校建设项目的实施,开展名校集团化战略,推进学前教育和特殊教育发展。科学技术投入8227万元,着重用于示范区建设、科学技术研究和支持中小企业科技发展。卫生事业投入6022万元,着重用于"两卫"(街道卫生服务中心和社区卫生服务室)事业单位绩效工资改革,推进基本药物零差价制度实施,改善社区服务站就医环境,加大疾病控制、卫生监督和妇幼保健工作力度。文化事业投入1093万元,保障各类群众文化艺术活动顺利开展,并向困难家庭免费发放文体惠民活动券。

【推进财政改革创新】 规范财政预算管理制度,出台《部门预算编制业务规范》、《部门预算调整操作规程》和《区级机关会议费和培训费管理办法》,汇编《上城区公共财政政策解读》。推动部门预算信息公开,完成2011年度部门预算明细上会的资料汇编。加强预算单位结余资金管理,规范预算单位历年结余以及施行国库集中支付改革后的上年结余的管理与使用。扩大国库集中支付范围,将区红十字会、区社会保险办公室、区就业管理处纳入国库集中支付管理。推行公务卡制度改革,区行政事业单位启用公务卡结算,全区39个行政事业单位累计开办个人公务卡1669张。完成国库集中支付软件的升级工作和"金财工程"非税收入征管信息系统的筹备工作,2012年元月起正式启用新版"非税收入征管信息系统"。

资料 **"金财工程"**:"政府财政管理信息系统"的简称,是利用先进的信息技术,支撑以预算编制、国库集中支付和宏观经济预测分析为核心应用的政府财政管理综合信息系统,是财政系统信息化建设目标和规划的统称。

【公务卡业务系统成功上线】 上城区规划改革方案,制定管理办法,通过与浙江省财政厅进行技术及业务沟通,明确公务卡业务系统实施方案和实施步骤,根据国库单一账户体系相关要求,确定两家银行作为公务卡发卡单位。同时,区财政局会同浙江省财政厅业务处室、代理银行共同搭建公务卡业务测试系统和银行数据交换测试系统。2011年,上城区已完成公务卡所涉及的全部业务测试,并成功切换至生产环境,实现公务卡和国库集中支付系统无缝对接。凡纳入公务卡强制消费目录的事项(办公费、差旅费、会议费、公务招待费等),预算单位原则上不再使用现金结算。

10月15日,召开上城区2012年度区级部门预算编制布置会议。

(区财政局 供稿)

【深化国有资产管理】 探索国有资本经营预算,完善国有资产处置,拟定《上城区人民政府关于试行国有资本经营预算的意见》、《上城区行政事业单位国有资产处置管理暂行办法》等。全面完成建设指挥部房产核查和市对区指挥部资产的清查工作,核实上城区共有存量房产37.70万平方米。完成杭州国泰商厦改制任务和租赁权挂牌拍租工作,通过在杭州产权交易中心挂牌竞拍,最终成交价较挂牌价溢价48%。完成区行政事业单位报废资产首次集中处置工作,通过在杭州产权交易中心挂牌竞拍,最终成交价比评估价高出39.5%。进一步加强对区投控集团的监管,2011年,区投控集团实现经营收益1.13亿元,比上年增长10%,完成项目新增投资额2.26亿元。

【集中处置行政事业单位报废资产】 8月12日,在上城区行政事业单位报废资产拍卖会上,经过22个竞拍单位多轮竞价,杭州华松物资回收有限公司以10万元价格拍得行政事业单位报废资产,比评估价高39.5%。此次拍卖是上城区报废资产集中处置的首次尝试,通过市场化方式实现财政(国资)部门与行政事业单位、资产评估机构、拍卖机构等单位的高效衔接,杜绝各单位实物资产自行分散处置造成的国有资产流失、处置收益灰色化等问题,提高资产处置收益。

【健全财政监督】 全面开展"小金库"复查工作,对行政事业单位、社会团体、国有及国有控股企业复查面达到100%。开展财政支出绩效评价,完成社区公共卫生服务经费等3个综合绩效评价项目以及民办学校补助资金、行政事业单位科技经费两个绩效自评项目,增强各单位合理、有效使用财政资金的意识。开展公务用车专项治理工作,全面核查公务用车,按照报废、留用、退回等政策规定,分类别对认定违规的车辆作出处理。强化政府采购管理。完善公务用车配备、更新(报废)、定点维修、定点保险、定点加油管理办法,对公务用车定点保险费用全部执行财政直接支付。加强政府采购的规范化管理,将政府采购扩面至区建设指挥部,规范指挥部的采购行为。对区各部门政府采购全部执行网上审批,规范采购流程,提高采购效率。全年政府采购金额2.16亿元,资金节约率22.7%。

【完善会计管理】 宣传贯彻落实《中华人民共和国会计法》、《中华人民共和国行政许可法》,强化对会计从业人员的监管,规范会计秩序,认真履行会计管理职能。组织完成上城考区2011年会计从业资格考试,共有3508人报名参加考试。组织召开区会计学会第三届第三次理事会,审议通过《会计学会分组建议》、《关于征集财会论文活动的奖励办法》,激励财会人员自觉提高理论和实务水平。协助市注册会计师行业党委对浙江海旭会计师事务所"创先争优"活动开展督查点评,并指导上城片区注册会计师行业充分运用点评成果深化"创先争优"活动,中汇会计师事务所党委被市注册会计师行业党委授予"先进会计师事务所党组织"荣誉称号,浙江浙经天策会计师事务所的褚梅云获2011年"杭州市先进会计工作者"荣誉称号。全年共办理会计从业资格新证592人次,办理注册、变更、调转手续678人次,办理会计代理记账申请许可两家。

【干部队伍建设】 落实区委、区政府治庸治懒治散"效能亮剑"专项行动的要求,全面推行"五服务、五不让、三不讲"服务理念,要求干部职工牢记"五要、五不要",以改进财政管理方式,寓管理于服务之中。开展"深化制度建设年"活动,对现有的各类文件及内部管理规章制度进行一次全面的梳理、修订和完善,形成覆盖各个科室、各个工作环节的比较完善的制度体系,并汇编成册,在机关内部形成"以制度管人,按程序办事"的工作机制,以规范行政行为、提高工作效率。开展课题调研和"干部讲坛"活动,选定了"公务卡管理和使用的探索与分析"等18项调研课题,开设"干部讲坛"作为干部交流调研成果的平台,由课题调研骨干主讲,营造讲学习、爱学习、比学习的浓厚氛

10月16日,区财政局开展"以国库集中支付改革为契机推进'三分离'实践"讲坛活动。
（区财政局　供稿）

围,推进“学习型机关”建设。(孙克敏)

国家税务

【概况】 2011年,上城区国家税务局(以下简称区国税局)组织税收35.29亿元,比上年(指2010年,下同)增加7.16亿元,增长25.5%,完成计划进度114.6%,其中完成增值税18.27亿元,比上年增加2.37亿元,增长14.9%;企业所得税入库16.83亿元,比上年增加4.74亿元,增长39.2%;消费税入库1910万元,比上年增加508万元,增长36.2%。上城区库国税收入34.91亿元,增收7.03亿元,增长25.2%。其中增值税18.52亿元,增收2.36亿元,增长14.6%,企业所得税16.20亿元,增收4.62亿元,增长40.0%,消费税1913万元,增加509万元,增长36.3%。

【加强各税种管理】 加强普通发票管理。继续推进普通发票网络开具工作,VPDN网上开票户数从年初的1060户增加到3282户,实际开票1953户。完成各项核查工作。在对部分机动车发票抵扣税款专项核查中查补税款11.65万元;在对一般纳税人二手机动车交易增值税缴纳情况核查中补缴税金2.99万元,滞纳金2900元;对2010年固定资产抵扣税额100万以上的6户企业,两户废旧物资企业、两户房地产企业等开展核查。加强企业所得税管理。完成2010年度企业所得税汇算清缴工作,共汇算清缴企业5115户,汇算清缴入库所得税5.46亿元。加强国际税收管理。建立、健全反避税工作机制,完善反避税基础信息建设,开展涉外税务审计,加强非居民企业税收管理。全年完成涉外审计22户,实际入库税款1952.61万元,其中增值税127.14万元,滞纳金1825.47万元。开展非正常户异地协作管理工作。2011年3月,江、浙、沪、甬四地税务机关交换了各自所辖的截至2010年底的全部非正常户信息。经比对,发现非正常户97户。区国税局及时制定协查方案,落实各管理科开展协查,已通知纳税人回原地处理81户,协查时注销15户,纳税评估1户。组织机构代码共享工作顺利开展,全年共处理信息记录45394条。

【探索税源专业化管理】 2011年,区国税局制定并实施税源专业化管理实施方案,方案将税源管理分为四大类:第一类特殊类型企业,包括企业涉外企业、生产型出口企业、定点联系企业;第二类重点行业、税收的政策性或风险程度较高行业,包括民政福利企业、金融企业、汽车销售企业、大型商场、药材批发、住宿类企业;第三类重点税源企业,即2010年税收收入50万元以上的企业426户;第四类包括其他一般税源企业、个体和市场。第一类企业统一由税源管理四科负责专人管理,第二类按照行业税收权重或户数实施集中科室专人管理,第三类、第四类按照属地原则由各管理科室实施专人专岗管理。审批职能按照《浙江省国家税务局办理涉税事项工作规程》的要求流转。岗位职能划分为日常管理岗、综合审批岗、纳税评估岗。纳税评估岗主要负责专业性纳税评估工作管理;综合审批岗主要负责纳税人申请的涉税事项的审批管理;日常管理岗主要负责税务机关依职发起的税源管理事项管理。

【全面落实税收政策】 2011年,享受免税优惠政策企业有福利企业1户,退增值税132.39万元;软件企业超税负退税8户,退增值税105.1万元;享受其他优惠政策企业34户,免税销售额35.96亿元。做好生产型企业出口退税审核和管理工作,办理各类抵退税1.82亿元,其中免抵税额1.44亿元,一般性退税3757.62万元。在企业所得税汇算清缴工作中,区国税局共审核企业技术研发费加计扣除19户,加计扣除企业应纳税所得额3718.76万元,高新技术企业8户,减免企业所得税金额2375.60万元,小型微利企业1041户,减免企业所得税金额303.91万元。

【强化纳税评估】 2011年,区国税局行业模型运用成效显著,全年应用49个模型,其中自建模型18个,监控户数958户,将工业企业一般纳税人256户全部纳入模型监控,监控比重达到100%,位居全市第一。将年税收10万元以上的企业全部纳入行业监控,监控收入28.98亿元,监控收入占总收入比重90.4%,位列全市第三。落实完善局二级评估体系,建立、健全纳税评估质量考核体系,筛选医疗服务行业和建筑安装企业作为2011年行业评估重点。在对电动车销售、医疗服务、建筑安装3个行业及所得税清算后续审计、注销迁移、非正常户异地协查、举报所涉等企业的评估中，评估企业197户，发现问题户数103户，发现问题比率52.3%，补缴税款1667.30万元，滞纳金71.42万元，调整减少以前年度亏损5445.10万元。

【深入开展管理创新】 2011年，区国税局制定和完善局管理创新考核办法，开发应用"定点联系企业税收信息管理机制"平台，并确定作为当年度管理创新项目。该项目通过建立信息管税机制，可逐步解决定点联系企业征纳信息不对称和系统内部数据未能有效使用等矛盾，为大企业风险管理、行业分析、重点税源管理等工作提供数据支持，为各级大企业税收管理员提供查询、分析、预警等功能，有效减少税收管理员案头工作量。该平台现已安装在杭州市国税局征管辅助系统供全市国税系统使用。在创新的同时，开展税收调研，结合城区经济社会发展特点，加大对海洋经济企业、工业园区及"走出去"企业的走访调研力度。《杭州市上城区海洋经济企业发展现状及对策》刊登于《中国税务》"税收征管"栏目中。

【构建纳税服务网络】 区国税局协商制定纳税服务网络小组工作制度和实施方案，将6个街道全部纳入纳税服务网络。按季召开网络小组会议，倾听街道等社会协作方在为企服务等方面遇到的难题，安排专人负责帮助跟进解决，做好后勤保障工作，确保协作方纳税服务水平。为协作方开设热点专题"大讲堂"。加强街道对税收工作的理解，努力打造水平高、网点多、服务优的新型纳税服务网络。

【开展纳税服务月活动】 2011年，区国税局制定纳税服务月暨"诚信兴商宣传月"活动方案，就国税部门"服务发展、规范执法、勤政廉政、服务效能"的情况走访企业，为企业发展提供"量体裁衣"式的个性化服务。

【深化税法宣传】 巩固由各类税收政策通报会、培训会和宣传会、以及国税子网站、办税大厅公告栏等组成的立体式宣传阵地，做好税收政策解读工作。开展一系列全国税收宣传月活动。参与"文明出行、国税先行"环湖宣传活动，联合"交通91.8"推出"我们都是纳税人"广播节目，组织开展企业报税收宣传专版评选活动，推选上报《浙商集团报》、《浙江水报》、《清河坊》、《杭州木材》、《新解百》、《浙江安装报》6份企业报。其中，《浙商集团报》被评为全省企业报"十佳税收宣传专版"。与上城地税局联合开展2009~2010年度纳税人纳税信用等级评定工作，共评定AAA级纳税人43户，AA级纳税人43户，A级纳税人103户。

【三项举措加强小型企业管理】 注重宣传辅导。通过定期组织培训、电话沟通、上门辅导等形式，为小型企业财务人员重点宣传辅导纳税申报、税务认定、发票管理等具体办税实务运用。加强日常监管。分析企业的财务报表以及纳税情况，对连续零负申报和有欠税苗头的企业进行重点监控。并充分利用新办调查、税务认定、发票核查等机会，跟踪管理企业生产经营状况以及资金周转情况。实现部门联动。通过定期的税收与经济联动分析机制，强化与街道、工商、地税、银行等部门的业务联系，实时掌握企业生产经营情况，有效降低企业涉税风险和税务机关执法风险。

【助推公共自行车开发企业"绿色上市"】 深入杭州金通公共自行车科技开发有限公司，对企业上市前的

4月13日，区国税局深入工业园区开展税收政策宣讲会。

（区国税局　供稿）

经营模式、市场地位、战略目标进行调研分析,拟定具有针对性的税收辅导方案。向企业管理者、财务人员传达软件企业、超税负退税、加计扣除等各项税收优惠政策信息;开辟上市绿色通道,方便其办理相关涉税事项。根据新会计准则、上市公司财务制度帮助企业建立、健全财务管理,着重关注企业年净利润增长率、资产负债率、现金周转率等财务指标,指导企业优化财务核算,为上市提供准确的财务基础数据。

【助力复兴国际商务广场综合体升级】 加强与地税、工商、南星街道以及复兴商圈招商服务中心的沟通联系,掌握综合体内的太和广场、钱江国际、中国针织城、大名商务空间等招商引资最新动态,了解企业入驻、变迁情况,确保涉税事项及时跟进。落实定期走访调查制度,设计并发放税企服务联系卡、情况反馈表,采集综合体内商户办税需求信息,按需提供贴心服务。争取综合体内商贸市场管理方的协作配合,协助市场进行整改、创新、拓宽销售领域,打造钱塘江北岸的“外滩经济”风景线。

【力助小微企业】 整理汇总国家出台的扶持小微企业发展的优惠政策,通过网络公告、上门辅导、税企邮箱等方式,让纳税人第一时间了解到最新的税收政策及办理流程。加强与银行等机构的联系,为小微企业融资搭建平台;优化审批流程,对符合条件的小微企业及时落实减半征收企业所得税、研发费用加计扣除等优惠政策。了解纳税人关心的难点、热点问题,强化对企业经营管理的指导,及时化解涉税风险。

【为残疾人民间艺术组织问诊把脉】 完善政策扶持,做好相关税收政策宣传工作,特别是针对民政福利企业,吸纳残疾人用工工资税前扣除、加计扣除等税收优惠政策落实到户。深入实地,与企业有效沟通,了解企业发展模式和经营困难,引导企业与政府沟通、衔接,帮助企业解决实际困难,帮助企业实现经营初期的平稳过渡。通过税收导向作用培育企业新的发展级,利用现有税收优惠政策鼓励企业自主创新,提升发展能力,为残疾人就业、创业营造良好的发展平台。

【加强党建和文明创建】 深入开展“创先争优”活动。将“创先争优”活动与服务民生、服务税收中心工作相结合,做好基层党组织承诺、践诺综合评议工作和党员“每月一星”“闪光言行”评比等工作,抓好党支部理论学习和党员学习交流工作。区委组织部部长黄爱芳肯定了区国税局在纳税服务工作上实现了“小窗口、大服务”,区国税局也成为上城区窗口单位和服务行业“创先争优”首批达标单位之一。开展“七个一”活动献礼建党90周年。开展一次“党群连心”党员服务日活动、参加一次“亲情党课”演讲比赛、参加一次“党在我心中”党章党史知识竞赛、读一本红色经典书籍、组织一次结对走访、看一部红色电影、组织一次支部活动,参观中共杭州小组纪念馆,参加区亲情党课比赛并获三等奖,组织干部参加区第十一次“我为七一献热血”活动,继续开展结对帮扶和党性教育活动。组织党员干部参加春风行动,捐款2.79万元。年初到社区困难群众家里慰问送温暖,清明节组织党员干部到云居山浙江省革命烈士纪念馆缅怀革命先烈。组织干部前往富阳市万市镇参加杭州市团工委组织的“绿满春江畔,统筹城乡发展”植树活动。在杭州市创建全国文明城市迎检期间,组织党员到公交站点进行文明劝导。联合富阳、下城等国税局的青年党员与萧

区国税局走访上羊市街社区残疾人民间艺术制作中心　　(区国税局　供稿)

山国税局篮球队举行了一场“国税文明共牵手,庆祝建党90周年”的篮球友谊赛。深入开展文明创建活动,做好省、市文明单位复评工作,争创省级青年文明号和巾帼文明岗,提升文明创建层次。2011年,区国税局被授予2010年度上城区社会治安综合治理先进集体荣誉称号,被评为上城区建设学习型机关先进单位,纳税服务科(办税服务厅)被评为上城区“人民满意基层站所(办事窗口)”,区国税局机关党委被评为2010年度区直机关先进基层党组织。在2010年度区直单位综合考评中,被评为综合评价市属垂直部门先进单位。

(缪方圆)

3月21日,区国税局在富阳市万市镇参加“绿满春江畔,统筹城乡发展”植树活动。 (区国税局 供稿)

地方税务

【概况】 2011年,杭州市地方税务局上城区地方税务分局(以下简称上城地税分局)累计组织各项收入72.85亿元,比上年(指2010年,下同)增收9.93亿元,增幅为15.8%,其中税收收入入库44.31亿元,比上年增收4.76亿元,增幅为12.0%,其他收入入库28.54亿元,比上年增收5.17亿元,增幅为22.1%。组织地方财政收入41.71亿元,比上年增收10.05亿元,增幅为31.8%。营业税收入23.84亿元,比上年增收5.17亿元,增幅为27.7%。企业所得税收入5.45亿元,比上年减收3000万元,减幅为5.6%。个人所得税收入13.60亿元,比上年增收3.50亿元,增幅为34.8%。城市维护建设税收入2.58亿元,比上年增收4000万元,增幅为20.9%。其他各税收入6.72亿元,比上年增收2.99亿元,增幅为80.2%。

【强化税源管理】 上城地税分局坚持信息管税工作思路,深化“四个一”的税源管理体系,推进税源专业化、规范化管理。对226户重点税源企业进行“一对一”专人管理,按照行业、规模、地域进行合理归类,结合重点税源QQ群、重点税源热线电话、重点税源绿色通道实行细化管理。2011年,226户重点税源企业入库税收28.60亿元,增幅为3.3%;强化个人所得税企业管理,贯彻落实新个人所得税法,通过“全员申报数据与12万元申报数据比对、12万元申报系统各项数据勾稽关系比对、个人分单位申报数据在上城地税分局区域范围内集中比对”三项比对,有效提升申报质量,共完成自行申报9227人,重点人群申报率85%以上;实施建筑行业税负预警管理。2011年,91户纳入预警管理企业税负达标率达到61.9%,仅企业所得税就入库2149万元,增幅为81.7%;做好辖区企业软件安装应用工作,推广“税企通”软件和货运征管软件,安装“税企通”企业2864家,安装货运自开票软件企业64家,进一步加强企业征管,确保辖区税源情况及时掌握。

【扎实征管水平】 完成“企业工资费用与个人工资薪金收入差异分析对比软件”试点工作,项目得到国家地税总局局长王立及省、市局领导肯定,有效推进个人所得税全员申报工作;规范企业所得税核定征收管理,对年收入在100万元以上的核定征收企业开展后续管理,全年3033户企业实际汇算清缴率为97.7%,实际清缴入库企业所得税3.49亿元,增幅为82%;组织实施“协税护税工作站管理规范化”项目,促进私房出租等零星税源的征管,进一步提高街道协税护税能力,项目作为先进典型在杭州市范围内进行统一推广;扎实开展数据清理和税务登记年检工作完成11403户企业数据清理工作和1万户企业税务登记年检工作,进一步夯实征管基础。

【扶持文化创意产业】 上城地税分局围绕“促进产业集聚区壮大、促进传统产业转型升级”的“双促进”发展思路,扶持文化创意产业发展,2011年,上城区文创产业实现地方税收3.49亿元,增幅为20.4%,实现地方财政收入1.94亿元,增幅为16.6%;上城地税分局支持文创集聚园区建设,派专人跟踪山南创意园、“金巢TMT基地”、“国博艺术中心”、“杭州工艺美术特色园”和“涌金创意家园”等特色创意产业集聚区的建设进度,及时协调解决园区建设过程中遇到的困难和实际问题;引导文创企业集聚发展,做好政策的宣传与辅导工作,营造良好政策环境,发挥政策导向功能;落实各项税收优惠政策,创造性地落实和兑现好国家、省、市的各项文化创意产业专项税收优惠政策,加强与财政、国税、工商等部门的协调与合作,形成政策合力,全年合计为企业减免各类税费4300万元。

【做好主辅分离工作】 上城地税分局贯彻落实上级部门支持服务业加快发展的工作部署和要求,扎实推动服务业加快发展,2011年,上城区服务业实现地方税收17.27亿元,增幅为14.4%;实现地方财政收入13.39亿元,增幅为17.0%。上城地税分局推进分离发展服务业工作,重点推动金融及衍生产业、现代创意产业、高新技术产业、总部经济、服务外包5个行业的发展,全年新增分离发展服务业8家,实现营业收入4.62亿元,入库地方税费1602万元。2011年,合计实现营业收入14.55亿元,入库地方税费1.04亿元;做好企业改制上市服务工作,重点做好毛戈平集团、杭州海兴电器有限公司(以下简称海兴电器)、思美传媒股份有限公司(以下简称思美传媒)、中国西泠印社拍卖有限公司的上市服务工作,帮助企业扫清上市障碍,加速上市进程;支持高新技术企业发展,牵线搭桥,引导杭州华日电冰箱股份有限公司、海兴电器等一批有前景、有项目、有优势的高新技术企业加强技术研发与合作,提升企业的研发实力和综合竞争。

【加强税收法制建设】 上城地税分局加强税收法制建设,促进依法治税,组织干部学习税法知识,开展税收执法教育,完善执法监督机制,提高依法行政水平。依法做好信访工作,以部门共建为抓手,联合社区、街道和相关部门,齐抓共管,加大信访工作处理力度,做到“件件有落实,事事有回音”,全年累计受理信访案件(社保类信访案件除外)132件,未发生一起越级上访或者二次投诉案件,有效维护良好的税收环境。

【开展税收宣传】 上城地税分局围绕“税收·发展·民生”主题开展税收宣传活动。在各协税护税工作站、社区张贴税收宣传月的宣传横幅和宣传口号,宣传税收理念和精神;建立领导上门服务机制,上城地税分局局长带队走访企业、园区,送服务上门;成立业务骨干服务队,上门为思美传媒、杭州市城建设计研究院有限公司等企业开展宣传和辅导,解决企业在做大做强过程中遇到的难题;开展多项联合税企互动,邀请中大技术进出口集团有限公司等部分重点企业联合举行上城地税分局首届税企辩论赛,邀请糖酒集团公司联合举办税企演讲赛,与杭州市城建设计院联合举行税企征文活动,持续扩大纳税人在税收宣传中的参与度。

【优化纳税服务】 上城地税分局更新服务理念,优化财税服务,践行“同心汇聚”的服务精神,推出“三时服务、四办要求、五零标准、六项制度”的规范办理服务机制;打造网络服务综合平台,创新网络视频培训模式,提高网络服务的及时性和便捷性;开展“税收宣传直通车”活动,建立税收宣传进工业园区的长效机制,解决上城工业园区地理位置较远,办税不便的问题;开展丰富多彩的纳税服务志愿者活动,进行吴山广场大型税收服务活动、“三五”扶残助残志愿纳税服务月活动、文明城市交通志愿者服务行动等,深入社区、企业提供政策咨询和辅导。

资料 “三时服务、四办要求、五零标准、六项制度”:“三时服务”指准时服务、限时服务、延时服务;“四办要求”指符合政策的坚决办、手续齐全的立即办、涉及各方的协调办、后续办理的高效办;“五零标准”指征纳沟通零距离、执法流程零障碍、服务质量零差错、规定之外零收费、服务行为零投诉;“六项制度”是指首问责任制、承诺服务制、AB岗工作制、办事公开制、领导接访制、意见反馈制。

【加强社会保障基金征收】 上城地税分局组织干部学习《财政社会保障政策汇编》等社保政策，加强与上城区社会保险服务中心等单位的沟通与协调，做好社保费征收统计、社保费投诉案件的调查处理、社保费陈欠单位清欠三项工作，促使规费征管工作有序开展。2011年，五项社会保险基金收入24.87亿元，比上年增长21.4%，申报率全部超过96%，其中养老保险入库11.55亿元、医疗保险入库10.61亿元、失业保险入库2.06亿元、工伤保险入库2400万元、生育保险入库4100万元，比上年分别增长25.3%、17.7%、16.9%、12.8%、48%。

【落实优惠政策】 上城税务分局建立税收政策长效机制，开展涉税政策辅导、税收政策调研，先后走访思美传媒、解百集团等重点企业，多次召开政策专题宣传辅导会和税企恳谈会，支持企业用足、用好税收优惠政策，做好各项税收减免。2011年，减免各类税费2.70亿元，其中减免营业税5558.35万元；减免企业所得税6310.12万元，企业所得税加计扣除7964.18万元；小型微利企业优惠减免125.23万元；个人所得税减免74.12万元；房产税减免3730.02万元；土地使用税减免946.17万元；水利建设基减免2331万元。

【深化干部队伍建设】 上城地税分局以财税文化建设为抓手，以效能亮剑、民主评议、“创先争优”等活动开展为契机，推进上城地税分局队伍作风建设和能力建设。开展“强绩效、展新貌”系列活动，深入查找“六不”问题，严查“庸懒散”现象；开展民主评议行风活动，以“三解三评三创”为抓手，以“三学三听三结合”为切入点抓问题查找，以“四项载体”抓问题整改，纳税人满意度持续提高；七一期间组织全体干部观看廉政警示教育片、开展红色之旅、参观红色展览，增强党员干部责任感和使命感；开展各类创建工作，打造地税品牌，2011年，上城地税分局被浙江省妇联和中华全国总工会授予浙江省“省级巾帼文明岗”和“全国五一巾帼标兵岗”荣誉称号，上城地税分局团支部连续3年获浙江省“省级青年文明号”称号。

资料 “三解三评三创”：“三解”指解读政策、解答咨询、解决问题。“三评”指主动邀请社会公众评说“税收·发展·民生”，广开言路问计于社会公众；主动邀请纳税人评价地税机关工作作风，虚心纳谏问计纳税人；在全市地税系统评比执法水平，取长补短问计于同行。“三创”指创一流业绩、创一流服务、创一流队伍。

三学三听三结合：“三学”指考试学习查找、岗位学习查找、先进学习查找。“三听”指会议座谈听意见、问卷调查听需求、局长信箱听民情。“三结合”指结合公述民评活动，积极参加公述民评活动，主动接受评议代表监督；结合“税企直通车”活动，局班子带队走访辖区文创产业园区，宣传、落实园区各项税费优惠政策；结合新兴产业调研活动，送政策、送服务，倾听企业需求。

“四项载体”：指以税源管理为载体，增强政策落实力度；以个税落实为载体，加强税收惠民力度；以服务群众为载体，强化社会服务意识；以党建工作为载体，增强干部队伍能力。

（张斌豪）

全国总工会授予上城地税分局全国“五一巾帼标兵岗”称号

（上城地税分局 供稿）

市场
Markets

人才市场

【概况】 上城区人才交流服务中心承担着下属600家代理单位的人才引进、人事关系接转、档案管理、户口挂靠、流动党员管理等工作，负责区属单位的人才交流和毕业生就业、创业服务等工作。2011年，区人才交流中心深入推进人才工作机制创新，把高层次人才开发放在人才工作的首要位置，拓宽人才引进渠道，深化载体建设，优化政策环境，为建设一支数量充足、层次合理、结构优化的人才队伍做好各项保障，全年引进人才5612人。

【优化优秀人才引进机制】 区人才交流中心多措并举，进一步完善人才、智力、项目相结合的三项引进机制。招聘纳才，全年共组织70家(次)企业参加春季、毕业生和西博会人才交流会等各类人才招聘会，推出招聘岗位500余个。组织参加2011年杭州国际人才交流与合作大会，29个项目达成初步合作意向，其中留美博士贾良钰的移动终端数据流量优化节项目及留英博士陈晓的垃圾热解气化处理项目和区留创园达成合作意向，移动终端数据流量优化节项目在大会上现场签约，已在上城区落地孵化。网络缆才，加大对“上城人才网”的宣传力度，免费为企事业单位或个人发布招聘或求职信息。区人才网登记注册企业1060家，个人求职登记6120人。为加强公共服务信息平台建设，扩大社会影响力，统筹劳动力市场和人才市场的全区网上统一人力资源市场构建方案已提前规划、多方论证，开通后服务界面将更完善，服务内容将实现全面涵盖和双向互动。柔性引才，在引进高层次人才方面，鼓励用人单位采取兼职、科研和技术合作、技术入股等柔性方式引进国内外智力。注重政策宣传和主动对接，落实留学回国人员创业资金审核、资助、房租减免等多项资助与服务，2011年，上城区新引进海外留学人员13人，引进“直投式益生菌菌剂的研制及生产”等4个外国专家项目9人次，通过市、区两级审批，为区企业引进急需特殊人才16人。

11月8日，上城区参加杭州国际人才交流与合作大会。　（区人事局　供稿）

【注重专业技术人才培养】 以培养高层次创新型人才为重点，选拔培养各类人才，为经济社会发展提供智力保障。重点加强高层次人才培养，加大对各类学术带头人和省新世纪“151”、市新世纪“131”人才培养人选的培养力度,推荐参加学术休假和出国进修,帮助开拓视野、更新知识、提高自主创新能力。协助娃哈哈集团有限公司、杭州中策橡胶有限公司做好博士后科研工作站博士招收、课题研究工作,进一步促进产、学、研的有效结合。加强专业技术人才队伍建设。落实专业技术人员继续教育制度,组织参加各类培训,做好专业技术资格确认、评审和各类考试报名工作,评审(申报)初、中级专业技术职称500人;审核申报了1731名考生参加经济、建筑等29类职称考试或职业资格考试,做好各项服务工作。加强人才服务工作,开展“人才服务月”活动,通过完善人事代理服务、下基层宣讲政策、召开座谈会、走访慰问、组织健康体检等形式,加强政策宣传和沟通联络,及时为优秀人才解决实际困难,鼓励各类人才在各自的岗位上深入学习、勇于创新。

【优化毕业生就业创业服务】 开展重点帮扶。继续依托LOMO创意谷、复兴大院等载体,进一步推进大学生创业园建设,支持正在孵化阶段的大学生创业企业,建立大学生创业跟踪服务机制,通过开展创业企业专项调查、建立创业培训会和创业导师制度、开展创业培训、送政策上门、组织参加专场招聘等举措,详细了解大学生创业企业经营现状、发展规划和当前困难等第一手资料,有针对性提供特色服务,确保提高创业成功率。11月,通过多方共同努力,复兴大院成功扩建了2000平方米,增加大学生创业企业9家。着力强化工作合力,将促进大学生创业就业工作和建设创新型城区纳入到区级机关目标管理考核体系,除人事、劳动等主管部门外,激发其他部门的积极性,形成整体联动、齐抓共管的工作格局;通过大学生创业园志愿服务团深入到四明山革命老区湖东小学开展“爱心走进四明山区,关爱山区儿童”等志愿活动,扩大社会影响力,提升团队凝聚力。加强毕业生就业指导,举办人才招聘会,免费提供招聘信息,高效便捷的开展求职登记、人才推荐、档案管理、户口挂靠、党组织关系结转等一条龙服务。通过政策推动和牵线搭桥,2011年,引进毕业生642人,比上年(指2010年,下同)增长15%,其中研究生博士35人,本科377人,大专230人。注重创业扶持与“五主多副”现代产业体系的有机衔接。在创业培训、政策咨询和资助支持等环节,注重行业引导,使促进大学生创业、就业与拉动地方经济、促进产业转型升级实现有机结合,努力把大学生人才资源优势转化为新的产业竞争优势和科技发展优势。2011年,上城区推荐15家大学生企业申报了市创业资助,为135家符合条件的企业核拨了房租补贴。全年新增创业企业89家,大学生创业企业267家,带动就业2000人;全年全区创业企业销售额超1亿元,其中,熙浪信息科技和蓝道服饰销售额均达到了3000万元。经统计,上城区从事贸易、文化创意及现代服务业的大学生创业企业占总数的84%,与“五主多副”产业导向契合良好。

【加强流动人员党组织建设】 针对流动党员工作单位点多面广线长、高度分散和不易集中的特点,2011年,区人才交流服务中心着眼提高党员队伍素质,不断完善党员教育管理制度,通过开通“党员活动日”、“网上支部园地”等形式落实党员思想汇报和评议制度,通过建立“流动党员之家QQ群”在线交流、观看党员电教片、组织开展党员茶话会等多种形式交流互动,抓好深入学习实践科学发展观等各项政治理论学习,开展丰富的教育活动和组织生活;夯实党建工作基础,根据各企业党员数量的变化情况,协助有条件成立党组织的企业建立党组织,及时加强党组织建设,做到人事代理做到哪里,党建工作就跟到哪里。截至2011年底,区人事局机关党委下设机关支部1个,流动支部5个,党员119人,其中流动党员106人。

【注重人才市场法制化建设】 2011年,区人才交流服务中心注重加强法制化、规范化建设,不断创新管理方法,简化办事程序,充分发挥人才市场对资源配置的基础性作用,落实用人单位和人才的自主权,规范竞争,保证市场依法有序运行,进一步创造公平竞争的市场环境。区人才交流服务中心先后修订完善人才中心人事代理制度,简化办事程序,整章建制,明确标准,并上传“上城人才网”,张贴上墙,强化规范服务。继续开展“人才服务月”活动,走访区工业基地、科创中心和区重点骨干企业,宣传贯彻人才人事政策法规,开展政策咨询、就业指导,讲解人才引进、国外智力引进、留学回国创业服务等有关操作流程和政策,倾听用人单位对人才工作的意见和需求，增强人才政策的透明度，切实保障人才的合法权益，受到企事业单位的欢迎。以“和谐中国民生行”人才人事政策法规宣传为契机，通过编制资料、社区张贴、服务对象派发和在吴山广场宣传等形式，提高服务对象和人民群众对人才、人事工作的认知度和支持度。在日常工作中，注重把公开招聘、职称评审等关系广大人民群众切身利益的事项置于社会各界的监督之下，及时处理和解答各类政策咨询、业务申报和来信、来访，打造规范透明、便民高效的服务窗口。 (朱乐娟)

【启动五县市网络联动人才智力交流大会】 9月10日，首届富阳、萧山、上城区域合作及五县市网络联动人才智力交流大会正式启动。以富阳、上城、萧山区域为合作框架，由五县市联合招聘网(www.5wrc.cn)发布招聘信息，开设富阳、萧山、上城、临安、建德，桐庐和淳安7个招聘专区，招聘信息实时更新。本次大会吸引了300家企业参加，共推出2100个就业岗位。

【入选市“131”优秀中青年培养人选通过考评】 8月25日，杭州市公布上一轮新世纪“131”优秀中青年第一、二、三层次培养人选综合考评结果，上城区39名培养人选全部达到培养目标，通过综合考评，获得“杭州市131人才证书”。2011年是杭州市新一轮“131”中青年人才培养计划的启动年，上城区已按要求完成“十二五”时期17名第一、二层次培养人选的选拔推荐工作。将继续做好第三层次培养人选的选拔工作，培养和造就一批以“五主多副”产业领域的学术技术带头人和专业技术骨干，推动企业转型升级为区经济社会发展提供强有力的人才保障和智力支撑。

【出台并实施“紫薇·原点”青年人才培养工程】 “紫薇园坐标原点”是杭州自民国时期延续至今的城市定位点，也是杭州市“零公里”标志所在地。上城区依托“两大标志”的文化和现实意义，10月20日，举行“紫薇·原点”青年人才培养工程启动仪式。通过整合吴山商圈团建和青年企业家资源及中国美术学院、浙江省军区等辖区团员青年力量，开展“智原点”俱乐部、区域重点非公企业团建和青年就业创业长效制度等建设，注重与大学生创业园、居家就业等平台和政策的衔接，致力于一批原点岗位会员单位、一支原点就业导师队伍、一个原点动态信息库和一项原点长效帮扶机制建设，着力满足辖区青年在小额贷款、技术培训、就业信息、实践积累等方面的需求。同时开展“清波创驿”企业体验点建设及打造精致“原点15分钟体验旅游圈”等，实现知名度提升和带动就业、创业项目的双赢。

【出台并实施引进海内外领军型人才“1211”计划】 11月7日，上城区制订了《关于吸引海内外领军型人才来上城区创新创业“1211”计划的实施意见》，着力破解发展过程中的“人才制约”。计划用5年左右的时间，面向海内外引进10个带项目、带技术的创业团队，20名以上掌握先进技术、带动新兴产业发展的创新人才，引进留学人员创业企业10家，吸引留学有成人才100名。为招揽领军型人才，实施意见中制定了“一揽子”优厚待遇：最高500万元的创业资助或两年期最高500万元银行贷款的全额贴息、最高100万元的安家补助、三年内最高30万元一年的办公用房房租补贴、两年内最高8万元一年的住房房租补贴、最高达15万元的引才奖励、安排随迁子女就读名校等等，对特别突出的项目，实行“一事一议”，原则上不封顶。 (年鉴编辑部)

文化市场

【概况】 2011年，上城区有各类文化经营单位881家，其中歌舞娱乐场所40家、电子游艺机经营场所11家、互联网上网服务营业场所53家、打字复印等其它印刷企业148家、出版物零售578家、音像制品经营单位16家、艺术品备案场所8家、演出场所4家、艺术表演团体13个，演出经纪机构9家，网络文化经营单位1家。另有体育游泳备案场所19家21个游泳池馆。全年共受理和办结文化经营行政许可事项174项。圆满完成游泳场所夏季开放工作。深化权力阳光运行，推进一次性告知和审核“一条龙”制度，简化办事流程，完成《杭州市上城区服务标准规范》的制定，自觉接受来自社会各方面的权力监督。指导上城区文化市场行业协会召开年会，开展“扫黄打非”专项行动、演出市场专项整治行动、加强杭州市创建全国文明城市创建期间文化市场专项整治等各项工作。共出动检查831人次，检查各类经营单位1128家次，查办案件48起，未发生一起行政复议案件。联合工商、公安等部门取缔各类无证经营场所40余家、收缴各类非法书刊400余册，非法音像制品及电子出版物5000余张，收缴非法游戏机（板）150余台（块），收缴罚没款5万余元。大力发展体育彩票的销售，2011年，共销售1.20亿余元，返回体彩公益金170余万元。杭州市文化广电新闻出版局对上城区文化市场行政执法大队（以下简称区执法大队）进行文化市场综合行政执法考评，被评为2010年度市文化市场行政执法工作先进集体，被浙江省文化厅评为2010年度省文化市场综合行政执法工作优秀单位。

【加大文化市场整治力度】 将全区各类文化经营场所尤其是网吧经营场所具体信息下发给文化市场义务监督员，有效发挥监督员作用。组织召开全区文化经营场所负责人会议，并与经营者签订责任书，明确责任落实到人。依托网吧经营协会，组织对全区文化经营单位开展规范经营自查自纠工作，以短信、净网平台等形式及时通报督查情况，动员各经营单位按照创建各项测评标准，自觉纠正存在的各类问题。截至2011年底，共出动执法人员831人次，检查各类文化经营场所1128家次。

【召开文化市场管理暨“扫黄打非”工作会议】 3月24日，上城区召开2011年文化市场管理暨“扫黄打非”工作会议。区委副书记、纪委书记朱履林，区委常委、宣传部长王越剑，副区长宦金元等领导出席会议。会议总结2010年文化市场管理暨“扫黄打非”工作，表彰5个2010年度工作先进单位，布置2011年上城区文化市场管理暨“扫黄打非”工作任务，下发《关于印发〈关于进一步明确责任切实加强文化市场管理若干意见（试行）〉的通知》，明确各成员单位的职责，做到分工明确，归属清晰。朱履林就2011年文化市场管理暨“扫黄打非”工作提出要求：认清形势，迎接挑战。要在“十二五”规划开局之年和建党90周年之际将文化大发展、大繁荣工作提高到前所未有的高度。加强领导，统一认识。落实责任，提高监管效率。各成员单位要严格按照下发的《关于印发〈关于进一步明确责任切实加强文化市场管理若干意见（试行）〉的通知》中关于责任分解的要求，在做好本职工作的基础上相互协作，联合治理，进一步提升上城区文化市场监管水平。完善机制，促进和谐。进一步建立完善成员单位联动、举报信息首问负责、重点区域重点监管、大案要案应急查处、目标责任管理机制等制度措施，推动“扫黄打非”三级网络建设。抓住机遇，协调推进。利用杭州市创建全国文明城市的契机，将文化市场管理和社会综治维稳、未成年人思想道德体系建设等工作相结合，推进上城区打造具有国际水准的高品质中心城区的建设工作。

【推进人民满意站所执法规范化建设】 2011年，上城区开展争创区“人民满意基层站所（办事窗口）”活动。制订《上城区基层站所规范化建设三年实施计划（2010~2012年）》。争创单位要求符合5个方面的条件。廉政建设好，干部职工能廉洁奉公，忠于职守，作风扎实，热情服务。依法行政严。在日常行政执法各项工作中能严格依法行政。服务质量优。做到服务能力强、办事效率高、文明执法、和谐执法。服务环境良，做到办公场所设施齐全整洁，政务公开完善。长效机制全，做到健全完善各项工作责任制和内部管理制度。争创工作历时4个多月，经过自评申报、主管部门审核检查、征求群众意见、行风监督员公开投票、区有关部门检查复核、召开群众座谈会、区纠正行业不正之风办公室复查、公示等环节，上城区人民政府办公室授予区文化市场行政执法大队等11家单位为“人民满意基层站所（办事窗口）”荣誉称号。

【开展打击盗版工具书专项整治行动】 为净化上城区出版物市场，区执法大队开展打击盗版工具书专项整治行动。以打击非法盗印和销售各种工具书为切入点，通过加大市场检查力度，严厉打击售盗版工具书违法经营活动，同时防止利用互联网销售盗版工具书活动。检查对象为上城区大型图书卖场、超市、电子市场、书报刊店、校园周边等重点区域。主要任务是全面清查出版物市场，重点检查社科类、综合类、教材教辅的零售门店；加强网络书店的管理，配合相关部门加大对网上书店的监管力度；加大对印刷企业的监管力度，严厉查处违法、违规印制盗版工具书行为，从严处罚印刷盗版工具书的印刷企业，深挖地下印刷窝点；加强对运输环节的检查，加强对城站火车站、汽车南站等托运站、货运站和运输企业的监管，依法查处贩运、储藏盗版工具书的行为。

【开展文化市场未成年人保护专项整治工作】 对校园周边演出场所进行多次突击检查，坚决杜绝淫秽色情和低俗演出活动。规范网吧经营行为，严格落实上网登记制度，严厉打击网络中反动、色情、淫秽内容的传播和使用盗版系统软件的行为。提高执法检查频率，坚决取缔校园周边无证电子游戏机房，查处电子游艺场所在非法定节假日接纳未成年人的行为，严厉打击电子游戏经营场所赌博行为。整顿歌舞娱乐场所。开展严厉打击制售淫秽"口袋本"图书、有害卡通画册行动，坚决打击兜售盗版书报刊、音像、计算机软件无证照游商和地摊。上城区连续多次对惠兴路、清泰立交桥、东宝路等夜市出版物、音像销售摊点进行联合整治，取缔非法销售点30余家，收缴非法出版物400余册，收缴非法音像制品5000余张。

【开展创建全国文明城市文化市场整治工作】 为确保杭州文明城市创建期间上城区文化市场规范有序和安全稳定，区执法大队开展创建文明城市期间文化市场整治工作，除日常执法工作外，采取各种措施加强文化市场管理。明确责任分工，将上城区6个街道分为6个责任区块分配给执法队员，按照分区划片网格化管理的形式，建立责任追究制度，谁管理谁负责。每周召开一次队务会，对一周的工作进行讨论交流，总结经验。通过《上城报》、"上城网"、《风雅上城》等媒体向广大群众进行创建内容宣传，刊登了30余篇信息进行执法工作情况实时通报，提高群众对文明城市创建的关注度，增强全民参与意识。加强对文化经营业主的宣传培训工作，组织召开针对创建全国文明城市文化市场动员、培训会议，确保文化市场"零丢分"。在规范执法和审批信息共享机制的同时，组织执法人员对上城区文化市场进行地毯式的清查，切实摸清并掌握上城区文化市场经营场所情况，重点掌握已核发许可证的经营单位是否正常营业，经营单位名称与证照、证照上的经营地址与实际、证照上法定代表人相关信息、场所经营内容是否与证照相符等。

【组织文化经营单位参加培训会】 4月19日，杭州市文化广电新闻出版局组织全市部分文化经营单位在浙江图书馆召开杭州市创建全国文明城市文化市场经营者培训会。区文化广电新闻出版局(以下简称区文广新局)组织全区53家网吧、11家电子游艺场所，以及部分娱乐场所、打字复印经营单位和出版物零售单位参加此次培训会。会上，杭州市文化广电新闻出版局对文化经营单位在此次迎检工作中必须注意和关注的重点进行了讲解和培训，对全省娱乐、演出市场出现的一些问题和现状进行了通报，提出相关的要求。进一步加强全区文化市场经营单位诚信经营、合法经营的观念，为进一步规范全区文化市场起到有效的作用。

【创建市"无非法卫星电视接收设施街道"】 2011年，上城区成立打击非法"网络共享"网站及设备产品专项治理行动领导小组，通过联合执法，清查吴山、东宝路等区域的地面卫星电视接收设施及"网络共享"设备销售摊点，严厉查处并有效控制了非法生产、销售、安装和使用"网络共享"设备及"小耳朵"行为。同时将对非法"网络共享"设备和"小耳朵"的监督纳入到了文化市场义务监督员的工作职责当中。2011年，取缔各类销售"网络共享"设备、卫星电视接收设施销售摊点37家次，发放责令整改通知书20余份，拆除各类地面卫星电视接收设施25套，立案查处2家。

【开展演出娱乐场所集中清查工作】 4月21~26日，区执法大队开展为期6天的演出娱乐场所集中清查，消除隐患，共出动执法人员38人次，检查各类场所38家次，发出整改通知单2份。此次行动的重点是演出场所是否持有相关批准文件、表演团体、演员或者节目与申报批准的是否相符、节目内容是否合法、消防安全措施是否到位；娱乐场所是否亮证经营、是否违规接纳未成年人、从业人员是否统一着装、场所有否建立营业日志、播放的曲目和屏幕画面是否有违禁内容、场所是否超员、消防安全措施是否到位等。经过前期的宣传动员，上城区各演出娱乐场所规范经营意识有了很大的提高，加强了内部管理。但部分场所存在消防通道堆放杂物、锁闭消防门、未按规定悬挂证照等现象，执法人员责令当场整改。

【健全文化市场“扫黄打非”工作长效机制】 文化市场管理暨“扫黄打非”是一项长期而复杂的工作,上城区在加强各部门日常监管的基础上重视行业自律、举报监督、联合执法等长效管理机制。发挥区文化市场行业协会自我管理、自我约束职能;建立行之有效的行业自律检查和自律惩治机制,建立行业内部广泛遵守的经营标准;配合政府相关职能部门和业务主管部门做好法律、法规的宣传和政策传达工作;提升服务水平,维护消费者权益,开展“创先争优”活动。区文化市场行业协会被浙江省网吧协会评为2010年度先进网协。发挥监督员作用,实行举报奖励。文化市场义务监督员在上城区文化市场管理中扮演着“民间督察员”的角色,由街道、关工委退休人员和团区委志愿者组成的百余名监督员深入大街小巷将第一手情况迅速通知执法机构。建立举报奖励制度,提高群众参与文化市场管理的积极性,有效遏制了违法、违规行为的滋长。部门联动,建立长效管理。区文广新局、上城公安分局、上城工商分局等部门联合建立文化市场长效管理机制,确定联合执法、“双向抄送”、定期例会等,建立、健全了文化市场“扫黄打非”工作长效机制。区文广新局和上城公安分局研究并制订《关于建立上城区娱乐场所长效管理机制的工作意见》,进一步加强合作,确保文化市场健康运行。

【探索演出市场长效管理机制】 5月16日,上城区召开规范演出市场经营活动会议,就进一步加强演出市场长效管理机制提出意见,严格执行营业性演出活动的审批规范。对临时营业性演出和长期相对固定内容的演出分别采取一场一审批和一次审批、定期延续的审批形式,强化事前许可制度。规范申请材料的内容,对已经取得许可但临时需要变更内容的营业性演出,必须针对变更内容重新审核。加强演出场所和演出团体的自我管理。强化营业性演出经营场所的自我监管职责。对非本单位举办但已取得演出许可的营业性演出由演出场所自行登记,接受区文化执法部门的核查。承接营业性演出,演出场所必须加强演出现场监管,出现问题及时报告相关部门。加强对本单位演员的管理和教育,建立演出日志登记制度,保存60天以上。配合行政管理部门现场执法,确保演出市场健康有序发展。要求相关单位配合区文化市场执法部门的现场执法,安装现场技术监控设备,配合提供现场检查、立案调查或处理举报的取证工作。区文化主管部门建立演出市场黑名单制度,完善演出主体的信用档案,将受到处罚的演出单位、个人列入黑名单,抄告省、市和兄弟区县文化部门,对列入黑名单的单位和个人,作为重点监管对象,审批时从严审查,检查时现场跟踪。

【召开游泳场所开放工作会议】 5月17日,上城区游泳场所开放工作会议在区体育局召开。14家游泳场所负责人到会听取了2011年上城区游泳场所开放工作意见。对2010年上城区游泳场所开放工作先进单位进行表彰,同时部署2011年上城区游泳场所开放工作。2011年是国家实行高危险性体育经营项目行政许可制度的第一年,也是管理工作的过渡期。依据《全民健身条例》的相关条款和《杭州市游泳场所开放暂行规定和要求》的精神,会议要求各场所要按照《杭州市游泳场所开放暂行规定和要求》和《中华人民共和国国家标准GB19079.1~2003)体育场所开放条件与技术要求》做好硬件设施的准备和完善,按规定进行行政许可。会议强调,游泳场所要建立、健全各项规章制度,树立安全意识,明确安全责任,抓好救生员、教练员的管理工作,切实做好安全防范工作。体育许可部门和区执法大队要切实履行职责,严查各种违规经营和不安全隐患,确保全区游泳场所的安全开放。

【举办游泳场所负责人、救生员培训班】 6月30日,区体育局举办了2011年度全区游泳场所夏季开放负责人、救生员培训,组织13家游泳场所53名负责人及救生员进行了游泳场所应急救生演练。区体育局注重探索游泳场所管理的有效模式,不断完善监管制度,提高场所安全经营意识,建立了包括事前许可、开放审查、日常监管、培训强化等一整套管理模式,对全区游泳场所救生员的上岗执业提出了新的具体要求,明确了日常监管的具体内容和要求,借鉴文化市场执法的模式,要求场所建立营业日志制度,将每天营业时场所安全自查、救生员轮岗等信息登记成册,供执法部门检查,并统一制作了“上城区游泳场所信息公告栏”,将场所许可、备案情况,场所负责人及联系电话、上岗教练员和救生员等信息向群众公告,接受社会监督。

【开展游泳场馆综合执法检查】 8月8日，区执法大队联合区卫生局对辖区内杭州华溥实业有限公司凯悦酒店分公司、杭州维景国际大酒店、杭州冠洋体育场所经营管理有限公司(定安游泳馆)、上城区青少年活动中心娃哈哈小学游泳池、杭州滨江物业管理有限公司、杭州绿城会所经营管理有限公司(春江花月游泳池)等11家游泳场馆进行综合执法检查专项行动。重点检查各游泳场馆的持证、亮证经营；从业人员健康证明持证、亮证情况；消毒制度上墙、禁浴标志、水质净化消毒与循环净水设施配备与运转情况；强制通过浸脚消毒的设置情况；询问各游泳场专职消毒员对池水消毒的操作的程序和方法；查看相关消毒产品的索证资料和池水水质检验报告单。多数游泳场所状况良好，但也有部分游泳场所经营单位存在救生员未按要求配足、安全规章制度落实不严格等问题，检查中对存在安全隐患的经营单位主要负责人进行了警示性安全教育，引导帮助经营单位消除安全隐患，按时间节点进行复查。

【开展文化市场控烟检查】 为进一步促进文明城市建设，维护公共文明和公共安全，区执法大队联合区卫生局卫生监督所围绕“世界无烟日”主题活动对上城区域内的网吧进行控烟检查。网吧落实《杭州市公共场所控制吸烟条例》控烟制度张贴，设置“禁止吸烟”警示牌等措施执行较为规范，控烟氛围较浓。网管和相关管理人员对场所内吸烟者提醒劝阻基本到位，大部分网吧没有提供吸烟烟具，场所内卫生状况良好。对个别没有制定控烟制度，无控烟监督员，没有对吸烟者及时加以劝阻的网吧，区卫生局卫生监督所当场开出书面警告通知书，责令其网吧限期改正，要求在两天时间内落实网吧控烟有关制度并上墙悬挂，及时办理控烟监督员证，加强对场所的巡场。通过控烟检查，促进上城区网吧、娱乐场所等文化市场进一步落实《杭州市公共场所控制吸烟条例》，维护社会公共文明和公共安全。

【开展文化市场专项保障行动】 为深入推进平安文化市场建设，区文广新局围绕四个方面开展专项保障工作。切实加强对各类演出的管理和审查，严格按照《营业性演出管理条例》的规定、查处各类违规演出，进一步规范演出市场秩序。严厉打击各类违法音像制品经营活动，重点加大对非法音像制品地摊、游商的打击力度，发现违法音像制品坚决收缴。坚决查处网吧违规接纳未成年人行为，落实市场巡查制度，发现违规经营行为从严从重处理。加强对歌舞娱乐场所、网吧、印刷企业、大型书店等公众聚集的经营场所安全检查，确保消防设施、设备齐全完好和疏散通道、安全出口畅通，杜绝事故发生，做到任务明确，责任到人，措施到位，努力营造良好的文化市场社会环境。

【加大网吧市场整治力度】 为进一步做好全国文明城市创建工作，区文广新局针对全市文化市场管理实际，找准差距，强化措施，精心部署，全面加强文化市场管理，扎实推进文明创建活动深入开展。加强领导，落实责任。明确文化市场创建工作的目标、工作范围、内容和具体措施。按照网格化责任区域，将网吧经营单位分解到人，确保不留死角。重点开展网吧市场专项整治集中行动，严厉打击网吧市场违规违法行为，准确把握网吧市场存在的突出问题，并采取强有力措施，有效遏制网吧市场违法违规行为。查经营许可证是否齐全，证照是否上墙；查有无“未成年人禁入”、“请出示有效身份证件”、“禁止吸烟”标志和举报电话，是否悬挂、摆放在显著位置；查消费者有效身份证件和上网记录，看是否有未成年人员和登记不规范行为；查网上信息，看有无违法内容；查网络制度，看规定的经营、管理制度是否落实；查消防安全隐患，看是否有消防通道，安全标志、应急灯；查网吧内是否有吸烟、大声喧哗、衣衫不整、环境不良现象，看网吧巡查制度是否落实到位。组织文化市场义务监督员，开展对网吧违规行为的实时监督。及时向文化主管部门反馈所监督网吧的经营状况，收集反馈经营者、消费者及社会群众对网吧工作的意见建议。加大市场日常巡查整治力度。采取教育与处罚相结合的方式，对措施不力，整治不到位的经营场所进行约谈、警告、蹲守强改直至停业整顿。

【开展文化经营场所消防安全隐患整治工作】 为吸取火灾事故教训，推进火灾隐患整治工作，有效预防火灾事故的发生。8月,区文广新局联合消防等部门对上城区人员密集文化经营场所开展全面排查整治工作,截至12月,共出动执法人员30余人次,检查各类场所50余家。摸清并消除上城区文化市场火灾隐患,不断完善消防设施,有效改善消防安全环境,落实消防安全主体责任,建立、健全长效管理机制,提高消防安全管理水平,坚决遏制文化市场火灾事故尤其是群死、群伤火灾事故的发生,促进文化市场消防安全形势稳定好转。检查的重点是各文化经营场所消防安全责任制、消防安全管理制度、消防安全操作规程建立及落实情况;员工消防安全教育培训情况;灭火和应急疏散预案制定及演练情况;建筑消防设施维护保养及完好情况;有无违章用电、用火、电线老化、通道堵塞等火灾隐患。通过在文化经营单位开展消防安全演练活动,提高遭遇火灾时的应对和处置能力。

(张雪梅)

商品市场

表27　　2011年上城区商品市场

序号	市场名称	举办单位
1	杭州华东家具市场	杭州华东家具市场有限公司
2	杭州近江食品市场	杭州三桥近江食品有限公司
3	杭州杭派精品服装市场分场	杭州杭派清江服饰市场有限公司
4	杭州陶瓷品市场	杭州玉皇村股份经济联合社
5	杭州新声综合市场兴合服饰城	浙江兴合男装大厦有限公司
6	杭州天阳明珠百货市场	杭州天阳明珠百货市场有限公司
7	杭州吴山花鸟城	杭州吴山花鸟城有限公司
8	杭州庆春路文化用品市场	杭州大商城总公司
9	杭州解放路副食品茶叶市场	杭州大商城总公司
10	杭州明珠小百货市场	杭州明珠小百货市场有限公司
11	杭州新声综合市场兴合鞋城	浙江民辉商贸发展有限公司
12	杭州青年通讯电脑市场	杭州青年通讯电脑市场有限公司
13	杭州新声综合市场三分场	杭州致远酒店管理有限公司
14	杭州国际旅游品市场	杭州玉皇村股份经济联合社
15	杭州中星服饰城	杭州中星服饰城有限公司
16	杭州新声综合市场四分场	广源物业管理有限公司
17	杭州工联精品服饰城	杭州工联大厦股份有限公司服饰城分公司
18	杭州新声综合市场龙翔服饰城	浙江龙翔大厦有限公司
19	浙江体育文化用品市场	浙江新三国实业有限公司
20	杭州吴山路夜市	杭州市市场开发服务中心
21	杭州华东(国际)家具广场	杭州华东家具市场有限公司
22	杭州礼品城	杭州近江汽车运输有限公司
23	杭州白马珠宝市场	杭州白马实业有限公司
24	杭州外滩针织服装市场	浙江复兴投资有限公司、杭州复兴建设集团有限公司
25	杭州近江五金锁具市场	浙江近江集团公司
26	杭州第六空间家居生活广场	第六空间家居生活广场有限公司
27	杭州涌金皮革服饰城	杭州风尚投资管理有限公司

(贾元元)

党 政
The Party and Government

中共上城区委

【区委工作概况】 2011年,中共上城区委以科学发展为引领,大力推进产业结构调整,区域经济增量提质。坚持发展是第一要务,好字为先,着力推进大产业、大企业、大平台、大项目建设,加快转变经济发展方式,区域经济实现又好又快发展,以占杭州市区0.6%的土地面积,实现了占杭州市9%的GDP和8%的地方财政收入。2011年,实现地区生产总值(GDP)615.98亿元、工业销售产值600.75亿元、服务业增加值337.10亿元、社会消费品零售总额215.86亿元、财政总收入90.01亿元、地方财政收入53.55亿元,分别为2006年的1.80、1.52、1.80、2.10、2.10和2.05倍。突出高端高新高效导向,着力发展“五主多副”产业,经济结构不断优化。2011年“五主”产业实现地方财政收入33亿元,占总量的62%;服务业增加值占全区生产总值比重为54.2%,较2006年提高6.9个百分点。强化为企服务,创新培育扶持政策,促进企业做大做强,广宇集团、奥普集团、中瑞思创、华策影视、赞宇科技等10家企业成功上市。高标准建设产业集聚平台,加大楼宇更新和业态调整力度,切实提高资源利用率和吸引力。湖滨(南山路)经典效应日益显现,清河坊被评为中国著名商业街、中国历史文化名街,玉皇山南国际设计创意产业园荣获中国文化创意产业最佳园区奖,复兴国际商务广场成为杭州市第一批服务业集聚区,佑圣观路茶叶一条街、劳动路书画一条街初步成型;税收超千万元楼宇52幢,其中亿元楼宇7幢。积极落实城乡统筹区县(市)协作工程,构建十大协作平台,已有11个项目、18亿元投资实现对接。深入实施招商引资“一把手”工程,不断创新招商引资理念和方法,着重引进现代服务业、高新技术产业和大项目,有力地促进了产业结构的优化。五年累计实际利用外资9.94亿美元,是上一个五年的4.90倍,其中1000万美元以上项目52个、世界500强项目3个;实际利用内资782亿元,其中亿元以上项目87个。大力推进科技创新,切实提升自主创新能力,引进杭州首个院士工作站,新增博士后科研工作站2家,国家、省、市级技术(研发)中心30余家,2011年高新技术产业实现利税4亿元。

在保护中改善,大力推进城市有机更新,老城更显特色魅力。坚持改造建设与经济发展相结合,提升城区品位与改善群众居住环境相结合,保护历史文化与强化中心城区功能相结合。五年完成固定资产投资338.90亿元,实施重点建设项目496个;南宋御街·中山路、新中东河、五柳巷历史文化街区、“四纵五横”精彩亮相,中山南路综合保护工程荣获中国人居环境(范例)奖,湖滨地区综合整治二期、玉皇山南综合整治、望江地区改造、南宋皇城遗址“51131”道路街巷综合整治工程、御街·二十三坊整治等工程全面推进。全力推进“四改”工程,基本实现危旧房改善“五年任务三年完成”、庭院改善“三年任务两年完成”的目标,基本完成待改造地块外的背街小巷改善、截污纳管、低洼积水治理等民生工程,物业改善工程全面实施。扎实推进“最清洁城区”打造,着力提升应急处置能力,国内首创城市管理智能管控平台并获得浙江省科技进步奖,垃圾分类经验在全市推广,城市管理目标考核连续七年获全市一等奖,被评为杭州市打造“最清洁城市”首批先进单位。深入开展生态文明建设,创建全市生态文明城市唯一试点城区,实现生态街道全覆盖,启动“三江两岸”生态景观带上城段的保护建设。

以民生优先为导向，大力推进社会事业发展，品质生活共建共享。从人民群众的根本利益出发，关注群众需求，主动化解热点、难点问题，突出政府的主导和保障作用，按照“人人有保障、家家有就业”的基本目标，突出“扩面提质、优质均衡”的基本思路，加大财政投入，创新政策措施，着力把群众真正需要的实事办好、好事做实。群众对政府解决生活就业难、看病难、上学难、清洁卫生难问题的满意率均保持在90%以上。注重普惠与特惠的有机结合，建立政策救助的兜底机制，创造性实施“双零”工程、困难群体“安居”工程和居家养老服务全覆盖工程，全市首创为失业残疾人、困难失业人员提供社保补贴政策，切实提高社会保障水平。深化名校集团化、名师名校长培养等举措，着力推进基础教育优质均衡发展，优质义务教育覆盖率达90%以上。推进医药卫生体制改革，推行药品零差价，完善社区卫生服务网络，健全公共卫生防控体系，成功创建健康城区。大力加强公共文体设施建设，着力培育发展群众性文体组织，基本形成布局合理、功能完善的基层文化体育网络。以标准化为引领，规范公权、服务民权，切实推进公共服务的优质化、规范化，顺利通过政府行政管理与公共服务标准化国家试点验收，探索打造居家办事、居家就业、居家医疗、居家教育等“居家”系列服务品牌。以居民满意引领和谐社区建设，探索建立“四评一结合”和谐社区考评机制，培育发展社区社会组织，不断提升社区服务水平，共建共治共享的“333+X”社区大服务体系被民政部确定为中国和谐社区“上城模式”。

以依法治区为抓手，大力推进平安上城建设，社会大局和谐稳定。扎实推进“法治上城”、“平安上城”和“最安全城区”建设，社会治安“大防控”、矛盾纠纷“大调解”和反邪教工作群防群治体系不断完善，信访突出问题和突发性、群体性事件得到积极妥善处置，社区矫正工作稳步推进，圆满完成北京奥运会、国庆60周年、上海世博会、广州亚运会等维稳安保任务，群众安全感及群众对政法工作满意率连续多年位居全市前列，连续6年被评为“浙江省平安区”，2010年被评为“浙江省创建法治县(市、区)工作先进单位”。深入推进社会管理创新，坚持“项目带动、示范引路、网格管理”工作思路，成功打造平安上城110社会联动、“联街结社”等特色载体，“五化”联动社会管理模式得到中共浙江省委书记赵洪祝的批示肯定。

推进民主政治建设，充分发挥各方作用，团结拼搏氛围浓厚。加强和改善党的领导，引导各方围绕中心、服务大局，齐心协力促进发展。出台新形势下加强人大、政协工作的实施意见，加强街道人大工委建设，积极支持人大及其常委会依法履行职能，充分发挥政协政治协商、民主监督、参政议政重要作用。民族宗教工作稳步开展，爱国统一战线不断加强，工、青、妇、科协等工作日趋活跃，关心下一代工作成效显著，党管武装工作、国防后备力量建设得到加强。深入探索“民主促民生”工作机制，通过建立规范的民意调查程序、项目论证程序、政策制定程序、工作实施程序和监督评价体系，在规划编制、制度制定、项目推进、实事工程上全面落实“四问四权”，培育了湖滨晴雨工作室、清波民间改善办、望江民情合议庭、南星民间食安办、紫阳邻里值班室等一批具有影响力的社会自治组织品牌。以上羊市街社区被民政部确定为“新中国第一个居委会”为契机，深入推进基层民主和居民自治建设，所有社区实现直选。

不断深化“创先争优”，大力推进素质能力提升，党的建设全面加强。坚持党要管党、从严治党方针，突出抓好干部队伍和基层党组织建设，着力保持党的先进性。深入开展解放思想大行动、“树新形象、创新业绩”、学习实践科学发展观、“创先争优——亮践比赛”以及纪念建党90周年等主题活动，精心打造中共杭州小组纪念馆，加强党史和爱国主义教育，全面启动学习型党组织建设，深化完善理论中心组、吴山大讲堂等学习制度，党员干部的思想政治素质不断提高。全面推进“发展强、党建强”双品牌建设，创新区域化大党建模式，清波街道吴山商圈“街校企社”四位一体、小营街道“三行动、三共享”党建共建模式、南星街道复兴商圈红色联盟得到省、市领导充分肯定。加强服务型党组织建设，创新党员活动新方式，巩固社区“党员会客厅”，建立功能型党小组，深化“片组户”工作机制，开展“党代表进社区”活动，被评为全省城市社区党建示范区。围绕育人促事深化干部人事制度改革，出台高素质干部队伍建设实施意见，建立区管职位空缺预告、干部选拔任用初始提名库、领导干部德的考核评价、量化评价、区管干部差额选拔等制度，提高选人用人公信度；完善实践锻炼、岗位交流机制，探索分类指导和菜单式学习，提升干部队伍知识、能力、境界；健全区管干部考核评价、退二线干部管理使用机制，探索公务员全程管理，优化干部成长环境。不断深化惩防体系建设，着力打造“廉洁上城”；认真抓好党性党风党纪教育，全面贯彻落实《廉政准则》，开展廉政文化“五进”活动和岗位廉政教育；构建权力阳光运行机制，持续开展作风建设年和执行力建设年活动，建立财政专项资金审批拨付、政府投资项目工程变更网上备案、国有资产授权经营和委托监管、重点工作督办等信息化平台，拓展延伸全程实时监督的电子监察系统；坚持有案必查，严肃查处违法、违纪案件。

【区委全委会】 8月9日，中共上城区委召开中共八届十一次全体(扩大)会议。会议全面贯彻中共十七大和十七届三中、四中、五中全会及省委十二届九次全会、市委十届十次全会精神，在中共杭州市委、市政府的领导下，全区上下同心同力，围绕转型发展、统筹发展两大重点，依托国家行政管理与公共服务标准化试点区、“质量强省”试点城区、省级可持续发展实验区、杭州生活品质国际体验区“四区”建设，推进品牌经济、品位城区、品质生活“三品”打造，深入实施建设“具有国际水准的高品质中心城区”三年行动计划。会议简要回顾了上半年的工作，研究分析经济社会发展的新形势、新任务。会议由区委常委会主持。区委书记陈红英代表区委常委会作题为《切实加强社会管理和创新为“十二五”发展创造良好的社会条件》的报告。

【中共上城区第九次代表大会】 12月28日，中国共产党杭州市上城区第九次代表大会召开。这次大会是在全面开启“十二五”发展新征程，不断开创科学发展新局面的关键时刻召开的重要会议。大会以马克思列宁主义、毛泽东思想、邓小平理论和“三个代表”重要思想为指导，全面贯彻科学发展观，认真落实中共十七届五中、六中全会精神，围绕推进国际化、提升幸福感，以科学发展为主题，以转型发展为主线，以富民强区、社会和谐为主旨，深入实施“五五”战略，不断提升产业结构、城市功能、公共服务、社会管理和文明素质，切实打响“南宋古都·经典上城”品牌，率先全面建成小康社会，加快建设“具有国际水准的高品质中心城区”。会议由区委副书记、区长缪承潮主持。区委书记陈红英代表八届区委作题为《推进国际化，提升幸福感，为建设“具有国际水准的高品质中心城区”而努力奋斗》的报告。

【区委常委会议】 2011年，区委常委会召开会议18次。区委常委会以学习实践科学发展为统领，认真贯彻中共十七大、十七届五中全会和中央、全省、全市经济工作会议精神，按照党委“总揽全局、协调各方”原则，围绕全面建设小康社会、共建共享“生活品质之城”目标，谋全局、把方向、管大事、用干部，充分发挥在同级组织中的领导核心作用，就事关上城经济社会发展的重大问题进行研究。 (年鉴编辑部)

表28　　2011年度中共上城区委文件索引

文件号	发文日期	标　题
上委〔2011〕1号	2011-01-04	中共杭州市上城区委、杭州市上城区人民政府关于表彰上城区2010上海世博会“环沪护城河”安保先进集体和先进个人的决定
上委〔2011〕2号	2011-01-06	中共杭州市上城区委关于制定上城区国民经济和社会发展第十二个五年计划的建议
上委〔2011〕3号	2011-01-06	中共杭州市上城区委、杭州市上城区人民政府关于进一步加强街道工作的指导意见
上委〔2011〕4号	2011-01-10	关于建立中共杭州市上城区第十三届人民代表大会第五次会议临时委员会的决定
上委〔2011〕5号	2011-01-10	关于建立中共杭州市上城区第十三届人民代表大会第五次会议各代表团临时支部委员会的决定
上委〔2011〕6号	2011-01-21	中共杭州市上城区委、杭州市上城区人民政府关于表彰上城区2010年度和谐社区建设示范社区、先进社区、优秀社工和社区工作十年耕耘奖的决定
上委〔2011〕7号	2011-01-25	中共杭州市上城区委关于进一步加强区域化大党建工作的实施意见
上委〔2011〕8号	2010-02-10	关于表彰2010年度上城区社会治安综合治理先进集体和先进个人的决定

续表 28-1

文件号	发文日期	标题
上委〔2011〕9号	2011-02-16	中共杭州市上城区委、杭州市上城区人民政府关于表彰2010年度上城区维护社会维定工作先进集体和个人的决定
上委〔2011〕10号	2011-02-16	中共杭州市上城区委、杭州市上城区人民政府关于表彰上城区第四届非公有制经济人士“优秀社会主义事业建设者”的决定
上委〔2011〕11号	2011-02-21	中共杭州市上城区委、杭州市上城区人民政府关于进一步推进学习型城区建设的若干意见
上委〔2011〕12号	2011-03-07	中共杭州市上城区委、杭州市上城区人民政府关于表彰上城区“反腐倡廉建设创新成果”的决定
上委〔2011〕14号	2011-03-18	中共杭州市上城区委关于同意成立上城区茶文化研究会的批复
上委〔2011〕15号	2011-03-23	中共杭州市上城区委、杭州市上城区人民政府关于表彰2009~2010年度文明单位的决定
上委〔2011〕16号	2011-03-18	中共上城区委关于部分职位进行公开选拔的通知
上委〔2011〕17号	2011-03-18	中共上城区委关于开展干部竞岗选拔和竞岗交流工作的通知
上委〔2011〕18号	2011-03-18	中共杭州市上城区委、杭州市上城区人民政府关于深入推进社会管理创新工作的实施意见
上委〔2011〕19号	2011-03-18	关于建立中共杭州市上城区纪律检查委员会派驻中共杭州市上城区建设系统纪律检查工作委员会的通知
上委〔2011〕20号	2011-04-06	中共杭州市上城区委、杭州市上城区人民政府关于在全区构建“民情服务网”体系的实施意见
上委〔2011〕21号	2011-04-07	关于批转《2011年普法依法治区工作意见》的通知
上委〔2011〕22号	2011-04-18	关于表彰2010年度上城区“十佳公务员”和给予黄菊梅等25位公务员记三等功的通报
上委〔2011〕23号	2011-04-19	中共上城区委关于中国共产党成立90周年纪念活动的通知
上委〔2011〕25号	2010-04-21	中共上城区委关于调整区委常委分工的通知
上委〔2011〕26号	2011-04-29	中共杭州市上城区委、杭州市上城区人民政府关于进一步加快学前教育均衡优质发展的实施意见
上委〔2011〕27号	2011-05-09	关于表彰2010年度上城区志愿者服务先进集体和先进个人的通知
上委〔2011〕28号	2011-05-10	中共杭州市上城区委、杭州市上城区人民政府关于进一步改进和完善志愿服务工作的实施意见
上委〔2011〕30号	2011-05-17	关于开展区级优秀党建品牌评选表彰活动的通知
上委〔2011〕31号	2011-05-18	批转区委宣传部、区司法局关于开展《上城区第六个法制宣传教育和法治区五年规划(2011~2015年)》的通知
上委〔2011〕35号	2011-05-20	关于调整中共杭州市上城区委政法委员会组成人员的通知
上委〔2011〕36号	2011-06-09	关于表彰上城区“五五”普法先进单位和先进个人的决定
上委〔2011〕37号	2011-06-27	中共上城区委关于表彰区党建四大品牌的决定
上委〔2011〕39号	2011-07-28	中共杭州市上城区委关于在全区基层党组织中推行党务公开工作的实施意见
上委〔2011〕42号	2011-08-04	关于学习贯彻习近平副主席复信重要指示精神扎实推进社区建设的通知
上委〔2011〕43号	2011-09-13	关于同意召开区工商业联合会第八次会员代表大会的批复
上委〔2011〕44号	2011-09-15	中共上城区委、上城区人民政府关于加强全区宣传文化队伍建设的实施意见
上委〔2011〕45号	2011-09-19	关于同意成立上城区青年联合会暨召开青联第一届委员会第一次会议的批复
上委〔2011〕46号	2011-09-27	中共杭州市上城区委批转《中共杭州市上城区人大常委会党组关于做好区人民代表大会换届选举工作的意见》的通知
上委〔2011〕47号	2011-09-27	关于提议杭州市上城区选举委员会组成人员的函

续表 28-2

文件号	发文日期	标　　　　题
上委〔2011〕48 号	2011-09-28	关于调整上城区国防动员委员会组成人员的通知
上委〔2011〕50 号	2011-10-14	上城区委、区政府、区人武部关于表彰 2010 年度武装工作先进单位和个人的通报
上委〔2011〕51 号	2011-11-02	批转区委组织部、区委统战部《关于第四届区政协人事安排工作的请示》的通知
上委〔2011〕52 号	2011-11-07	中国共产党杭州市上城区第八届委员会第十二次全体会议关于召开中国共产党杭州市上城区第九次代表大会的决议
上委〔2011〕53 号	2011-11-07	中共杭州市上城区委关于召开中国共产党杭州市上城区第九次代表大会的请示
上委〔2011〕56 号	2011-11-11	中共杭州市上城区委关于中国共产党杭州市上城区第九次代表大会代表选举工作的通知
上委〔2011〕57 号	2011-11-14	批转《关于政协上城区委员会换届工作有关问题的请示》的通知
上委〔2011〕60 号	2011-12-14	关于召开区第十四届人民代表大会第一次会议的请示的批复
上委〔2011〕61 号	2011-12-14	关于召开政协第四届杭州市上城区委员会第一次会议有关事项的请示的批复

(陶琴梯)

【深化“创先争优”活动】 以“学习实践科学发展观建设服务型基层党组织”为主题，把“亮身份、践承诺、比贡献、赛业绩”作为全区“‘上城先锋’创先争优”活动的总载体和总要求，通过开展“二次承诺”、组织点评评议、打造基层满意站所(窗口单位)、评选“闪光言行”、“季度之星”等工作，不断丰富活动内涵、规范活动程序，激发各级党组织和党员内在动力，推动全区“创先争优”活动健康、持久、长效开展，取得了一定的成效。党代表深入到区四套班子领导干部联系点开展直面点评的做法，得到了市委“创先争优”活动领导小组办公室的高度评价，其经验做法在《浙江党代表》杂志上刊发；区委常委领衔破难，得到市委有关领导的批示肯定；娃哈哈集团有限公司等 4 家单位和个人分别被省“之江先锋‘创先争优’闪光言行”评为候选单位和个人，区信访局法律顾问劳吾根的先进事迹在全市 13 个区、县、市及市直属单位进行了巡回宣讲，在全区形成了浓厚的学先进、赶先进、争当先进的良好氛围。

【开展严肃换届纪律学习教育活动】 加强学习筑牢防线。区委常委会专题学习中央、省、市文件精神和“5 个严禁、17 个不准和 5 个一律” 纪律要求。全区各部门、街道组织一次换届纪律专题学习，开展干部谈心谈话活动； 发放 1800 份严肃换届纪律宣传手册和提醒卡；定制 400 枚印有“5 个严禁、17 个不准和 5 个一律”纪律要求的钥匙扣发放给全体区管干部和组工干部，使换届纪律要求随身带、随时看。通过区政府电子屏和电视滚动播放“5 个严禁、17 个不准和 5 个一律”纪律要求。利用“上城网”、“上城党建网”、《上城报》、“上城先锋”官方微博、手机短信等，加大播报力度，扩大受众群体。召开严肃换届纪律工作会议，部署全区严肃换届纪律承诺工作。全区分 5 个层面开展承诺，区委书记、31 名市管领导干部、6 名街道党工委书记、303 名区管领导干部、59 名组工干部分别签署承诺书。由区委书记、副书记、组织部长带队，分组走访各部门、街道，与区管在职领导干部谈心谈话，打好严肃换届纪律“预防针”。活动启动以来，共开展约谈活动 30 多次，约谈 160 余人。

【建立领导班子绩效成长分析体系】 为进一步提高领导班子履职能力，激发干部队伍活力，整合历年来各类考核评价结果，探索建立领导班子绩效成长分析体系。该体系以现行各类考核评价机制为基础，整合基层党建、经济发展、城市管理、综合治理等 23 项考评数据，由各考评牵头部门录入考评结果，运用标准化、信息化手段，在系统内部进行量化转换、权重转换，自动生成全区 46 个部门、街道领导班子绩效成长分析报告，并以图表的形式直观展示各单位领导班子 3 年来绩效值和“五力”(学习力、创新力、执行力、公信力和创优力)变化情况，实现了“纵向比绩效值、横向比变化率”两大功能，成为区委、区政府决策参考的重要依据，对领导班子加强自身建设、改进薄弱环节，推动工作发展起到重要的促进作用。

【加大竞争选拔干部力度】 为进一步深化干部人事制度改革,拓宽选人用人渠道,优化干部队伍结构,加大干部交流力度,3月,推出部分职位进行公开选拔、竞岗选拔和竞岗交流,并与3月24日召开动员会议。本轮竞争性选拔干部工作共推出20个职位,其中副处级10个、正科级职位7个、副科级职位3个。推出的20个职位数量为历次竞争性选拔干部之最,竞争层面也更加广泛,不仅有处级职位,且扩展到正科和副科级层面,有效地促进了科级干部的交流,激发了科级干部队伍的生机和活力。

【选拔干部面试工作采用无领导小组讨论形式】 4月17日,上城区推出区教育局副局长和区建设指挥部副总指挥等3个职位,在竞争性选拔面试环节采用无领导小组讨论形式。首轮笔试角逐后,17名考生参加面试,经过个人陈述观点、集体讨论等,9名考生脱颖而出入围考察。面试当天,首次组织区教育局、区建设局和各指挥部等相关单位的近百名干部群众通过视频直播观看了本次无领导小组讨论面试的全过程,受到了广大干部群众的关注和好评。这也是杭州市首次在竞争性选拔干部面试工作中采用无领导小组讨论方式。

【举办领导干部领导力提升研修班】 根据区委部署,于6月10~14日在清华大学举办了一期领导干部领导力提升研修班,邀请中共中央组织部、清华大学、北京大学、人民大学等知名专家和学者,围绕领导艺术与领导力、社会管理与服务创新、城市竞争力等当前公共管理的热点、难点问题做专题培训,进一步提升领导干部的执政能力和管理水平,增强领导干部的理论素养和综合素质。区委书记陈红英亲自带队,全区42名区管正职以上领导干部参加学习。

【完善干部选拔任用初始提名制度】 探索建立干部选拔任用初始提名库,年初利用全区领导干部大会民主推荐的结果,对区管正处级干部初始提名库进行调整、充实。并按照党建、经济、政法等进行分类,为干部选拔初始提名提供较为科学合理的依据。

【规范干部考察工作】 为进一步提升干部考察工作质量,提升选人用人公信度,先后研究并实施了关于领导干部德的考核评价、考察量化评价办法、有关事项报告等制度。通过采取正、反双向测评的方式,对考察对象进行4个大项、26个小项的"德"的考核评价,德的考核评价结果作为干部提拔任用、后备干部人选确定的重要依据;制定并出台组织考察量化评价办法,明确考察量化评价办法适用范围、主要内容,确保差额考察公开透明,更加科学合理;明确规定在区管干部考察工作中,所有考察对象均要按照《报告有关事项规定》和《移居管理规定》的要求报告个人有关事项,以进一步加强对干部的监督管理,提高选人用人公信度。

【完善新提拔干部"导师制"】 通过送上岗、结对子、压担子等形式,采取"三分一总"机制(一个月谈话了解、半年度单位回访、一年满试用期考察和记录《新提拔干部试用期管理登记表》的方式),以任职第一年时间为重点对新提拔干部进行跟踪监督;通过完善任前培训考试、考察结果反馈、新提拔干部评价等制度,进

2011年6月,在清华大学举办上城区领导干部领导力提升研修班。

(区委组织部 供稿)

一步加强对新提拔干部的监督管理,充分发挥新提拔干部的作用。

【提高干部教育培训工作】 充分发挥市委党校的主阵地作用,突出重点,分类实施,大力开展干部教育培训。做好区管干部主体班、中青年干部培训班人员选派、组织等工作,选派30名区管干部和40名科级干部参加区管干部主体班、中青年干部培训班等各类班次的学习,举办了新任区管干部培训班。

【做好换届前期准备工作】 组织开展区委领导“走访谈心”活动,由区委领导带队,对全区52个部门的300余名区管干部进行走访谈心,深入了解领导班子和干部队伍的情况、全区各部门各单位工作中的难点问题,摸清干部思想动态。根据中央、省、市的要求,开展换届纪律集中教育宣传情况督查工作。通过组织多层面学习,采取多方式宣传,开展严肃换届纪律承诺工作,确保换届纪律宣传“全覆盖”,努力营造风清气正的换届环境。全力配合市委组织部做好区级领导班子换届考察工作。换届期间,配合市委组织部做好领导干部民主推荐大会、个别谈话、民意调查会、新进班子人选考察、信访核实等工作的安排、组织、协调沟通和各类材料、名册的编制分发工作,为顺利完成区级班子的换届考察工作提供良好的服务保障工作。全力以赴做好区党代会、人代会和政协会议的组织工作。切实做好党代会的前期协调,党代表选举等一系列工作;和人大、统战等部门一起,共同做好人大代表、政协委员的人选协商和选举工作,切实履行好组织职责,为确保党代会和2012年两会的圆满召开打好基础。

【学习贯彻国家副主席习近平复信精神】 7月12日,中共中央政治局常委、国家副主席习近平复信小营巷社区党委,对小营巷社区8年来的可喜变化给予充分肯定,对中共杭州小组纪念馆建设寄予殷切期望。收到复信后,省委书记赵洪祝,省委常委、市委书记黄坤明分别作出重要批示,提出明确要求。7月15日、7月19日,区委常委会分别专题传达学习习近平复信指示精神和批示要求,研究部署上城区贯彻落实意见;区直各单位、街道、社区等通过召开座谈会、党员干部学习会等形式,深入学习领会复信精神。区委制定下发《关于学习贯彻习近平副主席重要指示精神扎实推进社区建设的通知》,从以中共杭州小组纪念馆为龙头打造全区性党史教育基地和爱国主义教育基地、以构建“333+X”社区大服务体系为重点创新社会管理新模式、以建设服务型基层党组织为主题深化“创先争优”活动、以开展“双民”活动为抓手推进群众满意工程、以总结小营巷社区工作经验为契机全面展示上城社区建设成果5个方面提出具体工作要求和举措。

【开发使用“红芯”党员信息管理系统】 为进一步加强党员的管理,将物联网技术引入党建工作,开发使用“红芯”党员信息管理系统。该系统共分党员信息管理、党员活动签到管理和流动党员管理三个功能模块,将记录有党员信息和学习活动情况的芯片“植入”党徽,通过射频识别技术读取芯片信息,实现对党员信息的即时读取、更新、应用和管理。该系统的运用,从技术层面上解决了以往党员管理台账冗繁、信息封闭、无法动态跟踪等弊端,形成了一种瞬时记录、即时传输、动态管理、随时查看的党员管理新模式,使党员异地管理、8小时外管理等成为可能,实现各党支部党建资源共享。

【加强非公企业“双覆盖”】 2011年5月,开展“两新”组织组建“推进月”活动,立足“早”、“清”、“广”推进非公企业党建“双覆盖”。对全区非公企业组建工作开展大宣传、大摸底、大排查,掌握底数,在区域化大党建工作格局的统筹下,以街区、楼宇、市场等块状组合为模式,通过商圈园区统建、特色行业联建和孵化挂靠领建等手段,不断提升党组织组建率,截至12月底,共建立了复兴商圈党委、杭州中川建筑装饰有限公司党支部等党组织98家,覆盖企业1310家。通过派驻党建指导员、实施党员“安家工程”、发挥党建工作委员会作用三项措施,不断扩大党的工作覆盖面。区、街、社区三级共有277名党建指导员活跃在非公党组织组建的“舞台”上,全区非公企业双覆盖率60%。

【区域化大党建工作格局日趋完善】 建立区、街两级社会工作委员会,制订出台《关于进一步加强区域化大党建工作的实施意见》,强化沿湖核心商业圈、沿山精典特色圈、沿江品质商住圈、城站现代商务圈、山南国际创意区、科技工业园区“四圈二区”以及复兴国际商务广场等 4 个城市综合体内的机关(事业)单位、社区、企业之间的党建、共建、联建,创新吴山商圈“校企社街四位一体”、“复兴商圈红色联盟”、“雨露万家”等区域化党建工作新载体,在全区范围内基本形成了“上下相通、左右联动,纵向到底、横向到边”的城市区域化大党建工作格局。《浙江日报》、《浙江共产党员》、《现代领导》杂志先后专题报道上城区开展区域化大党建的工作做法及举措。

【非公企业党建工作标准初步完成】 参照政府管理与公共服务标准化建设体系框架,在非公企业党建领域重点探索制定《上城区非公有制企业党组织管理规范》,邀请省、市委组织系统、院校、媒体以及企业等不同领域的专家学者进行论证,得到了与会人员的肯定和好评。该规范把全区非公有制企业分为规模以上、规模以下和党建强、服务强“双品牌”重点创建目标单位 3 个层次,从发展质量、组织架构、硬件建设、软件建设、党务配备等 6 个方面,标准化建立党组织、标准化教育管理、标准化打造党建品牌。该项工作为全省首创,其主要做法先后被中共中央组织部《组工信息》、《组织人事报》、《浙江日报内部参考》转发刊登。

【党建“双品牌”打造有序推进】 按照“有特色、上规范、可推广、能长效”的标准,坚持分层抓、分类抓、联手抓,加大力度进行精心帮扶培育,在全区重点打造非公有制企业、机关及事业单位、窗口服务行业、社区 4 个层面、60 个党建“双品牌”示范点。娃哈哈集团有限公司被评为全国“双强百佳”先进基层党组织,吴山商圈党委等 5 家单位分别被评为省、市先进基层党组织,广宇集团、中瑞思创等 4 家单位被评为市“双强百佳”先进基层党组织。

【服务型基层党组织建设扎实开展】 进一步深化“片组户”服务工作机制,组织党组织和党员开展助推发展、治安维稳、宣传教育、扶贫帮困、便民利民等服务;深入实施“服务企业、服务基层”专项行动,通过上下联动、多方协同、集中攻坚,着力解决基层反映强烈的突出问题和经济社会发展中的重点、难点问题。七一期间集中开展了“送温暖”大行动,共走访慰问 650 余人,发放各类慰问金及实物合计 27 万元;发放党员互助金 7.95 万元,53 户困难党员家庭得到救助,把党的温暖关怀送到党员群众心坎上。

【加大人才引进力度】 通过人才市场、人才交流会、网络招聘等常规途径招才,通过招商引“智”等途径团队揽才,全年引进各类人才 5612 人,其中引进海外留学人员 20 人,引进外国专家 4 个项目 10 人次。23 人入选杭州市优秀中青年人才培养计划。

【启动“128”人才提升工程】 该工程是上城区委《“十二五”人才发展规划》中明确的五项人才培养工程的重要组成部分,根据计划,在 2015 年前完成选拔和培养 45 岁左右的新世纪优秀中青年人才 110 名(包括一定数量的优秀中青年领导干部)。其中第一层次 10 名左右,具有国内、省内科技前沿水平,能进入“省新世纪 151 人才工程”序列的学术技术带头人;第二层次 20 名左右,具有市内外领先水平,在杭州市各学科、技术领域有较高学术技术造诣的带头人;第三层次 80 名左右,列入上城区有关单位重点培养计划,在各学科领域

3 月 3 日,召开区域化大党建暨非公有制企业党组织管理标准专家论证会。

(区委组织部 供稿)

做出较大成绩,起骨干作用,具有发展潜能的中青年优秀人才。人员选拔采取单位推荐和个人自荐的方式,2011年,选拔6名第一层次人选,每人资助培养经费3万元。选拔12名第二层次人选,每人资助培养经费2万元;选拔48名第三层次人选,每人资助培养经费5000元;另外,用人单位还给予不低于1:1的经费配套。

【启动实施“紫薇·原点”青年人才培养工程】 该工程面向在上城区生活或工作的党政青年干部、大学生创业人才和辖区青年人才,通过强化培训、搭建平台、项目参与、挂职锻炼、导师帮扶5个培训项目,以多种培训方式展开,旨在培养一批有品行、有境界、有能力、有知识的青年骨干人才,为全区经济社会又好又快发展提供强大的人才支撑。该工程培养形式和内容为“体制内加强培训,体制外加深联系,关键环节打破体制界限”,即通过人才测评、项目承担、导师帮扶等方式培养一批复合型青年党政人才;依托信息工具加强与来自非政府组织、民间社团、热心社会事务的青年的联系;在挂职锻炼、项目参与、导师帮扶等环节打破体制的界限,鼓励政府、企业、非公组织互通有无、资源共享,为体制外的年青人搭建共享平台。凡是在上城区从事网点经营、创意设计等工作的青年创业群体,都能够享受到每人每月200元的社会保险补贴和小额担保贷款等扶持政策。

【成立首家“院士工作站”】 7月,由中科院院士孙钧领衔的“院士工作站”在上城区复兴商务圈的杭州图强工程材料有限公司成立。“院士工作站”共有9名成员,都是所在行业的一流专家。“院士工作站”的顺利成立,得益于上城区良好的人才引进机制。上城区针对高端人才引进推出了一系列优惠举措:如对成立“院士工作站”一次性资助10万元;凡院士本人连续在杭工作三个月的,将给予5万元~10万元的津贴;凡落户杭州的,还将补贴购房款10万元;同时按市政府规定的企业与全国大学院校、名校共建科技创新平台给予50万元资助的政策标准,上城区也将按照1:1的比例给予配套资助。

【完善大学生创新创业平台】 在已有大学生创业园的基础上,建立创业服务指导中心,完善大学生创业扶持政策,落实创业专项资金等工作,“清波创驿”、“南星网店联盟”、“上城青年创业俱乐部”等大学生创业帮扶平台不断深化。截至2011年底,上城区共有大学生创办企业253家,其中2011年新办75家。

【表彰各类优秀人才】 结合年初经济工作会议,授予20名非公有制经济人士上城区第四届“优秀社会主义事业建设者”称号并予以表彰。举办庆祝五一国际劳动节暨表彰大会,授予20人“金锤奖、银锤奖——上城区杰出职工”称号,授予25人“上城区十佳外来务工者”和“上城区优秀外来务工者”称号,授予22人“职业道德建设标兵”和“职业道德建设先进个人”称号。按照建设“廉洁、勤政、务实、高效”机关和高素质公务员队伍的要求,授予10名公务员2010年度上城区“十佳公务员”称号,给25名近三年连续考核为优秀等次的公务员记三等功。对荣膺第十届“杭州市十大杰出青年”称号的建兰中学校长饶美红和荣获杭州市第二届“魅力社工”称号的5名社区工作者的先进典型事迹进行大力宣传。开展第一届上城区青年科技奖评选活动,表彰奖励为上城经济建设、社会发展和科技进步做出杰出贡献的青年科技人才,授予10人第一届“上城区青年科技奖”。

【打造“红色走廊”】 充分挖掘利用丰富的红色旅游资源,以浙江省第一个党小组——中共杭州小组纪念馆为龙头,将辖区内的新中国第一个居民委员会(中国社区建设展示中心)、钱学森故居、毛主席视察小营巷纪念馆、浙江省第一个党团组织建立旧址纪念碑、浙江革命烈士纪念馆等众多胜迹串珠成链,打造了北线(小营地区)、中线(紫阳地区)、南线(清波、南星地区)三条红色旅游路线——“红色走廊”。“红色走廊”的形成,发挥了红色旅游景区作为青少年教育基地和爱国主义教育基地的双重作用,丰富了党员教育的形式和内容,带动了区域经济社会协调发展。

【开通“上城先锋”官方微博】 为进一步畅通组织部门问政、问计、问需于民的渠道,提高组织工作的透明度和公信度,按照省、市组织部门的要求,2011年3月22日,区委组织部开通“上城先锋”官方微博,用于即时发布全区组织工作的重点工作、重要活动和基层典型经验等，截至 12 月 31 日，官方微博共发布信息 1100 多条，拥有听众 6900 多人，成为上城区打造“阳光组工”的又一平台。 （周才娇）

【宣传工作概况】 2011 年，区委宣传部按照省、市和区委的工作部署，以学习型城区建设、“创先争优”活动为动力，以提升城区文化软实力、推动文化大发展大繁荣为目标，在深化拓展理论武装、努力营造舆论氛围、加快文化创意产业发展、全面促进公共文化发展、深化思想道德教育和精神文明创建活动、加强基层宣传文化队伍建设。区两级党委理论学习中心组根据宣传部拟定的学习计划，确定每月一次学习。推进学习型党组织建设，做强党委理论学习中心组、吴山大讲堂等学习主阵地。全年组织区委中心组集中学习 18 次，23 个中层党委中心组学习 200 次，举办 4 次领导干部学法日活动。18 所基层党委党校办班近 200 期，1.10 万人次受教育。先后邀请浙江省质量技术监督局党委副书记、副局长杨烨作《抓发展质量、提生活品质、建质量强省》的专题讲座，中共党史研究室原副主任石仲泉作《中国共产党与中华民族的伟大复兴》专题讲座，浙江省委党校党建研究所所长、党史党建教研部副主任郭亚丁作《认真学习贯彻七一讲话精神推进中国特色社会主义事业发展》专题讲座，北京大学中文系教授龚鹏程作《国学与领导者素养》专题讲座，学习内容涵盖政策宣讲、经济、政治、文化和省、市、区委党代会精神。在全区范围开展领导干部学国学活动，通过听国学讲座、读《领导干部国学读本》等国学知识经典书目，参观优秀传统文化精品，举办国学研讨等形式，提高领导干部国学水平，提升文化素养。新增上报清波街道、区建设局为市第二批学习型党组织示范点。评选表彰了上城公安分局机关党支部、区人民检察院党总支等 31 个基层学习型党组织示范点。上城区被杭州市评为 2011 年度学习型城市建设先进区，清波街道党工委、小营街道党工委、区建设局党委和区卫生局党委被评为 2011 年度区优秀理论学习中心组，区委宣传部被浙江省社科联评为省社会科学普及工作先进单位。

【加大对外宣传氛围力度】 围绕区委、区政府中心工作，制订了《上城区 2011 年大宣传计划》，围绕“五主多副”产业打造、民生改善、重点工程建设、四大示范区建设等重点工作，强化新闻宣传和社会宣传，全面打响“南宋古都·经典上城”品牌宣传。在对外宣传工作中，区报道组在中央、省、市等主要媒体完成报道 300 余篇，头版 58 篇，头版头条 4 篇。其中，标准化建设工作得到了《人民日报》、《光明日报》、“新华社”等中央媒体和《浙江日报》头版头条报道，在庆祝建党 90 周年活动中，居民群众在西湖边自发唱红歌庆祝党的生日活动得到央视新闻联播报道，文明城市创建工作得到省、市主要媒体的关注和报道，对外宣传效果显著；借力宣传，先后与《钱江晚报》、《杭州日报》等媒体合作开展“民间国学达人秀”、“发现·经典上城”摄影大赛和 2011 杭州美术节等多项活动，运用媒体的力量扩大“南宋古都·经典上城”品牌知名度。组织吸引境外媒体聚焦上城，全年有 4 批海外、港澳台和中央采访团，近 50 家媒体到清河坊特色街区、玉皇山南园区做专题采访拍摄，成为上城区对外宣传金名片。

【巩固区域宣传主阵地】 提高办报、办网水平，打造区域宣传主阵地，围绕重点工作开设“学习贯彻中共中央政治局常委、国家副主席习近平复信精神”、“庆祝建党 90 周年”、“争创全国文明城市”、“效能亮剑专项行动”等 14 个专栏进行持续深入报道，落实区委、区政府重点工作，出版经济建设、综合考评、文明城市创建等专版专刊 33 期。并在区“两会”期间增发日报，及时有效地传达了“两会”动态。2011 年，《上城报》正式出报 92 期，“上城网”编辑更新新闻 6 万条，制作播出视频新闻 40 期。

【建立“立体化”网络舆情体系】 区委宣传部针对日益复杂化的网络环境，积极推动社会管理创新，从网络舆情的预警防范、监测引导和网络民情民意的征集问政两个角度出发，成立了上城区首支网络舆情信息员队伍，开设“吴山听风”网络问政平台，有效构建上城区“立体化”网络舆情体系。出台了网络舆情监测制度。首支网络舆情信息员队伍由 15 家单位、15 名分管领导、18 名具体联系人和 10 名大学生志愿者组成，先后举行了两次专题培训，全年完成 32 期《网络舆情周报》。“上城网”开设“吴山听风”专栏，结合华数数字电视社区频道,采用调查问卷、政策展示、网络投票等多种形式问政于民,组织开展垃圾分类调查问卷和组织部长在线访谈活动,吸引了众多网友关注,有5567名网友、观众参加垃圾分类调查问卷投票。“立体化”网络舆情体系的探索和实践被纳入上城区社会实践创新项目。 (丰宗华)

【统战工作概况】 2011年,上城区统一战线工作贯彻落实省、市和区委的有关方针、政策,围绕区委、区政府的中心工作,全力服务科学发展,着力巩固政治基础,努力促进社会和谐,动员和组织全区统战干部和成员开拓进取、扎实工作,为推进“具有国际水准的高品质中心城区”建设,努力打造“南宋古都·经典上城”品牌,确保区域经济社会在更高的起点上持续发展做出贡献。

【多党合作和政治协商】 2011年,区委统战部以新时期党的统战方针政策为工作指南,分析多党合作事业的现状和发展要求,倡导开展事前、事中和事后监督,主动听取和传达党外人士对区委、区政府重大决策和重点工作的看法和意见,全面推进中国共产党领导的多党合作和政治协商制度建设。组织全区各民主党派负责人参加区委召开的民主协商会3次,听取他们对上城经济社会发展和民生问题的意见建议;参加中共上城区第八届纪律检查委员会全体(扩大)会议2次,参与“效能亮剑”行动;召开民主党派、政府有关部门、特约员三个层面的座谈会5次,构建协商、通报、反馈、服务等四项机制;加强与区政协的协调配合,坚持和完善区委领导与各民主党派、工商联负责人和无党派代表人士联系交友制度。注重与各民主党派负责人开展思想沟通和意见交换,支持民主党派稳妥地做好组织发展工作。协助做好区第四届政协人士安排工作。

【加强基层统战工作】 2月22日,区委统战部印发了《关于基层统战工作规范化建设的实施意见》,进一步加强基层统战工作,建立和完善基层统战工作机制,更好地发挥基层统战工作职能、服务于上城区的经济社会发展。6个街道、22个社区申报基层统战工作创新特色项目。8月16~17日,召开基层统战工作会议,听取各街道开展基层统战工作规范化建设情况汇报。11月中旬到12月中旬,到街道、社区调研申报创新特色项目情况。12月30日,评选出街道基层统战工作创新特色项目4个,社区基层统战工作创新特色项目10个,并下发《关于表彰“基层统战工作规范化建设创新特色项目奖”》的决定。

【传达学习全国两会精神报告会】 3月23日,区委统战部组织部分政协委员、区各民主党派负责人和无党派人士代表43人,邀请第十一届全国政协委员、中国侨联常委、上城区侨联主席、浙江华日实业投资有限公司党委书记、董事长陈励君做关于“两会”的基本情况、大会发言和联组讨论、“两会”的提案工作以及“两会”的热点话题的报告。区政协主席余勇、区政协副主席、区委统战部部长袁巧玲等出席。

【指导工商联完成换届工作】 9月13日,根据省、市的有关指示精神,下发了《中共上城区委统战部关于我区工商联(商会)换届工作的意见》,利用区工商联(民间商会)换届的契机,指导做好组织和制度建设。在领导班子和领导机构的组成、班子人选的基本条件、党组、商会领导成员的配备、提名和推荐产生的程序以及通盘考虑街道商会的会长人选等做了具体的规定。10~11月,召开部长会议3次,讨论研究工商联第八届兼职副主席推荐名单和大会议程等事项。

【实施《2011~2013年上城区党外干部队伍建设三年规划》】 10月8日,区委下发《2011~2013年上城区党外干部队伍建设三年规划》文件,对到2013年末上城区党外干部队伍建设应达到的目标,选拔任用党外领导干部的基本条件和任职资格,落实党外干部建设的具体措施和组织领导的具体要求进行了部署。

【第四届区政协换届人事安排工作】 2011年10月至2012年1月,区委统战部贯彻落实浙江省统战部和市委的指示精神,严格按照规定的程序和要求办事,切实履行人事安排的工作职责,完成新一届政协委员推荐工作。根据区委文件要求,第四届区政协会议委员规模为190名。安排第四届区政协一次会议委员规模为180名,其中非中共人士113名,占委员总数的

62.8%。安排常委组成人员34名,其中常委27名,常委中非中共人士19名,占常委总数的70.3%。均达到或超过文件所规定的要求。第四届区政协参照省、市政协界别设置,结合上城区实际,由中共、无党派人士、工会、共青团和青联、妇联、科技科协、工商联、经济、教育、医卫、文体、社会福利和保障、民族宗教、侨联、特邀人士15个界别组成。与第三届区政协界别设置相比,新增设青联界别,无党派界别和社会福利、保障3个界别,其中青联界别与共青团界别合并,科协界别调整为科技科协界别。

【开展“爱心社区行”广场公益服务活动】 10月25日,区委统战部组织统战系统单位、各民主党派总支、支社在小营街道姚园寺巷社区举行广场公益服务活动启动仪式。活动期间,得到了统一战线各界人士的支持,向居民发放法律、科技、医疗、教育等各类宣传资料1000份,专家咨询台为432名居民开展教育咨询、医疗义诊、法律咨询等服务,8名医疗专家开展义诊和咨询接待群众计291人次。

【加强非公有制经济领域统战工作】 2011年,区委统战部继续坚持“团结、帮助、教育、引导”的方针,切实加强非公有制经济领域的统战工作。加强思想政治工作,促进非公有制经济人士健康成长。经常组织走访谈心活动,加强与非公有制经济代表人士的联系;邀请非公有制经济人士参加各种重大政治活动,广泛听取他们的意见和建议;组织到省、市社会主义学院进行学习培训,举办高层次的专题讲座,教育、引导非公有制经济人士不断更新经营理念,提高自身素质和思想境界;引导非公有制经济人士投身光彩事业。10~11月,对拟作政治安排的63名非公有制经济代表人士的思想政治表现、诚信守法状况、企业经营状况和履行社会责任情况等方面作了综合评价。

资料　光彩事业:是中国民营企业家响应《国家八七扶贫攻坚计划》所发起并实施的一项以扶贫开发为主题事业。1994年4月23日,刘永好等10名民营企业家联名倡议《让我们投身到扶贫的光彩事业中来》,光彩事业由此而发起。光彩事业是以广大非公有济人士和民营企业家为参与主体,包括港澳台侨工商界人士共同参加,它以自觉自愿、量力而行,互惠互利,义利兼顾为原则,将西部大开发作为重点,面向“老、少、边、穷”地区和中西部地区,以项目投资为中心,开发资源、兴办企业、培训人才、发展贸易,并通过包括捐赠在内的多种方式促进贫困地区的经济发展和教育、卫生、文化等社会事业的进步,共谋利益,共享文明安乐,以先富带未富,促进共同富裕。

【加强党外知识分子工作】 2011年,充实完善党外知识分子人才库。召开联谊会、理事会4次。同时,开展支教、义诊等社会服务活动2次。有效开展联谊活动,4月,组织16名成员到金华兰溪市进行学习考察,促进会员之间的相互了解,增进友谊。

【重视港澳和海外统战工作】 2011年,区委统战部重视港澳和海外统战工作,不断加强与区有关部门的携手配合,努力开展卓有成效的港澳和海外统战各项工作。10~11月,开展上城籍在港人员普查工作,完成上级交办的涉港统战工作任务。团结和联系“三胞”,通过“请进来”的方式,接待上城籍在港代表人士5人次,接待华侨华人19人次。宣传贯彻《浙江省华侨权益保障暂行规定》,维护侨界利益,帮助他们协调房产纠纷两起。

【加大统战信息宣传工作力度】 2011年,区委统战部加大统战宣传工作力度,下发《中共上城区委统战部关于进一步加强统战信息工作的意见》,制定《2011年上城区统战信息考核奖励办法》。编写《上城统战》6期480份,《内部参阅》2期10份,寄发到市、区相关部门、民主党派组织及各街道,其中被中央统战部录用的有两篇,被省委统战部录用专报两篇,被市委统战部录用专报两篇。发动并组织统战系统各单位及区各民主党派,就新形势下统战工作出现的新情况、新问题,围绕上城区经济建设和社会发展的热点、难点问题,进行调查研究,形成重点课题3项,一般课题8项,呈送区委相关领导,供决策参考。其中《论上城区大学生创业就业与产业结构转型升级的双向互动》得到区委书记陈红英的批示。区委统战部撰写的《关于引导新的社会阶层人士参与社会管理创新的思

考——以上城区“律师进社区”实践为例》被市委统战部评为2011年度全市统战理论调研优秀成果一等奖。 (毛健儿)

【老干部工作概况】 2011年,上城区委老干部局严格贯彻落实关于离休制度的各项政策;完善离休干部离休费保障机制、医药费保障机制和财政支持机制;多形式、多场次组织老干部开展“读书会”、“学习会”等,加强老干部思想政治建设;围绕建党90周年开展庆祝活动;指导离退休支部开展“创先争优”活动;落实老干部政治待遇、生活待遇;着力解决老干部各类诉求,化解矛盾,做好老干部信访回复工作;老干部活动中心和老年大学完善硬件设施,更新设备,在软件配套上加强完善。2011年,上城区委老干部局分别被省、市委组织部和省、市委老干部局评为“老干部工作先进集体”,上城区老干部活动中心被省委组织部、省委老干部局评为“满意家园”。2011年,全区有离休干部210人,离休干部党支部10个。

【组织政治理论学习】 结合国内外经济形势,中共十七届五中、六中全会,中共中央政治局常委、国家副主席习近平在全国老干部工作先进集体和先进工作者表彰大会上的讲话,以及围绕毛泽东历史、党史,中共中央总书记胡锦涛七一讲话内容,组织老干部参加各类学习会、读书会、座谈会、知识讲座共15场次。组织老干部观看题材好、有教育意义的电影《建党伟业》《杨善洲》《辛亥革命》等6场次。为每名老干部征订党刊书籍、报刊杂志、电大教材等。通过形式多样的政治理论学习,提高老干部思想政治与理论水平,为上城区中心工作服务,为构建和谐社会发挥老干部独特作用。

【区情通报参政议政】 按照区委书记陈红英要求,区委、区政府主要领导带头对老干部进行情况通报。区委副书记、区长缪承潮就全国、省、市的“两会”精神向全区离休老干部作传达;区委副书记袁建祥就上城区阶段性工作和下一步的工作计划、目标向老干部作情况通报;副区长顾文友向老干部通报上城经济发展情况;副区长麻承荣向老干部通报民生保障、政府工作手段的创新。老干部们对这种做法普遍反映满意。围绕区委、区政府2011年的中心工作,充分发挥老干部参政议政积极性。根据区委、区政府安排,组织老干部为上城区经济社会事业的发展积极建言献策。区“十二五”规划、区“两会”报告、人大提案、重大人事变动、重要会议的召开等活动邀请老干部参与讨论,较好地发挥了老干部经验优势、智慧优势。

【开展“五好”离退休党支部创建】 在指导帮助离退休支部自我管理、自我教育的同时,按照“支部班子好、党员队伍好、组织设置好、活动开展好、群众反映好”目标要求,开展“五好”离退休干部党支部创建。组织参加争创的离退休支部书记培训指导3场次,深入到支部开展指导工作。2011年,有11个离退休支部被区委组织部、区直机关工委、区委老干部局评为区级“五好”离退休干部党支部;有6个离退休支部被市委组织部、市委老干部局评为“五好”离退休干部党支部。机关离休第一支部被省委组织部、省委老干部局评为“五好”离退休干部党支部。截至2011年12月,上城区有10个争创区级、8个争创市级“五好”的离退休干部党支部处于申报迎检阶段。

【为老干部办实事】 为离休老干部吴德忠、李宗盛等特殊情况特殊照顾的老干部,补办经济房手续。协商解决严重影响离休干部张玉秀的日常生活,且噪声大、污染重的“家中工厂”。为离休干部姜敏解决家中排污管暴裂,污水积聚的棘手难题。及时为离休干部补办遗失的离休证3本、优待证6本。为离休老干部发放华数电视卡计198张。2011年有13名离休老干部去世,区委老干部局全力以赴,协助老干部原单位和家属做好抚恤、丧葬等事宜。对老干部任何大小事情,做到急事急办,特事特办,切实有效地加以解决。

【走访慰问老干部】 2011年春节前后、高温期间,先后走访慰问全区生病住院、高龄生活不能自理、异地安置生活困难、当年病故老干部遗属等共350余人次。结合建党90周年,安排部署、组织实施,确保中共中央组织部的《慰问信》送到位;生活补贴到位;困难补助金和慰问品送到位。全年走访慰问的慰问金、慰问品合计35万元。春节期间组织机关离休干部团拜会;易地地专、地专两项待遇老干部团拜会;送上节日的问候。

【服务保健关注健康】 根据新形势下老干部工作出现的新情况新问题，经区委批准同意，区委老干部局设立服务保健科，为“双高期”（高龄、高发病期）老干部进一步做好服务保健工作。成立服务保健科，与区卫生局相关科室对接，邀请区卫生局的专家就如何做好老干部的服务保健，进行交流协商。区卫生局派人与区委老干部局一起对区原四套班子老领导进行健康管理，分组配备责任医生，随时跟踪医疗保健服务。邀请疗养院和医院专家为老干部宣讲养生知识讲座5场次。组织离休老干部参加五云山疗养院和富阳新疆疗养院半个月的体检疗养。组织地专级和抗战时期参加革命工作的老干部参加为期一个月的避暑休养。统一组织部分老干部在浙江医科大学医学院附属第一医院进行全方位体检。做到老年疾病早发现、早治疗。

【深化“四就近”服务】 围绕就近学习、就近活动、就近得到关心照顾、就近发挥作用“四就近”服务体制，进一步深化社区离休干部居家养老工作，助老员上门为老干部服务、完善精神慰藉等体制机制。区委老干部局在深化业务指导、经费划拔、分类服务、协调衔接等工作加大力度。建立了居家养老工作流程；街道、社区、助老员工作职责；专项经费使用管理制度；星级助老员评比考核等制度。针对居家养老工作情况、工作中存在的问题，每季度召开例会进行阶段性小结，每半年进行培训促进整改提高。专题进行政策学习、经验交流、工作讲评。定期调研各街道社区居家养老工作，宣传居家养老工作中好的做法，好的典型。2011年，结合“创先争优”活动，全区评出居家养老4个先进集体，2名五星级助老员，受到市委组织部、市委老干部局表彰。

【维护社会和谐稳定】 区委老干部局把维护社会和谐稳定作为硬任务来抓，强化责任，创新机制，切实为经济社会发展营造良好的环境。对老干部的来信、来访，做到事事有答复，件件有着落。处理好每一件来信、来访。在工作中，对于上门来访的老干部，做到热情接待、耐心倾听、认真处理。2011年共接待来访老干部29人次。凡符合政策规定的及时给予答复并督促相关单位及时落实，对于极少数不符合政策规定的信访，做好耐心细致的工作，努力把矛盾化解在基层，解决在萌芽状态。2011年接手的信访有：离休干部叶德经、杨庆友关于政策落实的问题；离休干部张玲玲、宋隆生、朱正一等关于住房的问题；离休干部孟咏春、熊靖宇、祁家锟、韩炳炎等关于家庭问题，区委老干部局积极协调，尽力给予解决，做到无越级上访。

【争创省级“满意家园”】 上城区老干部活动中心（以下简称中心）常年对外开放，中心工作人员为前来活动的老干部做好保障服务。2011年，在中心举办新春游园活动、书画展、棋类比赛等大小活动6场次。中心工作人员带队参加市委老干部局组织的各类比赛活动4场次。结合省、市委老干部局关于把老年活动中心建成老同志“满意家园”文件精神，局里以创建为契机，形成由局长挂帅，副局长具体负责，全体人员参与的氛围。为了做优做精老干部活动中心，局领导班子多次召开会议，规划大楼改造方案，对大楼外墙整体翻新，做到美观整洁；各活动场所（室）进行装修改造，做到既美观又舒适；充分利用七楼阳台和三楼阳台，扩大活动面积，建立了电子阅览学习室；补充各活动场所软硬件设施，丰富活动项目。11月25日，浙江省“满意家园”考核组在省委老干部局副局长陈林的带领下，到上城区进行全面考核验收，通过考核、听汇报、看台账，现场向老同志发放满意度测评表等，取得总评分为104.01分的好成绩。上城区老干部活动中心被评为省级“满意家园”。

【办优老年大学】 上城区老年大学遵循“增长知识、丰富生活、陶冶情操、促进健康、服务社会”的办学宗旨，坚持“政治建校、平安立校、质量兴校”的办学原则。探索办学规律，创新工作方法，努力成为特色鲜明、管理规范的综合性老年大学。2011年，加大投入力度，增添了投影仪、视频展示台和笔记本电脑等教学设备，为实行多媒体教学创造条件。同时，积极探索老年大学为构建和谐社会发挥作用。加大宣传力度，完善宣传队伍建设，通过黑板报、宣传栏、学校简讯等宣传阵地，通报“创先争优”活动的情况和先进名单。结合建党90周年活动，各班级学员将自己的作品参与到省、市、区各类参展比赛，并获得了较好名次。2011

省委老干部局副局长陈林(右一)带领考察组到上城区验收老干部活动中心争创省级“满意家园”。 (区委老干部局 供稿)

年，共设置文史、书画、文艺、乐器四大类13个专业，21个班级。各专业有学员745人次，到学期末，全校累计结业学员为2381人。

【开展户外活动】 区委老干部局适时适度组织离休老干部参加户外活动。2011年，开展机关女离休干部在茶楼过“三八”节活动；组织机关离休干部参观杭州市气象台(春游)、参观休博园主题馆(秋游)活动；中层离休干部龙井村品茶(春游)、参观西溪湿地博物馆(秋游)活动。组织区原四套班子老领导考察调研富阳洞桥镇新农村；考察上城公安分局湖滨派出所；考察宁夏、青海等地活动。为全区80岁老干部举行集体祝寿活动。组织全区老干部在柳浪闻莺集体“秋游”过老人节活动。配合市委老干部局组织老干部参加“喜看杭城新变化”等活动。

【开展建党90周年“八个一”系列活动】 区委老干部局把2011年的建党90周年庆祝活动单独作为一项重要的议事日程，确立了建党90周年学党史、知党恩、颂党情“八个一”系列活动。分别是：一次唱响红歌活动；一次书画展活动；一次党史知识有奖答题活动；一次“与党同呼吸、共命运、心连心”征文活动；一次观看红色电影活动；一次参观学习爱国主义教育基地活动；一次上党课活动；一次表彰大会。老干部参与热情高、普遍反映好。知识竞赛围绕党的历史、党章、十七大、“十二五”规划等内容出题，离休老干部积极参与，取得优异成绩；“与党同呼吸、共命运、心连心”征文活动收到来自全区离休老干部的作品36篇；表彰大会上对老干部们真情的演讲、精彩的文艺演出等“八个一”系列活动参与者给予表彰。区委组织部长黄爱芳等领导参加了表彰大会。

【提高自身建设】 强化机关学习制度。坚持每星期一次的理论政策学习，在学习过程中，抓创新、强服务、重协作，不断提高业务政策水平，提高为老干部服务的本领。深化“作风建设年”活动。2011年，结合市、区“效能亮剑”行动，促进全局提能增效，全面提高自身建设，取得较好的成绩。召开了治庸治懒治散“效能亮剑”专项行动动员大会暨局领导班子民主生活会。人人递交“效能亮剑”承诺书。成立了专项督察小组，负责日常督查，并对全局各办公场所不定时的抽查。建

组织开展“老干部纪念建党90周年征文演讲暨红歌演唱会”
(区委老干部局 供稿)

立完善基层联系点制度、各科室工作岗位责任制、党风廉政责任制、活动场所规范制度、互联网使用制度、信访监督制度、老干部评议制度、老干部工作者评议制度、机关工作人员“创先争优”考评制度。通过加强自身建设，增强工作人员服务意识，机关作风建设进一步提高，没有出现违规违纪的现象。 （周云华）

【关心下一代工作概况】 杭州市上城区关心下一代工作委员会（简称区关工委，下同）成立于1989年7月1日。全区有关工委组织135个，分区、街道（局）、社区（学校、企事业单位）三级网络。全区有5688名“五老”活跃在关心下一代工作战线上，其中区级顾问团27人，关爱团411人，讲师团489人，科技服务团332人，网吧义务监督员86人。“五老”活跃基层，发挥重要作用。在纪念建党90周年活动中，他们以亲身经历感染引领青少年，受益面从青少年、家长（或隔代家长）延伸到基层关工委专职干部。开展主题教育宣讲“党永远在我心中”，“我要一辈子跟党走”；法制教育宣讲“做守法少年，成有用人才”、“青少年法制教育大讲堂”；安全教育宣讲“消防安全自救技能讲座”、“认识交通标志，学会自我保护”；用眼卫生宣讲“适度用眼知识讲座”；禁毒教育宣讲“青少年禁毒知识讲座”；对部分不良心理的青少年开展“情绪与行为问题识别与预防”的宣讲。讲师团有1名“五老”参与区委组织部在全区开展的“与党同呼吸、共命运、心连心”征文活动，作品荣获三等奖。“五老”为青少年讲课78场，受益人数8283人。他们在学校、在社区传承革命精神，激励后人奋进，老有所为，乐在其中，以青少年健康成长为己任，无私奉献精神令人敬重。

资料 “五老”：指老干部、老战士、老专家、老教师、老模范。

【开展爱国主义教育活动】 2011年是中国共产党成立90周年，纪念辛亥革命100周年，区关工委抓住重大节庆，深化主题教育，围绕市委、区委中心工作，利用地域优势，挖掘红色资源，以中共杭州小组纪念馆、毛主席视察小营巷纪念馆等红色基地为主线，编写了《上城区关工委“党旗在我心中”主题教育》宣传册，通过参观、学习、实践活动，开展党史教育、健康教育、科普教育、廉政教育、文化教育、警示教育、道德教育和历史教育，通过参观红色基地、看红色影视、讲红色故事、唱红色歌曲、读红色书籍、发红色微博，抒发爱党爱国情怀，分享所想所悟，全面激发青少年的爱国热情和时代激情。2月20日，在杭州宗文小营实验学校举办上城区主题活动启动仪式，省、市关工委领导到现场指导。2011年，上城区各级关工委围绕教育主题，开展活动1174项，参与活动的青少年6.88万人次。

【开展主题读书活动】 读书活动一直是上城区主题教育的有效载体之一。以《光辉的旗帜》为读本，全区三年级以上中、小学生参加了读书活动。其中，5223名学生写了读后感，参与读书征文比赛和《党在我心中》主题演讲比赛。天长小学五（4）班蒋旻格的《我就是那“光辉旗帜”的一角》等17篇优秀征文获奖；其中5名学生在省“新星网”上获得网上征文奖项。青少年还参加区委宣传部和团区委等联合开展的“祝福献给党”千条红色微博征集活动，惠兴中学初一（7）班诸葛宛宜等17名学生在活动中取得佳绩。

【开展实践活动】 区关工委结合上城实际，制定了因地制宜的活动方案，广泛深入地开展形式多样的社会实践活动。“奋飞夏令营走进警营”利用警营开放日，让孩子们一睹警官们严谨的操练、工作和生活；“雨露动漫俱乐部夏令营”让青少年在学中玩、玩中学；“小候鸟快乐成长乐园”让外来务工子女在美丽的杭城度过充实的假期；“青少年假日学校”在实践中探索知识性和趣味性高度融合的活动模式；“阳光天地日托营”为社区青少年带去更为需要、更为实在的服务；“七彩乐园夏令营”把孝心敬献长辈，把信心留给自己，把爱心献给他人，把社会责任心奉献祖国；“社区邻里中心”构建“学校——社区——家庭”立体教育新模式。

【第二课堂】 区关工委以打造“与具有国际水准的高品质中心城区相匹配的生态环境”为目标，引导广大青少年参与到“创建全国文明城市”活动中。传承中华美德“学国学精粹，塑上城经典”，走进“思想道德建设实践基地”“博物馆”“敬老院”“纪念馆”“军（警）营”“民营企业”等第二课堂，开展社会实践活动。倡

2月20日,区关工委举行“放飞梦想——党在我心中”主题教育活动启动仪式。 (区关工委 供稿)

导低碳理念,开展垃圾分类宣传,争当环保小先锋;倡导科学健身开展“两人三足”活动,趣味体育深入青少年心中;清洁美好家园参加“我为家园来美容,文明创建我先行”行动,把“低碳、文明、民生”的理念接力到青少年一代,让“增强环保意识,坚持低碳生活,爱护生态环境”践于行动,发扬光大。

【为青少年办实事解难事】 2011年,经过调查摸底,全区有特困生158人。其中中学生76人,小学生77人,其他5人,低保家庭特困生85人,困难家庭特困生65人,边缘家庭特困生8人。区关工委将这些特困生建档入册,发动社会力量开展帮困助学工作,区工商联结对24人,杭州边防检查站结对3人,市、区关工委用爱心基金结对67人,结对率60%。其余40%由街道、社区关工委发动地区单位和个人或帮扶救助站开展帮扶济困工作。浙江省八大物流集团、中国民生银行杭州分行等地区单位给予大力支持。社区关工委通过寒暑假“小朋友手拉手”活动自筹,助学形式多元,助困取得实效。全区100%的困难家庭学生得到各级关工委的“六一”和“新春”慰问,36名优秀特困生荣获杭州市第十二届、上城区第十届“奋飞奖”,并受到表彰和奖励。

【关爱工作显成效】 区关爱团配合有关部门开展帮教失足工作成效明显。因盗窃被上城法院判拘役4个月,缓刑6个月的安徽籍未成年人王某,在社区服刑期间,区关爱团与其建立结对帮教关系,定期上门走访了解近况,开展谈心活动,鼓励他不懈怠,好好改造,重新做人。结对帮教的矫正人员表现良好。区关爱团结合上城实际,开展调查研究,撰写了《学法用法,从小做起》、小学生法制教育宣讲教材。深入基层,开展调查研究,撰写了《上城区未成年社区矫正对象矫正工作调查》。2011年,望江街道关工委被评为“浙江省青少年思想道德建设实践活动基地”先进单位。

【开展创建“五好关工委”活动】 根据中国关工委基层工作会议精神,贯彻落实市关工委《关于深入开展创建“五好”关工委活动的通知》,进一步推动全区基层关工委组织建设,2月25日,区委组织召开“上城区关心下一代工作暨基层关工委建设年启动大会”;为落实基层关工委基地建设,在5月27日召开的“庆六一暨第十届奋飞奖表彰大会”上,区关工委对7个

8月,区关爱团成员走访社区矫正人员。 (区关工委 供稿)

基层关工委“上城区青少年假日学校”授牌。12月,区关工委全面部署街道(教育局)关工委按照“五好”细则开展自查工作,对2011年的基层组织建设、“五老”队伍建设和各类主题活动等方面进行一次全面自查和工作总结。区领导十分重视关心下一代工作,为落实基层党委重视关心下一代工作,上城区委将关工委工作列入基层党建工作目标任务考核。

(樊丽英)

2月27日,召开上城区基层关工委建设年启动大会。 (区关工委 供稿)

【区直机关工委工作概况】 坚持理论学习与工作实践相结合,不断增强党员干部参加理论学习的自觉性。组织机关党员干部研读中共十七届五中、六中全会报告和中共中央总书记胡锦涛七一重要讲话精神,学习了省、市重要会议和区委八届十次、十一次全会精神,通过专题学习讨论、辅导讲座、中心发言、撰写心得体会等多种形式开展学习活动,使党员干部的政治理论素质明显提高。对44家基层党组织建设学习型机关情况进行检查验收。通过看台账、听汇报、比成效,不断提炼建设学习型机关的经验成效。围绕区委要求和工作重点,坚持党委理论中心组学习、领导上党课、中心发言等学习制度;建立、健全学习档案,学习交流、考察调研和督查考核制度;坚持党支部“三会一课”和记载《先锋日记》制度。按照省、市机关党建研究会的课题要求,结合区直机关党建工作实际和工作重点,制定了《2011年机关党建理论研究课题实施方案》,组织开展机关党建理论研究优秀调研报告征集、评选活动。抓住推进学习型机关建设,建立、健全“创先争优”活动长效机制,推行党务公开、促进机关党内基层民主等新时期党建工作的新课题深入调研,撰写调研论文。共征集论文65篇。区直机关工委将2010年部分优秀论文汇编成册,印发各基层党组织交流学习。开展“亲情”党课宣讲比赛活动。共收到征文68篇,区直机关14名党员干部参加党课宣讲比赛,100余名党员和入党积极分子观看比赛。按照区委、区政府的部署,组织党员干部参与上城区重大工作,努力打造一支“拉的出、打的响”的党员队伍。组织200名机关党员干部参加了上城、富阳旅游产业协作发展启动仪式。组织800余名党员干部参加了祭扫革命烈士墓活动。承办了杭州市区县市机关党建工作交流会,受到了市直机关工委领导的高度评价。组织300名机关党员干部观看了第八届残疾人运动会。组织开展了“我为七一献血”活动,献血1.80万毫升。

【开展党员志愿者服务活动】 6月,召集区直机关40家职能单位(部门),100名党员干部在吴山广场设点开展法律咨询、政策咨询、便民服务等现场送服务活动。开展为挂包社区(1家区直机关单位与1个社区结对)服务活动和小分队送服务活动,为社区和辖区企业排忧解难。经统计,现场共接受咨询3000人次,帮助群众解决难题52个,为挂包社区服务96次,帮助社区解决难题20个。

【开展岗位创先课件评选活动】 为展示机关开展“创先争优”活动的实践经验,总结机关党建工作的经验成效,区直机关工委要求区直机关各单位将集体或个人在岗位上的工作重点、经验要点和成效亮点制作成课件。通过开展岗位创先课件评选活动,不断提高党员干部科学发展的能力,发挥机关党建工作服务中心、推动工作的作用。

【组织开展市区综合考评工作】 2010年度区直单位综合考评共评选出区综合考评的优胜单位(满意单位)6个,先进单位7个;综合考核成绩显著单位1个,先进单位1个。没有未达标单位。中共杭州市委对上城区的综合考评结果在13个区县市中名列第6位,被评为杭州市综合考评优良单位。按照《上城区综合考评意见建议整改落实制度》的要求,对市、区两级考评中收集到的255条意见、建议归并整理为105条,并将这些意见、建议以抄告单的形式通知相关职能单位。要求相关单位立即制定整改措施并及时上报整改情况,切实解决群众反映强烈的难点、热点问题,确保整改不走过场,取得实效。

【开展全区结对帮扶活动】 2011年,上城区结对党员干部累计走访困难家庭1200余次,发放慰问金50余万元,实物折价10万余元。区直机关工委组织部分单位参加“1+X”社会结对帮扶和联村结乡帮扶活动等,为桐庐合村乡送去保洁用品和办公用品,并对村里的困难家庭进行慰问。区直机关工委要求党员干部自觉将帮扶工作与破解“七难”结合起来,通过电话问一问,上门看一看,有事跑一跑的形式,将帮扶工作真正做到困难群众的心坎里。12月底,下发《关于做好第一轮“结对帮扶”活动先进集体和先进个人的评选活动的通知》,总结第一轮结对帮扶活动的经验成效,并表彰了一批先进集体和个人。

【贯彻落实《意见》】 区直机关工委围绕(《中共杭州市上城区委关于进一步加强和改进机关党的建设的意见》(以下简称《意见》)精神,不断加强机关基层组织建设。5月,在中共杭州市委党校举办了以学习贯彻《意见》精神为主要内容的支部书记培训班,邀请市委党校专家就如何做好新时期的机关党建工作进行授课。区直机关60名支部书记参加了培训。成立街道机关党委。全区6个街道全部成立了机关党委,区直机关工委的管理做到全覆盖。区直机关工委下属党委6个,总支12个,支部108个,党员人数1549人,隶属关系明确,组织设置合理,活动开展正常有效。落实党员教育活动经费。2011年,区直机关工委已落实每人每年780元的党员教育活动经费。在硬件设施配备上,各基层党组织都建立基层党校、党建活动室,为开展机关党的建设创造了良好的工作环境。

【完善支部建设】 认真执行党费收缴、组织关系接转、党务信息统计等制度,使党组织的各项工作有章可循。2011年,按期换届调整党总支2个,党支部8个。发展新党员19人,预备党员转正17人。举办了一期入党积极分子培训班,54名入党积极分子参加了培训。同时,区直机关工委以评选党员先锋岗为抓手,不断加强支部的规范化建设。2011年新申报3个,复检27个经考核全部通过。

【完善考核制度】 2011年初,区直机关工委认真组织了党员民主评议活动。区直机关58个基层党组织按要求对1549名党员进行了民主评议。并通过各级党组织和全体党员层层推荐评比和考核、考察,评选出先进党组织20个、优秀党务工作者35人、党员积极分子70人,并于七一前夕进行了表彰。先进典型的树立为各级党组织和党员进一步做好本职工作树立了标杆、提供了动力。

【落实党风廉政建设责任制】 认真学习贯彻《实施纲要》,将反腐倡廉宣传教育纳入工委宣传工作总体规划,通过组织参观南郊监狱、观看《廉政经纬》、组织反腐倡廉知识竞赛和“亲情”党课演讲比赛等多种形式,深入开展党风廉政教育,同时在区直机关组织开展了“加强领导干部党风廉政建设”等重点课题调研,共征集调研文章45篇,为上城区深入开展党风廉政建设提供了理论基础。

【深化机关廉政文化建设】 3月,区直机关工委组织区直机关党员干部参加杭州市首届“清风杯”公职人员廉政书法大赛活动。将活动与学习贯彻中共十七届五中全会和中共十七届中央纪委六次全会精神,推进“廉洁上城”建设,促进“党政清廉”、“干部勤廉”、岗位廉政教育结合起来,通过书写于谦诗词和歌颂于谦精神的诗词,以及勤政廉洁的诗词、警句等,进一步深化机关廉政文化建设,培育和强化公职人员以人为本、勤政为民、廉洁奉公理念。活动共收到参赛作品65件。经评选,上城区获得2个三等奖,3个优胜奖。

【激发党员立足本职岗位】 举办区直机关党务纪检干部培训班。以“效能亮剑”活动的目标任务和具体要求作为培训内容之一，要求党务纪检干部发挥职能，及时发现和制止身边的不正之风，促进机关的效能建设和党员干部的廉洁自律。开展“党群连心”党员服务日活动，通过在吴山广场设点服务，挂包社区上门服务，辖区企业专业服务，将活动作为机关党员干部转变作风、深化效能建设的有效载体，切实为群众多办事、办好事、办实事。在区直机关党员先锋岗和窗口单位中开展“亮身份、当标兵、践承诺”活动。通过规范管理、优化服务、强化监督，不断激发党员立足本职岗位，争创一流业绩的工作热情。

【开展党务公开工作】 制订《区直机关党务公开工作实施意见》，对党务公开的原则、主要内容、公开的形式、程序和时限以及具体实施要求作了详细的规范，落实党务公开领导小组成员，进一步明确职责分工，为促进机关党务公开工作有序、高效、规范运作奠定了基础。建立了党务公开登记审核、监督评议、确定公开方式、信息反馈等一系列常规制度，为确保制度有效落实，设立了党务公开工作监督邮箱，指定具体分管的领导和操作维护人员，保证党务公开工作渠道畅通。

【开展机关文体活动】 区直机关工会充分利用节假日和业余时间，组织开展环湖健身走、登山等活动，丰富机关业余文化生活；举办了迎春慰问电影专场活动，区直机关800余名党员干部观看了电影。区直团工委开展各种适合青年特点、形式多样、内容丰富的主题活动，如“学雷锋活动周”的系列活动，组织青年志愿者举行便民活动，走访结对贫困户等活动，引导和培养广大青年树立追求知识的创新精神和文明高尚的思想道德情操。区直妇工委积极开展素质提升行动，打造学习型妇女组织，举办“品质女性大讲堂”。参与“万户家庭网上学”活动，深化“巾帼建功”、“姐妹帮扶”活动，慰问淳安文昌镇结对困难妇女。

【为温州“7·23”铁路特大事故伤员献热血】 温州“7·23”铁路特大事故牵动每一名机关党员干部的心。7月28日，区直机关工委组织200名党员干部、社工为温州“7·23”铁路特大事故伤员献热血。本次共采集血液3.80万毫升。面对灾难，上城区党员干部用实实在在的行动为救助伤员献出一份力量。

【机关干部“四带头”参与文明城市创建工作】 带头开展文明劝导活动。9月，每天早上8点至晚上9点，在全区25个公交站点开展文明劝导活动。劝导人数2万余人，劝导各类不文明现象1万余起。带头参加环境卫生整治工作。重点擦洗道路两侧以及道路中间的隔离带护栏，清除暴露在地面的果皮、纸屑、烟头等垃圾，清洗宣传栏、车站牌、人行道护栏等市政设施以及清除“野广告”、“牛皮癣”。带头深入社区创建一线。帮助挂包社区开展公共文明宣传教育，社区小区环境美化、亮化、净化等活动，努力改善社区居住环境。带头参加志愿服务活动。与志愿者一起上街，对乱写乱画、乱吐乱扔、乱堆乱放等损害市容环境的不文明行为及时予以制止和劝导，清除乱堆、乱搭、乱建等现象，展现城区新风貌。

【“三个着眼于”狠抓机关效能建设】 着眼于更高要求。通过宣传教育(参观中共杭州小组纪念馆)、典型示范(开展“亲情”党课活动)、设立党员先锋岗、走访基层党组织等方式，研究解决机关党组织和党员干部中存在的突出问题，引导和激励广大党员干部立足岗位、争创一流、推动“创先争优”向纵深发展。着眼于有所作为。通过抓综合考评意见建议整改、抓窗口单位和党员先锋岗效能建设、抓机关党员干部承诺践诺，帮助各基层党组织规范管理、优化服务、强化监督。着眼于群众满意。结合改善民生、解决突出问题、改进服务、做好群众工作，引导和督促机关党员干部深入到群众中去，听取群众的意见、化解矛盾、凝聚人心，不断提高机关党员干部做好群众工作的能力和水平。

(祝　端)

【信访工作概况】 2011年，上城区信访电总量13541件次，比上年(指2010年，下同)减少4.9%；其中来信704件、2262人次，比上年件次和人次分别减少5.8%和47.6%；来访530批、2477人次，比上年件次减少

9.9%,人次增加 2.6%;来电 12307 件,其中受理市长公开电话 5282 件,区长公开电话 3608 件,反馈率、办结率、满意率均达到 100%。

【领导慰问信访干部】 1 月 21 日,省委副秘书长、省信访局局长陶君毅,市政府副秘书长、市信访局局长施增富在区委书记陈红英、副区长管光尧陪同下向在一线工作的信访干部表示亲切慰问,充分肯定上城区信访工作。1 月 19 日,区委、区人大、区政府、区政协部分领导在时任区信访局局长高燕东、副局长杨艳萍陪同下,冒着风雪严寒赴各街道看望信访干部。区领导充分肯定基层信访干部勤勤恳恳、任劳任怨、扎实高效的辛勤工作,为维护全区社会稳定作出了很大贡献。

【市信访局领导赴上城区调研区长公开电话工作】 2 月 23 日,市信访局副局长郑蓉及市 12345 受理中心受理处副处长杨忠才和副处长唐模全到上城区就区长公开电话工作进行走访调研。在听取了副局长杨艳萍关于 2010 年区长公开电话受理中心汇报及 2011 年工作思路后,郑蓉对上城区 2010 年公开电话工作予以充分肯定,并对做好下步工作提出建议,在落实责任上下功夫,在解决问题上下功夫,在完善机制上下功夫,在强化服务上下功夫,在夯实基础上下功夫。区委常委、上城公安分局局长刘一明,区信访局局长林森、副局长杨艳萍参加会议。

【召开信访和区长公开电话工作会议】 4 月 7 日,区委、区政府召开全区信访和区长公开电话工作会议。区委书记陈红英和区委副书记、区长缪承潮与街道、部门代表签订 2011 年度信访和区长公开电话工作目标管理责任书;缪承潮宣读 2010 年度全区信访和区长公开电话先进集体和个人表彰决定;区委常委、上城公安分局局长刘一明作工作报告;市政府副秘书长、市信访局局长施增富作讲话,时任区委常委、常务副区长袁建祥、区人大常委会副主任王文成、副区长管光尧、区政协副主席戴晓军出席会议。会议由管光尧主持,区各部门、各街道、各指挥部党政主要负责人 85 人参加。

【区委书记赴区信访局调研】 6 月 30 日,区委书记陈红英在副区长管光尧及区委组织部常务副部长朱荷芳陪同下到区信访局调研,在听取区信访局局长林森汇报了当前上城区信访形势、上半年工作和省委常委、市委书记黄坤明下访区接待群众活动准备三个方面的情况后,充分肯定了区信访局前一阶段工作,并对下一阶段工作提出要求,继续发挥牵头抓总的作用,进一步完善工作机制,创新管理模式,强化队伍建设,借势借力推动工作。

【市领导赴上城区下访接待群众】 7 月 5 日,省委常委、市委书记黄坤明在省委副秘书长、省信访局局长陶君毅,市委常委、秘书长许勤华,市政府副秘书长、市信访局局长施增富,副局长许云龙等陪同下,率市建委、市规划局、市城管办、市交通警察局、市城投集团(市燃气集团、市水业集团)及宋都房产公司等负责人到上城区下访接待群众,解决望江地区甘王、新丰、始板桥、始板桥东村、兴隆新村 5000 多户居民开通管道煤气问题、云雀苑小区 600 余户居民饮用水问题。并召开座谈会作讲话。区委书记陈红英,区委副书记、区长缪承潮,副区长管光尧等参加,市信访律师顾问团胡祥甫律师随行参加。

市委常委、秘书长许勤华(左一)视察区信访局　　(区信访局　供稿)

【市领导视察区信访局】 7月15日，市委常委、秘书长许勤华在区委副书记、区长缪承潮，副区长管光尧陪同下视察区信访局，听取局长林森汇报，指出信访工作比较辛苦、比较艰难，是党和政府联系群众的纽带、桥梁、窗口，也是现阶段十分重要的群众工作。上城区疏导了大量信访矛盾，成绩应予充分肯定。上城地处市中心，信访工作任务重，特别是拆迁积案较多，望从大局出发，面对信访群众诉求，加大化解积案力度，从根本上确保社会和谐稳定。

8月9日，国家信访局领导到湖滨街道调研社区"12345"信访工作。

（区信访局 供稿）

【召开信访工作半年度会议】 7月29日，区信访局召开信访工作半年度会议，区各有关部门、街道、指挥部分管领导、综治科长及信访干部35人参加。会上，区信访局局长林森传达贯彻省、市信访工作电视电话会议精神，总结了上半年工作，并部署下半年工作。各单位总结回顾了上半年工作情况，重点分析当前信访工作中的突出矛盾和问题，并就如何做好下半年工作提出了意见和建议。副局长杨艳萍参加会议。

【国家信访局到湖滨街道调研社区信访工作】 8月9日，国家信访局接访司巡视员张艳明一行到湖滨街道涌金门社区调研，视察指导涌金门社区"12345"工作并对上城区社区"12345"工作作了充分肯定。省信访局副局长周维亮、接访处长汪芬、市信访局副局长王永建、接访处副处长黄忠汉、副区长管光尧、区信访局局长林森、副局长杨艳萍、湖滨街道党工委书记叶榕、党工委副书记王岩华等陪同。

【区主要领导专题调研拆迁疑难信访问题】 9月28日，区委书记陈红英在区委副书记袁建祥，区委常委、上城公安分局局长刘一明，副区长管光尧的陪同下，到区信访局专题调研部分重点拆迁户疑难信访问题，并就国庆节、西博会、休博会、第八届残运会以及十七届六中全会期间的信访维稳工作提出要求。区信访局局长林森、上城公安分局常务副局长丁坚华、区政法委副书记胡筱飞等参加会议。

【区领导下访接待来访群众】 2011年，区委书记陈红英等区四套班子领导成员分别赴清波街道接待来访群众3批6人次，南星街道接待来访群众4批8人次，望江街道接待来访群众3批6人次，小营街道接待来访群众6批10人次，湖滨街道接待来访群众3批6人次，紫阳街道接待来访群众4批8人次。

【举办信访干部读书会】 为进一步做好新时期信访工作，大力推进"深化作风建设年"活动，全面提高信访干部业务水平和工作能力，根据区委、区政府主要领导意见，6月、8月、11月，分别举办全区信访干部读书会，邀请劳动保障、拆违、行政执法等部门的专家对信访干部进行法律、法规方面的培训，以不断提高信访工作人员业务素质。区信访局全体工作人员及各部门、街道、社区、指挥部共155人参加。 （叶 敏）

区人大

【区十三届人大五次会议】 1月10~14日举行。区十三届人大代表名额200名，实有代表198名。应出席会议代表198名，实际出席会议代表183名，部分市人大代表及区政府各部门、机关团体负责人和离退休老干部共102人列席会议,20名公民应邀旁听会议。

会议听取和审查区政府工作报告;审查、批准区国民经济和社会发展第十二个五年规划纲要;审查区2010年国民经济和社会发展计划执行情况与2011年国民经济和社会发展计划草案的报告(书面),审查、批准区2010年国民经济和社会发展计划执行情况的报告与2011年国民经济和社会发展计划;审查区2010年财政预算执行情况和2011年财政预算草案的报告(书面),审查、批准区2010年财政预算执行情况的报告和2011年财政预算;听取和审查区十三届人大常委会工作报告、区人民法院工作报告、区人民检察院工作报告,并通过相关决议。审议区政府贯彻执行《关于实施上城区第五个依法治区(2008~2010年)规划的决议》情况的报告(书面);依法选举缪承潮为上城区人民政府区长。

会议期间,举行4次全体会议,5次主席团会议,1次财政预算审查委员会会议。

会议收到代表10人以上联名提出的议事原案31件。大会主席团经研究决定,颜子龙、姚晨娇等11名代表提出的《关于要求加快对望江地区建设改造的议案》交由区人大常委会会议审议,其他30件议事原案作为代表建议、批评和意见处理,连同大会收到的77件中属于本区职权范围的67件代表提交的建议、批评和意见,皆由区人大常委会办事机构依法交由有关机关和组织研究处理,负责答复代表,并报告区人大常委会。

【区十三届人大常委会第三十二次会议】 3月28日举行。会议邀请省人大常委会代表与选举任免工作委员会副巡视员李志申作新修改的《中华人民共和国选举法》辅导讲座;学习传达第十一届全国人大第四次会议精神;听取和审议区人大常委会主任会议提请的议案,作出《关于制定上城区第六个法制宣传教育和依法治区五年规划(2011~2015)的决议》;举手表决通过区人民检察院检察长李森红提请的有关人事任免事项。区人大常委会组成人员共18人出席会议。区政府领导,区人民检察院、区人大常委会办事机构和工作机构、区政府办公室、区司法局等单位和部门负责人列席会议。区政协领导、团区委负责人应邀参加会议。

【区十三届人大常委会第三十三次会议】 5月19日举行。会议听取和审议区人大常委会主任会议提请的议案,作出《关于实施上城区第六个法制宣传教育和依法治区五年规划(2011~2015)的决议》;听取和审议区政府关于推进残疾人事业发展情况的报告;无记名投票表决通过接受袁建祥请求辞去杭州市上城区人民政府副区长职务的决定;无记名投票表决通过区人大常委会主任会议提请的有关人事任免事项。区人大常委会组成人员共17人出席会议。区政府领导,区人民法院、区人民检察院及区人大常委会办事机构和工作机构负责人,区政府办公室、区司法局、区残联等单位和部门负责人列席会议。区政协领导,团区委、区妇联负责人应邀参加会议。

【区十三届人大常委会第三十四次会议】 7月13日举行。会议听取和审议区政府关于2010年财政决算(草案)和2011年上半年财政预算执行情况的报告、关于2010年度财政预算执行及其他财政收支情况的审计工作报告、关于2011年国民经济计划上半年执行情况的报告、区统计局、区城管办关于2010年部门预算执行情况的报告,听取和审议出《关于批准2010年财政决算的决议》、区人民检察院贯彻执行《浙江省人大常委会关于加强检察机关法律监督工作的决定》情况的报告;审议区人大常委会代表资格审查委员会的报告,通过关于接受陈浩然请求辞去杭州市上城区第十三届人大代表职务的决定;无记名投票表决通过区委副书记、区长缪承潮提请的有关人事任免事项;举手表决通过区人民检察院检察长李森红提请的有关人事任免事项。区人大常委会组成人员共19人出席会议。区政府领导,区人民法院、区人民检察院及区人大常委会办事机构和工作机构负责人,区政府办公室、区发改局、区财政局、区审计局、区统计局、区城管办等单位和部门负责人列席会议。区政协领导、团区委负责人应邀参加会议。

【区十三届人大常委会第三十五次会议】 9月29日举行。会议表决通过《关于杭州市上城区人民代表大会换届选举的决定》，审议区人大常委会主任会议提请的议案，通过《关于设立杭州市上城区选举委员会的决定》；听取和审议区政府《关于要求加快对望江地区建设改造的议案》办理情况的报告；听取和审议区政府关于区十三届人大五次会议代表建议办理情况的报告，并对被代表评价为“基本满意”或“不满意”的代表建议办理情况首次进行专题询问；听取区人大常委会代表工委关于区十三届人大五次会议代表建议处理情况的报告。区人大常委会组成人员共20人出席会议。区政府领导，区人民法院、区人民检察院及区人大常委会办事机构和工作机构负责人，区政府办公室、区建设局、区城管办、望江指挥部、区安监局、区城管执法局、上城公安分局、小营街道、上城工商分局、上城药监分局、区消防大队、区危改办、区庭改办、区物改办、玉皇山南指挥部、区市政所等单位和部门负责人列席会议。区政协领导、团区委负责人应邀参加会议。

【区十三届人大常委会第三十六次会议】 11月29日举行。会议听取和审议区政府关于2011年政府为民办实事项目实施情况的报告；听取和审议区人大常委会执法检查组关于区贯彻执行《中华人民共和国消防法》情况的检查报告；审议通过《杭州市上城区人民代表大会常务委员会询问和质询办法》、《关于废止〈杭州市上城区人民代表大会常务委员会关于“一府两院”应提请审议的重大事项和应通报的重要情况及决议、决定、审议意见办理情况反馈的暂行规定〉和〈杭州市上城区人民代表大会常务委员会冤案错案责任追究监督办法〉两项制度的决定》；举手表决通过区人民检察院检察长李森红提请的有关人事任免事项。区人大常委会组成人员共18人出席会议。区政府领导，区人民法院、区人民检察院及区人大常委会办事机构和工作机构负责人，区政府办公室、区建设局、上城公安分局、区消防大队等单位和部门负责人、部分区人大代表列席会议。区政协领导、团区委负责人应邀参加会议。

【区十三届人大常委会第三十七次会议】 12月27日举行。会议审议通过《杭州市上城区人民代表大会常务委员会关于召开上城区第十四届人民代表大会第一次会议的决定》和《上城区第十三届人民代表大会常务委员会代表资格审查委员会关于区第十四届人民代表大会代表资格审查报告》。区人大常委会组成人员共19人出席会议。区政府领导，区人民法院、区人民检察院及区人大常委会办事机构和工作机构、区政府办公室的负责人列席会议。区政协领导、区妇联负责人应邀参加会议。

【区选举委员会第一次(扩大)会议暨区人大换届选举工作联席会议】 10月16日举行。会议通报区十三届人大常委会第三十五次会议《关于杭州市上城区人民代表大会换届选举的决定》和《关于设立杭州市上城区选举委员会的决定》，宣读《关于成立上城区人大换届选举工作联席会议的通知》，讨论通过《杭州市上城区第十四届人民代表大会代表选举工作实施意见》、《关于建立上城区选举工作办事机构的决定》、《关于建立湖滨等6个街道选举办事处的决定》和《杭州市上城区选举委员会办公室各组职责》。区人大常委会主任、区选举委员会主任丁晓芳主持会议，区选举委员会副主任叶洪泉、沈民，区人大常委会全体副主任、区选举委员会组成人员、区人大换届选举工作联席会议召集人及各成员单位负责人，区选举办公室各组、区人大常委会各工委、各街道办事处有关负责人共71人参加会议。会后，区十四届人大代表选举工作全面展开。

【区选举委员会第二次会议】 11月24日举行。会议听取各选举办事处有关前期调查摸底、选区划分等准备工作情况的汇报；讨论确定全区的选区划分和代表名额分配方案，确定全区划为85个选区，其中单一选区10个、联合选区21个、混合选区54个，同时将区十四届人大代表名额分配到各选举办事处及各选区；任命各选区工作组正副组长。区人大常委会主任、区选举委员会主任丁晓芳出席会议并讲话，区人大常委会副主任、区选举委员会副主任叶洪泉主持会议。区选举委员会委员、各选举办事处负责人、区选举办各组正副组长共38人参加会议。

【区选举委员会第三次会议】 12月31日举行。区人大常委会副主任、区选举委员会副主任叶洪泉主持会议并全面总结本次换届选举工作。区选举委员会委员

10月16日,召开上城区选举委员会第一次(扩大)会议暨换届选举工作联席会议。（区人大　供稿）

和区选举办各组正副组长、各选举办事处主任,区人大机关全体人员和各人大街道工委副主任及办公室主任共64人参加会议。邀请区委统战部负责人列席会议。

【换届选举工作】 9月29日正式启动,10月16日全面展开,分准备发动阶段、选民登记阶段、提名推荐协商确定代表候选人阶段、投票选举和总结选举工作并筹备新一届区人民代表大会阶段。12月20日为全区投票选举日,共选出新一届区人大代表197名。

全区共建立湖滨、清波、小营、望江、南星、紫阳6个选举办事处,划分选区85个,委任选区工作组正副组长216人。登记选民365193人。代表初步候选人503人,为应选名额的2.55倍。确定正式代表候选人282人,为应选名额的1.43倍。

全区参加选举投票的选民333369人,参选率91.3%。选举产生区人大代表197人。新一届代表中,中共党员133人,占代表总数的67.5%;各民主党派和无党派人士为64人,占代表总数的32.5%。妇女代表72人,占总数的36.5%;具有大专以上学历的代表190人,占总数的96.4%。当选的代表中,各级党政干部45人,占总数的22.8%;基层一线工人45人,占总数的22.8%;企业负责人49人,占总数的24.9%;专业技术人员52人,占总数的26.4%。此外,军人武警、少数民族、宗教界人士、归侨侨眷以及离退休老同志均占有一定比例。其间,区选举委员会召开会议3次,举办选举工作业务培训会4次。制订下发了《杭州市上城区第十四届人民代表大会代表选举工作实施意见》、《上城区人民代表大会换届选举选民登记工作办法》等文件。张贴区选举委员会第1号至第6号公告9500份。

【工作监督】 加强经济财政监督。及时听取区"十二五"规划纲要任务分解落实、城乡统筹区县(市)协作、省级可持续发展实验区建设规划实施等工作汇报。围绕"五五"战略,视察"五主多副"产业发展。关注区域经济运行,针对上城区在资源、政策、人才等方面存在的困难和不足,建议区政府加快发展旅游经济,加强经济人才培养。审议财政、审计工作报告和区统计局、区城管办等单位的部门预算执行情况报告,审查批准2010年财政决算,调研财政

12月20日,区委书记陈红英在上城区第8选区参加区十四届人大代表的投票选举。（区人大　供稿）

资金使用绩效。加强民生工作监督。高度重视教育、卫生、文化和社会保障各项事业发展。专题审议、视察或调研初中教育改革发展、基本药物制度实施情况、残疾人事业发展、社区文化建设、居家养老服务等工作,听取缓解交通“两难”、城管智能管控系统建设运行等工作汇报。加强重点工程监督。关注“四改”工程及其后续管理工作,专题审议和视察为民办实事项目实施,调研视察五柳巷历史街区、南宋御街·二十三坊、中华美食园、山南国际创意园区等项目,专题听取望江地区规划编制情况汇报并审议有关议案办理工作,促进经济社会协调发展。

【法律监督】 常委会就“六五”普法教育和依法治区规划实施作出决议并加大监督检查力度,组织专项视察,全面了解政府行政部门、街道社区、企事业单位的“六五”普法规划制定、年度计划落实、专项治理、基层学法等情况,推动普法依法治区工作。关注社会管理创新,专题听取平安上城110社会联动机制推进情况汇报,敦促解决联动指挥中心用房。依法开展规范性文件备案审查,对政府制定的4件规范性文件进行登记、审查和归档。听取“国家行政管理与公共服务标准化试点区”建设情况汇报,开展《中华人民共和国消防法》执行情况检查,专项视察餐饮业油烟在线监测工作,调研分析区政府部门行政应诉能力,促进法治政府建设。增进司法公正,听取和审议区人民检察院贯彻执行省人大常委会关于加强检察机关法律监督工作的决定情况报告并提出审议意见。坚持监督工作与信访督办结合,以涉法、涉诉信访件处理为抓手,加强对法院工作的监督。

【任免工作】 坚持干部拟任前的法律考试和法律职务任职资格审查,依法任免区人大常委会工作机构负责人5名,决定任免区国家机关工作人员职务2名,任免区检察人员法律职务8名,决定接受辞去区十三届人大代表1名。

【代表工作】 及时交办区人代会期间代表提交的98件属区职权范围的议案建议,其中常委会审议1件,主任督办10件。建议办理的面商率和办结率100%,满意和基本满意率99.0%,解决率53.1%。从办理结果代表表示基本满意或不满意的建议中选出6件,在第35次常委会会议上首次开展专题询问,督促政府加大办理力度,推动难题解决。两次召开政情通报会,通报半年度政府工作、品质城区建设三年行动计划实施和区人大代表换届选举工作情况。组织市代表参加市人大养老保险专项工作评议,组织区代表圈选2012年为民办实事建议项目和就垃圾分类工作约见政府负责人,同时通过开展定向视察、评先评优、邀请参加或列席重要会议和执法检查等活动,促进代表履职。坚持开展“代表进社区”活动,全年参加接待活动的各级代表425人次,接待群众1023人次,受理意见和问题461件,落实解决或处理373件。召开代表接待站工作经验交流会并首启评先活动,抓好代表述职评议工作,196名应述职代表中有193人完成述职任务,代表工作持续加强。

【自身建设】 加强学习交流,参加省、市人大工作经验交流会,介绍上城区人大街道工委工作经验。开展专题调研,形成12项调研成果,建设“具有国际水准的高品质中心城区”三年行动计划实施情况的调研报告,得到区委、区政府领导高度重视并要求政府在编制实施新一轮行动计划中予以采纳落实。全面检查现有工作制度,废止两项不适用制度,制定询问和质询办法,将历届形成的工作制度汇编成册。梳理常委会审议意见落实、代表议案建议办理、实事项目完成等情况,列出跟踪监督事项交由新一届常委会继续督办。以治庸治懒治散为抓手,加强勤政廉政建设。重视人大街道工委工作和干部队伍培养,及时提供学习锻炼机会。参加“走访企业、服务单位”活动,开展主任接待代表、走访代表活动,做好人大信访工作和联谊会工作,区人大机关呈现出良好工作风貌。重视人大信息宣传,从机构设置、人员配备等方面给予支持,及时编发《上城人大信息》、《选举工作简报》、《上城报》人大之窗专版等,在各类媒体上发表稿件280余篇,区人大机关被评为省、市人大信息工作先进集体。

表 29　　2010 年度上城区人大常委会文件索引

文件号	发文日期	文件标题
上人大〔2011〕1 号	2011-01-05	杭州市上城区第十三届人民代表大会常务委员会 2011 年工作要点
上人大〔2011〕2 号	2011-03-17	关于表彰 2010 年度区人大信息工作先进集体和先进个人的通报
上人大〔2011〕3 号	2011-03-29	关于卫东等同志职务任免的通知
上人大〔2011〕4 号	2011-03-31	杭州市上城区人民代表大会常务委员会关于制定上城区第六个法制宣传教育和依法治区五年规划(2011~2015 年)的决议
上人大〔2011〕5 号	2011-05-31	杭州市上城区人民代表大会常务委员会关于实施上城区第六个法制宣传教育和依法治区五年规划(2011~2015 年)的决议
上人大〔2011〕6 号	2011-05-24	杭州市上城区人民代表大会常务委员会关于接受袁建祥请求辞去杭州市上城区人民政府副区长职务的决定
上人大〔2011〕7 号	2011-05-24	关于任命蔡伟利职务的通知
上人大〔2011〕8 号	2010-05-24	关于方仁然等职务任免的通知
上人大〔2011〕9 号	2011-07-15	杭州市上城区人民代表大会常务委员会关于批准上城区 2010 年财政决算的决议
上人大〔2011〕10 号	2011-07-15	杭州市上城区人民代表大会常务委员会关于接受陈浩然请求辞去杭州市上城区第十三届人民代表大会代表职务的决定
上人大〔2011〕11 号	2011-07-15	关于免去陈浩然职务的通知
上人大〔2011〕12 号	2011-07-15	关于李佳吟等职务任免的通知
上人大〔2011〕13 号	2011-08-03	关于上城区第十四届人民代表大会常务委员会组成人员名额的请示报告
上人大〔2011〕14 号	2011-09-30	关于杭州市上城区人民代表大会换届选举的决定
上人大〔2011〕15 号	2011-09-30	杭州市上城区人民代表大会常务委员会关于设立杭州市上城区选举委员会的决定
上人大〔2011〕16 号	2011-11-30	关于免去张婷职务的通知
上人大〔2011〕17 号	2011-12-01	关于废止《杭州市上城区人民代表大会常务委员会关于“一府两院”应提请审议的重大事项和应通报的重要情况及决议、决定、审议意见办理情况反馈的暂行规定》和《杭州市上城区人民代表大会常务委员会冤案错案责任追究监督办法》两项制度的决定
上人大〔2011〕18 号	2011-12-27	杭州市上城区人民代表大会常务委员会关于召开上城区第十四届人民代表大会第一次会议的决定

（顾　蕾）

区政府

【召开8次区政府常务会议】 2011年,区政府召开常务会议8次。2月14日召开第四十次会议,会议听取了区政府办公室关于区“两会”代表委员意见建议梳理情况的汇报,听取区文化广电新闻出版局关于元宵灯会筹备工作情况的汇报,听取区招商局关于上城区2011年经济发展考核办法的汇报,听取区教育局关于上城区贯彻落实市委、市政府学前教育“1+4”文件精神情况的汇报,听取了区地铁办关于地铁1号线站名(上城段)修改的建议的汇报,听取了上城环保分局关于上城区河道水环境质量改善有关情况的汇报,听取了上城质监分局关于上城区质量强区工作实施办法的汇报,并进行了认真研究。

3月30日召开第四十一次会议,会议听取了区民政局关于社区建设“十二五”规划的汇报,听取了区教育局关于学前教育、特殊教育工作及教师绩效工资情况的汇报,听取了区人事局关于上城区2011年目标管理考核办法的汇报,会议还研究通过了“六型政府”考核情况、2011年“为企服务年”活动方案、“十二五”规划任务分解以及第一次水利普查工作情况。通报杭州市财政局对延安路南端贯通工程指挥部审计情况及该部目前工作情况。

5月16日召开第四十二次会议,会议听取了区司法局关于区第六个法制宣传教育和依法治区五年规划草案(2011~2015年)的内容汇报,听取了上城质监分局关于上城区质量奖管理办法、质量奖评审管理细则和标准化试点工作相关情况的汇报,充分肯定工作创新的成效。听取了区建设局关于推进物业管理改善工程的汇报,听取了区科协关于第一届上城区青年科技奖评选办法的汇报,听取了区商贸旅游局关于清河坊——南宋御街创建“5A”景区的工作汇报,听取了区民政局关于社区配套用房有关情况的汇报,并进行了认真研究。

7月4日召开第四十三次会议,会议听取了区财政局关于上城区2010年财政决算(草案)和2011年上半年财政预算执行情况的汇报,听取了区审计局关于上城区2010财政预算执行情况和其他财政收支情况审计工作的汇报,听取了区发改局关于上城区2011年国民经济计划上半年执行情况的汇报,并进行了认真研究。

7月14日召开第四十四次会议,会议听取了区政府办公室关于区政府人大议案(建议)、政协提案办理情况的汇报,听取了区人事局关于杭州市上城区人民政府机构改革方案的汇报,听取了区民政局关于进一步加快推进养老服务工作实施意见的汇报,听取了清河坊历史街区管委会关于第四届中国民间艺人节活动实施方案的情况汇报,并进行了认真研究。

9月6日召开第四十五次会议,会议听取了区计生局关于《上城区计划生育公益金管理实施办法(修订稿)》的情况汇报,听取了上城质监分局关于《上城区政府管理与公共服务标准化国家试点验收准备工作方案》的汇报,听取了区城管办关于《上城区市政设施及附属专业工程建设项目移交接管实施意见》的汇报,听取了区发改局关于《上城区节能与新能源汽车推广和电动车充电站建设选址情况》的汇报,听取了区发改局关于《上城区关于加强楼宇经济发展的实施意见(报审稿)》的情况汇报,听取了区发改局《关于推进上城区“十大产业”发展的实施意见(报审稿)》的汇报,并进行了认真研究。

10月26日召开第四十六次会议,会议听取了区审计局关于《上城区规范工程竣工结(决)算送审资料的通知》的情况汇报,听取了区文广新局关于《上城区关于进一步加强体育工作,加快体育事业发展的若干意见》的汇报,听取了上城药监分局关于《上城区整顿规范无证无照小餐饮店长效管理机制(试行)》的汇报,听取了区人事局关于《吸引海内外领军型人才来上城区创新创业的实施意见》的汇报,听取了区人事局关于《上城区食品药品监督管理局机构设置的相关情况汇报》,听取了区残联《关于进一步实行残疾人托(安)养等工作的专项实施办法》,并进行了认真研究。

12月8日召开第四十七次会议,会议听取了区政府办公室关于《政府工作报告》框架的汇报,听取了区重点办关于2011年上城区《政府工作报告》项目目标调整建议和2011年上城区重点建设项目目标调整建议的汇报,听取了区人事局关于《杭州市上城区人民政府机构改革方案》批复情况的汇报。听取了区科协关于《上城区第一届青年科技奖评选工作》的汇报。

【召开10次区长办公会议】 2011年，区政府召开区长办公会议10次。会议审议《关于2010年经济发展考核情况》、《关于调整区长、副区长分工的情况》、《关于2011年上城区建设指挥部绩效考核办法》、《关于上城区投资控股集团有限公司有关工作》、《关于保障性住房建设有关工作》、《关于上城区重点工作五月份进度情况》、《关于规范财政扶持政策审批和促进玉皇山南园区股权投资业发展有关情况》、《关于中山南路西侧坊巷业态调整奖励办法》、关于加强社区统计调查队伍建设相关工作、关于上城区"128"人才提升工程实施意见和政府机构改革相关工作、关于干部人事任免情况、关于近江羽绒服厂经济纠纷有关事宜、关于望江地区拆迁有关政策情况、关于辞退蒋海波的有关情况、《关于加强街道安全生产 消防安全专管员队伍建设的情况》、关于《上城区沿江生态景观规划设计》相关情况汇报、关于增加小额贷款公司试点名额的请示、关于区审计工作、关于"创先争优"工作、关于给予望江街道两名公务员行政处分的请示、关于给予区建设局在建兰中学改扩建工程中突出贡献的表彰请示、关于上城区体育中心建设、关于望江地区改造建设确定代建单位的请示、关于上城区投资控股集团有限公司与西子停车产业有限公司签订战略合作协议事宜、关于对陈浩然、俞国海、徐文孝3人行政处分的请示。会议对区政府日常工作及以上问题进行研究。

【表彰与奖励】 1月，区委、区政府决定，授予湖滨、清波、小营、望江、南星、紫阳6个街道为平安街道并予以通报表彰。对湖滨街道等12家单位和刘婷婷等30名上城区2010上海世博会"环沪护城河"安保工作先进集体和先进个人予以通报表彰。对紫阳街道上羊市街社区等15个和谐社区建设示范社区、望江街道徐家埠社区等19个和谐社区建设先进社区、陈伟新等31名优秀社区工作者和章丽立等139名社区工作十年耕耘奖予以通报表彰。区政府决定，对区城管执法局等8家2010年度打造"最清洁城区"暨城市管理优胜单位、望江街道办事处等4家2010年度打造"最清洁城区"暨城市管理先进单位、区文明办等5家2010年度打造"最清洁城区"暨城市管理最佳保障单位、区民政局等9家2010年度打造"最清洁城区"暨城市管理最佳配合单位予以通报表彰。区政府决定，对2010年度无偿献血工作中作出突出贡献的浙江大学医学院附属第一医院等13家先进集体和马英等23名先进个人予以通报表彰。区政府决定，对湖滨街道等13家食品安全优秀单位予以通报表彰。

2月，区委、区政府决定，对余强等20名上城区第四届优秀社会主义事业建设者予以通报表彰。区委、区政府决定，对湖滨街道调委会等10名优秀人民调解委员会、湖滨街道倪百年等21名优秀调解员、湖滨街道罗志荣等18名优秀调解信息员、湖滨青年路社区等3个社区矫正先进集体、区人民法院陈曦晔等25名社区矫正先进个人、湖滨街道滕敏艳等20名社区矫正优秀志愿者予以通报表彰。区委、区政府决定，对浙江龙剑律师事务所朱敏玲等10名2010年度"律师进社区"工作先进个人予以通报表彰。区委、区政府决定，对区信访局等10家单位和徐美华等20名2010年度上城区维护社会稳定工作先进集体和先进个人予以通报表彰。区委、区政府决定，对杭州市工人文化宫等115家单位和黎明等78名2010年度上城区社会治安综合治理工作先进集体和先进个人予以通报表彰。区政府决定，对浙江大学医学院附属妇产科医院等10家上城区"十一五"人口和计划生育工作先进单位、任虹霞等14名上城区"十一五"人口和计划生育先进工作者予以通报表彰。区政府决定，授予南星街道为上城区2010年度"三优"促进工作示范街道、紫阳街道为上城区2010年度基层计划生育居民自治示范街道、对浙江兴合男装大厦有限公司等58家上城区2010年度人口和计划生育工作先进单位、湖滨街道青年路社区居民委员会等10个上城区2010年度人口和计划生育工作先进社区居民委员会、陈鑫坤等40名上城区2010年度人口和计划生育先进工作者、姜玉敏等10名上城区2010年度人口和计划生育优秀社区工作者、杨明霞等10名上城区2010年度人口和计划生育优秀流动人口管理员予以通报表彰。区政府决定，对湖滨街道办事处等6家2010年度人口和计划生育目标管理责任制考核优胜单位、区教育局等7家2010年度人口和计划生育目标管理责任制考核优秀单位、区发展和改革局等6家2010年度人口和计划生育目标管理责任制考核先进单位予以通报表彰。

3 月，区委、区政府决定，对区委宣传部等 12 家单位和丰宗华等 20 名 2010 年度办理人大代表建议、政协委员提案先进集体和先进个人予以通报表彰。区政府决定，对上城区劳动保障监察大队等 11 家上城区“人民满意基层站所(办事窗口)”先进集体予以通报表彰。区委、区政府决定，对杭州市货运管理服务中心等 24 家 2009~2010 年度上城区级文明单位予以通报表彰。

4 月，区委、区政府决定，对区委办等 42 家单位和区府办赵鹏等 35 名区信访工作、区长公开电话工作、“12345”进社区工作先进单位和先进个人予以通报表彰。区委、区政府决定，授予孔啸等 10 人为 2010 年度上城区十佳公务员，为黄菊梅等 25 名连续 3 年考核优秀等次的公务员记三等功并予以通报表彰。区委、区政府决定对区建设局等 4 家 2010 年度上城区生态建设与环境保护目标责任制考核突出贡献单位、区发改局等 10 家 2010 年度上城区生态建设与环境保护目标责任制考核先进单位、区安监局等 11 家 2010 年度上城区生态建设与环境保护目标责任制考核优胜单位、团区委等 3 家 2010 年度上城区生态建设与环境保护目标责任制考核最佳配合单位和丁吉等 34 名 2010 年度上城区生态建设与环境保护目标责任制考核先进个人予以通报表彰。区政府决定，对区民政局等 3 家 2010 年上城区“六型”政府建设优秀单位、区发改局等 5 家 2010 年上城区“六型”政府建设先进单位、区统计局等 3 家 2010 年上城区“六型”政府建设鼓励奖单位予以通报表彰。

5 月，区委、区政府决定，对区直机关工委等 11 家 2010 年度上城区志愿服务先进集体、吴山路社区等 10 个 2010 年度上城区示范社区志愿服务站、徐小端等 40 名 2010 年度上城区志愿服务先进个人予以通报表彰。区政府决定，对区城管办等 13 家 2010 年度防御灾害性天气先进单位和屠润良等 17 名 2010 年度防御灾害性天气先进个人予以通报表彰。区政府决定，对区劳动和社会保障局等 14 家上城区企业退休人员健康体检工作先进集体和楼佳宁等 59 名上城区企业退休人员健康体检工作先进个人予以通报表彰。

6 月，区委、区政府决定，对区民政局等 60 家“五五”普法先进单位和王菲等 100 名“五五”普法先进个人予以通报表彰。区委、区政府决定，对区卫生局等 30 家2010 年度建设学习型机关先进单位、周才娇等 40 名 2010 年度建设学习型机关先进个人予以通报表彰。区委决定，对区司法局机关党总支等 10 个品牌先进基层党组织、劳吾根等 20 名品牌优秀共产党员、刘海亭等 10 名品牌优秀党务工作者、非公有制企业党建工作标准化管理规范等 10 个党建工作品牌予以通报表彰。区政府决定，对胜利学前教育集团等 4 家上城区名校集团先进单位、清波学前教育集团等 4 家上城区名校集团达标单位、崇文实验学校等 7 家上城区城乡学校互助共同体先进单位和清泰实验学校等 9 家上城区城乡学校互助共同体达标单位予以通报表彰。

7 月，区政府决定，对区建设局等 16 家 2010 年度屋顶综合整治工程先进单位、陈伟刚等 34 名 2010 年度屋顶综合整治工程先进个人予以通报表彰。

10 月，区政府决定，对符连珠等 20 名 2011 年度上城区优秀城市美容师予以通报表彰。区政府决定，对湖滨街道办事处等 30 家上城区社区教育资源共享先进单位和罗宏等 19 名上城区社区教育资源共享先进个人予以通报表彰。

12 月，区委、区政府决定，对王乔等 10 名 2011 年度感动上城十佳志愿者予以通报表彰。

（年鉴编辑部）

【为民办实事】 2011 年，上城区为 26120 户空巢、独居老人免费安装为老服务呼叫器终端，为老服务呼叫器终端主要是对原有的“一键通”呼叫服务功能进行升级。该终端具有应急救助、公共服务与养老服务三项功能，设“红键”为应急救助按钮、“绿键”为公共服务呼叫按钮、“黄键”为养老服务需求呼叫按钮。2011 年 5 月，举行区人力资源交流会，提供一对一的职业介绍。出台小额贷款、免费创业培训等居家就业扶持政策。各街道推出各具特色的就业帮扶活动。帮助 2550 名就业困难人员实现再就业。2011 年，上城区完成 22 条背街小巷改善、12 条支小路整治，完成建兰中学地下停车场等 5 处停车场(库)建设。全年新增公共地下停车泊位 687 个，建兰中学改扩建工程完成并投入使用。完成 87 万平方米物业改善，超额安装小区内电子监控 1169 个，用“电子眼”给居民带来 24 小时的安全感。完成牛羊司巷 16、17 号，比胜庙巷 4 号等 20 处历史建筑修缮，完成中河高架东侧等绿化 6 万平方米、改造绿地8万平方米，完成4处美化家园工程，分别为凤山公园美化家园工程、复兴国际商务广场美化家园工程、湖滨名品广场美化家园工程及云雀苑美化家园工程。大力发展玉皇山南地块生态景观的保护与建设工作，全面启动白塔片区生态改善工程，海月水景公园建设顺利完成。继续深化物业改善工作，8月，在湖滨房管站挂牌成立了湖滨·清波准物业维修服务中心。中心实行24小时维修制度，有10名技术全面的专业维修人员，10月20日，紫阳街道"邻里人家"准物业管理中心正式成立，为社区居民提供包括房屋维修、便民家政等10项服务。完成了87万平方米物业改善工程。为提升社区化准物业管理的整体水平，规范准物业管理的服务内容和服务标准，编制了《社区准物业管理规范》，指导社区开展准物业管理工作。为切实缓解紫阳街道凤凰南苑、春江花月、金色海岸等小区的居民买菜难的问题，经过7个多月的努力，面积为1500平方米的凤凰农贸市场在2011底前正式投入使用，40余个摊位、100余种农副产品让菜篮子拎得新鲜又轻松。

【破解民生难题】 2011年，上城区积极破解民生难题，关爱百姓疾苦，为老年人、残疾人等特殊群体办好事、办实事，使社区建设再上新台阶。截至12月，上城区在册低保932户、1382人，这些困难人群需要得到帮扶；全区有60岁以上老人7.7万人，老龄化还在加剧；"看病难"的问题仍旧困扰居民。面对这一系列民生问题，上城区积极寻求破解之道，不仅建立了"333+X"社区大服务模式和专家预约智能系统，还培养了"蚂蝗工作室"等一批社区社会组织，实实在在破解了民生难题，构建了和谐融洽氛围。

【推出"零贫困家庭"工程】 上城区推出"情系困难家庭，共享品质生活"为主题的"零贫困家庭"工程，做到"发现一个救助一个"、"动态管理 全面覆盖"。2011年，对76户困难家庭实施救助，救助金额68万元，其中救助生活困难家庭25户，救助金额40.10万元；救助居住困难家庭51户，救助金额27.90万元。截至12月，发放救助金1256.14万元，其中低保金714.12万元、残保金542.02万元；累计审批低收入家庭认定830户，其中社会救助类219户，住房保障类611户。

【实施名校战略提升基础设施】 为全面提升上城区中小学、幼儿园整体发展水平，满足区域内百姓"上学好"需求，2011年，上城区加大实施名校战略，全面落实"为民办实事"项目建设进程，已投入中小学、幼儿园建设资金1.88亿元，使区教育基础设施建设又上了一个台阶。建兰中学改扩建、北师大杭州附属中学新建、新天地实验小学新建3个为民办实事项目深入人心。

【标准化建设创一流】 9月29日，上城区以95.30的高分，顺利通过标准化国家试点考评组对上城区政府行政管理与公共服务标准化试点项目的验收。上城区是杭州最"老"、最"小"的城区，如何用有限的公共财力产生最优、最大效益，面对城区转型发展形势迫切的压力，上城区在全国率先提出"政府管理与公共服务标准化建设"，即借鉴企业标准化管理思路，以规范行政权力，提升服务质量为目的，以构建区政府职能标准化体系为核心，以制定具体职能管理标准为基础，以推进标准实施和动态完善为重点，全面推进区政府行政职能的标准化管理。包括1个大体系、4个分体系、31个子体系、300个职能标准化项目、800项法律、法规及政策依据在内的"上城区政府管理与公共服务标准化体系"已构建完成，在经济发展、民生保障、城市管理、社会服务等方面发挥作用。在规范居民养老服务，提高居家养老服务水平方面，制订《居家养老服务与管理规范》，根据标准开发居家养老服务网上评估审批系统。实现了居家养老服务网上申请、评估、审核、评价、数据管理、统计与查询的信息化、自动化、过程公开透明，服务规范高效，提升了公众对居家养老工作的满意度。该标准被国家标准化管理委员会列为国家标准，即将颁布实施。区城市管理行政执法局，在已制定的《城管执法智能管控规范》标准基础上，开发出上城区城管执法智能管控系统，建立了城市管理公共服务指挥中心，及时、准确传输市容秩序面貌，实现第一时间发现问题、处理问题和解决问题。该系统已入选住房和城乡建设部住房和城乡建设行业遥感应用"十二五"发展规划——现代城市精细化管理项目。

【"十大产业" 加快上城转型发展】 在第十四届杭州国内经济合作洽谈会上，上城区成功签订了浙江正德

表 30　　2011 年上城区出台的政府管理与公共服务标准化成果(部分)

标　准　名　称	标　准　编　号	级别
居家养老服务管理规范	DB33/T837-2011	省级
城区政府公共管理和服务标准体系表编制指南	DB33/TXXXXX-2011	省级
历史文化特色街区服务规范	DB33/T671-2007	省级
和谐(满意)社区建设测评规范(修订)	DB3301/T09-2011	市级
上城区社区 12345 信访服务规范(修订)	DB3301/T10-2011	市级
上城区危旧房屋维修、拼接改善规范(修订)	DB3301/T12-2011	市级
杭州市上城区社区档案管理规范	DB3301/T13-2008	市级
杭州市上城区社区工作者管理规范	DB3301/T15-2008	市级
学校安全管理规范	DB3301/T17-2008	市级
科技创业中心运行管理规范	DB3301/T18-2008	市级
居家养老服务与管理规范	已确定为国家级标准项目	
政府管理和公共服务标准体系编制要求	已列入省级标准制定计划	
110 接处警规范	已列入省级标准制定计划	
社区档案管理规范	已列入省级标准制定计划	

影视文化、浙江西安交大研究院两个大项目落户的意向书,项目涉及“十大产业”重点发展的文化创意产业和信息软件产业,总投资达 8 亿元。打造“十大产业”是从上城区“老、小”的实际区情出发,真正实现“有限空间、无限发展”。充分利用作为中心城区高端金融企业集聚的优势,主动接轨市“一核两带、三圈三园”区域金融中心建设,推进金融服务业发展,从而进一步辐射其集聚效应。

【和谐社区“上城模式”】 上城区以居民满意引领和谐社区建设,创建了共建、共治、共享的“333+X”社区大服务体系,该体系被民政部确定为中国和谐社区“上城模式”。“333+X”社区大服务体系是一种新型的复合型社区管理体制,以满足社区全体居民不断增长的生活、物质、文化需求为目标,以政府为导向,由多元主体共同参与,以公共性服务、公益性服务和商业服务为载体所组成的多层次、多功能的服务网络体系。为了推动“333+X”服务体系在社区的“落地”,不断健全社区服务网络,全区 54 个社区实现一门式办公、一站式服务;大力培育“蚂蝗工作室”等社区社会组织,搭建居民参与平台;开通数字电视“社区频道”,加快社区信息化步伐,做好“以下评上”评价机制建设,构建社区管理新格局。截至 12 月,全区 54 个社区全部成立公共服务工作站,成立 645 家社区社会组织,各个社区均开通“社区频道”。2011 年,上城区获“全国和谐社区建设示范区”、“全国社区服务示范城区”、“全国社会工作人才队伍建设试点示范区”、“全国城市社会工作示范城区”等荣誉。

【丰富南宋御街城市综合体多元化业态】 打造“吃”的业态,以中华美食园为重点,丰富中山南路西侧坊巷美食业态。吸引游客“居住”下来,在现有 10 家旅馆约 1200 张床位的基础上,利用辖区内的单位物业和院落,增设风格各异的酒店、旅店。丰富“旅游”内涵,挖掘历史典故,修缮石佛院造像、泼水观音、紫阳书院和潜庐等遗址,结合周边胡雪岩故居、中国社区建设展示中心、中东河等旅游景点,做足南宋文化牌,并研究南宋习俗,推出南宋“祭祖节”、“蟋蟀节”和“蹴鞠”等传统文化体育活动,打响“御街一日游”旅游产品。满足游客“购物”需求,重点经营杭州特产、工艺品、创意产品,并结合地域文化,辅以鸟市、香市、古玩等产业。做足群众性“娱乐”文章,利用杭州艺苑、太庙广场等定期举办各类群众性文娱活动,吸引市民和游客常游常新。

【与中国美院联手打造“四品工程”】 合作打造“品牌经济”。在“西湖创意谷开元·198”——LOMO创意谷和复兴大院两个大学生文化创意基地，引入中国美院所属企业，吸引知名教授及毕业生创办企业，引领上城创意经济发展，开启了杭州市乃至全省由政府、学院、社会合力发展文化创意产业的新时期。合作打造“品位城区”。引导中国美院参与和深度指导南宋御街·中山路、中山南路美食夜市一条街、历史街区综合保护等重大项目，为上城高标准推进城市有机更新提供专业保障。合作打造“品质生活”。携手中国美院开展“艺术实践进社区”、“艺术实践进家庭”及“艺术实践进企业”活动，丰富地区青少年课外生活。合作打造“党建产品”。吴山商圈党委吸纳中国美院作为共建单位，探索“校地”基层党组织交互式发展模式，打造“三艺”(艺术策划、艺术关爱、艺术教育)、“四创”(创业、创意、创先和创优等学生党员培养模式)等党建、共建产品。

【获“全国质量工作先进单位”称号】 9月20日，在2009~2010年度全国质量工作先进表彰大会上，全国91家单位和99名个人分别获得全国质量工作先进单位和先进个人称号。上城区人民政府成为国内首个、也是唯一一家获得“全国质量工作先进单位”荣誉称号的政府单位。2010年以来，上城区在“民本化导向、高端化发展、标准化管理、信息化支撑”四个方面进行了大量的探索与创新，出台《上城区政府质量奖管理评审细则》，落实专项资金给予经费保障，并把“质量强区”工作纳入政府部门年度目标管理考核，引导和激励社会企事业单位、政府相关部门协作开展质量提升工作。重点实施“四个质量提升”工程，即产品质量、工程质量、服务质量和环境质量，逐步建立了以“政府为主导、企业为主体、部门协作、社会参与”相结合的质量工作体系，加快推进城区转型升级和政府职能转变。

【发挥群众基层文化建设主体地位】 上城区于2007年成立全省首个在政府主导下的规范化民间文艺组织——区文艺团队联合会。4年来，通过“政府财政划拨一部分，企业单位筹款一部分，团队自付一部分”的方式，累计投入资金450万元，利用区文化馆、街道文化站等室内场馆，以及吴山广场、太庙广场、伍公山、西湖边等室外场地，为群众文艺团队提供排练、演出场地，制订《吴山文化大舞台汇演计划》，鼓励引导文艺团队创特色、打品牌、出精品，累计开展“百团百场大汇演”500余场，成功举办首届文艺团队联合会艺术节，为群众提供了一系列的文化盛宴。该联合会拥有会员队伍401支、会员1.20万余人，辖区文艺团队分别有183人次、316人次和581人次获得国家级、省级和市级奖项。 (年鉴编辑部)

【公务员培养与激励】 区人事局为更好的使年轻公务员缩短成长周期，拟订了《上城区“紫薇·原点”青年人才培养工程实施意见》，以挖掘紫薇园坐标原点对青年人才职业生涯启航的启示意义为整体路径，整合推进青年党政人才、社会青年人才培养。10月，启动“紫薇·原点”青年人才培养工程子项目——复合型青

表31 2011年度上城区人民政府文件索引

文件号	发文日期	标题
上政办函〔2011〕2号	2011-01-07	上城区人民政府办公室关于印发《杭州市上城区政府投资建设项目工程变更管理办法》的通知
上政办函〔2011〕11号	2011-02-15	杭州市上城区人民政府办公室关于开展2010年度“六型”政府建设考核的通知
上政办函〔2011〕35号	2011-04-27	上城区人民政府办公室关于印发《上城区基层文化建设综合考评办法》的通知
上政办函〔2011〕37号	2011-04-29	上城区人民政府办公室关于印发《上城区学前教育三年行动计划(2011~2013年)》的通知
上政办函〔2011〕38号	2011-04-29	上城区人民政府办公室关于印发《上城区学前教育专项资金管理办法》的通知
上政办函〔2011〕43号	2011-05-11	上城区人民政府办公室关于印发《上城区“十二五”全民科学素质行动规划(2011~2015年)》的通知
上政办函〔2011〕44号	2011-05-11	上城区人民政府办公室关于印发《上城区2011年实施〈全民科学素质行动计划纲要〉工作计划》的通知

续表

文件号	发文日期	标题
上政办函〔2011〕48 号	2011-05-24	上城区人民政府办公室关于印发《望江地区现场指挥部 2011 年征迁绩效考核办法（试行）》的通知
上政〔2011〕1 号	2011-06-07	上城区人民政府关于印发《上城区政府质量奖评审管理办法（试行）》的通知
上政办函〔2011〕51 号	2011-06-08	上城区人民政府办公室关于印发《上城区教育事业发展第十二个五年规划纲要》的通知
上政办函〔2011〕52 号	2011-06-08	上城区人民政府办公室关于印发《上城区加快推进特殊教育事业发展实施意见》的通知
上政办函〔2011〕53 号	2011-06-08	上城区人民政府办公室关于印发《2011 年上城区市民投诉洁化类问题考核实施细则》的通知
上政办函〔2011〕54 号	2011-06-08	上城区人民政府办公室关于印发《2011 年上城区打造“最清洁城区”暨城市管理目标考核细则》的通知
上政办函〔2011〕63 号	2011-06-24	上城区人民政府办公室关于印发《关于进一步加强街道社区统计调查工作的意见》的通知
上政函〔2011〕53 号	2011-07-01	上城区人民政府关于印发《上城区商品交易市场名称登记操作细则》（试行）的通知
上政办函〔2011〕68 号	2011-07-05	上城区人民政府办公室关于印发《上城区“128”人才提升工程实施意见（2011~2015 年）》的通知
上政办函〔2011〕81 号	2011-08-02	上城区人民政府办公室关于印发《全区重点工程建设项目“奋战百天”活动实施意见》的通知
上政办函〔2011〕85 号	2011-08-09	关于印发《上城区人民防空方案修订工作实施意见》的通知
上政办函〔2011〕88 号	2011-08-12	上城区人民政府办公室转发区财政局《关于贯彻实施〈浙江省政府非税收入管理条例〉的意见》的通知
上政办函〔2011〕79 号	2011-09-05	上城区人民政府办公室关于印发《上城区全民健身实施计划（2011~2015）》的通知
上政办函〔2011〕104 号	2011-10-25	杭州市上城区人民政府办公室关于印发《上城区“高级蓝领 455”培养工程实施办法》的通知
上政办函〔2011〕123 号	2011-10-27	上城区人民政府办公室关于印发《上城区残疾人事业发展“十二五”规划（2011~2015）》的通知
上政办函〔2011〕108 号	2011-10-31	上城区人民政府办公室关于印发《上城区“十二五”科技发展规划（2011~2016 年）》的通知
上政〔2011〕72 号	2011-11-03	上城区人民政府关于修订《上城区计划生育公益金管理实施办法》的通知
上政办函〔2011〕107 号	2011-11-03	上城区人民政府办公室关于印发《上城区推进“十大产业”发展实施意见》的通知
上政办函〔2011〕112 号	2011-11-08	上城区人民政府办公室关于印发《上城区病死动物和病死动物产品无害化处理管理办法》的通知
上政〔2011〕2 号	2011-11-16	上城区人民政府关于进一步规范招商引资引荐人奖励的若干意见
上政办函〔2011〕118 号	2011-11-21	上城区人民政府办公室关于印发《上城区市政设施及附属专业工程建设项目移交接管实施意见》的通知
上政办函〔2011〕120 号	2011-11-28	上城区人民政府办公室关于印发《上城区科技服务业发展规划（2011~2015）》的通知
上政函〔2011〕85 号	2011-12-01	上城区人民政府关于印发《杭州市上城区妇女发展规划（2011~2015 年）》的通知
上政函〔2011〕86 号	2011-12-01	上城区人民政府关于印发《杭州市上城区儿童发展规划（2011~2015 年）》的通知
上政办函〔2011〕124 号	2011-12-05	上城区人民政府办公室关于印发《上城区职业病防治规划（2011~2015 年）》的通知
上政办函〔2011〕126 号	2011-12-07	上城区人民政府办公室关于印发《上城区规范无证无照小餐饮店长效管理实施意见（试行）》的通知

（黄菊梅）

年党政人才培养计划，以2011年新录用公务员为主要对象，将历经2年左右的时间，通过宣誓仪式、强化培训、搭建平台、项目参与、挂职锻炼、导师带队等系列措施，发现、培养、造就一批“有品行、有境界、有能力、有知识”青年党政人才。依托“干部学习新干线”实行学分制管理，组织全区公务员参加网上培训考试，督促指导完成全年必修48学分，选修24学分；对原有的培训制度进行修订，明确公务员未完成培训任务，年度考核不得评为称职，成为全市第一个将培训结果与个人职务晋升挂钩并列入“满意单位”考核内容的城区。组织机关职务任免、交流工作，严格按规定职数审核科以下非领导职务72人次，把好职务升降任免审核关；办理好21名公务员的转任手续。组织全区机关事业单位开展科级以下公务员和事业单位工作人员年度考核，严格兑现考核结果，奖优罚劣，为符合条件的人员晋升了工资档次，组织连续3年考核优秀公务员参加健康疗、休养；辞退公务员1名。根据《公务员奖励规定》(试行)，对25名连续3年考核优秀的公务员记三等功，对全区当年优秀等次的182名公务员给予嘉奖；通过宣传动员、广泛公示等程序，评选出新一轮“十佳公务员”，树立了先进典型。

【创新创业环境】 为更好保障《上城区“十二五”人才发展规划》的顺利实施，2011年，区人事局注重推动区域人才政策的优化和细化。在结合区域产业特色和人才需求特点，拟订了《关于吸引海内外领军型人才来上城区创新创业“1211”计划的实施意见》。入选该计划的人员可享受最高500万元的创业资助及相关补助，相关政策汇编成册，在杭州国际人才交流大会现场派发，在《杭州日报》等主流媒体连续宣传，进一步鼓励和吸引海内外领军型人才到上城区创新创业。完善专业技术人才政策，区人事局以省新世纪“151”、市新世纪“131”人才培养工程为牵引，拟订了《上城区“128”人才提升工程实施意见(2011~2015年)》，计划通过5年时间，按三个层次新选拔和培养110名中青年专业技术人才，按照“滚动培养、跟踪管理、鼓励竞争、动态考核”的要求，创新体制机制、加大培养力度，建设一支数量充足、结构合理、既有拔尖领军又有后备骨干梯度配备的专业技术人才队伍。2011年底，区“128”人才第一期选拔工作全面启动，经宣传发动和组织推荐，全区53家企事业单位共137名人才申报评选。全区在审议基础上确定培养人选，正式实施经费资助、学术交流、知识更新、项目扶持等系列培养措施。开展“人才服务月”活动，通过完善人事代理服务、下基层宣讲政策、召开座谈会、走访慰问、组织健康体检等形式，加强政策宣传和沟通联络，及时为优秀人才解决好实际困难，鼓励各类人才在各自的岗位上深入学习、勇于创新。创造良好的发展平台。截至12月，全区入选省新世纪“151”人才工程人选15名，入选市新世纪“131”优秀中青年人才培养计划人选44名；与大院名校共建创新载体26家，建立院士工作站1家，设立博士后工作站2家。

资料 新世纪“151”人才工程：是指到2010年，每5年一轮，每轮培养100名左右具有国内外科技前沿水平，能进入国家“新世纪百千万人才工程”序列的学术技术带头人(第一层次)；500名左右具有省内外领先水平，在浙江省各学科、技术领域有较高学术技术造诣的带头人(第二层次)；1000名左右列入各市和省直有关单位重点培养计划的，在各学科领域做出较大成绩，起骨干作用，具有发展潜能的青年优秀人才（第三层次）。实施新世纪“151”人才培养计划是加快实施人才战略，加速培养造就适应我省现代化建设需要的年轻一代学术技术带头人的重要举措。

新世纪“131”人才培养计划：是指用5年时间，在杭州市范围内，培养出100名45岁左右的在国内或省内领先水平的学术技术带头人(第一层次)，300名40岁以下的后备学术技术带头人（第二层次），1000名40岁左右的优秀专业技术骨干（第三层次）。实施新世纪“131”优秀中青年人才培养计划是深入贯彻人才强市战略，推进高层次人才队伍建设，加快杭州市经济社会发展和科技进步的重要举措。

【优化机关事业单位人才队伍】 2011年，按照“控制总量、有增有减、盘活存量、提升素质”的动态管理目标，区人事局(区编委办)注重对机关事业单位增补人员的前瞻性研究，通过合理投放编制导向，倒排近5年人员退休数据，测算各单位干部队伍平均年龄、专业分类和梯度结构等途径，科学制订每年补员数量和资格条件。坚持“公开、平等、竞争、择优”的原则,面向社会招考录用公务员 50 名，竞争性选拔或选调人员 20 名(含区内),安置上年度军转干部 14 名;并作为全市试点首次开展了面向优秀社区干部招考录用街道公务员工作。截至 12 月底,区公务员(含参公人员)平均年龄为 42.20 岁,年龄结构总体合理;全市率先完成消化行政编制超编人员,实现行政编制数、实有人数、财政供养数对应的实名制管理目标。在事业单位,补员重点向街道基层和教育、卫生等民生领域倾斜,确保财政供养总人数的平衡。为拓宽区社会工作人才发展空间,在事业单位招考中再次推出了面向社工的定向招考岗位,招用效果良好。招聘环节严格执行《事业单位公开招聘人员面试规范》，并自主设计了结构化面试自动计分软件,有效推广使用,确保招聘环节的公平公正和高效。2011 年,全区事业单位共公开招考人员 228 名(含幼儿园定向招聘 99 名),较好改善了区事业单位工作人员的年龄、知识和专业结构。

【政府机构改革】 政府机构改革是 2011 年的重点工作。区人事局(区编委办)按照杭州市区、县(市)政府机构改革部署,按步骤、按程序落实相关工作,做到底子清、情况明。围绕理顺职责关系、明确和强化责任、提高行政效能等任务要求,深入开展大部制体制下区级机关机构设置和人员编制情况调研工作,理清政府部门、街道及其下属事业机构职责和机构设置情况。完善机构改革方案。对照中央、省和各地改革重点,综合考虑政府履职特点和“五主多副”产业结构重点,把握导向,增强前瞻性研究,拟订有利于更好推进区经济社会发展需要的区级政府机构改革方案和街道机构改革方案，重点在转变政府职能和方便政策施行，避免机构简单的分合,从源头上理顺职权关系,推动行政管理体制改革。严格按规定走程序。政府机构改革方案拟订过程中,注重与兄弟城区编办交流,向省、市编办汇报沟通,听取区领导意见;提交区编委会专题研究,区人大、政协征求意见,报区政府常务会议、区委常委会审议,在反复修改审定后以区委、区政府名义上报市委、市政府。结合方案的拟订过程,抓紧落实好街道事业单位改革、涉改部门事业单位规范设置、三定拟订要求等各项配套工作,为下一步组织实施做好充分准备。

【事业单位改革】 按照中央和省、市事业单位改革要求,不断完善事业单位管理体制和运行机制,重点向民生领域倾斜。根据经济和社会发展需要,加强对事业单位机构编制实行宏观调控,按照精简高效和有利于公益事业发展、有利于优化结构的原则,结合区财政承受能力合理确定全区事业单位规模和编制总量,重点将编制投放到民生领域。核增特殊教育学校、区教育下属幼儿园、区卫生系统事业编制共 346 名,确保了事业单位和编制总数不增加,事业总编制核减率为 5%。对照省、市分类标准和梳理法律法规依据,经报市编办审核明确承担行政职能事业单位 12 家,稳步推进 11 家事业单位实施参照公务员法管理工作;做好全区事业单位的分类工作,公益类事业单位编制占全区总编比例 85%。组织实施事业单位岗位设置工作,制定《岗位设置管理指导意见和实施细则》,召开动员部署会议，开展多形式培训和实地指导工作,及时解决在实际操作中出现的各类具体复杂问题,对上报的岗位设置方案认真审核、严格把关。结合岗位设置,全面推进事业单位全员聘用制度,对教育等系统 2000 名职工聘用合同进行了审核鉴证，把好政策关。稳步推进其他事业单位实施绩效工资。在平稳实施了义务教育、公共卫生和基层医疗卫生事业单位绩效工资后,根据省、市统一部署,参加并配合上级部门做好其他事业单位实施绩效工资的前期调研工作,做好退休费归并、全区事业单位收入摸底调查、退休人员生活补贴发放等工作,为即将实施的其他事业单位绩效工资制度改革做好准备。

【机构编制日常管理】 2011 年,结合政府机构改革思路框架,对区委及群团序列机构职责、编制总量等加强梳理,按照围绕中心、服务大局、有增有减、优化结构的原则,主动搞好联系沟通和调查研究,动态调整优化了区委和群团机构内部职责和编制配置。对各部门上报的机构编制事项,严格执行机构编制管理议事规则和审批权限,注重在全面调研基础上提出意见建议，全年对有关部门提交的 60 余件机构编制请示件进行了调研审核,及时提交编委会讨论批复 36 件。协调指导区卫生局、区教育局实施了中小学校医护人员委派制度,切实提升专业水平。落实受理、审核、核准的三级年检工作程序,全面实施事业单位登记在线申请、协商、受理、审核、核准和反馈,真正实现登记管理机关与事业单位的网上双向互动。年初,对全区184家事业单位按要求实施了年度检验,全年办理事业单位法人变更登记30家,设立和注销登记各5家。对全区机关事业单位编外用工进行督查,审核2012年全区编外用工计划数3731名,明确计划申报、劳务派遣等各项要求。截至12月底,由区人力资源公司统一实施劳务派遣的编外用工总数为1500名,其余人员待合同到期后平稳过渡。在日常工作中,区人事局(区编委办)积极宣传政策,严格落实审批制度,加强跟踪服务和协调沟通,努力推行养事不养人机制,防止财政供养人员总数快速增长。

【创新政府绩效管理机制】 区人事局调研探索阳光工资后新的激励机制,为打造"行为规范、运转协调、公正透明、廉洁高效"的现代服务型政府做好保障。坚持突出重点、公平公正、奖优罚劣的原则,做好2010年度目标考核工作,促进全区经济和社会的全面发展。针对新形势发展需要,在反复调研基础上对目标考核体系进行改革,拟订了《2011年上城区区级机关目标管理考核办法》。新办法为更好支持街道工作,将应急、维稳、安全等突发性工作以及完成推进社会管理创新重点工作任务、平安上城110社会联动机制考核等内容纳入街道加分项目,并赋予街道以考核结果为依据对奖金进行自主分配权限;同时也将城乡统筹和区、市对口协作纳入目标管理,以考核加分为推手切实推进城乡统筹和市区协作。通过信息化手段改良传统考核模式,推进目标管理考核月报制,并与重点工作督查、市对区综合考评实现了有效对接,在全市率先建立起实时高效、阳光透明的网上考核系统,强调量化管理和过程管理,逐步实现精细化管理模式,体现考核的公开、公正以及对单位和个人的激励作用。针对"阳光工资"后出现的新问题,探索公务员全程管理机制。起草《上城区工作人员绩效考核与全程化管理实施方案》等,以绩效考核为切入点,以严格奖惩为动力,切实提升个体全程化管理绩效。以加强效能建设与作风建设为目标,拟文并经区委发文在全区推广区信访局等单位绩效考核工作经验,突出示范引领,要求各单位尽快制定并实施绩效考核办法,推动各项目标任务的落实和干部队伍建设。

【做好军转干部管理服务】 认真做好全区企业退休军转干部档案管理、数据库更新维护和两项补贴发放审批工作,做好企业退休军转干部的思想政治工作,健全社区、街道和部门三级信息即时反馈机制,了解企业军转干部的思想、工作、生活情况,慰问看望困难企业军转干部,帮助他们解决实际问题。碰到问题,坚持做到"不躲、不推、不火、不烦",加强沟通,引导他们依法、依规合理表达自己的意见和要求。在市军转办具体指导下,通过区、街、社区三级的共同努力,确保了总体稳定。

【做好退休干部管理服务】 全年为到龄的42名机关和112名事业单位工作人员办理了退休手续。落实退休干部的"两项待遇",定期向机关退休干部编发《养老保健手册》,开设健康讲座,举办情况通报会,办理换发公园IC卡,组织退休老干部到桐庐、湘湖等地游览。坚持做好对患病老干部的上门或上医院探望慰问制度,尽力帮助解决老同志的实际困难,及时送去党和政府的关心与关怀,做到政治上尊重,生活上关心。

【人事部门自身建设】 区人事局以进一步构建权力阳光运行机制为契机,制定依法行政三项制度,依法清理和规范各项权力,理顺各科室职能,简化办事程序,接收社会监督,倾力打造法治人事。完善局机关"学法日"制度,通过法律知识宣讲、案例分析、选送参加培训、以会代训等形式,组织局机关干部和全区人事干部学习人事政策和各项法律法规,进一步提升人事干部队伍素质。注重人事编制工作的前瞻性、基础性研究,创新工作思路,及时总结经验,不断提高常规工作的效率和质量,切实增强部门执行力。针对贯彻实施《中华人民共和国公务员法》、工资制度改革等热点、难点问题,围绕构建和谐人事深入了解和分析,集思广益,多方论证,不断提高决策的科学化、民主化、法制化水平。 (朱乐娟)

【首次核定专项用于民办幼儿园事业编制】 7月20日,经区编委研究,上城区按幼儿园教师总数10%标准,核增区教育系统幼儿园专项用于民办幼儿园教育教学工作的事业编制65名,用于支持上城民办幼儿园发展。核编后,面向民办幼儿园骨干教师公开招聘

11 名事业编制教师,新学年到位。这是上城区继2010年核增教育系统幼儿园 30%事业编制后,动态优化区属事业单位编制结构、关注民生领域、更好体现公益职能的又一举措。

【毕业生签约量创历史新高】 抓好就业协议签证、报到接收、就业调整、档案接收等基础服务。搭建毕业生供需交流平台。2011 年,共组织 32 家用人单位参加省、市大型人才招聘会、公益性高校毕业生招聘会,推出工作岗位 500 个。提升就业指导水平,专门编制《杭州市上城区大学生就业服务指南》帮助高校毕业生办理就业、落户、调整改派等手续,及时在"上城人才网"上发布就业政策、就业形势分析。截至 12 月底,区人才交流服务中心直接引进应届毕业生 642 名,创历史新高。

【"三个注重" 稳步推进事业单位岗位设置工作】 注重学习调研,摸清家底。全面调查全区各事业单位机构、编制和人员岗位结构比例等基本情况,听取不同系统、单位意见建议并提出解决办法。注重工作培训,加强指导。召开全区动员大会,对单位负责人和人事干部进行专题培训、实务培训,对各部门的设岗方案进行指导和修正,使方案更趋合理、完善。注重科学设岗,以人为本。对各单位的专业技术比例、岗位等级严格按有关文件执行,避免出现岗位设置不平衡现象;对"双肩挑"岗位,专技结构超比例等问题进行规范,妥善处理好高层次人才需求与岗位设置的衔接;按照"承认现状,逐步消化"的原则,现有人员全部入岗。本次岗位设置工作共涉及全区 135 家单位、4400 余名事业编制人员。截至年底,65 家单位 1437 个岗位初步设置方案已完成。 (年鉴编辑部)

【档案工作概况】 2011 年,上城区档案局(区志办、区委党史研究室)深入学习贯彻中共十七大、十七届六中全会《中共中央关于深化文化体制改革,推动社会主义文化大发展大繁荣若干重大问题的决定》,结合"三个体系"、"五位一体"建设,围绕中国共产党建党 90 周年、钱学森诞辰 100 周年等纪念活动,创新内部管理与社会公共服务职能,参与中共杭州小组纪念馆、钱学森故居打造工作,较好地完成年初预定的各项工作任务。2011 年,区档案局获全省档案文化建设创新奖、全市档案工作综合考核先进单位;《上城年鉴(2010)》在第五届全国年鉴编校质量检查评比活动中获三等奖。

【围绕中心服务大局】 2011 年,为中共浙江省委巡视组提供档案 527 卷(件),拍摄馆藏荣誉奖牌 443 块。接收现行文件 4255 件、荣誉奖牌 108 块、上城新闻视频 73 条 150G,电子光盘 143 张,礼品礼物 6 件;接收中共中央政治局常委、国家副主席习近平给小营巷社区复信及著名科学家钱学森手稿 62 件。为区委办、区委宣传部、《上城报》等提供荣誉奖项累计 1772 项,荣誉照片 165 幅,为区政协提供友好城区协议扫描图片 11 张,提供清河坊、南宋御街、中山中路等新旧对比图片 114 幅,为区会议中心荣誉墙提供国家级、省级、市级荣誉奖牌 38 块。为中国社区建设展示中心查阅并提供 1952~2000 年区委、区政府有关"居委会、居民区、城市街道"等档案史料 1111 卷,复印 8005 页,为《中国城市街道与居民委员会档案史料汇编》工作提供保障。4 月,区民政局与区档案局商研 2004~2010 年婚姻登记信息管理系统数据核查清理工作。区档案局安排专人扫描,逐页挂接、逐条核对姓名、性别、民族、出生年月、身份证号、籍贯、住址、学历、婚姻状况等基本信息。至 10 月中旬,共核对婚姻档案(结婚、离婚、补办结婚证明、补办离婚证明)35249 对,查出 710 处重复登记、姓名错误、民族有误、身份证出错等问题。11~12 月,重新复印 211 对婚姻档案,共计 1266 页。5 月,全国第二次地名普查全面展开,区民政局分管地名普查领导登门求援,任务急、时间紧,地名档案比较散乱。区档案局抽调人力,突击整理 1985~2009 年地名档案,根据地名档案特点和形成规律,安排人员整理纸质档案,编目、装订等 8 类1267 卷(21174 件);随后文件条目录入 26213 条、全文扫描 89141 页、图纸 933 幅。地名档案基本数字化,利用方便快捷,为地名普查发挥基础作用。全年共接待查阅利用 1435 人、5982 卷(件),复印 10368 份。其中接待查阅精减退职、知青、下放人员办理养老保险57 人、查阅 442 卷,复制 13 页,为中共杭州小组纪念馆、钱学森故居布展提供照片 371 幅。

【丰富优化馆藏资源】 2011 年,与广东省志办、北京市通州区志办、河北省涿州市志办、上海市松江区志办、浙江省志办、杭州市志办、浙江省图书馆、杭州市图书馆、上城区图书馆等省、市、区史志办,图书馆交流档案书籍,交流赠予《上城区档案馆指南》、《上城区创新模式与范例》、《上城年鉴》、《上城区志》等资料30余种(册);分送6个街道、49所学校、54个社区资料1381册。收到交流省、市、区史志鉴资料531册。

【开展档案登记备份工作】 2011年,区档案局发布《关于实施电子文件备份和数字档案室试点建设的通知》,确定该区重点建设项目电子文件登记和民营企业数字档案备份名册。对望江、湖滨、吴山、玉皇山南、区危旧房改善等指挥部的7GB工程档案数字化成果和电子文件进行了备份;对杭州娃哈哈集团有限公司、杭州市口腔医院等企业档案69.36GB电子业务数据进行了备份。完成了区信息中心在线备份181GB电子业务数据,区劳动和社会保障局、区教育局、高银巷小学等10多家单位85.23GB档案数字化成果的登记备份。

【推进档案管理规范化建设】 2011年,区档案局努力提升服务社会、服务大众、服务行业的能力,在11家单位开展档案目标管理认定和数字档案室创建。杭州娃哈哈集团有限公司通过省级优秀企业档案目标管理认定,民企档案数字化管理走在全省前列;杭州市服装职业高级中学创建"省示范数字档案室",区审计局、高银巷小学、紫阳小学、玉皇山南指挥部等9家单位创建"省级规范化数字档案室",促进全区档案信息化建设实现新发展。

【通过"四化"推进工程建设档案标准化管理】 9月,区档案局以"上城区加强建设工程档案规范化管理现场推进会"为契机,通过"四化"全面推进工程建设档案标准化管理工作。管理规范化。成立档案管理工作小组,明确工程建设各阶段归档内容及形式,实现档案整理与工程进度同步。数据电子化。建立档案数据库,将所有工程项目档案进行扫描并录入计算机,实现条目一对一链接。查询信息化。建立网络版档案管理系统,根据管理权限随时在局域网上进行查询检索。设备现代化。专设档案资料查阅室,配备密集架及高性能电脑、磁介质档案柜、除湿机等现代化档案设施,优化档案管理环境。

【社区档案管理工作成效显著】 推进社区档案管理标准化建设。各社区完成建档工作,达到社区档案管理规范的要求。为提升社区档案管理水平,区档案局结合社区建档情况,制定省地方标准《社区档案管理规范》(以下简称《规范》),根据社区档案特点、变化等情况,规定了社区档案工作必须的软、硬件条件。《规范》向各级档案部门、大专院校专家学者征求意见,发出征求意见表13份,收回征求意见表10份。听取省档案局、市档案局职能科室意见建议,细致、扎实的工作获得认可,《规范》列入省技术质量监督局年度地方标准制定计划。2011年,社区规范化档案室创建活动稳步推进,1家社区达到省级示范档案室、2家社区达到省级规范化档案室、4家社区达到市级规范化档案室标准。社区档案外延不断扩大,社区换届公告、选票、工作报告、会议纪要、选民名单和照片音像等,都列入收集归档范围,发挥社区自治管理、服务居民的作用。

【有序开展档案年检】 10月,区档案局下发《"十一五"档案工作情况评估通知》,要求全区机关、团体和其他组织62家单位对照评估条件检查。11月,布置8个协作组开展自查互查。12月,对区政府办、区政协办、区科技工业基地等24家单位档案开展评估。通过对档案安全管理体制,档案收集、归档、整理、保管、统计、利用,现行文件、电子公文报送,数字档案室建设,档案创新创优工作等方面的评估检查,区人民法院数字法庭建立的多媒体档案、区人民检察院案件档案数字化、上城公安分局、华日集团有限公司等12家单位为"十一五"时期档案事业评估先进单位。同时要求相关单位有序实施档案管理规范,提升单位档案现代化水平。为"十二五"时期档案事业稳定发展夯实基础。

【共建共享档案文化】 9月2日,由上城区档案学会、上城区地方志学会与小营巷社区共同举办的"记录杭州方言,展示和谐生活"文艺晚会在小营公园举行。社区居民自编自演的《话说中东河》用杭州方言讲述中东河变化、沿河古迹历史典故;杭州兽王集团副总经理胡幼凌用杭州话讲述1958年1月5日毛主席视察小营巷到他家的情景及小营巷的变迁；江南说唱《西湖颂》、配音小品《钟点工》，及小朋友用杭州方言配音动画片《喜羊羊之腊八粥》、游戏互动解说杭州话和问答杭州历史知识等。活动将档案文化带进居民日常生活中，成为传承文化的重要载体。

9月2日，在小营巷社区举行"记录杭州方言，展示和谐生活"文艺晚会。

（马黎宪　摄）

【"两馆一中心"入选首批杭州市党史教育基地】 6月9日，中共杭州市委命名首批13个党史教育基地，上城区共有3个基地入选，分别为：毛主席视察小营巷纪念馆、新中国第一个居民委员会（中国社区建设展示中心）和中共杭州小组纪念馆。上城区党史教育资源丰富，毛主席视察小营巷纪念馆、新中国第一个居民委员会和中共杭州小组纪念馆是重要的红色旅游景点，既有建党初期人物介绍，又有新中国成立初期民选居委会，更有城市卫生示范典型，内容丰富，形式多样，是青少年校外教育的重要基地。

【参与中共杭州小组纪念馆筹建工作】 2011年是中国共产党诞辰90周年，中共杭州小组是浙江省第一个中共地方组织。中共杭州小组纪念馆占地1265平方米，分4个展厅。区档案局负责资料征集，先后到北京、上海寻访杭州小组创建人徐梅坤、于树德的工作单位——国务院参事室、全国供销合作总社，采访了徐梅坤儿子徐昆明、于树德儿子于传林。完成中共杭州小组纪念馆的方案编制、前期史料征集、后期资料整合等工作。7月1日，中共浙江省委常委、市委书记黄坤明，省委副秘书长、党史研究室主任舒国增，市委副书记王金财等领导为中共杭州小组纪念馆开馆揭幕；7月3日，中共浙江省委常委、组织部部长蔡奇视察中共杭州小组纪念馆，区委书记陈红英陪同。

7月1日，省委常委、市委书记黄坤明（右四）参加中共杭州小组纪念馆开馆典礼。

（区档案局　供稿）

【参与钱学森故居筹建工作】 2011年是中国杰出科学家钱学森（以下简称钱老）诞辰100周年。杭州是钱老的故乡，钱老的故居位于上城区小营巷方谷园2号。区档案局从钱老儿子钱永刚处征集到钱老使用过的石磨、衣橱、皮箱、字画等实物，从社会各界搜罗到有关钱学森书籍数百册。制作第六届全国政协会议出席证、中共十二届六中全会列席证、全国政协出席证2张、钱老父亲（钱均夫）字画2幅、杭州市民潘杰与钱学森的18封信等仿真件。12月1日，中共浙江省委常委、市委书记黄坤明为钱老故居揭牌；12月2日，中共浙江省委书记赵洪祝亲临

12月2日，省委书记赵洪祝(左三)参观考察钱学森故居。 (区档案局 供稿)

钱学森故居，参观钱老生平事迹展览；12月11日，区委党史研究室受钱永刚邀请作为钱老家乡代表参加上海交通大学钱学森图书馆开馆仪式。 (黄苏红)

区政协

【区政协四届一次会议】 中国人民政治协商会议第四届杭州市上城区委员会第一次会议，于2012年2月12~16日举行。会议审议通过区政协主席余勇代表区政协常务委员会所作的区政协三届常委会工作报告和区政协副主席袁巧玲所作的区政协三届提案工作报告。委员们列席了区十四届人民代表大会第一次会议，讨论并赞同区委副书记、区长缪承潮所作的《政府工作报告》及其他报告；会议选举余勇为政协第四届杭州市上城区委员会主席，刘志安、陈小玲(女)、方莉(女)、袁巧玲(女)、陈少华为政协第四届杭州市上城区委员会副主席，吴诗兵为政协第四届杭州市上城区委员会秘书长，马骏等27名委员为政协第四届杭州市上城区委员会常务委员；会议审议通过了区政协四届一次会议提案审查情况的报告和区政协四届一次会议决议。会议期间，共收到委员提案193件，立案157件。5个党派、1个专委会、2个界别和3名委员作大会发言；2个党派、3个界别和1名委员作了大会发言(书面)。

【区政协三届常委会第二十次会议】 1月11日，召开区政协三届二十次常委会第一次会议。会议听取对各工作报告讨论情况的汇报；讨论并提出会议决议(草案)。1月12日，召开区政协三届二十次常委会第二次会议。会议听取并审议提案委关于大会提案审查情况的报告(草案)；审议并通过会议决议(草案)。

【区政协三届常委会第二十一次会议】 3月23日，召开区政协三届二十一次常委会议。会议邀请全国政协委员、华日集团董事长陈励君传达全国“两会”精神；协商通过了《区政协2011年工作要点》；协商通过了《上城区政协工作优秀成果奖评选办法》。

【区政协三届常委会第二十二次会议】 6月29日，召开区政协三届二十二次常委会议。会议学习了中办发〔2011〕16号文件；通报了区政协2011年度委员暑期读书会方案；审议通过了《区政协关于进一步发挥界别作用的意见》；审议通过了《上城区政协提案工作流程规范》；书面审议了区政协社会法制和港澳台侨委员会《适应高龄化需求发展护理型养老服务的思考》调研报告。

【区政协三届常委会第二十三次会议】 9月27日，召开区政协三届二十三次常委会议。会议听取了区政府办通报区政协三届五次会议提案办理情况；听取了区政协提案委员会关于三届五次会议以来提案办理情况的报告；书面审议了区政协经济科技委员会《关于延安路(湖滨段)业态规划的几点建议》。

【区政协三届常委会第二十四次会议】 12月26日，召开区政协三届二十四次常委会议。会议审议通过了关于召开区政协四届一次会议的决定；协商决定区四届政协参加单位、委员名额和委员人选名单；协商和审议区三届政协常委会工作报告(草案)及报告人建议名单；协商和审议区三届政协提案工作报告(草案)及报告人建议名单；审议通过区政协四届一次会议议程(草案)和日程(草案)；书面审议区政协各专委会2011年工作总结；协商通过了《关于授权主席会议审议区政协三届二十四次常委会议未尽事宜的决定》。

【举办委员暑期读书会】 8月4~5日，区政协举办了委员暑期读书会。区政府领导通报了全区1~6月经济社会发展情况；举办了“经济发展与城市建设”、“社会事业与民生保障”咨情问政专题座谈；邀请委员宗佩民、刘崇明分别作《迎接中国经济发展质量提升的10年》、《传统文化与养生》专题讲座；举办了艺术品鉴赏与收藏沙龙等联谊活动。

【把思想理论建设放在首位】 坚持把思想理论建设放在政协各项建设首位。组织全体政协委员继续深入学习贯彻中共十七届五中全会、中共中央总书记胡锦涛在庆祝人民政协成立60周年大会上的重要讲话以及市委、区委政协工作会议精神，进一步巩固共同思想基础，增强走中国特色社会主义政治发展道路的自觉性和坚定性。通过加强学习，提高认识，切实把思想和行动统一到中共中央关于推进党的建设新的伟大工程和推进人民政协事业发展的新部署上来，努力以科学理论指导政协工作，以科学制度保障政协工作，以科学方法推进政协工作，使新形势下的政协工作更好地体现时代性、把握规律性、富于创造性，更加有效地服务上城区改革发展稳定大局。

【切实履行政协职能】 协助区委制订下发全年政治协商工作计划。按照区委八届十次全会的部署和政府工作报告中的工作要点，提供政治协商备选课题，供区委、区政府参考。进一步明确政治协商的内容、形式和程序，从制度上保障政治协商“三在前”原则的贯彻落实。举办常委会议和主席会议协商。以区委全委会工作报告、政府工作报告和区委年度政治协商工作计划明确的重点课题为议题，组织好常委会议和主席会议专项协商。以政协重点调研课题为议题，组织好常委会议和主席会议专题协商，为深入推进山南地区文化创意产业发展、“五主多副”产业空间布局、生态文明城区建设、失能与半失能老人养老服务、五柳巷历史文化街区综保工程等建言献策。区政协办及时整理各方面的意见建议，形成协商会议纪要送区委、区政府。

【做好委员视察工作】 完善了视察选题机制、委员参与机制和成果反馈机制，努力提高视察工作的质量和水平。重点围绕创建质量强区、城乡统筹发展、工业园区建设、重点工程项目、生态文明城区行动计划进行情况、平安上城110社会联动机制、养老服务“十二五”规划开局实施情况、创建健康城区工作等开展视察调研，提出意见建议。

【开展专题民主监督】 继续做好统一委派特邀监督员工作，听取被派往单位对监督工作的意见建议，完善统一委派特邀监督员的工作机制。特邀监督员主动地开展民主监督，听取群众的意见，促进有关部门改进了工作作风，提高了服务质量。做好反映社情民意信息工作。围绕改革开放和经济社会发展的重要问题、关系群众切身利益的问题，以及带有苗头性、倾向性的问题，通过《信息专报》向上级政协及区委、区政府报送社情民意信息，不断扩大关注范围，丰富信息内容，提高信息质量。

【提高提案工作科学化水平】 进一步提高提案征集、审查、督办、反馈工作质量和水平。继续实施区长、区政协主席督办重点提案制度。做好政协提案办理回头看工作，努力解决“重答复、轻落实”的问题。运用《上城区政协协同电子政务系统》平台，发挥提案网上办理以及政协在扩大公民有序政治参与中的重要作用。三届五次会议，共收到委员提交提案183件。经审查，立案154件，其余作意见建议处理。根据提案办理有关规定，全部提案已经办理答复完毕。大多数提案所提出的建议得到了有关部门的采纳和落实。其中，提案建议已经得到解决的65件，占42.2%；正在解决的85件，占55.2%；由于各种原因暂时无法解决而作为参考的4件，占2.6%。委员反馈非常满意的61件，占39.6%；反馈满意的86件，占55.8%；反馈基本满意的7件，占4.6%。

【开展专题调研】 突出重点，统筹协调，组织各专委会、各民主党派和政协委员围绕全区中心工作搞好专题调研。贯彻区委八届十次会议精神，围绕深入实施“商旅富区、工业强区、科教兴区、环境立区、依法治区”和“品牌引领、发展惠民、文化振兴、创新驱动、人才优先"战略,扎实推进"幸福上城、实力上城、精致上城、智慧上城、生态上城、和谐上城"六位一体的"具有国际水准的高品质中心城区"建设,努力打造"南宋古都·经典上城"品牌等事关全区科学发展、加快发展的重要问题,开展调查研究,就重大问题提出建议案和有份量的调研报告。2011年,撰写《适应高龄化需求发展护理型养老服务的思考》等调研报告8篇,提出了许多有价值的意见。

【加强团结民主工作】 构建政协开展团结联谊工作的宽广平台。以中华民族传统节日和重要庆典纪念活动为载体,开展团结联谊活动,不断创新和丰富活动的形式、内容,增进与各族各界人士的交流、交往和友谊。围绕建党90周年和辛亥革命100周年开展纪念活动,组织了"湖海写意——椒江区政协和上城区政协书画联展";与区委统战部联合举办"重温历史 同心同行"全区统一战线各界人士纪念建党90周年座谈会,促进区社会各界的大团结、大联合。加强同各级政协的联系。接受上级政协的指导,做好上级政协到上城区调研、视察的服务工作。主动邀请在区的省政协委员、市政协委员参加有关会议和活动,向省、市政协委员反映上城区人民群众的意见和呼声,为促进区经济社会全面发展出力。参加十五城区政协理论工作研讨会,交流政协工作的经验。进一步加强与少数民族界和宗教界人士的联系,做好政协民族和宗教工作。协助区委、区政府全面贯彻落实党和国家的民族政策、法律法规,努力维护民族团结。全面贯彻党的宗教工作基本方针,发挥宗教界人士和信教群众在构建和谐社会、促进经济社会发展中的积极作用。

【开展各种文化联谊活动】 配合第二届浙江省中小学生兰亭书法奖的选拔赛,推出了"刘江西湖诗词篆刻展"开幕式暨图书首发式;结合南宋皇城大遗址综保工程,编辑出版了《图说南宋京城临安》一书,全国政协文史和学习委员会副主任周国富等省、市、区领导参加了该书首发式和"图说南宋京城临安"主题展览。做好五柳巷历史文化街区文史资料挖掘整理工作,根据区主要领导的指示和区建设局有关部门的要求,文史委联合专家学者对五柳巷历史街区、西湖大道和延安路两侧历史文化遗存进行挖掘考证、资料整理,编撰了《五柳巷历史街区历史文化遗存》、《西湖大道历史文化遗存》、《延安路历史文化遗存》3本史料集,近30万字,100多幅图片,并撰写了《关于南宋皇城街巷综保工程历史文化挖掘和利用的调研报告》,供决策部门参考。开展"三亲"史料征集工作,完成杭州"抗震救灾"文史资料的征集撰写,配合省政协文史委编辑《浙江省非物质文化遗产代表性传承人口述史》一书;加强与市政协的联动,开展稳定市场物价、城乡统筹发展、"抗震救灾"三亲资料征集编写等工作。参与建设中共杭州小组纪念馆,做好钱学森故居的历史资料挖掘收集工作。按照市茶文化研究会要求,筹备组建了上城区茶文化研究会,并开展有关活动。

【做好换届基础工作】 做好换届各项筹备工作。起草了区政协四届一次会议常委会工作报告及其他报告,开展了新委员遴选及培训工作,为换届做好了基础工作。

【加强政协机关建设】 全面推进机关思想建设、组织建设、作风建设、制度建设。加强学习和岗位历练,努力建设一支政治坚定、作风优良、学识丰富、业务熟练的高素质干部队伍。加强和改进机关政务、事务和后勤保障管理工作,提高机关工作效率和工作水平。努力营造积极向上、开拓进取的工作环境和氛围,充分调动机关干部职工的积极性,大力推进"学习型、服务型、创新型、和谐型"机关建设。

【加强政协新闻宣传】 密切与新闻媒体的协作,做好政协例会和经常性工作的宣传报道。积极探索加强政协宣传工作的途径和方法,创办了《上城政协》季刊,全年共编发4期,扩大了上城区政协影响,营造了良好氛围。加大活动的报道力度,《杭州日报》头版、《联谊报》头版、《都市快报》、浙江经视,省经济电台等诸多媒体对"刘江西湖诗词篆刻展"开幕式暨图书首发式进行了报道,省政协《联谊报》等媒体对椒江区政协和上城区政协书画联展作了专题报道并转载了部分书画作品。

表 32　　2011 年度政协上城区委员会文件索引

文件号	发文日期	标　　题
上政协〔2011〕1 号	2011-01-04	关于表彰 2010 年度区政协“先进专委会”、“先进委员小组”、“委员积极分子”和“优秀提案”的决定
上政协〔2011〕2 号	2011-03-07	关于成立杭州市上城区茶文化研究会的报告
上政协〔2011〕3 号	2011-03-25	上城区政协 2011 年工作要点
上政协〔2011〕4 号	2011-04-11	关于杨全岁同志担任上城区茶文化研究会理事长的请示
上政协〔2011〕5 号	2011-05-12	关于南宋皇城街巷综保工程历史文化挖掘和利用的建议案
上政协〔2011〕6 号	2011-06-21	关于召开“重温历史 同心同行”全区统一战线各界人士纪念建党 90 周年座谈会的通知
上政协〔2011〕7 号	2011-07-01	上城区政协关于进一步发挥界别作用的意见
上政协〔2011〕8 号	2011-12-06	关于报送《“双铁”、世遗效应对上城区影响的研究及对策建议》的报告

（宋　燕）

区纪委（区监察局）

【概况】 2011 年，全区各级纪检监察组织围绕建设“具有国际水准的高品质中心城区”的中心任务以及打造“廉洁上城”的重点目标，以落实党风廉政建设责任制为龙头，以完善惩治和预防腐败体系为主线，严肃查处违纪违法案件，推进反腐倡廉建设各项任务的落实。

【区纪委八届六次全体（扩大）会议】 3 月 18 日，召开中共上城区第八届纪律检查委员会第六次全体（扩大）会议。区委书记陈红英，区委副书记、区长缪承潮，区委副书记朱履林参加会议。陈红英在会上强调，要深入推进党风廉政建设和反腐败斗争，全面践行以人为本、执政为民理念，不断开创“廉洁上城”建设新局面。缪承潮主持会议。朱履林代表区纪委常委会作题为《全面完善惩防体系，积极打造“廉政上城”为推进转型发展开创富民强区新局面提供有力保障》的工作报告。

【充分发挥纪检监察职能作用】 坚持围绕中心、服务大局，建立、健全监督检查和纪律保障机制，加强对扩内需促增长、加快转变经济发展方式、加强社会管理创新、节能减排和环境保护等中央、省、市委重大决策部署的监督检查。开展重点督查工作，持续加大《政府工作报告》目标任务、创建全国文明城市、南宋皇城遗址“51131”道路街巷综合整治工程、望江地区改造和保障性住房建设等重点任务和重大项目推进力度。加强对“为民办实事”、停车场库建设、危旧房整治改造等民生工程的监督检查，督促有关职能部门解决群众反映强烈的突出问题。加大执法监察力度，开展对政府工程建设单位内控管理、拆迁安置空置情况、村级留用地项目建设等方面的专项整治。成立了区政务电子监察领导小组，下设网页办公室监察队，建立区行政监察网，加强对全区依法行政情况的日常监察。加强对政治纪律和组织人事制度执行情况的监督检查，严格执行“5 个严禁、17 个不准

3 月 18 日，召开中共上城区第八届纪律检查委员会第六次全体（扩大）会议。
（区纪委　供稿）

举行区纪检监察派驻机构统一管理工作会议　（区纪委　供稿）

和5个一律”，坚决防止和纠正选举和用人上的不正之风，为换届选举工作营造风清气正的良好氛围。

【完善惩治和预防腐败体系】 全面落实《完善惩防体系、打造“廉洁上城”2008~2012年工作意见》，制定《2011年党风廉政建设和反腐败工作的组织领导和责任分工》，促进惩防体系建设各项任务落实到位。梳理2007年以来反腐倡廉制度规定64项，通过编写反腐倡廉五年制度建设成果的电子书，全面推进惩防体系制度建设。建立、健全社会舆情廉政预警、“科技制权”监督平台、岗位廉政风险点防范、廉政风险等级评估等制度，不断推进廉政风险防控机制建设。总结推广绩效考核工作经验，以改善行政管理、提高行政效能、增强政府执行力和公信力为核心，着力推进绩效管理制度建设。全区各单位以开展“效能亮剑”专项行动为契机，建立、健全作风效能各类制度400余项，区作风办还制定《全区政风、行风明察暗访工作实施办法》和《关于进一步规范使用公务电脑的通知》等规章制度，深入推进作风效能长效机制建设。严格落实杭州市《关于加强城市社区党风廉政建设的实施意见》，以东平巷等4个社区参加首批杭州市基层党风廉政建设示范点的申报评选为契机，坚持示范带动和整体推进相结合，扎实开展城市社区党风廉政建设。

【深化作风效能建设】 抓监督检查促工作落实。组织全区各单位开展作风效能问题自查自纠活动，共组织自查自纠631次，发现并整改问题142个。采取明查暗访、数字监察、重点督查、舆情监察等有效督查方式，加大对市、区重大项目推进、作风效能投诉、信访积案处置、媒体曝光问题和群众集中反映的难点、热点问题等检查力度，确保作风效能建设取得实效。抓职能转变促难题破解。深入开展“千局万站优环境促发展推进年”活动，大力推进基层站所（服务窗口）规范化建设。组织开展公述、民评活动，全年共召开述评大会20个，53名评议对象进行了述职述廉，落实整改意见112条。深化治理教育乱收费工作，大力纠正医药购销和医疗服务中的不正之风，切实维护群众利益。深化巩固制止奢侈浪费专项治理活动，严格执行因公出国和国内考察活动的审核备案制度。抓整治问责促肃风整纪。组织政风行风监督员开展明查暗访165次，发现并整改问题49个，依据《杭州市党员干部作风和效能问责暂行办法》，对2个基层单位、19名机关工作人员实施了效能问责。加大“96666”效能投诉处理力度，全年共受理机关作风和效能投诉171件，17名工作人员受到效能问责。

资料　“96666”：杭州市政府效能投诉电话。2002年，杭州市设立了“96666”效能投诉电话，专门成立了“96666”投诉中心进行投诉电话处理。和“12345”市长公开电话不同的是，“12345”主要是针对老百姓遇到的困难和问题，督促有关部门尽快解决；“96666”则主要是针对个人，根据人民群众的投诉，对公务员的服务态度、服务效能进行评判。为让投诉处理公开公正，投诉中心建立了由13名党代表、人大代表、政协委员和市民代表组成的评判监督委员会，对一些影响较大、情况复杂的疑难投诉件的处理进行评判和监督。切实加强监督，认真严肃查处存在服务态度差、工作效能低等问题的单位和个人。同时将“96666”投诉量列入考核指标，下达给各个单位，每半年考核一次。“96666”的监督和制约有力地推动了杭州市党风廉政建设和机关作风建设。

【开展"效能亮剑"专项行动】 2011年,上城区开展深化作风建设、治庸治懒治散"效能亮剑"专项活动,围绕治庸提能力、治懒提效率、治散聚合力、发展添动力的工作目标。把自查自纠与明查暗访相结合,加大检查的广度和深度,促进检查监督对象、范围全覆盖。成立多个专项督查组,对市、区重大项目推进、作风效能投诉、信访积案处置、媒体曝光问题等进行重点督查。依托区网上行政服务中心实时监督系统、区目标管理控制及重点工作督办系统等监督平台,对区重点任务完成情况等进行全程网上实时监察。通过关注各种媒体,查看论坛、网站,采取《网络舆情周报》和《新闻报道记录》等有效途径,对媒体曝光、网络热议中的重点问题进行督查督办。进一步规范公务电脑的使用管理,特别对1175名机关干部工作时间使用互联网的公务电脑,在区政务网上统一备案公示。

【推行效能"五诺"工作法】 全面推行效能"五诺"工作法,将效能承诺分成定诺、示诺、履诺、评诺、查诺五个阶段,促进作风效能建设长效开展。全区45个单位向区委、区政府,4855名机关干部职工向本单位分别作出效能承诺。"上城区推行'五诺'工作法"在全市深化作风建设经验交流会上进行交流。

【抓优质服务促群众满意】 督促区各单位开展"服务企业、服务基层、服务群众"活动,落实"五服务、五不让、三不说"服务理念,努力解决群众关心的难点、热点问题。配合市作风办在吴山广场联合开展现场服务活动,共接待群众咨询1876人次,现场受理有关事项131项,现场服务40余人次。推进区、街道、社区三级便民服务体系建设,为群众提供优质、便捷服务,全年共办理服务事项82141件,办结率达到100%。

资料 "五服务、五不让、三不说":"五服务"是指群众上门,热情服务;群众咨询,耐心服务;群众在场,不停服务;群众需要,延伸服务;群众困难,主动服务。"五不让"是指不让工作在我手中延误,不让差错在我这里发生,不让群众在我这里冷落,不让规定在我这里走样,不让上城形象因我受损。"三不说"是指不负责的话不说,不符合身份的话不说,不文明的话不说。

【提高廉洁从政意识】 深入开展"打造廉洁上城、建设品质示范区"主题教育活动,通过拓展方式途径,创新工作举措,不断提升反腐倡廉教育实效。开展学习贯彻《廉政准则》专题活动,在《上城报》开辟学习专栏,组织全体区管领导干部对照《廉政准则》开展自查自纠活动,对小营街道等6家单位进行重点督查。全区党员领导干部严格执行《廉政准则》,主动上交礼金、礼卡、礼券等折合人民币30余万元。强化廉洁从政教育。组织党员干部参加纪念建党90周年反腐倡廉知识竞赛、杭州市首届"清风杯"公职人员廉政书法大赛、参观杭州市反腐倡廉成果展等,提升党员干部的廉洁自律意识。组织区管干部和科级干部参观法纪教育基地、法院庭审、旁听等活动,强化领导干部法纪教育。开展岗位廉政教育"回头看"活动,将全区53个单位、612个岗位、1636个岗位风险点在区政务网上进行公示,并针对岗位廉政风险情况,组织全区各单位制定防控措施。创设"社会崇廉"氛围。组织开展全区反腐倡廉建设创新成果评选活动,评选出10项"反腐倡廉建设优秀创新成果"和12项"反腐倡廉建设创新成果"。在杭州市廉政网、《清风窗》、《上城报》、《廉政经纬》等刊登反腐倡廉信息30余篇,加强反腐倡廉舆论宣传。组织开展社区文艺演出、廉政文艺作品创作等丰富的群众性廉政文化活动,望江街道自编自演的廉政文化戏曲表演荣获杭州市第二届廉政文化建设作品活动项目类"创新奖"。

【全面推进党务公开工作】 创办全区党务公开网,围绕党务公开目录的要求,建立由1个区级主网站和23个区直属党委的子网站构成的党务公开网。网站专门设立了党建品牌、党员风采、专题聚焦、红色之旅、资料下载等党务工作特色栏目,并通过党员信箱等板块实现党群互动交流功能。区纪委还制定了《上城区党务公开网信息管理暂行规定》,进一步规范区党务公开网的信息维护与管理。建立"栏屏网视"党务公开平台,"栏"即利用社区、学校、医院等的公开宣传栏定期公开基层党务。"屏"即利用全区单位、办事窗口等设置的电子显示屏、触摸屏,营造党务公开氛围。"网"即利用上城区党务公开网,实现党务信息全天候公开。"视"即利用华数数字电视在54个社区开通"社区频道",实现"社区党务信息入户"。建立"119"工作机制全面推进党务公开,编制了“1个目录”。针对不同层次和类型的党组织,制定了区委、区级机关党(工)委等4个类别的党务公开指导目录,按目录进行公开。创办了“1个专网”。即“杭州市上城区党务公开网”,设置了区委工作、部门工作等8个专栏,在网上进行公开。制定了“9项制度”。即制定了党务公开申报审核制度、党务信息依申请公开制度、党务公开联系点工作制度等,用制度规范党务公开工作。全面开展基层党务公开工作,制定《上城区党务公开目录》,举办区党务公开网业务培训会,加大省、市两级基层党务公开工作联系点、基层党组织党务公开培育点的建设力度,提升了基层党务公开的针对性和有效性。

【开展“廉政文化进工地”活动】 以建设单位为责任主体,以施工、监理、设计等单位为参建单位,深入开展“廉政文化进工地”活动,实施“教育倡廉”、“活动兴廉”、“监督促廉”、“制度治廉”。在望江04地块二标段保障性住房建设工地、地铁龙翔站城市综合体一期工地、山南安置房建设工地、清河坊历史街区管委会工地等,布置廉政文化场景、张贴廉政标语、设置廉政漫画图案、开设廉政文化活动室、开辟廉政书画走廊,形成了一批图文并茂、特色鲜明的廉政文化景观。同时,建立、健全长效机制,与规范建设工程管理、“效能亮剑”专项行动相结合,强化施工进度、质量、安全等日常管理工作,全力推进保障住房、安置房等民生工程建设。

【持续加强制度治理工作】 深入推进构建权力阳光运行机制建设,顺利完成网上行政服务中心行政审批系统新老交替,市、区网上行政服务中心数据交换实现无缝对接。组织开展权力阳光运行机制专项检查,提高全区行政审批事项网上运行量、网上办事率和办件量。2011年,全区纳入网上行政服务中心行政审批服务事项共228项,共计办理12756件。全面推行区级预算单位公务卡制度改革,实现“银行授信额度,个人持卡支付,单位报销还款,财政实施监控”,切实规范公务消费行为。配合组织人事部门深化干部人事制度改革,积极探索和采取领导干部德的考核评价、有关事项报告、量化评价办法等方式,进一步提高选人、用人公信度。充分发挥审计保障经济社会健康运行的“免疫系统”功能,配合审计部门开展经济责任审计,加大对权力高度集中、掌握稀缺资源、自由裁量权大等重点部门、重要岗位的监督力度。

【创新服务保障社会管理机制】 推进社会管理透明化。进一步加强构建权力阳光运行机制,建立区“网页办公室监察队”工作机制,全面推行党务公开,促进社会管理公开、公正、透明。强化纪律保障。通过重点督查、网上督查、专项督查、舆情督查等方式,加强对社会管理创新工作开展情况的监督检查。强化作风保障。扎实推进“效能亮剑”专项行动,通过抓承诺促教育、抓督查促落实、抓评述促整改、抓机制促长效,提升机关干部工作作风。强化廉洁保障。开展岗位廉政教育活动,建立廉政文化建设“5+X”模式,实践探索“科技制权”监督模式,提升党员干部廉洁意识。“5”指廉政文化进机关、学校、街道、社区、家庭;“X”指通过廉政文化进工地、园区等,深化反腐倡廉宣传教育,加强对党员干部特别是领导干部的群众监督。

【加强工程建设档案规范化建设】 加强全区政府投资工程项目建设单位内控管理,建立网络版档案管理系统,明确工程建设各阶段归档的内容及形式,实现档案整理与工程进度同步。同时专设档案资料查阅室,配备密集架及高性能现代化档案设施,优化档案管理环境。

【切实加大案件查办力度】 2011年,区纪委(监察局)共受理信访举报68件次,立案查处违纪案件14件,涉及区管干部3人,党纪政纪处分14人,追究刑事责任7人,挽回经济损失66.85万元。坚持依纪依法、安全文明办案,严格落实“一案两报告”制度,加强案件管理信息化建设,不断提升办案工作科学化、规范化水平。坚持信访首办责任制和领导包案制,充分发挥信访监督的作用,加强对苗头性问题的警示、教育、防范。注重案件审理的质量,对全区近3年查办的违纪案件办理质量进行检查,并总结查办涉刑案件移送审理案件的经验,撰写了《关于建立涉刑案件移送审理制度的思考》的调研文章。

【注重学习培训】 继续深入开展“做党的忠诚卫士、当群众的贴心人”主题实践活动,以创建“学习型党组织”和“学习型机关”为抓手，不断拓宽学习培训途径，促进机关干部学习常态化。坚持落实每月两次的政治理论学习制度，组织区纪委（监察局）干部对中共十七届六中全会、市纪委十届七次全会、市党风廉政大会精神以及《中国共产党党员领导干部廉洁从政若干准则》、《中华人民共和国保密法》等法律法规进行学习。区纪委（监察局）领导班子赴北京大学参加纪检监察干部研修班，组织纪检干部参加中纪委北戴河培训中心纪检监察业务学习、建设工程专题学习培训活动，支持机关干部到市纪委挂职锻炼，提升纪检干部素质。完善落实领导班子定期走访制度，加大反腐倡廉调查研究力度，《关于政府投资建设项目工程变更的实践与探索》获市纪检监察系统优秀调研成果（论文）三等奖。在全区推出室主任职务竞岗交流，全力做好公务员招聘工作，从区职能部门选调纪检干部，增强区纪委（监察局）纪检干部力量。制定纪检监察派驻统一管理实施意见和工作制度，实践探索派驻工作模式和方法，扎实推进驻在单位纪检监察工作。定期组织基层纪检干部进行业务培训，加大对基层纪检监察工作的指导力度，扎实推进基层纪检组织的规范化建设。2011 年，全区纪检监察干部中 4 人分别被评为省、市纪检监察系统先进个人，3 人分别获省、市纪检监察系统嘉奖，2 人获“杭州市纪检监察系统功勋卫士”称号。

（杨金娥）

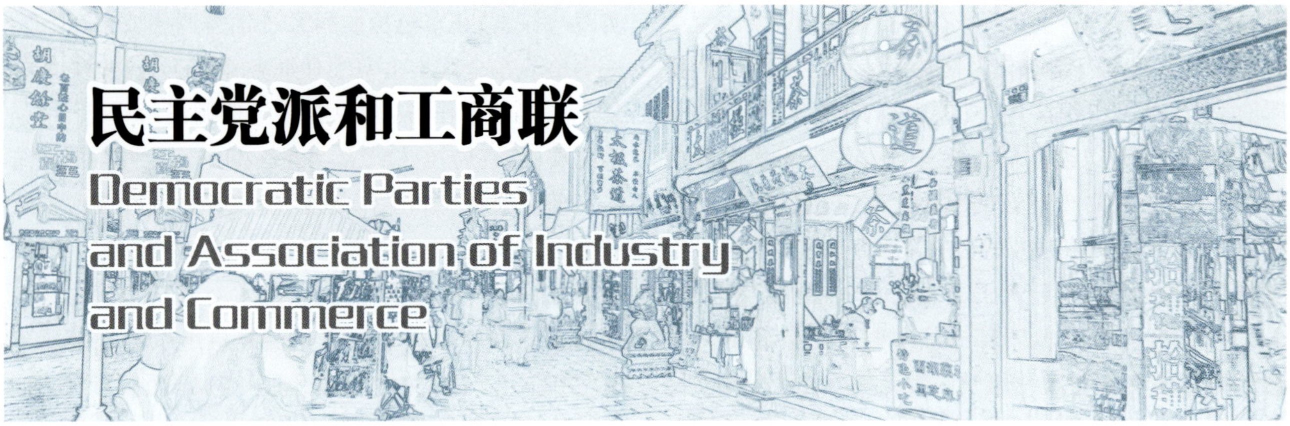

民主党派和工商联

Democratic Parties and Association of Industry and Commerce

民主党派

【概况】 上城区有7个民主党派基层组织，均分别隶属民主党派杭州市委会，有总支6个，支部35个，成员703名，其中新发展成员35名。全年撰写提议案和社情民意238(件)篇，开展社会服务27次，捐款(物)9.38万元。2011年，区各民主党派总支(支部)按照自身特点和优势，抓好思想学习，健全组织活动，加强自身建设，在参政议政、民主监督及服务经济社会等方面发挥了积极作用。

【民革杭州市委会上城总支】 中国国民党革命委员会(简称民革)。民革上城总支有支部2个，成员43人，其中发展新党员2人。全年递交提、议案和建议6件，上报信息18篇，完成《关于建设慢行交通系统，打造“低碳旅游休闲”城区的建议》和《上城区如何充分拓展海洋经济空间》两项调研课题。与钱塘书画社联合开展义卖书画活动，捐助扶贫资金9800元；民革上城支部成员参加“三下乡”活动2次，开展医疗、法律、慰问咨询等社会服务，受惠群众650人。张跃迅和高静继续支助2名孩子上学。全年接待港澳台及海外亲友23人(次)。

【民盟杭州市委会上城总支】 中国民主同盟(简称民盟)。民盟上城总支现有支部11个，成员191人，其中发展新盟员8人。盟员王毅军、俞大鸣被选为第十三届区人大代表，周常生、牟晓军、周云佳、王双林新当选为第四届区政协委员，其中周常生、牟晓军、周云佳为第四届区政协常委。全年组织专题调研5项、反映社情民意38篇、报送各类信息26篇。民盟上城总支组织撰写的《国有民办学校转为民办学校后存在的问题及对策》被评为2010~2011年度民盟市委会优秀调研成果三等奖。《关于建立“八一四”笕桥空战纪念碑的建议》、《建议通过一系列活动纪念辛亥革命一百周年》和《解决保障性住房的工作重心应转移到公租房的建造和管理上来》等7篇信息入选盟市委编撰的《畅言集——2011年参政议政文稿选编》。《亟需强化对救助者的保护机制》被市统战部录用。民盟上城总支主任周常生被评为全国先进盟务工作者，盟员周恩钧获民盟省委先进盟员称号，欧庆利、周恩均、牟晓军被评为2011年度民盟市委会反映社情民意先进个人，张小丽、沈茗华被评为2011年度民盟市委会反映社情民意积极分子。6月，组织开展“重温历史、同心同行”专题报告会；参加盟市委组织的盟史、盟章和多党合作制度知识竞赛；8月，总支全体委员和一支部盟员到江苏溧阳交流学习；12月，总支全体委员组织赴萧山民盟开展工作交流。2011年，组织、参与社会服务活动12次。民盟上城总支与桐庐新合乡政府在2010年签订长期的对口支教活动的基础上，联系胜利小学和建兰支部先后5次赴新合小学和凤川中学支教，把建兰中学的优质教师资源送到凤川中学。

【民建杭州市委会上城总支】 中国民主建国会(简称民建)。民建上城总支现有5个支部，会员148人，其中新发展会员12人。现有市人大代表1人、区人大代表1人，区政协委员6人。全年开展调研活动6次，递交集体提案7件、个人提案11件，其中2件被列为区重点提案，3件获得区委书记陈红英的批示。《破解中国家具业“达芬奇密码”的几点建议》等3篇社情民意得到民建中央的批示,《关于加强网购食品安全监管的建议》获得省委、省政协、民建省委会等部门的采用。一支部撰写的调研文章《打造内河旅游业 实现内河旅游繁荣》获得民建市委会立项,三支部撰写的调研报告《发挥社区社会组织作用,开创基层社会管理新格局》、四支部撰写的《城乡统筹工作的思考及探索》获得区委统战部的立项。李国平撰写的《关于进一步缓解我市停车难的建议》获得民建杭州市委会参政议政成果一等奖,贾元元、闵涛撰写的《关于打造杭州街巷经济的建议》、闵涛撰写的《我区应在“十二五”期间加大对地下空间的规划及整合的意见建议》获得年度民建市委会参政议政成果二等奖。民建上城总支获民建市委2011年度征文活动优秀组织奖,一支部、三支部、四支部获2011年度民建市委会先进支部荣誉称号和“民建会章、会史知识竞赛”先进集体;吴美萍等15名会员当选民建杭州市第十二次代表大会代表,其中吴美萍当选市委常委,申屠宇星、王理顺当选市委委员。卢若蓉、李国平、闵涛、吴美萍获2006~2010年民建浙江省优秀会员荣誉称号;吴美萍等18名会员获2006~2010年民建市委会优秀会员荣誉称号;王理顺、李建德获民建省委会社会服务工作先进个人和“中国建筑装饰行业2010~2011年度全国优秀企业家”荣誉称号;毛时法获“2009~2010年度杭州市优秀注册会计师”称号;潘涛设计的新侨饭店项目获“浙江省优秀设计奖”;闵涛获2011年度上城区政协委员积极分子荣誉称号;周红在由中国教育科研学会主办的“第三届中国教育系统优秀教育成果全国评选”活动中获二等奖,在“绿谷油翁杯”第五届浙江省青少年文学之星比赛中获指导教师奖;卢慧男获2010年度杭州市教改之星称号。何奇受聘为全国家具商业联合会常务理事;麻侃受聘为省律协行政专业委员会副主任、全国律协行政法专业委员会委员;潘志超受聘为民建市委会艺联会常务副会长。

【举办各类讲座及活动】 2011年,民建主办各类讲座5次。3月,三支部和民建省属综合一支部联合举办“重温历史、同心同行、创新实践”大型学习座谈会。6月8日,与杭州民革书画支部、民建上城会员企业家联谊会联合在杭州岳王艺术城主办“诤友牵手,书画义卖”活动,所得3万元善款予以捐助。7月,举办民建上城总支企业家联谊会暑期学习研讨会,组织会员考察舟山群岛海洋渔业、岛屿经济旅游开发前景。连续7年由四支部和民建市委会员法律咨询服务部共同策划在上城区进行防空洞纳凉点为市民开展法律咨询和医疗服务。11月,参加区统战部组织的“爱心社区行”活动。

【民进杭州市委会上城总支】 中国民主促进会(简称民进)上城总支现有支部10个,会员176人,其中新发展会员5人。现有市政协委员2人、区人大代表3人,区政协委员7人。全年开展调研活动8次,递交提案、议案和社情民意71件,其中《关于采用邮资明信片作为西湖风景门票的建议》得到市委副书记、市长邵占维批示。《论上城区大学生创业与产业结构转型升级的双向互动》获区各民主党派调研课题评比一等奖。5月,举办庆祝中国共产党成立90周年摄影图片汇集展示和“周周英烈颂”、“风雨历程”党史竞赛活动。7月,组织开展“重温党的光荣历史,讴歌党的丰功伟绩”活动。小营支部被民进省委会评为2011年度先进支部,杭十中支部被市委会评为“学习宣传工作先进支部”,建兰中学支部被市委会评为“组织建设工作先进支部”,第二联合支部被市委会评为“议政调研工作先进支部”,薛鸿翔、陶长根、张铁群、朱红、徐敏被市委会分别评为学习宣传工作、组织建设工作、议政调研工作、社会服务工作和反映社情民意信息工作先进个人,俞珺被评为杭州市教育局“师德楷模”。2011年,组织会员赴桐庐百江支教2次,第二联合支部建立“支部助学基金”,王扬燕、王晨华、俞珺、骆靖、邱惠国与桐庐百江的5名贫困孩子助学结对。会员刘志斌在“开展城乡少年手拉手助学活动”中向甘肃省临夏市袍罕镇铜匠庄小学捐款捐物合计3.50万元。

【民进杭州市上城区总支更名】 12月22日,根据《关于同意民进杭州市上城区总支部委员会更名为民进杭州市上城区基层委员会的批复》文件精神,民进杭州市上城区总支部委员会正式更名为民进杭州市上城区基层委员会。12月29日,民进杭州市上城区基层委员会召开换届及更名大会。经选举,薛鸿翔为主任委员,吴坚、俞富根为副主任委员,马立新、王杲哲、王晨华、朱红、陈夏琴、袁小航、徐敏、章雨、董文伟、蔡晏燕为委员。区政协副主席、区委统战部部长袁巧玲,民进市委会专职副主委张爱莲参加会议并讲话。

【农工党杭州市委会上城总支】 中国农工党(简称农工党)。农工党上城总支现有支部3个,成员69人(在职31人,退休38人),其中新发展党员3人(傅丽红、叶铭洁、施杭新)。2011年,当选区人大代表2人(韦云、郑敏芳),区政协委员5人(郑丽芳、赖小、独缨、方平、郑丽芳)。开展组织活动3次,大型调研活动2次,社会服务活动3次,撰写提案、议案及社情民意10件。组织党员调研撰写《医改背景下进一步加强我区社区卫生服人才队伍建设的建议》调研报告并在政协大会上作了发言。农工党上城总支被农工党杭州市委会评为市先进集体,所属三个支部被评为三星级支部,第一、第三支部被评为市先进支部,第二支部被推荐为省先进支部,党员郑敏芳、郑丽芳、宋燕被农工党杭州市委会评为先进党务工作者,郑丽芳被评为农工党杭州市委会参政议政先进个人,韦云、李望苗被评为参政议政先进个人。农工党上城总支在区委统战部组织的"同心同行同向"演讲比赛中获三等奖。

【致公党杭州市委会上城总支】 中国致公党(简称致公党)。致公党上城总支现有支部3个,党员47人,其中新发展党员3人(吕晴、蔡群盛、何元军)。有市政协委员3人(俞华、杨帆、金一飞),区人大代表3人(陶群、王容峰、金一飞),区政协委员3人(张虹、吴韵、丁一平)。全年开展组织活动3次。提交提案、议案和社情民意29件,其中《中药材价格上涨过快不利于中医药事业发展》被中央统战部录用,《建议免费发放苗木种子促进立体绿化进千家万户》等4篇信息被杭州市人民政府采用,《关于推进上城区民营经济转型的调研》被区政协评为优秀提案。杨帆被中共杭州市委办公厅、杭州市人民政府办公厅授予"人民建议纪念奖"。王容峰在浙江省青年企业家协会、青年时报社、新华网浙江频道联合主办的"2010年度浙商新锐榜"评选活动中评为"2010年度科技应用新锐奖"。

【致公党上城总支换届】 11月2日,致公党上城总支进行换届选举活动,总支主任杨帆作工作总结报告,选举产生新一届领导班子,杨帆为主任,陶群、王容峰、严明、丘永宁等为副主任,杨帆代表新班子作了表态发言。致公党杭州市委会秘书长钟玉腾作了讲话。

【九三学社上城支社】 九三学社上城支社现有成员29人,其中新发展社员2人。有市人大代表1人、区人大代表4人,区政协委员7人。全年开展组织活动4次。在区"两会"上,徐志忠、叶俊杰向大会提交议案6件,其中叶俊杰撰写的《关于充分发挥政协委员界别作用的建议》被列为重点提案,徐志忠撰写的《关于进一步提升标准化建设的建议》在大会发言。在6月23~24日举行的九三学社杭州市第七次代表大会上,马彦、徐志忠当选为新一届的市委会委员。方顾当选社市委青年工作委员会委员,朱盈当选文体工作委员会委员,陈玲当选信息工作委员会委员。俞迪荣获社市委"2011年度社务工作积极分子"称号,陈玲被九三学社杭州市委员会聘为"特邀信息员"。 (毛健儿)

工商联

【规范基层商会管理】 加强基层组织建设工作指导。9个基层商会中有6个完成了民政部门的备案登记手续,规范了商会的内部管理制度。5月,配合区财政、区民政部门,完成对已经备案登记的基层商会和区总商会的小金库复查行动,规范商会财务管理体系,建立、健全工作机制。健全秘书长例会制度,每季度召开秘书长会议,听取各基层商会工作汇报,引导基层商会探索富有成效的运行机制和活动方式。明确基层商会考核制度,年初报计划、年终作总结、年度要评比,使得基层商会工作有序开展。引导基层商会开展丰富多彩的活动。各基层商会逐渐形成自身发展特色,如望江街道商会的为企服务"暖心工程"、南星街道商会的凝聚力、清波街道商会的人文性、清河坊历史街区商会的丰富特色活动等。

【壮大会员队伍】 通过区工商联和基层商会的共同努力,全年共发展会员50家,吸收了一批综合素质好、科技含量高、资产质量好、具有成长性的企业成为新会员,为商会注入了新生力量,增添了新的活力。

7月，组织会员企业信息联络员参加网络系统操作培训。 （区工商联　供稿）

【强化企业信息队伍建设】 3月底，在商会网站改版正式上线前举办了一场网络系统操作培训班，召集了66家企业的信息联络员参加培训，并组织建立信息联络员QQ群，为各会员企业利用网络系统享受工商联为企业服务打下良好基础，提高了区工商联获取企业情况的便捷性、及时性和真实性。为保证改版升级后的商会网站顺利上线和充分发挥其功效，7月，区工商联再次组织会员企业信息联络员进行网络系统操作培训，指导他们利用商会网站发布企业经营管理、产品宣传、党团工会动态等信息，同时为企业信息员提供了一次沟通联谊的机会。

【开展优秀社会主义事业建设者评选活动】 对街道推荐上来的优秀非公经济人士进行综合评价，于2011年1月向区委常委会汇报评价结果和推荐情况，2月，由区委、区政府发文表彰余强等20名非公有制经济人士为“第四届上城区优秀社会主义事业建设者”，同时在《上城报》、商会报刊上做了先进典型宣传。通过深入开展优秀社会主义事业建设者评选活动和后期宣传，营造非公经济人士健康成长良好氛围，激发广大非公有制经济人士创业、创新和投身社会慈善事业的热情。

【引导企业投身公益活动】 区工商联坚持每年2次组织非公企业负责人赶赴建德看望慰问帮扶的困难家庭和贫困学子，以开展“1+X”结对帮扶活动为契机，引导非公有制经济人士自觉履行社会责任。2011年1月，组织杭州千惠礼品有限公司、杭州晨光塑料化工有限公司、杭州迅达铁路机车配件厂(以下简称杭州迅达)、杭州中瑞思创科技股份有限公司(以下简称中瑞思创)、皇饭儿、杭州大运盈通科技有限公司(以下简称大运盈通)、杭州乌屋实业有限公司(以下简称乌屋实业)、杭州超群科技有限公司、胡庆余堂9家企业参加“1+X”结对帮扶活动。6月22日，区长助理陈鸣和区工商联领导班子等一行5人赶赴建德市乾潭镇看望慰问结对帮扶的贫困人士并开展了一次小型调查研究活动，确定了帮扶项目《方便之行》。采购20辆轮椅和100支拐杖赠予乾潭镇120名残障、老年人士，合计1.48万元。6月，在区关工委牵头下，组织区24名非公经济人士参与上城“帮困助学”活动，此项活动已经连续开展8年，累计帮困结对205人次，资助学费10.25万元。2011年，区工商联会员企业参加“爱心公民日”、“春风行动”等公益性活动捐款、捐物约500万元。

资料　**“1+X”**:2008~2011年，上城区开展了第一轮“1+X”社会结对帮扶活动，动员全区各企事业单位、行业协会、志愿者组织等充分利用各自的资源优势，结对帮扶1户或X户困难家庭，从就业、教育、医疗等方面给予有针对性的帮扶，构建了困难群众长效帮扶机制。

【开展会员教育培训】 2011年，区工商联制定《上城区2011年非公有制企业人才培训方案》，明确非公有制企业人才培训的指导思想、培训目标、培训形式及培训内容和学时安排。6月9~10日，举办会员体检培训活动，特邀亚洲唯一受证双语导师李育新作“沟通智慧”讲座，杭州市急救中心专家给企业管理人员讲授家庭急救常识，近100名企业负责人和管理人员参加培训。7月5~15日，杭州市首届非公有制经济代表人士培训班在杭州市社会主义学院举行，由副主席兼秘书长陈玉珍带队，杭州海兴电力科技有限公司、浙江百诚集团、新丰小吃、浙江泰乐通信技术有限公司4家企业负责人参加培训。推荐中瑞思创副总经理俞国骅参加第33期浙江大学“商业模式创新”专题研修班。10月29日~11月2日,组织浙江宇天科技股份有限公司(以下简称宇天科技)、杭州海兴电器有限公司(以下简称海兴电器)等两家企业高管赴清华大学参加“品致杭商——清华大学商会常执委高级研修班”学习培训,课程内容涉及企业文化提升、当前经济形势分析、财经培训等。将网络学习与现场培训相结合,利用商会网站网络课堂栏目、市工商联民营企业学习新干线等网络学习平台,向会员企业管理人员提供涉及人力资源、行政、营销、财务、生产、企划等各方面的网络学习资源。

【深入开展非公经济调研】 区工商联领导班子严格执行走访制度,多次深入企业了解情况,帮助企业疏通渠道、解决困难。根据区工商联实际和上城经济发展情况,完成《关于工商联在组织非公经济参与社会建设和管理的若干建议》、《关于推进我区民营经济转型升级的调查与思考》等调研项目,提出有针对性、可操作性的调研报告,为区委、区政府制定有关经济社会的发展政策措施提供决策参考。根据全国工商联关于全国民营企业500家的调研部署安排,完成对全区规模以上企业的深入调查研究。

【做好非公经济人士政治推荐工作】 联合区19个部门对85名上城非公经济人士进行综合评价。配合完成杭州市工商联换届工作,根据评价结果向市工商联推荐23名常执委候选人,在杭州市工商联第十二次会员代表大会上,上城区有19名非公经济代表人士当选市工商联第十二届执行委员会委员,其中宗庆后、朱明虬当选副主席,林东、沈国民、朱军岷当选杭州市总商会副会长。筹备区工商联第八次会员代表大会,结合评价结果推荐80名常务执行委员会候选人。配合区政协区第八次代表大会代表的换届工作,根据有关规定,区工商联推荐13名非公经济人士参选。

【搭建政企信息互通桥梁】 充分利用由20名有关部门负责人组成的顾问团优势,依托政企连心沙龙平台,解决政企信息不对称问题,2011年,着重就涉及劳动保障政策、财税金融服务等方面开展活动。年初,区总商会和各基层商会筹备新春团拜会,特邀市、区、街道部门领导和各会员企业老总联谊恳谈,全方位搭建政企沟通交流平台,促进政府职能部门与企业以及会员企业之间的关系,增强商会凝聚力。为拓宽政企沟通渠道,区工商联在商会网站上链接区政府办事大厅以及省、市、区相关部门官方网站,开设网站办事留言板块,让遇到困难和需要向相关部门办理相关事宜的企业在网上进行咨询。

【构建企业发展经贸平台】 有选择地组织民营企业参加有关经贸招商活动,带领企业家“走出去”学习考察,为非公企业促销产品、开拓市场、寻找商机搭建平台,助推非公企业加快转变经济发展方式。3月,组织部分主席(会长)赴南宁学习考察。4月,对需参加民营企业“法律体检”专项活动的企业进行摸底,确定浙江银燕航空服务有限公司、皇饭儿、浙江神铁科技有限公司3家参加法律体检企业名单上报杭州市工商联。4月13日,组织杭州迅达、鸟屋实业、陶都建材有限公司、杭州金兰投资有限公司参加广东招商引资活动。6月,组织国药控股浙江分公司、杭州迅达、鸟屋实业参加阿克苏(杭州)投资推介会。各基层商会充分发挥其经济性,搭建经贸平台,为企业合作搭桥牵线,充分发挥企业会员优势,采取以商引商、以商引资方式,扩大街道辖区招商引资项目,6个街道商会2011年招商引资数额超过20亿元。

【提供企业展示交流平台】 2011年,区工商联先后为副主席、常委、执委、直属会员、基层商会订阅《浙江工商》杂志70份、《中华工商时报》报刊60份,赠送《上城商会》(双月刊)500多份。充分挖掘企业经营管理和和谐发展过程中的典型先进,通过在《上城报》、商会报刊、网站上宣传推广,起到商会引导、企业互促的效果。经过半年左右的策划设计、数据处理与集中测试,原商会网站于4月顺利改版升级。改版后的商会网站增加多项交互性动态项目板块,突出展现区工商联对企业服务支持的职能,为会员企业搭建了方便进行产品展示、交流联谊、合作共赢的平台。首届世界浙商大会于10月23~28日在杭州举行,区工商联组织19家会员企业主参加开幕式,在这场浙江省迄今为止规格最高、规模最大的浙商精英聚会中，企业家获得了一个了解信息、把握政策、寻找项目的好平台。

【引导民企加快转型升级】 4月25日，举办企业转型升级发展论坛，20名企业家参加本次论坛，大运盈通、海兴电器、中瑞思创、绿盛集团有限公司等企业负责人就企业如何在困境中开拓思路、寻求新发展作了经验交流。论坛上，部分企业在市场开拓、产品研发、管理创新、技术升级等方面的创新做法给参会企业代表带来启发，区有关领导到场听取企业经营和转型升级发展工作情况并作出相关指示。区工商联以此次论坛开展为契机，利用《上城报》、《上城商会》、商会网站等媒体专题宣传转型升级企业的典型范例和成功做法。向80名执委和各基层商会秘书长赠送曾经打造两家世界500强的日本企业家稻和盛夫著作的《活法》套装书，在11月8日会员代表大会上向与会的188名会员代表免费赠送稻和盛夫著作《人为什么活着》一书，引导会员企业主提高企业经营水平和自身综合素质，寻找转型升级发展的思路和方向。

【倡导企业构建和谐企业文化】 在做好企业主和企业高管人士教育培训工作的同时，引导或直接帮助企业负责人对员工的素质培养、用人机制的完善和企业文化的建设。继2010年区工商联发动会员企业参加“学弟子规、做文明人”活动，将优秀传统文化践行于企业文化建设中，2011年，区工商联主席陈砚菁每月安排固定时间走进企业为员工进行素质培训，帮助企业构建和谐企业文化，激发员工的创新、创业激情。根据企业需求，陈砚菁为青藤茶馆、杭州熙丽健康美容咨询公司等企业员工提供素质培训，提高员工工作积极性和团队凝聚力。

【引导非公企业构建和谐劳资关系】 引导企业主重视党团工会组织的建设和活动的开展，通过开展“创先争优”活动，发挥党员先进性，听取员工意见建议，促进企业和谐健康发展。通过领导班子定期的走访调研，了解企业“创先争优”活动的开展情况，鼓励企业负责人支持企业党、团活动的开展，挖掘典型先进，利用商会报刊等媒介向全区企业宣传海兴电器、中瑞思创、宇天科技、思美传媒股份有限公司、杭州红泥餐饮娱乐有限公司、东建贸易有限公司等一批优秀非公企业党团建设情况和做法，营造“树典型学先进”的良好氛围。利用商会报刊向会员企业刊发浙江省工商联九届五次执委会提出的《关于深入发展和谐劳动关系的倡议书》，鼓励和引导非公企业建立规范有序、和谐稳定的劳动关系。5月11日，利用政企连心沙龙平台举办劳动保障政策报告会，邀请区劳动与社会保障局专业人员向企业管理人员介绍就业管理方面优惠政策、杭州社保政策和7月1日起实施的《中华人民共和国社会保险法》，近70名企业管理人员参加，并与主讲人员探讨企业在经营过程中遇到的人事管理问题。

【做好换届选举工作】 根据区委转发的区委统战部关于工商联换届的工作意见精神，从8月开始，区工商联进入换届的筹备工作状态。经过区工商联和各基层商会的提名推荐和考察，确定188名第八次会员代表大会代表。广泛听取各职能部门意见基础上，将有代表性、先进性的非公企业人士吸收进工商联的领导班子，通过非公有制经济人士综合评价后，结合行业代表性、年龄结构、知识结构等因素，确定主席、副主席、常委、执委推荐名单，经区委常委会审核确定候选

4月25日，区工商联举办企业转型升级发展论坛。 （区工商联 供稿）

5月11日,区工商联举办政企连心沙龙(20)暨劳动保障政策报告会。

(区工商联　供稿)

人名单。11月8日,区工商联第八次会员代表大会在区机关会议中心礼堂举行,大会听取并审议通过区工商联第七届执行委员会所作的工作报告,以无记名投票方式,等额选举产生80名执委组成的区工商联第八届执行委员会。第八届执委会第一次会议选举产生了由42人组成的第八届常务委员会,执委会议期间进行区商会换届工作。

【强化机关队伍作风建设】 领导干部带头学好文件精神,在机关干部集中学习会上深入学习《〈中共中央、国务院关于加强和改进新形势下工商联工作的意见〉学习问答》(以下简称《意见》)一书,切实把思想认识统一到《意见》精神上来,把实际行动统一到中央决策部署上来。结合《意见》和《中共浙江省委、浙江省人民政府关于加强和改进新形势下工商联工作的实施意见》精神,全面梳理区工商联工作情况,多次向区委、区政府领导汇报工商联工作,听取区委对工商联下一阶段工作的部署和安排。根据全区治庸治懒治散"效能亮剑"专项行动的部署安排,区工商联自5月开始,全面加强思想、组织、作风、制度建设,深入查纠机关干部在学习、思想、工作和生活作风等方面存在的问题,着力提高干部队伍的责任意识、执行能力和工作效能,不断增强工商联凝聚力、影响力、执行力,更好地服务科学发展和实现自身科学发展。通过每周一的集中学习和"杭州干部学习新干线"等平台,提高机关干部学习积极性,提升机关干部的理论素质和道德修养。机关干部对照"五要五不要"、"四项禁令"的规定做好自我纠查和相互监督工作,深入查找机关作风和效能建设存在的突出问题;将《弟子规》学习与党风廉政教育、作风建设相结合,强化公务员为人民服务的责任意识,从思想上规范日常行为;加强政治理论和专业知识学习,提高为非公企业和非公经济人士服务的专业技能。

11月8日,召开杭州市上城区工商业联合会第八次会员代表大会。

(区工商联　供稿)

(俞玉静)

工　会

【概况】 2011年,上城区总工会围绕“十二五”时期开局之年的目标任务,以纪念中国共产党成立90周年为动力,“创先争优”攻艰克难,各项工作取得积极成效。开展党工共建“创先争优”活动,大力加强工会组织建设,截至2011年底,全区共有工会组织1043家,工会会员119863人。加强对工会干部的培训,全年区总工会培训工会干部328人,选送市总工会培训21人、省总工会培训5人,工会干部队伍的工作能力和水平有较快的提高。全区职工培训总人数18926人,其中女职工培训1652人,劳动合同法规培训597人,安全生产培训1174人,学历教育及上岗证培训3855人,参加“万名职工免费培训”200人,远程教育888人,其他各类管理等培训10560人,“创先争优”能力不断增强。

【开展劳动竞赛和主题实践活动】 2011年,区总工会组织全区各级工会开展“创先争优”劳动竞赛活动,牵头组织上城区第六届现代服务业技能大赛。基层单位组织开展岗位练兵技术比赛154次,有5000名职工参加现场管理、安全生产等30多个项目的比赛。在技术创新活动中,共收到职工合理化建议1969条,采纳并实施项目746项,为企业增效降耗2.02亿元,取得较好的经济效益。

【促进劳动关系和职工队伍和谐稳定】 坚持工会与区政府联席会议制度,加大源头参与力度。全区6个街道、系统(局)工会全部建立了工会劳动法律监督委员会,构建了覆盖全区的劳动争议调解组织。全年召开区级劳动关系三方协调会2次,与劳动部门共同调解处理劳动争议案件38件,涉及职工58人,参与劳动仲裁2件,结案2件。贯彻落实区委、区政府《关于深入开展和谐劳动关系创建活动的意见》,2011年,有496家覆盖企业参与“小三级”和谐企业的创建,创建率达到100%,有298家为和谐达标小企业,达标率60%。全区6个街道和54个社区参与了创建工作。深化企业社会责任建设,全区69.7%规模以上和谐达标企业开展了社会责任建设活动。

【推进平等协商集体合同和职代会制度】 推进平等协商集体合同、职代会制度和6个街道区域性集体合同、工资集体协议、女职工权益保护专项协议全覆盖。全区累计签订集体合同590份,覆盖590个基层工会52168名职工,签订率94.4%。区总工会协同区劳动和社会保障局、区安监局、区卫生局等部门开展《中华人民共和国劳动法》、《中华人民共和国安全生产法》、《中华人民共和国职业病防治法》等法律、法规的宣传教育工作4次,接待职工咨询650人次,发放宣传资料6000份,组织123个企业单位参加“安康杯”安全竞赛活动。

【夯实工会组织基础】 区总工会抓好非公企业组织的工会组建和发展劳务派遣工入会工作。全年召开以税代征推进工会组织建设相关会议11次;在中华全国总工会的组织下,开展非公法人数据库核查、录入企业数据5265家;实地走访法人单位4415家,发放相关资料1.23万份(册);完成新建企业工会1198家,发展新会员51885人,认定并申报工会筹备金单位

1月20日，区领导慰问困难职工。（区总工会 供稿）

641家；开展劳务公司建会和劳务派遣工入会行动，排查劳务公司21家，符合建会条件公司15家，截至2011年12月，已全部建立工会组织，共有4786名劳务派遣工加入工会组织；区总工会超额完成市总工会2011年下达的指标任务。

【开展困难职工维权帮扶工作】 发挥职工维权帮扶服务中心的作用，对16名患重大疾病的职工实施帮扶，投入帮扶资金3.20万元。坚持开展元旦春节“送温暖”慰问活动，发放“送温暖”资金16.30万元，对156户困难职工家庭、54名困难劳模家庭进行慰问，发放慰问金和慰问品合计17.83万元；开展“送清凉”活动，对63家企业、5000余名职工进行慰问，投入慰问金20万元；“金秋助学”受助大学生180人，资助108万元；做好女职工安康团体疾病保险，参加女职工安康保险职工5140人，投保5140份、10.28万元；免费为300名困难单亲女职工投安康保险，投保6000元；开展职工医疗互助工作，有48家单位、4198名职工参加，投保20.99万元，较好地解决了职工患重大疾病的后顾之忧。

【举办“庆三八 展风采”时装走秀展示活动】 3月7日，区总工会在杭州市工人文化宫活动中心举办以“健康、阳光、美丽、时尚”为主题的“庆三八 展风采”时装走秀展示活动，活动分职业服、休闲服、唐装、礼服4个比赛项目。来自城管、执法、公安、劳动等系统的女干部，医务人员，教育工作者，街道和社区的工会干部，一线环卫工人等16个单位的64名女职工参赛，平均年龄为27.40岁。活动展示了上城广大女职工在事业、家庭中自信、自强、自尊、自爱的精神风貌。

【开展“爱心体检卡”发放工作】 5月9日，区总工会从工会帮扶工作管理系统中筛选出一批困难单亲女职工和女农民工，提供每人一份价值约500元的免费体检卡。此次共发放免费体检卡50份，价值约2.50万元，体检包括肝、肾功能等生化34项检查和宫颈癌早期检测、乳腺B超、妇科常规检查等项目，为区困难单亲女职工及女农民工送去健康关怀。

【举办第六届现代服务业技能大赛】 8月25日举办的第六届现代服务业技能大赛是上城区开展职工技能大赛以来首次进行的区级职业技能一类竞赛项目。40余家企业组成的12支代表队共80人（其中美容38人、美发42人）选手参加本届大赛，其中6人获得

8月25日，举办上城区第六届现代服务业技能大赛。（区总工会 供稿）

金奖及高级工职业资格证书，14 人获得银奖及中级工职业资格证书，同时他们被选聘为“上城区职工职业技能带头人”。

【启动“送温暖”活动】 2011 年，区总工会对列入困难职工档案的家庭通过上门走访、到医院探望等形式进行慰问，各街道、系统、单位根据困难职工的实际情况组织工会干部与困难职工开展结对帮扶活动。发挥工会劳动法律监督作用，建立应急保障金制度，为职工解决因企业破产、倒闭和欠薪引起的劳资纠纷提供法律援助服务。开展“平安返乡行动”，为农民工返乡提供团体购买火车票服务，对留杭过年的职工以维权帮扶服务中心为平台，及时提供“急难险”救助和其他帮助。（金　晨）

团区委

【概况】 上城区有 14~28 周岁青年 14580 人，基层团委 37 个、基层团工委 8 个、基层团总支 30 个、基层团支部 390 个。2011 年，上城区共青团工作围绕打造“南宋古都·经典上城”的城区品牌，以“紫薇·原点”青年人才培养工程为契机，推进共青团工作的社会化发展，不断探索新时期做好青年群众工作的方式方法，被授予 2011 年度省级先进团委荣誉称号。开展基层团建百日攻坚行动，新增非公企业团组织 61 家，新社会组织建团 10 家，外来务工者集聚地建团 2 家；完成 6 个街道基层团组织格局创新，配备编制外副书记 26 人、编制外团工委委员 68 人；开展相亲交友、创业沙龙、“心灵鸡汤”等活动 10 场，服务商圈企业团员青年 1000 人次；新命名区级青年文明号单位 11 家，复评 32 家；在全国文明城市创建中，组织志愿者 3000 人次开展文明劝导志愿服务，服务时数达 3300 小时。

【推出“青春优品换宝网”志愿服务网络平台】 “青春优品换宝网”于 3 月 3 日正式上线投入使用。团区委在网站原有功能的基础上，实现了志愿者注册、活动信息发布、需求对接、志愿者激励一站式解决，推行“志愿服务时数积分换宝”模式，志愿者必要的交通、误餐补贴及后勤保障可选择以积分的形式给予发放，积分可在换宝网上兑换相应的物品。

【召开上城区志愿服务文化体系发布会】 3 月 3 日，团区委、区志愿者工作指导中心正式推出上城志愿服务文化体系。该体系包括一个志愿者标识（集爱心、和平鸽和微笑于一体），一个志愿者形象（代表奉献、微笑和忙碌的小蜜蜂小南），一张志愿者身份卡，一个志愿者活动网络发布平台（青春优品换宝网），以及鼓楼城市志愿服务微笑亭阵地，全方面诠释上城志愿服务品牌文化。在上城区志愿服务文化体系发布会上，20 个社团展示科普宣传方面的志愿服务，为群众提供环保、低碳、控烟、养生等志愿服务。

【与“谁房子”艺术机构合作开展青年系列活动】 4 月，通过服务外包形式与上城青年创业企业“谁房子”艺术机构合作启动了“POWER UP”创业青年系列活动项目，借“谁房子”的场地和资源，开展 20 多场包含创业交流、商品展卖、技能比拼、公益服务、艺术展览等内容的活动，面向全市创业青年，开展“服不服”青年创业企业 CEO 峰会、迎“五四”创业青年出游、关爱“小蒲公英”活动等、中小网店转型升级座谈、“美食恋人”厨艺比拼等活动，服务创业青年 300 人次。

3 月 3 日，举办区志愿服务文化体系发布会。（团区委　供稿）

5~6 月，开展“小小新杭州人心愿征集”活动。（团区委 供稿）

【开展“小小新杭州人心愿征集”活动】 5~6 月，团区委联合广宇爱心基金启动“小小新杭州人心愿征集”活动，面向全区范围内的外来务工人员子女征集了 500 份心愿。六一期间，通过《钱江晚报》和“豆瓣网”招募 20 名志愿者，组成爱心小分队开展线下活动，完成了小朋友的心愿。如为白血病学生捐款、化身“爱心精灵”送礼物进校园、带小朋友去动物园游玩及陪同观看《功夫熊猫》等。动用广宇爱心基金 1.50 万元，完成 500 名外来务工人员子女的心愿，获得良好的社会反响。

【开展“垃圾分类·文明有我”志愿服务活动】 6 月，团区委联合区城管办、小营街道开展“垃圾分类·文明有我”志愿服务活动。成立由大学生、社区居民、社会人士组成的垃圾分类志愿服务队，并于 6 月 27 日对志愿者进行专项培训，介绍服务内容、注意事项、垃圾分类重要意义和垃圾分类工作现状。来自浙江工商大学的 40 余名学生志愿者，分头走进小营街道 12 个社区，在 2~3 周内，依托“五个一”配合社区开展垃圾分类宣传实践活动。共发放调查问卷及宣传资料 500 份，撰写了《居民生活垃圾分类投放现状调查及发展路径研究——以上城区小营街道为例》的调研报告。

资料 **“五个一”：**即一个志愿者标识、一个志愿者形象、一张志愿者卡、一个志愿者活动网络平台、一个城市志愿服务阵地组成的志愿服务文化体系。

【承办低碳贸易节与生态文化节】 6 月，为宣传“循环经济”思想，培养少先队员节约资源、爱护环境意识和良好的行为习惯，团区委组织承办了杭州市青少年低碳贸易节、青少年生态文化节等活动，帮助青少年知晓更多旧物循环利用的知识，践行健康低碳的生活方式。

【开展“祝福献给党”千条红色微博征集活动】 6 月，与区委宣传部合作开展“祝福献给党”千条红色微博征集活动，并以此为契机启动基层团组织微博信息互动体系建设，要求团员青年通过个人阅读党史、观看红色经典、参观红色基地等亲身经历和感受，赞美祖国的变化，挖掘身边先进，抒发自身感受，收到微博投稿 1000 条。

【启动鼓楼志愿服务微笑驿站】 7 月 1 日，鼓楼志愿服务微笑驿站服务行动正式启动，设有爱心捐赠、便民服务、爱心工坊、健康生活、禁毒宣传、跳蚤市场、文艺娱乐七项活动，采用项目承包制开展服务。每周一由各街道、社区轮流承办开展爱心义卖，义卖款项将用于帮助外来务工人员子女；周二为市民提供免费理发服务；周三由志愿者教授废纸折花艺术；周四由区卫生局提供血压测量、口腔义诊、中医理疗等服务；周五由区禁毒办禁毒志愿服务队提供美沙酮治疗等相关知识宣传；周六的跳蚤市场为大家提供了一个以物换物的场地；周日的鼓类教学向来自上城区千人腰鼓队、喜羊羊健身队的志愿者现场学习吹拉弹唱。团区委专门开通“上城小蜜蜂公益”官方微博，与《杭州日报》和《钱江晚报》等媒体合作，继续向社会招募社会团体和热心公益的企事业单位参与鼓楼志愿者微笑驿站的项目设计和公益服务，适时更新服务内容，让公益更多元，服务更长效。

【成立上城区青年联合会】 10 月 14 日，上城区召开青年联合会一届一次全体会议。大会审议通过了杭州市上城区青年联合会一届一次全会的工作报告；选举产生青年联合会第一届委员会成员班子，团区委书记章琪任青年联合会主席。上城区青年联合会成立，吸收了辖区科技文化、教育、商贸旅游、财税金融、行政管理、公共服务、医疗卫生、军警政法8个界别领域青年人才122人。

10月14日，召开上城区青年联合会一届一次全体会议。 （团区委 供稿）

【开展“缘聚共青”系列交友活动】 10月，以“缘聚共青”QQ群和微博为平台，做好青年交友系列活动为目标，团区委与浙江大学医学院附属第二医院联合开展了“缘聚共青·天使之恋”大型交友活动；来自街道、社区以及70多家新建的“两新”组织200名团员青年参与。中国人寿浙江省分公司、浙江工商大学、区教育局、区卫生局、浙江大学医学院附属第二医院、南华期货等公司一起举办了“缘聚共青 浪漫上城”交友派对；南星街道举办了“缘聚共青 复兴商圈”联谊活动，清波街道举办了“才子佳人‘缘’宵会”活动；区教育局团工委联合浙江物产集团公司团工委开展了“缘聚共青 释放活力”单身青年联谊活动等。近千人参与了“缘聚共青”系列活动。

【创办“紫薇·原点”网店】 11月，区团委整合资源，以机关党团员政策咨询志愿服务QQ群为后台依托，在淘宝网上创办了“紫薇·原点”网店。将与青年相关的就业、创业政策咨询，活动参与，爱心义卖等青年工作内容以“商品”的形式放入网店，将服务的评价权交给青年，将活动的报名入口面向社会开放。咨询内容、政策咨询等“商品”售价为0.01元，青年在接受服务后可通过购买“商品”给予评价，所有收入将捐给上城区慈善总会。此举得到了各界关注，《钱江晚报》、“浙江在线”、“浙江之声”广播电台、“浙江卫视新蓝网”、“网易”等多家媒体予以报道。

10月，开展联合“缘聚共青·天使之恋”大型交友活动。 （团区委 供稿）

【开展“城乡百团结对共建”行动】 11月11日，团区委牵头与富阳湖源乡开展“牵手湖源·共同成长——城乡百团结对共建”行动，联合组团内杭州移动、萧山宁围镇团委等11个单位向湖源乡幼儿园赠送了少儿图书200册，杭州中瑞思创科技股份有限公司、杭州交联电气工程有限公司、浙江百诚集团、杭州东华链条集团及杭州移动公司富阳分公司等共建单位的团组织也分别向湖源乡小学和幼儿园赠送了总价7万余元的教育、教学器材，并就支持大学生村官创业等项目开展合作。

【开展为老志愿服务需求调查】 11月，针对唯康老年公寓等机构养老、居家养老人士差异化需求，提供文艺表演、心理疏导等服务的同时，开展为老志愿服务需求调查，从机构、社

11 月 11 日，举行“牵手湖源·共同成长——城乡百团结对共建”启动仪式。
(团区委 供稿)

区以及居家养老层面，从工作人员、养老人士以及准老年人角度展开摸底调研。

【举行浙江工商大学青年领袖培养工程项目对接仪式】 11 月 25 日，上城区“紫薇·原点”青年人才培养工程与浙江工商大学青年领袖培养工程项目对接仪式在南星街道水澄桥社区举行。团区委与浙江工商大学团委签订志愿服务、就业创业长期战略合作协议，南星街道与浙江工商大学公共管理学院签订共建大学生校外实习基地和优秀本科生、研究生到社区挂职协议，区委副书记袁建祥和浙江工商大学党委副书记王兴杰为基地授牌并分别讲话。

【评选“感动上城十佳志愿者”】 以“12·5”国际志愿者日为契机，团区委、区志愿者工作指导中心联合开展 2011 年度“感动上城十佳志愿者”评选活动，评选并表彰感动上城十佳志愿者，采用橱窗宣传、免费体检形式加大对志愿者的关爱和激励。

【召开纪念“五四”运动 92 周年表彰大会】 会议表彰 2010 年度全区共青团工作先进集体和个人，邀请“青春先锋·创先争优闪光言行”的代表作典型发言，正式启动千条红色微博征集活动。会议向全区广大团员青年提出四点要求：以科学发展观为统领，把“五四”青年满腔的爱国热情转化成投身上城区经济社会建设的实际行动；以实现人生价值为目标，实现区经济社会跨越发展的新征程中贡献青春和智慧；以树立社会主义核心价值体系为要求，以实际行动树立青年一代的崭新形象；全区各级党团组织站在确保党和人民的事业后继有人的高度，不断加强领导，共同关心和支持共青团工作，为青少年健康成长营造良好的环境和氛围。

【推出“志愿者专区”板块】 “青春优品换宝网”正式推出“志愿者专区”板块，吸纳志愿者在线注册，建立志愿者资源库。共享社区志愿服务需求，向 54 个社区下放发布志愿服务需求的权限，及时更新包括社区牵头组织的志愿服务活动内容以及本社区长期需要志愿者关爱的孤寡老人、残障人士等信息。对接单位和个人服务意向，把该网络打造成为各类公益组织、企业单位等提供服务意向的发布和对接平台。发动志愿者在网站上建立“爱心小分队”，邀请志同道合的志愿者加入，培育、壮大公益类青年志愿者队伍。

(许晓磊)

5 月 3 日，召开上城区纪念“五四”运动 92 周年表彰大会。 (团区委 供稿)

妇 联

【概况】 2011年，上城区妇女联合会(以下简称区妇联)带领各级妇联组织，坚持“发展是关键、维权是重点、服务是根本”的工作方针，同心同德筑坚强阵地、建温暖之家。上城区被评为杭州市实施“十一五”妇女儿童发展规划先进区，区妇联被评为杭州市实施“十一五”妇女儿童发展规划先进集体。区妇联坚持把围绕中心服务大局作为妇女工作的根本点，引导广大妇女姐妹投身经济社会建设，推进科学发展。倡导妇女岗位建功、岗位成才，推进家庭生活垃圾分类工作，建设学习型城区，开展“万户家庭网上学”活动，夯实文明家庭基础，为全国文明城市创建服务。坚持“创新性、务实性”原则，推进社会管理和服务创新，关注妇女需求，服务妇女姐妹，关爱弱势群体，完善妇女维权机制，健全儿童健康成长阳光机制，化解社会矛盾。推动“两个规划”的实施，统筹协调，强化宣传，营造关心妇女儿童发展的良好氛围，整合资源为妇女儿童办实事。坚持以建设“五好妇联组织”为载体，提高自身能力和素质，求创新、强管理、促发展，推进学习经常化、推进服务社会化，不断深化“创先争优”、深化组织建设。

资料 “两个规划”：即杭州市上城区妇女发展规划(2011~2015年)和杭州市上城区儿童发展规划(2011~2015年)。

【巾帼建功 服务社会】 以深化“巾帼文明岗”创建为载体，弘扬“设一个岗、带一片人，挂一个牌、树一面旗”的创岗理念，指导湖滨街道涌金门社区等29个单位创建全国、省、市级“巾帼文明岗”。以关心、关爱下岗失业妇女为重点，大力培育、扶持上城区来料加工业发展，探索多元化来料加工模式，上城区已有手工编织、景泰蓝工艺画制作、手工折纸、民间折扇、创意制作等多个来料加工品种，并通过门店、格子铺等途径进行销售。在南宋御街“吴越人家”、“一新坊”挂牌成立第4家女大学生创业实习(实训)基地，为女大学生创业、就业提供实习(实训)平台，帮助女大学生尽快融入社会。

【斐济总统夫人考察“姐妹手工坊”】 4月19日，浙江省妇联主席厉月姿陪同斐济总统夫人埃迪·考伊拉·奈拉蒂考一行4人到上城区上羊市街社区考察“姐妹手工坊”。实地参观“姐妹手工坊”工艺品的制作过程和成品陈列室，对上城区组织妇女开展来料加工生产的模式给予肯定。同时，对中国传统手工艺制作表现出极大兴趣，对一件件构思巧妙、独具特色、制作精美的手工艺品赞不绝口。

【开展“三八”国际劳动妇女节101周年纪念活动】 以“展巾帼风采 创品质生活”为主题，开展“三八”节系列活动。召开纪念“三八”国际劳动妇女节101周年暨先进表彰大会，表彰各行各业的优秀女性集体和杰出女性代表；开展“姐妹献爱心，广场送服务”大型广场咨询服务活动，为广大妇女送培训、送岗位、送政策、送信息、送法律、送健康；举办“妇女权益自我保护”法律维权知识讲座，组织“城管杯”庆“三八”妇女干部登山活动以及“庆三八·送鲜花”情暖你我心等其他纪念庆祝活动。

【推进家庭生活垃圾分类工作】 在深入走访街道社区、与城管办等部门沟通的基础上，召开区“五好文

3月1日，召开纪念“三八”国际劳动妇女节101周年表彰大会。

(区妇联 供稿)

9月13日，市委副书记、市长邵占维(右一)检查家庭垃圾分类工作。

(区妇联　供稿)

明家庭”创建工作会议暨家庭生活垃圾分类处理工作动员大会，部署上城区家庭生活垃圾减量和分类工作，全面启动家庭生活垃圾分类三年行动计划。明确实施垃圾分类工作要发挥社会组织、家庭和妇女群众的作用，在宣传发动和培训指导上狠抓落实。成立了家庭义务督导队、巾帼垃圾分类指导员2支队伍，策划了“一课、一册、一活动、一个好点子”的“四个一”活动。上城区有7万多户家庭实行垃圾分类投放，占全部家庭比例的77%，垃圾分类准确率达74%，垃圾投放准确率为70%。湖滨街道羊血弄小区成为市级家庭生活垃圾分类创建示范小区，小营街道小营民居小区、西牌楼小区和南星街道江新苑小区成为区级创建示范小区。市委副书记、市长邵占维到羊血弄小区考察工作，亲自担任家庭义务督导员，对上城区的家庭生活垃圾分类工作给予高度评价。上城区在杭州市家庭生活垃圾分类工作考核评比中获第一名。

【举办第六届“万户家庭网上学”活动】围绕学习型城区建设，倡导终身学习理念，开展第六届“万户家庭网上学”暨家庭生活垃圾分类网上培训活动。“网上学”活动由上城区五好文明家庭创建活动协调小组牵头，联合7个部门和单位共同开展。“网上学”结合当前社会热点，以垃圾分类从家庭起步，为创建文明城市增辉为主题，依托社区学院“e学网”平台，设置网上学习、网上答题、网上垃圾分类电子游艺大赛和网上金点子征集4个环节，普及生活垃圾分类知识，倡导终身学习理念。印制发放6500份学习指南、2000份宣传海报，扩大活动知晓率，营造浓厚的学习氛围，有2.30万户家庭注册进行网上学习，提供了数十个推进家庭生活垃圾分类的金点子。

【成立预防和制止家庭暴力委员会】随着省、市《预防和制止家庭暴力条例》的出台实施，上城区成立了预防和制止家庭暴力委员会，全面推进预防和制止家庭暴力工作。明确成员单位工作职责，开展宣传教育，营造舆论氛围；坚持预防为主、调解为先、综合治理的原则，逐步建立健全预防和投诉、处置、救助三大工作网络，将上城区预防和制止家庭暴力工作纳入法制化轨道；进一步完善了“平安上城”家庭维稳机制。

【完善各级维权接待工作网络】　突出区妇女儿童法律援助中心、社区妇女维权工作站、110家庭暴力援助

7月26日，举行第六届“万户家庭网上学”暨家庭生活垃圾分类网上培训启动仪式。

(区妇联　供稿)

中心等专业队伍的作用，强化服务意识，规范调处程序。以“成熟一个，发展一个”的理念推进各街道“妇女心灵驿站”建设，为街道分派固定的专业心理咨询师，发挥维权咨询热线、“异乡姐妹心灵港湾”、“巾帼维权志愿队”的作用，开展维权宣传和服务，多层面、多渠道、多形式做好妇女群众维权接待调处工作，化解疏导各类矛盾纠纷，消除不稳定因素。

9月30日，举办“妇女心灵驿站”现场推进活动。（区妇联 供稿）

【加大家庭教育指导力度】 全面总结“十一五”期间上城区家庭教育工作的成效和不足，科学谋划“十二五”时期家庭教育工作。在全区范围内组织开展上城区“十一五”期间优秀家庭教育指导工作者和优秀家庭教育指导项目评选活动，夯实家庭教育工作基础。开设家庭教育工作者培训班。指导湖滨街道岳王路社区家庭教育实验基地完成“‘1+N’家庭教育模式”课题结题工作；指导南星街道家庭教育实验基地确定课题项目，为进一步推进上城区“十二五”时期家庭教育工作进行有效的研究和探索。

资料 “‘1+N’家庭教育模式”：包含三层意思：从社区家庭教育目标看，“1”为未成年人，“N”为未成年人在德、智、体、美、劳等各方面的全面发展；从社区家庭教育对象看，“1”为未成年人，“N”为包括父母、祖辈、保姆等在内的所有家庭抚养人员；从社区家庭教育资源看，“1”为社区牵头，“N”为区域内一切可以利用的人、财、物各类资源优势的有机整合。

【创建文明家庭】 充分发挥妇联组织优势，把深化全国文明城市创建活动的工作任务与妇联的主要工作任务相结合，以妇女和家庭为重点，加强宣传发动，收集相关材料，规范制作工作台账。妇联系统参与全国文明城市创建工作考核指标涉及未成年人思想道德建设、文明家庭创建、维护妇女合法权益等36项内容，做好相关资料收集和台账制作等工作。各街道妇联开展辖区家庭的宣传工作，确保“家庭美德”等有关知识的知晓率，同时组织家庭参与“文明劝导”、“清洁家园”行动，为创建全国文明城市出力。

【完成区“十一五”时期妇女儿童规划终期监测评估】 上城区妇女儿童工作委员会办公室（以下简称区妇儿工委办）认真履行职责，加强对各成员单位终期监测评估工作的指导、协调和督促。召开区妇儿工委成员以及联络员工作会议，会同区统计局收集整理了“十一五”时期规划实施数据，完成了2006~2010年妇女儿童发展规划指标的统计和妇女儿童发展状况的总结评估。召开成员单位研讨会、专家评估会，完成“十一五”时期妇女儿童发展规划两个终期监测评估报告。《上城区妇女发展规划终期监测评估报告》、《上城区儿童发展规划终期监测评估报告》在杭州市妇女儿童工作委员会组织的评选中获一等奖，在浙江省妇女儿童工作委员会组织的评选中获特等奖。

【完成区“十二五”时期妇女儿童发展规划编制工作】 为提高新规划编制工作的科学性、前瞻性、先进性，区妇儿工委办制定了编制工作方案，召开成员单位编制工作研讨会，对新规划编制的基础、编制的基本思路、规划的总体框架、优先解决的重点和难点等问题进行研讨。在编制过程中，坚持民主公开、集思广益，召开多层面的妇女、儿童代表座谈会以及专家评估组会议，切实做到广纳贤言，依法编制。根据省、市有关规划要求确定指标数据，新规划征求意见稿经过反复修改，已经定稿。

【整合资源为妇女儿童办实事】 进一步深化姐妹帮扶工程，先后为56户困难家庭的妇女儿童送去关爱和慰问，结合全区“千名党员干部结对千户困难家庭”活动，区四套班子女领导春节期间走访慰问困难家庭。继续深化妇女健康促进工程，协调区计生局、区卫生局开展妇科疾病免费普查。发挥“安全应急体验教室”作用，加强青少年安全教育，通过多媒体演示、情景体验、游戏互动等模式，帮助少年儿童掌握安全应急知识，提高他们应对突发事件的能力。

【协调开展庆祝六一国际儿童节活动】 区妇联协调街道、妇儿工委成员单位，组织开展六一庆祝活动，保障儿童欢乐健康过节。组织区四套班子领导参加六一慰问；会同区关工委等部门评选上城区第十届“奋飞奖”，表彰优秀学生，激励更多的困难学生励志成才；开展第五届“儿童爱心救助金”帮扶困难儿童活动和第六届公民爱心日活动；协调区教育局及各街道开展文艺演出、慰问、联欢等其他庆祝活动。

【加强社会管理创新】 组织实施妇女社会地位调查工作，随机抽取75户常住家庭、50户流动人口家庭进行问卷调查；发放120份女性党政人才发展调查问卷，全面了解分析现阶段妇女儿童发展状况及新特征，为进一步做好妇女儿童工作提供理论基础和实践依据。制订《上城区妇联关于深入推进社会管理创新工作的实施意见》，在全区6个街道、54个社区挂牌成立“妇女之家”，切实履行组织妇女、引导妇女、服务妇女和维护妇女儿童合法权益的职能。拓展妇女组织建设，开展街道、社区妇联巩固优化行动，机关妇(工)委联合推进行动和“两新组织”妇女组织建设行动，形成“三位一体，全面推进”的格局，在全区市场、楼宇等“两新”组织组建妇联组织675家，培育成立居家就业妇女组织——“姐妹之家”和女大学生创业俱乐部，对成立行业性妇女组织、做好新时期妇联组织社会管理和服务工作进行有效探索。 (冯　怡)

科学技术协会

【概况】 上城区科学技术协会(以下简称区科协)第七届委员会拥有学会、协会24家，街道科协6个，2011年，区科协贯彻落实省、市和区委的有关方针政策，围绕区委、区政府的中心工作，服务科学发展，促进社会和谐，为推进“具有国际水准的高品质中心城区”建设、打造“南宋古都·经典上城”品牌、确保区域经济在更高的起点上持续发展作出积极贡献。

【开展全民科学素质行动教育】 2011年初，区科协组织召开全区全民科学素质工作领导小组办公室成员会议，就修改《上城区“十二五”全民科学素质行动规划》、《上城区“十二五”科普工作规划》进行了部署。4月，报经区委、区政府同意，印发《上城区“十二五”全民科学素质行动规划》、《上城区“十二五”科普工作规划》以及《上城区2011年实施〈全民科学素质纲要〉工作计划》。继续开展居民科学素质行动教育，在对2010级学员进行考核的基础上，举行2010级居民科学素质行动教学结业仪式，向600多名学员颁发了结业证书。同时拉开“十二五”时期新一轮全区社区居民科学素质教育的帷幕。在各街道与区残联的配合下，在6个街道新开办12个教学班(包含1个科普助残的残疾学员班)，并招收了2011级新学员700人，圆满完成教育任务。

1月25日，举行上城区“居民科学素质行动计划”教育培训2010级结业典礼。
(区科协　供稿)

11 月，命名喜洋洋幼儿园为上城区第一家科普幼儿园。 （区科协 供稿）

【举办低碳科普活动】 围绕杭州市委提出的打造“低碳城市”，建设“生态型城市”的战略目标，区科协于 5 月实施以“文明城市创建——低碳、科学、健康”为主题的上城区第二届低碳科普周宣传活动。102 个单位参加活动，实施低碳专题活动项目 59 项，体现了上城区的低碳科普特色和积极的科普宣传社会效益。区科协先后组织开展全区第六届社区科普专（特）刊编发评选活动、“我科普，我光荣”全区科普征文活动和“我的低碳生活”全区科普摄影大赛活动等，在全区进一步掀起群众性科普热潮。

【举办全国科普日暨第二十五届科普宣传周活动】 9 月，区科协以“创新、低碳、民生”为主题，组织全区 395 家单位参加 2011 年全国科普日暨第二十五届科普宣传周活动，推出各类科普活动 343 项。区科协会同清波等 6 个街道科协和区医学会等 24 家学会、地区单位在吴山广场举办大型科普广场宣传服务活动。以展览、交流、互动、体验、义诊、发放宣传资料等形式进行，吸引千余名市民参加。科普日暨科普周期间，区科协举办多场大型科普讲座与报告会，如邀请浙江大学医学院附属第二医院教授为社区居民作骨科病与肿瘤病的防治讲座，邀请中国科学院教授赵士洞作“森林的秘密”科普报告会等，受到市民和青少年的欢迎。与团区委合作开展 2011 年志愿者服务文化体系发布暨科普志愿者服务嘉年华活动；与区总工会、区劳动与社会保障局等单位合作举办 2011 年全区服务业职工技能大赛；与区教育局合作举办 2011 年全区中小学生科技节系列活动；与区妇联、区社教办等单位合作举办以“垃圾分类”为主题的 2011 年全区“万户家庭网上学”暨垃圾分类知识竞赛活动。

【开展科普服务进基层活动】 区科协加大支持社区科普的工作力度，继续实行百场专家科普讲座进社区、千套科普挂图展板进社区、万册科普读本进社区的“百千万科普进社区”措施。区科协与市科技交流馆签订购买专家科普讲座协议 164 场，向有关科技机构订购科普挂图资料 1000 套，邀请省、市级专家到社区举办专题科普讲座 121 场，向街道社区赠送科普光盘 300 套，向社区科普画廊、宣传栏赠送科普展板、科普挂图 660 套、科普手册 6000 册，为全区社区科普组织订阅全年的科普报刊。组织区人防协会、区成人教育协会、区城建科协、区质量学会等举办科普进社区、进工地、进学校等活动；组织区医学会举办健康教育和诊疗服务送基层、送社区活动；和区教育局联手，与省科技馆合作举办“科技馆进校园”系列活动；支持区青少年科技辅导员协会与蒋筑英科技学校合作，组织开展全区少科院小院士和科技社团积极分子赴甘肃酒泉航空航天科普考察活动；支持喜洋洋幼儿园创建本区科普幼儿园，在开展幼儿科学启蒙方面进行有益探索，命名喜洋洋幼儿园为上城区第一家科普幼儿园。继续推进“科普进农贸市场”工作，在新建的凤凰北苑农贸市场增设科普宣传设施，并在全区 14 家农贸市场制作安装科普展板 6 期、680 块，使农贸市场成为基层科普的一大阵地。2011 年，区科协分两批对 29 项区科学素质与科普工作重点项目给予立项和资金支持。在推进全民科学素质行动、科普基础设施工程、大型科普活动等方面，贯彻科普服务基层的要求。

【做好学会工作】 区科协根据学会工作的要求，出台《2011 年度学会工作意见》，对全区学会建设、学会活动、科技服务等提出要求。5 月，下发 2011 年区级重点学术活动项目立项意见，在各学会申报基础上对12 个

区科协制作的《市民科学生活电子手册》多媒体交互绿色软件

(区科协　供稿)

项目给予立项支持。同时申报市科协重点学术项目,《杭州市学术年会上城区分会场活动》(区科协申报)和《新侨饭店周边建筑屋顶绿化建设与节能的研究和示范》(区科协与区城建科协申报)两个项目被列为市重点学术项目。

【举办第七届学术周】 9月6~12日,上城区举办以"聚智凝力,促进和谐——深入推进具有国际水准的高品质中心城区"为主题的第七届学术周活动。区科协结合区委提出的中心工作要求,根据当前社会管理的需求,邀请浙江大学传媒与国际文化学院副教授何春晖作了《政府形象与媒体公关》的学术报告。区委书记陈红英、区人大常委会主任丁晓芳、区政协主席余勇等区四套班子领导,各部门、街道的领导和机关干部等100人参加了报告会。区思想政治工作研究会举办了第二场学术报告会,邀请北京大学教授龚鹏程作"国学与领导干部素养"的报告。第七届学术周有区科协和14个区级学会以及11个区级部门参加,推出各类学术活动项目18个,参与活动的专业技术人员和其他人员1400多人。

【获浙江省"十一五"科普工作先进单位】 区科协深入实施全民科学素质行动。五年来,在各社区举办64个教学班,对4000名居民进行科学素质行动教育,促进全区居民科学素质的提高。全区科普设施建设与科普能力建设不断加强。截至2011年12月,共建成科普画廊108座,科普活动室66个,共计8700平方米,拥有科普类图书1.50万册。科普资源开发与共享进展顺利。区科协开发了十类《居民科学素质行动通用教育课件》,编印《上城区低碳生活指导手册》,制作《市民科学生活电子手册》多媒体交互绿色科普软件。

【举办2011中国科协会员日活动】 12月19日,区科协组织开展以"创新文化、服务会员"为主题的上城区2011中国科协会员日活动,活动以会员座谈会、会员联谊会、会员咨询服务、会员表彰奖励、学会工作研讨、学会意见征集、学会成果展示等多种形式开展,内容包括宣传学会章程、开展会员调查、征询会员意见建议、发展学会会员、交流学术成果等,旨在进一步激发广大科技工作者的主动性、积极性,更好地为全区经济社会发展贡献才智。　(倪燕丹)

侨务 涉台事务

Overseas Chinese Affairs and Taiwan Affairs

侨务(侨办、侨联)

【概况】 2011年,上城区侨务工作贯彻落实上级侨务工作会议精神及《中共杭州市委关于进一步加强和改进新时期侨联工作的意见》的精神,坚持以人为本、为侨服务的宗旨,以社区为基础,以社会为依托,凝聚侨心,发挥侨力,依法护侨。2011年,区侨联被浙江省侨联评为全省侨联系统先进单位。

【组织学习《中共杭州市委关于进一步加强和改进新时期侨联工作的意见》】 3月25日,杭州市侨联下发《关于转发〈中共杭州市委关于进一步加强和改进新时期侨联工作的意见〉的通知》。4月13日,陈励君主持召开侨联常委(扩大)会,组织学习并作部署。19日,组织召开街道侨联主席、秘书长学习会。并把文件的学习纳入各街道党(工)委中心组学习内容,提高各级对新时期侨联工作的认识。

【落实侨法宣传和维护权益】 5月20日,区侨办、侨联组织120名侨务干部、归侨侨眷参加杭州市"六五"侨法宣传启动仪式,下发《关于开展"侨法宣传月"活动的意见》的通知。25日和27日,区侨办、侨联分别在小营街道老浙大社区、望江街道在水一方社区开展"侨法宣传月"活动,各街道、社区按照"六五"普法工作要求,以专题讲座、知识竞赛、侨法咨询等服务活动做好侨法宣传和依法护侨工作。截至6月底,全区6个街道设立宣传橱窗、刊出宣传板报,制作宣传展板82块,悬挂宣传横幅57条,发放宣传资料1400份,1.30万人参与。2011年,共受理来信、来访38件(次),办结率100%。小营街道、南星街道被杭州市侨办评为"五五"普法先进集体,老浙大社区、在水一方社区被命名为"杭州市侨法宣传示范点"。望江街道党(工)委副书记余德利、清波街道党政办主任朱耀被表彰为"五五"普法先进个人。

【开展"空巢"或独居困难归侨侨眷老人情况调查】 5月中旬到6月底,区侨办根据省侨办《关于开展"暖巢行动"关爱归侨侨眷空巢老人的通知》精神和市侨办的工作部署,在6个街道开展调查工作。通过摸底排查、上门走访、确认登记3个程序,认定上城区有困难归侨侨眷空巢老人21户,并建立资料库,为进一步开展"归侨侨眷关爱工程"活动,体现"适当照顾"的侨务政策提供依据。

【庆祝杭州市侨联成立50周年】 6月22日,组织120名归侨侨眷参加杭州市侨联在浙江大学紫金港小剧场举行的纪念杭州市侨联成立50周年系列活动启动仪式暨天目琴行杯"感党恩·抒侨情"侨联系统合唱比赛,南星街道侨联代表区侨联参演的节目《黄河大合唱》、《侨联与你心心相连》获优胜奖;10月,参加杭州市侨联组织的书画比赛、摄影比赛等活动,主办上城杯"感党恩·抒侨情"主题征文活动,区侨联获优秀组织奖,选送的《岁月如水 往事如歌》(高树德)、《浮想五十年》(庄炳基)和《情系社区 爱满人间》(吴佳臻)3篇征文获二等奖;区侨联,清波街道和紫阳街道两家街道侨联,岳王路、清河坊、茅廊巷、小营巷、大通桥、海月桥和凤凰7家社区侨联分会被评为基层侨联先进奖;清波街道创建的"五站式"社区为侨服务载体被评为杭州市基层侨联50年最具特色10件大事之一；刘绶石、丘永宁、林芸英、陈励君获"心系桑梓奉献奖"；林东获"新侨创业明星奖"；何师梁、雷鸣获"侨联工作荣誉奖"。

【推进"规范化基层侨联组织"建设】 11月14日，根据市侨联有关指示精神，区侨联召开专题会议部署工作，按照有组织、有队伍、有经费、有阵地、有活动的"五有"标准推进规范化基层侨联组织创建活动，到申报社区侨联分会作具体指导。12月6日，通过市侨联检查验收。12月16日，杭侨联发文，上城区新增的10家社区侨联分会为杭州市第六批"规范化基层侨联组织"。

【参政议政】 上城区有9名涉侨人大代表、9名侨界政协委员。全年共提交提案建议21件，4件提案被列为区重点提案，由政府有关领导分工督办，15件建议被政府有关部门采纳，2件提案获得市主要领导批示，6件提案被区人大评为"优秀提案"，3人被评为"代表工作积极分子"，3人被区政协评为"政协委员积极分子"。各街道、社区聘请侨界人士参与民间改善办、"和事佬"协会等民间社团组织115人(次)，为促进地区的和谐稳定，经济社会发展，服务改善民生作出了贡献。

【落实"双向服务"工作】 2011年，上城区各级侨联组织走访慰问侨界家庭231户(次)，送上慰问金和慰问品4.54万元，办理各类实事68件（次），帮助17人(次)"4050"侨界群众得到再就业。引导海外侨胞、侨资(涉侨)企业和侨界群众发扬爱国爱乡的光荣传统，参与"春风行动"、爱心助学等慈善活动，各类捐款(物)69.30万元。

【上报侨务信息】 2011年，区侨办、侨联向上发稿93篇(次)，其中国家级录用2篇(次)，省级录用37篇(次)。区侨联被杭州市侨联评为2011年度宣传信息工作先进单位。

【关注旅日侨胞安危】 3月13日，日本大地震。区侨办在第一时间联系登记在册的日本侨眷，询问情况并致以问候，了解其亲人在日本的人身安全、财产安全状况。截至3月24日，确认全区旅日侨胞47人，已联系上44人。 （毛健儿）

涉台事务

【概况】 2011年，上城区台办以科学发展观为指针，抓住两岸关系和平发展的重大机遇，牢固树立大局观念，加强交流交往，开展专项工作，以开拓进取的精神，更务实的工作态度，发挥台办在全区对台工作的有效作用。处理台胞台属的信访，受理来信、来电、来访11件，办结率100%。做好为台资、台胞(台属)的服务工作，深入台资企业进行走访调研，走访台胞、台属家庭181户(次)，送上现金及慰问品5.10万元。为涉台人士做好事、办实事31件（次），解决台商子女入学2人。支持杭州市台胞台属联谊会上城联络组工作，解决活动场所、划拨经费4000元。并利用街道"三胞"活动平台，主动联络涉台人士，相互交流，增进友谊，参加各类活动500人次。

【台湾美食城落户上城】 区台办将对台经贸合作主动融入到全区工作大局中去谋划、推进，把服务和促进经济社会发展作为对台工作的出发点和落脚点。4月，作为鼓楼美食圈的重要组成部分，30多户从台湾来的小吃经营户组成的台湾美食城落户打铜巷美食街，将知名的台湾夜市美食带到了杭州。

【涉台交流交往】 2011年，办理企事业单位因公赴台审批手续12批次、16人。5月11日，中共浙江省委宣传部副部长、外宣办主任吕建楚陪同由《经济日报》、《工商时报》等组成的台湾媒体采访团一行考察上城区玉皇山南国际设计创意产业园区，并召开座谈会。区委常委、宣传部长王越剑陪同考察并介绍上城区相关情况。园区思美传媒、赛伯乐投资管理有限公司等企业负责人参与座谈。8月24日，区委常委、副区长麻承荣接待由台湾光阳工业股份有限公司、磐石投资顾问(上海)有限公司、新普科技股份有限公司等境内外知名企业组成的"新动力创业投资基金项目考察交流代表团"一行17人，麻承荣等陪同代表团考察山南投资金融集聚区，并举行交流座谈会。 （毛健儿）

政 法

Political and Legislative Affairs

政法综述

【加大维稳机制建设】 2011年，上城区围绕创建平安区工作目标，切实加大维稳机制建设，通过推进社会稳定风险评估，制定《上城区预防处置群体性事件实施纲要》，修订《上城区群体性事件应急处置工作总体预案》，形成应急预案体系全覆盖，成功处置多起因市场经营、企业拆迁、医疗纠纷、个体死亡突发事故引起的群体性事件；通过完善法院调解、警民联调、警媒联调、检调对接机制，加强矛盾纠纷源头化解，圆满完成建党90周年，中共十七届六中全会，全国和省、市、区“两会”以及全国第八届残运会，西博会，休博会等重要时期维稳任务，确保全年未发生影响重大的恶性群体性事件，社会政治环境持续稳定。

【维护安全有序的治安社会环境】 深入开展社会治安专项整治，维护安全有序的治安环境，全年刑事发案比上年(指2010年，下同)下降12.1%，七类恶性案件侦破100%，“3·24”中学生被绑架案、“4·25”系列持刀抢劫案等各级领导、各部门关注的恶性案件及时侦破，清网追逃专项行动提前完成，成绩位居全市前列；治安突出问题重点整治成效明显，1个市级挂牌区域平海路沿线“涉黄”110报警量比上年下降56.1%，2个区级挂牌区域望江地区大通桥社区入室盗窃案比上年下降11%，紫阳地区江边路沿线盗窃电动自行车案件比上年下降65.7%，扒窃案件比上年下降60%，4个街道挂牌重点区域均转为长效管理地区。全年共受理提请逮捕案件419件、624人，批准逮捕388件、567人，受理移送审查起诉案件518件、757人，提起公诉462件、671人，立案侦查贪污贿赂案件11件、12人。全年审结刑事案件514件，比上年上升30.5%；审结民商事案件3593件，比上年下降3.3%，调撤率63.0%，息诉服判率92.7%；审结行政案件83件，比上年下降19.4%，调撤率13.3%；办结执行案件1443件，执行标的清偿率93.8%。区人民法院被浙江省高级人民法院授予“破解执行难优秀法院”和“2011年度无执行积案先进法院”称号。

【举办各类法制法律活动】 全年办理法律援助咨询案件104件，“12348”法制服务接待来电、来访1313件，通过“社区律师访万家”活动安排律师进社区服务2190人次，义务开展法律咨询2730人次，出具法律意见书110份，举办法律培训讲座111次，化解矛盾纠纷481起。加强社会管理创新，以平安上城110社会联动、“7216信息化工程”、“街道检务联络员机制”建设为依托，不断提高政法工作科学管理水平。

【落实综治维稳责任制】 2011年，区委、区政府与25个部门和6个街道签订年度综治、维稳责任书，各街道与692家地区单位和54个社区签订综治、维稳责任书。定期召开区综治委五部委联席会议，充分发挥综治委成员单位在社会治安综合治理工作中的职能作用，进一步深化成员单位联系点工作制度，开展“综治干部下基层、办实事、促创新、保稳定”活动，合力推进全区综治工作。

【开展“平安综治宣传月”活动】 上城区按照贴近实际、贴近生活、贴近群众的原则，通过举办培训座谈、主题活动等形式，深入开展基层平安创建、安全防范、学

11月9日，上城公安分局开展警营开放——安全防范咨询活动。

（上城公安分局 供稿）

法普法、社会主义法治理念教育主题宣传活动。活动期间，共检查重点单位和重点部位11处，张贴宣传品2000余份，发放宣传图册1.80万余份，举办广场咨询10场，1万人受教育，营造了“人人参与、人人共享”的浓厚氛围。

【《以标准化推进社会管理创新》列入全省社会管理创新典型】 2011年，上城区以创新为动力，以基层社会管理为突破口，明确社会管理创新领导组织体系，大力推进平安上城110社会联动、城管智能管控平台、居家养老服务全覆盖工程、“联街结社”共建活动等23个社会管理创新重点项目，全面深化社区工作服务化、管理手段信息化、社会联动集成化、公共服务精细化、管理过程透明化的“五化联动”社会管理工作模式，加强和创新社会管理。8月29日，在浙江省召开的加强和创新社会管理现场推进会上，上城区的社会管理工作的创新与实践《以标准化推进社会管理创新》，列入会议典型经验材料和创新成果专题片展播。全国首个民主促民生社区平台“湖滨晴雨”和紫阳街道居民自治平台“邻里值班室”受到省、市领导高度肯定，引起社会广泛关注。

【推进综治基层基础建设】 全面推进综治工作中心规范化建设，促进纠纷联调、治安联防、问题联治、工作联动，紫阳街道综治工作中心获全省首批“示范综治工作中心”，湖滨街道综治工作中心改造提升工程获2011年度市级“示范综治工作中心”。充分发挥综治工作中心辐射和延伸功能，规范和完善54个社区和规模企业综治工作站建设，紫阳街道凤凰社区和浙江大学医学院附属妇女保健医院获2011年度市级“示范综治工作室(站)”称号。

【搭建多个综治平台推进社会管理创新】 继续推进“平安街道”、“平安社区”、“平安家庭”、“平安学校”等基层平安创建，2011年，上城区有295家单位被命名为平安单位，平安社区、街道达标率100%。广泛开展封闭式小区“零发案”竞赛，全区88个封闭小区实现“零发案”，其中望江街道“零发案小区”创建工作在全市推广。重点打造清波“7+1”平安巡防体系、小营社区服刑人员和未成年人零犯罪工程、望江地区“民间法庭”、“志愿南星”禁毒机制、平安志愿者队伍建设等10个重点项目工作品牌。健全重点工程预警机制，定期组织人员赴各建设指挥部走访调研，提前分析因拆迁工作可能引发的各类群体性事件，制定维稳方案，把不稳定因素化解在萌芽状态。打造社会管理服务中心，以湖滨街道为试点，在原有街道综治工作中心“8+X”的基础上，将劳动保障、帮扶救助、为企服务等涉及社会管理和服务的工作统一纳入其中，建立完善的内部协调运行机制，打造全市乃至全省引领示范的社会管理服务中心。依托“6081”安全卫士、“老钱热线”、“蚂蟥工作室”等工作平台，深化平安社区创建。区“邻里值班室”、市场群体性事件调处机制建设、城市管理智能管控平台、社区矫正“八化”工作、校园平安“五力合一”(公安、交警、城管、学校、志愿者)5项工作列入市平安创建特色工作数据库，入库数位居全市前列。《浙江日报》“你好平安浙江”栏目对“上城平安创建慎思笃行”先进经验进行专题报道。

资料 “7+1”平安巡防体系：地区7个种类的行业、机关和企事业单位在街道平安巡防大队的带领下，发挥自身行业的优势，打造社会联动、重点突出、广泛参与的“7+1”基层平安巡防体系。

“8+X”：乡镇(街道)综治工作中心在有效整合综治、信访、司法行政、人民调解、警务、禁毒、流动人口服务管理、安全生产等部门(组织)的同时，根据实际需要吸收其他社会管理力量参加集中办公，联合开展工作。

“6081”：是望江街道在水一方社区深化综治工作的创新之举，旨在通过开展“6081”系列活动，加大综治宣传，完善群防群治网络，扩大社区服务的影响面。活动以社区电话后四位“6081”为口号，对社区综治工作提出了“六个灵八个要”的工作准则。六灵，即：投诉灵，反映灵，应变灵，处理灵，解决灵，反馈灵。八要，即：居民要和、方法要活；民心要懂、腿脚要勤；办事要快、态度要好；信息要全、服务要广。

【健全治安防控体系】 加强治安动态视频监控系统建设，新增路面监控300个，新增小区监控1098个。完善由治安防控机动队、便衣侦察队和重点区域巡逻队组成的“123”巡逻防控机动体系，结合平安巡防和平安志愿者队伍，构建严密的治安防控网。2011年，由39名警员组成的治安防控机动队共出动警力2016人次，解决各类警情37次，参与涉稳事件处置24起，受理群众求助275人次；便衣反扒队和便衣夜巡队共抓获违法犯罪人员400余名；平安巡防队伍和“平安上城”志愿者队伍充分发挥治安联防、平安巡防和邻里守望、平安互助职能，2011年，落实志愿者经费40万元，支出巡防奖励近70万元，抓获各类嫌疑人近千名。

【构建“平安和谐365”社会管理体系】 上城区围绕“促进发展、改善民生”两大主题，构建以“五化联动”为基础的“平安和谐365”社会管理工作体系，即通过“三目标、六联动、五强化”来提升社会管理水平。“三目标”为社会管理工作围绕推动扁平管理、促进资源共享、实现社会互动来组织开展；“六联动”为在社会管理工作全程中注重建立矛盾纠纷联调机制、社会治安联防机制、公共服务联抓机制等6项基层基础工作；“五强化”为在社会管理工作的体制机制、方法手段上强调通过服务化、集成化、标准化、透明化、信息化来实现，确保全区的平安、和谐。

【强化协调监督职能】 强化政法委机关内部管理，完善工作机制，加强自身建设，认真履行指导政法工作、协助管理领导班子的职责，加强执法监督、推动执法规范化建设。全年办结省、市政法委交办的涉法涉诉信访积案17件，完成案件评查任务81件。将司法救助机制运用于涉法、涉诉案件化解中，全年使用司法救助专项资金50.60万元，化解涉法涉诉案件12件起，切实解决了当事人的合理诉求和实际困难，取得了较好的社会效果。（徐　芳）

公　安

【概况】 2011年，上城公安分局以科学发展观为统领，努力践行“敬业、专业、公正、廉洁”的杭州警察精神，坚持主动警务理念，深入推进“三项重点工作”和“三项建设”，深化“一查、二打、三整、四建”综合行动，为全区建设“具有国际水准的高品质中心城区”和人民群众安居乐业创造了良好的社会政治和治安环境。全区社会治安状况总体平稳，没有发生影响重大的刑事、治安案件，火灾和公共安全事件，群体性事件均在可控范围之内。全区110报警56552起，比上年58783起下降3.8%，共受理刑事案件4964起，比上年5647起下降12.1%，破刑事案件1691起，与上年基本持平，共计移送起诉703人，比上年上升7%。坚持“零容忍”理念，对严重刑事犯罪案件保持快侦快破，及时组织侦破了“3·24”中学生被绑架案、“4·25”系列持刀抢劫案等群众关注的恶性案件。全年命案发2破2，五类恶性案件发7破7，侦破率为100%。全区共发生火灾36起，比上年下降50%，抢救被困群众29人，疏散被困群众85人，实现人员“零伤亡”，抢救财产价值509.60万元。看守所实现连续14年安全无事故。全年共有7个集体荣立三等功，1人荣立二等功，27人荣立三等功。巡特警大队夜巡中队长隋瑞福被评为“全国政法机关优秀干警”，清波派出所副所长、南宋御街巡警中队长陈全江被评为“全省优秀共产党员”。以纪念建党90周年“六个一”活动为载体，开展了“发扬优良传统、坚定信念、执法为民”等主题教育活动，坚定民警理想信念，确保了全年队伍稳定。深化队伍科学管理，推出了24项日常政治思想工作制度，《杭州政法》第44期作为经验刊载。建立了全员网上绩效考核平台，强化

表 33　上城公安分局派出所基本信息

派出所	地址	邮编	电话
上城公安分局	中河中路 88 号	310009	87281110
清波派出所	四宜路 61 号	310002	87780213
湖滨派出所	邮电路 22 号	310006	87065709
望江派出所	海潮路 53 号	310016	86063837
紫阳派出所	南瓦坊 3 幢	310008	86061709
南星派出所	洋泮路 85 号	310008	86081143
小营派出所	翰林街 107 号	310009	87800209
站前派出所	邮驿路 12-1 号	310009	87810680

队伍日常管理,年度队伍思想政治工作被推荐到浙江省公安厅参加特色创新考评。

【维护稳定做到四个到位】 重点对象落地查控到位。通过重点排查、滚动排查、日常排查,做到动态掌控,盯死看牢,未发生重点人员失控情况、因敌对势力干预破坏引发的重大政治事件,未发生达到立案标准的“邪教”宣传品煽动案件,粉碎了敌对势力在上城区煽动非法聚集活动的图谋。矛盾纠纷排查处置到位。对掌握的不稳定因素,及时研究对策,会同有关部门开展调处化解,避免各种矛盾纠纷的升级蔓延。及时稳控处置木材厂退休群体利益纠纷、杭州市第一人民医院实习生李某坠楼事件等 66 起因医患纠纷、企业改制、意外死亡和拆迁等引发的突发性、群体性事件。信访受理化解到位。通过落实领导包案、主动约访、开门接访和信访监督,一些历史遗留的疑难信访和新生信访人员得以停访息诉。全年共受理信访案件 75 件,比上年 82 起下降 8.5%,当年受理信访、涉法信访积案化解率达到 100%,省信访局《信访与民情》杂志介绍上城公安分局经验。安保措施落实到位。严密制定方案,精心组织落实,先后出动警力 6100 余人次,圆满完成春节、元宵、“两会”、五一、国庆等重要时段和“残运会”火炬传递、西湖国际烟花大会等 91 次重要活动大型安保任务,123 批次重要领导人警卫任务。

【做强专项打击行动】 组织网上追逃专项督察“清网行动”,抓获在档网上在逃人员 81 人,占总量 99 人的 81.8%。因地制宜地开展打击 XJ 籍人员违法犯罪专项打击整治,组织 4 次集中打击行动,全年 XJ 人违法犯罪报警数比上年下降 61.6%。严厉打击盗窃电动车违法犯罪,依托各类信息研判及刑侦技术分析,形成情报先导,人机互动,网上、网下相互配合的抓现行工作模式,同类案件比上年 909 起下降 13.9%。

【深化社会治安整治】 对“黄、赌、毒”问题保持强有力的整治态势。宣传先行,晓之以法。召开辖区 18 家星级宾馆总经理座谈会,对宾馆负责人进行法制宣传教育,告知严打涉黄违法犯罪的决心。精确打击,以点带面。对犯罪行动实施从重从快、精确打击,形成露头就打,无处藏身的高压态势,起到“以点带面,规范一片”的良好效果。从严督察,防止反弹。抽调部门警力联合开展督察,对存在的问题下发督察通知书要求落实并书面反馈。同时,发挥行业协会自律作用,推动桑拿行业加强规范经营。通过整治,辖区涉黄报警量明显下降,涉及桑拿洗浴场所群众举报投诉量明显减少,热点问题基本得到消除,行业呈现良性循环态势。查处赌博案件 103 件,处罚 370 人次;共破获毒品案件 173 起,查处涉毒违法犯罪人员 279 人,打掉涉毒犯罪团伙 6 个;查处涉黄案件 58 件,处罚 131 人次。截至 2011 年 12 月,全区主要道路、街巷“涉黄”美容美发场所基本绝迹,34 家桑拿浴场全部规范调整业态,涉毒、涉赌问题也得到有效遏制,没有形成热点,《公安内参》2011 年第 47 期报道了上城公安分局相关工作做法和成效。

【落实长效治安管控】 通过积极引导、健全行业协会自律和协助管理,实现长效治安管控和服务行业健康发展的双赢。在继续深化宾馆、娱乐场所星级评定、行业保安交叉检查、旅馆业总经理约谈、从业人员IC卡身份信息管理等制度基础上，创新推出游艺场所电子游戏机"身份牌"管理制度、旅馆场所数字影像档案系统，由上城公安分局、派出所每天组织人员开展"二级巡检"，进一步强化对场所、行业治安环境的动态管控。全区旅馆、娱乐场所内刑事、治安案件发案比上年下降9.2%。旅馆、场所从业人员协助抓获网上逃犯61名，成绩列全市第三名，协助破获使用假冒居民身份证案件33起，居全市各县(市、区)首位。

【严打涉毒犯罪活动】 全年查处涉毒案件174起，刑事案件26起，1案3人团伙5个、1案6人团伙1个。移送起诉80人，其中容留被移送起诉4人，打击处理人员279人，查处吸毒人员248人。作出社区戒毒决定、强制隔离戒毒决定的准确率均为100%；对强制隔离戒毒期满出所人员作出接受社区康复决定达97%，规范有效的开展本省籍人员的社区戒毒工作，社区戒毒规范有效执行率81.1%，均达标。2011年，全区共有121名吸毒成瘾人员参加了美沙酮药物维持治疗。

【严打经济犯罪活动】 严厉打击经济领域犯罪，根据上级统一部署，全力推进打击侵犯知识产权和制售伪劣商品"亮剑"专项行动、打击银行卡犯罪"天网2011"行动。刑侦、经侦部门联手打掉江某等6人复制信用卡诈骗团伙，涉案总值达到21.30万元。

【健全打击侵财犯罪三项机制】 3月，选调7名警力充实刑侦大队直属打击侵财犯罪中队(二中队)，7月，将原隶属派出所管理的责任区三中队划入刑侦大队直属管理，重点加强对系列性、团伙性和重大侵财性案件的集中打击和深挖破案，特别是提升与群众利益密切相关的常发性侵财案件的打击处理效率和攻坚力度。落实"有人理案"工作机制，办案单位先期受理案件时，实行对事主作一次回访、对现场周边进行一次走访、对现场附近视频监控第一时间调取、对现场基站信息开展一次采集的"四个一"工作法，提高了线索、证据采集的质量和时效；重点加强对"零口供"人员的"有人审查"工作机制，要求刑侦大队和派出所均成立审查小组，配合看守所狱侦工作，强化零口供攻坚和扩人扩案工作。推行队所滚动式协作办案机制，由刑侦大队直属中队负责团伙、系列案件的前期经营，主要犯罪嫌疑人落网和属地派出所分工办理，有效提升了打击团伙、系列案件侦破成效，在"4·25"系列骑摩托车抢劫案、"5·17"特大持刀入室抢劫案等22起重特大团伙系列案件侦破中发挥明显作用。

【提升刑事技术破案率】 推进刑侦技术执法规范化建设，落实技术勘察正副班工作制和串并案专人负责制，进一步提升刑事技术勘察成果利用率。技术专业当年案件破案率、破案指导数完成量均列全市第一名，其中DNA比对直接突破案件78起，认定犯罪嫌疑人75人。

【组建治安防控机动队】 10月，根据杭州市公安局统一部署，上城公安分局以巡特警大队为主体组建一支39人的治安防控机动队，进一步提升社会治安管控和应急处置的机动性和快速反应能力。机动队统一着专用执勤服(贝雷帽、特警作战服)，使用专门标识车辆，强化全区主要干道、重点区域的巡逻管控、设卡盘查和突发事件处置工作，并随时增援、参与突发性事件的处置。截至年底，治安防控机动队共出动警力2016

治安防控机动队进行路面盘查　　(上城公安分局　供稿)

人次，处置各类突发警情37次，参与涉稳事件处置24起，受理群众求助275人次。

【做强两支便衣巡防工作模式】 针对上城区街面案件的违法犯罪人员多为流动经过，不落脚的特点，做强刑侦大队反扒、巡特警大队夜巡两支专业便衣队，并在各派出所建立专人负责管理的反扒、夜巡便衣巡防工作模式，推进队所联动、相互呼应、抓获现行的主动进攻战略。队所"双层架构"的便衣巡控工作坚持以警情研判、技术串并为导向，根据上城公安分局情报信息中心、刑大信息中队对全区110报警、打防控案件、信访投诉及路面监控数据的综合分析，及时掌握发案规律，研究阶段性犯罪特征，确定重点布控部位及目标，在人流集中的公众复杂场所开展拉网式巡逻、跟踪，在"两抢"、"入盗"多发的区域组织隐蔽守候、布控，公开、秘密结合抓获现行，实现以打促防。

【组建专业巡逻队】 在治安状况相对复杂，管控压力较大的南宋御街、河坊街、湖滨商圈、城站火车站站前广场等治安重点区域，根据其整体定位、人群、业态等不同特点，因地制宜组建3支专业巡逻队，开展治安防控和秩序维护。上城公安分局投入民警6人，整合保安力量80人，路面监控45个，成立南宋御街巡警中队。最大程度将警力压向街面，巡逻路线以南宋御街为中心，辐射高银街、河坊街以及吴山广场，步巡为主、车巡为辅，巡访合一，就近接处警，入店、入户走访宣传。4月，清波派出所以御街警务室为依托开办全市首家面向居民、商户的"公民警校"，作为法律、法规和安全防范技能培训基地，有效提升该区域单位、居民的自防能力。2011年，南宋御街、河坊街区域可防性案件保持"零发案"。会同湖滨街道、湖滨地区商贸旅游特色街区建设指挥部专门招录特殊安全保护队员30人，建立湖滨商圈治安巡逻队，在民警带领下，为案件防控、消防管理、应急处突、服务群众等各项工作提供有力支持，并会同城管、行政执法、工商等部门街面执法力量形成常态联动，主动管理热点治安问题，合力维护良好街面秩序。将60名民警、协辅警布控在城站火车站广场及周边路段，以步巡为主开展高密度的公开巡逻、秩序管理和安防宣传。同时，运用该地区全时空覆盖的视频监控网，相互呼应，人机配合抓获违法犯罪人员21名，侦破案件12起。

【全面启动平安上城110社会联动机制】 平安上城110社会联动机制是上城区创新推出的一项社会管理，以区110社会联动指挥中心为枢纽，建立全区统一的110社会联动处置和联网信息平台。该平台整合了"12345"、"96345"、公安110、行政执法职能管理平台、民政社区"e家人"、行政服务中心等部门现有信息平台资源，并涵盖工商(含消协)、劳动、卫生、环保等专网信息系统资源，及时有效地处置人民群众在生产生活中遇到的非警务类警情和各类急、难、险、灾事件和民生类求助。联动机制依托平安上城110社会联动指挥预警平台实现派单、统计、督查和预警分析"一站式"网上流转，34个成员单位按照联动工作频率分3个级别，科学安排勤务模式，落实专人、专车以及通讯设备保障。2011年，全区处置社会联动警情1.20万起，主要有水、电、煤气、119、120等，占全部报警数的30%左右。

【"四个延伸"加强社区警务工作】 以"扎根社区、主动服务、共管共建、注重实效"的工作思路，从警务保障、警务模式、运作机制、职责定位、考核评价、警务构建等方面，开展"四个延伸"加强社区警务工作。延伸服务，发掘整合社区层面的各种公共服务资源，不断拓展警务室便民服务的内涵和外延。延伸信息，提升社区层面的信息共享水平，建立多渠道、全方位的社情民意搜集网络。延伸防控，以庭院改造为契机，提升老旧小区人防、技防、物防水平，严密社区治安防控网络，最大限度地挤压犯罪，确保群防工作效用最优化。延伸调处，整合社区治保组织、街道司法救助、"社区和事佬"以及公共媒体、社区调解栏目等力量，构建基层矛盾纠纷化解综合联调平台，确保矛盾纠纷发现得早，处置及时，化解在基层。上城区53个社区警务室根据工作实际需要进行标准化改造，统一标识标牌，并划分2~4个功能区，进一步规范办事、服务流程。社区民警常驻警务室服务，开展巡逻、排查和服务工作，通过整合社区层面治安巡防力量，组织封闭式小区"零发案"竞赛，加强居民小区自防能力建设。深化警民联调工作机制与社区各行、各业人员共同参与调解，做到"小纠纷"不出社区，把社会矛盾化解在萌芽状态。上城公安分局通过联调机制共化解纠纷712起，消除可能会引发群体性事件的隐患9起，其中警媒联调化解疑难矛盾纠纷23起。

【强化执法主体素质建设】 上城公安分局在派出所等执法场所硬件改造全面完成的基础上，重点提升民警的执法能力和水平。不断完善执法安全保障机制。与杭州市第一人民医院合作试点建立嫌疑人外出就医"绿色通道"，医警合作实现违法犯罪人员外出就医挂号、就诊、治疗的"一站式"操作模式，最大程度降低就医过程中的安全风险，促成医警双赢。强化民警执法能力建设。梳理一线执法办案中较为突出的问题和薄弱环节，分3期组织民警开展针对性训练，并以模拟办案等方式实行验收。实行"星级办案民警"评选，对办案民警的办案数量、质量进行评比，以加星方式定级，树立执法办案优秀典型，全年共培育五星级办案民警10人。

【强化校园安保工作】 上城公安分局会同区教育局、区保安公司等单位，随机抽查上城区18所小学、幼儿园的安防措施落实情况，检查情况总体良好，学校、幼儿园均按照要求建立安全防范制度，落实专职保卫力量，配备专用防范器材，完善视频监控系统。同时，针对检查中发现的新上岗保安业务技能相对生疏情况，及时落实培训措施。紫阳派出所在娃哈哈幼儿园赞成林风园区进行"防拐、防暴"演习，通过寓教于乐的现场模拟表演、传授安全防范知识，提高师生安全意识。

【创新"识别牌"严管电子游戏场所】 上城公安分局会同文化部门对辖区电子游戏场所内的电子游戏机进行主板机型审核，符合要求的现场粘贴编码序号和"识别牌"，同时拍照固定游戏画面、编码序号和识别牌；为每个电子游戏场所建立一份以现场机型照片为主要内容的电子档案；规定电子游戏场所有新增或调整主板机型的，由上城公安分局会同文化部门上门核准、粘贴识别牌后方能对外营业。全区正常营业的5家电子游戏场所已全部实行"识别牌"管理制度，共发放、粘贴识别牌600余张。同时通过"二级巡检"强化检查力度，对私设未粘贴备案核准标识或涉及违法赌博的，发现一家、处理一家、关停一家。2011年，对有关场所开具《整改意见书》5份，作出行政处罚1家(次)，责令停业整顿3家。

【深化民警基本职业素质教育训练行动】 根据杭州市公安局行动计划，上城公安分局创新了"7+X"教育训练管理模式，以考促学、以赛促练，全局民警完成了年度七大项24小项职业基本素质专题训练，通过了全国、全省信息化、执法资格的全员考试。按照"实战、实用、实效"的要求，组织114人参加警衔晋升专业训练，7批次328人参加"战训合一"轮训轮值。上城公安分局办公室副主任夏凡获得第五届全国公安系统大城市警察体育三项比赛女子全能冠军。

资料 **"7+X"**："7"指"战训合一，轮训轮值"封闭式集中训练时间不少于7天；"X" 指各警种组织针对性的专业实战训练，训练时间不少于8天。

【提升警营建设】 上城公安分局以"大走访"开门评警和"走进警营"、推进"六小警务"为载体，按照"服务优先、民生优先、基层优先"理念以走进企业、深入千家万户为抓手，全年举办各种走访活动650批次，走访居民1.40万人，单位3100家，收集整理意见建议550条，以100%的整改和反馈率得到百姓肯定；扎实做好舆情引导工作，完善了新闻发言人、网评员队伍机制建设，妥善处置"陆虎"司机打人事件等网上舆情危机事件，全年未形成新闻炒作热点；培养和树立了陈全江、隋瑞福、陈江等先进典型，形成了标杆引领的良好警营氛围。

【深化党风廉政建设】 以常态的工作监督机制夯实党风廉政建设，精心组织开展涉案财物管理问题专项治理及深化"查隐患、严三防、肃警纪"专项活动，有效提升党风廉政建设水平，队伍风险评估获区"反腐倡廉建设创新成果奖"，廉政文化示范点建设通过了省、市、区纪委的验收。扎实开展公安机关涉案财物管理和执法过程中涉案人员非正常死亡两个专项整治，落实"审计整改年"和深化"三查一治"各项工作，进一步强化执法监督和安全保障；根据全市统一部署，组织政府机关治庸、治懒、治散"效能亮剑"专项行动，提升办公、服务工作的规范化程度，展示良好形象。

资料 **“三查一治”：**查涉案财物管理问题、查民警及辅警人员涉赌问题、查民警及亲属入股经营休闲娱乐场所问题以及整治执法过程中涉案人员非正常死亡问题。

【打掉一飞车抢劫犯罪团伙】 4月25日15时，之江路南复路口发生一起飞车持刀抢劫案，事主吴某搏斗中被刀刺伤。杭州市公安局、上城公安分局对此高度重视，杭州市公安局党委副书记、常务副局长郑贤胜，副局长赵野松均作出专门批示，要求全力侦破。区委常委、上城公安分局局长刘一明，党委副书记、政委吴志平，党委委员、刑侦大队长孔兴桥等第一时间赶赴现场，抽调刑侦大队、南星派出所迅速组建专案组，杭州市公安局行动技术支队同步上案。4月27日20时50分，在广西南宁铁路公安局的协助下，在列车上抓获覃某(男，36岁，广西柳州市人)等4名犯罪嫌疑人，当场缴获疑似被抢金项链4根、匕首4把。4名嫌疑人已被刑事拘留。

【速破“5·17”入室持刀抢劫案】 5月17日22时，事主李某(女，19岁，江西新余市人)在其工作的上城区清江路某写字楼内被3名男子持刀抢劫，损失惠普笔记本1台，营业款500余元，农业银行卡1张(后被犯罪嫌疑人取现1.30万元)。上城公安分局领导高度重视，迅速指令刑侦大队、望江派出所警力出警赶赴现场，成立专案组开展调查处置工作，党委委员、刑侦大队大队长孔兴桥亲临现场指挥，杭州市公安局网监、技侦同步上案，协调配合专案组全力开展侦查工作。经过16小时的连续奋战，于5月18日分别在余杭区临平镇某网吧、萧山区火车南站、余杭区临平镇汽车北站附近抓获犯罪嫌疑人杨某(男，22岁，安徽临泉县人)，李某(男，21岁，四川宣汉县人)，庞某某(男，20岁，四川宣汉县人)。同时，在犯罪嫌疑人住处收缴事主被抢笔记本电脑1台，作案所用刀具1把，并追缴赃款9000余元及犯罪嫌疑人用赃款购买的物品若干。杨某等3名犯罪嫌疑人已全部刑事拘留。

【快速侦破一起故意伤害致死案】 8月1日凌晨4时30分，小营地区建国中路某大排档门口发生一起故意伤害案，犯罪嫌疑人用刀将被害人余某捅伤后逃离现场，余某经抢救无效死亡。案发后，上城公安分局迅速组织刑侦大队、小营派出所等精干力量，成立专案组，全力攻坚。专案组通过案发现场及周边的细致访问，于8月1日10时10分在莫干山路某酒店内将刘某抓获。经审查，刘某交代当日凌晨4时，与被害人余某等7人在某KTV唱完歌后到建国中路10号某大排档吃夜宵，席间2人发生争执，后乘坐出租车离开，至建国路与庆春路口后折返，在大排档门口用随身携带的折叠刀将余某捅伤，并乘坐出租车逃离。

【迅速破获一起故意伤害案】 9月4日21时，小营地区庆春立交桥附近发生一起故意伤害案，犯罪嫌疑人用刀将被害人戴某(男，34岁，台湾籍，暂住上城区信余里)胸口捅伤后逃离。接到报警，小营派出所民警立即赶赴现场，并同时通知120急救中心。经抢救，戴某于5日上午脱离生命危险。杭州市公安局、上城公安分局对本案高度重视，迅速抽调刑侦大队、派出所精干力量组建专案组，市刑侦、技侦部门同步上案。9月5日晚11时，王某在拱墅区某出租房落网。

【破获一起麻醉抢劫案】 10月27日14时30分，事主马某某(男，47岁，安徽利辛县人)报案称：两男一女以做生意为名，约事主在庆春路某宾馆两岸咖啡厅内商谈，后对其实施麻醉抢劫，抢走象牙雕刻等价值26万余元的物品。接报后，刑侦大队三中队立即展开侦查。于11月4日晚8时30分，分别在杭州市余杭区良渚镇抓获犯罪嫌疑人裘某(男，27岁，杭州余杭人)、在江苏无锡南长区抓获犯罪嫌疑人陈某(女，42岁，安徽阜阳人)、钱某(男，39岁，江苏苏州人)。并在陈某、钱某住宿的旅馆内起获部分赃物。经审查，3名犯罪嫌疑人对麻醉抢劫犯罪事实供认不讳。

【抓获一名潜逃十五年命案逃犯】 上城公安分局刑侦大队追捕小组历经35天，辗转云南省昆明、玉溪、普洱、红河等10余市、县，行程6000余千米，成功抓获已潜逃十五年的故意杀人逃犯李某(男，40岁，云南峨山县人)。1996年10月25日，李某伙同江某(2003年已抓获)，将诸暨籍人郭某诱骗至上城区江城路某招待所308房间内实施抢劫，因被害人反抗而将其杀害。同年,李某被列为网上逃犯。“清网行动”中,上城公安分局将其列为重点追捕对象,在前期做了大量基础工作后,于10月26日由上城公安分局副局长孔兴桥、刑侦大队副大队长孔磊带领追捕小组赴李某藏身地云南。在当地公安机关的配合下,通过大量的排查访问和周密的守候布控,在云南省红河州弥勒县某旅馆内将曾使用多个假姓名的李某抓获。

（顾　宁）

交通管理

【交通事故概况】 2011年,杭州市公安局交通警察支队上城大队(以下简称上城交警大队)坚持“以民意为导向、以抓秩序为主业、以路面为主战场”的管理思路,狠抓酒后驾车、“四小车”、工程运输车等重点违法的查处力度,全年共开展各类集中整治百余次,现场查获各类违法行为104260起,非现场拍摄335456起。上城区共发生上报道路交通事故61起,造成7人死亡,59人受伤,直接经济损失5.70万元。事故起数、死亡人数、受伤人数、直接经济损失分别比2010年下降4.7%,12.5%(死亡绝对数减少1人),6.4%,20.8%。

【打造“文明礼让”城市】 2011年是杭州市实施“打造交通文明示范城市三年规划”的第二年,也是“三年规划”的关键一年,上城交警大队依靠当地党委政府,全力推进深化“交通文明”创建工作。组织开展文明示范路口认领活动,辖区共有10条斑马线被区企、事业单位认领,早晚高峰期间均安排志愿者现场进行文明劝导,并发放文明出行倡议书2500余份;确定了4条斑马线作为机动车“文明礼让”整治点,以点带面推行“文明礼让”示范效应,从而逐步将“文明礼让”良好风气延伸到全区斑马线。

【科学调控提高通行效率】 2011年,因“两节”、“两会”、清明、中秋小长假以及西博会、休博会、残运会、烟花大会、全国文明城市迎检、担任多批高级别的警卫安保任务,延安路封闭施工以及错峰限行工作使得日常交通管理工作任务重、责任大、要求高。为确保各项安保工作的万无一失,上城交警大队在每个节日、活动开展前对道路通行秩序组织方案进行全面论证,对警力进行合理调配,明确每个岗位的责任,全力加强路面管控与指挥疏导。2011年,共完成三级以上警卫任务400批次,其他保卫任务900批次,确保了人民群众在节日期间的安全、有序出行。

【提升交通管理能力】 上城交警大队强化推进整治小分队模式。通过科学配置警力,采用多点位布控方式,按照“快速反应、快速到位、快速应对”的原则,加强对辖区管理热点、难点的管控能力,有效提高打击力度。针对城站广场、总管塘和龙翔桥等区域“四小车”聚集情况,通过与区各职能部门联动,组成联合整治小组,对“四小车”违法行为进行精确、准确打击,推出三轮摩托车整治法,使“四小车”交通违法得到进一步遏制。另外,针对辖区静态交通违法较多,影响动态通行的情况,上城交警大队在前期摸底排查的基础上,按照“高频率巡查,快反映查处,长时间巩固”的原则,有针对性地对违法停车进行严查严处,坚决做到“零容忍”,净化道路通行秩序。

【提升队伍战斗力】 上城交警大队深入开展“创先争优”活动,在落实“四亮”(亮身份、亮示范、亮承诺、亮沟通渠道)的基础上,提出了“三争”目标,即党员民警要争做群众的表率;支部书记要争做党员民警的表率;党员领导干部要争做活动带头人,鼓励广大党员民警在本职工作上“创先争优”。结合建党90周年纪念活动,通过组织民警唱红歌、上党课、组织前往舟山开展红色之旅等活动,提升民警责任意识、奉献意识和忠诚意识,争当“主动警务”的能动者、实践者、执行者。2011年,共开展各类教育活动100余次,走访群众100余名,收集到各类意见建议60余条,全部予以答复。上城交警大队吴国兴等4人荣立三等功,10人获嘉奖,16人获得季度之星荣誉称号,王伟国等4名中队干部被评为季度之星中队干部;组织开展警营文化活动10次,召开警民恳谈会14次,收集各类意见和建议60件,为民办实事80件。队伍综合素质得到进一步提升,队伍建设继续保持“零违纪”。

【构建和谐警民关系】 上城交警大队以增进与人民群众感情、维护人民群众利益为目标,开展开门评警活动,组织广大民警立足岗位、结合实际,扎实开展爱民实践活动，进一步密切警民关系、促进社会和谐，努力树立“敬业、专业、公正、廉洁、奉献”的交警队伍形象，实现队伍“两项指标”(违法、违纪和信访投诉)零增长。2011年，共组织开展警营开放日8次，走访慰问困难群众20余人次，召开警民恳谈会14次，收集各类意见、建议50件，为民办实事60件，交警的形象进一步提升，人民群众的满意度进一步提高，大队长徐逸峰代表上城交警大队在支队开门评警活动动员大会上进行交流发言。

【优化道路通行条件】 上城交警大队结合“我的岗位我尽责、动脑勤管增效益”主题活动，群策群力，完善辖内交通组织，缓解城区交通“两难”。2011年，上城交警大队对城站区域交通组织进行全面渠化，道路通行条件得到进一步优化。对24个信号灯路口进行配时调整，设置单行线72条，交通廊道8条，同时制定并明确交通设施破损、维修的上报要求，交通设施维护抢修工作由之前平均3~5天提高到1~2天，工作效率进一步提升。

资料　渠化：指通过导流岛与路面标志标线相结合的方式，以分隔或控制冲突的车流，使之进入一定的路线，从而满足平面交叉的基本要求。目前通指交通组织措施调整的常规手段。

【全面提升素质与形象】 上城交警大队坚持“实战、实用、实效”原则，深入开展教育训练培训工作，着力提升执法者素质和业务技能。2011年，上城交警大队先后组织开展法律知识考试、醉驾入刑查处培训会、事故规范化建设交流培训会、文明礼仪、舆论引导等各类业务培训和游泳训练、警姿手势、查缉控制、登山体能训练等警务技能训练活动40次，有效提升了民警实战技能。以“以一带十、梯次发展、自我提高、再上台阶、全面推进”为建设目标，以“试点向普遍延伸”为要求，成立执法规范化建设推进小组，发挥上城交警大队和湖滨中队执法规范化建设示范单位的示范效应，推动执法规范化建设的深入。全年上城交警大队及湖滨中队接待兄弟单位参观学习10余次。发挥执法规范的引领作用，在基层中队推选危军等3名先进典型，使广大民警学有方向、做有方法、赶有目标。 (康　奕)

检　察

【概况】 2011年，区人民检察院为服务上城区“十二五”时期规划纲要的顺利实施，深入推进三项重点工作，强化法律监督，深化工作机制创新，大力提升队伍素质，检察工作在服务发展和自身发展两方面取得了新成效、新进展。全年，对刑事犯罪案件共批准逮捕432件、628人，提起公诉505件、745人；对贪污贿赂及渎职侵权案件共立案14件、17人。在全省基层检察院分类考评中，各项业务得分在24个同类院中位列第二，获“浙江省先进基层检察院”称号。

【保障社会和谐稳定】 从严、从快打击危害国家安全犯罪，严厉打击绑架、抢劫、诈骗等严重危害群众生命、财产安全的犯罪，办理了公安部督办的吴克奎等15人重特大贩卖毒品案等重大恶性案件，增强人民群众的安全感。依法维护市场经济秩序，起诉非法经营、合同诈骗、侵犯知识产权犯罪等破坏市场经济秩序犯罪案件29件、41人。注重落实宽缓政策，修复社会关系，对因邻里、同事、同学朋友之间矛盾引发的轻微犯罪不批捕13人，不起诉20人，探索开展了附条件不起诉改革。妥善处理各类举报、控告、申诉线索76件。办理可能引发群访的新疆籍信访案、香港居民信访案等案件，得到来访人的肯定，努力化解纠纷矛盾。

【促进政务廉洁高效】 着力查处妨碍发展、危害民生、影响稳定的行业性、领域性窝串案。立案查处了街道招商引资环节职务犯罪窝串案6件、7人（含渎职犯罪2件、2人），通过依法查处招商引资工作人员利用职务便利，侵吞、骗领招商引资引荐奖励金、帮助投资商抽逃出资的新类型犯罪，维护政府资金安全。查办了城建系统3名工作人员在旧城改造拆迁安置工作中为非拆迁安置人员违规获取安置用房的滥用职权案件，维护了社会公正和群众权益。结合案件查办，开展职务犯罪预防。针对办理街道招商引资窝串案发现的问题，及时总结分析、提出对策建议，得到区委书记、副书记等领导的重要批示和各街道的采纳。

【维护法治公平公正】 加强与公安、法院等部门的沟通协调，拓展法律监督的途径，促进案件质量的共同提高。探索建立与环保执法的协调机制，与上城环保分局联合出台《关于建立上城区环境保护执法协调机制的若干意见》，促进生态环境保护。通过日常巡查、监控信息联网、约谈在押人员等多种方式，加强对监管场所安全、刑罚执行、变更情况和监管行为的监督。开展监外执行专项检查和不定期的检查监督。

区人民检察院干警田晶(左)参加全国公诉人与律师电视抗辩赛

(区人民检察院　供稿)

【完善诉讼监督机制】 在监督公安派出所工作试行取得较好成效的基础上，加强总结分析，从理论层面寻求对实践工作的进一步指导。撰写的《检察机关监督公安派出所工作机制初探》被浙江省人民检察院列为全省重点研究课题，并被最高人民检察院主编的期刊《人民检察》和《检察研究参考》采用。先后与公安、法院等部门联合签订了《关于审查逮捕案件跟踪监督工作的暂行规定》、《公诉引导侦查调查取证指导意见》、《关于建立上城区打击虚假诉讼联动机制的规定》等文件，加强对诉讼活动的法律监督。

【提升公诉工作水平】 优化队伍结构，加强公诉人才培养，通过举办专题讲座、听庭评议、精品案件评选、撰写调研文章等举措，提高队伍整体履职能力；在干部招录、双向聘任等环节，重点确保公诉骨干群体的基本稳定；在先进评选、干部晋升工作中，坚持“向一线办案部门倾斜”的原则。构建公诉维稳工作机制，积极落实公诉改革新举措，对涉及群体性利益、敏感性问题以及利益诉求对立可能影响社会稳定的案件，做好风险评估预警与应对工作；运用不起诉办案机制、开展刑事和解、司法救助工作；完善公、检、法联席会议制度，共同提高刑事工作水平。2011年，1名干警获全国公诉人与律师电视论辩大赛“优秀辩手”称号，所在团队获团体三等奖，并被评为全省控辩对抗赛“十佳辩手”；2名干警被评为杭州市“十佳公诉人”，1名干警被评为杭州市“优秀公诉人”。

【挽救失足未成年人】 2010年9月9日凌晨，16周岁的未成年人田某在上城区丰家兜某烧饼店用偷拿的钥匙打开店门后窃得店内现金1.30万余元，当日中午即被抓获归案，赃款悉数追回。因其行为已构成盗窃罪，被判处一年有期徒刑。服刑期间，田某因表现良好，被减刑一个月，定于2011年8月9日刑满释放。在办理案件和跟踪帮教过程中，区人民检察院未检科(以下简称未检科）干警获悉田某在案发前还有2550元工资尚未与丰家兜烧饼店店主吴某结清，但因案件原因不敢向吴某索要，另外，田某表示出狱后将会继续留在杭州。考虑到上述钱款确实是田某的劳动报酬，系合法收入，未检科干警认为有责任帮助他追回；因田某是外省人员，出狱后身无分文，在本市又举目无亲，如一时找不到工作，没有生活来源和栖息场所，很容易因生计问题重新实施犯罪行为，必须尽快帮他解决工作问题。而吴某等人与烧饼店是田某在杭州最为熟悉的人和地，如能安排田某重回该店工作，不仅能解决田某出狱后的生计问题，对他后续的犯罪矫正亦会起到积极作用。基于上述考虑，未检科干警在田某出狱之前，通过多次电话联系、上门沟通，最终说服店主吴某补发田某的工资并接纳田某到其店中继续工作。8月9日上午，未检科干警特地赶往狱所接送田某到吴某店内。田某真诚的道歉取得吴某及其家人的原谅。区人民检察院的帮教行为取得了良好的社会效果，《都市快报》、《浙江法制报》、钱江电视台、杭州电视台等媒体均对此事进行了报道,《都市快报》还以两个整版的篇幅,从寻访城市价值观这一高度作了特别报道。

【依法起诉原绍兴市中级法院审判员冯某】 2011年8月23日,区人民检察院以涉嫌受贿罪,依法对原绍兴市中级人民法院执行局审判员、主任科员冯某提起公诉。此案经绍兴市越城区人民检察院侦查终结,由浙江省检察院指定区人民检察院管辖。经依法审查查明:2008年下半年至2011年3月,被告人冯某在担任绍兴市中级人民法院执行局审判员工作期间,利用职务便利,为相关个人、企业在民事案件执行过程中提供帮助和便利,多次非法收受他人财物共计675945元。法院经审理后,以受贿罪判处冯某有期徒刑11年。 (张 雯)

审 判

【概况】 2011年,上城区人民法院坚持"为大局服务、为人民司法"的工作主题,进一步创新机制、改进作风、提升质效,深入推进"社会矛盾化解、社会管理创新、公正廉洁执法"三项重点工作,扎实有效地抓好审判执行、为民司法和队伍建设,为加快区域经济社会协调发展,建设具有国际水准的高品质中心城区提供了坚强有力的司法保障和优质高效的司法服务。全年,新收各类案件5854件,办结5673件,比上年(指2010年,下同)分别上升3.5%和下降0.4%;结案率89.9%,解决争议标的25.62亿元。主要办案质量、效率、效果指标位于杭州市各城区法院前列,审判、执行工作保持良好的运行态势。区人民法院获集体二等功,被浙江省高级人民法院命名为"浙江省法院文化建设示范单位";被评为全省政法系统"集中清理涉法涉诉信访积案活动先进集体"、"全省法院调研工作先进集体";被浙江省高级人民法院授予"破解执行难优秀法院"和"2011年度无执行积案先进法院"称号。

【依法惩治刑事犯罪】 坚持宽严相济刑事政策,依法严惩严重危害社会治安、贪污贿赂等职务犯罪以及严重破坏市场经济秩序犯罪,推行量刑规范化工作,扩大刑事案件被告人指定辩护范围,做到量刑精准、过程公开、刑责适当。加大教育、感化、挽救未成年人犯罪的工作力度,制作发放缓刑评估报告表,落实缓刑犯社区矫正工作,依托学校、家庭、社区等平台,做好预防犯罪工作。共受理各类刑事案件517件,审结514件,比上年分别上升31.6%和30.5%;判处被告人594人,其中判处3年以上有期徒刑166人,依法适用缓刑132人。

【妥善化解民事纠纷】 坚持"调解优先、调判结合"原则,运用诉前调解、诉讼调解等方法,化解医疗纠纷、劳动争议、损害赔偿、建设工程合同纠纷等民事纠纷,做好经济形势变化的司法应对工作,稳妥审理涉合同、金融、企业债务及股东权益、公司纠纷等商事案件,平等保护各类市场主体的合法权益。共受理各类民商事案件3770件,审结3592件,比上年分别下降0.4%和3.8%;调撤率63.0%。经过多次诉前调解,调解结案浙江省钱江船舶有限公司与中亚(浙江)商务有限公司507件商品房预售合同纠纷。

【努力化解行政争议】 以实质性化解行政争议为目标,依法审理各类行政诉讼案件和审查非诉行政执行案件,推行"诉前沟通、诉中协调、诉外交流"的审判新模式,努力促成行政争议的协调解决。共受理各类行政诉讼案件85件,审结83件,比上年下降17%和19.4%;其中经协调撤诉案件11件,占结案总数的13.3%;办结行政非诉案件39件,与上年持平。开展行政诉讼简易程序试点工作,以最便捷方式、最小成本化解矛盾,取得审判效率及效果的双赢。

【加大执行工作力度】 开展"冬日暖阳"追薪集中执行行动和反规避执行专项活动,采取限制高消费、媒体曝光、限制出境、执行公告进社区等措施,加大对抗拒执行、逃避执行、规避执行的惩治力度。加强执行查控、执行联动、执行威慑机制建设,定期向上城公安分局报送"十大被查控被执行人",与银行、房管局、车管所建立协助查询、冻结机制,健全执行威慑联动机制和执行工作长效机制。共受理各类执行案件1442件,办结1443件,比上年分别上升5.7%和1.6%,执结率92.6%。

【深入推进阳光司法】 根据浙江省高级人民法院《浙江法院阳光司法实施标准》,制定实施《阳光司法实施细则》,完善区人民法院局域网和门户网站建设,实行网上立案、咨询并及时公开审判执行信息、裁判文书;开展“公众开放日”活动,先后10次邀请社会各界群众走进法院,参与旁听案件审理,增强法院工作透明度;全面落实公开审判制度,通过庭审全程录音录像、提高人民陪审员参审率、邀请人大代表、政协委员旁听庭审等措施,推进立案、庭审、执行、听证、文书和审务公开。

【全力提升审判效率】 改进和完善案件节点管理系统,对节点设置、例外情形、节点用时检查、奖罚等作出明确规定,强化对审判、执行各环节和办案质量效率的实时监控和动态管理。推行归档报结工作,将案件归档日期作为内部管理的结案日期;开展清理超12个月、18个月未结案件活动,解决案件平均审理天数偏长等问题,实现办案质量效率的良性循环和收结案件的动态平衡。作为全省归档报结制度试点法院,每月归档报结率均在96%以上,在全省法院中名列前茅。截至12月底,月均存案工作量1.63个月,比上年减少0.47个月;案件平均审理天数50.88天,比上年减少20.75天;法官年人均结案108.56件,最高达607件。

【强化审判监督管理】 开发使用网上审委会讨论案件系统,实行审委会讨论案件网上审阅审理报告、网上查阅电子卷宗、网上询问承办人、网上签署表决意见,提高了审委会讨论案件的质量和效率。共组织网上审委会32次,占提交总数的68.1%。加强案件质量评查工作,对改判、发回重审案件进行重点评查,对简易程序超30天、普通程序超60天未结案、超12个月以上未结案、案件平均审理天数较长、信息录入不完整等问题进行专项检查,并每月以《审监工作专报》的形式通报评析。至12月底,二审改判发回率4.0%,二审改判发回瑕疵率3.4%,比上年分别下降5.3%和1.3%。

【完善便民利民诉讼服务机制】 加强立案信访窗口建设,设置立案叫号系统,开展网上咨询和立案,以简化的流程与信息化作业,为当事人提供诉讼引导、法律咨询、诉前调解、立案受理、信访接待、收结诉讼费用、诉调对接、判后答疑等司法服务。加大司法救助力度,为有诉求但经济确有困难的当事人提供及时有效的司法救济。对12件案件当事人减免缓交诉讼费3.35万元,为10件案件当事人发放司法救助金44.60万元。

【健全诉讼与非诉讼相衔接的纠纷解决机制】 把民商事调解、行政协调、执行和解贯穿至立案、审判和执行工作的各个环节,加大诉前调解工作力度,将事实清楚、争议不大的案件引导到人民调解室调解,通过和谐方式化解纠纷。共通过诉前和人民调解中心结案388件。推进和完善多元化纠纷解决机制的建立,与浙江省保险行业协会签订诉调对接工作合作协议,委托保险行业组织调解涉及保险合同纠纷、机动车交通事故责任纠纷;加强与街道调解委员会联系,联合调解相邻纠纷、物业纠纷等案件,共同化解社会矛盾纠纷。

【完善社会问题审判信息预警工作机制】 加强与杭州市房管局、杭州市劳动局、上城工商分局以及省银监局等行政机关沟通,就政府信息公开、新条例规定的拆迁案件等问题进行交流。2011年1月,国务院颁布《国有土地上房屋征收与补偿条例》后,牵头召开了

7月12日,举行浙江省保险行业协会与区人民法院诉调对接合作签约仪式。
(区人民法院 供稿)

由政府及各相关行政机关参加的推进新条例贯彻执行座谈会。针对2011年房产新政实行后房屋居间类合同纠纷案件不断增多的情况，组织杭州房地产中介行业协会及部分房产中介机构代表召开了房屋居间合同纠纷风险防范座谈会，依托审判工作及时提出改进和加强社会管理的意见建议。

【抓好涉诉信访的长效机制建设】 完善涉诉信访听证机制，邀请区政协委员担任区人民法院涉诉信访听证团成员，通过搭建平等对话、多方参与的平台，使信访案件得以有效化解。制定实施《案件信访风险评估预警化解制度》，对审判、执行中可能矛盾激化的案件进行预测和排查，做好庭审释明、裁判说明、判后答疑等工作，从源头上预防和减少涉诉信访。共处理来信126件，接待来访226人；安排院长接待24次，组织判后答疑3件。

【签订远程审判被告人看管警力合作协议】 2月12日，区人民法院司法警察大队与武警支队上城区中队签订《上城区人民法院司法警察大队与武警支队上城区中队关于远程审判被告人看管警力合作协议》，该协议明确由法院负责远程审判的警力配置和组织指挥，武警负责协助看管被告人。在看管被告人期间，武警人员要服从法院法警的安排、指挥，遵守《司法警察看管条例》。该协议为全市首创，此合作模式在法院远程审判工作中起到较好的推进作用。

【扎实推进思想政治建设】 开展"发扬传统、坚定信念、执法为民"和"人民法官为人民"主题实践活动，以"创先争优"为主线，组织干警参加陈辽敏荣誉称号命名表彰大会，运用网络平台宣传区人民法院先进典型，营造学先进、赶先进、当先进的浓厚氛围。把主题教育实践活动与纪念建党90周年结合起来，开展瞻仰革命旧址、重温入党誓言、观看爱国主义教育片、参加红歌汇演、阅读红色经典等活动，通过革命传统和理想信念教育，引导干警更加坚定地坚持党的领导，更加自觉地坚持司法为民。

【抓好党风廉政和作风建设】 召开法院队伍建设工作会议，通过观看廉政教育片、组织旁听职务犯罪案件庭审、发送廉政短信等方式，开展岗位廉政教育和警示教育。开展治庸治懒治散"效能亮剑"专项活动，加大对庭审规范、司法礼仪、作风纪律等情况的巡查督查力度；修订完善《绩效考核办法》、《书记员考核管理办法》、《案件督、评查办法》等制度，运用自主研发的队伍管理系统，对干警工作业绩和队伍建设实行网上考核管理，考核结果与年终评优、立功受奖挂钩。

【加强法院文化建设】 以"文化育人、文化兴院"为理念，通过审判区域法律格言廉政警句、办公区域干警摄影作品上墙，加强审判法庭和办公场所的文化形象塑造，以公平正义的法院文化凝聚力量，营造积极向上的工作环境。加大干警教育培养力度，通过组织法官业务培训、书记员速录比赛、举办论文研讨会、邀请咨询专家授课、开展司法之星、庭审评议、优秀裁判文书评选等活动，提高干警业务素质和办案能力。试行青年法官培养导师制度，由审判、执行一线的资深法官结对指导预备法官，为优秀年轻干警脱颖而出创造条件。 （宋慧娟）

司法

【概况】 2011年，上城区司法局围绕区委、区政府工作的中心和大局，深入推进司法行政领域社会管理创新，充分发挥司法行政在化解社会矛盾、促进社会和谐、保障改善民生等方面的职能作用，努力创造和谐稳定的社会环境、公平正义的法治环境、优质高效的服务环境，为深化"平安上城"、"法治上城"建设，加快建设"具有国际水准的高品质中心城区"做出贡献。2011年，上城区被中宣部、司法部评为2006~2010年全国法制宣传教育先进县(市、区)，被省委、省政府授予2006~2010年全省法制宣传教育先进县(市、区)荣誉称号；区司法局被市委、市政府评为杭州市2006~2010年度普法教育依法治市先进单位，连续7年被市委、市政府授予"社会治安综合治理先进单位"奖牌，被杭州市司法局推荐为全省司法行政系统依法行政先进集体；区司法局机关党总支被中共上城区委评为区级品牌先进基层党组织，连续多年被评为区级先进党组织和建设学习型机关先进单位；区矫正办被省矫正办评为2011年度社区矫正“三防”专项活动先进集体；望江司法所被司法部授予“全国模范司法所”荣誉称号，被评为浙江省社区矫正“环沪护城河”工程先进集体和杭州市“样板司法所”；清波司法所被省司法厅评为浙江省司法行政世博安保先进单位；钱国平获全市司法行政工作个人三等功、2006~2010年全省法制宣传教育先进个人，陈建楚获全省司法行政世博安保先进个人。

【加强法制宣传教育】 坚持领导干部每季学法日制度，对全区四套班子领导、各部门、各系统、各街道党政主要负责人组织了专题法制讲座，先后讲授了《中华人民共和国社会保险法》、《国有土地上房屋征收与补偿条例》、《中华人民共和国行政强制法》等。组织开展多场法制宣传和法律咨询活动，上城区依法治市普法教育领导小组(简称区依普办)与区拆违办在太庙广场联合举办了以“广泛开展违建专项综合整治，构建和谐社区，打造品质上城”为主题的全区性拆违、防违、控违专项宣传活动，制作发放了5000余份法制宣传小册子；精心制作了50多块《人民调解法》宣传图板，及时在各街道、社区巡回展览和法律咨询现场摆放；先后在小营巷社区公园举办了庆三八国际妇女节、创建“平安家庭”法制宣传、《杭州市法律援助条例》法律咨询等法制宣传教育系列活动。为广大市民解答法律问题，提供法律服务。开展“百户学法用法好家庭”评比工作，表彰102户“百户学法用法好家庭”。

【创新普法宣传载体】 12月1日，在省人民大会堂举行“运用新型媒体，推进法治文化建设——浙江省‘12·4’全国法制宣传日主题活动，区委书记陈红英代表区委、区政府在会上作“运用新型媒体 探索多元普法 助推‘法治上城’建设再上台阶”的交流发言，介绍了上城区在运用新型媒体技术统筹实施“数字社区”、“政社整合”、“网上政府”三大工程中，全面融入法治元素、积极探索普法形式和载体创新、全力助推“法治上城”建设的做法和成效。结合自身特点，推出了“法律进广场”活动，利用辖区内吴山广场、城站广场等优势资源，推动广场法治化建设，把广场建设成为一个依法治理的示范窗口和法制宣传教育的综合平台。12月1日，由省委宣传部、省司法厅、省教育厅、团省委、浙江省广播电影电视局、浙江省普法教育领导小组办公室、浙江省关心下一代工作委员会等单位联合主办，杭州市司法局、杭州市依法治市普法教育领导小组办公室、区司法局等协办的浙江省青少年“法在心中”广场主题活动在吴山广场举行，拉开了全省青少年“六五”普法活动帷幕。

【深化人民调解工作】 充分发挥人民调解“保稳定、促和谐”的基础作用，建立矛盾纠纷有效预警和定期排查机制，重点调处易引发上访的敏感、疑难纠纷，化解了南星街道针织城市场与经营户群体性纠纷、绿城·御园项目叫停后农民工讨薪纠纷等一批影响重大、可能引发集体性上访的纠纷，做到了对重点纠纷的预知、预判和预防。落实区委《关于进一步加强社会矛盾纠纷“大调解”工作的实施意见》，做强街道和社区人民调解组织，做实企业、市场、工地调解组织，做活“和事佬”协会等调解信息员组织，创新行业专业调解组织，发挥区物业纠纷调委会、法院调解室、警民联调工作室作用，在上城交警大队设立交通道路事故调解工作室，全年调处交通事故纠纷40多起。以开展“争当人民调解能手”活动为契机，加强人民调解组织建设，规范调解程序，拓展工作领域，加强调解员业务和综合素质培训，提高人民调解的影响力和社会公信力。截至12月，共调解纠纷3069起(其中简易调解纠纷2504起，书面调解纠纷565起)，调解成功3012起，成功率为98.1%，排查化解复杂疑难案件166起，防止民间纠纷转化为刑事案件2起，防止群体性上访39起，防止群体性械斗2起，有效促进了社会和谐与稳定。

【开展社区矫正“三防”专项活动】 扎实开展社区矫正“防脱管、防漏管、防严重再犯罪”(以下简称“三防”)专项活动。区、街道均成立了以主要领导为组长的“三防”专项活动领导小组，签订责任书，分别召开动员部署会、监管安全形势分析会和专题研究会。区司法局按照省、市“三防”工作通知要求，拟制下发《“三防”专项活动实施方案和考核细则》，落实每季组织一次公、检、司联合执法大检查、每月组织一次司法所排查、每周进行社区巡查活动，做到“四个清楚”，即

3月23日，召开社区矫正“三防”专项活动部署会。（区司法局 供稿）

社区服刑人员在想什么清楚，在干什么清楚，在哪里清楚，家庭生活情况清楚。努力构建上城公安分局、区人民检察院、区人民法院、区司法局、公安派出所、司法所“六位一体”的衔接模式，每季召开“公、检、法、司”4家单位联席会议，进一步畅通信息交流渠道，形成了各司其职、各负其责、协调配合的良好监管氛围，真正做到横向到边、纵向到底，不漏一人、不留死角。全区在册社区服刑人员无脱漏管、无严重再犯罪，顺利通过杭州市司法局组织的“三防”工作考核。

【推进社区矫正管理创新】 配合上级业务部门关于社区矫正信息化系统建设的要求，对75名重点和新入矫人员进行了手机定位管理，对部分服刑人员进行指纹系统管理。充分发挥区心理矫正基地、心理健康教育志愿者队伍及市心理矫正专家库资源，开展社区服刑人员心理健康教育、心理疾病治疗、心理危机干预。落实每月集中教育课，先后邀请区人民检察院、区人民法院专业人员进行授课，由区人民检察院未检科配合区司法局开展未成年社区服刑人员帮教活动，取得了良好效果。进一步完善考核奖惩机制，重点把握好社区服刑人员日常监管中的奖惩运用，把握好矫正效果评估。

【建立社区矫正救助金制度】 2011年，上城区在全省率先建立“社区矫正救助金”制度，采取“财政拔一点，慈善基金、社会捐一点”的形式筹集专项资金，首期启动资金10万元，用于帮助部分按照《杭州市城乡居民最低生活保障实施办法》规定无法办理低保而实际生活困难的社区服刑人员，防止其因贫致困而重新犯罪，持续提高社区矫正人性化监管水平。作为浙江省首批社区矫正工作试点地区，上城区自2004年5月开展试点工作以来，探索形成了具有上城特色的社区矫正工作方法——八化矫正法在全省推广；首创的“一主三辅”(以集中式为主，自主式、包干式、特长式为辅)的公益劳动模式在全国进行推广；首例社区服刑人员获得减刑，实现了浙江省减刑“零的突破”；制定出台了全省乃至全国第一个社区矫正工作地方标准《社区矫正工作规范》。截至12月底，上城区累计接收矫正对象935人，依法解除矫正767人，减刑2人，现有矫正对象168人，无一例严重重新再犯罪案例。

资料　八化矫正法：指社区矫正“队伍建设多元化、衔接解矫程序化、日常管理制度化、思想教育经常化、社区服务多样化、一人一档规范化、考核奖惩积分化、帮困解难人性化”。

【深化“律师进社区”工作】 落实《杭州市“律师进社区”工作管理办法(试行)》和《关于加强社区律师值班管理的若干意见》等规章制度，有效推行“三固定、三公开”工作制度，对全区54个社区律师的值班时间和值班地点进行了全面摸底调查，及时更新网上公布的社区律师值班时间；加强对律师到位率的日常监督检查，加强与社区律师和社区联系人沟通交流，及时了解律师工作情况及面临的困难，征询意见建议；开展“社区律师访万家”活动。截至12月，社区律师值班2190次，解答法律咨询2730次，出具法律意见书110个，起草修改规章制度39个，代写法律文书6个，参与项目谈判11个，进行调解409次，帮助获得法律援助294次，举办法律讲座培训111次，化解矛盾纠纷481起。社区律师履行职责，用专业知识和法律技能为社区和居民排忧解难，得到了社区和居民的普遍好评。浙江省司法厅副厅长李会光，杭州市委副秘书长、办公厅主任胡征宇，杭州市司法局局长洪慧萍等领导多次到上城区调研“律师进社区”工作，一致认为上城区“律师进社区”工作做得细、抓得实、切实服务民生。

资料　三固定、三公开：即“服务内容固定、服务人员固定、服务时间固定”和社区律师“姓名公开、联系方式公开、工作规范公开”。

8月，在梅花碑社区开展“社区律师访万家”活动。　(区司法局　供稿)

【推动法律服务基层维稳工作】　针对上城区涉及征地拆迁、企业改制、市场关停等矛盾日益突出的情况，区属律师深入维稳工作一线，运用专业知识服务维稳大局，参与化解明珠小百货市场经营户群体性事件、涌金广场商户合同纠纷等事件的维稳调处工作，主动提供便捷的法律服务，化解当事人过激行为，保护了双方当事人合法利益，消除社会不稳定因素。区司法局组织区属律师按时参加信访值班和随领导下访，全年陪同区领导下访5次，接待19批次、1143名来访群众，通过晓之以理，释之以法，阐明利弊，将大量的矛盾化解在基层、化解在萌芽状态，赢得了较好的社会反响。

【开通法律援助通道】　完善法律援助网络建设，加强“12348”法律援助咨询专线服务，加大援助法律法规宣传力度，不断拓宽援助范围，提升援助案件规范管理和监督检查质量，努力实现“应援尽援”最大化。降低法律援助门槛，坚持把受援对象经济困难标准从低保户扩大为城市最低生活保障线的2倍标准，并对低保受援人的援助范围不设限。全面开通刑事法律援助通道，根据最新出台的《浙江省高级人民法院、浙江省司法厅关于加强刑事指定辩护工作的若干意见》，增加9种刑事案件被告人指定辩护的情形，扩大了享受指定辩护的被告人人群，2011年，区法律援助中心共受理10例贯彻落实新精神的指定辩护，指派律师为当事人辩护。拓展便民渠道，为行动不便的老年人提供上门服务，将民事援助审批下放至司法所，实现刑事援助申请前置，利用一站式审批服务平台推行法律援助网上申请、审批工作，方便困难群体、提高工作效率、满足群众需求的目的。全年共办理法律援助案件104件，其中刑事案件49件，民事案件55件，涉及残疾人9人，农民1人，农民工31人，老年人5人，未成年人31人，妇女25人，少数民族2人；全年“12348”法律服务共接待来电、来访1313件，其中来电732件，来访581件，保障了困难群众的合法权益。

【开展服务中小企业活动】　上城区通过与企业召开研讨会、设计和实施问卷调查、开展企业法律需求登记等形式，针对中小企业劳动合同不规范、侵权主张不合理、企业决策缺少民主程序等11大类突出问题，组织区属律师对所服务的法律顾问单位及企业客户进行走访活动。2011年，共派出律师99人次，走访企业163家，召开座谈会24次，发放法律服务联系卡、咨询函288份，举办各种法律讲座36场，发现法律问题(漏洞)110个，帮助解决问题159个，出具法律意见书、风险提示函96份，取得了良好的社会效益。

【运用指纹采集监管制度加强社区服刑人员监管】　2011年8月，区司法局在南星司法所进行指纹采集监管制度试点，经信息反馈，指纹采集仪能准确记录社区服刑人员报到时间、思想汇报、公益劳动、集中学习等情况，使监管工作更加便捷、准确。8月3日，区司法局对全区6个司法所矫正工作人员进行设备使用培训，共发放指纹采集仪6台，指纹IC卡片233张，对在矫的166名社区服刑人员进行指纹采集监管。

【妥善化解拖欠民工工资问题】 1月20日15点30分左右，建兰中学工地门口聚集了几十个人，争论不休，情绪激动，并有推搡等行为。紫阳街道调解员们立即介入调查，查明原因是工地拖欠民工工资40余万元，而四川南部县的部分民工因购买了当晚12点20分的火车票回家，为催讨工资焦急引发矛盾。街道调委会主任通过劝说抚平民工激动的情绪，让他们耐心等待，表示政府部门会处理此事，要求包工头胡某妥善解决此事。调解员立即将情况上报街道领导，并通知派出所、劳动监察大队和社区人员到场。与胡某取得联系，了解拖欠工资的原因，向其宣讲相关法律、法规，以及因此可能引起的严重后果，要求其立即想办法解决拖欠民工工资发放问题。经过多方努力和协调，到晚上8点左右，胡某答应当场发放四川(9人)、贵州(5人)民工工资29万元，其余民工将于第二天结清工资。当晚赶坐火车回家的四川民工拿到了自己的辛苦钱。此次欠薪事件的及时介入和化解，不仅避免了一场群体冲突的发生，让民工及时拿钱回家过节，真正体现了"为民办实事"，有利于社会稳定，促进了紫阳地区的和谐发展。

【成功调解人身损害赔偿案】 2011年6月的一天，汽车南站正门口某运输公司的2个工人周某和龚某在载客过程中发生了冲突，互不相让，先是动嘴争吵，最后发展到了动手缠打。当时，龚某的岳母也在场，她为了息事宁人赶来劝架，被周某一脚踢倒在地面凸起的减速带上，经医院验伤，龚某的岳母右侧背部第八根肋骨骨折，需经过长期的治疗与恢复。老人家受伤，龚某一家表示伤心气愤，要求此事一定要有个满意的说法。而双方当事人就伤情治疗赔偿纠纷存在很大的分歧，派出所反复开展了调查取证，几次协调都没有成功。街道调委会核实事情真相后立即介入处理，调解会听取了2个当事人对事件原委的陈述及各自的意见主张之后，分别与周某和龚某进行了耐心细致的谈话和劝说，使当事人觉得有人理解自己，也增强了当事人对调解员的信任，拉近了调解人与被调解人之间的距离。调解员又对二人剖法析理，穿插道德、情感等劝解方式。调委会一番推心置腹的开导后，给了龚某和周某理性思考的时间，逐渐让他们消除了感情上的对立，体会"己所不欲、勿施于人"的道理。然后调解员再顺势对二人提出的赔偿数额做了沟通，最终双方达成了一致意见，周某一次性支付医疗费及其他费用合计3000元，并向龚某的岳母当面致歉。周、龚二人握手言和。调解过程中，调解人员主要运用了预防矛盾激化和依法调解的方法来进行调解。调委会成员从法律和情理的角度安抚受伤者家属，使得后者能心平气和的解决问题，最终双方签署了调解协议。

【化解"危改"引发的纠纷】 紫阳街道十五奎巷社区四牌楼23号住户王某、蒋某2家委托危改办在俞某房间的窗外，原本是2户人家的天井位置搭建厨房。而俞某因新搭建的厨房影响她房间的采光，并且厨房落水管对她房间造成影响以及厨房产生的油烟等问题发生纠纷。社区调委会从2010年11月1日介入调解，联系危改办三方在社区党建室进行3次调解达成协议：俞某的窗户往上升50厘米左右，并由单扇开窗改为双扇开窗，开窗事宜由紫阳房管站负责；蒋某将油烟通过管道往上接到2米左右，再将管道背向俞某窗户方向排烟，并在俞某开窗时由蒋某负责接好管道；蒋某在厨房的下屋檐做檐沟，另加挡板，挡板的高度以减少影响俞某采光为准，具体高度由俞某、蒋某协商决定，并在俞某开窗时由蒋某负责做好檐沟、挡板及落水管；排烟管、檐沟、挡板、落水管如有破损，蒋某有义务及时修缮。后因俞某对开窗的大小、材料、采光等不满，四牌楼邻里值班室介入调查，又经过4次协调，2011年5月，最终达成协议。蒋某请施工人员在厨房屋檐上做一块玻璃挡板解决采光问题。困扰3户人家的邻里纠纷，在社区邻里值班室成员以及社区调解员的共同努力下，终于解决。 (俞 丹)

人民武装

【概况】 2011年,区人武部党委狠抓党委中心组和干部理论学习,重点组织科学发展观、十七届四中、五中、六中全会精神、中共中央总书记胡锦涛关于国防和军队建设一系列重要论述等内容的学习;结合使命任务,开展“坚定理想信念、忠实履行使命”、“珍惜当兵历史,自觉遵纪守法”、“加强党性修养、锤炼思想作风”和“革命军人核心价值观培育”等专题教育,进一步坚定政治信念、强化军魂意识。围绕纪念建党90周年活动,组织开展学习党史、军史教育,唱响“六好”时代主旋律,干部职工听党话、跟党走的理想信念更加坚定。贯彻落实《民兵政治工作规定》、《中国人民解放军预备役部队政治工作规定》两个规定,加强民兵预备役、部队政治建设,结合民兵整组、训练,在民兵预备役人员中大力开展中国特色社会主义理论体系的学习教育,扎实抓好当代革命军人核心价值观培育,抓好民兵预备役人员理想信念、职能使命、战斗精神和社会主义荣辱观等经常性教育。贯彻落实中央13号和省委《关于新形势下党管武装的意见》精神,落实区委武装工作会议、区委常委议军会、国动委会议等会议精神;两级党委第一书记述职、考评得到较好落实;各级党政领导对武装工作更加重视。结合民兵集中训练,组织区四套班子领导和各街道党政领导过军事日活动,党管武装氛围更加浓厚。结合地方部分干部调整之际,主动协调地方党委、政府及时调整充实国动委、国教委、军民共建领导小组、维护国防利益领导小组等机构,组织机构更加健全。

【增强党委班子凝聚力】 按照中国人民解放军历史使命及“创先争优”的要求,着力抓思想、抓组织、抓作风,不断增强党委班子的凝聚力、战斗力、创造力。注重抓学习,强化能力素质。开展党委班子岗位练兵活动,组织党委班子成员和全体干部进行集中训练和学习,不断深化对党的创新理论的理解和把握,提高党委班子带领后备力量履行使命任务的能力和党委班子科学决策能力。注重抓质量,强化科学民主决策。认真执行民主集中制原则,严格规范党委议事规则,注重管方向、谋全局、议大事。注重抓干部,强化队伍建设。人武部党委坚持党管干部原则,高度重视干部队伍建设。强化干部理论学习,着力提高干部的政治理论水平和思想道德素养;注重给干部压担子、教方法、提标准,提高干部的实际工作能力。

【推进军事斗争准备常态化】 狠抓战备规范化建设,按照省军区的统一部署要求,投入50万元,完善作战室、战备器材库硬件设施,规范日常战备值班秩序。修订完善抢险救灾、国防动员、防卫作战、支前保障等行动方案。突出抓好首长机关训练和党委班子岗位练兵活动,落实训练大纲要求,坚持与警备区首长机关训练同步,坚持与党委班子岗位练兵同步。通过个人自训和上带下训等形式,开展“日做一题、周标一图、月写一文”活动,构建载体常态训,干部军事素质有了明显的提高。在省军区组织的军事专业比武中,取得了射击第一名、战术第四名、综合第四名和第六名。在警备区组织的按纲施训和党委班子岗位练兵考核中,取得较好成绩。

【落实"四管"巩固安全稳定形势】按照"管出战斗力、管出正规化、管出好作风、管出安全稳定"的要求，坚持预防为主，群策群防，突出重点，狠抓制度完善和落实，扎实抓好安全管理工作。注重抓好经常性安全教育，念好安全工作"常"字经，严格落实《中国人民解放军安全条例》和《省军区管理教育暂行规定》，坚持每月一课的法纪教育和安全常识教育，抓好条令学习月活动，干部职工遵章守纪意识明显增强。认真落实每月安全形势分析制度，切实分析和查找安全隐患。注重抓好重要时节和敏感期安全清查排查，有效预防季节性事故案件的发生。坚持每月安全排查自查活动，确保制度落实到位，坚持按照省军区、警备区的要求，突出抓人员、车辆、枪支、弹药、密件、经费等管控。严格落实不定时抽点(电话抽查)制度，狠抓人员"两个以外"的管理，确保人员不失控；严格车辆派遣制度，坚持落实"三证一匙"集中管理、主官派车和营门登记等制度，确保车辆安全；狠抓安全保密工作，严格落实对涉密载体和文件的登记。始终保持安全稳定的良好势头。

11月15日，南京军区对区人武部进行民兵应急分队点验。　(叶丽娟　摄)

【民兵整组工作细致扎实】高度重视民兵整组工作，以深层次解决信息化条件下和市场经济环境下，民兵组织布局、编组、结构及管理面临的新情况、新问题。按照"压缩规模、优化结构、调整布局、提高能力"的要求，抓好民兵组织整顿。根据省政府、省军区要求，抓好民兵应急连的建设，年底接受了军区的民兵拉动点验，得到了上级肯定。

资料　**点验**：军事用语，根据《中国人民解放军内务条令》规定，点验是对部队编制、实力、战备和安全状况的全面检查。

【组织过军事日活动】为进一步增强地方各级领导国防观念，提高关心支持国防建设的自觉性，促进全区武装工作和后备力量建设深入发展，区人武部于4月14日，结合民兵训练，组织区四套班子领导和各街道党政领导过军事日活动，通过观看国防教育宣传片，检阅民兵训练，开展射击比赛等活动，进一步强化了地方领导干部的国防观念，全区党管武装氛围更加浓厚。

4月14日，区四套班子领导参加军事日活动。　(孙建晓　摄)

【完成征兵任务】针对上城区预征兵员少，任务难完成的实际情况，区征兵办积极适应征兵工作改革，从8月份就开始在各社区张贴大幅征兵宣传画和兵役登记公告，由街道人武

4 月 7 日，区民兵高炮分队进行操炮训练。（孙建晓　摄）

部指定社区工作人员上门动员适龄青年进行兵役登记，广泛发动人民群众，做到家喻户晓。全区共登记应征公民 1936 人，应上征兵起点站（以下简称上站）479 人，实际上站 476 人，上站率为 99.4%。坚决贯彻依法征兵、廉洁征兵要求，层层签订责任状，严格落实征兵规定和内容，严把各个关口，在城区征兵形势日益严峻的情况下，经过区征兵办全体同志的共同努力，圆满完成了年度征兵任务。

【狠抓骨干集训和民兵训练】 人武部党委坚持高标准、严要求，从实战要求抓训练。重点抓好民兵骨干集训和专武干部培训。先后 2 次组织民兵高炮骨干进行集训，2 次组织全区专武干部军事理论和军事技能集训，骨干队伍军事素质有了进一步的提高。为切实提高民兵训练质量和履行使命任务能力，4 月 7~15 日，在浙江省人武学院，采取封闭式训练方式，组织全区应急分队和高炮分队民兵进行集中训练。在警备区全面考核中，都达到全优成绩。

【区国动委开展各项工作】 上城区国防动员委员会（简称区国动委）政治动员办公室开展形式多样、内容丰富的兵役法规宣传；经济动员办公室开展经济动员潜力调查工作；交通战备办公室制订了国防交通和应急保障方案；科技动员办公室制定了科技动员规划及实施预案；信息动员办公室完善了战时信息动员计划；综合办公室组织开展了国防动员潜力调查；人民防空办公室开展了人防宣传、人防工程和人防创新活动；人民武装办公室组织民兵参加抢险救灾、维护社会治安、共建共享生活品质之城等活动。开展参建共建，先后出动民兵预备役人员 2600 余人次，完成了元宵节执勤、烟花大会执勤和社会维稳执勤、机场和城站扫雪、“平安上城”等活动。

【国防教育常抓不懈】 利用各种平台，不断加大全民国防教育力度，深入开展以干部、学生、民兵预备役人员为重点的国防教育，重点在抓国防教育进机关、进学校、进社区上下功夫见成效。小营巷社区开展全面国防教育的做法，在《浙江国防》杂志予以刊载。2011 年 4 月，小营街道小营巷社区代表杭州市基层单位接受全国人大执法检查组的检查，小营巷社区国防教育落实情况得到了检查组领导的高度好评。以钱学森故居纪念馆、中共杭州小组纪念馆为载体，结合钱学森

12 月 2 日，区人武部政委楼复进给辖区盘石集团干部职工进行爱国主义教育。（孙建晓　摄）

纪念馆开馆,与上城区委、区政府联合组织了一场国防教育课,由钱学森之子钱永刚给全体区管干部上了一堂爱国主义、国防主义教育课。充分发挥少年军校的育人功能,区少年军校通过开展过一周军营生活活动,磨练学生意志、打造军人气质,培养学生严明的组织纪律和团队合作精神,使学生得到全方位的提高。利用军校的品牌效应,发掘人力资源,让具有丰富教学经验的老师担任志愿者,参与军校的教学工作。上城区退休教师、历史教研员沈云的凤凰寻遗课,紫阳小学射击教练赵达宇的实弹射击课,浙江省新四军历史研究会宣讲团的革命传统教育讲座,以及战地救护、军衔制、军兵种课等具有鲜明的特色的活动,深受学生的欢迎。组织少年军校各分校开展第11个全民国防教育日活动。充分发挥少年军校的团队优势,重大节日组织学生到共建单位武警杭州支队四中队、省军区综合仓库,进行上门慰问、表演节目、开展联欢活动等。

【提高后勤保障能力】 认真实施省军区统一部署的"部财区管"制度改革,严格落实党委集体理财制度,细化后勤保障方案,科学编制年度经费资产预算。重大经费开支经党委集体讨论研究决定,坚持经费开支每季度有研究、有分析,确保全年各项经费收支平衡。坚持开源节流,从点滴抓起,对各类办公用品和生活用品等实行集中采购制度,有效提高经费使用效益,确保有限的财力用在军事斗争准备上。狠抓战备物资和装备的管理,对各类物资进行清理归类,加大对战备器材和保障物资器材的筹措力度;落实武器装备和车辆的保养制度,确保武器装备和车辆性能完好。落实营院和租赁房屋安全隐患排查制度,完善营院安全设施,对出租房电路和消防设施等进行检查维修和完善,确保租赁房屋不出问题。 (叶丽娟)

人民防空

【概况】 2011年,上城区人民防空办公室(以下简称区人防办)完成"5·12"年度警报试鸣任务和学校防空防灾疏散演练工作。人防重点工程完成土建工程建设。"三一、五小"中学生人防教育新模式在全区初级中学全面实行,其经验做法在全市人防系统推广。完成区本级人民防空方案修订工作,落实社区民防应急疏散管理平台的应用。依据规定修订完善了人防工程拆除改造等八项行政许可事项办事程序,开展构建权力阳光运行机制工作。完成区人防专业队和区民防志愿者队伍整组及专业训练。抓好人防工程监督管理,对早期人防工程和2011年新增的10处结建工程进行普查,并与管理单位签订了管理协议。7~8月,开放白马庙巷避暑纳凉点,共接待纳凉市民1.50万人次。2011年,被杭州市人民防空办公室(民防局)评为2011年度全市人防(民防)工作先进单位和"让洞于民,避暑纳凉"工作先进单位。

【组织学校防空防灾演练】 5月12日,区人防办会同区教育局组织全区31所中小学共2.30万名师生进行防空防灾疏散演练,在演练示范点——江城中学组织800余名师生开展应急疏散演练,全体学生在老师带领下撤离教室,穿过模拟硝烟产生的烟雾,陆续进入操场等安全隐蔽区域,利用室内外地形做好防护动作,进行防毒面具和防化服的演示使用以及现场的医疗救护行动,有效提高了学校师生的防灾意识和应急情况下的组织指挥、快速疏散能力。"浙江省电视台教育科技频道"全程拍摄了演练活动,市人防办副主任章国祥,副区长刘志安,区人武部部长郑平

11月2日,开展民防知识进企业活动。 (区人防办 供稿)

9月8日，区人防办参加“浙江金盾—11”应急疏散演习。 （区人防办　供稿）

和区人防办、区教育局领导现场观摩了整个演练过程。

【创新学校人防教育新模式】 区人防办结合学校实际和资源优势，在全区各初级中学开展“三一、五小”人防教育模式，“三一”即一个专题讲座、一堂主题班会、一次应急疏散演练；“五小”即利用校园小广播、小画报、小手册、小橱窗、小网络开展人防教育。这种教育模式既规范了学校的人防教育，提高了师生参与人防教育的兴趣，解决了学校教学课时紧问题，保证了人防教育在学校的有效落实。其教育经验在省、市人防简报上刊登推广。

【开展人（民）防宣传教育】 11月2日，区人防办在杭州天阳明珠商业中心开展民防知识进企业宣传活动，向企业员工和过往市民现场发放《市民防灾手册》等宣传资料。在辖区8所中学开展人（民）防知识普及教育，2700名学生接受普及教育，受教育率100%，通报表彰杭州市江城中学、杭州市惠兴中学、杭州市建兰中学和叶晓峰、周天蓉、陆国梅、陈晓、倪萌洁5名个人。6月3日，在小营街道梅花碑社区举办“以人为本，民防为民”为主题的民防知识宣传活动，进行现场咨询和人（民）防知识有奖竞答，并发放《科普知识手册》、《杭州市人民防空工程管理规定》、《公民防灾手册》等宣传资料600份。

【稳步提升指挥通信建设】 根据杭州市人民防空办公室统一部署，全面开展人民防空方案修订工作，召开区人防方案修订工作会议，与异地疏散对口安置区域的桐庐县进行了人员疏散异地安置对接，完成了区本级人民防空方案的修订。做好《社区民防应急疏散管理平台》应用和社区人员应急疏散标示标牌设置工作。组织参加“浙江金盾—11”城市人员应急疏散演习，为兄弟城区在演习中提供技术支持和后勤保障。视频会议系统和电台及移动指挥车联训达到上级要求，完成了防空防灾警报器的改装任务。

> **资料　“浙江金盾—11”**：《浙江省暨杭州市城市应急应战救援和跨区域支援研究性演习》（代号“浙江金盾-11”）是国家人防办和南京军区赋予省、市的年度重点任务。

【规范避暑纳凉工作】 上城区避暑纳凉点位于紫阳街道白马庙巷49号，2011年，区人防办投入20多万元，历时2个月，对纳凉点进行了彻底整治改造，使内

改造后的避暑纳凉点——白马庙巷49号 （区人防办　供稿）

11月15日,区人大常委会主任丁晓芳(右二)等领导参加消防安全检查。
(上城消防大队 供稿)

部环境有了很大的改善。区人防办专门制定《避暑纳凉工作实施方案》、《避暑纳凉点突发事件应急处置预案》和《避暑纳凉守则》并组织落实,保证了避暑纳凉场所的有序开放和规范管理。同时利用避暑纳凉场地开展社会公益活动,分别组织了生活健康咨询、房政知识宣传及南宋皇城综保志愿者培训等系列活动,受到纳凉市民的高度评价。自7月1日开放至8月31日结束,共接待纳凉市民近1.50万人次。 (孙晓东)

消防

【概况】 杭州市公安消防支队上城区大队(以下简称上城消防大队)隶属于公安武警序列,是一支公安武警现役部队,担负全区消防安全监督管理和灭火救援等保卫经济建设、维护社会稳定的工作任务。大队下辖湖滨、鼓楼、近江、复兴4个建制中队,有在职人员140人。其中,现役官兵88人,合同制消防员38人,文职人员11人,外聘人员3人。所辖中队2011年参加各类灭火救援1036起,其中火灾扑救150次,抢险救援886次,出动车辆2054次,出动人员11875次,抢救疏散被困群众114人,抢救财产价值510.60万元,火灾扑救成功率100%。

【人大代表检查《中华人民共和国消防法》实施成果】 为确保《中华人民共和国消防法》在全区的贯彻执行,增进居民群众、企事业单位的消防安全意识,促进消防工作社会化水平和火灾防控能力不断提高,11月15日,区人大常委会主任丁晓芳、副区长麻承荣及部分区人大常委代表一行赴上城区社会单位进行《中华人民共和国消防法》专项执法检查,在上城消防大队召开执法检查研讨会,听取相关汇报和“清剿火患”阶段性成果分析。

【全力消除火灾隐患】 2011年,在全区范围内开展以各时期特点为重点的“鲲鹏·四季”行动,深入推进社会单位“四个能力”建设,打响“清剿火患”战役行动,消除火灾隐患。2011年,全区共检查单位3907家次,对各类消防违法行为实施行政处罚551起,处罚单位177家次,处罚个人348人次,共罚款156万元,实施临时查封63起,强制执行14起,拘留16人。截至2011年12月,上城消防大队办理建筑设计备案项目203个、其中抽查122个,合格77个,不合格45个;办理验收备案项目167个、其中抽查99个,合格80个,不合格19个;开业前消防安全检查单位126家,下发《消防安全检查合格证》101份。完成火灾调查69起,辖区内未发生重、特大火灾事故,为“平安上城”营造了良好的消防安全环境。

【部署工作重点】 2011年,上城消防大队以做好第八届全国残疾人运动会消防安全保卫工作为重点,以“鲲鹏·四季”行动为主线,结合“四个能力”、“五大活动”、“清剿火患”三大专项行动战役,扎实推进年度工作任务落实。为更好的推进消防社会化进程,上城消防大队落实全区街道消防安全办公室的建设,推动“网格化”排查整治机制的建立,进一步明确派出所的监管范围。2011年,公安部消防局对上城区湖滨派出所进行调研,监督工作获得了相关领导的肯定,湖滨派出所也在全市派出所消防监督工作会议上做经验交流。

【拓展消防宣传】 上城消防大队充分认识消防宣传工作的重要性,在采取消防站开放“请进来”的同时,采取了“走出去”的办法，多种形式开展宣传工作。上城消防大队和团区委共同构建消防志愿者活动，通过每半年召开一次志愿者和综治单位例会、媒体宣传、微博问答等形式，引导社会舆论，接受群众监督。和区教育局交流合作，将消防教育纳入学校正常的教学活动，以杭州市江滨职业学校为示范点开展“防火墙”工程、以娃哈哈小学疏散演习为起点举办教育系统校园消防示范学校创建研讨会，以点带面，提高学校师生的消防安全意识和自防自救能力。和街道联合监督，召开出租中介专项会议和帮带检查，将消防“六进”送到被遗忘的边缘区域。抓好构筑社会消防安全防火墙工程、宣传贯彻《全民消防安全宣传教育纲要》、深入推进“五大活动”及“清剿火患”战役等专项宣传工作。做好各类基础宣传工作，2011 年，开展各类大型咨询活动 3 次、配合街道开展消防宣传 5 次，向社会群众发放宣传资料 6000 份，接受群众咨询 200 条，在吴山广场等人员密集区域制作大型消防公益广告牌 3 个，在重大节庆和“119 消防宣传日”期间租用大型电子显示屏 7 次，悬挂消防宣传条幅近 300 幅，营造了浓厚的消防宣传氛围。

资料　消防“六进”：消防宣传“进社区、进企业、进学校、进农村、进家庭、进场所”。

【依靠政府实施营房改造】　上城消防大队结合《杭州市消防支队部队营房提升改造工作实施方案》，班子成员不等不靠、主动作为，多方位分析形势，多渠道挖掘潜力，多专题部门汇报，获政府支持。承担全国消防部队正规化管理暨营房提升改造试点，并于 11 月 18 日参加全国公安消防部队正规化建设现场会，全国 30 多个省消防总队的领导进行了观摩，并给予高度评价。鼓楼中队与湖滨中队列入后期的提升改造计划。大队部暨近江中队正规化管理试点暨营房改造提升工程列入 2011 年度背街小巷改造计划。近江中队屋顶花园工程列入市房屋住房绿改试点项目，并于 11 月 11 日经副市长俞志宏组织五城区有关部门负责人实地调研推广，进一步保障政府多口援助部队建设经费渠道的上城模式。

【开展双拥共建】　上城消防大队结合部队工作实际，开展主题争创活动和党风廉政建设，立足本职勤为民，参加部队内、外建党 90 周年系列活动，实践拥政爱民活动。2011 年，获杭州市消防局建党 90 周年比赛合唱、独唱第一名；上城消防大队 24 名官兵代表杭州市消防局获浙江省消防局建党 90 周年歌咏比赛独唱三等奖，在杭州市公安机关“党在我心中”歌咏比赛和杭州市民中心组织的红歌合唱比赛中分获三等奖和一等奖。所辖湖滨中队被授予浙江省消防厅党员先锋岗称号和上城区教育资源共享先进集体，鼓楼中队被杭州市公安局复评为“青年文明号”，复兴中队被上城区人民政府授予上城区社区教育资源共享集体荣誉，上城消防大队被抽查申报市级爱国拥军模范单位和拥政爱民模范单位。

【处置天然气管道泄漏事件】　2011 年 5 月 30 日晚 21 时 40 分，位于杭州市秋涛路的杭州玛利亚妇女医院门口的天然气管道发生泄漏，大量天然气喷涌而出。上城消防大队近江中队接到支队指挥中心报警后迅速出动两辆消防车、14 名官兵紧急赶赴现场。经现场侦查发现，泄露管道为该地天然气主管道，口径较大，外泄压力大于 0.3pam，且事故发生地位于秋涛路中央，靠近玛利亚妇女医院和汽车南站，与此间隔不到 3 米是临街商铺和居民，如不及时关阀断气、稀释处置，后果将不堪设想。杭州市燃气公司技术人员表示一时无法完全关闭阀门，为以最快速度、最安全措施确保万无一失，消防指挥员立即采取措施，对事故点周围实施警戒，禁止一切无关人员和车辆通行，及时疏散围观群众，关闭沿街店铺的电器设备，严防明火；组织人员利用水枪产生的水幕对现场进行稀释，防止气体浓度增大引发爆炸。23 时 25 分，经过一个多小时的抢险救援，上城消防大队有效处置了此次事件，未造成更严重的危害，避免一场重大灾害事故的发生。

（张　雯）

教育
Education

教育综述

2011年,全区共有幼儿园22所,在园幼儿8481人,学龄前儿童入园率100%。小学20所,在校学生17185人;特殊教育学校1所,在校学生261人;初中9所,在校学生7834人;普高1所,在校学生494人;职高1所,在校学生748人。全区拥有在职教职员工3353人,其中,专职教师2695人(幼儿园678人,小学1156人,特教学校47人,初中687人,普高61人,职高66人)。全年共招收中小学生6220人,完成学业毕业学生5730人,九年制义务教育入学率100%。

全年区财政对教育事业的经费支出为4.04亿元,比2010年增长13.7%。义务教育阶段生均公用经费定额标准在2010年基础上继续提高10元,即小学生均公用经费定额标准为520元,初中为620元。学前教育生均公用经费继续实行“全覆盖”,并提高到生均260元。全年投入基建经费9012万元、校(园)舍维修经费3779万元。全年新增校(园)舍建筑面积40818平方米,整体改造、装修校舍25889平方米。

2011年,区教育局制定并出台教育“十二五”时期发展规划,明确未来五年的发展方向。开展全国文明城市创建工作,完成教育争创各项指标。实施教育机构“管办助评”改革,实现便民、惠民一站式服务模式。获杭州市文明单位、杭州市社会治安综合治理工作先进单位、2006~2010年普法教育依法治市先进单位、第四批浙江省中小学生课外文体活动工程示范区、全省教育信息工作先进单位(县市区一等奖)、杭州市按比例安排残疾人就业先进单位、“十一五”期间杭州会展业十大会议项目奖等奖项30余项。

学前教育

【概况】 2011年,上城区共有幼儿园22所(38个园区),其中有浙江省一级园区14个,省二级园区15个;杭州市特级园区3个,市甲级园区24个,市乙级园区4个。全区等级幼儿园覆盖率100%,规范幼儿园覆盖率100%,网片组织(互助共同体)参与面100%。截至2011年,全区共有678名教师,教师资格证持有率为93.8%。学历合格率100%,大专及以上学历665人,占教师总数的95%,其中研究生学历4人,本科学历361人。园长上岗培训率100%,幼教高级及以上职称233人,占教师总数的33.3%,其中小中高职称11人,占1.6%。有省、市教坛新秀40人,区级教坛新秀164人。现有在园幼儿8481人,班级316个。学前三年入园率为100%。探索托幼一体化之路,在原有9个早教基地的基础上,各幼儿园和园区开展3岁前早教探索与研究工作,0~3岁婴幼儿家长和看护人受训率99.5%。2011年,上城区学前教育事业支出4040万元,占统计教育事业经费10.9%,安排学前教育专项经费300万元,学前教育生均公用经费定额标准为260元,覆盖本区范围内所有幼儿园。出台学前教育“1+4”文件,更加优化了政策环境。

资料 **“1+4”**:“1”是指由区委、区政府发文的《上城区关于进一步加快学前教育均衡优质发展的实施意见》;“4”是指出台、修订了4个文件:由区政府发文的《上城区学前教育三年行动计划》、《2011~2020上城区学前教育布局(布点)专项规划》和修订的《上城区学前教育专项资金管理办法》、《上城区民办幼儿园考核评估办法》。

【通过杭州市学前教育强区复查】 12月21日，市政府副秘书长张连水、市教育局副局长毛汉钰率学前教育强区复查组一行9人对上城区学前教育工作进行复查。区委副书记、区长缪承潮，副区长宦金元，区教育局领导蒋莉、周常生、项海刚及相关科室负责人参加杭州市首批学前教育强区复查工作会，缪承潮致欢迎词，宦金元作题为《加快建立学前教育公共服务体系，推动学前教育更加优质均衡》的自评报告。复查组成员对照新修订的《杭州市学前教育强县和达标县评估验收标准》查看20项指标的台账资料，与各科室相关负责人进行深入沟通和交流，并实地察看上城区新改建的紫阳幼儿园、小世界幼儿园(定安路园区)。在复查评估结果反馈会中，复查组一致认为，上城区委、区政府重视学前教育工作，陆续出台《上城区关于进一步加快学前教育均衡优质发展的实施意见》、《上城区学前教育三年行动计划(2011~2013)》、《上城区学前教育专项资金管理办法》和《2011~2020上城区学前教育布局(布点)专项规划》，区教育督导室出台《上城区民办幼儿园考核评估办法》等文件，措施有力，行之有效，促进区域内学前教育快速发展。复查组对上城区学前教育强区创建巩固与发展的情况，对照新标准，作了全面的评估，认为上城区各项指标达到杭州市学前教育强区评估标准要求，通过杭州市学前教育强区复查。

【举行幼儿园三年发展规划专家论证会】 上城区幼儿园三年发展规划专家论证会于8月22日在杭州六通宾馆举行。全区12所幼儿园的三年发展规划文本接受专家评审。北京师范大学社会发展与公共政策学院党委书记博士屈智勇、北京师范大学教育学部副教授高潇怡、浙江大学教授刘力、杭州市教育局局长徐一超、浙江省教育督导处处长叶向群、杭州市教育督导处处长姜鸿勤等14名专家出席并担任专家组成员。区教育局领导肖斌、周常生、项海刚、朱惠强，各科室长、幼儿园发展规划项目推进工作小组成员，以及所有幼儿园园长、书记、中层干部列席会议。论证会分2组同时进行，每组6所幼儿园。每所幼儿园都经历4个环节：即园长作本园三年发展规划陈述、专家分别评议及提问、幼儿园园长答辩、专家组意见。在论证过程中，专家们针对每所幼儿园的规划文本和园长的陈述，从各个角度提出相应问题和改进建议；各幼儿园园长对专家们提出的问题和建议进行回应，并就本园在制定发展规划过程中的困惑向在座专家进行咨询。论证会的举行使各幼儿园明确发展规划中的问题和改进的方向，促进幼儿园办园的规范化和科学化。

【完成名园集团重组】 在充分总结集团办园经验的基础上，根据各集团实际情况及区域整体布局需要，进行胜利学前教育集团、行知学前教育集团两大幼儿园名园集团的重组工作。行知、胜利两大学前教育集团由单法人紧密型集团调整为多法人松散型集团，并分别设行知幼儿园党支部和胜利幼儿园党支部。调整后的胜利学前教育集团由3所幼儿园组成，分别是：杭州市胜利幼儿园、杭州市胜利瑞丰幼儿园、杭州市胜利东河幼儿园。调整后的行知学前教育集团由2所幼儿园组成，分别是：杭州市行知幼儿园、杭州市行知金陶幼儿园。

【召开《幼儿园保育工作规范》贯彻落实启动大会】 3月16日，区教育局召开《幼儿园保育工作规范》贯彻

3月16日，召开上城区《幼儿园保育规范》贯彻落实启动大会。

(区教育局　供稿)

落实启动大会。区教育局、上城质监分局领导及全区各幼儿园园长参加会议。会上,领导和专家向幼儿园代表赠送《幼儿园保育工作规范》,并与园长们就如何贯彻落实《幼儿园保育工作规范》做了深入交流。结合《幼儿园保育工作规范》的落实,组织一系列幼儿园保育人员教育培训,来自全区各级各类幼儿园的老师、保育员共100余人参加上城区幼儿园保育人员教育培训。同时按照岗位的不同进行分类培训,授课教师均是上城区学前教育相关领域的专家,授课内容具有针对性和实践性,为各类人员今后如何更好地开展保育工作指明方向。

【举办幼儿园园长管理论坛】 2011年4月27日,“吴山之约——上城、下城幼儿园园长管理论坛”在区教育局惠民服务中心召开。100余名来自上城区、下城区的幼儿园园长参加此次论坛。区教育局局长蒋莉和下城区教育局党委书记周培植到会并讲话。蒋莉就学前教育进一步发展发表讲话,希望本次论坛既能起到进一步提升上城区学前教育队伍干部素质的作用,也能让兄弟城区间互相交流经验思想,互相切磋琢磨、取长补短。在为期半天的论坛交流活动中,上城、下城共9名园长上台,各抒己见,内容涵盖校园文化建设、幼儿园园务管理、教师队伍建设等多方面,充分展现各自对幼儿园管理的探索与实践。本次管理论坛为2个城区的园长们搭建自我展示和相互交流的平台,把管理、区域、创新、传承等几个要素有机统一到一起,主题鲜明,内容丰富,务实高效,充分达到探索与推动学前教育事业发展的目的。

中小学教育

【概况】 2011年,全区共有中学(含普高1所、职高1所)11所,在校学生9076人;小学20所,在校学生17185人。九年制义务教育普及率100%,全年共招收中小学生6220人,完成学业毕业学生5730人。深入开展《基于学生发展的区域教育质量提升项目》研究,全面推进区域学生支持服务、信息化平台建设、发展性评价等专题研究。深入推进“轻负高质”工作,切实执行和落实《浙江省教育厅关于切实减轻义务教育阶段中小学生过重课业负担的通知》精神。深化小班化教育改革,成功举办“长三角地区第七届中小学小班化教育研讨会”,探讨小班化教育的改革愿景与教育智慧,提炼和推广上城区小班化教育教学经验。

【深入实施素质教育】 全面推进“轻负高质”工作,切实执行和落实《浙江省教育厅关于切实减轻义务教育阶段中小学生过重课业负担的通知》精神。深化小班化教育改革,实践小班化教育理念,研究小班化课堂教学,提炼和推广区小班化教育教学经验。开展“上城课堂模式”研究,构建有效课堂,实施有效教学,引导学校重视教学调研,着眼学生学习,关注教学过程改进,改善教学管理。公办初中教学质量大幅度提高,在杭州市初三学业水平测试中获得城区总分第三的成绩。以争创省课外文体活动示范校为抓手,开展“强体培艺促成长”项目,制定相关实施方案和实施细则,确保学生每天至少一小时的体育活动时间。

【完成杭十中办学体制调整】 2011年1月,区教育局采取“开放式决策”的方式启动“杭十中职能调整”工作。2010年11月,区教育局组织人员,通过座谈会、问卷调查、个别访谈等形式,征求各方对杭十中职能调整方案的建议,分别完成了行政领导、校长书记、教师、家长、专家五方征询意见汇总。2011年2月,下发《上城区教育局关于调整杭州第十中学和宗文小营实验学校办学职能工作的会议纪要》、《上城区教育局关于加强杭州第十中学办学的专题会议纪要》,完成宗文小营师生分流工作,决定从2011年秋季起恢复杭十中初中招生,计划招收初一新生8个班,要求学校加强教育、教学管理,不断提高教育、教学质量,努力办好人民满意教育。2011年,杭十中初一招生突破原定计划招收了10个班近400名学生。杭十中顺利完成体制调整工作,业务范围调整为实施高中、初中学历教育。2011年4月,鉴于杭十中场地考虑,暂停当年高一新生招生工作。

【开展全国文明城市创建工作】 2011年,上城区响应杭州市全国文明城市创建工作的要求,结合《全国文明城市测评体系》、《全国未成年人思想道德建设工作测评体系》的要求和省、市、区文明办的具体部署,加强领导,强化措施,落实责任,按照文明城市迎检标

召开杭州市创建全国文明城市上城区教育系统推进动员电视电话会议

（区教育局　供稿）

准，结合教育系统实际，扎实开展创建工作。3月，区教育局召开系统创建工作启动大会，制定下发《上城区教育系统创建全国文明城市工作实施方案》。全区各校积极行动，明确工作目标，落实工作责任，将未成年人思想道德建设工作落到实处，用优良教育形象捍卫文明城市建设。

【实行“一校一医”新模式】 为解决学校卫生工作中存在的卫生保健人员缺乏、卫生专业化水平不高等问题，确保为全区青少年学生提供安全、便捷、优质的公共卫生服务，2011年，区教育局、区卫生局签署了“一校一医”合作协议书，将学校卫生工作纳入社区公共卫生服务网格化管理体系。11月21日，上城区举行“一校一医”对接仪式暨校医培训项目启动仪式。副区长宦金元，区人事局局长季黄辉、区卫生局局长马彦、区教育局局长蒋莉及区卫生局、区教育局领导班子全体成员出席会议，各社区卫生服务中心主任、疾控中心主任、区卫生局派出的校医、相关学校校长近60人参加会议。此次对接工程，区卫生局共派出20名专业医护人员进驻20所中小学，其中执业医师占总医护人员数比例超过50%。进驻学校的专业医护人员承担日常保健、卫生宣教、卫生监督、疾病防控、学生体检、突发处置、食品卫生、计划免疫等工作。区教育局将下属学校医疗卫生服务专项经费足额列入年度财政预算，在每个合作年度末按合作协议标准，向区卫生局支付医疗卫生服务费。区教育局同步出台《上城区中小学校医管理办法》、《上城区学校校医（卫生保健人员）培训方案》等配套制度，明确中小学校医（卫生保健人员）岗位职责和岗位任职条件。

11月21日，上城区举行“一校一医”对接仪式暨校医培训项目启动仪式。

（区教育局　供稿）

【完善基地学校服务功能】 挖掘和开发基地学校的辐射功能，以基地学校为窗口，引领整个区域学校开展艺术、科技、体育、生存、国防教育、综合实践等基地的教育活动，使各个基地初步成为区级活动的辐射源和服务源。艺术基地，规范基地社团的设立、荐优、招考、展示等程序，面向区各中小学全体在校学生公开招聘社团成员。国防基地，挖掘国防教育内涵，创新军事游戏内容，优化课程实施过程，吸纳周边国防教育资源，修订具有区域特色的国防教育实践活动课程《上城区小学生国防教育手册》。生存基地，加强娃哈哈游泳馆的日常管理，完善运作模式，在利用好生存应急体验活动室的基础上,进一步研究上城区四年级生存训练区本课程的框架,初步完成《用知识守护生命》的编制工作。科技基地,在坚持开放蒋筑英科技馆的同时,尝试接待兄弟学校学生团队科技体验活动,并完成区本科技体验活动课程《我的实验室》的初步编撰工作。综合实践培训基地,全年接待13个学校、2600名学生的劳动与技术实践,举办上城区第一届中学生技术实践竞赛,来自9个初中学校的197名选手参加,评出个人、团体奖,初步完成了劳动与技术实践课程大纲,着手编写《彩陶制作》校本教材,汇编《上城区中小学生综合实践培训基地规章制度》。

中等职业教育

【概况】 杭州市服装职业高级中学(以下简称服装职高)是杭州市上城区唯一一所中等职业学校,为全国服装协作组理事和浙江省服装教研大组理事长学校、浙江省服装教育集团副理事长单位、浙江省服装专业实训基地。学校开设服装设计与工艺、服装设计与表演、服装制作与营销3个专业。其中服装设计与工艺专业为主干专业,被浙江省教育厅认定为首批省级示范专业,现有班级23个,学生数748人。教师66人,其中高级教师25人,"双师型" 教师占专业教师总数的100%。学校教学成绩显著,2011年,中级工合格率超过94.8%,学生一次就业率98%,高职考试上线率95%。2011年,学校被评为杭州市绿色学校、2010年度上城区教师培训荣誉奖、教育技术工作达标学校、2011年度教育科学和谐发展荣誉奖(管理类)、综合治理先进单位、信访工作先进单位、后勤管理先进单位等。

【建立服装工作室教学制度】 2011年9月,服装职高建立了服装工作室教学制度,吸收学生中部分基础较好、学习能力较强、进取心较大的学生参加,实行手把手的指导,把服装专业各主干课程——设计、制图、工艺融于一体,进行一体化实战演练。通过建立服装工作室教学制度,将培养高技能专业技术人才纳入学校培养目标的大框架内,完善专业教学体系,推动学生个性化发展。

【举办技能节和毕业设计展示活动】 5月9日,服装职高第三届校技能节拉开序幕,信息应用技术技能竞赛、浙江省流行色协会陈列专业教学基地授牌仪式及专业讲座、服装专业技能竞赛、校园首届"天都"杯创意立裁秀、"T" 恤服饰涂鸦大赛、学生手工作品拍卖会、挑战职场——模拟应聘会等系列活动有序开展。在技能节中,浙江省流行色协会色彩教学基地在服装职高落成。著名时装设计师吴海燕为教学基地授牌,浙江省流行色协会副会长兼秘书长史悠鹏为服装职高全校师生开设"色彩设计在中国"的主题讲座。服装职高2011届毕业设计作品展示会于2011年5月11日在杭州中纺中心七楼表演厅拉开帷幕。展示会以"非繁"为主题,精选200款作品,均为成衣,在工艺等方面要求较高,这是学校服装设计与工艺专业教学的方向,符合现代服装产业和企业的要求,赢得专业、行业、企业人士的一致赞誉。

特殊教育

【概况】 上城区特殊教育体系由1个中心、1所学校、2个基地组成。1个中心即区特殊教育资源中心,负责全区特殊教育业务指导。2011年,从全区各基层单位选调8名优秀教师充实特殊教育资源中心人员力量。1所学校即杭州市杨绫子学校,2011年, 学校共有19个班级,261名智力障碍学生,47名教职工。学校开展"教育·康复·就业"系列化的智障教育模式研究,形成"十五年制智障教育模式"。2个基地即康复训练基地和随班就读师资培训基地。区特殊教育资源中心依托杭州市杨绫子学校建设特殊儿童康复训练基地。轻度智力障碍和部分中度智力障碍学生均在普通学校随班就读。2011年,上城区以区特教资源中心为龙头建立特殊学生教育支持体系,建构"零拒绝、全覆盖、多模块、支持性"的城市随班就读工作模式,出台《上城区关于进一步加快特殊教育事业发展的实施意见》,基本完成全区有特殊教育需求学生的筛查工作。投入120万元用于购买资源教室设备、资源教师培训、学习障碍量表研制等, 按照普通学生10倍标准拨付随班就读学生生均公用经费。落实随班就读18个资源教师编制,为每个资源教室配备1名教师。截至2011年底,20所中小学成立特殊需要学生干预领导小组,建

市、区领导与杭州市杨绫子学校师生合影（马黎宪　摄）

立特殊需要学生干预工作小组，落实 397 名特殊需要学生的个案管理员。上城区被命名为浙江省特殊教育随班就读工作试点县。

【各级领导慰问特殊学生】 2011 年 6 月 1 日，省委常委、市委书记黄坤明，市委常委、秘书长许勤华，市人大常委会副主任郑荣胜，副市长陈小平到杭州市杨绫子学校进行六一慰问，为全体师生送上了慰问金，并代表市委、市政府表示了节日的问候。市教育局局长徐一超、区委书记陈红英、区教育局局长蒋莉陪同慰问。11 月 8 日，浙江省委教育工委书记、省教育厅厅长刘希平和浙江省民政厅厅长吴桂英、副厅长万亚伟等一行在徐一超、蒋莉的陪同下，到杭州市杨绫子学校考察工作，并为在那里学习和生活的特殊学生送上祝福和关心。

【成为“医教结合”实验基地】 4 月 16 日，教育部首批全国特殊教育学校“医教结合”实验基地授牌仪式在华东师范大学举行。杭州市杨绫子学校等 18 所特殊教育学校成为首批实验基地。“医教结合”是特殊儿童康复最主要、最有效的理念和方法。如何将“医教结合”贯彻到特殊儿童康复中来，是摆在当前教育界、医学界和特殊教育工作者面前的共同课题。根据实验基地的任务部署，在未来的两年中，杭州市杨绫子学校将承担培智学校低年级儿童语言康复评估及训练的实践研究，探索在培智学校生活语文教学中有机融入言语康复训练的途径与方法，并完成培智学校语言康复课程方案及典型案例。

【继续开发特殊教育校本课程】 致力于校本课程发展建设，进行培智学校生活数学（地方教材）开发与应用、康复训练教师、家长指导手册的开发。2011 年，《培智学校生活数学（地方教材）的开发与实践》和《康复训练教师、家长指导手册》获浙江省教育厅中小学地方教材立项课题，《构建培智学校网络个别化教育计划系统的实践研究》获浙江省教育科学规划立项课题。对职业高中专业教材进行新一轮修订，已完成 10 册。启动面点专业、客房服务专业的专业教材编写。

【承办特奥运动培训】 5 月 31 日~6 月 4 日，“2011 东亚区运动员领袖计划——全球信使暨运作管理培训班”在杭州市杨绫子学校举行，来自中国大陆、港、澳、台和韩国等 40 余名运动员、家长及指导老师参加会

5 月 31 日，举行“2011 年特奥会东亚区运动员领袖计划——全球信使暨运作管理培训班”开班仪式。（马黎宪　摄）

议。开班仪式由全球信使陈聪主持,学校特奥运动员代表郑局介绍到场嘉宾。国际特奥会总部运动员领袖项目负责人凯瑟琳、国际特奥会东亚区组织发展总监曹忆菊、中国特奥委会秘书长勇志军、浙江省残联宣文部副部长潘国新以及区教育局局长蒋莉等领导和嘉宾莅临开班仪式,并作讲话。开班仪式后,学员们学习了特奥会使命及运动员领袖计划、领袖及指导老师的职责、如何进行演讲、如何接受媒体采访、特奥会分组规则及演习、运动员领袖的角色及模拟(大学活动日、社区活动、募款)、运动员领袖计划——运作管理等众多内容。此次活动推动了学校特奥运动、特奥领袖培养的进一步发展以及家庭支持网络的建设。

社区教育

【概况】 2011 年,上城区社区教育认真贯彻落实十七大精神,遵照区委、区政府、区社教委和区教育局的总体部署,深入贯彻科学发展观,以《国家中长期教育改革和发展规划纲要》为指导依据,以实现终身教育为目标,以“五学”(有学、易学、乐学、优学、享学)为发展理念,以区域内全体成员为对象,营造全民参与终身学习的氛围,为推进上城学习型城区建设、打造和谐上城助力。2011 年,上城区居民受教育培训总数 254821 人,占上城居民总人数的 76%。其中青少年校外素质教育 46560 人,占青少年总数的 94%;外来务工人员培训 96851 人,占外来人口总数的 86.2%;下岗失业人员培训 5680 人,占失业总人数的 97.4%;老年人培训 67723 人,占老年人总数的 86%。2011 年,评选学习型家庭 3265 个、学习型街道 4 个、学习型居委会 37 个。

【完成终身教育券各项工程】 2011 年,上城区社区学院审批推出了共同成长工程、有效衔接工程、职工素质工程、帮扶就业工程、优化队伍工程、市民新知识工程、人文科学工程、七彩夕阳工程、阳光品质工程、教师成长工程十大工程,共 300 个项目,核定教育券工程总额度为 438.31 万元。编印《杭州市上城区 2011 年终身教育券实施指南》,下发各部委及街道社区。终身教育券工程将现有的社会群体全部纳入到社区教育的实施范畴之中,把区域经济与社会发展的难点作为实施终身教育的落脚点,把人民群众关注的热点作为实施终身教育的重点,把促进人的全面发展、可持续发展作为最终增长点。

【办好上城品质生活大讲坛】 2011 年,上城区社区学院共开出 10 期“上城品质生活大讲坛”。有杭州市天伦专修学校戴一江与市民朋友谈“礼仪树形象 文明在身边”,有上城区社区医务工作者参加的“医学知识培训”,有各街道分管副主任、民政科长、居家养老服务站负责人、社区书记、主任、福利委员和区民政局全体工作人员参加的“居家养老培训”,有针对企业安全责任人员的“落实企业主体责任培训”,有针对普通市民的“腰椎颈椎和肿瘤疾病防治”,有针对上城区志愿者队伍的“传播志愿服务理念 让爱洒满人间”,有上城区各学校家庭教育指导站站长和各社区妇女委员参与的“提升家教水平 打造智慧上城”等,各期讲坛实用性强,深受广大市民欢迎,受益人数 1000 余人,《上城报》等媒体进行了报道。

11 月 17 日,举行离退休教师汇报演出。 (区社区学院 供稿)

【推进学历教育和职业技能培训】 2011 年,共有2009 级社会工作专业、2010 级社会工作专业、2009 级科学教育专业、2011 级科学教育专业 4 个专升本培训班级共 180 名学员参加教育培训。顺利完成 2009 级社会工作专业、2009级科学教育专业的毕业论文答辩工作。完成成人职业高中学历培训367人；组织33期失业人员适应性培训，1373名学员参加培训并获得结业证书；有795人通过各级各类的考证，获得技能证书；1453名离退休老师参加各项培训。

开展离退休教师书画培训活动　　(区社区学院　供稿)

【终身教育节综合实践基地向市民开放】 10月14日，“2011上城区全民终身学习活动周暨第八届市民终身教育节”开幕式在服装职高举行。省教育厅职成教处副处长高迎春，浙江省社区教育指导中心办公室主任张吉先，杭州市职成教处处长吴作为，区委组织部长、社教委主任黄爱芳，区人大常委会副主任韦云，区政协副主席方莉以及来自区委宣传部、区教育局等区各部委办局、街道和部分企事业单位的社教委成员单位的领导出席开幕式，上城6个街道54个社区400名市民代表参加开幕式。教育节安排“文化传承”、“文明生活”、“科学养生”、“低碳环保”四大活动板块，以“形成全民学习、终身学习的学习型社会，促进人的全面发展”为目标，践行“有学、易学、乐学、优学、享学”的社区教育发展理念。在终身教育学习周，有312名居民走进实践基地，市民通过亲身体验，掌握一门日常生活实用技能，提高审美情趣，他们在感受学习带来的快乐的同时，进一步了解基地及基地建设。

教学与教育科研

【概况】 本着以学生发展为本的理念，立足基层学校和一线教师的需求开展教研活动和课题研究。以省规划课题《基于学生发展的区域教育支持体系的构建》为龙头，借力北京师范大学，整合各方资源，带动学校、教师的教育科研工作，形成“省、市、区、校”四级课题网络；以导学为主题，清泰实验学校的优秀课题成果在杭州市作现场推介，成果得到省、市专家好评；勇进中学的《从“讲台学习”到“课桌学习”》课题成果到淳安进行推广，扩大科研影响。2011年上城教育教科研成果成绩斐然，获省级奖6项、市级奖27项，其中浙江省第四届教研课题成果获一等奖1个、三等奖1个；浙江省(2010年度)教育科学研究优秀成果奖一等奖1个、三等奖1个；2010年度浙江省基础教育优秀科研成果奖三等奖2个；市第八届国家基础教育课程改革优秀研究成果一等奖1个、二等奖2个、三等奖6个；市首届教研课题获奖成果二等奖2个、三等奖4个；杭州市第二十六届教育科研优秀科研成果一等奖2个、二等奖4个、三等奖6个。

【杜占元视察教育信息化工作】 杭州胜利小学是教育部首批授牌命名的全国现代教育技术实验学校。2011年3月29日，教育部副部长杜占元率考察团一行到上城区考察教育信息化工作。省委教育工委书记、省教育厅厅长刘希平，区委书记陈红英，区委副书记、区长缪承潮，副区长宦金元等陪同考察。杜占元到胜利小学赞成校区听取了区教育局局长蒋莉关于上城区教育信息化工作的专题汇报。随后，杜占元对学校的阅览教室、课堂、个别辅导室等教学场所进行实地考察，与学校负责人就学校如何开展教育信息化工作进行交流和探讨，走进正在进行中的语文课堂，观摩了教师用电子白板给孩子们上课的情景，与同学们进行互动。杜占元看到学生人手一台笔记本电脑、利用网络查找学习资料的情景后，高兴地说，教育信息化意义重大，要通过它改造课堂，使课堂变得更有吸引力。

电子白板：是基于PC机的一种具有人机交互

功能的输入设备，通过USB接口与计算机相连，配合投影仪使用，以电子笔取代鼠标，电子白板取代投影布，直接在电子白板上操作计算机。它通过与投影机、计算机的联机使用，利用计算机的数据处理功能和互联网信息传递功能，可以轻松实现书写、标注、几何画图、编辑、打印、存储和远程交互共享等功能。

【构建区域大课程体系】 区域大课程体系的构建在学科德育渗透的梳理与实践、帮扶校本课程的开发与实施、探索学科课程的区本化教学实践3个方面取得较为明显的突破。做好提升课程服务促进课程实施，指导学校、教师和学科教研组提高课程规划和课程理解、课程执行的能力。重点关注上城区学生活动基地课程的实施与评估，根据地方课程和学校课程资源，协助支持学校开发校本课程并合理作出评价。服务于方向引领，关注学科课程改革中的重大问题，及时导向深入的课程与教学研究。落实区域推进中小学学科德育的实践研究，为形成全员和全过程德育提供环境和条件，为提升学科德育实效、促进学生主动健康成长提供可能。做好区中小学综合实践活动课程“生根”、小学攀登英语教学实践和中小学科学实验能力提升三项子项目的研究，开展综合实践活动“三百工程”(百名骨干教师培养、百节优秀课例打磨、百次校本活动指导)成果咨询会，攀登英语成果总结和中小学学生科学实验能力评价考核创新等活动。

【开展中考和初三学业水平提升研究】 发挥九年级单独设段的工作优势，注重中考和学业水平提升研究。中考研究小组认真履责，做好各类模拟卷的命题与分析，发挥导向作用。九年级研究员编写区初中生体育中考备考手册、4个学科的2011年中考分析手册，为全区初三教师提供了很好的服务。开展小班化教研，4个中考学科都基于学生学业质量提升为目标，成立开展各科学与教学改进研究小组，促成了各校学生学习面貌的转变，教师教学行为的改变，在本年度市初三学业水平测试中获得城区总分第三的良好成绩。

【召开“中预班”课题研究总结会议】 5月20日，上城区“中预班”课题研究总结会议在区青少年活动中心四楼召开。会议由区教育学院院长李绍才主持，江城中学、杭六中等参与课题研究的9所中小学校长、义务教育科科长曹婕、教育督导与评价中心主任林发高等参加会议。浙江大学教授刘力应邀出席会议，区教育局副局长周常生出席会议并作讲话。学生发展研究中心主任缪华良在区教研员对“中预班”4年情况进行了两次集中一周的专项调研的基础上，对“中预班”教育的成效做了客观分析，并就进一步做好中小衔接后续工作提出了思考。相关学校校长就“中预班”实验的预期目标、实施过程中遇到的师资、课程设置、评价体系等方面问题作交流与探讨。刘力认为上城区“中预班”教育走出了中小衔接的第四种模式，从研究角度对“中预班”实验提出建设性意见。“中预班”课题研究具有积极意义，促进了中小学教师、校长之间的交流，缩短了学生适应初中周期，降低了初中教学难度，优化了初中教师队伍，研究基本取得预期目的。

资料　中预班：为深化新课程改革，探索新的中小学衔接模式，2007年2月，杭六中和高银巷小学组成办学共同体，让六年级学生提前进入初中校园学习。半年尝试后，经过全面评估，区教育局决定在一定范围内推广“小学生初中学习预科班”经验。2007年6月，出台《上城区教育局关于逐步推进“中预班”课题研究的决定》，明确从2007年9月开始，宗文小营实验学校、杭六中和江城中学与对应的小学进一步深入开展这一研究。2009年9月，清泰实验学校也加入课题的实验研究。为保障课题顺利进行，区教育局对人、财、物作了统筹安排。在区教育局课题组的组织领导下，课题组在学校机制、体制、课程建设各个方面进行全方位的探索。

师资队伍

【概况】 2011年，全区中小学、幼儿园拥有在职教师2695人，其中省特级教师19人，区特级教师28人。研究生学历62人，本科学历2083人，大专学历477人，大专以上学历教师比例为97.3%，有高级职称的教师351人，中级职称教师1381人，拥有中高级职称教师比例为64.3%。有省、市教坛新秀247名，区级教坛新秀683名。4名教师被评为杭州市优秀教师，2名教师被评为杭州市优秀教育工作者。

【实施教育协作“1+1+1”卓越教师成长工程】 为落实杭州市委工作会议精神，加快城乡区域统筹发展步伐，促进教师专业快速提升，发挥特级教师的辐射引领作用，2011年，实施了上城区、富阳市教育协作“1+1+1”卓越教师成长工程。由上城区在职特级教师组成导师团队，上城区退休教师组成顾问团队，每位导师结对一名本区优秀青年骨干教师和一名富阳优秀青年骨干教师，构成“1+1+1”的教育协作共同体，通过特级教师专业精神的引领和专业技能的传、帮、带及两地青年教师同伴之间的交流、学习和协作，实现青年教师的专业发展和卓越成长，促进名师资源共享、城乡教育共同发展。教育协作“1+1+1”卓越教师成长工程两年为一个周期，共两轮，第一轮从2011年9月起至2013年8月底结束。此项工程由区县教育协作工作领导小组统一领导，导师将带徒任务列入个人工作计划，明确带徒目标、内容和教学方式，带动徒弟的专业成长，深化两地的教育合作。

3月15日，召开全区中小学、幼儿园教师专业发展培训大会。

（区教育局 供稿）

【进行教师专业发展培训制度改革】 上城区作为浙江省中小学教师专业发展培训制度改革试点区，2011年，进行了教师培训制度的一系列改革。3月15日，召开全区中小学、幼儿园教师专业发展培训网络视频动员大会，区教育局局长蒋莉作题为《创新教师培养模式 为区域教育发展注入活力》的动员报告，使全区教师对教师培训工作统一认识，加深理解，明确目标。先后出台《关于贯彻〈浙江省中小学教师专业发展培训若干规定(试行)〉的实施方案》、《上城区中小学教师专业发展培训实施意见(试行)》，成立上城区教育人才建设领导小组，具体负责对中小学教师专业发展培训工作的组织领导，确保该项工作顺利进行。为进一步增强教师培训的自主性和选择性，推出两项重要举措，率先通过浙江省教师教育平台进行网上自主选课，向教师发放终身教育券直接用于支付培训经费。这些举措加大教师参加培训的自主权，同时对培训机构和学校提出挑战。通过教师培训制度的一系列改革和实践，努力造就一支兼具学识魅力和人格魅力的高素质上城教师队伍，实现上城教育的可持续发展。

【开设领导力高端研修班】 2011年，组织上城区中小学幼儿园校级干部教育领导力高端研修班。本次培训委托浙江大学教育学院教育领导与政策研究所办班，希望依托百年名校深厚的文化底蕴，结合浙江大学雄厚的师资力量，整合全国优质教育资源，通过教育领导力的系统研修，审时度势把握教育大势，全面领会卓越领导精髓，系统深谙教育发展本质，培养学员具有高瞻远瞩、深入洞悉、激活创新、正确决策、有效执行和持续推进的能力，争取成为一名有远见、有思想、有能力的教育领导者。培训班历时一年，以浙江大学资深教授为主要力量，汇聚全国知名高校的顶级学者和著名教育专家，采用多种丰富灵活的教学方法，注重前沿理论学习与实践案例研究相结合，集中讲授、研讨与自修相结合的教学方式。除理论学习外，还安排案例模拟、专题研讨、影子学习、学术交流、高端论坛等多种平台，使参训校长能面向教育领导的核心业务，致力于提升卓越领导能力，直接获得突破变革和走向卓越的实际能力。

经费设施

【概况】 2011年，上城区共投入基建经费1.28亿元，校(园)舍维修经费3779万元。投资680万元，按标准

改扩建后的建兰中学新大门　　　　（区教育局　供稿）

完成列入全国校安工程规划的时代小学教学楼、宗文小营实验学校教学楼的整体性加固工程；完成新世纪外国语学校整体性改造、紫阳幼儿园改扩建工程、大学路幼儿园各园区整体改造、小世界幼儿园整体改造等；建兰中学改扩建工程投入使用，北京师范大学附属杭州中学（勇进中学）新校舍开工建设。全年新增校（园）舍面积43188平方米，整体装修与改造校（园）舍21328平方米，共有18所中小学达到浙江省义务教育标准化学校标准，9所幼儿园达到杭州市标准化建设达标幼儿园标准。2011年，全区共投入各类教育装备资金3300万元。全年新增（更换）电脑840台，新建（改建）计算机房7个，新增（更换）多媒体设备281套（其中电子白板162块），新增（更换）课桌椅5559套，新建改建实验室17间，新建（扩建）安防监控系统15个，广播电视等弱电系统29个，新建直饮水系统的学校8所，投入网络设备55万元，实验仪器设备投入70万元。投入图书经费：小学468315元，中学210362元。实行小学科学实验耗材配送机制，建成第一个苹果电脑机房。全区直饮水普及率为85%，学校计算机生机比达到4.1:1，学校班级多媒体配备满足教学需要，班套比达到1:1，生均教育装备历年累计总量小学生均3338元，中学生均4410元，全区学校音体美劳器材配备、教学科学器材配备省定配置标准，校园网普及率100%，学校生均图书小学达到41.80册、初中达到43.20册。

资料　生机比、班套比： 生机比指学生数与计算机数比例，班套比是指班级数与多媒体设备数比例。

【完成建兰中学改扩建工程】 建兰中学占地30437平方米，建筑面积40812平方米，容积率1.0，座落于杭州重要历史文化街区，北倚胡雪岩故居，南临南宋皇城根下，文史厚积，古韵熏香，完成投资约1.28亿元，于2011年9月投入使用。标准教室、专用教室、常用公共教学空间以及任课教师办公室整合而成的教学综合体格局，处处散发出上城教育特色内涵，实现了具有国际视野、省内一流的品质建兰远景。

【整体改建新世纪外国语学校】 投资800万元的新世纪外国语学校祖庙巷校区整体改建工程是在教育

改建后的新世纪外国语学校　　　　（区教育局　供稿）

专家和建筑设计专家完美合作下进行的老建筑创造性改造典范，其开放型大堂式大门、如家般温馨式宿舍、教育理念与人性结合的教室改造，国际学校特色内涵与建筑和谐统一展现在空间脉络中，给人一种教育人性化的震撼。

【改扩建紫阳幼儿园】 紫阳幼儿园地处吴山太庙风景区，投资800万元购置列保建筑原江干文化馆，将其改建成新紫阳幼儿园，保护、延续了具有重要历史底韵的老建筑生命，发展了传统文化在幼儿教育中的价值。改造后的紫阳幼儿园已成为该地区及上城区最大规模幼儿园，是为老百姓提供优质学前教育资源的创造性之举。

教育行政

【概况】 2011年，按照“建设与国际水准高品质中心城区相匹配的基础教育强区”的总要求，上城区出台《上城区教育事业发展第十二个五年规划纲要》，坚持教育优先发展，把握“教育公平、学生发展、教师卓越、国际合作”基本思路，加快推进教育现代化进程，全面打造高品质教育。同时，开展“管办助评”改革实践，开展政府管理与公共服务标准化国家试点项目研究，制定并完善安全、健康、保育、学科等规范，全面推进“六五”普法工作，深入推动区县教育协作工程，不断促进上城区教育局的优质、均衡发展。

【召开上城区教育工作会议】 6月9日，上城区召开全区教育工作会议。会议要求各相关单位落实和贯彻全国、省、市教育工作会议精神，部署实施《上城区教育事业发展第十二个五年规划纲要》，锐意进取、统筹协调、跨越发展，开创上城教育现代化新格局。区领导陈红英、缪承潮、丁晓芳、余勇、袁建祥、韦云、宦金元、方莉等出席会议。区各有关部门、各街道、建设指挥部等负责人，教育局领导班子全体成员、机关干部、各基层学校校长（园长）、书记等参加会议。会议由区委副书记袁建祥主持。区委书记陈红英，区委副书记、区长缪承潮作重要讲话。会上下发《上城区教育事业发展第十二个五年规划纲要》和学前教育“1+4”等文件，明确上城区未来五年教育现代化建设的总体目标。到2015年，围绕建设“具有国际水准的高品质中心城区”战略目标，坚持教育优先发展，把握“教育公平、学生发展、教师卓越、国际合作”基本思路，通过优化学前教育，扩大小学优势，提升初中实力，做强特教品牌，完善终身教育体系，建成教育思想先进、办学条件优良、教育管理科学、师资水平卓越、学生发展优秀的基础教育强区，率先实现教育现代化。

【教育管理和公共服务标准化建设工作得到专家肯定】 9月28日，政府行政管理与公共服务标准化国家试点项目评估专家组成员到区教育局和娃哈哈幼儿园检查工作。专家组对区教育局标准化工作的标准规范建设、娃哈哈幼儿园的安全管理规范、保育规范等标准规范的落实工作进行细致询问和实地参观。区教育局的教育管理和公共服务标准化建设工作得到专家组一致好评。自2007年开始，区教育局贯彻执行《上城区政府管理服务标准化示范区三年工作实施意见》，相继制定出台《幼儿园保育工作规范》、《义务教育阶段学科教学规范》、《健康学校规范》、《学校安全管理规范》，实现教育行政管理与公共服务理念的创新，逐步实现从粗放式管理向精细化管理的转化。通过此次评估工作，将进一步推进和完善教育管理和公

6月9日，召开全区教育工作会议。 （区教育局 供稿）

11 月 25 日,举行杭州市教育系统“六五”普法教育启动仪式。

(区教育局　供稿)

共服务的标准规范工作建设,把标准化建设融入到各项管理与服务中,促进教育工作的民主化、法制化、高效化,不断促进上城教育的优质均衡发展。

【做好事业单位实施岗位设置管理工作】 会同区人事局制定《上城区教育局所属事业单位岗位设置管理实施办法》,按照科学合理、精简效能原则,通过实行岗位总量控制、结构比例控制和最高等级控制,组织各基层单位科学设岗、按岗聘用、以岗定薪、合同管理,实现由身份管理向岗位管理、固定用人向合同用人的转换,深化事业单位人员聘用制度改革,完善事业单位收入分配制度,建立、健全人事管理的机制体制,优化管理方式,加强政府宏观管理,构建科学的管理体系,完善激励教职工发展的长效机制。

【拓展教育惠民服务功能】 2011 年,在区教育局“管办助评”机构改革中全新架构的上城区教育惠民服务中心(以下简称中心)正式对外服务。中心通过现场、电话、网络 3 种方式受理群众咨询求助及投诉事项,利用集咨询、办理、指导服务于一体的综合平台——咨询服务大厅搭建零距离接触平台,全方位拓展教育职能,切实解决群众最关心、最直接、最现实的教育问题。中心根据阶段性工作和教育工作特点,开通了网上在线咨询平台,围绕“心理健康成长、家长理性择校、民办教育宣传、教师职称评定、新生一年级入学适应性”等主题进行教育在线专场服务,邀请专家在线解答。立足网络,开设惠民服务中心微博,打造上城教育网络宣传阵地,发布上城教育信息,及时将最新的教育动态和信息在网络上公布。配备教育咨询热线 87802200 在线接听系统,安排专人为群众提供准确快捷的服务。部门所有人员亮明身份,承诺上墙。咨询事项的即时答复率在 80%以上,投诉事项在 5 天内完成调查处理和回复。2011 年,中心共受理各类事项 1700 余件,对 70 余件教育投诉举报事项进行了调查与反馈。

【深入推动区县教育协作工程】 2011 年 3 月,启动上城区、萧山区与富阳市教育协作,全面实施“区县教育协作工程”,推进城乡统筹发展。共有 26 所中小学幼儿园与富阳的 32 所学校加入区县教育协作工程,互助结对。开展 4 次区域层面的大型活动,开展 33 次结对学校活动,上城派往富阳市支教的教师共计 71 人次,富阳前往上城挂职、培训的教师 108 人次。双方学校学生开展走访实践活动有 40 人次。安排对口支援经费,以教师教育券的形式,为富阳农村教师提供优质的教师教育服务。“三八”节期间,开展了“比翼双飞、爱心助力”——与富阳手拉手,结对子活动;4~5 月,区少工委在全区少先队员中广泛开展“与富阳少先队员手拉手”为主题的少先队活动。9 月,开展上城区 富阳市教育协作“1+1+1”卓越教师成长工程师徒结对仪式暨庆祝第 27 个教师节特级教师联谊活动。

教育督导与评价

【概况】 2011 年,区教育督导与评价中心围绕上城区教育“十二五”发展规划,深化区域教育管理新体系,构建发展性督导和评价体系,全面推进依法执教和依法行政,为努力实现上城区教育现代化和可持续发展做了大量工作。围绕幼儿园、小学、初中三年规划的制定与落实,召开了初中学校三年发展规划跟进措施专题研讨会,组织了小学三年发展规划跟进措施专题调研活动等,进行幼儿园三年发展规划专家论证会,全

为推进城乡统筹发展，聘老特级教师为顾问。 （区教育局 供稿）

面推进学校的内涵与可持续发展。

【构建发展性评价体系】 通过 3 年摸索，区教育督导与评价中心初步建构出上城区发展性评价体系，内容涉及学生、教师和学校 3 个层面。4 月 2 日，区教育督导与评价中心召开了上城区发展性评价专家咨询会，邀请浙江省人民政府教育督导室主任张绪培等省、市、区领导就《构建具有上城特色的发展性评价体系》开展讨论。

【开发并完善测评工具】 2011 年 4 月，区教育督导与评价中心自主设计初中学生师生关系、学习习惯和学习适应性调查问卷，为分析学生发展影响因素提供了方法论依据。同时加强中小学命题研究。尝试跨区命题合作，2010 学年第一学期期末检测，首次与江干区联合命题，引入试卷。组织开展第三届中小学命题比赛，共收到参赛试卷 275 份，评出一等奖 15 篇、二等奖 40 篇、三等奖 67 篇。编印《上城区2009~2011 年中小学命题比赛一等奖试题汇编》，作为后续的得奖者命题思路介绍和经验推广。

【创新各项测评工作】 2011 年 4 月，组织开展小学四年级学业测试（后测）、家校合作问卷、初中学生评教等多项测试。本次测评是与北京师范大学专家多次协商，结合前几次测评结果分析后确定，具有针对性，有助于教育、教学行为的改进。9 月 26~28 日，组织开展上城区 2011 学年初一新生发展性测评，全区 10 所初中学校共 75 个班级、2690 名初一新生参加了此次测评。本次测评有三大创新，根据上城区学生实际，重新设计数学学业水平问卷；实现社会性测评的网络化，提高测评的效率和有效性；认知测评首次采用广播系统讲解、主试演示相结合的方式，有效减少主试、时间等无关变量的干扰。

【完成中小学教育技术工作达标学校督导评估】 11 月 14~22 日，区教育督导与评价中心会同区信息资源中心、学生发展中心和后勤管理中心部分专家组成评估组，对全区 12 所申报中小学教育技术工作达标鉴定的学校进行督导评估。在督导评估过程中，评估组坚持公开公平公正、定性评估与定量评估相结合、鉴定性评估与发展性评估相结合的原则，采用听取汇报、课堂观察、访谈、问卷、查阅台账、测试等方式，从教育技术保障机制、教育技术装备管理、教育技术应用水平、教育技术应用培训、教育技术科研水平、以及

4 月 2 日，召开上城区发展性评价专家咨询会。 （区教育局 供稿）

附加分6个方面对学校进行全面地评估。根据评估结果,崇文实验学校、饮马井巷小学、胜利小学、杭师附小、服装职高、时代小学、天长小学、市教科所附小8所学校获首批"上城区教育技术工作达标学校"称号。

2011 中国杭州名师名校长论坛

【概况】 作为杭州西湖国际博览会的品牌项目,"2011中国名师名校长论坛"在西子湖畔举行。本次论坛由中国教育政策研究院、杭州市人民政府共同举办,杭州市教育局、上城区人民政府共同承办。论坛以"区域综合教育改革与质量提升"为主题,邀请教育行政领导、教育专家、优秀局长代表就相关内容进行观点报告、经验分享,互动交流,总结推广区域教育改革创新之经验,推动《国家中长期教育改革和发展规划纲要(2010~2020)》关于"推进县(市)教育综合改革试点"要求的落实,促进区域教育管理水平的提升,为各区县(市)教育局长提供经验交流与分享的平台。同时设立小学数学峰会、小班化教育等两个分论坛和"品质教育 开放建兰"展示活动,创设区域教育改革与创新展示平台,学习交流国内外教育改革创新先进经验,促进各区域的教育改革与质量提升。

【区域综合教育改革与质量提升】 11月9日,"区域综合教育改革与质量提升"主论坛在杭州西湖国宾馆举行。全国政协副主席、民进中央常务副主席、中国教育政策研究院理事长罗富和,全国人大常委、民进中央副主席兼秘书长、中国教育政策研究院副院长朱永新,全国人大常委、国家督学、中国教育政策研究院执行副院长庞丽娟,北京师范大学常务副校长、国家教育咨询委员会委员董奇,中国教育学会会长、中国教育政策研究院专家委员会主任顾明远,中国教育学会常务副会长、国家教育咨询委员会委员谈松华,浙江省政协副主席盛昌黎,省教育厅厅长刘希平,杭州市副市长陈小平,杭州市政协副主席赵光育,杭州市教育局局长徐一超,区委书记陈红英以及来自北京师范大学、中国教育政策研究院的专家、学者及上海、重庆、黑龙江、吉林、辽宁、山东、陕西、内蒙古、江苏、福建、湖南、四川、广东、海南、浙江等近20个地区的百名教育局局长参加会议。顾明远指出要实现教育过程的公平,就要合理配置教育资源,办好每一所学校,教好每一个学生。谈松华提出要用系统科学的理论去分析区域差异性,来确定区域教育发展的战略选择。董奇强调只有通过系统化设计、综合性制度改革和政策安排才能实现区域教育创新,提升教育质量。上城区教育局局长蒋莉、山东省潍坊市教育局局长张国华、上海市长宁区教育局副局长贾惠贤、成都市锦江区教育局局长钟为春、江苏省如东县教育局局长唐国均分别就区域教育综合改革新实践, 办好人民满意教育,教育评价改革,科学推进区域教育均衡发展,学校特色建设等问题作了专题发言。会议独家发布了《区域教育发展杭州共识》和《我们的教育价值观》。

【第二届中国小学数学教育峰会】 "第二届小学数学教育峰会2011'课标修订与数学教育发展'主题研讨会" 作为 "2011中国名师名校长论坛" 的分论坛,于2011年10月12~14日在红星剧院举行。研讨会围绕新课标修订后"四基"(基本知识、基本技能、基本思想方法和基本活动经验) 在数学教育教学中的落实,深入研究,进行具有突破性的新课讨论。会议由人民教育编辑部与上城区教育局再度联合主办。人民教育主编傅国亮解读了《纲要颁布以后的课程改革》;中科院院士、数学家张景中畅谈《数学思想的力量》;国家基础教育数学课程标准修订组组长史宁中详解新课标关于增加"基本活动经验"与"基本思想方法"的目的、意义和实践构想;全国著名的一些小学数学研究团队以专家报告和教师上课的形式汇报了他们最新的研究成果,作报告的有东北师范大学教授孔凡哲、华东师范大学教授吴亚萍、浙江外国语学院教授吴卫东、北京教育学院教授刘加霞等,展示课共计6节。其中新思维小学数学团队也参与展示,教材副主编朱乐平作《图形与几何教学内容的动态化处理》专题报告,时代小学与崇文实验学校两名青年教师上了教材特色课。由省小数教研员斯苗儿主持,全国著名特级教师吴正宪、张兴华与钱金铎参与访谈,为大家描绘名师成长的生动图景。

【长三角地区第七届中小学小班化教育研讨会】 11月3~4日,召开了长三角地区第七届中小学小班化教育研讨会。作为全国小班化教育较高级别的专业论坛，第七届中小学小班化教育研讨会围绕“小班化教育的改革愿景与教育智慧”这一主题进行深入探讨。中国教育学会副会长张绪培在开幕式上分析中小学小班化的必然性和价值实现，介绍浙江小班化课题研究的开展情况以及对小班化的实践经验，包括小班化的定义、班级编制、教学组织以及教学评价。邀请区教育局副局长项海刚、杭州市刀茅巷小学校长夏翠、上海师范大学基础教育发展研究中心主任钱源伟、南京师范大学教育基础教育课程改革中心常务副主任吴永军等围绕小班化教育进行高峰论坛，以“小班化有效教学智慧”、“促进学生个性化发展的教育智慧”、“小班化教育的学校发展” 为主题开展专题演讲。台北教育大学教授林伟文作题为《小班化教学策略的思考》的报告。会议为每年一度的长三角地区小班化教育优秀论文和案例获奖者进行颁奖。与会代表实地参观考察杭州市小班化特色学校：杭州市娃哈哈小学、杭州市崇文实验学校、杭州市胜利小学、杭州市第六中学等学校，了解杭州市小班化特色办学成果、中小学校本教研成果。

在万松书院开展“亲子”青春阅读活动　　（区教育局　供稿）

【品质教育　开放建兰】 上城区结合中心城区的区域教育发展定位，深化改革，在软硬件结合上努力探索国际一流的现代化教育模式，努力构建与社区和谐共享的教育生态化大体系。11 月 4 日，建兰中学作为第三届杭州生活品质展点，迎来了诸多市、区级领导。第三届杭州生活品质展“品质教育　开放建兰”展示活动根据皇城根文化特点和教育教学特色以及新校建筑特点和现代技术条件，推出五大“课堂”15 个项目。其中“未来课堂”展示自主化学习的多元课堂、探究式学习的融合式课堂和国际远程课堂等组织形式；“社会课堂”开展了与杭商话诚信，体验校园民主选举等活动；“家长课堂”开展“亲子”青春阅读等活动；融入金钗袋巷历史保护建筑展示了学生参与礼、乐、射、御、书、数六艺活动的场景。全国人大常委会副委员长路甬祥、浙江省原政协主席刘枫等领导为建兰题词。路甬祥和浙江省代省长夏宝龙，省委常委、市委书记黄坤明分别写来贺信。活动充分展示建兰中学品牌形象，展示了建兰砥砺品性、执着大气的特质，体现建兰人的教育追求和知礼明信、感恩奉献、责任创新的人文教育情怀。（张　欢　吕卫萍）

文化体育

Culture and Sports

文　化

【概况】 围绕“南宋古都·经典上城”主题，上城区文化广电新闻出版局（体育局）(以下简称区文广新局）举办上城区2011年度元宵灯会活动、2011年新春团拜会文艺演出、首届上城区文艺团队联合会艺术节暨第八届上城区“城市一家人”文化艺术节、上城区第八届社区艺术节暨上城——临安“文化走亲”交流活动、龚自珍诗书画院迎新春笔会、F1摄影沙龙2010年年会、上城区庆祝建党90周年书画摄影展、百团百场广场献演活动、“红歌嘹亮——激情飞越”上城区第十一届歌手大赛、上城区“共享小康——寻找最幸福残疾人”摄影比赛、上城区文艺团队联合会新春茶话会、上城区金桂奖文学大赛等各项活动。组织文艺工作者参加杭州市第四届国际体验日启动仪式并展示了书画、刺绣、剪纸、京剧脸谱、彩绘、健身舞等项目，为全区35支特色体育团队和晨晚练点文体团队赠送音响器材。联合区民政局、区残联向全区2098户低保(残保)户家庭发放价值113万元文体惠民活动券，惠及3151名群众，扩大了受益面。全年开展书法基础知识、老年舞蹈、瑜伽、排舞、数码基础摄影、钢琴、少儿围棋等400期各类文化辅导培训。加强社区文教委员辅导培训，共同探讨社区开展群众文化工作的新趋势、新思路和新措施。完成了全区6个街道综合文化站建设达标工作。推进辖区资源共享、文体共建工作，文体资源免费开放定点单位由15家调整为9家（含新增1家)，落实了相应的工作措施和经费保障。完成全区文化信息共享工程摸底、审核、发证和市级示范文化街道推荐上报工作。按照区政府的要求，开展全区基层文化工作考核，努力引导基层文化软硬件建设再上新台阶。参加由中国民族舞蹈协会等单位联合主办的第一届“杭州杯”全国中老年艺术节比赛，上城区芳芳时装队《环保达人》获得主委会颁发的最高奖“最佳精神文明奖”、世界语艺术团三人舞《神奇的天路》获一等奖、东方艺术团时装舞蹈《西湖春晓》获二等奖；社区学院等7支队伍获三等奖。组织参加杭州市第二十一届“三江”歌手大赛，获得3金2银3铜的好成绩。参加杭州市“共享小康——寻找最幸福残疾人”摄影比赛，陈建荣《无声胜有声》等22幅作品获奖，占全市获奖总数一半以上。

【连续3次获全国“一级文化馆”称号】 2011年，第三次全国文化馆评估定级工作在全国开展。区文广新局文化馆根据《文化部办公厅关于开展全国第三次文化馆评估定级工作的通知》的有关精神，区文广新局高度重视、严密组织、科学实施、认真对照文化馆评估标准细则和评估指标体系，对文化馆的办公条件、办公环境、业务工作等方面进行查漏补缺，顺利通过了文化部对区文化馆的复评工作。11月，文化部印发了《文化部关于命名一、二、三级文化馆的决定》，区文化馆再次荣获“一级文化馆”称号。区文化馆将继续发挥好公共文化服务体系建设中的重要作用，更多地投入到公益性群众文化活动中去，使主阵地服务向多元化方向发展，为上城广大群众提供丰富的公益文化服务，使广大群众真正成为文化成果的受益者。

【实施“三大文化工程”推动文化事业繁荣发展】 实施“厚重文化传承”工程。大力推进南宋御街、新中东河等一批城市有机更新工程，完成全市2/3的老房子修缮保护任务，已有王星记制扇技艺等非物质文化遗产38项，切实担负起历史文化保护“薪火传人”的责任。实施“公共文化惠民”工程。推进文化设施建设，形成15分钟文化服务圈，50%左右的街道和社区成功创建省级“东海文化明珠”和“杭州市示范文化社区”。定期举办上城文化之旅、吴山庙会等文化活动，打响“南宋古都·经典上城”品牌。实施“文化产业提升”工程。形成“一谷一园多点”等文创产业发展格局。玉皇山南国际设计创意产业园获2010年中国文化创意产业最佳园区奖。

【举办2011年度大型元宵灯会活动】 2月16~18日，2011年度大型元宵灯会活动在吴山广场举行，活动由区政府主办，区文广新局、清河坊历史街区管委会和全区各街道共同承办。灯会本着“热烈、喜庆、和谐、安全、节约”原则，围绕“南宋古都·经典上城”主题，由8个灯区组成，所展灯区为大型摆灯或组灯，长度在20米以上，制作精良、形态各异。其中彩灯门楼和吴山天风前大型屏幕式展灯，古典特色鲜明，长达50米，加至周边沿街彩灯高挂的衬托，让市民们感受到浓烈的节日氛围。为期3天的灯会，吸引了30万市民群众前往赏灯欢度佳节。

【举办社区文体干部业务知识讲座】 3月29日，社区文体干部业务知识讲座在喜盈盈宾馆举行。讲座以展望“十二五”发展规划、推进基层社区文化建设、完善公共文化服务体系、提升文体干部业务素质为主导，全区社区文教委员、各街道文化站站长和区文化馆全体人员90人参加，讲座围绕当前文化建设的形势与任务主题，邀请市委党校副教授胡秀丽作系统讲解。

【为杭州市第四届国际体验日活动争辉添彩】 4月26日，2011杭州市第四届国际体验日启动仪式在孔庙举行。区文广新局组织的文体健身体验交流，书画、民间手工艺体验交流，彩绘戏剧脸谱体验交流相继精彩亮相，受到了活动主办单位、国际友人及市民群众的广泛好评。杭州市国际体验日活动是宣传杭州的重要载体，为了更好彰显区域特色，展示“南宋古都·经典上城”风貌，本次体验活动内容丰富、形式多样，既有民间排舞、太极拳表演交流，又有集书法、国画、刺绣、剪纸为一体的民间手工艺品展示交流，还有传统特色的戏曲脸谱油彩画、水彩画现场绘制体验交流，形成了动静结合，健身与休闲结合，观赏与自我参与结合的良好体验氛围。来自美国等10余个国家及地区近500名国际友人和群众参与体验活动。

【举办第十一届歌手大赛暨市“三江”歌手大赛选拔赛】 5月14日，第十一届歌手大赛暨市“三江”歌手大赛选拔赛在杭州市工人文化宫举行，大赛以唱红歌、颂祖国、庆祝中国共产党建党90周年为主题，来自各条战线的优秀参赛歌手及声乐爱好者近500人参加。大赛分设中老年组、青年组，规模宏大、覆盖面广、参与者众多、新人辈出、竞争激烈，经层层海选，最终产生中老年组及青年组通俗、美声、民族等唱法各金奖1名、银奖2名、铜奖3名。其间CCTV全国青歌赛评委、浙江省群众艺术馆研究馆员马建华，浙江歌舞剧院副院长、国家一级演员严圣民，中国音协会员、江浙民歌演唱研究会副会长、研究馆员谢琳，浙江省传媒学院音乐学院副院长、声乐教授王保华及杭州师范大学、省、市群艺馆的教授、专家等声乐大腕担任评委。

【展示文化体育特色团队】 7月20日，上城区在吴山广场举办主题为“生活因健身充满活力，城市因体育勃发生机”的体育特色团队展示活动，活动由区文广新局和上城区体育总会主办，活动分三个部分。来自南星街道的夕美健身队等4支队伍在体育特色团队节目展示中获得一、二等奖。会上表彰获奖的团队和为上城区群众体育事业发展作出贡献的“十佳社会体育指导员”，向上城区晨晚练点文体团队赠送器材仪式，6个街道的35支文体团队获得赠送的器材。

【向低保(残保)户家庭免费发放文体惠民活动券】 上城区多年来持续开展文体惠民工程，以政府买单的形式让各个层面更多的人群参与文体活动，享受文体活动带来的快乐。此次文体惠民活动券的发放活动在上城区政府的主导下，由区文广新局、区民政局、区残联共同组织实施。活动所需经费由各相关部门共同筹集，确保专款专用。8月18日，发放的文体惠民活动券总价值113万元，发放到全区2098户低保(残保)户家庭，惠及人数3151人。每户家庭领到一份市场价值540元的惠民活动券，主要包含游泳券和娱乐券，居民

8 月 18 日，举行上城区文体惠民活动券发放仪式。（区文广新局 供稿）

可根据活动券要求在指定时间内免费到定安路游泳馆、讴歌量贩 KTV 和豪歌迪近江店使用，活动截止到 10 月 31 日。

【领导视察社区文化建设】 9 月 28 日，区人大常委会主任丁晓芳，副主任叶洪泉、王文成、李静、王国民、韦云等区人大代表实地视察了南星街道玉皇山社区、小营街道小营巷社区的文化建设情况。副区长宦金元、区文广新局有关负责人陪同。在听取区文广新局关于全区基层社区文化建设情况和小营巷社区文化建设的汇报后，视察组认为，区政府及其相关部门在区委的领导下，坚持以中共十七大精神为指引，坚持文化发展与打造“具有国际水准的高品质中心城区”有机结合，坚持软硬件并举、共同推进的发展理念，不断探索，积极实践，努力突破工作瓶颈，社区文化建设呈现良好的发展态势。视察组指出，加强社区文化建设合民情、得民心、顺民意，上城区社区文化建设起步早、基础实、发展快、成效好。

【承办区第八届社区艺术节】 11 月 28 日，上城区第八届社区艺术节在吴山文化大舞台拉开帷幕，全区 6 个街道和区文化馆、区文艺团队的 30 余件文艺作品参赛，作品以原创节目为主，取材于街道、社区身边典型的人和事，从不同角度表现了创建、营造和谐社会的积极形象。经过层层选拔，14 件作品入选本次汇演并角逐晋级杭州第二届社区艺术节的 4 个名额。与此同时，临安市和上城区首度开展“文化走亲”活动，临安市文化馆为本次活动带来了 4 个精彩节目。特别是来自临安天目山镇九里村的女子群舞《康定情歌》和《西域风情》，让群众感受到了村镇群众文化的新面貌。

【杭州大华书场重展新姿】 11 月 16 日，作为杭州仅存的专业评弹市场——杭州大华书场以崭新的面貌开张迎客。整饰后的大华书场即保留了原有的古朴风格，又对内部结构、设施器材及桌椅等进行了调整和更新，使其布局更合理，功能作用更丰富、更贴近书迷群众的需要。现杭州大华书场的执掌人周志华系全国非遗项目“小热昏”说唱传承人，省、市曲艺界大腕及杭州市的公众人物，对大华书场发展前景充满乐观，提出要在创新思路、拓展服务中，努力将其办成杭州市评话演出基地，杭州“小热昏”说唱等曲艺人才的培训、演练基地等，成为弘扬优秀民间传统文化的主阵地，传播南宋文化、吴越文化、历史文化的重要窗口。

11 月 16 日，整饰后的杭州大华书场开张迎客。（区文广新局 供稿）

体 育

【概况】 2011年，上城区体育局完成创建浙江省体育强区考核验收各项工作任务，建成沿西湖、钱塘江、中河、东河4条健身游步道，编印发行“健康之道 始于足下”——杭州市上城区健身游步道健身图册。举行上城区游步道千人健身走活动。完成望江街道大通桥社区、南星街道江新苑小区等社区多功能活动场地建设。成立了集指导、培训、服务于一体的区级社会体育指导中心和区级国民体质监测中心，并落实场地，着手拟定运转模式。召开上城区体育总会副主席以上扩大会议和秘书长年会，进一步规范、完善对各协会和社团的管理。新成立法人社团上城区划船协会和二级社团上城区健身球协会。承办市级轮滑、桥牌、乒乓球、健美等赛事6次；组织区本级体育赛事成年部2次，青少年部8次；组队参加上级部门比赛成年部8次，青少年部21次。参加浙江省第七届速度轮滑锦标赛暨首届社团运动会速度轮滑项目比赛获得2金、6银、3铜的成绩；参加第十四届全国成人游泳锦标赛获团体总分第八名，男子团体第六名，女子团体第八名的佳绩，并获得个人项目11枚金牌；参加2011年杭州市中小学生皮划赛艇和帆船(板)比赛取得皮划艇团体总分第一名，男子甲组1000米皮艇和男子丙组单人皮艇等7枚金牌。同时，还向地区单位下发指导服务地区单位开展体育健身的指导意见，协助指导地区单位开展运动会等各类群众体育活动。

【召开创建省级体育强区工作动员大会】 4月13日，区委、区政府召开创建浙江省体育强区工作动员大会。区创建省级体育强区工作领导小组成员，各部门、各街道主要负责人参加会议。会上，区文广新局对创建省级体育强区工作前期筹备情况作了通报，区教育局、望江街道和区老龄工办作发言。区委副书记、区长缪承潮对开展省级体育强区创建工作提出五点要求：把创建体育强区作为建设人文上城的重要内容。要通过创建体育强区，大力发展体育事业，进一步丰富人文上城内涵，增强上城的文化软实力。把创建体育强区作为构建和谐社会的重要举措。要充分发挥体育的育人作用，用体育的团结拼搏、永不言败的精神来教育群众、凝聚人心、鼓舞士气，为上城区“十二五”时期建设提供强大的精神动力。把创建体育强区作为实现“惠民强区”的有效载体。要完善三级体育网络，加大对街道、社区体育健身场所的建设投入和管理使用，让更多的群众加入到全民健身行列，积极推动体育惠民工程。把创建体育强区作为发展体育经济的工作平台。要以创建体育强区为契机，把发展体育产业作为发展第三产业的重要内容，培育体育市场，不断增强体育发展的动力和后劲，促进体育与经济、社会的协调发展。把创建体育强区作为部门街道的重要工作来落实。成立创建体育强区领导小组，专题进行研究部署，定期检查和了解工作进程；各单位要指定专人负责，加强业务培训，做好查漏补缺，确保创建体育强区工作顺利完成。

【在省第七届速度轮滑锦标赛上再创佳绩】 7月6~7日，浙江省第七届速度轮滑锦标赛暨首届社团运动会速度轮滑项目在丽水市轮滑场举行，比赛由浙江省体育局、浙江省体育总会主办，浙江省轮滑协会、丽水市体育局承办，全省各市17支代表队、160人参加比赛。上城区派出体育总会参赛，经过两天的激烈角逐，上城区运动健儿共获得2金、6银、3铜，选手程钰萍获青年组1000米计时赛、15000米淘汰赛两块金牌。

【举办2011年上城区游泳比赛】 为了迎接全国“全民健身日”的到来，以实际行动推进全民健身活动的开展，努力提高上城区机关和企事业单位参加健身活动的积极性，8月5日，上城区游泳比赛在定安路游泳馆举行。来自全区19个单位的73名运动员参赛。本次比赛根据参赛运动员年龄和性别，分为4个组别24个小项。游泳比赛是上城区的一项传统体育竞赛，已经坚持举办10余年，也是上城区创建“全国游泳之乡”的一项重要活动，今后将继续坚持每年举办，为区全民健身活动开展做出应有的贡献。

【被评为“2011年度杭州市先进游泳场所”】 11月17日，杭州市2011年游泳场所开放总结表彰大会在西湖区西溪海外海宾馆召开。上城区定安路游泳馆、维景国际大酒店游泳池、阳光海岸小区游泳池被评为“2011年度杭州市先进游泳场所”。区文广新局通过严抓开放

参加 2011 年第十四届全国成人游泳锦标赛　　（区文广新局　供稿）

许可,注重日常检查,及时排除各种安全隐患,进一步加强游泳场所的开放管理,取得了一定的成效,确保了全区游泳场所安全无事故。

【在第十四届全国成人游泳锦标赛上再创佳绩】 8月13~14日,由国家体育总局游泳运动管理中心、河南省体育局、洛阳市人民政府主办的第十四届全国成人游泳锦标赛在洛阳市举行。上城区游泳代表队在区人大常委会副主任叶洪泉的带领下参加了本次比赛。本届锦标赛有来自全国各地39支代表队、470名运动员参赛。参赛选手中有国家和省专业运动队队员。上城区游泳队此次派出了13名选手参加比赛,获团体总分第八名、男子团体总分第六名、女子团体总分第八名的佳绩,获得个人项目11枚金牌。

【举行上城区体育社团沿江健身走活动】 8月8日,上城区举行全国全民健身日体育社团沿江健身走活动。在东起钱江三桥,西至钱江一桥3000多米的沿江堤岸上,组织长跑协会、腰鼓协会、武术协会、健美协会、门球协会和登山协会的近千名体育爱好者进行沿江健身走活动,所有人员全部顺利走完全程。

【接受创建省级体育强区工作验收】 11月21~23日,省体育强区检查验收组到上城区验收创建省级体育强区工作。区委书记陈红英在汇报会上致辞,区委副书记、区长缪承潮作工作汇报,区领导丁晓芳、王越剑、韦云、宦金元、戴晓军出席会议。缪承潮指出,上城区围绕建设“具有国际水准的高品质中心城区”的目标,全面落实“体育惠民、共享共建、做特做强”的体育工作主题,推进创建工作。陈红英说,上城区将对检查验收组提出的意见建议逐条逐项加以认真落实,进一步加大体育事业经费投入,加快推进区体育中心和田径运动场等设施建设;巩固、转化、发展好创建成果,切实把创建工作成果转化为今后体育工作的长效机制,转化为推进体育产业和体育事业发展的“助推器”,为上城区经济社会持续、健康、快速发展,为杭州建设“生活品质之城”、浙江省建设“体育强省”、“文化大省”作出更大贡献。检查组兵分三路,进街道、进社区、进学校,一听、二看、三查,与体育干部交心,与健身居民唠嗑。

（张雪梅）

信息化建设
Information Construction

信息化建设综述

2011年,上城区信息中心围绕《上城区电子政府建设规划(2007~2011年)》和《浙江省电子政务2011年度建设任务指导书》的建设目标,进一步加强统筹协调,夯实网络基础,提升应用水平,推进整合共享,以信息化手段努力推进政府行政管理的创新,打造面向公众、改善民生、提供优质高效为民服务的服务型政府。根据年度考核目标要求,区信息中心于12月底前集中开展年度电子政务考核工作,对26个区级政府部门的电子政务工作情况进行全面考核,同时将考核结果报送至区考评办。配合区委保密局做好计算机系统及网络安全保密检查工作。保障区政务网络平台上各系统的正常工作。这些系统包括区电子政务系统、区门户网站、"一站式"审批服务平台、区信息资源综合数据库、区重点工作督办系统、街道综合信息管理应用系统、区民政局的"社区e家人"管理系统、区财政局的网上结算系统、区计生局的育龄妇女信息系统、区信访局的信访管理系统、"数字城管"系统、区建设局的安置房管理系统、杭州市地方税务局的出租房税收征收系统等。全力保障区视频会议系统的正常运行。在雨雪天气、夏季汛期和争创全国文明城市期间,区视频会议系统发挥了重要作用,为领导的决策指挥提供技术支撑。全年共召开27场视频会议。做好全区政务内网和政务外网的维护工作。不断延伸和完善区政务外网至基层,新增区政务外网VPN光纤线路17条、区干线裸光纤2条,保障区政务网络的安全可靠运行。保障政府大院和综合楼所有的计算机设备的稳定运行。全年共维护维修计算机设备925台次,同时为各类会议提供技术、投影等服务165次。加强对各部门具体工作人员针对性的集中培训。培训内容有基于"一站式"审批服务平台、区重点工作督办系统操作培训、区视频会议系统操作培训、区党务公开网等,2011年共培训200多人次,取得良好的效果。

信息化管理措施

【规范电子政务项目管理机制】 进一步推进电子政务规范化、集约化建设,杜绝重复建设和无序建设。根据《杭州市上城区人民政府关于进一步加强政府投资信息化建设项目管理的意见》精神,全区的政务信息化项目申报全部由区信息中心统一受理,区财政局和区科技局将不再另外受理。2011年初,区信息中心收到28个项目申请,其中有6个项目因材料不齐不予受理,其余22个项目由区信息中心联合区财政局和区科技局组织专家联合评审。通过筛选、专家评审、征求意见,并经区财政局、区科技局和区信息中心联合审核,决定对区城市管理行政执法局的"智能管控"平台二期等8个项目进行立项,立项金额400万元。通过提高认识,统筹安排,合理使用财政资金,健全科学民主的决策和实施程序,进一步完善和规范了上城区政府投资的电子政务项目管理机制,切实提高电子政务建设质量和应用水平。

【加强公务电脑使用管理】 根据上城区作风建设年活动领导小组办公室(简称作风办)要求,在"效能亮剑"专项行动期间,进一步加强公务电脑使用管理,对需要在工作时间内使用互联网的公务电脑经本人申请、效能承诺、单位审批后上报至区作风办备案。区信息中心负责将区作风办汇总的公务电脑根据备案内容设置上网权限,共报备1100多台公务电脑,并授权区作风办管理备案公务电脑的上网记录,同时在区政府电子政务系统上设置“效能亮剑”专项行动专栏进行网上备案公示。

【注重软件正版化使用】 使用正版软件是保护知识产权,尊重知识,打击信息化环境建设侵权的重要一环,区信息中心在工作中一直将软件正版化精神贯彻到每一次政府采购中,要求所有的PC电脑和服务器采购都要配置正版的操作系统软件,在开发应用系统中涉及第三方软件时要求全部购买正版软件(包括网页防篡改软件、中间件软件、网络管理软件、网络防病毒软件)。区政府办公室通过最近几年的不断努力,在日常办公中所涉及的软件全部实现正版化。2011年4月,根据杭州市人民政府办公厅关于开展打击侵犯知识产权和制售假冒伪劣商品专项行动要求,上城区软件正版化领导小组对区政府各部门正版化软件的使用情况进行摸查统计,区信息中心将根据摸查统计结果统一安排政府采购。

信息化课题研究

【开展“智慧上城”课题研究】 不断创新政务信息化建设思路,“十二五”时期,中国将会出现经济平稳较快增长与资源要素瓶颈凸显、社会矛盾复杂多变、体制改革加速转型并存的局面,上城区也将面临进一步保障民生以及产业转型升级的挑战。区信息中心联合浙江大学根据上城区各部门职责和信息化建设现状开展了“智慧上城”课题研究,研究方向为利用信息化技术手段,充分、有效地开发、吸收、共享和利用各种信息资源,以提高政府办事效率和服务能力,协调好经济发展、资源环境和民生保障三者的关系,尤其突出民生保障,使人民生活幸福,城区健康协调发展。该研究课题列入浙江省科技厅2011年度科技创新课题研究立项资助项目,资助金额为15万元。

【启动区行政中心智能化系统设计方案调研工作】上城区行政中心大楼建设是区政府的重点工程,区信息中心负责大楼的智能化系统设计实施工作。根据区行政中心建设筹办领导小组对智能化系统建设的总体设计思想和实施步骤规划,区信息中心经过与设计单位的多次沟通,不断完善设计方案。鉴于智能化系统的重要性,区信息中心于4月13日组织区政府有关人员及省、市智能化系统有关专家在望江指挥部七楼会议室召开上城区行政中心及科技文化馆智能化系统设计方案专家咨询会,区委常委、副区长陈洪涛主持会议。会议听取了区政府关于区行政中心及科技文化馆智能化系统设计方案的情况汇报,并就方案设计理念、整体框架、综合布线及各功能设计等内容进行讨论,同时将省、市相关专家提出的意见和建议归纳汇总成会议纪要上报给区领导和设计单位。

信息化技术推广应用

【配合完成政府视频会议系统建设】 按照《浙江省人民政府办公厅关于开展省政府视频会议(应急指挥)系统建设的通知》和《杭州市人民政府办公厅关于开展市政府视频会议系统建设的通知》要求,区信息中心配合系统承建方浙江省电信公司、杭州华数网通公司按时完成了上城区分会场的建设任务,保证了2011年底建成覆盖省、市、县(市、区)政府及省级有关部门的视频会议(应急指挥)系统。市政府视频会议系统已进行多次全市各单位联调,从联调结果看上城区分会场效果良好。

【城管执法智能管控平台投入正式运行】 按照市委、市政府“打造国内最清洁城市”工作目标,落实对市容秩序长效管理提出的“零容忍”、“全覆盖”、“全天候”的工作要求,解决城管执法工作中存在的突出问题,由区信息中心牵头,联合上城区城市管理行政执法局借助信息化技术打造了“城管执法智能管控平台”。该平台自2010年11月开始试运行,经过半年多试运行,系统运行稳定,达到合同规定的要求,于2011年6月24日通过验收。该平台采用数字化技术手段,建立城市管理联动新机制、提升城市管理的科学水平和城市运行效率,通过提高管理的科技含量来增强战斗力,推进城管执法信息化建设工作,打造“城管执法智能管控”基础平台,使信息化成为推进城管执法工作的重要手段。

【信息技术支撑标准化建设】 在全面开展标准化体系建设与具体标准制定的同时，更注重标准化工作成果的具体应用，大胆探索尝试以信息技术为支撑的政府工作标准化流程重构。在公共管理与服务方面，以网上一站式行政审批服务系统、“社区 e 家人”、“e 学网”等网络应用系统为载体，推广网上办事，实现过程规范透明、操作自动留痕、全程实时监督。在政府内部管理方面，通过区信息资源综合数据库、街道综合信息管理应用系统、重点工程目标管理控制系统、网上绩效考核系统、城管智能管控系统等信息化平台，实行政府和部门工作的网上统一量化管理，对过程和结果均实施标准化控制。与信息技术紧密结合，使上城区的标准化建设内容更充实，特色更鲜明，也更富有成效。

【开展本地业务应急冗灾备份建设】 随着社会的发展，信息数据越来越重要，而存储数据的设备外部运行环境又日益恶化，各种危险日益增加，已严重威胁信息数据的安全，区信息中心急需建立冗灾备份管理机制，保障区级信息数据的安全。为了实现对重要业务系统的不间断运行，数据安全可靠，备份数据能准确迅速的恢复，提高灾备对象，更高效的服务于机关，服务于民，区信息中心提出了对重要业务系统进行局部冗灾备份的建设方案。通过业务应急系统将区信息中心 21 个应用系统中最重要的 7 个应用系统进行重点冗灾备份，提高这部分应用系统抵御灾难和重大事故的能力，减少灾难打击和重大事故造成的损失，保证重要数据的安全。该项目经区领导批准，已落实政府采购。

【健全“网上行政服务中心”建设】 按照杭州市进一步构建权力阳光运行机制办公室统一部署，上城区进一步构建权力阳光运行机制办公室统筹规划，整合资源，克难攻坚，深入推进构建权力阳光运行机制工作，确保实现构建工作“三年巩固提高”的既定目标。健全网上行政服务中心建设。6 月，顺利完成网上行政服务中心行政审批系统新老交替，市、区网上行政服务中心数据交换实现无缝对接，有效解决部门多个系统重复输入、市区权力事项编码不统一等问题。1~10 月，上城区纳入网上行政服务中心行政审批服务事项共 228 项，其中行政许可网上运行事项 70 项，非行政许可网上运行事项 136 项，服务事项 22 项，共计办理 12756 件。编制行政处罚等“6+X”权力事项系统建设项目需求，在 12 月底完成行政处罚等行政权力业务的项目建设。在打造“网上行政服务中心”的基础上，进一步完善区、街道、社区三级行政服务体系，加强对街道便民服务中心规范化建设。

【建立区党务公开网】 贯彻落实中央、省、市关于基层党组织实行党务公开工作精神，扎实推进基层党组织党务公开工作，区委决定建设上城区党务公开网，由区信息中心负责承建。区党务公开网是面向全区党组织和党员了解及参与党内事务，提高决策的民主性和科学性，逐步推进党务公开的平台，同时也是展示基层党务组织和党员先进风采的平台。区党务公开网于 11 月 29 日正式开通。

【工程建设领域项目信息公开专栏】 根据市纪委(监察局)统一部署，区纪委统筹规划，深入推进上城区工程建设领域项目信息公开和诚信体系建设，区纪委决定由区信息中心负责技术支持，在门户网站上开设上城区工程建设领域项目信息公开专栏，对区发改局、区建设局、上城工商分局和上城国土分局涉及工程建设领域的信息进行网上公示，加强监管力度。

【城站 LED 城市综合信息发布显示平台】 杭州市城站火车站是城市重要的交通枢纽。在人流密集的城站火车站出口处设立大屏幕城市综合信息发布显示平台，是提升生活品质之城、中国最佳旅游城市又一亮点。区信息中心受杭州市城站广场管理办公室委托采购建设城站广场城市综合信息发布显示平台用于显示发布视频、图片、公共交通等多媒体信息，项目预算价 120 万元，采购中标价 60 万元，为区财政节余资金 60 万元，节余率 50%，信息发布平台于 2011 年 6 月底建成投入使用。

【移动电子导游项目建设】 为了提高区域内特色街区的知名度和服务水平，为游客提供更好的导游服务，打造国内领先的旅游服务品牌，区信息中心通过前期用户调查及与商户、街区管委会的交流，与杭州移动的沟通协商，制定了上城区特色街区移动电子导游项目建设方案，将为游客、商家和管理机构提供个性化的信息服务，主要功能有WLAN无线网络覆盖、游客告知系统、掌上上城和游客统计系统，同时结合智能语音导游系统为游客提供多种方式的电子导游服务。项目投资总额为29万元，2011年3月投入使用，主要用于河坊街、南宋御街、小营街道、玉皇山和湖滨名品街。

【推进人才公共服务网建设】 为强化上城区人事、人才服务机构的公共职能、提升人才公共服务水平，推进公共服务管理系统网络化，拟将上城人才网(www.scrcw.com)在原有的求职招聘和发布通知的功能基础上，整合更多公共服务功能，将很多原本在窗口现场办理的手续开通网上通道，简化办事程序，将人才网建设为集网上网下人才市场、人才派遣、教育培训、一站式公共服务等全方位的人才服务网。新建的人才网作为人事人才网站和综合人才服务实体，以上城区各类企事业单位和各层次人才提供权威的资讯、促进大学生就业创业为宗旨，依据法律、法规，运用专业化、规范化、社会化的服务方式，建立企业与人才的信息交流平台，拓宽政府与企业、企业与人才的沟通渠道，建立良好的人才环境。区信息中心受区人事局委托采购建设区人才公共服务网，项目中标价为25.60万元，已经进入程序开发阶段，将于2012年3月建成投入使用。 (黄崇杰)

【上城区数字电视"社区频道"上线开通】 7月5日，上城区数字电视"社区频道"上线开通暨上城区数字电视"社区频道"使用培训会在区社区学院举行。杭州市信息化办公室信息化推进处副处长骆国平、上城区人民政府区长助理陈鸣、杭州市"96345"便民服务中心主任曹虹音，上城区54个社区的居民代表和《浙江日报》、《杭州日报》、杭州电视台一套等媒体参加。数字电视"社区频道"是杭州市信息办、杭州市民政局联合"96345"便民服务中心，共同开发建设的民生项目，为居民提供社区信息、交通信息、家庭账本、公共信息查询、中小企业咨询、家政联盟等便民信息服务和互动交流。已发布信息7460条，13.20万户家庭收看"社区频道"。 (陈学军)

卫生
Health

卫生综述

2011 年，全区拥有各类医疗卫生机构 158 个，其中医院 17 所，社区卫生服务中心(站)39 个，门诊部 31 个，诊所、卫生所及医务室 60 个。拥有床位 10104 张，其中医院床位 9763 张。有各类专业卫生技术人员 13619 人，其中执业(助理)医师 4922 人，注册护士 6046 人。全年完成卫生服务站改扩建 14 个；建设规范化达标站 33 个。突发公共卫生事件处置率达 100%。婚检率达 83.8%。全面开展药品"零差率"，全年门诊人次增长 19.3%。2011 年，上城区卫生系统(6 个社区卫生服务中心、1 所妇幼保健院)业务收入 3.06 亿元。全年改扩建社区卫生服务站 1 个，装修改造 14 个。实行 557 种常用药品"零差率"服务，全年药品让利 3315.68 万元。社区卫生服务机构门诊 2478466 人次，比上年(指 2010 年，下同）增长 15.3%，门、急诊均次费用 110.80 元，比上年下降 12.7%。政府卫生事业投入 7108.92 万元。创新公共卫生社会管理，全省首推"专职医生进学校"、成立浙江省老年抑郁症管理指导中心。借鉴台湾模式，与浙江大学医学院附属第二医院(以下简称浙医二院)缔结全面协作关系，卫生信息化建设保持全省领先。关心弱势群体，构建困难家庭基本医疗服务"零自负"机制，实施居家养老、远程照护试点。扎实推进公共卫生服务和健康城区建设，卫生应急工作成功创建为浙江省示范区，在国家卫生城市（以下简称"国卫"）复评中获国家卫生城市先进城区。积极营造"卫生楷模"争创氛围，开展"三好一满意"、"人民满意基层站所"、"品牌窗口"、"效能亮剑"等活动，达标窗口覆盖率 100%。基层党员志愿者结对帮扶困难群众活动，荣获杭州市"万名党员干部结对帮扶万户城乡困难家庭"活动和"1+X"社会结对帮扶活动先进集体；进一步加大卫生系统党风廉政建设力度，完善药事管委会

表 34　　上城区 2011 年卫生机构、人员情况

指　　标	计量单位	2011 年末实有
卫生机构	个	158
医院、卫生院	所	17
门诊部	个	31
社区卫生服务中心(站)	个	39
疾病预防控制中心	个	1
卫生监督所	个	2
卫生技术人员	人	13619
执业医师	人	4820
执业助理医师	人	102
注册护士	人	6046

制度,创新约谈方式,开展药品回扣专项治理,举办“廉洁从医大讲堂”,组织党员干部参观南郊监狱,巩固“廉政文化示范点”创建成果。

预防保健

【概况】 全区有6个社区卫生服务中心、33个社区卫生服务站,构筑了居民出行15分钟的医疗服务圈,形成了规划合理、功能完善、覆盖全区的社区卫生服务网络。贯彻新医改政策,巩固加强公共卫生体系建设,深化社区卫生服务机构建设,推进收支两条线综合改革,探索创新服务模式,在全市率先建立社区卫生服务信息系统平台。坚持公共卫生和基本医疗并重,以妇女、儿童、老年人、慢性病人、残疾人、贫困居民等为主要服务对象,改变服务模式,推行主动上门服务,推进中医中药进社区、进家庭。以开展健康教育、建立家庭健康档案及实行健康干预为主要措施,使社区卫生服务机构成为居民健康服务的平台。2011年,紫阳街道社区卫生服务中心、清波街道社区卫生服务中心、南星街道社区卫生服务中心被命名为浙江省首批示范社区卫生服务中心。

【提升妇幼保健服务】 执行“国家公共卫生服务规范”,孕产妇、0~36个月儿童保健免费服务。婚检——婚登——优生、优育咨询一站式服务模式更加完善。不断探索高危孕产妇管理新模式,充分发挥妇幼保健专业机构优势,构建计生、婚前服务机构、社区联络员等多部门参与的孕产妇管理格局,形成纵横交错的网状管理体系,有效提高全区孕产妇的孕期管理率;开设高危门诊,对全区的孕产妇开展28周前的县级水平高危筛查,杜绝漏筛、错筛,以保证高危孕产妇的有效管理,降低孕产妇死亡率,上城区连续11年保持孕产妇零死亡;孕妇学校更加人性化,通过定期增开假日班,周期性变换内容,一对一咨询等方式满足孕妇的不同需求,提高了健康教育的效果。孕妇学校全年开课56课次,孕妇听课率95.9%。上城区妇幼保健院(以下简称妇保院)为省育儿健康教育基地,定期将育儿学校信息公布在各社区卫生服务中心和妇保院网站上,供家长参考。通过每周2次面对面、互动式授课方法,向广大家长宣传婴幼儿喂养、儿童早期发展、儿童常见病预防、肥胖与婴幼儿喂养行为、儿童意外伤害预防与救治等育儿知识。育儿学校全年开课100期,听课满意率98.5%。

【完成妇幼保健各项工作指标】 全年婚前保健体检率83.8%,比上年上升8%,孕产妇系统管理率95.4%,与上年基本持平,0~3岁以下儿童系统管理率98.7%。妇女病普查87680人,普查率76.9%,查出妇科疾病患者38865人。儿童健康体检6025人,听力筛查638人,视力筛查3243例。全年产前筛查2904名孕妇,筛查率92.1%(包括流动人口),比上年提高1.8个百分点。其中发现高风险274人,随访率100%,确诊21–三体胎儿2例、18–三体胎儿1例、其他染色体异常1例、神经管畸形1例、其他异常6例。全年围产儿3092人,发现出生缺陷39人,出生缺陷发生率12.6‰高于上年同期9.7‰。开展一年两次的5岁以下儿童死亡漏报调查和新生儿疾病筛查、新生儿听力筛查及儿童保健年报质控调查。完成辖区3166名儿童入托体检工作,儿童入园体检率100%。对辖区33家托幼机构进行消毒质量监测检查,监测率100%,合格率98.8%。

【“四位一体”开展预防接种宣传周活动】 宣传到位。在各接种门诊悬挂主题横幅、出黑板报、放置展板、发放手册,宣传预防接种知识。互动到位。开设“妈妈班”和免疫规划咨询台,与适龄儿童家长进行有效互动。通知到位。“4·25”免疫日,深入流动儿童聚集地,对未及时接种的儿童进行再次通知,详细告知儿童家长就近的接种门诊地址和工作时间。联动到位。联合浙江大学医学院附属妇产科医院、杭州市第一人民医院在候诊区和医院网站上开辟孕产妇专栏,播放免疫规划知识视频,宣传效果良好。2011年常规免疫接种“五苗”共41306剂次,全程接种率达100%,卡证符合率达99.2%。

【开通“96301”科普宣传热线解答核辐射相关知识】 3月,日本地震引发群众对核辐射的恐慌,区卫生局把原卫生监督机构投诉举报电话“96301”改为24小时科普宣传热线,从权威部门收集相关知识和信息,组织“96301”值班人员学习掌握核辐射及相关防护知识,专业解答群众当下关心的热点问题。科普热线开通以来，已解答群众有关日本核泄漏相关问题咨询63人次，较好地缓解了来电群众的恐慌心理。区卫生局还组织卫生相关网站及时刊登相关科普知识要点，加大科普宣传力度，消除群众不必要的恐慌情绪。

卫生监督

【概况】 2011年，上城区卫生局卫生监督所(以下简称区卫生监督所)以“创优创新、争创一流”为目标，以“执法装备、执法队伍、服务管理、品牌形象、工作业绩、信息化水平”6个方面为抓手，力争达到“执法装备一流、执法队伍一流、服务管理一流、品牌形象一流、工作业绩一流、信息化水平一流”。顺应机构改革和职能调整，找准定位，开展全国文明城市创建、国家卫生城市复评等工作，围绕群众最关心、反映最强烈的食品安全、饮用水卫生安全、职业病危害、医疗与血液安全等突出问题，切实维护和保障人民健康，促进经济社会发展。2011年，开展现场服务指导1109户次，受理新证1063户，受理变更77户，受理延续83户，核准新证1063户，变更77户，延续83户，注销184户；全区医师执业注册及变更411人，护士执业注册及变更146人，母婴保健技术资格认定合格67人。办证窗口发放满意度调查问卷506份，收回506份，满意率100%，电话回访58人，满意率100%。完成全区1175家餐饮单位的量化分级评定，其中A级24家，B级419家，C级732家。完成520家公共场所单位的量化分级评定，其中A级13家，B级98家，C级408家，不予评级1家。共受理投诉举报案件738件，比上年增加27.2%。其中食品卫生投诉606件。查办、结案738件，及时查处率、投诉人满意率均为100%。对21件投诉举报案件立案查处。共查处各类违法案件236起，罚没款22万余元。未发生因当事人不服行政处罚而提起的行政复议和行政诉讼案，选送的案卷被评为2011年浙江省卫生行政处罚案卷第二名，2011年度杭州市卫生监督执法“十大案件”、杭州市卫生行政处罚“十佳说理式文书”、“十佳卫生行政处罚案卷”。区卫生监督所以总分第一名被评为2011年度杭州市卫生监督工作优秀单位。

【完成重要会议和活动保障任务】 2011年，共出动监督员306人次，完成8项重要会议和活动的集体用餐保障任务。主要有第八届全国残疾人运动会，省、市区“两会”，第四届杭州国际体验日，第二届中国国际服务外包交易博览会，2011杭州国际烟花大会等。未发生一起食源性疾病和突发公共卫生事件。

【开展餐饮服务领域食品添加剂专项整治】 严厉打击食品非法添加和滥用食品添加剂行为，组织召开大中型餐饮单位负责人专题会议。编印《上城区餐饮单位食品添加剂管理使用指南》和《食品添加剂使用登记台账》，督促餐饮单位建立完善采购索证和进货验收制度。2011年，完成辖区1200余家餐饮单位及单位食堂《公告》和宣传画张贴、《餐饮服务单位食品安全承诺书》签订工作。

【清查餐饮单位“涉塑”产品】 针对“塑化剂”事件，上城区开展餐饮消费环节的清理整顿，严防“涉塑”产品。实行警示提醒。发送短信通知辖区餐饮服务单位开展自查，发现“涉塑”产品立即停止使用，并报告卫生监督所。开展重点督查。走访新侨饭店、梅地亚宾馆、满记甜品等67家重点餐饮服务单位，截至6月15日，未发现“涉塑”产品。根据质监、工商等部门的通报信息，督促餐饮服务单位立即停止使用已采购的相关含违法添加剂的香精、香料，及时做好下架封存、调查处理、信息通报等各项工作。对非法使用添加剂的，一经发现，按照要求做好证据收集和检验鉴定工作，并立即移送公安机关。

【实施中山南路美食街监管】 5~11月，区卫生监督所每周四晚上安排2名卫生监督员在中山南路美食街上巡查，指导督促经营业主规范化管理，从食品原料来源、加工场地卫生管理等方面入手，保障食品卫生安全。中山南路美食街共有小吃摊位128个，自2010年9月30日开街以来，未接到食品安全方面的投诉。

【开展足浴场所卫生监管试点工作】 5月20日，浙江省卫生厅明确将足浴场所纳入公共场所卫生监管范围。区卫生监督所作为试点单位，从2011年7月下旬至10月中旬开展足浴场所卫生监管试点。根据前期对辖区足浴场所摸底调查，按照规模大、中、小随机各选定5家单位，开展基本情况调查和卫生状况检测。

从调查结果看,足浴场所绝大部分已领取工商营业执照,但存在从业人员健康合格证明持证率低、未设置专用公用品消毒间、修脚工具消毒不规范、保洁设施未配备齐全等问题。区卫生监督所组织足浴场所经营单位负责人开展法规培训,严格卫生要求,并给予现场指导。通过试点工作,辖区足浴场所卫生状况明显改善。

【开展学校卫生监督管理】 2011年,开展春季、秋季2次学校卫生专项检查,共检查学校、托幼机构83所,对56所学校及托幼机构食堂、1个学生集体用餐配送单位进行全面检查指导。对21所学校幼托机构的直饮水进行采样监测,共采样84件、检测336项,项目总合格率为52.4%。对其中9所中小学校教学环境生活设施卫生进行监测,总体合格率100%。与相关职能部门联合开展校园及周边餐饮食品安全专项整治、非法行医专项整治,净化校园周边环境,保障师生健康安全。

【公共场所卫生监督监测】 2011年,对13家游泳场所的水质、12家住宿场所的公用品、空气、10家沐浴场所的公用品进行监督检测,监测游泳场所样品264件、646项,合格596项,项目合格率92.3%;住宿场所饮具、毛巾和床上卧具采样122件,合格121件,合格率99.2%,客房空气监测二氧化碳、一氧化碳和可吸入颗粒物共72件,合格率100%;沐浴场所监测公用品32件、63项,合格49项,项目合格率77.8%。

【加强饮用水卫生监督监测】 2011年,完成管网末梢水监测13次、98件,合格85件,合格率87%;二次供水监测32件,合格率100%。加强现制现售水卫生监督管理工作,建立档案,在10个供水点采样20件,检测结果均符合2001年制定的《生活饮用水水质处理器卫生安全与功能评价规范——反渗透处理装置》要求。

【首创医疗废物监管异地远程监管新模式】 6月,开展医疗机构医疗废物异地远程监管模式。选择浙江大学医学院附属第二医院、南星街道社区卫生服务中心作为首批试点单位,在医疗废物收集或暂存点安装监控探头,将监控画面实时传回监管人员终端电脑,随时通过系统回放功能查看历史记录,了解掌握医疗机构医疗废物储存安全性和处置规范性。解决监督执法人员数量少与监管单位数量多的矛盾,实现高效、全程、常态化监管。试点工作获得卫生部有关领导好评,在全国卫生监督系统属首创。

【打击非法行医】 2011年,加强与公安、工商等部门的联动,完善打击非法行医联席会议制度和公安部门驻卫生监督机构联络室工作机制,召开联席会议2次,开展联合执法行动2次,取缔无证行医窝点7个,同时将信息录入浙江卫生监督信息网“无证行医黑名单”信息平台。

【构建权力阳光运行系统】 根据杭州市构建权力阳光运行机制工作要求,做好“权力阳光”标准规范中餐饮服务、公共场所、放射诊疗许可证核发、母婴保健专项技术服务许可、母婴保健专项服务人员资格认定、医师执业注册、建设项目职业病危害预评价报告审核7项行政许可和护士执业注册1项非行政许可服务标准规范专家意见征集及修改工作。《杭州市上城区地方性服务标准规范》于2011年8月8日由杭州市质量技术监督局上城分局正式发布实施。

【推出说理式行政许可决定书】 从2011年5月起,在全市率先推出说理式行政许可决定书,从申请资料、现场审查、法律责任等方面对行政许可决定予以说理,使行政许可决定更加规范。2011年,出具的文书全部实行电脑打印,文书更加规范。报送的公共场所卫生行政许可案卷在杭州市卫生局和浙江省卫生厅评查中分别获第一名和第三名。

【信息宣传】 2011年,区卫生监督所编发《上城卫生监督》信息31期,在区卫生监督信息网发布信息350篇,在杭州卫生监督信息网发布信息328篇,被浙江省卫生监督信息网录用228篇,在《浙江法制报》、《杭州卫生》、《杭州卫生监督》刊发信息共计40篇,电视媒体报道1次,协助《浙江卫生监督在线》拍摄专题2条(医疗废物异地远程在线实时监管模式、卫生监督现场移动执法系统),资讯4条(控烟知识竞赛、妇女用品检查、儿童用品检查、取缔无证牙医)。被评为2011年度杭州市、浙江省卫生监督信息宣传先进集体。

【获首张食品检验资质认定证书】 上城区疾病预防控制中心(以下简称区疾控中心)对计量认证(扩项)及食品检验机构资质认定进行了二合一申报,涵盖公共场所类、健康监护类、消毒灭菌类、水质类、食品类、食品包装材料类等十大类、288个项目。经专家组考核认定,其内部组织机构健全,部门和人员岗位职责明确,实验室设施环境、仪器设备适应开展申报认证项目工作的需要,现场试验与盲样考核结果、检验报告符合标准要求,完全具备了288个项目的检测能力。区疾控中心获全省首张食品检验资质认定证书。

疾病预防

【疾病监测】 2011年,上城区无甲类传染病报告,报告乙类传染病11种(艾滋病、肝炎、甲型H1N1流感、麻疹、细菌性痢疾、肺结核、伤寒及副伤寒、百日咳、猩红热、淋病和梅毒)。报告发病总数1090例,报告发病率327.78/10万,与2010相比,报告发病数下降15.6%,报告发病率下降0.6%,死亡病例2例。报告丙类传染病5种(流行性感冒、流行性腮腺炎、风疹、其他感染性腹泻和手足口病)1744例,报告发病率524.45/10万,无死亡病例报告,与2010年相比,报告发病数下降12.3%,报告发病率上升3.4%。2011年,全区共接收预警信息87起,预警病种9种,预警起数排名前五位的病种依次为:流行性腮腺炎22起、麻疹13起、痢疾、其他感染性腹泻和猩红热。完成微生物检样72460件、13875项次;理化检样为3904件、11343项次;食物中毒检样108件、756项次;现场检测906件、1446项次;HIV检测18033份,初筛HIV病毒携带者阳性病例25例。

【免疫规划】 2011年,全区有预防接种单位6家,共接种"五苗"47535剂次。常住儿童"五苗"全程接种率100%,甲肝疫苗接种率100%,麻腮风疫苗接种率100%,流脑疫苗接种率100%,乙脑疫苗接种率100%,卡证符合率99.2%。开展两轮麻疹脊灰疫苗集中式查漏补种工作。初三、高一学生麻疹强化接种3567人。推进全区6家预防接种单位规范化建设与评审,其中通过省级评审组评定五星1家(紫阳街道)、三星2家(湖滨街道、小营街道)、规范3家(南星街道、清波街道、望江街道)。

【结核病防治】 2011年,上城区共发现肺结核病人183人,查痰率100%,阳性检出率为34.4%;结核性胸膜炎27人。落实治疗管理100%,转诊病人183人,结防机构追踪病人91人,追踪到位率98.9%,管理符合率95%。结合第16个世界防治结核病日,制作宣传画板5块,分发宣传资料2000余张,通过组织结核病有奖知识问答活动,发放宣传湿巾纸500多份及结核病宣传环保袋50只,组织部分师生观看结核病防治电视短剧和公益广告,接受宣传教育的学生和教职工800余人次。各社区卫生服务站通过分发宣传资料、结核病防治知识讲解、制作结核病防治知识黑板报、悬挂宣传横幅等形式向就诊者和社区居民宣传结核病防治知识。

【艾滋病、性病防治】 上城区为105个国家级性病监测点之一,全区共报告法定性病5种、706例,报告发病率为217.23/10万,比2010年下降19.8%。2011年,对辖区医疗机构报告的147例艾滋病病人和感染者进行阳性告知和流行病学调查;对49例HIV感染者和30例病人进行随访管理,并对30个病人给予免费抗病毒治疗;接待自愿咨询与受检人员1706人,发现28例HIV感染者;对上城区看守所639名犯人、331名外来婚嫁女、260名娱乐场所服务人员以及4886名外来务工人员进行HIV抗体检测,发现HIV阳性1例;加强与草根组织合作,开展高危人群的干预工作,涉及多家公共场所、建筑工地、专科性病门诊、男男同性恋场所,健康干预1500人;美沙酮服药点工作开展顺利,日均服药人数稳定在100~110例。

【地方病防治】 预防疟疾,做好"三热"病人血检工作。2011年,区疾控中心共接报疟疾病例12例(11例恶性疟,1例间日疟)。碘缺乏病监测。2011年,上城区居民合格碘盐覆盖率为82.9%,孕妇家庭碘盐覆盖率为89.0%,学生甲状腺肿大率0.9%,儿童尿样尿碘中位数180.6ug/L。

资料 **“三热”病人**:即疟疾发热病人、疑似疟疾发热病人和不明原因发热病人,他们是疟疾血检监测的重点人群。

【公共卫生监测】 作为浙江省公共卫生监测区之一,上城区按照《浙江省卫生监测区统计工作手册》开展公共卫生监测工作,全区肿瘤报告发病率462.24/10万;急性冠心病事件报告发病率52.85/10万;脑卒中报告发病率318.04/10万;糖尿病报告发病率218.74/10万。粗出生率7.5‰,粗死亡率6.2‰,自然增长率1.3‰。

【学校卫生】 开展市级监测点学校常见病防治与健康状况综合监测,学生常见病防治监测覆盖率100%;做好学生营养、身高、体重发育评价、常见病矫治、健康教育、传染病管理和指导;开展省级中小学学生因病缺课监测试点,对11种疾病症状和20种疾病种类进行周监测报告与网络实时监测与预警。

【健康危害因素监测】 2011年,共报告农药中毒病例1例,死亡0例,报告尘肺病例1例、职业病病例1例;作业场所职业病危害因素测点数317个,合格点数276个,合格率为87.1%;监测有毒、有害作业工人健康监护的企业21家,体检1873人,未发现疑似职业病人;完成152人次的放射工作人员个人剂量计换发工作;开展辖区医疗机构医用辐射装置X线设备14台的性能检测及放射机房18个的防护检测;完成建设项目职业病评价报告2项;开展消毒质量监测,抽查医疗机构11家,对供应室、口腔科等重点科室的空气、物体表面等项目进行监测,总合格率为95%;对10家托幼机构消毒质量监测,总合格率为98.8%。开展以辖区医疗机构、宾馆等10家单位为监测对象的公共场所集中空调通风系统卫生监测。7~8月,开展职业健康状况调查专项工作,共调查辖区内职业病危害企业21家,摸清全区主要行业职业病危害情况、职业病危害接触人群分布、职业病发病人数及主要职业病发病特点,为制定职业病防治政策提供科学依据。

【食物中毒调查及资质认定】 主动应对食物中毒调查职能的调整,全年参与调查可疑食物中毒事件5起,并检测出致病菌4起。区疾控中心通过浙江省质量技术监督局评审,取得食品检验机构资质,成为全省第一家获得食品检验机构资质认定的机构。

【项目管理及科研】 利用杭州市医学情报中心“医学文献全文检索和推送平台”提升科研及论文撰写能力。区疾控中心与浙江大学心理与行为科学系、杭州市心理卫生中心的国际合作项目:社区干预模式对老年抑郁效果的循证研究,申报《抑郁症专科——社区——专病管理模式探索研究》项目获区科技局创新立项,获30万元经费支持。10月15~16日,举办第二届居家养老与老年心理健康服务·湖滨论坛,邀请了香港中文大学精神病学系教授赵凤琴等10名专家学者及浙江省老龄委、民政厅等领导就老年抑郁防治工作做专题报告,区各社区卫生服务中心医护人员及其他区县相关医疗机构人员和社区志愿者共70余人与会。《聚电解质纳米多层膜电化学传感分析体系用于人群尿碘高灵敏快速检测的研究》获2011年浙江省医药卫生科技计划项目B类立项。区疾控中心与杭州市疾控中心联合课题《杭州市中小学健康监测与预警管理模式的研究》顺利通过浙江省卫生厅专家组验收。

【创建“疟疾”规范管理新模式】 实现治疗及时性和预防控制规范性“双目标”。区疾控中心首推《杭州市医疗机构疟疾规范管理方案(试行)》,规定在医疗机构按方案对疟疾病人进行规范管理的情况下,可在其内部进行抗疟药的储存及管理。这一新举措有效解决了以往一直存在的治疗及时性与预防控制规范性之间的矛盾,确保医疗机构在配合疾病预防控制中心完成对病人个案调查和血样采集的同时,能更及时规范地救治恶性疟疾重症病人,防止疫情的进一步传播和扩散。7月,区疾控中心与浙江大学医学院附属第一医院签订了抗疟药物放置试点项目协议,使之成为浙江省首家备有抗疟药物的医疗单位。试行3个月来,医院已给6名病人进行抗疟药物应急治疗,取得了预期效果。

中医中药

【概况】 落实《国务院关于扶持和促进中医药事业发展的若干意见》和《浙江省人民政府关于进一步促进

中医药事业发展的意见》，区委、区政府高度重视中医药事业的发展，制订了《上城区中医药事业“十二五”发展规划》，建立和完善覆盖全区、服务功能完善、中医药特色突出与人民群众需求相适应的中医药服务网络，完善中医药服务体系，使上城区中医药事业走在杭州市区的前列。继续巩固全国社区中医药先进单位创建成果，推广和使用中医适宜技术，加强各社区卫生服务中心的中医药特色建设，促进中医药事业可持续发展。

【做好中医药防治哮喘病、高血压的项目实施】 按照杭州市中医药防治哮喘、高血压项目实施要求，完成3~7岁儿童11例、65岁以上老年人27例哮喘病人和17例高血压低保老年人免费治疗。

【推进中医药适宜技术】 以发展中医药为主导思想，加大对中医药扶持力度，更好地为居民提供简、便、廉、验的中医药服务。加大中医药知识培训力度，多次组织“西学中”、中医基本知识及技术操作培训和考核。以南星街道社区卫生服务中心为中医药适宜技术培训基地，对各中心医务人员进行培训和推广。2011年，进行了中医剥针治疗颈椎病腰椎病、撳针耳穴治疗常见病、超声波中药导入治疗腰腿疼痛中医药适宜技术的培训与试点推广。全年开展中医药适宜技术项目63项。

【完善名中医馆建设】 经过3年的努力，各社区卫生服务中心设置的上城区名中医馆初具规模，各名中医馆均由副高职称的中医师、杭州市基层名中医、上城区名中医坐诊，缓解了群众看名中医难问题。清波街道社区卫生服务中心的中医眼科、中医骨伤科，紫阳街道社区卫生服务中心的中医骨伤科，南星街道社区卫生服务中心中医治疗不育不孕专科，湖滨街道社区卫生服务中心的中医痔科和小营街道社区卫生服务中心的中医血液病科均在原有的基础上有所发展，形成特色。

【引进中医药人才】 全区中医执业医师占医师比例的37%，其中高级职称15人，中级职称46人。2011年，引进中医硕士4人，充实各社区卫生服务中心的中医技术队伍，深化“学经典、做临床”活动，组队参加杭州市卫生局组织的中医药比武竞赛。

【中医“百年老店”落户上城】 按照《上城区医疗机构设置规划》，鼓励扶持“百年老店”发展。在原有胡庆余堂、方回春堂、万承志堂、朱养心、震元堂的基础上，2011年，择优引进汤养元、泰山堂、乾宁斋等中医药“百年老店”，促进了中医药健康产业的发展。

【启动上城—富阳两地卫生事业协作发展工程】 建设健康城市。上城区组建省、市医院专家健康教育讲师团与富阳市结对，通过编印中医中药、健康宣教科普手册等开展“送健康知识进农村”系列活动；输送上城“健康细胞工程”建设经验，推进富阳市各类健康场所建设。开展社区卫生服务。定期接收富阳市全科医师和全科护士的进修学习，并组织各中心与富阳市基层医疗机构结对。推进信息化建设。开展医院体检信息系统、健康管理系统、全科医生工作站系统等软硬件的全面合作，搭建二级数据交换平台。老年心理卫生培训。与浙江大学合作，为富阳市社区卫生服务站和村卫生室医护人员提供培训，内容包括老年抑郁症诊断、失眠的心理治疗技能等老年人常见心理卫生

11月29日，举行上城区与富阳市卫生事业协作发展签约仪式。

（区卫生局 供稿）

问题。整个工程分3年实施，预计投入50余万元。

医政管理

【概况】 开展“医疗质量万里行”和“三好一满意”活动，改进与提高医疗质量与服务满意度。2011年，在完成常规工作的基础上，按照上级工作要求进行抗生素使用与医疗美容机构的专项整治。完成了第八届残运会、烟花大会、拆迁、春运等医疗保障工作和干部保健、征兵体检、残疾人体检工作。清波街道社区卫生服务中心、南星街道社区卫生服务中心、紫阳街道社区卫生服务中心通过了浙江省“省级示范社区卫生服务中心”的验收。

【医疗质量管理】 组织区卫生局医疗质控组人员，对各社区卫生服务中心和各民营医院进行每年2次的医疗质控情况检查。组织各社区卫生服务中心医务人员、区卫生局医疗应急救援队人员进行突发公共卫生事件的医疗救援演练，使医务人员熟悉抢救病人的基本知识与基本操作技能。对60名医师、药师进行麻醉处方权、调剂权的培训与考核；对各医疗机构过期麻醉药品进行现场监督销毁。按照卫生部《医师定期考核管理办法》的规定，对1100名执业医师进行第三轮的医师定期考核工作，对各社区卫生服务中心、民营医院的500余名医务人员进行住院病历、检验、院感知识培训。组织医务人员进行中医药、护理技能比武并参加杭州市卫生局的技能比武竞赛。

【实行国家基本药物制度】 实施国家基本药物制度。社区卫生服务机构配备和使用基本药物、药品实行零差率销售。2011年，共使用规定的基本药物557种，其中307种为国家基本药物、150种为省增补药物、100种为2011年按省规定的区新增补药物。为满足群众用药需求，提供配药便利，在各社区卫生服务中心设置杭州华东大药房配送点予以解决。

【抗生素使用专项整治】 区卫生局邀请浙医二院专家对各社区卫生服务中心、民营医院负责人和业务骨干进行专项培训；对25种抗生素的使用进行专项整治；组织人员对各医疗机构的实施情况进行现场检查。从检查情况看，各医疗机构都能按照规定执行目录内的抗生素。

【医疗美容机构专项整治】 按照浙卫医办〔2011〕9号文件的规定，对杭州华山医疗美容医院、杭州东方整形外科门诊部及杭州上城区赵正医疗美容诊所进行专项整治，整治内容包括医务人员的资质、科目的开展和医疗美容项目分级实施情况。浙江省卫生厅检查组对杭州华山医疗美容医院的规范执业情况表示满意。

【医疗机构校验】 按照《医疗机构管理条例》、《医疗机构基本标准》的规定，进行2011年度医疗机构校验工作。经审核通过校验136家，暂缓校验3家；注销2家；因改建、扩建、迁建等原因报停1家。校验情况按规定在《上城报》上公示并报杭州市卫生局。

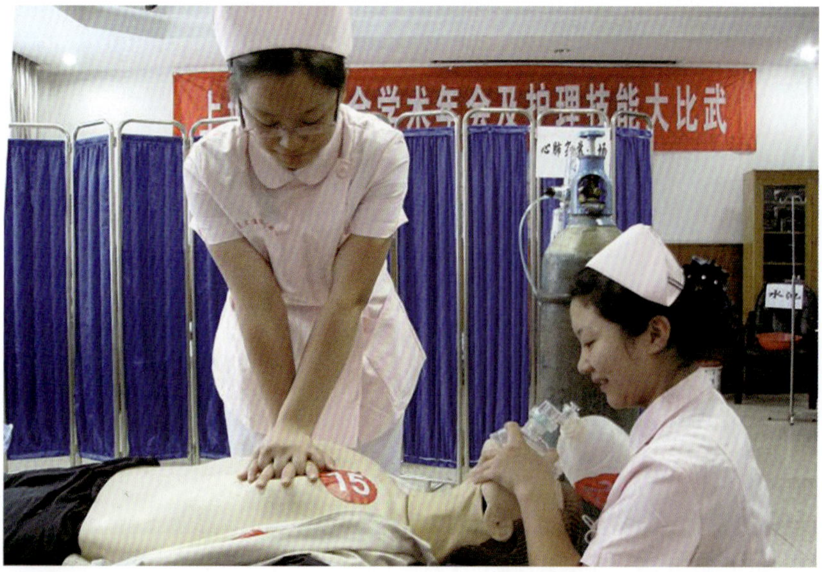

9月23日，区卫生局举行护理技能大比武。 （区卫生局 供稿）

【推出“3+2”医药回扣治理模式】 加强职业道德教育。不断总结和宣传先进典型，树立廉洁从医观念，引导医生自觉抵制商业贿赂。加强法制教育。组织医务人员学习法律、法规，增强法治理念，着眼提高依法行医的能力和水平。加强警示教育。以卫生系统的腐败典型案件进行说法，以案促廉，做到警钟长鸣、廉洁乐业。规范药品采供环节的公开度、透明度,严把各关口,筑牢反腐防线。推行医药代表约谈制。建立医药代表定期集中约谈制和进单位登记备案制,并与各家医药供应商签订廉洁承诺书。一旦发现医药代表与医疗卫生单位从业人员违规接触,立即无条件停止使用相关产品。

医教科技

【概况】 上城区医学会在区科协的指导下开展了全国科普周、科技周活动,组织《抗生素临床应用》、《过敏性疾病的诊断与治疗》、《糖尿病新指南解读》等知识讲座,对社区干部群众、中小学生和医务人员进行科学知识的宣传教育。2011 年,区卫生局所属医疗机构共发表论文 34 篇;其中 SCI 2 篇、一级期刊 4 篇、二级期刊 28 篇。科技立项 3 项,其中省卫生厅 1 项、市卫生局 2 项。

资料 SCI:即科学引文索引,全称为 Science Citation Index,SCI 是由美国科学信息研究所(ISI)1961 年创办出版的引文数据库,是国际公认的进行科学统计与科学评价的主要检索工具。

【医务人员继续教育与培训】 2011 年,各社区卫生服务中心共参加全科医师培训 216 人,培训率 98%,已取得全科医师合格证书 178 人,合格率 82%。参加社区护士岗位培训 178 人,培训率 100%;已取得合格证 122 人,合格率 69%,56 人正在培训中。派送 B 超、检验、心电图各 3 人到省级医院进修学习。受理 187 人报考执业医师。

【实施"12345"工程】 树立"一个理念"即"优质、用心、主动、诚信"。搭建"两个平台"即构建服务型党组织和学习型党组织,提升综合素质。建立"三个机制"即弱势群体帮扶机制、民主管理机制、党建品牌机制,激发工作活力。组建"四支队伍"即居民健康教育讲师团、社会服务志愿者团队、社区卫生全科医师团队,心理咨询服务团队,拓展服务层面。打造"五张金名片"即继续推进卫生信息化、中医进社区、健康城区建设、卫生应急处置、促进廉洁行医等,力求医务工作不断创新突破。

健康城区建设

【概况】 建设健康城区,坚持"以人为本,惠及百姓"的工作宗旨。2011 年,以巩固国家卫生城市成果和推进健康城市建设为重点, 结合创建全国文明城市和"国卫"复评工作,大力开展市民群众"五个人人知晓"健康管理倡导行动和上城区第六届 "万户家庭网上学"活动,率先在全省实施中小学校"一校一医"健康管家工程, 全国首创医疗废物异地远程在线实时监管,全面落实各项工作任务,努力建设"具有国际水准的高品质中心城区",全区环境面貌得到明显改善,人民群众健康素养和健康水平得到明显提高。全面推进社区、学校、医院、景点、宾馆、餐馆、市场等 11 类健康场所建设,全年新建 7 家市级健康单位(其中 3 家健康市场)。申报浙医二院、杭州市第一人民医院为健康促进医院,近江东园社区、定安路社区、美政桥社区、葵巷社区及紫金社区为市民健康学校,杭州市服装职业高级中学、杭州新世纪外国语学校为健康促进金奖学校,杭州市天长小学、杭州师范学院第一附属小学、杭州市时代小学为健康促进银奖学校,杭州市清泰实验学校、杭州市秋涛路小学为健康促进铜奖学校。2011 年,上城区被认定为"杭州市建设健康城市国家级试点和基地拓展区"。

【健康教育与健康促进】 区疾控中心健康教育科与上城区建设健康城区工作领导小组办公室(以下简称区健康办)合署办公。全年编发《健康上城》12 期、1.20 万份。在《上城疾控信息》和"上城区疾病预防控制中心"官方网站两个信息平台开辟"健康城区"专栏,扩大建设健康城区的受众面和刊物的利用率。编辑核心健康知识 100 题, 印制《健康上城》7 月特刊 10 万份进机关、单位、社区、健身纳凉点、家庭,引导市民群众掌握健康基本知识和基本技能, 养成健康生活方式与行为。各社区设立健康城区宣传橱窗,张贴健康城市宣传墙报,传播健康知识。区健康办投入经费 3 万余元,以"市民群众健康素养知识 100 题"为主要内容,组织健康讲师团专题巡讲 30 场,4200 人次参加活动制作宣传海报 500 张,开展各类主题宣传活动,与上城区"e

2月28日,举办上城区公共场所控烟知识竞赛。 (区卫生局 供稿)

学网”网络平台合作,开展“健康生活”第六届家庭万户网上学有奖答题活动,运用《上城报》、数字电视“社区频道”、电子宣传屏、黑板报、宣传栏等载体传播健康知识。居民基本健康知识知晓率为87.7%,居民重点疾病健康知识知晓率为87.5%;组织各街道社区卫生服务中心免费为市民提供检测血压、血糖服务,进行高血压、糖尿病干预指导,开展35岁以上常住居民的健康档案建档工作。

【开展“五个人人知晓”健康管理倡导行动】 6~11月,开展上城区市民群众“五个人人知晓”健康管理倡导行动。制订《上城区市民群众“五个人人知晓”健康管理倡导行动工作方案》、《上城区健康教育“三率”提升工作实施方案》,成立专项工作小组,加强领导、明确目标、落实责任,将活动开展情况列入各单位年度爱国卫生工作考核内容。其中“人人知晓适宜运动”项目由区文广新局牵头组织实施,“人人知晓急救技能”项目由区红十字会牵头组织实施,“人人知晓自己血压”项目由区卫生局牵头组织实施,“人人知晓健康知识”和“人人知晓健康行为”项目由区卫生局、区教育局和区文明办共同牵头组织实施。以全民健康促进行动、“健康生活进百万家庭”、“健康进社区”、“市民健康大讲堂”等活动为载体,结合健康单位培育、居民家庭档案建档管理、35岁以上人群首诊测血压等专项工作要求,创新举措、加大投入,扎实开展健康教育和健康促进工作,营造“人人学习、时时学习、处处学习”的良好氛围。

【举办健康教育讲师演讲技能比赛】 8月17日,区健康办、区卫生局、区疾控中心共同举办2011年上城区健康教育讲师演讲技能比赛,来自各社区卫生服务中心的5支代表队、10名讲师及业务骨干共40人参加演讲。9月15日,小营街道社区卫生服务中心罗原在杭州市健康教育讲师演讲技能比赛中获二等奖。

【举办市民健康生活知识大赛】 10月14日,区健康办举办2011年度市民健康生活知识竞赛,来自上城区各街道的6支代表队、30名选手参加比赛。比赛分笔试和健康技能实际操作两部分,笔试考核参赛选手健康知识知晓率,技能操作竞赛有测量腋下体温、测量脉搏、测量血压、求助急救车、急救包扎等与居民日常生活息息相关的健康技能,清波街道代表队获得一等奖。

【宣传贯彻《杭州市公共场所控制吸烟条例》】 2月28日,在《杭州市公共场所控制吸烟条例》颁布施行1周年之际,区健康办、区卫生局、区卫生监督所联合举办上城区公共场所控烟知识竞赛,通过决逐,杭州华辰国际饭店有限公司代表队夺得冠军。以知识竞赛的形式宣传《杭州市公共场所控制吸烟条例》和“吸烟有害健康”知识,提高了市民的法律意识和健康意识,有力地推进了上城区的控烟工作。2011年,共出动卫生监督员2562人次,检查事业单位、经营场所4027家次,责令整改118家,受理、查处投诉举报27起,行政处罚61家,其中罚款30家,罚款金额3.03万元。区卫生监督所被评为2011年度控烟卫生监督执法先进集体。

【开展“万户家庭网上学”活动】 7~10月,上城区14个部门联合举办第六届“万户家庭网上学”活动。围绕“垃圾分类,健康生活,广泛动员家庭成员积极参与生活垃圾减量和分类”的主题,通过“e学网”平台推出了网上学习、网上答题、网上垃圾分类电子游艺大赛和网上金点子征集4个环节,普及生活垃圾分类知识,倡导健康生活方式。各街道、各单位广泛宣传、精心组织,广大居民踊跃参与。区社区教育学院动员学生、教师积极参与本次活动,并纳入暑期校外教育内容,通过“小手拉大手”带动全家参与。

爱国卫生

【概况】 上城区爱国卫生运动委员会办公室(以下简称区爱卫办)根据区委、区政府打造“杭州市最清洁城区”目标及建设健康城区工作的要求,贯彻“政府组织、地方负责、部门协调、群众参与、科学治理、社会监督、分类指导”的爱国卫生工作方针,以巩固“国卫”成果和推进健康城市建设为抓手,结合创建全国文明城市和“国卫”复评工作以及浙江省卫生应急工作示范区的创建,全面贯彻落实《浙江省爱国卫生促进条例》,开展城乡环境卫生整洁行动。进一步加强爱国卫生工作督查力度,街道爱卫办每月一次对社区公共环境进行自查,区爱卫办每两月一次进行抽查,每季对公共环境除“四害”工作进行考核并作民意调查测定群众满意度;同时,会同区商贸旅游局、区城管办、上城区打造“最清洁城市”工作领导小组办公室、上城质监分局、上城工商分局、区行政执法局和区卫生监督所8个部门每月联合对农贸市场进行督查和评分;会同区建设局对辖区的建筑工地进行督查,加强对工地环境、民工食堂、宿舍、厕所的卫生管理,提升城区卫生管理水平。依托上城区城市管理公共服务指挥中心组织力量开展环境综合整治,抓好社区环境、农贸市场、建筑工地、河道卫生、“八小”行业等专项整治。加快农贸市场提升改造,建筑工地文明施工,垃圾中转站日产日清,建设生态垃圾房,垃圾分类收集,不留卫生死角,彻底铲除蚊蝇的孳生场所,有效降低蚊蝇密度。各PCO(有害生物控制)公司定期对公共环境进行巡查和消杀处理,在蚊蝇高发时期,增加消杀次数。春秋季进行大规模灭鼠、夏季灭蚊、蝇工作等。全区推广“灭鼠屋”试点经验,在9个社区开展了防蚊闸、防蚊贴等除“四害”技防设施建设试点,累计投入建设经费10万余元,安装防蚊闸348个、防蚊贴2500个、灭鼠屋561个。区爱卫办和6个街道开通针对辖区环境卫生、除“四害”工作的投诉热线电话,接受市民监督。全年共处理省、市、区转发的投诉抄告问题113件,市民来电23件,处理满意率100%。自查社区环境692次、农贸市场193次、建筑工地106次,除“四害”检查124处,共发现问题56处,全部落实整改,整改率达100%。2011年,全区新创省级卫生先进单位6个,市级卫生先进单位2个;10家省级卫生先进单位(社区)通过复查确认,杭州文广集团等4个单位被评为杭州市最清洁单位。紫阳、清波街道创建为浙江省卫生街道。

【开展爱国卫生月活动】 2011年4月是第23个爱国卫生月。上城区开展了以“打造清洁家园,共建美好上城”为主题的爱国卫生月活动,区直机关、区属企事业单位干部和职工、街道社区工作人员、居民群众和志愿者共1万余人参加。重点清理背街小巷、城郊结合部、各类贸易市场、建筑工地、楼道阳台、车棚车库、屋顶跳台、城市家具等环境卫生死角。全区治理脏乱道路面积79720平方米,清理车棚、楼道2120个,清扫街巷200条,清除乱张贴9769张,清除卫生死角58处,清除绿化带杂草3600平方米,清运垃圾303.80吨,消灭病媒生物孳生地558处。

【开展城乡环境卫生整洁行动】 组织开展环境集中整治活动。重点清理背街小巷、城郊结合部、各类贸易市场、建筑工地、楼道阳台、车棚车库、屋顶跳台、城市家具等环境卫生死角,保持市容、社区、单位卫生整洁美观。开展河道、公路、铁路沿线环境整洁行动,实行垃圾集中收集分类处理,落实长效管理措施。加强联合执法,开展占道经营、乱停乱放、乱倒乱扔、乱贴乱画、乱堆乱摆、乱拉乱挂等专项治理,切实改善市容环境卫生面貌。提升农贸市场的规范化建设,15处农贸市场均达到管理规范标准,其中健康市场6处。加强学校、车站码头、旅游景区、餐饮行业、医疗机构、水厂、施工工地、城乡结合部、流动人口集居地等重点单位和场所的环境卫生治理。加强河道生产、生活污水直排治理,改善河道水环境和人居环境,建立、健全河道长效保洁管理机制。加大对城区烟尘、粉尘、细颗粒物和汽车尾气的治理力度,防治交通、娱乐业、建筑工地的噪声污染,巩固和扩大“烟尘控制区”、“噪声达标区”成果。生活垃圾无害化处理率100%,生活污水集中处理率80%。建立群众投诉“首问责任制”和“专人反馈制”,坚持每周2次的社区卫生日常督查机制。

【抓好“三大整治”和“三项提升”】 上城区根据“国卫”复评要求,抓好“四个结合”、开展“三大整治”、促进“三项提升”。4月14日,区政府成立“杭州市国家卫生城市复评工作上城区领导小组”,制订《上城区迎接国家卫生城市复评工作方案》,发放《上城区迎“国卫”复评倡议书》2000余份;7月7日,区委召开区四套班子领导参加的“上城区迎国卫复评专项整治工作大会”;8月10日,区政府召开上城区“国卫”复评专项整治工作推进会;8月16日,杭州市国家卫生城市复评工作上城区领导小组办公室召开上城区迎“国卫”复评社区公共卫生工作会议,部署单位和社区卫生工作,整治无证小餐饮等八小行业和打击非法行医,深入开展社区健康教育,提升群众健康“三率”水平。刊发《“国卫”复评简报》16期。区爱卫办的专项整治组与区文明办牵头成立的综合督导组联合开展全区环境综合整治,通过“地毯式”、“拉网式”的大排查,查找脏乱差问题和薄弱环节。各街道分别成立了建筑工地管理督查小组(包括文明施工、安全施工)、食品安全管理督查小组、农贸市场废品收购管理督查小组、沿街立面整治管理督查小组(包括庭院改善、小区改善等)、夜间检查管理督查小组(包括渣土乱倒、抛洒滴漏等)和小区整治(含楼道整治)督查小组。全区计实施环境专项整治45项,检查辖区单位1300余家,排摸无证餐饮店200余家,清理泥碴土2900多吨,清理楼道1900余处,为杭州市的“国卫”复评交出了满意答卷。

资料　“四个结合”:即结合机关效能建设,落实迎检目标任务责任;结合城乡环境卫生整洁行动,上下联动排查摸底清除卫生死角;结合创建全国文明城市,以文明行为促进市民素质的提高和卫生习惯的改变;结合打造“具有国际水准的高品质中心城区”目标,做好健康上城、和谐上城、品质上城的品牌建设。

“三大整治”、“三项提升”:对食品安全和公共场所五小行业、无证农贸市场、城郊结合部环境的三大整治,提升健康教育“三率”水平、建筑工地文明水平、社区单位卫生水平。

精神心理卫生

【落实“686”项目专项培训】　区卫生局成立“686”项目(即重性精神疾病管理治疗项目)规范管理领导小组和规范治疗专家组,对60名社区责任医师、家访医师以及工疗站医师进行5期精神卫生知识和“686”专业知识培训;按照项目要求,对公安干警、社区民警、患者家属及社区干部进行“686”项目的专项培训,使他们处理精神疾病患者的相关问题时更专业更科学。完成了1981例病人信息录入,整理剔除73例原在册病人,新发现病人19人。11月,邀请杭州市第七医院专家对免费服药的143例病人作疗效评估,全面完成“686”项目年度工作任务。

【精神卫生知识宣传】　在世界睡眠日、国际助残日、科普宣传周、国际预防自杀日、世界精神卫生日开展社区精神卫生宣传和健康教育,利用黑板报、宣传画板、标语、横幅、发放宣传资料等形式普及精神(心理)卫生知识,提高社区居民精神卫生知识的知晓率。9月26日,区心理卫生协会和区老龄委联袂为70余名离退休老人举办了一场以“做一个快乐老人”为主题的心理健康保健知识讲座。9月29日,区心理卫生协会在太庙广场举行工疗员制作的工疗产品义卖活动。紫阳街道为200余名社区工作人员举办了“如何减压,如何沟通”的心理健康专题讲座。10月10日世界精神卫生日,上城区精神卫生工作领导小组办公室对每个街道的宣传画板进行了评奖。

【社区责任医师介入精神卫生管理工作】　2011年是社区责任医师全面介入精神卫生管理工作的第一年。区卫生局按照省、市对基层精卫工作的要求,结合社区工作的实际,制定了《社区精卫工作考核细则》,督促社区医师尽快进入角色,增强责任意识。

【让精神病患者回归社会】　6月29日,区精神卫生工作领导小组和区心理协会举办辖区工疗站工疗员“庆建党90周年、唱响红歌颂党恩”文艺汇演,从主持到表演均是工疗站工疗员。这场特殊的演出让精神病患者接触社会、亲近社会、找回自信。

【创建老年抑郁症专病管理模式】　2010年,区卫生局与浙江大学心理与行为科学系合作的课题“抑郁管理模式对中国老年抑郁症的效果”获得美国国立研究所(NIH)立项。2011年,完成社区老年抑郁症基线调查工

11 月 28 日，“浙江省老年抑郁管理培训指导中心”揭牌成立。

（区卫生局　供稿）

作和实验组（社区卫生服务站）医生、护士的技能培训。该项目通过两年的实施运行，已形成一套较为完整的社区医生护士关于老年抑郁症的培训教材。举办两届老年抑郁湖滨论坛，提升了各社区卫生服务中心对老年抑郁症的诊治与服务能力，在学术界具有一定影响力，也体现一定的社会价值。6 月，该项目在区卫生局与富阳市卫生局共同推动下，在富阳市第三人民医院（精神病科专科医院）推广实施。11 月 28 日，“浙江省老年抑郁症管理培训指导中心”在区疾病预防控制中心挂牌成立。

【专职校医心理卫生知识培训】 医教联姻，在全省首推“一校一医”工程，以医教工作一体化、沟通协商、考核评价等机制加强学校卫生应急工作专业化队伍建设。区疾控中心作为该项工作的业务指导部门，组织首批进驻校园的 20 名医护人员进行为期一周的专项学校卫生应急工作理论、传染病预防、《学校卫生工作条例》等知识培训。新校医将承担学校卫生应急救援服务、普及学生卫生应急救助知识、健康教育、疾病预防、学生体检、食品卫生和计划免疫等主要工作任务，使学校卫生应急工作“专业化”，学生健康管理“保姆化”。为加强校医的心理卫生辅导能力，开展了“学生心理调适及沟通技巧”等专题培训，强化校医及时掌握异常心理状况的学生，对其进行关注和疏导，并与家长加强沟通，预防青少年意外情况的发生。

居民保健

【概况】 上城区现有社区责任医师团队 263 人，每千人拥有 0.79 人。各社区卫生服务中心（站）连续 7 年对困难家庭、外来务工人员的卫生保健服务坚持免收挂号费、诊疗费、婚前体检费、健康体检费，减半收取住院注射费、手术费、护理费。为进一步规范居民健康的动态管理，结合企业退休人员体检、残疾人体检、少儿体检、孕产妇保健、儿童保健等居民保健工作，建立居民电子健康档案 34.20 万份，占常住人口总数的99.4%。其中 60 岁以上老年人建档率在 96%以上。全年完成残疾人体检 3198 人，公务员体检 1048 人。

【推行专家预约分级诊疗系统破解“看病难”】 预约模式引入基层。辖区社区医生可根据病人实际情况直接链接大型医院网站帮助预约专家，8 万多名 60 岁以

11 月 21 日，举办上城区学校卫生保健工作培训班。　（区卫生局　供稿）

上老年人成为最大受益群体。双向转诊智能升级。实施分级诊疗系统，实现病人的有序流动和合力分流，促进医疗资源的合理配置。提高分级诊疗质量。使用新系统预约成功后，患者可全面掌握就诊时间、就诊序号等内容，缩短等候看病时间。同时，推行“1+X”医师结对帮扶模式，即一名全科医生与若干名相关专科的专家结对，一旦社区医生在转诊过程中遇到困难，相对应的顾问团队将帮助其为病人选择最为合适的专家和转诊科别。

【慢性病管理】 对35岁以上首诊病人实行首诊测血压制度，并开展首诊高血压患者追踪随访。全区54个社区均设有慢性病管理员，社区卫生服务中心(站)均设立免费自动测血压处，为辖区居民提供服务，对高血压病开展分级管理，高血压控制率达66%。33个糖尿病管理站为糖尿病人提供免费测血糖、咨询服务。对肿瘤病人实行每3个月随访一次，访视率达82.1%。落实专人负责“四病”监测报告，根据卫生部《全国慢性病预防控制工作规范》要求，各社区卫生服务中心及社区卫生服务站开展了社区诊断，掌握社区居民主要健康管理问题以及影响因素，制订干预计划。全年管理高血压病人30033人，糖尿病病人7380人。

资料 “四病”：糖尿病、脑卒中、冠心病急性事件、肿瘤。

【老年关怀与医疗康复】 建立社区责任医生、党员与行动不便老人结对制度，每月至少一次上门服务，掌握饮食起居和身体健康状况。对60岁以上老年人到各社区卫生服务中心(站)就诊，实行免挂号费和免费测血压制度。各社区卫生服务中心都建有老年康复病房，收治脑梗塞后遗症、糖尿病、慢性支气管炎、肿瘤病人等。协助开展肢体、智力残疾病人等社区康复指导和康复训练。

【助力老年人心理健康】 上城区着力将科学研究和社会应用有机统一，发挥社区卫生服务网的作用，建立以社区责任医生随访为核心的社区——医疗机构——家庭“三位一体”的精神卫生综合防治机制，卫生、民政等部门协同合作形成区、街道、社区对接的网格化服务体系。为30万名居民建立电子健康档案并实现数据联网，将2035名精神病患者按不同病情分四级管理，由社区责任医生、精神卫生医生、社区工作者定期上门随访，形成个体健康管理机制。“产学研”一体化，通过国际立项课题探索老年心理干预管控长效机制。由区卫生局、浙江大学和杭州心理卫生协会合作的课题《抑郁管理模式对中国老年抑郁症的效果》于2010年作为全球发展中国家的6个项目之一获美国国立卫生研究所立项，2011年，已完成社区老年抑郁症基线调查工作，浙江省老年抑郁症管理培训指导中心在上城区成立。 (方关行　王　斌)

社会生活

Social Activity

社会生活综述

【实施居家养老服务全覆盖工程】 完成区政府为民办实事项目，为 1.80 万户、2.60 万老人提供“一键通”呼叫器服务。继续深入实施居家养老惠民工程，政府买单居家养老服务经费支出 519 万元，2330 名老人享受政府买单服务。截至 12 月，全区有“星光老人之家”71 家，老年食堂、洗衣房、家政服务、理发等各类社区照料机构 138 家。完成居家养老管理和服务规范省标制定工作，居家养老管理与服务标准化项目通过杭州市质量监督局(以下简称市质监局)评估验收。

【推进“333+X”社区大服务体系建设】 全区 54 个社区实现一门式办公，建立“1+8+N”社区公共服务工作体系，开通数字电视“社区频道”，开展“96345”社区信息亭建设，“333+X” 社区大服务体系被民政部确定为中国和谐社区“上城模式”。截至年底，全区有社区服务业单位 742 家。

资料　“1+8+N”：“1”即社区公共服务工作站一门式办事大厅；“8”即设立劳动保障、帮扶救助、安全服务、环境卫生、计生服务、健康服务、文教服务、社会工作 8 个岗位；“N”即根据实际情况建立若干流动公共服务工作站，就近就便为居民办理民政福利、劳动保障、卫生计生、医疗服务、维稳综治、安全服务、城市管理、科教文体、残疾人和流动人口管理与服务等 N 项延伸服务。

【推进社会工作人才队伍建设】 开展社会工作个案研究，搭建“校社互动”平台，设立社会工作督导岗位和社区社会工作实习岗位，扩大社会工作服务提供者队伍。面向社会公开招聘 52 名社区工作者，截至年底，全区有社区工作者 685 人，其中，社会工作师 253 人(助理级 197 人，中级 56 人)，社区社会工作者持证率 36.9%。

【建立社区社会组织评估指标体系】 引入独立第三方评估中介机构浙江禾晨信用管理有限公司，以评定奖，调动社区社会组织积极性。对在水一方社区华爱老年事务发展中心、小营巷社区雨露红巷服务站、上羊市街社区残疾人民间艺术制作中心等 55 家社区社会组织实施奖励。截至年底，全区有依法登记的社会团体 87 家，民办非企业单位 98 家，社区社会组织 652 家，其中，注册类 18 家，备案类 634 家。强化日常监管，对 77 家社团、83 家民非单位实施年检，年检率 100%、年检合格率 96%。

社会救助

【概况】 截至 2011 年 12 月，全区有低保家庭 932 户，计 1382 人，全年发放低保金 714.12 万元；残保家庭 712 户，计 739 人，全年发放残保金 542.02 万元；困难家庭 363 户，计 857 人，扩面家庭 53 户，计 118 人。发放各类慈善救助金 168.39 万元，各街道“慈善超市”、“爱心银行”全年救助 2876 人次、70.21 万元。

【杭州市城区社会救助工作例会在上城召开】 3 月 18 日，杭州市城区社会救助工作首次例会在上城区召开。8 个城区分管社会救助的副局长、社救科长、帮扶救助中心主任参加会议。会上,上城区介绍低保规范化建设的经验和做法，各城区交流低收入家庭认定和市级临时救助工作，并就工作中碰到的一些实际问题进行探讨。会议还征求各城区对《杭州市市区困难家庭和市级临时救助以及帮扶救助机构、人员的考核办法》(征求意见稿)的意见和建议。

1月6日,省委副书记、省长吕祖善慰问唯康养生文化公寓的老人并题写“福者长寿”新春祝福。 (区民政局 供稿)

【完成第十一次“春风行动”资金募集】 2011年，全区共募集第十一次“春风行动”爱心款394万元,其中,企业捐款181.91万元,单位个人捐款198.85万元，社会个人捐款12.91万元。

【福利彩票销售】 2011年,上城区福利彩票实现销售5975.31万元，比2010年增长44.5%。其中,“中福在线”即开型彩票5010.41万元,“刮刮乐”即开型彩票725.37万元,电脑福利彩票239.53万元。

【慰问困难群众和敬老院老人】 1月6日，浙江省委副书记、省长吕祖善,省委常委、市委书记黄坤明,杭州市委副书记、代市长邵占维等在杭州市民政局局长邵胜,区委书记陈红英,区委副书记、代区长缪承潮陪同下慰问低保户董民会和唯康养生文化公寓的老人。吕祖善一行到低保户董民会家询问其基本生活情况,并送上慰问金和慰问品。在唯康养生文化公寓,为敬老院送去5万元慰问金,吕祖善现场题写了“福者长寿”新春祝福,并向老人发放新年红包。

【春节慰问民政对象】 春节期间慰问民政对象,发放第十一次“春风行动”一次性慰问金,其中,市级持证困难家庭2127户、499.87万元,区级扩面、困难家庭62户、8.76万元,非持证家庭4户、8000元。向低保家庭困难群众发放春节前一次性生活补贴33.17万元,向27名百岁老人、30名困难老人发放春节慰问金2.85万元。

8月3日,省民政厅副厅长俞志壮一行到上城区调研低收入家庭认定工作。 (区民政局 供稿)

【开展低收入家庭认定工作】 按照市民政局部署，开展低收入家庭认定工作。低收入家庭标准由家庭人均年收入和家庭财产两部分组成，低收入家庭人均年收入标准，按杭州市统计部门公布的上年度杭州市区城镇居民人均可支配收入的60%确定;家庭财产标准按金融财产和房产分别确定。对共同生活的家庭成员人均年收入和家庭财产状况符合市政府规定的低收入家庭标准的,予以低收入家庭认定,满足其申请保障性住房或申请有关社会救助事项的需要。截至12月，完成

859户低收入家庭认定，其中，申请保障性住房类612户，申请社会救助247户。8月3日，浙江省民政厅副厅长俞志壮一行到上城区调研低收入家庭认定工作，实地了解低收入家庭认定网上审批流程，观看了低保规范工作专题片。

优抚　双拥　安置

【争创杭州市双拥模范街道】 10月20日，杭州市双拥模范街道检查组一行7人在杭州市双拥办主任、杭州市民政局局长邵胜带领下到上城区检查验收市级双拥模范街道，区委副书记、区长缪承潮陪同检查。2011年，上城区有南星、紫阳、清波3个街道申报市级双拥模范街道，清波街道因代表杭州市授受全国双拥模范城检查，不在此次检查之列。检查组听取南星、紫阳两街道工作汇报，并查看了工作台账。邵胜认为，上城区双拥工作领导重视、特色明显、氛围浓厚，工作成效显著，肯定了上城区从退役士兵和随军家属中定向招聘社工的做法。

【召开优抚对象新春座谈会】 1月26日，区民政局召开优抚对象新春座谈会，20余名优抚对象参加。会上，区民政局向与会烈士家属、老复员军人、残疾军人和义务兵家属代表介绍2011年上城区双拥工作取得的成绩。优抚对象代表踊跃发言，共话上城发展，并希望上城区继续保持先进，使优抚对象享受到更多、更好的服务。

【退役士兵安置】 倡导退役士兵自主创业、自主择业，自谋职业率达到100%。提供职业技能教育培训，落实浙江省警官职业学院、杭州广播电视大学等8所院校为退役士兵技能培训机构。加强与用人单位的联系，根据用人单位的需求提供退役士兵信息，根据退役士兵专长，提供就业信息，在用人单位和退役士兵之间搭建双向选择平台。2011年，全区安置退伍士兵123人，其中，复工、复职4人，自谋职业119人，发放退伍义务兵自谋职业补助金437.52万元。

居家养老

【制定《居家养老服务与管理规范》】 由上城区牵头起草的浙江省地方标准《居家养老服务与管理规范》于9月30日起正式实施。标准明确居家养老服务是由政府主导、依托社区和社会力量，为居家老人提供生活照料、家政服务、康复护理和精神慰藉等方面服务的一种服务形式。居家养老服务机构需合法登记，服务对象为60周岁及以上老人。标准从管理要求、服务内容与要求、服务机构等级划分、服务质量评价与改进四方面对居家养老服务与管理作出了明确规定。

【居家养老管理与服务标准化试点项目通过验收】 10月8日，由杭州市标准化研究院副院长许燕君等专家组成的市质监局项目评估验收组到上城区验收居家养老管理与服务标准化试点项目。该项目是市质监局确定的2010年度杭州市服务业标准化试点项目。评估验收组认为上城区居家养老管理与服务标准化试点项目的实施，促进了居家养老管理与服务的标准化，保障了居家养老工作的健康发展。经评估验收组综合评定，上城区居家养老管理与服务标准化试点项目各项试点任务完成较好，准予通过评估验收。

10月20日，杭州市双拥模范街道检查组到上城区检查验收市级双拥模范街道。

（区民政局　供稿）

【制定养老事业发展五年规划】 养老事业发展五年规划明确"十二五"期间上城区养老服务工作将以实现"六个老有"为目标,坚持"政府主导、社会参与、信息依托、资源优化",大力推进"以居家养老为基础,社区为依托,机构养老为补充"的养老服务体系建设,完善养老服务发展机制,构建公平合理、循序渐进的社会支持系统,确保老年人有尊严的生活。到"十二五"期末,达到养老机构床位数4%(每百名老人4张),居家养老服务政府购买服务面7%(享受居家养老政府购买服务的老人占全部享受居家养老服务老人的比例),基础公共服务面100%的目标。

资料 "六个老有":老有所养、老有所医、老有所教、老有所学、老有所为、老有所乐。

【督查组考察养老服务工作】 6月17日,杭州市人民政府副秘书长许保水一行到上城区督查养老服务工作。区委书记陈红英、副区长宦金元陪同,区民政局、区财政局、区劳动和社会保障局、上城消防大队等部门负责人参加座谈。督查组实地考察了上城区养老服务信息中心,听取了宦金元关于上城区推进养老服务体系建设的情况汇报和区养老服务信息中心关于居家养老服务全覆盖工程的介绍。许保水肯定上城区养老服务工作,对下一步工作,他提出,要坚持政府、社会、市场"三统一",加强对政府承担部分的管理,挖掘市场承担部分的潜力;推动工作机制创新,做好两者的结合,做到齐头并进;整合卫生、医疗资源,拓宽养老服务渠道;统筹老人、残疾人、孤残儿童工作,实现资源共享。邵胜提出,要尽快出台配套文件,抓好工作落实;重视养老床位紧缺问题,想方设法增加养老机构床位;做好养老机构消防、卫生等方面的工作,加强安全管理。

【举行"关爱老人给呼叫器配个手机"启动仪式】 4月15日,上城区在小营街道紫金社区举行开拓养老服务新模式 构建和谐社区新平台——"关爱老人,给呼叫器配个手机"启动仪式。区民政局、小营街道、中国电信杭州分公司相关负责人和社区老年居民代表参加。移动终端"老人机"是上城区推进居家养老服务全覆盖工程的载体,该机具有"一键呼叫、一号双机"的功能,根据老人的生理和心理特点,设计具有大字体显示、大数字按键、一键收音机、一键开关手电筒、一键"SOS"紧急呼叫、一键免提助听、一键拨通亲情号码等便捷功能。老人只需按"SOS"键即能快速连接到区养老服务信息处理中心,区养老服务信息处理中心根据老人诉求在规定时间内向服务实体派单,服务实体快速做出服务安排。

【举办老年维权和老年心理健康知识讲座】 9月8日,上城区举办庆祝老人节暨老年维权和老年心理健康知识讲座,上城区司法局原副局长陈文元和杭州市第七医院心理科医生王业权分别做老年人维权和老年心理健康方面的讲座,来自54个社区的500余名老人听取讲座。本次讲座由市、区两级老龄工作委员会办公室联合举办,市老龄工作委员会办公室权益保护处处长郑文嫣参加讲座。

(陈学军)

4月15日,在小营街道紫金社区举行开拓养老服务新模式 构建和谐社区新平台——"关爱老人,为呼叫器配个手机"启动仪式。 (区民政局 供稿)

【完善居家养老服务】 制订出台《上城区关于进一步加快推进养老服务工作的实施意见》,加大政策扶持和资金投入。2011年,居家养老上门服务和信息化建设政府投入1800万元。区政府提供6套410平方米的房屋作为社区养老服务用房。全区现有近500名专职从事居家养老服务的工作人员。实行标准化管理,出台《居家养老服务与管理规范》省标。依托信息化平台,成立养老服务信息处理中心,建立老人数据库,完善居家养老评估审批系统。同时规范服务内容,有效提升服务质量。整合现有居家养老上门服务实体,缓解日常居家养老服务工作的压力。进一步深化上城区为老服务联盟。整合与优化各类养老服务资源,鼓励各相关单位参与居家养老服务。针对上城区地域小,居住密集,老年人习惯就近、熟悉的环境活动等特点,发展社区养老机构、社区星光老年之家、居家养老服务站"三位一体"的社区新发展模式。全面实施居家养老服务全复盖工程。推进居家养老服务转型升级。建立养老服务对象数据库,录入53947名60岁以上老人信息。完成项目招标,落实服务主体,编印全复盖工程服务手册,为1.80万户空巢、独居老人安装了"一键通"呼叫器。 (周英红)

9月8日,举办庆祝老人节暨老年维权和老年心理健康知识讲座。
(区老龄委 供稿)

老龄工作

【概况】 截至12月底,上城区总人口327892人,其中60岁以上老人有80193人,首次突破8万人,占总人口的24.5%;65岁以上老人为58207人,占总人口的17.8%;70岁以上老人44250,占总人口的13.5%;其中80岁以上高龄老人为17858人,占老年人口的22.3%;100岁以上老人为19人。最高年龄107岁。纯老年人家庭(空巢家庭)人口22726人,占老年人总数的28.3%。人口老龄化(60岁以上)、高龄化(80岁以上)比率呈逐年上升趋势。

【老年生活保障提高】 根据《杭州市人民政府关于建立高龄老人生活津贴制度的通知》精神,在以往对90岁以上老人实行高龄津贴的基础上,于2011年4月起对具有杭州市户籍且80~89周岁的老年人发放高龄津贴,额度为每人每月50元,上城区通过摸底、调查、登记、核对、首次发放了11081名80~89岁高龄老人生活津贴,总金额322.25万元。10月开始与90周岁高龄津贴同步发放。截止到2011年底,发放高龄津贴127192人次,合计729.16万元,其中80~89周岁发放109814人次,金额549.07万元;90~99周岁发放17132人次,金额172.57万元;百岁以上发放246人次,金额7.52万元。2011年,对企业退休人员增发2010年的节日慰问费达204379人次,增发慰问金6805.45万元。2011年,节日慰问207261人次,慰问金额1.93亿元。困难人员慰问2116人,慰问金额87.97万元;大病慰问9132人,慰问金额92.97万元,丧葬服务1267人,合计金额557.96万元。参加体检55218人次。各街道、社区创新为老服务方式,提高老人生活质量。如社区生活馆服务内容涵盖了送餐、维修、陪护、家政、咨询等16个大项,使老人享受到全方位贴心的服务。为空巢、独居、智障等老人发放老人安全出行卡,卡中注明老人所在社区、地址、电话、家属联系方式、个人常见病等,提高此类老人出行安全系数。从解决好老人最关心、最直接、最现实的看病问题入手,全面推进医防和谐,科学养生等健康理念,通过信息系统管理,实现老年健康档案和医生工作站一体化管理,为老年人提供医疗卫生健康服务。继续开展对老年抑郁症的研究,加强对老年人精神需求、心理健康的服务,提高老人生活质量。

资料　“四个一”为老服务机制：签订一份集体供养协议，由街道为签订集体供养协议的老人安排好敬老院床位，并与敬老院互留电话，保持24小时畅通，以便发生紧急事情联系。享受一项优惠政策，根据老人的自身情况和生活需求，尽可能让老人享受到优惠政策，如居家养老服务、安居工程申请。强化一支帮扶救助队伍，成立社区帮扶人员组成的帮扶救助队伍，帮助老人办理力不胜任的事项。抓好一个居家养老服务中心，每个街道抓好自己的居家养老服务中心，关爱好每一个“三无”老人。

【美国精神病专家进社区调研为老服务】　9月21日，美国精神病专家教授Yeates一行在浙江大学教授、区疾控中心及社区工作人员的陪同下，参观小营街道葵巷社区“一茶一座”，详细了解社区为老服务的各种情况。社区主任对社区各项服务现状进行简单介绍。Yeates一行对社区服务工作产生兴趣，提出社区为老服务有哪些、这些为老服务由哪些部门牵头、老人如何享受服务、老人精神情况如何、如何解决老人精神问题等一系列问题。座谈会持续两小时，Yeates一行从侧面了解中国为老服务的现状，了解到老年人精神服务的必要性，对他们今后的研究工作起到借鉴作用。

【维护老年人合法权益】　结合《中华人民共和国老年人权益保障法》颁布实施15周年，《浙江省实施〈中华人民共和国老年人权益保障法〉办法》颁布10周年的有利时机，围绕“六个老有”目标，完善老年人法规政策，进一步健全维权体制，持续强化法律服务，老年人的生命权、健康权、发展权、财产权、社会保障权等合法权益得到有力保障，生活质量得到切实提高。加强区司法局、区人民法院、各街道及区老龄委相关成员单位相互协调，增强各部门的凝聚力。使老年维权工作实现信息共享、资源共享、全区联动的整体合力，使老年法律援助的触角延伸到社会各个领域，最大限度地维护老年人的合法权益。进一步扩大法律援助覆盖面。实现“应援尽援”最大化。老年法律援助工作不断拓宽援助范围，加大案件承办力度。全年共办理老年法律援助5人，有效保证老年人的合法权益。宣讲《中华人民共和国老年人权益保障法》，提高维权意识。加大对与老年人相关的法律、法规的宣讲、咨询活动。邀请市、区司法专业人员为社区干部和老人宣讲与老人生活密切相关的法律知识，提高老龄干部依法办事的能力和老年人依法保护自己的意识。弘扬敬老、助老美德。利用各种宣传媒体，加大尊老、敬老、助老的宣传力度，老人节表彰“十佳敬老好儿女”，进一步弘扬传统美德，宣传“孝道”文化。2011年，在“浙江在线”网上推荐发表15名百岁老人的生活近况，其中4名百岁老人上了“浙江在线”出版的《浙江省百岁老人风采展》一书。

老年人在社区学院学习太极拳课程　　（区社区学院　供稿）

【开展老年教育】　大力倡导老年教育，强化终身教育理念，设置适合老年人感兴趣的课程，使他们老有所教、老有所学。上城区老年电大2011年春季招生8000人，秋季招生7000人，合计1.50万人，平均占老年人口的9.6%。2011年，浙江老年电视大学上城分校被评为市老年电大先进单位。望江街道浙江老年电视大学上城分校阳光学院教学点获首批市级老年电大先进示范单位。老人节全区表彰了10个老年电大教学点，以促进老年电大规范化发展。为加强老年电大教学管理规范化，增强老年电大辅导员队伍建设，促进提升教学辅导质量，按照省、

9月30日，市委副书记王金财（右一）慰问百岁老人。 （区老龄委 供稿）

市文件要求做好各老年电大教学点（班）辅导员信息登记、代码编排工作，为每一名辅导员颁发《浙江老年电视大学辅导员证》配合老年电大教育，借助上城区社区学院平台开设了太极拳、民族舞、健身操、计算机、旅游文化、巧手工坊等10多个课程，受益老人1000余人。

【丰富老年文体活动】 组织开展以“关爱老人、构建和谐”为主题内容的系列敬老活动。主办上城区庆祝2011年度老人节文艺汇演，举办老人才艺PK赛，组织重阳登高、金秋歌会、观看电影《建党伟业》等活动，展现“老有所为、老有所乐”的积极风貌。2011年，区老年体协会同各街道举办各类健身竞赛6次。有花式团体操、柔力球、健身球、乒乓球、象棋、钓鱼、腰鼓等，参赛人数386人；参加各类省、市体育比赛12次，参赛人数120人。组织参加各类健身培训班（课）、与社团境内体育交流等活动。各成员单位、街道、社区本着“感受品质生活，安享幸福晚年”的宗旨，投入557万余元先后组织了7万余名老人参加元宵灯会、“三八”文体活动、清明祭英烈、节日庆典、环保低碳、健康疗养、健身走等活动，丰富辖区老年人的精神生活，促进老人与社会的交流，展现和谐社会老年人的精神风貌。

【重阳慰问老人】 9月30日，杭州市委副书记王金财在区委书记陈红英，区委副书记、区长缪承潮，副区长宦金元陪同下，到小营巷社区看望慰问百岁老人和特困老人。王金财到107岁老人程瑜的家中，与老人亲切交谈，送上礼品和慰问金。程瑜是离任老居民委员会干部，1958年1月5日，毛主席视察小营巷卫生工作时，程瑜作为当年的居民委员会卫生委员受到毛主席亲切接见。随后王金财到特困老人仰永光家中详细询问老人的生活状况，祝老人节日快乐，并送上节日礼物。王金财叮嘱社区干部好好照顾老人，老人连声感谢党和政府的关心和照顾。 （周英红）

【举办老人才艺PK赛】 9月15日，上城区在区老年活动中心举办老人才艺PK赛，来自全区6个街道的12名老年选手参加比赛。老人们巧手变废为宝，做出了一件件精美的手工作品。小营街道老人张磊用废旧塑料袋制作的“腊梅”、望江街道老人张同义用电烙铁在废旧木板上烙的“山水画”、清波街道老人谢宝凤用可乐瓶制作的“花篮”等12件作品获奖。

9月15日，在区老年活动中心举办老年才艺PK赛。 （区老龄委 供稿）

9月20日，举办重阳节老人登高活动。（区老龄委 供稿）

【举办重阳节老人登高活动】 9月20日，上城区举办重阳节老人登高活动。来自全区54个社区的300多名老人从南宋皇城遗址太庙广场出发，经十五奎巷上吴山，最后到达目的地吴山广场。整个登山活动历时两个小时，老人们一边登山，一边分享生活经验和生活中的趣事，充分展示老年人“老有所乐”的精神面貌。

【召开老龄工作表彰大会】 9月28日，上城区召开2011年度老龄工作表彰大会。区委副书记袁建祥，副区长宦金元，区人大常委会副主任王文成，区政协副主席戴晓军，区委组织部、区委宣传部、区委老干部局、区卫生局等单位的分管领导，各街道分管主任、老龄干部，受表彰的单位、个人和社区老年人代表300余人庆祝浙江省第24个老人节。浙江省老龄工作办公室副主任钱小平、杭州市老龄工作办公室权益保障处处长郑文嫣应邀参加会议。会议由宦金元主持。表彰湖滨街道涌金门社区老年电大教学点等10个老年电大先进教学点，赵有根等10名“敬老好儿女”，王宝玉等10名“健康老人”。区委、区政府历来重视老龄工作，以实现“六个老有”为目标，大力加强为老服务设施建设，推进居家养老、机构养老和社区照料养老“三位一体”的养老服务体系建设，提高老年人的生活质量。把居家养老服务作为老龄工作的重点抓好、抓实，通过“星光老年之家”、老年文体社团等载体，开展各项为老服务活动，推动上城区老龄事业迈上新的台阶。会后，来自全区6个街道的老年演员参加庆祝老人节文艺汇演。（陈学军）

社区建设

【调研上城区社会建设和管理工作】 11月16日，中国社科院调研组一行5人在该院政治学所所长助理、研究员陈红太带领下到上城区考察社会建设和管理工作，副区长宦金元陪同考察。在中国社区建设展示中心，调研组参观了“中国城市居民委员会发展厅”，了解居民委员会发展史，观看再现新中国第一个居民委员会选举场景的4D电影《主人》，并在“三维动态演示厅”虚拟漫游上羊市街社区。在“96345便民服务中心”和“社区大管家服务社”，调研组一行观摩了社区“居家宝”便民利民服务系统服务流程演示。中国社科院专家和上城区相关部门负责人还围绕“加强社会建设，创新社会管理”开展座谈交流。

【召开社区工作者专题座谈会】 7月22日，上城区在毛主席视察小营巷纪念馆召开社区工作者座谈会，学习贯彻中共中央政治局常委、国家副主席习近平复信精神。区委组织部、区民政局有关领导、区社工协会全体理事和部分社区工作者参加会议。会议传达习近平复信的主要内容和省委常委、市委书记黄坤明，区委书记陈红英的重要批示精神。与会社工围绕学习贯彻习近平重要指示精神、推进社会管理创新踊跃发言，大家表示，将按照习近平指示精神、更好地做好社区工作，为居民群众服务，不辜负领导期望。会议对如何学习贯彻习近平重要指示精神提出具体要求，要提高认识，结合黄坤明和陈红英的批示精神，结合社会管理创新来认识；认真领会，习近平复信是对8年社区工作的回顾和肯定，对“一馆两基地双品牌”的殷切希望，体现国家领导人对居民的深情厚爱；抓好落实，上城区作为新中国第一个居民委员会、中共浙江第一党小组诞生地，拥有多个“第一”，要高起点思考、高标准落实复信精神。

【制定社区建设“十二五”发展规划】 2011年，上城区制定社区建设“十二五”发展规划，明确“十二五”期间，社区建设将以建设发达地区“高品质、富有活力的和谐社区”典范为目标，创新基层社区管理与服务，重点实施好中国社区建设展示中心功能提升、“立体式、智能化”信息系统建设、社区社会组织培育等十大工程，实现硬件设施标准化、民主自治规范化、社区公共服务均等化、社区服务品质化、社工队伍专业化、经费投入多元化、社区活动文明化。到“十二五”期末，建成知名社区建设复合主体15个，知名品牌社区25个；社区服务业年均增长率15%；居家养老服务覆盖所有老人；小区物业（准物业）管理实现全覆盖；50%以上社区工作者获得社会工作者职业水平证书。

【“333+X”服务体系被民政部确定为中国和谐社区上城模式】 8月，《中国和谐社区——上城模式共建、共治、共享的“333+X”社区大服务体系实证研究》由中国社会出版社出版发行，该书以上城区社区建设工作实际为基础，构建新时期的社区发展新模式为目标，从理论构架、建设目标、建设路径、工作优势等方面系统论述“333+X”社区大服务体系建设的构想及模式，并结合工作个案对社区建设工作实践进行分析，为社区建设的可持续发展提供可参考的典型经验和典型模式。该书由民政部基层政权和社区建设司组织编写，被列入中国和谐社区建设实践与创新书系。上城区“333+X”社区大服务体系以“共建、共治、共享”为目标，提倡服务民生为本、主体三位复合、发展分类推进的三大管理理念；确立政府、社区和其他各类组织的三大参与主体；搭建公共服务工作站提供公共服务、居委会提供公益服务、社区的其他各类组织提供商业和公益性自治性服务的三大服务架构；衍生X服务项目；形成包括“理念、主体、服务、功能、路径、保障”在内的大服务网络体系。《上城区共建、共治、共享的“上城模式”——333+X社区大服务体系建设》在“杭州市（2009~2011年度）和谐社区建设工作创新项目”评比中名列总分第一，“湖滨晴雨”工作室获得第五名。在社区一级评比中，上羊市街社区邻里值班室“嵌入式”社会工作社区应用模式名列第一，定安路社区探索实践青少年校外教育活动新路径名列第七。

【社区工作者招聘呈现“三高”】 5月30日，上城区2011年社区工作者招聘报名工作顺利结束，共有468人（其中非定向415人，定向53人）通过资格审查，考录比例达到9∶1。本次报名呈现3个特点：学历高，在非定向报名人员中本科及以上学历者243人（其中，有来自浙江大学等“211”工程高校的研究生5人），占总数的58.6%；男性报考者比例提高，在非定向报考者中男性有113人，占总数的27.2%；专业化程度提高，此次招聘共吸引了社会工作专业人员38人，占总数的9.1%。招聘笔试工作于6月11日进行。

资料　“211”工程：是中国政府为迎接世界新技术革命的挑战，面向21世纪，集中中央和地方各方面的力量，分期、分批地重点建设100所左右的高等学校和一批重点学科、专业，到2000年在教育质量、科学研究、管理水平及办学效益等方面有较大提高，在教育改革方面有明显进展，力争在21世纪初有一批高等学校和学科、专业接近或达到国际一流大学的水平的建设工程。

【参加杭州市第六届社区工作者演讲比赛】 11月8日，上城区4名社区工作者参加杭州市第六届社区工

8月，中国社会出版社出版发行《中国和谐社区——上城模式 共建、共治、共享的333+X社区大服务体系实证研究》一书。（区民政局　供稿）

作者演讲比赛。选手们围绕“我们的价值观”主题,结合实际工作作了演讲,展现上城区社区工作者的活力和风采。在水一方社区李晓莺、定安路社区赵冰欣、中国社区建设展示中心封晓怡获得二等奖,新工社区茅佳敏获得优秀奖,区民政局获得优秀组织奖。

【指导基层社区社会管理工作】 3月20日,中国社会学会名誉会长、中国人民大学教授郑杭生一行4人到上城区指导基层社区社会管理工作。区委书记陈红英陪同参观了中国社区建设展示中心,并就如何创新社会管理体制、强化基层社会管理进行座谈。陈红英介绍上城区在社会管理方面的探索和创新。她说,近年来,上城区以“依法管理、科学管理、人性化管理”为目标,加强社会建设,创新社会管理,通过创新实施110联动机制、重大工程“四问四权”机制、网上服务中心等,推进社会管理手段的多元化和管理的标准化,保障改善了民生、促进了社会和谐。郑杭生肯定上城区工作,希望上城区社会管理创新要做好治标与治本、刚性管理与柔性管理、社会管理与社区服务、政府主导与市场运作、科学精神与人文管理、政府管理与增强公众幸福感6个方面的有机结合,解决好影响社会和谐稳定的一些根本性问题,激发社会活力,促进全区经济社会科学发展。

【承办浙江社区社会工作论坛】 11月10日,浙江社区社会工作论坛在上城区召开。民政部政策研究中心副主任刘更光、基层政权和社区建设司城市工作处处长刘勇、政策研究中心研究二室副主任江治强,浙江省民政厅副厅长万亚伟、俞志壮,浙江省委政研室社会发展处、浙江省卫生厅基层卫生管理处负责人,杭州市民政局副局长张建涛,在杭部分高校社会工作系主任,浙江省信访局、浙江省人民政府政研室、省委组织部、省司法厅、省政法委等部门及各市、区民政部门相关负责人、工作人员,论坛论文作者及各地社区工作者近300人参加论坛。紫阳街道在论坛上作了题为《打造邻里值班室 促进社会工作专业介入与居民群众参与》的交流发言。

11月10日,上城区承办浙江社区社会工作论坛。 (区民政局 供稿)

【落实“社会工作者职业水平”相关工作】 根据省、市民政部门要求,首次开展社会工作者职业水平证书登记。登记对象是2008~2010年通过全国社会工作者职业水平考试取得助理社会工作师、社会工作师职业水平证书的持证人,登记方式为网上登记。登记者通过民政部社会工作者登记信息系统进行网上在线登记,登记时间从2011年3月开始至2012年2月结束。2011年,上城区有409人报名参加2011年度全国社会工作者职业水平考试,86人通过考试,其中,助理级社会工作师77人,中级9人。至此,全区有社会工作师253名,其中,助理级197名,中级56名,全区社区社会工作者持证率为36.9%。

【召开培育与发展社区社会组织工作表彰大会】 1月7日,上城区召开2010年度培育与发展社区社会组织工作总结表彰大会,区委常委、常务副区长袁建祥,区委常委组织部长黄爱芳,区人大常委会副主任王文成,区政协副主席戴晓军、各街道民政分管主任、民政科长和受表彰的社区社会组织负责人共80人参加会议。杭州市民政局副局长张建涛,浙江省民间组织管理局副局长张伟林,杭州市民间组织管理局副局长罗庆华应邀出席会议。会议总结2010年度社区社会组织培育与发展工作,表彰湖滨街道青年路社区草根质监站等230家社区社会组织、7个业务主管单位和张晓虹等20名先进个人。张建涛肯定上城区培育发展社区社会组织工作成绩，提出要着眼发展、有所作为。袁建祥强调，要更新理念，深化落实；强化功能，彰显活力；创新机制，促进发展；搭建平台，营造氛围。1月18日，杭州华爱老年事务发展中心、望江街道近江东园社区残疾人康复站、紫阳街道凤凰社区腰鼓队等12家社区社会组织被杭州市民政局授予先进社区社会组织，上城区民政局被授予先进登记管理机关，小营街道办事处被授予先进业务主管单位。

【优化和谐社区考评】 上城区2011年度和谐社区考评在奖项设置上突出全面性，建立“四评一结合”考评体系，通过“十佳居民满意社区”、“十佳社区公共服务星级社区”、“十佳社区民生实事（品牌）项目”、“十佳社区社会组织”评选，结合“社区民情民意采集与反馈”测查，综合考评社区工作。在分值设置上突出群众满意，增加居民满意度权重，群众评议分值从2010年的60%上升到70%，其中，居民满意度权重为40%。在考评内容上突出为民服务，增加社区社会管理创新（实事）考评项目，从社区社会组织(社会复合体)培育发展、民生实事(品牌)项目、民情民意采集与反馈项目三方面考评社区为民服务情况。在具体操作上突出规范化，制定《社区公共服务星级社区考核标准》和《社区社会组织（社会复合体）培育与发展评估办法》等5个配套文件，居民满意度问卷调查根据“自下而上、第三方运作”原则，由区统计局委托第三方运作。

【考察社区社会工作】 12月12日，民政部人事司（社会工作司）巡视员孙建春到上城区考察社区社会工作。在望江社会工作服务社、陈峰工作室，孙建春向社区社会工作者和社区志愿者了解社区社会工作开展情况。他对上城区社会工作给予肯定，认为上城区作为全国社会工作人才队伍建设试点示范区，社会工作起点高、标准高，成效明显，上城区社会工作专业服务机构和个性化服务机构相辅相成，基本形成了社工和志愿者联动机制。希望上城区总结经验，进一步研究、探索和发展社会工作。

【召开2010年度和谐社区建设表彰大会】 2月14日，上城区召开2010年度和谐社区建设表彰大会。区四套班子领导、和谐社区建设工作领导小组成员单位主要负责人，各街道党工委书记、办事处主任、分管副书记、分管主任、民政科长和全体社区工作者500人参加会议。会议由区委副书记、区长缪承潮主持。区委常委、常务副区长袁建祥宣读民政部基层政权和社区建设司副司长王金华发来的贺信。大会表彰2010年度和谐社区建设示范社区、先进社区、优秀社工和从事社区工作10年的社工。紫阳街道上羊市街社区等15个社区被授予“和谐社区建设示范社区”称号，望江街道徐家埠社区等19个社区被授予“和谐社区建设先进社区”称号，陈伟新等31名社工被授予“优秀社区工作者”称号，章丽立等139名社工被授予“社区建设十年耕耘奖”称号。

【获杭州市“魅力社工”称号】 在杭州市第二届“魅力社工”评比中，上城区紫阳街道北落马营社区书记、主任邹紫娟，小营街道茅廊巷社区书记、主任顾云，清波街道清波门社区帮助救助员高竹卿，望江街道兴隆社区副书记陈海秋，湖滨街道涌金门社区保障服务委员宣小燕被授予“魅力社工”荣誉称号。

【慰问社区工作者】 1月28日，杭州市委副书记王金财、副市长何关新在杭州市民政局局长邵胜、副局长张建涛，区委副书记、区长缪承潮，区委常委、常务副

2月14日，召开上城区2010年度和谐社区建设表彰大会。（区民政局　供稿）

1月28日,市、区领导到上羊市街社区慰问社区工作者。　(区民政局　供稿)

区长袁建祥等陪同下到紫阳街道上羊市街社区(中国社区建设展示中心)看望慰问社区工作者。王金财、何关新一行了解社区的工作流程,与在场的社区工作者亲切交谈。王金财代表市委、市政府向全市广大社区工作者致以亲切的问候。他说,社区是社会的"细胞",是市民的"娘家",是党在城市的工作基础和执政基础。社区稳定则社会稳定,社区和谐则社会和谐。他希望全市广大社区工作者学习贯彻市委全会和市"两会"精神,以科学发展为主题,以加快转变经济发展方式为主线,以富民强市、社会和谐为主旨,在建设"学习型、创新型、生态型"城市中发挥更大作用。

【获全国社会工作人才队伍建设试点示范区称号】 2月11日,上城区被民政部授予第二批社会工作人才队伍建设试点示范区称号。上城区自2007年被民政部确定为全国社会工作人才队伍建设试点区以来,积极推进社会工作人才培养、使用、评价和激励体系建设,社会工作的知晓度和认同度得到提升;队伍建设初具规模,社区工作者持证率36.9%;专业服务不断深入,在民生保障、促进社会稳定和解决热点、难点问题方面发挥积极作用;社区社会组织得到发展,全区有登记备案的社区社会组织652家。社会工作和社会工作人才队伍建设初步形成党委统一领导、政府主导推动、民政牵头协调、机构自主运作、公众广泛参与的发展格局。(陈学军)

中国社区建设展示中心

【概况】 由民政部批准建立的全面反映中国城市基层群众自治制度历史脉络和社区建设发展过程的专业性场馆——中国社区建设展示中心(以下简称展示中心)于2009年12月21日在杭州市上城区落成开馆。2011年,展示中心围绕"引领、创新"的目标,发挥自身特色,不断强化"历史课堂、研究基地、实践样板和对外窗口"的功能,共接待中外考察参观人员2.37万人,参观团队238批次,开展各类交流活动45次,收集整理了档案资料220篇,60万字,汇编2本集结,承接民政部浙江省社会科学界联合会等委托课题项目2个。展示中心的建设与发展受到各级领导的深切关怀,国家标准化管理委员会主任陈钢、民政部副部长姜力、民政部基层政权和社区建设司副司长王金华、国务院发展研究中心副主任卢中原、国家人口计生委副主任赵白鸽等领导先后莅临指导展示中心工作。2011年,展示中心获2010年度省级青年文明号、2011杭州"年度最具品质体验点"、2011年度杭州"社会资源国际旅游访问点最佳访问点"、"2010~2011年度杭州市委党校优秀现场教学基地"等荣誉,充分发挥了历史课堂、研究基地、实践样板和对

中国社区建设展示中心2011年科研成果　(中国社区建设展示中心　供稿)

外窗口的作用。

【创建历史课堂】 重视史料征集，展示中心自开馆以来共收集来自民政部及全国各地的珍贵史料1.50万余件。2011年初，成立史料再征集工作小组，共收集史料200件。优化展陈设施，2011年，展示中心对第二展馆进行改造升级，引进4台多媒体设施全面展示全国各地社区建设先进经验与典型，同时更换馆内所有中英文标识为五语（中、英、日、韩、法）标识，增加展馆的可看性与闪光点。推进信息化建设。截至2011年11月30日，展示中心网站共上传社区动态信息1192条，学习文章1147篇，理论研究1623篇，经验交流4036条，宽频113部，网上点击率达4.14万人次。此外，展示中心借鉴上海世博会、西安世园会等大型国际活动的网上展示功能，建成网上虚拟展示中心，让参观者足不出户便可游遍整个展示中心。

【创优研究基地】 展示中心积极参与各种社会活动。2011年累计举办垃圾分类、国学进社区、2011杭州市民体验日、第三届杭州市生活品质展全城联展等活动7场。在举办全城联展期间，日接待游客300余人，组织“根据地”选举方式现场体验、三维动态漫游系统演示、立体电影观摩等互动活动6场，让参观者感受动与静相结合、历史与现代相传承、多媒体与艺术形式相辉映、社区史料展示与现代社区工作相融合的全面、新鲜、奇特的视觉震憾。同时与各高校、社区、辖区单位、社会组织合作，为其讲授现代社区工作实务技巧课程，已为杭州师范大学学生讲课3次，为浙江树人大学学生授课2次，展示中心同时接受高校实习生参加社会实践活动。2011年度完成《中国城市街道居委会发展档案史料选编》（一）、（二）的编写工作；与杭州师范大学合作完成民政部课题《全国城市社区工作者队伍建设研究报告》和“全国社区工作者培训教材目录”撰写工作；与浙江工商大学合作开展“社区低碳标准”调查研究项目。

【创新实践样板】 新中国第一个居民委员会——上羊市街社区居委会肩负引领基层社区建设方向的重任，是社区建设的实践样板。发展中的上羊市街社区注重提升服务新水平；优化“333+X”社区大服务体系，完善上羊市街社区的信息化建设实践；规范社区工作者管理，健全各项管理制度，同时推进奖惩机制建设；继续推进社区工作者职业化建设，社区为每个员工量身定制培训计划，鼓励员工在不影响本职工作的情况下，报考外语等级、导游服务、社会工作师、计算机等级、财务会计、消防上岗等各类岗位技能证书，2011年，获得各类证书6本，3名工作人员取得助理社会工作师证书。凸显建设新亮点，矛盾纠纷会诊室发挥社区与居民间的沟通桥梁作用，搭建纠纷化解平台，及时解决居民矛盾与困难；邻里值班室定位为居民自治组织。

【创建最佳“对外窗口”】 开展特色服务项目，展示中心针对来宾的身份、性质、人数、参观时间和访问要求等制定特色讲解服务，并在实际接团过程中，合理配置接待人员，着力提升服务内容和质量，有效提高窗口服务水平，2011年，针对党校、旅委、外宾等制定5条特色线路。推进志愿者队伍建设。根据年初制定的招募方案，2011年，展示中心共招募10名注册志愿者

11月24日，举行中共杭州市委党校现场教学工作座谈会暨第二批现场教学基地授牌仪式。（中国社区建设展示中心 供稿）

并进行针对性的培训。落实专员提升工程。展示中心定期、不定期组织工作人员开展专业培训，同时推进争创岗位能手活动。2011年，共组织培训12次，4名工作人员被评为岗位能手，为创建最佳“对外窗口”提供了人才保障和智力支持。 （柯 敏）

新中国第一个居民委员会

【斐济总统夫人参观访问上羊市街社区】 4月19日，斐济总统夫人一行莅临新中国第一个居民委员会——上羊市街社区参观访问。访问团一行在区委书记陈红英的陪同下参观了中国社区建设展示中心和新中国第一个居民委员会，省、市及区妇联相关领导陪同参观。斐济总统夫人在参观过程中重点了解了基层妇女组织的相关情况。在上羊市街社区姐妹手工坊参观中，斐济总统夫人一行详细了解了手工坊的运作情况，对社区利用自身资源解决妇女的就业问题的做法给予高度评价。最后，双方交流了两国在基层妇女组织工作方面的一些特色做法，通过交流，增进双方之间的了解，为上羊市街社区在激发群众参与、提升社区建设品质方面拓宽了思路。

【在全省推广“邻里值班室”群众工作法】 11月10日，浙江省社区社会工作论坛在杭州上城举行，上羊市街社区“邻里值班室”作为具有专业社会工作介入的群众工作法在全省进行推广。2009年10月，上羊市街社区建立第一个“邻里值班室”，逐步建立起以楼道为单位的网络型自治组织，深入社区每个楼道，由威望较高的居民骨干担任值班长。“邻里值班室”自成立以来，在邻里守望、民意采集、矛盾化解、民主协商、活力凝聚等方面发挥了重要作用。在实践过程中，上羊市街社区通过融入社会工作理念，不断深化该社区社会组织各项服务工作。浙江省副省长陈加元多次批示要求推广总结该做法，“邻里值班室”已经成为新时期加强基层社会管理的典型经验案例。 （芮佳南）

4月19日，斐济总统夫人（前排左三）参观新中国第一个居民委员会。
（新中国第一个居民委员会 供稿）

民政专项事务管理

【召开全区民政工作会议】 1月25日，上城区召开全区民政工作会议。区委常委、常务副区长袁建祥，区委常委、区委组织部长黄爱芳，区人大常委会副主任王文成，区政协副主席戴晓军，区教育局、区劳动保障局、区卫生局等30个职能部门主要负责人，各街道书记、主任、分管民政副主任、民政科全体干部和区民政局全体工作人员120余人参加会议。黄爱芳宣读《关于表彰2010年度全区民政工作目标考核优秀单位的通报》，区民政局局长傅莉萍作全区民政工作报告。袁建祥肯定“十一五”期间和2010年民政工作成绩，对全区“十二五”期间和2011年民政工作，提出要深化认识、把握形势，切实增强做好民政工作的责任感和使命感；要抢抓机遇、开拓创新，切实提升“十二五”民政事业发展水平；要按照“实施民生普惠工程，实现包容增长新目标”的要求，推进基本公共服务均等化，推进民生保障和改善工作，推进基层社会管理体制改革，实现民政事业新发展；要凝心聚力、趁势而上，抓工作重点，能力提高，抓品牌打造，切实做好“十二五”时期开局之年的民政工作。

【开展2010年度社会组织年检】 2010年6月30日前经上城区民政局核准注册登记的77家社会团体、83家民办非企业单位参加年检，年检围绕遵守法律法规和国家政策，党建工作，履行登记手续，按照章程开展活动，人员机构变动和财务管理等方面进行，社会团体77家合格，民办非企业单位77家合格，1家办理注销登记。

【调研民政标准化工作】 4月22日，民政部人事司(社会工作司)副司长柳拯、科技标准化处处长邹永宏、社会工作一处处长黄胜伟、中国社会工作协会副秘书长南燕一行4人到上城区指导调研民政标准化工作。杭州市民政局局长部胜，区委常委、区委副书记袁建祥，副区长麻承荣陪同调研。区民政局汇报近年来标准化体系建设情况。柳拯认为，民政标准化体系建设是对民政领域社会管理机制的创新，上城区民政标准化工作起步早、认识高，基础牢，力度大，成效显著，值得肯定。标准化实质上是对程序的管理、工作成效的评估，他希望上城区加大宣传力度，健全完善标准化体系建设，提升标准化工作水平，推进民政工作更好、更快发展。

【成为第一批民政范围管理标准化建设试点地区】 2007年以来，区民政局制定实施30余个社区工作标准规范，以“权力运行透明化”推进“公共服务优质化”，基本建立起一个覆盖民政行政管理和公共服务的标准化体系。制定实施的《居家养老服务与管理规范》被确定为国家标准制定项目。2011年6月27日，上城区被民政部确定为第一批民政范围管理标准化建设试点地区。民政部此次共确定53个区（市、县、街道）和24家单位为第一批民政范围管理标准化建设试点地区和单位，上城区是浙江省唯一入围的试点地区。

【制定权力阳光运行系列规范】 为规范行政执法行为，推进权力阳光运行，区民政局围绕社会团体筹备许可等4项行政许可，社会团体成立、变更、注销登记等16项非行政许可审批事项，制定系列执法规范，规定服务标准，建立流程图固化每个执法事项的操作流程。该20项规范自2011年2月1日起实施。

【交流民政标准化工作】 4月29日，民政部召开2011年民政标准化工作视频会议，区民政局在会上作题为《以城市社区为依托开展标准化建设 提升基层民政管理服务水平》的交流发言。近年来，区民政局以区委、区政府建设“具有国际水准的高品质中心城区”、国家行政管理和公共服务标准化工作试点区、“质量强省”工作试点区为契机，以社区为依托，推进社区标准化体系建设，制定实施了30余个标准规范，初步建立覆盖民政行政管理和公共服务的标准化体系。

【开展第二次全区地名普查】 3月，启动第二次全区地名普查工作。落实21个职能部门为地名普查责任单位，成立由2名地名专家、4名普查员和21个联络员组成的地名普查工作网络。共采集地名基础信息十一大类20小类的地名信息1083条，地名标准化处理18条，多媒体信息4600余条，收集拍摄地名照片4680张，制作地名标志登记表686份，设置各类地名标志6873块，形成1:10000地名成果图4幅。12月通过市地名普查成果验收。

【地名管理】 2011年，审核命名住宅区名称1处；审核命名道路9条、地道3处、人行立交桥3座；审批编排门号167家共计915处。制作安装各类地名标牌10540块；发放门牌证4324本、开具地名使用证

1月25日，召开全区民政工作会议。 （区民政局 供稿）

4月22日,民政部人事司一行到上城区指导调研民政标准化工作。
(区民政局　供稿)

293份。

资料　2011年上城区经批准的标准地名:

住宅名称:山南人家

道路:浦玉路、大学路一弄、水澄路、水弄、云弄、紫弄、竹巷、兰巷、菊巷。

桥梁:全新桥、东清桥、德寿桥。

地道:清泰街人行地道、解放路人行地道、河坊街人行地道。

【婚姻登记】 2011年11月11日因其含有6个"1",被很多新人视为特殊的结婚日子。区民政局启动应急预案,提前一个月开通网上预约,增配4名工作人员,12个小时不间断办理,确保每对到场新人顺利登记,全天办理结婚登记250对。全年办理结婚登记4525对、离婚登记868对,补办结(离)婚证1230对,出具无婚姻登记记录证明6475件。

【连续7年获全省民政工作先进区称号】 3月30日,上城区被浙江省民政厅授予"2010年全省民政工作先进县(市、区)"称号,这是上城区连续第7年获此荣誉。2010年,上城区民政工作立足"保障民生,发展民主,服务社会",开拓创新,"创先争优",推出居家养老服务全覆盖工程,加强困难救助工作,圆满完成第四届社区居委会换届选举工作,深化社会工作人才队伍建设,推进标准化体系建设,各项工作取得新进展,较好发挥了民政的职能作用。　(陈学军)

人口和计划生育

【概况】 2011年,上城区人口和计划生育工作在省、市人口计生委的指导下,以中央《关于全面加强人口和计划生育工作统筹解决人口问题的决定》为指导,围绕"高举旗帜、科学发展、创业创新、建设生活品质示范区"的目标,坚持"夯实基础,攻克难点,创新亮点,提升服务,力求实效"的工作思路,不断推进生育文明建设,努力提高人口计生工作水平和服务质量,推动上城区经济和社会事业的持续稳定协调发展,各项人口计生工作有了新的发展和提高。关注民生,拓展利益导向新机制,拓展生育关怀项目,推行计划生育家庭系列保险,进一步扩大投保对象范围,提高保险保额,修改出台新的《上城区计划生育公益金实施办法》,培育2个区级"少生快富"项目,在全省首创大学生创业挑战赛,将帮扶的群体扩展到"80后"新一代独生子女。进一步强化利益导向。打造省级"三优"服务示范品牌,形成"婚、孕、生、养、育、教"整体运行格局。开展国家育婴员资质培训,打造职业化的"三优"服务队伍。强化部门协作,出台《加强和创新流动人口服务管理推进流动人口计划生育基本公共服务均等化实施方案》,开展"八免四送"均等化服务,建立、健全运转高效、保障有力的服务均等化运行机制。充分发挥基层自治组织的作用,积极探索基层居民自治复合体模式,在全区推广建立计生居民自治一体化、服务管理信息化、制度评估标准化、队伍建设专业化、优质服务均等化的"五化合一"性群众自治新模式。围绕提升工作效率,设计开发上城区计划生育绩效考核评估系统,整合八大数据库,对目标责任制绩效考核内容进行指标分解和科学评分,实现考核信息化、动态化、精细化。截至2011年底,全区户籍人口327912人,其中已婚育龄妇女55670人;外来育龄妇女46504人,其中已婚育龄妇女30245人;出生总数2668人,其中违法生育 33 例，计划生育符合率 98.8%，死亡2065 人，人口增长率 1.8‰。流动人口管理建档率 85%以上，统计误差率小于 1%，全员信息管理率 90%以上。群众计划生育知识知晓率 90%以上，新婚和待孕优生咨询指导率 100%，婚前医学检查率 87.7%，孕前优生检测率 100%，全区无违反计划生育“七不准”的行政侵权行为，无行政诉讼案件及恶性事件发生。

资料 **“七不准”**：不准非法关押、殴打、侮辱违反计划生育规定的人员及其家属。不准毁坏违反计划生育规定人员家庭的财产、庄稼、房屋。不准不经法定程序将违反计划生育规定人员的财物抵缴计划外生育费。不准滥设收费项目、乱罚款。不准因当事人违反计划生育规定而株连其亲友、邻居及其他群众；不准对揭发、举报的群众打击报复。不准以完成人口计划生育为由而不允许合法的生育。不准组织对未婚女青年进行孕检。

【提升计生服务信息化】 2011 年，上城区在充分调研、论证的基础上，设计开发上城区计划生育绩效考核综合信息管理应用软件。该新型数字化综合应用软件，将全员信息库、育龄妇女信息库、流动人口管理库等进行资源整合，并将上城区的目标责任制绩效考核内容进行信息化的指标分解。有效缓解基层工作量，统一工作要求、简化考核流程、透明考核结果、加强考核效果。通过绩效考核综合信息平台系统的建设，满足上城区人口水平评价指标数据的实时采样，进行多时段、多维度的实时分析，实现动态化的实时监测，提高政务绩效水平。

【打造“三优”工作品牌】 开展“三优”促进工作，建立以政府为主导、街道为主体和社会资源为依托的“三优”服务体系，通过强化硬件、优化软件，围绕“婚、孕、生、养、育、教”一体化，全面提升“三优”服务质量，通过开展群众性的宣传活动，扩大“三优”在群众中的影响力。各街道形成各具特色的“三优”品牌，形成整体运行格局。上城区重点培育南星街道和小营街道的“三优”指导中心。南星街道通过与浙江省全能教育研究中心合作，打造零距离、经常性、公益化的“三优”工作品牌，被省、市认可。该街道的“三优”指导中心先后承办杭州市婚育新风进万家暨“三优” 促进现场会、浙江省全能宝宝“优生两免”科普周启动仪式等大型活动，被省计生委评为全省首批“三优”工作的示范点和杭州市第三届生活品质展全城联展点。小营街道在完善“12512”工作机制上和社区教育学院联合打造 500 平方米全新的“三优”指导中心，和区教育局、区社区教育学院、小营街道卫生服务中心、孕育家园早教等中心合作，率先推出“三优”服务手册和“三优”教育体验券，通过教育资源全开放、服务项目全覆盖、参与活动全过程，让辖区的新婚夫妻、孕产妇、婴幼儿家长全面知晓“三优”促进工作。

资料 **“12512”工作机制**：即成立 1 个中心：在区社区学院成立“三优”指导中心；组建 2 支队伍：优质教师队伍、志愿者队伍；建立 5 个基地：胜利幼儿园早教基地、社区学院早教基地、天艺幼儿园早教基地、省卫生厅幼儿园早教基地、五星幼儿园早教基地；设立 12 个社区服务点：即 12 个社区计生服务室。

【基层计划生育居民自治显成效】 通过“政府推动、社会支持、志愿者协助、居民参与”的四方合作机制，

3 月 29 日，承办杭州市婚育新风进万家暨“三优”促进工作现场会。

（区计生局　供稿）

探索基层居民自治复合体模式,出台《关于进一步推进计划生育居民自治复合体工作实施方案》,探索社会公共服务新模式,在全区推广建立计生“居民自治一体化、服务管理信息化、队伍建设专业化、制度评估标准化、优质服务均等化”的“五化合一”计生群众自治新模式。10月,上城区接受国家计生委和省、市计生委的现场调研并受到领导肯定。12月29日,全省人口计生领域社会管理创新暨城市社区人口计生基层群众居民自治现场会上将紫阳街道上羊市街社区确定为大会的现场参观点,同时在全省会议上对上城区的经验做法进行交流汇报。截至2011年底,上城区已有1个全国居民自治示范社区,4个省级示范社区,3家省级示范企业。逐步实现居民自我教育、自我管理、自我服务、自我监督工作态势。

【拓展“生育关怀”项目】 首创“少生快富”大学生创业扶持项目。新培育紫阳街道上羊市街社区的“羊羊手工坊”和南星街道大学生创业园区2个区级“少生快富”项目。将帮扶的群体由单纯的计生困难家庭扩展到“80后”的第一代独生子女。在“5·29”会员活动日上,通过举办“生育关怀·创新创业”大学生创业挑战赛。15名“80后”独生子女大学生创业者共赢得14.30万元创业扶持金。拓宽家庭计生保险机制。在以往推行失业人员独生子女计划生育平安系列保险基础上,扩大保险范围,将保险的人群延伸到失业人员和流动人口独生子女家庭。将保费由原先的独生子女每人每年10元提高到独生子女家庭每户每年35元,首期已投保家庭数1204户,投保经费为8.40万元。该工作得到市计生协会会长安志云专门批示,同时在《杭州日报》首版进行宣传。修改出台新的《上城区计划生育公益金实施细则》。将政策对象拓展到女方户籍为上城区或女方居住在本区内6个月以上的外来人口。充分根据实际,提高补助标准,条款中一次性补助金额最高达到1万元。此外将因病、因读书、因突发事件等特殊困难家庭均列入补助对象给予一次性补助,实现全方位利益政策覆盖。制定《对落实长效避孕节育措施育龄妇女实行奖励制度的有关规定》和《对退出育龄期妇女开展生殖保健服务》,完善计生家庭全方位保障体系。

(严　琰)

举办大学生创业挑战赛　　（区计生局　供稿）

劳动保障

【概况】 2011年,上城区新增就业人员24364人,失业人员实现再就业13333人,其中就业困难人员实现就业4478人;再就业培训3542人,其中技能培训1756人,创业培训108人,适应性培训1678人。高技能人才培养590人、技师50人、高级技师5人。全年共有5732人享受区居家就业社保补贴、享受社保补贴1186万元。全区共有公益性岗位上岗人员1444人,拨付市级补贴2212万元、区级补贴491万元。区公益性岗位10人、岗位补贴20万元。拨付自谋职业补贴517人、179万元。700家企业享受了招用就业困难人员(2677人)用工补贴2092万元。经审核,全区灵活就业12957人、获得4857万元补贴。受理100余家企业申请稳定就业社保补贴,其中81家单位通过审核,申请补贴金额282.15万元,完成小额担保贷款6笔计50万元。上城区养老保险参保103483人,其中2011年参保9031人(不含个体参保人数);工伤保险参保115865人,其中2011年参保11022人;生育保险参保97187人,其中2011年参保6056人。办理新增企业社保开户893家,新增参保人数49316人。个体工商户参保882户,出租车司机参保8人，个人参保626人。养老金一次性支付60人。办理企业退休396人，个体退休1520人。生育支付1806人。异地基金转入1138人、异地基金转出1523人。746家企业开通网上办事，网上办事量占到全部业务量的33%以上。区劳动保障监察大队受理投诉举报案件297件、12345市长专线94件，追讨工资135.70万元；专、巡查案件3547家。督促1401家用人单位补签劳动合同5671份，督促用人单位社会保险开户107家。行政处罚36家，罚款金额17.25万元，行政处理1起。处理突发事件10起，涉及人数72人。书面审查6972家。受理、认定工伤286起。为123家企业办理"特殊工时制"审批。审批在职、失业人员正常退休1743人。审核失业人员特殊工种提前退休145人、因病提前退休95人。

【开展三方人力资源推介活动】 依托区政府"城乡统筹——萧山区、上城区、富阳市"合作平台，开展三方人力资源推介活动。在三方召开的首届人力资源推介大会上，进场设摊招聘单位202个，提供就业岗位6273个，进场求职者4700余人，报名1872人；达成初步就业意向818人。创业项目展示34个，洽谈人数781人，初步达成创业项目意向189人。

【签署人力资源合作协议】 2011年，富阳区、萧山区、上城区签署《人力资源交流合作协议书》和《职业培训合作协议书》。三地交流合作的目标是推动人力资源在区县之间、城乡之间合理流动，加快形成城乡就业市场和职业培训一体化格局，逐步建立信息互通、服务互通、平台互通的"三通"机制。人力资源交流合作协议中约定，三地要实施双向招聘计划、建立信息共享机制、搭建交流协作平台、完善信息发布网络，每年至少共同举办一次城乡统筹区县协作人力资源交流活动；职业培训合作协议书约定，三地要定期召开培训工作碰头会，重点在技能培训、技能竞赛、师资共享、项目开发等方面展开互补合作，其中与萧山的培训合作侧重在制造业，与上城的培训合作侧重宾馆饭店和家政服务业。上城与富阳两地根据《职业培训合作协议书》就共同开展养老护理专业技能培训达成一致。

【倡导街道创"双创"品牌】 在全区开展提倡"一街道一品牌"特色创建工作，各街道推出具有各自特色的品牌，其中紫阳街道推出残疾人民间艺术中心、大学生阳光乐园(实训培训基地)；南星街道推出手工创业互助组。湖滨街道吴山路社区为失业的困难群体搭建就业和创业平台"阳光工艺大舞台"，为生活在杭州的困难群体搭建展示党的政策、社会关爱和自身价值的创业平台。各街道结合自身实际，以社区为单位开展小型人力资源交流会，有针对性的为就业困难人员提供一对一的职业介绍。紫阳街道组织失业人员参加杭州市就业服务局组织的全市大学生、失业人员创业项目展示活动。八一建军节前，紫阳街道组织辖区单位和复、退军人，就业困难人员开展岗位结对安置。

【开发社区公益性岗位安置就业困难人员】 充分发挥社区公益性岗位安置就业困难人员，消除零就业家庭的作用，在开发社区公益性岗位和管理上下功夫。针对公益性岗位的使用管理政策性强的特性，每月召开一次公益性岗位专题会，对在日常工作中发现的问题逐一讨论解决，严格按照有关规定执行。2011年，全区有公益性岗位上岗人员1444人，拨付市级补贴

2011年富阳市"城乡统筹——萧山区、上城区、富阳市"人力资源交流大会

（区劳动和社会保障局 供稿）

2212万元、区级补贴491万元。区公益性岗位10人、岗位补贴20万元。

【"零距离"帮扶就业困难人群】 依托市、区二级失业人员数据库,掌握失业人员,特别是"零就业家庭"成员、就业困难人员的信息,及时送岗位信息上门,实现只要不挑不拣24小时上岗;加强对公益性岗位开发、管理,努力扩大公益性岗位吸纳就业困难人员就业;落实就业优惠政策,对吸纳持有《就业援助证》人员的企业及时给予享受规定的社保补贴等优惠;及时落实各类补贴政策。全年帮助4478名就业困难人员实现再就业,完成市人力资源和社会保障局下达的年度目标任务的1.47倍。

【落实促进就业优惠政策】 继续保持区本级促进就业专项资金不低于1800万元,确保《杭州市上城区人民政府关于促进居家就业的若干意见》和《上城区居家就业社会保险费补贴办法》贯彻执行,帮助就业困难人员通过居家就业实现就业再就业。通过设立600万元促进创业专项资金和加大对区失业人员自主创业小额担保贷款、创业投资基金为推手,实现全区"以创业促就业、创业带动就业"工作向纵深发展。拨付自谋职业补贴517人、179万元;企业招用就业困难人员用工补贴2677人、700家企业、2092万元;灵活就业12957人、补贴4857万元;享受区居家就业社保补贴5637人、申请享受社保补贴1186万元。81家单位通过审核,获得稳定就业社保补贴282.15万元。

【开展高技能人才培训】 在做好失业人员适应性培训、再就业技能培训和创业培训的同时,把培训工作重点逐步转到对在职职工的技能提升上,特别是高技能人才的培训上,与企业联系沟通,上门为企业提供各类培训服务,听取意见和建议。经过调研制定《上城区"高级蓝领455"培养工程实施意见》,鼓励辖区内企业、职业技能培训机构开展高技能人才的培训,从区促进就业专项资金中拨专款,对培养培训高技能人才的企业、学校按照培养高技能人才数给予每人200元奖励。对企业开展岗前技能培训,在岗、转岗技能培训及通过企业技能人才评价方式取得高级及以上职业资格证书的按培养人数给予每人200元培训奖励。全年技能培训1756人,创业培训108人,高技能人才培训590人、技师50人、高级技师5人。八一节前夕,组织武警上城中队40余名官兵参加了"GYB"(产生你的企业想法)创业培训。

【推进小额担保贷款工作】 2011年,上城区小额担保贷款工作进展明显,有14名正在创业的持援助证人员、失业人员分别向社区提出小额担保贷款申请。为给创业人员提供更好的政策支持和创业服务,有效解决创业人员在经营中缺乏流动资金的瓶颈问题,防范潜在的不良贷款风险,对申请人的经营情况、信用情况、是否有不良嗜好等个人基本情况进行深入调查和了解,与经办银行协商,对信用担保困难的申请人,经办银行通过其他方式进行风险评估,采取道义担保的形式对申请进行审核。力争尽快突破制约全区小额担保贷款良性增长的瓶颈,真正发挥小额担保贷款助力小微企业发展的作用。1月4日,上城区小额担保贷款借款人郑艳在杭州市区小额担保贷款首批发放仪式上,作为借款人签约代表,与浙江泰隆商业银行当场签订借款合同,收到浙江泰隆商业银行负责人发放的支票和办理开户手续后,当天就拿到浙江泰隆商业银行发放的8万元小额担保贷款。郑艳表示,这笔贷款将全部用于自己经营网店的扩大经营。全年完成小额担保贷款6笔计50万元。当年申报审核的还有11笔。

【开展"两项"调查推动社会保险全覆盖】 开展城乡居民养老保障参保情况信息登记。经过调查摸底,全区共有16周岁以上已参加和享受养老保险的253306人、未参加未享受养老保险的48691人、在校学生14085人。开展困难人员参保摸底调查。对全区3000余名具有杭州市区户籍的困难人员,开展参加基本养老保险情况摸底。上城区困难家庭成员参加基本养老保险10年(含)以上且未满15年的,共计62人;参加基本养老保险5年(含)以上且未满10年的,共计555人;参加基本养老保险未满5年的,共计1945人。

【推进城乡居民社会保障确保人人有养老】 根据杭州市加快建立覆盖城乡居民社会保障体系和"城乡统筹、全民覆盖、一视同仁、分类享受"的原则,基本建立广覆盖、保基本、多层次、可持续的基本养老保障体系。全区城镇老年居民生活保障参保申请1857人，其中1798人享受每人490元的生活保障；城乡居民社会养老保险申请3039人，其中2551人已享受每人90元的基础养老金。杭州市区支援外地建设退休回杭定居人员，申请困难补助1121人，其中纳入社会化管理1030人。

【督促个体工商户参加职工医保】 根据《关于在杭州个体工商户参加基本医疗保险有关具体操作问题的通知》，自2011年1月起，杭州市区外地户籍个体工商户，可以企业单位参保形式参加杭州市职工基本医疗保险。通过加强宣传与提高办事员办理速度等，全年办理个体工商户医疗参保1672人。确保基本医疗保险全覆盖。

【基本实现人人有医保】 全区城乡老年居民参保3864人。少儿医保参续保20059人，其中预约健康体检19056人。发放学龄前儿童市民卡1000张。组织参加全市19.60万名灵活就业人员以个人身份参加职工医保的健康体检预约。经过市医保局核准，全区城乡居民医疗保险参保率96.5%、在职职工医疗保险参保率95.8%，2011年全区医疗保险参保人数为313695人(以2010年底全区人口数为基数)。

【开展原集体企业未参保职工养老保险一次性补缴工作】 为确保养老保险全覆盖，解决原集体企业职工未参加基本养老保险、精减回乡、民办教师等无基本养老保险人员的养老问题，根据浙人社发〔2011〕221号文件及杭人社发〔2011〕305号文件规定，具有浙江省城镇户籍，未参加浙江省职工基本养老保险的，曾与浙江省各类企业建立劳动关系，或形成事实劳动关系的人员，可申请办理一次性补缴15年基本养老保险费。自2011年11月底始，经调查甄别，上城区应申请参保4996人，工资科与社险办工作人员进行信息核实，确保符合条件的申请者能尽快办理补缴费手续、领取养老金。

【提高企业退休人员幸福指数】 全区有退休人员自管小组1862个，自管骨干4032人。2011年，增发三大传统节日慰问费，共发放207261人次，计1.93亿元。开展企业退休人员困难帮扶。慰问困难企业退休人员2116人，共计87.97万元。对因病致困的退休人员救助2444人，计147.76万元。开展“送清凉”慰问，共计慰问260名困难企业退休人员。重阳节探望220名高龄、特困的退休人员，并送去节日慰问。看望大病住院企业退休人员9132人，送慰问品92.97万元。做好企业退休人员丧葬服务工作，上门吊唁死亡退休人员、料理孤寡老人丧事共1267人，送花圈及丧事料理费共计23.21万元。组织74206名企业退休人员参加文娱健身活动，共计花费557.96万元。组织260名企业退休人员，分两批参加市退管中心组织的疗养。响应“感受品质生活，安享幸福晚年”倡议，500名退休工人参加“感受品质生活，安享幸福晚年，热忱服务老人，共促和谐上城”主题游园。庆祝建党90周年，组织全区6个街道企业退休人员开展唱红歌比赛。

【用工违法案件持续下降】 2011年，劳动保障监察共受理投诉举报案件297件、12345市长专线94件，追讨工资135.70万元；专、巡查案件3547家。督促1401家用人单位补签劳动合同5671份，督促用人单位社会保险开户107家。行政处罚36家，罚款金额17.25

举办杭州市上城区企业退休人员游园活动　　（区劳动和社会保障局　供稿）

万元,行政处理1起。处理突发事件10起,涉及人数72人。书面审查6972家,发放宣传资料2万余份。全年劳动保障群体性案件和一般性劳动监察投诉案件较上年(指2010年,下同)分别下降75%和26.6%,下降幅度明显。书面审查较上年上升11.5%。案件办结率98%以上。全年共开展专项监察8次,即开展用人单位劳动规章制度和带薪休假执行情况监督检查专项行动,共检查用人单位175家、9897人;开展整顿人力资源市场秩序"春雷专项行动",共检查14家、890人;开展用人单位劳动(工作)场所监察检查,共检查186家、1058人;开展小企业劳动合同管理专项检查,共检查446家、13559人;开展家庭服务企业摸底调查,共调查12家、127人;开展用人单位遵守劳动用工和社会保险法律法规情况专项检查以及"春苗行动",共检查104家、27836人;开展劳务派遣用工情况检查,共检查6家、3988人,摸清上城区劳务派遣单位的基本情况,为进一步依法规范和管理,促进劳务派遣单位用工和谐创造条件。

资料 **"春雷专项行动":**指清理整顿人力资源市场秩序专项行动。通过规范人力资源市场秩序,加强对职业中介和用人单位招工行为的监督,切实维护广大求职劳动者的合法权益,实现人力资源市场良性发展。

"春苗行动":指打击非法使用童工专项行动。通过对劳动密集、中小型企业及城乡结合部等易发生使用童工违法行为的企业,在遵守禁止使用童工规定以及女职工和未成年工特殊劳动保护规定情况下进行检查,形成对非法使用童工违法行动的高压态势,切实保护儿童、未成年工和女职工的合法权益。

【开展"春苗"专项行动】 面向企业尤其是劳动密集型企业、服务型企业,上门发放宣传手册、《中华人民共和国劳动保险法》、《禁止使用童工规定》、《浙江省实施〈禁止使用童工规定〉办法》等法律、法规,督促企业依法为员工缴纳社会保险,自觉杜绝使用童工;由各劳动保障监察中队对本辖区内的用人单位进行上门专查,深入企业工作场所,对企业劳动者具体情况进行面对面检查,对年龄有疑问员工,进行身份证核实,以查明是否属于童工;对专查中发现用人单位违法使用童工的,依法予以处罚。此次专项行动共检查用人单位226家,涉及劳动者4290人,用人单位社会保险参保率达到100%,行动中依法查处非法使用童工单位1家。依法对其作出行政处罚。

【创新劳动保障监察工作机制】 创新劳动保障监察工作机制。率先在全市试点推行说理性行政处罚决定书。清波劳动保障监察中队,试点推行说理性行政处罚决定书,被评为全市劳动保障监察系统说理性行政处罚十佳单位。建立案件主办协办机制。建立由主办监察员对案件受理、立案、办理和结案的各个环节负首要责任,协办监察员负次要责任。重大案件实行集体讨论和报请上级部门,层层把关的工作机制。完善"四个一"信息采集机制。监察员对所辖区域必须做到采集的信息及时汇总一遍,对责任区域走访一遍,定期对企业情况梳理一遍,对巡查专查投诉案件台账整理一遍。健全"五查五建三勤"劳动监察动态管理机制。建立欠薪突发性、群体性事件快速处理机制。依据《上城区涉及劳动保障方面群体性事件应急预案》建立一整套应对欠薪突发性、群体性事件的快速介入,动态掌握,强化源头控制,迅速平息群体性欠薪事件的工作机制。建立联合执法机制。与安监、建设、卫生防疫等部门配合,形成合力,开展联合执法,有效处理涉及多部门、复杂程度高的劳动违法案件。参与平安上城110社会联动机制。2011年5月,区政府创新社会管理模式,成立平安上城110社会联动管理中心,区劳动保障局被确定为该体系的二级响应成员单位。劳动保障监察大队根据局领导班子专题会议决定,接平安上城110社会联动管理中心下达的指令,联合有关监察中队,第一时间派工作人员前往事发地,及时处置,并以最快速度反馈相关情况及处理结果。

资料 **"五查五建三勤":**"五查"即查清辖区企业数、职工人数、合同签订情况、社会保险参保缴纳情况、员工工资支付情况;"五建"即建立企业单位书面审查登记表、建立完整的用工企业档案、建立企业联系卡、建立劳动保障监察责任制、建立来电(访)投诉登记表;"三勤"即动态管理更新勤,采集信息跑得勤,走访企业联系勤。

【建立"说和"式柔性调解机制】 2011年,区劳动争议仲裁委员会共受理案件138起,其中裁决结案41起、调解结案75起,6个街道人民调解委员会共调解劳动纠纷97起,调解金额27.63万元。为用人单位和劳动者维权138.60万元,其中为劳动者维权133.60万元,为企业维权5万元,调解率81.5%。通过在源头建立预防为主的利益协调机制,在基层建立通畅的诉求表达机制,在处置时建立调裁诉紧密衔接的矛盾调处机制等社会管理新方法。既缩短了办案时间,又提高结案时效,有效避免类似纠纷再次发生。全区6个街道、54个社区和组建工会200人以上企业,均建立劳动关系调解委员会并参与劳动争议调解,基本实现矛盾纠纷化解在基层的目标。开辟劳动集体争议案件调解裁决"绿色通道"。制定区劳动争议调解仲裁工作应急预案。开辟针对10人以上集体争议的"绿色通道",即发生集体劳动争议时,立即按"优先立案、优先审结、着力调解、稳定处置"的原则,予以当日受理、当日立案,当日组织力量介入调查,尽力促成双方协商、和解。对经调解不能达成一致的,则在最短时间内予以裁决结案。

【建立劳动保障监察与劳动争议仲裁协调联动机制】 充分发挥三级调解组织的优势和作用,整合街道劳动保障监察中队在调查处理劳资纠纷中的作用,形成劳资纠纷调查处理与调解的合力,建立劳动保障监察与劳动争议仲裁协调联动机制。出台《关于进一步做好劳动争议调解工作的通知》,确立劳动保障监察员既是监察员也是调解员。建立劳动保障监察与劳动争议仲裁信息沟通,业务研讨制度。为妥善处理在解决劳资纠纷中产生的交叉问题,协调配合处理劳资纠纷,针对有交叉的案件或事项、易引发劳动者产生过激行为的劳资纠纷或因企业负责人逃逸(隐匿)、企业终止等易引发的群体性案件,监察与仲裁主动协调,支持配合,发挥各自的优势,妥善依法处理,迅速平息事态,维护劳动关系和谐和社会稳定。2011年,劳动纠纷投诉及争议仲裁案件处理呈现"二降一升"态势,即正在依法调查处理中,但因各种因素导致升级(或扩大化)的劳动纠纷案件大幅下降;因劳动纠纷导致的群体性(或突发性)案件大幅下降,通过调解得到有效化解或圆满解决的劳动纠纷案件有较大幅度上升。

【搭建劳资关系协调新平台】 建立以"一茶一椅一微笑"服务模式,为劳资双方搭建劳资关系协调平等对话平台,实现当劳资双方有矛盾纠纷时,均能通过劳动关系调解工作机制,找到交流沟通的平台,通过沟通交流逐步化解纠纷解决矛盾。同时有效缓解劳动者因在劳资纠纷处于劣势而产生的自卑、紧张情绪,让劳资双方均感受到尊重,有效避免劳资矛盾扩大而引发集体争议案件。

【劳动保障局系统合署办公】 12月10日,区劳动保障局所属区就业管理服务处、社会保险办公室、医疗保险办公室、劳动争议仲裁、工资保险、劳动保障监察等所有窗口部门科室,集中位于光复路100号劳动保障办事大厅开展对外服务,实现办事群众能在一个大厅办完所有要办的事项,结束劳动保障局服务窗口分散、群众在各窗口间来回奔波的状况,提升服务质量。

(陈旭晖)

外来务工者在上城

【开展新杭州人迎新春联谊活动】 为深入践行"工会是娘家"的承诺,丰富为杭州创造良好品质生活环境做出巨大贡献的新杭州人的精神文化生活,1月7日,区总工会联合西湖、下城、拱墅、高新(滨江)等四城区总工会组织3000名外来务工者在宋城景区举行2011年新杭州人迎新春联谊活动。请外来务工者观看宋城大戏——"宋城千古情",同时为他们送上一份年货。拉开上城区"心系职工情,温情进万家"为主题的送温暖活动序幕。

【为外来务工人员派送腊八粥】 腊八节是中华民族的传统节日,湖滨街道东平巷社区举办"暖暖腊八粥,共同迎新春"为主题的"腊八节"活动,李宝赢堂中药馆和辖区志愿者积极参与,购买熬制腊八粥的原材料,现场开烧派送,为离乡背井的外来务工人员送上暖暖的腊八粥,送上温情的关怀和亲切的问候。

(年鉴编辑部)

【启动"小候鸟"暑期护航计划】 清波街道依托中国美院大学生志愿者资源,开设七彩童年、硬笔"书"论

举办"童玩讲堂"——漫画孔子学说教学辅导活动　　(清波街道　供稿)

语、创意空间等绘画、书法、手工艺制作免费教学课程。搭建"四点半学校"、"童玩讲堂"等载体，为有需要的少年儿童提供趣味教学辅导。举办"悦读历史，爱我中华"读书活动、"孙中山与辛亥革命"专题教育讲座等，并整合杭州孔庙、西湖国学馆等资源，举办"品读经典，传承文明"系列活动周，提高未成年人的思想道德素质。发挥青少年心理导航站的作用，针对外来务工人员子女的性格、行为特点，"量身"定制心理辅导课程。同时，开设居家、消防、交通、饮食安全知识等培训班，提高他们的安全自护意识和能力。在暑假期间，利用社区图书室、电子阅览室等场地，有计划地定时向外来务工子女开放，为其开展自主学习和增加课外知识提供有效平台。

【"五举措"确保春节前农民工领取足额工资】 区劳动和社会保障局做好劳动保障监察接访工作，为农民工举报投诉提供便捷维权通道。上城区域内60多个建筑工地都按标准设置了农民工维权告示牌；投诉举报电话24小时保持畅通，监察大队负责人和6个中队首席监察员做到24小时手机开机；实行7天工作制和首问责任制。及时处置因拖欠农民工工资而引起的群体性突发事件。迅速稳妥地处置2起突发事件，有效维护社会稳定。加大宣传教育力度，营造依法保障农民工权益的良好社会氛围。加大农民工工资专项检查的执法力度，规范用人单位支付工资行为，开展全区农民工工资专项大检查活动。配合建设行政部门开展工程款清欠和支付农民工工资工作，对清欠的工程款优先保证支付农民工工资。　(柳景春)

【承办首届文艺团队联合会艺术节】 11月28日，首届文艺团队联合会艺术节暨第八届上城区"城市一家人"外来务工者艺术节在吴山广场举行开幕式。艺术节以中共十七届六中全会精神为指导，以创文化名区、深化文化惠民工程为基点，由声乐、戏曲、舞蹈、美术、摄影等28项专题系列活动组成。市、区相关部门负责人，各街道分管副书记，文化站长，全区文化业余团队代表，省、市文化馆及部分城区文化馆馆长，省、市文艺界大腕及区首批文化志愿者代表吴山明、刁玉泉、吴宗其、舒锦霞、马建华、周志华、朱炳仁、张伟等3000人参加开幕式。开幕式场面壮观、队旗林立、锣鼓喧天、热闹非凡，既有不同门类文化团队广场展示，又有中心舞台精品节目展演，开幕式上还进行了星级团队颁奖、向区文化志愿者分会授旗等活动。　(张雪梅)

【为外来务工人员维权帮扶构筑双保险】 望江街道通过构筑外来人员法律援助网络、搭建外来人员维权服务点的形式，为外来人员维权帮扶筑起双保险。2011年，受理各类劳动纠纷案件共70件，涉及人数110人，结案率94.3%，索回工资及各类补偿金共计53.60万元。

【打造外来务工人员青少年活动基地】 望江街道集合辖区外来务工人员子女聚集等实际问题，打造拥有300平方米室内活动中心和200平方米户外活动场所的外来人员青少年活动基地。依托街道、社区、学校三方联管网络，组织开展"我爱夜杭州"主题征文活动、"我爱我的祖国"摄影比赛、"小候鸟"夏令营、"爱的惊喜，献给母亲"等系列主题活动。设立由社区志愿者、学校辅导员、教师和社区工作者为辅导团队的"心海心语减压教室"，面向外来人员青少年开展专业心理辅导。该基地被浙江省关心下一代工作委员会授予

“浙江省青少年思想道德建设实践活动基地”称号。（周廷波）

【关爱流动留守妇女儿童】 根据《上城区关爱流动留守妇女儿童实施意见》精神，以加强阵地为基础，以完善制度为保障，以“法律维权与流动留守妇女儿童发展”为主题，开展关爱行动，关注流动留守儿童的身心成长，促进外来务工家庭的稳定和谐。在全市关爱行动优秀实事项目评选中，上城区“关注孩子精神世界的业健康——开展学生‘1+6’法律维权社会助力”与“异乡姐妹的心灵港湾——外来务工妇女的新家”两个项目分获一、二等奖。望江街道妇联“异乡姐妹心灵港湾”工作入选省妇联优秀维权案例(模式)，在全省进行学习推广。（冯　怡）

望江街道外来务工人员青少年活动基地　（望江街道　供稿）

> **资料　“1+6”**：“1”指区教育局，“6”指上城公安分局、区人民检察院、区人民法院、区司法局、区综治办、区妇联6个单位。

【新杭州人学法大讲堂】 湖滨街道针对辖区外来人员数量众多的状况，于2007年正式开办“新杭州人学法大讲堂”。2011年，根据新杭州人的需求设计“学习菜单”，相继开设《中华人民共和国劳动合同法》、《中华人民共和国工会法》、《中华人民共和国消防法》、《中华人民共和国禁毒法》、《中华人民共和国治安管理处罚法》等专题讲座，开展普法教育活动110余次，受教育的“新杭州人”已达1.60万人次。

【新杭州人文化家园】 湖滨街道总工会新杭州人文化家园集“职工书屋”、“职工学校”、“职工俱乐部”为一体，辖区内职工可以通过书屋借取门类齐全的图书，达到娱乐休闲、增长见识、增加学识的目的；职工学校通过设立实用性强、社会需求广的培训项目，为广大的困难职工和失业人员提供一个成才就业的舞台；职工俱乐部里有棋牌、健身器材，通过组织一系列有益身心、放松的活动，给广大职工在闲暇之余提供活动交友的场所。更新电脑、投影仪、健身器材、投影机等硬件设施，举办各种文体活动，丰富职工业余文化生活。（高　雯）

民族　宗教

【概况】 2011年，上城区民族宗教事务局认真宣传贯彻党和国家的民族宗教方针政策，积极参与涉及民族宗教突发事件的处置、协调。依法加强对宗教队伍的管理、场所的安全、突发事件的防范、违法传教的查处；结合第六次人口普查掌握全区少数民族人员情况(包括外来人员)，补充信息资料。把握相关信息、掌控人员动态、了解相关需求。为促进平安上城建设，发挥民族宗教工作在促进社会和谐中的作用，维护民族宗教领域安定、稳定作出积极贡献。全年组织宗教界人士例会4次，按照民族自治条例政策规定及相关人员的申请，办理民族变更5例。

【加强民族宗教工作】 根据民族宗教工作不断出现的新情况、新问题，制订《上城区处置少数民族突发性事件指导性意见》、《上城区民族宗教工作三级管理网络、二级责任制意见》。探索民族宗教工作新路、完善民族宗教工作机制、健全民族宗教工作网络，督促、指导各宗教活动场所进行自身建设、完善规章制度等管理工作。在调查研究的基础上，撰写《对我区民族宗教工作的认知与思考》，为中共上城区委、区政府决策提供参考。

【定点帮扶少数民族村】 贯彻落实杭州市委统战部“关于少数民族低收入群众增收帮扶行动计划”的部署，筹措资金，对金华市武义县俞源乡阳畈村(少数民族村)开展定点帮扶活动，捐赠帮扶资金10万元。

(毛健儿)

人民生活

【概况】 据市区居民家庭抽样调查显示，市区居民人均可支配收入34065元，比上年(指2010年，下同)增加4030元，增长13.4%，连续8年呈两位数增长。市区居民人均消费性支出为22642元，比上年增长12%。人均支出中，食品支出为8355元，比上年增长7.2%，恩格尔系数为36.9%。

(莫　晨)

残疾人事业

【概况】 2011年是实施残疾人事业“十二五”规划的开局之年。一年来，上城区残联围绕“缩小差距、协调发展、共享小康、走在前列”目标，以强化残疾人保障和服务两大体系建设为抓手，以杭州举办残运会为契机，履行代表、服务、管理职能，抓基础、抓调研、抓队伍、抓创新，推动残疾人工作的开展，提高残疾人的整体素质，改善残疾人平等参与社会生活的物质条件和社会环境，各项工作取得显著成绩。上城区被评为浙江省扶残助残爱心城区，区残联被评为“十一五”时期杭州市残疾人工作先进等。

【创建省首批扶残助残爱心城市(区)】 上城区扶残助残爱心城市(区)创建工作特色鲜明，成效显著。首创“15分钟”社区康复服务圈；在全市率先开展“无障碍设施进家门”工作；首建残疾人“爱心”电话网；开创“虚拟居家安养院”新模式；成立残疾人文化艺术展示中心；营造良好的社会参与氛围。2011年6月，上城区被浙江省政府评为省首批扶残助残爱心城区。

【出台推进托(安)养工程办法】 为进一步加强残疾人保障工作，制定出台《关于推进上城区残疾人托(安)养工程的实施办法》。办法规定依据现有残疾人的客观需要，实施针对性的建立托(安)养等一系列保障措施，包括开展集中托养、提供居家安养上门服务、发放特别护理费和实施残疾人津贴制度。实现对所有残疾人的全员覆盖，提升残疾人生活保障水平，共享“爱心上城”的品质生活。

【扎实推进康复工程】 康复工程建设措施有力，资金落实，服务到位。2011年，投入63.96万元，免费为全区3198名残疾人体检，为229名常年卧床不起的残疾人提供上门体检服务。对全区6490名残疾人进行康复需求调查，对白内障患者、有助听器、助视器需求的患者、假肢安装者，进行建档列册，实行跟踪服务，做到发现一例救助一例。投入17.70万元，为18名低视力者免费验配助视器，免费实施5例“白内障复明术”，免费为4名下肢缺损者安装假肢，免费为21名听力残疾人验配助听器，对14名贫困残疾儿童实施抢救性康复措施，其中聋儿语训6人，智障康复2人，孤独症康复3人，脑瘫康复3人。

【工疗站建设成为新亮点】 探索阳光庇护产业，工疗站改扩建7处，为区填补该工程建设的空白奠定基础。进一步推进托养工作，6~7月，区残联到各街道社区进行调研，走访50户残疾人家庭，为出台制定相关政策打下基础。继续开展残疾人社区康复服务示范站创建活动。创建残疾人社区康复服务示范站51个，占全区社区总数的0.9%。开展“仁爱家园”事业单位登记工作，加强“仁爱家园”规范化建设。

【巩固残疾人保障和服务体系的基础】 贯彻落实区委、区政府《关于加快推进残疾人事业发展的实施意见》，拓展基础工作，完成全区残疾人基础信息采集工作，推进残联工作的信息化、标准化建设，提高管理效能。加强对社区残协专职委员队伍的管理，出台《上城区社区残协专职委员管理实施细则》，明确社区残协专职委员考核评分标准和考核办法，实行分级管理、月月考评、奖惩结合、一年一聘，末位淘汰的工作机制；同时也提高了社区残协专职委员的待遇。通过6个月的实践，激活社区专职委员工作积极性，提高工作效率。

【创新就业培训思路】 依托区社区教育学院和杭州市杨绫子学校的资源优势，探索建立残疾人培训就业基地的新路子。2011年，举办各类残疾人培训4期，参加人员60人次。培训的内容有电子商务、工艺美术、手工制作等残疾人职业技能，同时组织人员参加市残联举办的有关培训，并和市残联职教中心合作，组织举办一期紫砂壶制作培训，取得很好的效果。

【鼓励残疾人自主创业】 坚持集中安置和分散安置相结合的原则，重点鼓励残疾人自主创业。通过举办残疾人就业招聘会、开发残疾人居家就业、社区就业、网络就业等形式，提高残疾人就业率。5月，会同区就业管理服务处、杭州胜蓝企业管理咨询有限公司，在区社区学院举办残疾人人力资源交流大会。维景大酒店、绿盛集团等40家企业单位参加招聘大会，为残疾人提供就业岗位30个。150多名有劳动能力且有就业意向的残疾人到招聘现场与用人单位面对面接触、交流，有16名残疾人与用人单位签订就业意向书。对自主创业的残疾人及时发放杭州市残疾人享受优惠政策登记本，并对有需要的残疾人创业者提供工商、税务营业执照，营业场所的租赁等方面给予帮助和指导。

【提升残疾人生活保障水平】 坚持“普惠加特惠”的残疾人生活保障机制，提高残疾人物质生活水平和应有的社会地位。按照“应保尽保”的原则开展对残疾人的扶贫帮困工作。2011年，残疾人最低生活保障审核认定(即低保或残保)823人次，发放生活补助538万元。对突发性困难残疾人进行临时救助。发放水电费补助、重度残疾人家庭临时补助等206.70万元。审批特困补助5次，补助资金8万元。对全区持证(指残保证、低保困难证)困难残疾人1057人实施扶贫困难补助，以“春风行动”为载体，春节期间走访慰问投入慰问资金及慰问品30万元，覆盖率100%。

【丰富残疾人文化体育生活】 组织优秀节目参加第五届杭州市盲、聋、培智学校学生艺术汇演。《阳光少年共享八残》、《花儿为什么这样红》2个节目分别获得培智类第一、二名。上城区还获得1个创作奖、1个辅导奖，区残联获得了组织奖。4月12~14日，联合区文化馆举行了区“共享小康——寻找最幸福的残疾人”摄影比赛，收到136件参赛作品，其中79件作品推荐杭州市“共享小康——寻找最幸福的残疾人”摄影比赛，并获得1个二等奖，3个三等奖，18个入围奖。组织残疾人观看全国第八届残疾人运动会。

【营造关爱残疾人的社会氛围】 以“全国助残日”活动为契机，加强宣传，扩大影响。开展“爱耳日”、“爱眼日”、“精神卫生日”等大型活动，营造全社会都关注残疾人、关爱残疾人、扶残助残的社会氛围。各街道和社区结合各自特点，发挥自身优势，广泛开展形式多样的助残活动。湖滨街道以“志愿者服务队”、“社区扶残、助残”功能队伍为主体人员，为社区残疾人服务。清波街道创新工作思路，组织残疾人进行形式多样的培训，提高就业机会。小营街道组织社区内单位、志愿者及残疾人为困难残疾人开展“送温暖，办实事”便民服务。紫阳街道成立残疾人法律救助工作站，聘请浙江德名律师事务所为残疾人提供法律服务，解决残疾人法律咨询难、请律师难、打官司难、无力支付法律服务费用等问题，为残疾人搭建维权平台。

【做好残疾人体检工作】 为方便残疾人就近体检，2011年，残疾人体检工作由各街道社区卫生服务中心承接，提供采血、B超、内科、外科等10余项检查，安排专人为残疾人提供服务。对229名行动不便或长期卧床的重度残疾人，抽调专业医疗人员组成医疗队上门服务。2011年，投入60万元免费为辖区3167名残疾人体检。为每位残疾人建立健康档案，提出个性化康复建议，并做好医疗救助、优惠服务以及配发辅助器具等后续服务。

【举行迎第八届残运会广场文艺晚会】 9月27日，区肢残人协会、无障碍环境促进会和残疾人艺术团联袂举办“五星红旗迎风展上城，金桂飘香全国残运会——上城区残疾人庆国庆、迎八届残运会广场文艺晚会”，来自6个街道近200名残疾人和在广场游玩的市民共同观看演出。 (俞坚民)

湖滨街道

【概况】 湖滨街道北起庆春路,南至西湖大道,西邻西湖,东至中河,辖区面积1.60平方公里,是杭州市的窗口地段和商贸旅游中心,属于上城区经济和社会事业发展的重点区域。街道下辖涌金门、青年路、东平巷、岳王路、东坡路6个社区,辖区居民11804户,户籍人口34660人,辖区企业3027家,其中行政事业单位251个,大中型商务楼16幢,医院5所,中学1所,小学3所,幼儿园1所,金融单位16家,其中银行业4家、证券公司1家、保险公司10家、期货公司1家。房地产开发公司48家,住宿餐饮129家,交通运输业13家,建筑业45家,批发零售业2051家,服务业863家,个体户1043户。

2011年,街道引进企业159家,完成合同外资700万美元,实际外资1357万美元;实际到位内资16亿元,完成全年目标100%;其中市外资金12.50亿元,完成全年目标100%。2011年,实现财政总收入6.89亿元,比上年(指2010年,下同)增长20.7%;地方财政收入完成4.17亿元,比上年增长20.2%。地方财政收入占财政总收入比重的60.5%,比上年同期增加0.2个百分点。2011年,湖滨街道获全国社区服务示范街道、全国城市社会工作示范街道、浙江省学习型党组织建设工作先进单位、浙江省学习型党组织创新案例(湖滨论坛)、浙江省优秀宣讲团(品质湖滨民间宣讲团)、2006~2010年普法教育依法治市先进集体、2010年度杭州市健康单位、2010年度杭州市中东河综合整治与保护开发工程先进单位、杭州市"十一五"人口和计划生育工作先进集体、2009~2010年度杭州市无偿献血工作先进集体、2010年度杭州市生活垃圾分类工作先进集体、杭州市妇联基层组织建设示范单位等30余项荣誉。东平巷社区被评为浙江省计划生育工作先进集体,青年路社区被评为浙江省档案规范化社区。街道的各项工作得到国家、省、市有关部门的高度重视和充分肯定。中央维护稳定工作领导小组办公室、中国社科院的专家学者、国务院发展研究中心副主任卢中原,省委常委、市委书记黄坤明相继到街道调研"湖滨晴雨"工作室和社会管理创新工作;浙江省副省长王建满到青年路社区调研为老服务工作;市委副书记叶明到东平巷社区调研党风廉政建设工作。湖滨街道建立的民情民意收集机制被中央办公厅《转报》录用,"湖滨晴雨"工作室民情观察员上街"挑刺"的做法被杭州市委办公厅《专报》录用,经报省、市领导,已在全市层面进行交流推广。

【获"全国社区服务示范街道"称号】 湖滨街道通过组织、场地、资金、人员和制度"五个保障",建立社区服务三大网络,重点抓好社区服务业。整合人力资源,形成优质、便捷的公共服务体系,6个社区均成立公共服务工作站,初步形成社区党委、社区居委会、社区公共服务工作站"三位一体"组织架构。整合社区资源,形成便民、利民的日常服务体系,在青年路社区和东坡路社区公共服务站成立"帮一把"服务中心,提供实惠的便民服务。2011年,为138名离休老干部每月提供居家养老服务3072小时左右。整合服务资源,形成公益服务体系。截至2011年,湖滨地区各类社区社会组织108家,公益服务覆盖协会、文艺团体、志愿者组织、自治组织等。2011年,湖滨街道获"全国社区服务示范街道”称号。

【获“全国城市社会工作示范街道”称号】 2011年11月，中国社会工作协会在南京召开全国社区社会工作推进会议，湖滨街道获“全国城市社会工作示范街道”荣誉称号，东平巷社区获“全国城市社会工作示范社区”荣誉称号。湖滨街道在社会工作上积极探索，大胆创新，推“管理”向“管理和服务”转变、管理由经验型向科学型转变，社区工作者职业化、专业化水平不断提升，社区社会组织、社区志愿服务得到加强，涌现出“人人立项目承诺办实事”、“湖滨晴雨”工作室、“帮一把”社区便民服务社、“时间银行”特色志愿服务队等社会管理服务品牌。

【“湖滨论坛”被评为建设学习型党组织创新案例】 2011年1月，湖滨街道“湖滨论坛”在浙江省建设学习型党组织典型案例评选活动中被评为创新案例，是全区唯一获此殊荣的案例。“湖滨论坛”是街道打造学习型党组织的载体和桥梁，党组、政府、专家、学者各方智慧在此汇聚碰撞，产生思想的火花和能量。“湖滨论坛”建立机制提供宣讲“菜单”供党员点课，并成立宣讲团深入基层宣讲，变学习内容“一道菜”为“一桌菜”、变学习态度“要我学”为“我要学”，变学习阵地“一枝秀”为“百花放”、变学习路径“单行道”为“多行道”，变学习成果“书面化”为“实践化”，凸显党组织的引领凝聚功能。12月27日，省委组织部和省委宣传部联合发文，表彰全省107个学习型党组织建设工作先进单位，湖滨街道党工委获浙江省建设学习型党组织建设工作先进单位。

【“湖滨晴雨”工作室】 “湖滨晴雨”工作室是国内首个街道（社区）层面的综合性民主民生互动平台，通过工作逐步形成“一室、六站、两员、四报”的工作格局，开辟了一条上情下达、下情上报的“绿色通道”，既为公共事务的民主参与、民主协商提供了平台，又为畅通民意、改善民生提供了有效支撑。被评为2011年度“杭州最具生活品质体验点”、2011杭州生活品质总点评“社会沟通我们参与”年度人物。该工作室是街道搭建的党政、市民、媒体三位一体的社区民主民生平台，蕴含“民情晴雨表”之意。工作室在整合街道“社情民意信息直报点”、“社会舆情信息直报点”、“草根质监站”、“和事佬”等资源的基础上，形成了一套较为健全的运行机制，初步实现协调社会关系、服务居民群众的功能。2011年，通过民情恳谈会、电话等多种方式收集民情民意1364条，及时做好沟通反馈工作，有效解决了一批民生问题。“湖滨晴雨”工作室被杭州市委党校确定为现场教学基地，得到省委书记赵洪祝，省委常委、市委书记黄坤明，市委副书记王金财、叶明的批示肯定，被列为中国社会心态观测点，被收录入中科院社科所于2011年5月主编出版的《中国社会心态蓝皮书》。

资料 **“一室、六站、两员、四报”：**“一室”指湖滨晴雨工作室；“六站”指街道下辖6个社区民情气象站；“两员”指民情预报员和民情观察员；“四报”指民情气象一天一报、民生焦点一周一报、民生时政一月一报、民生品质一年一报。

【家庭垃圾分类实名制】 家庭垃圾分类实名制是湖滨街道在实行垃圾分类中不断总结和探索的一项创新举措，对家庭垃圾分类情况进行实名登记、监督、指

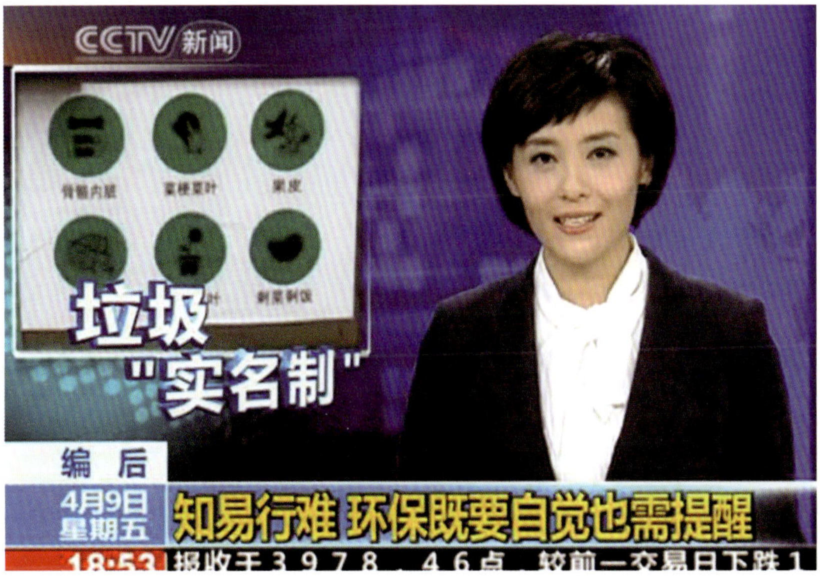

中央电视台“共同关注”栏目就街道垃圾“实名制”进行播后评论

（湖滨街道 供稿）

导、考核，建立“一户实名、一袋分类、一日三投、一人监管、一册登记、一栏公示、一纸提示、一月评比”的“八个一”机制。在发放的厨房专用垃圾袋上，贴上每户居民的门牌号标签，居民只要投放厨房垃圾，社区就可以对该居民投放的垃圾分类情况进行打分，然后在楼道公示，相关做法在取得实际成效的同时被中央电视台新闻频道“共同关注”栏目等多家媒体报道。3月24日，《人民日报》以“实名制管得好垃圾分类吗？”专题报道湖滨街道在全国率先推出的垃圾分类实名制工作，通过实名制解决责任不清问题，居民垃圾分类要有监督和约束、分类准确率比一般社区高20%，实名制在争议中取得成效3个专题及专题评论，全面、系统报道湖滨街道的垃圾分类实名制工作，肯定了该做法所取得的初步成效。街道试点小区试行垃圾实名制后，垃圾分类投放准确率、分类准确率均提高到80%以上，比杭州市垃圾分类的平均投放准确率53.6%和分类准确率60%高出20个百分点。这也是该做法继报道之后的又一中央级媒体报道。

【“帮一把”五小服务工程】 湖滨街道以“帮一把”为民服务社为中心推出“帮一把”五小服务工程，鼓励辖区内“五小”（小修理、小理发、小餐饮、小洗烫、小超市）行业服务单位参加，首批发展便民固定网点53家，流动摊点10家，通过科学引导、合理布局，强化社区便民、利民服务点建设。建立为民服务一条街，形成便利、便宜的社区服务体系，为居民解决日常生活中遇到的生活难题。依托街道敬老院和“帮一把”为民服务社，建立湖滨老年百味食堂，采用“政府扶持，公办民营，民办公助”的经营理念，实行专人专供、专人专送、专人专享的“三专”送餐模式和定时、定量、定价的周到服务，为辖区老人提供价廉物美的中、晚餐送餐上门服务。以菜色丰富、价格实惠、卫生营养、方便快捷等特色受到了老人们尤其是空巢、孤寡老人的欢迎，受惠人数从最初每天80人次到现在250人次。

【“涌金红星”微博社会管理创新实践】 湖滨街道涌金门社区在区、街推行区域化大党建和探索创新社会管理实践的基础上，结合纪念建党90周年开通“涌金红星”微博（http://t.qq.com/yongjinmen），设置“党员会客厅、涌金生活馆、功能性党支部、闪耀红星”四大广播栏目，开展网上网下互动、与社区党委政府互动、与知名网站互动活动，有提问及时解答，有好事及早宣传，在加强党员管理、提升服务水平、推进基层民主中发挥重要作用。与此同时，社区还发动广大党员建微博，形成互动“红星团”，党员在网上互动中交流学习、反映民情、比拼技能，形成网上“博来博往”，网下“红星闪耀”的生动局面，成为基层社会管理创新的一大品牌。省委常委、组织部部长蔡奇写微博对涌金门社区通过“涌金红星”微博强化党委凝聚力和提升社区服务力的做法给予充分肯定。

【成立街道区域化党建共建工作委员会】 为加强区域化党建共建工作，整合辖区共驻共建力量，助推基层社会管理创新。10月13日，湖滨街道在区委组织部指导下，在全区率先成立街道区域化党建共建工作委员会，构筑“1+6+X”区域化党建共建工作新格局。即建立1个街道区域化党建共建工作委员会、6个社区党建共建联合会，组织辖区140家机关、企事业单位、“两新”组织、职能部门、社区党委、社区社会组织共同参与。构筑街道主导、社区支撑、辖区互助的社会服务大平台。建立党群建设、经济发展、民生保障、生态环境、平安维稳、精神文明6个专项协调组提供服务。形成职责明确、联结各方、扎实有效的共建共享长效机制。制作《湖滨街道区域化党建共建工作委员会工作手册》，搭建活动平台，形成长效共建共享机制，引导辖区单位和群众共建幸福家园、共享品质生活。

【获“浙江省优秀宣讲团”称号】 “品质湖滨”民间宣讲团成立于2008年，共有宣讲员38名，来自机关、社区、辖区单位的在职党员和居住在湖滨的德高望重的离退休老干部、老教师，新闻战线资深老记者和优秀老党员等，他们政治信念坚定、经验丰富、精神崇高、作风优良。该宣讲团相继开展了革命传统宣讲、主题教育辅导、形势任务教育、热点难点解读、核心价值倡导五大方面的教育活动，取得了较好成效，2011年，“品质湖滨”民间宣讲团被省委宣传部评为浙江省优秀宣讲团。

【获杭州市妇联基层组织建设示范单位】 湖滨街道党委政府高度重视基层妇联组织建设工作，完善基层组织网络，探索新形势下基层妇联组织建设的新路子，使基层组织建设上新台阶。各基层妇联组织坚持“政府委托、妇女需要、市场缺位、妇联所能”的工作定位，充分发挥组织、引导、服务、维护妇女儿童合法权益的作用，开展庭院整治、创业行动等一系列工作，实施了创业创新、素质提升、权益保障、固本强基四大实事工程，为巩固党的执政基础、扩大党的群众基础、维护妇女儿童合法权益作出贡献。2011 年，湖滨街道妇联被评为杭州市妇联基层组织建设示范单位。

【获评“杭州市青少年低碳体验点”】 湖滨街道自 2010 年成立“青少年节能减碳工作室”以来，相继开展一系列活动。以“我的低碳生活”为主题，发挥“小宣传员”、“小监督员”的作用，以宣传环保小知识、发现环保小窍门、动员家长参与低碳行动、低碳绘画创作等形式开展各类环保实践活动，组织和引导少年儿童从身边做起，从点滴小事做起，从小养成节约资源、爱护环境的环保意识和良好的行为习惯。通过“绿色低碳”主题活动的实践，同学们了解到低碳生活正在走进千家万户，同时体会到爱护环境、节约资源的重要性，人人争做绿色低碳的生活达人。该活动被评为“杭州市百场公益夏令营活动优秀奖”，2011 年 2 月，青少年节能减碳工作室被团市委确定为“杭州市青少年低碳体验点”。

【举办首个“浙江省生态日”庆祝活动】 为庆祝浙江省首个生态日，6 月 29 日，上城区生态文明“联街结社”推进会暨社区生态文化月活动在湖滨街道东平巷社区休闲广场举行。杭州市环境保护局副局长金经人、区人大常委会副主任李静、区政协副主席戴晓军等领导出席，副区长刘志安主持仪式。活动内容包括对湖滨街道东平巷社区中山中路 279 弄 5 号、6 号两个楼道作为首批垃圾分类实名制示范楼道进行挂牌，表彰垃圾分类优秀家庭、“夕阳红环保卫士”等。

【建立民情观察员“走街观察”机制】 围绕南宋皇城大遗址综保工程，湖滨街道创新社会参与机制，依托“湖滨晴雨”平台，组织民情观察员走上街头，对“51131”工程涉及到湖滨地区的道路、街巷进行实地观察和集中讨论，提出建设性意见。吴山路社区专门成立了“51131”工程寻访队，收集了不少店家、居民对于延安路、平海路繁华道路业态调整方面的意见建议。青年路社区 80 岁高龄的老人沈智慧，是区域历史典故的发烧友，就西湖大道整治提出了 5 条建议。民情观察员的“走街观察”机制，对推进公共配套设施完善、绿化调整、环保设施改造、庭院改善拾遗补漏等实施项目和“深挖”辖区地理、人文、资源优势，提升辖区文化品位起到显著的推动作用。

【开展全国文明城市“挑刺”行动】 在创建全国文明城市期间，湖滨地区出现一批戴着“文明观察员”袖章的普通市民，他们对辖区内不文明事件和行为进行“挑刺”，成为街道文明创建活动的新风景。青年路社区成立了两支民间文明创建队伍，由社区 8 个支部的党员和部分居民组成，同时接受居民志愿者的报名。一支为定期巡逻员队伍，每周 1~2 次在社区范围内进行巡查，每次行动为 5 人，轮流进行，及时发现不文明现象、不文明行为加以劝导；另一支为日常监督员队伍，由党员会客厅值班人员进行日常监督，对社区文明创建工作提出意见、建议。有这支民间文明观察员队伍，对不文明现象的劝说起到了不同的效果，居民逐步改变了一些不文明行为。“挑刺”行动，得到社会广泛关注，市委副书记叶明、区委书记陈红英、区委副书记朱履林(时任)等领导相继批示。

【创新治庸治懒治散“效能亮剑 1234 工作机制”】 围绕市、区治庸治懒治散“效能亮剑”专项行动，湖滨街道积极创新机制，形成“效能亮剑 1234 工作机制”。亮牌。要求街道机关、社区工作者统一佩戴工作牌，亮明工作职责，同时党团员佩戴党徽和团徽。承诺。街道第一时间召开“效能亮剑”动员大会，做好工作部署，各科室、各社区开展效能建设、“创先争优”承诺。监督。街道成立三支督查队伍，即：街道、社区层面成立专项督查队，“湖滨晴雨”民情观察员层面成立监督队，社会层面成立社会督查队，设立公开电话、监督信箱。服务。服务街道中心工作，服务民情民生，服务辖区企业，服务民众。

【开展“中外邻里一家亲”生活品质国际体验日活动】 4 月 26 日，湖滨街道开展生活品质国际体验日活动，

在杭州市生活品质国际体验日活动中,外国朋友学包粽子。(湖滨街道　供稿)

邀请在杭高校的外籍教师和外国留学生代表参与"中外邻里一家亲"民俗文化交流活动,湖滨地区的居民们为国际友人献上了地书表演、川剧变脸、茶艺、传统美食制作等20余项民俗文化节目,向外国友人展现中国传统民俗文化。社区居民悉心指导外国友人剪纸,并剪出了美丽的窗花和喜字,不少外国友人参与包粽子活动。生活品质国际体验日活动拉近了国际邻里间的距离。

【做好"四篇章"纪念建党90周年】 湖滨街道做好"四篇章"纪念建党90周年。"学习篇",利用"红色港湾"党校、社区党校、市民学校、街道社区学习讲坛、宣讲团等学习资源,因地制宜开展"学党史、话发展"主题教育活动。"服务篇",立足区域化党建,建立、健全区域(街道)——社区——党员志愿服务网络。七一前夕,组织辖区单位、社区党员骨干赴富阳灵桥镇开展"服务乡村共发展"系列活动,对生病、生活困难的党员开展"红色帮扶"送温暖活动。"实践篇",通过"我们身边的榜样"典型选塑活动、先进事迹宣讲和广大党员学习榜样精神座谈会,开展"榜样引领,履行承诺"争当先进活动。"成果篇",认真总结、回顾多年来湖滨开展党建工作的经验、成果,并开展丰富多彩的宣传活动。

【举行"街道之星党旗红"文艺汇演】 6月27日,"街道之星党旗红"文艺汇演暨第五届"我的红色记忆"50年党龄党员生日会在杭州市工人文化宫举行。文艺汇演分"难忘岁月"、"基石"、"我想对党说"、"共创和谐"四大篇章。大会表彰了街道先进基层党组织、优秀党务工作者、优秀党员和闪耀湖滨"创先争优"项目成果。同时为满50年党龄的党员举办政治生日,为23名50年以上党龄的党员颁发荣誉证书,并献上鲜花,全体党员演唱《没有共产党就没有新中国》,将现场气氛推向高潮。

【对接富阳市灵桥镇开展城乡协作】 6月21日,湖滨街道组织筹划的迎七一党团员志愿服务活动在富阳市灵桥镇展开,来自湖滨地区的天长小学、新世纪外国语学校、浙江省中医院、浙江大学医学院附属妇产科医院、钱塘书画社、红泥花园大酒店等多家单位的名师、名医、名厨、名家组成的医疗、教育、文化、餐饮服务团队把服务送到了灵桥镇居民的家门口。双方围绕经济共促、文化互进、生态共建、服务共推、平安共创、党建共育六大方面,开展两地书画家笔会、摄影家采风、"体验蔡伦风"传统造纸工艺、两地青少年"城乡手拉手"暑期校外教育活动、两地文化汇演、交流、展示等活动。街道拨付专项扶持资金50万元用于支持灵桥镇新农村的生态和环境建设。

【首家非银行类金融机构落户湖滨】 2011年,湖滨街道引进浙商金汇信托股份有限公司经中国银行业监督管理委员会批准完成工商注册,正式成立。该公司是上城区首家非银行类金融机构,是专业信托理财机构,注册资金5亿元,由浙江省国际贸易集团有限公司、中国国际金融有限公司和传化集团有限公司共同注资,主要从事信托产品的销售和信托投资。公司的成立受到了省、市、区各级领导和有关部门的高度关注,是湖滨街道发展高端产业的又一重要成果,也为市、区打造庆春路金融一条街增添亮色。

【停车管理"三亮剑"行动】 湖滨街道在停车管理上采取"三亮剑"行动。年龄亮剑,湖滨停车分部根据各片区组的特点、人员特长，重新调配安排年轻的监管组长，监管队伍平均年龄下降至36.40岁，学历达到高中以上水平。监管力度亮剑，从以往简单的路面检查POS机打单状态，到现在的配合平台数据监控和有针对性地突击巡查、重点监察，有效杜绝了重大违规行为。监管方式亮剑，通过传递经验、数据分析、点位对比等多种方法，指导收费员更好地完成工作，辖区的投诉率持续控制在万分之三以内，比2010年明显下降。业绩呈整体上升趋势，特别是在夏季高温炎热时节，比上年增加5%，未收费率控制在1.5%左右。

青年路社区开展送福进万家活动 （湖滨街道 供稿）

【推出“街社企三联动”服务企业发展机制】 为了缓解中小企业发展压力，湖滨街道推出“街社企三联动”服务企业发展机制。通过建立“科室联动助企”服务机制。由企业服务分中心牵头，组织工、青、妇、劳动保障等方面力量开展“走访企业”专题活动，动态掌握企业情况，帮助解决存在问题。建立“社区联合为企”共享机制。由社区党组织牵头成立社区企业发展联合会，在社区平台上整合服务资源，帮助企业实现资金、人才的最优配置。建立“辖区联盟促企”整合机制。建立湖滨街道区域发展经济协调小组，对辖区的金融服务、教育服务、人才培养、用工招工等方面进行协调，为企业解决融资难、招工难、留人难、拓展市场难等问题提供帮助。

【评出垃圾分类卡通形象大使】 通过辖区单位、社区青少年和社区居民共同参与，湖滨街道评选出了垃圾分类卡通形象大使。新的垃圾分类“形象大使”是一个名叫“分分”的大肚子卡通娃娃，造型十分机灵可爱，将它印在与垃圾分类相关的分类垃圾桶、宣传海报等物件上，用来促进垃圾分类宣传、提高居民垃圾分类意识。此举措被《杭州日报》等多家媒体报道。

【成立“浣纱书画院”】 湖滨街道青年路社区充分挖掘社区资源，依托社区睦邻会所成立“浣纱书画院”。聚集社区众书画家，如浙江省老干部书画研究会副会长湛青、著名书画家葛德瑞、素有“钱塘虎王”之称的陈有福、篆刻名家陈万奔等，定期开展书画交流教学活动等。

【职工服务站提供“一站式”服务】 湖滨街道总工会困难职工帮扶站升级为“湖滨街道总工会职工服务站”，涵盖了诉受求办理、心理咨询、法律服务、婚姻家庭、信息采集等9个方面的服务内容，实现服务职工职能的前移。

【开展“我们的价值观”大讨论】 围绕杭州市价值观主题活动，湖滨街道率先组织市民开展“我们的价值观”核心词征集大讨论。来自街道、机关、社区、“两新”党组织及“湖滨晴雨”民情观察员等代表近30人参加首场讨论会，老、中、青三代人围绕理想信念、荣辱观等主题展开讨论。共收到电子邮件、信件280余件。7月5日，《杭州日报》头版报道《老中青三代价值观碰撞有啥火花——“我们的价值观”主题核心词征集引发市民大讨论感恩、奉献、信仰成热词》，杭州电视台“新闻60分”对街道开展的“我们的价值观”大讨论活动进行报道。

资料　“我们的价值观”大讨论：街道与杭州市委办公厅联合开展了“我们”社区价值观系统表述讨论活动。各社区发动辖区单位、社区居民骨干积

市委办公厅、政研室“我们”社区系列课题组到湖滨街道调研工作

（湖滨街道　供稿）

极参与，围绕家庭关系、邻里关系、物业与业主关系、驻区单位与居民关系、社区服务与居民关系五个关系纬度进行广泛讨论，并由街道邀请学术界、行业界、媒体界和党政界人士围绕“我们”社区进行理论研讨，最终形成具有老城区社区特点的“我们”家园的社区系列价值表述和“我们”社区的核心价值关键词，其中包括孝亲、关怀、天伦、温馨的老幼关系，互信、互助、互爱、互敬的夫妻关系等，并通过中共杭州市委办公厅进行发布。

【成立“1+1”法律援助队】　“1+1”法律援助队是在10年前青年路社区成立的“老钱热线”基础上构建的，团队由在多家法律事务所、企业担任过特约律师的退休居民老钱和律师志愿者组成，帮助居民解决一些法律问题，开展代写遗嘱和投诉状、帮助化解赡养老人争端、调解邻里纠纷等工作。3月31日，《杭州日报》以“青年路社区‘1+1’法律援助队作用真不小”为题，对法律援助队如何在社区发挥调解、为居民提供法律咨询等作用以及取得的成效进行报道。

【街道机关党委成立】　6月29日，湖滨街道机关党员大会在“红色港湾”举行。会议审议通过《湖滨街道机关党委第一届委员会选举办法》，全体党员公推直选出第一届机关党委委员会成员，区直机关党委书记周忠诚为街道机关党委授牌，新当选的机关党委书记傅伟奋作表态发言。新的机关党委把“服务中心、建设队伍”作为机关党建的重要任务，围绕党工委工作，围绕街道全局，倾听党员群众意见，在工作中发挥作用。

【深化品质湖滨网站建设】　湖滨街道对街道门户网站进行了改版，实现网站“三提升”。信息量提升。新版湖滨街道门户网站采用复式结构，下设政务平台、居民平台、为企平台、品质湖滨、湖滨晴雨、党建中心六大子网站，在保留原来部分平台的基础上新增湖滨晴雨、党建中心等特色板块，增加了图片、视频、政务公开、党务公开等功能。亲和力提升。数据库版式设计、网站界面一改以往的色调，语言风格和版面设计更为人性化，增强了与访问者的亲和力。互动性提升。政务平台及时公布民政各类数据，坚持政务公开，接受群众监督；居民平台是6个平台中最具互动功能的平台；湖滨晴雨平台，充分发挥基层街道(社区)在构建和谐社会中的主动性。

【“秦师傅志愿者”维修队】　“秦师傅志愿者”维修队是由社区内具有维修特长的党员志愿者组成，维修队为社区居民及杭州市民提供煤气灶、厨房电器等便民维修、免费测量血压、免费理发、免费磨刀、修雨伞等服务，解决居民的燃眉之急。默默无闻的服务和孜孜不倦的奉献获得居民的交口称赞。在杭州市社会组织培育发展总结表彰大会上，“秦师傅志愿者”维修队被评为杭州市先进社区社会组织。

【开展“国学文化日”活动】　9月9日，湖滨街道各社区开展丰富多彩、各具特色的“国学文化日”活动，讲历史、写诗词、画书画、放风筝，国学文化通过多种载体得到充分展示。东坡路社区请来社区义务讲解员为社区居民讲解钱塘门的悠悠历史；吴山路社区特邀社区青少年辅导队传统文化队队长曹林坤为社区居民主讲《千字文》；东坡地书协会以现场表演的方式在地上书写唐诗、宋词，万人签名象征国学文化的风筝仪式将活动推向高潮；青年路社区举办的“浣纱书画院书画展”以书画形式为社区居民送去别样的国学文化；涌金门社区举办的“小手拉大手”诵读国学经典也别有一番气象。

阳光工艺大舞台吴山路社区文化节 （湖滨街道 供稿）

【落实准物业工作用房】 湖滨街道在为岳王路社区和涌金门社区各购置一套用于准物业改善的工作用房的基础上，继续投入800万元，为东平巷社区、青年路社区、吴山路社区和东坡路社区各购置一套准物业工作用房，进一步推动湖滨地区物业改善工作的开展。加强对物业管理的工作指导，完善街道物业管理领导小组和工作网络，建立街道物业管理指导中心和社区物业管理服务站，全面推进社区准物业管理工作。

【“1+N”家庭教育联盟】 岳王路社区整合辖区共建资源，成立“1+N”家庭教育联盟，形成社区牵头、辖区单位协同、家庭广泛参与的社区家庭教育新格局，相继在辖区单位建立外语培训基地、爱国主义教育基地、法治教育基地等实验基地，因地制宜开展各具特色的家庭教育活动，成为家庭教育学习型社区，杭州市家庭教育实验基地。

【打造社区“睦邻会所”】 湖滨街道在青年路社区打造全区首个社区“睦邻会所”，并启动“社区邻居发现计划”，通过评选“睦邻大使”，成立“睦邻工作室”，让社区各方面的人才在社区“睦邻会所”这个平台上得到展示，相继建立了书画交流室、法律服务室、老人日托所、社区英语角、读报沙龙等睦邻活动平台和组织13个，有效弘扬了“睦邻、互帮、和谐、关怀”的邻里价值观，推动社区精神文明建设，也让青年路社区“一家亲”的品牌得到充分展示。

【“爱心家园”阳光大舞台工作室揭牌】 4月16日，吴山路社区“爱心家园”阳光大舞台工作室揭牌仪式在市工人文化宫举行。“爱心家园”阳光大舞台社区工作室是以纯手工制作为基础，组织和培育有动手能力、心灵手巧的社区残疾人家庭、困难妇女学习制作丝网花、景泰蓝图、串珠小工艺品等，作品完工后，通过爱心义卖，实现自身的价值。“爱心家园”阳光大舞台社区工作室为生活困难群体搭建一个展示党的政策，社会关爱和自身价值的创业平台，让困难群众在这个舞台上唱主角，增强幸福感，唱响共建共享生活品质，携手关爱困难群体的和谐旋律。

【垃圾分类景观亭】 垃圾分类景观亭采用木结构建造，高3米、长2.40米、宽1.20米，可同时容纳有害垃圾、可回收垃圾、其他垃圾与餐厨垃圾四类垃圾桶，引用太阳能智能化先进技术，当市民走近垃圾亭时，它就会发出有关垃圾分类的基本常识、垃圾分类公益宣传等语音提醒。此景观亭既美观，又较好的宣传了垃圾分类工作。

【举行生态文化月活动】 生态文化月活动分为四大版块，结合“3·5”学雷锋活动，弘扬、学习雷锋精神。结合国际妇女节活动，开展主题为“展时代女性风采秀家庭低碳成果”活动。从社区美化家园工程，小区环境的改善等方面，组织居民谈身边的绿色，开展“亲栽一棵树，认养一棵树，参加一次绿色教育”活动。社区开展绿色生态LOGO设计大赛，发挥居民的想象力，评选出最具代表性的作品。

【辟“谣盐”科普系列活动】 受日本地震、核事故的影响，社会上“谣盐”流传，出现了部分居民抢购碘盐的现象。为了维护社会安定,稳定市民群众情绪,湖滨街道特邀浙江省地震局应急处处长叶建清为“湖滨晴雨”民情观察员和“品质湖滨”民间宣讲队的成员们作有关地震、核泄漏以及民间所传的碘能防辐射讲座。青年路社区党小组合唱队的成员们自编一曲辟谣歌,在社区小广场、楼道里传唱,让居民们切勿盲目跟风,造成不必要的恐慌。

【首创垃圾分类“楼道循环工作法”】 湖滨街道为进一步细化垃圾分类工作,首创垃圾分类“楼道循环工作法”。在社区99个楼道展开,实行每2个楼道(随着人员的增加扩大范围)为一小组、每半个月一次的循环工作模式,促使垃圾分类工作真正实现人人参与。由社区2名垃圾分类专业指导员对试点楼道开展“五个一”活动,即:一次逐户走访告知,一次家庭代表垃圾分类培训,一轮垃圾分类评比,一次垃圾分类先进家庭表彰,一次现场讲解指导。该工作法开展以来,成效明显,在全市垃圾分类投放率和分解率检查中再创佳绩,以双百分的成绩再度位列全市第一。

【推出“七色彩虹关爱”服务活动】 为把“创先争优”活动引向深入,优化社区服务内涵,提升社区服务项目,吴山路社区党委以“七色彩虹关爱”为主题按照赤、青、橙、绿、蓝、紫、黄七色开展系列服务。赤色为“明白卡”,针对育龄群体,对育龄群众开展避孕节育等知识讲座和咨询活动。青色为“阳光卡”,针对青年、学生群体,开展“心理咨询周”、青少年维权、法律、安全教育等活动。橙色为“成长卡”,面向社区学生家长举办“手拉手”辅导工程,邀请专家、教师到社区帮助家长进行幼小衔接的科学辅导。绿色为“放心卡”,为双职工家庭介绍保姆、钟点工、维修电控门、通下水道、维修楼道灯等服务。蓝色为“安心卡”,针对社区老年居民,开展疾病讲座、营养学咨询、身体检查等健康服务和文体活动。紫色为“关爱卡”,针对失业、残疾、弱势群体,社区在低保、就业、求学、就医、法律服务等方面提供援助。黄色为“温馨卡”,针对外来人口,他们只要凭“温馨卡”就能在社区享受到免费的避孕药具和身体检查、健康知识教育、租房信息、就业信息等服务。“七色彩虹关爱”志愿队获市级“3A”培育项目。

【举办第九届社区邻居节】 10月31日,青年路社区第九届社区邻居节暨湖滨街道邻居节在东平巷社区休闲广场举行,近500人参加此次活动。活动现场,百味老年食堂的送餐工人将社区阿姨们用黄丝带包着的“爱心饺”送到困难、独居老人手中;浣纱书画院的书画家向社区“敬老好邻居”赠画。东坡路社区居民演唱的《中国人》,岳王路社区的弹词《蝶恋花》、涌金门社区的舞蹈《欢天喜地》等节目让现场的社区居民鼓掌叫好,居住在吴山路社区的菲律宾朋友也献上了动感的歌舞表演,把现场的气氛推向高潮。邻居节上,社区评出6名“敬老好邻居”,分别讲述了他们敬老帮扶的感人故事。青年路社区邻居节获得了“2011年度杭州市最佳邻居节”称号。

【开通“有话你就说”悄悄话心理热线】 心理问题一直是当今社会关注的热点问题,每个人免不了心理有些压力,想找个身边人诉说。湖滨街道针对此类问题,开通了“有话你就说”悄悄话心理热线,以“1+2”(即:1个服务对象,2种服务人员:专家型、专业型)服务模式,专为社区居民提供心理服务,让社区居民有个诉说心里话的地方。“有话你就说”悄悄话心理热线电话,全年解答各类心理难题15人,并以“走出去请进来”的方式开展富有实效的志愿服务活动,问候独居、空巢老人489人,上门服务78人。

【电视剧《东方》在央视一套播出】 由湖滨街道文化创意企业杭州佳平文化艺术策划有限公司投资拍摄的重大革命历史题材电视剧《东方》于3月22日在“中央电视台一套”黄金时段播出,由著名电影演员唐国强导演并主演。该剧以共和国创建之初(1949~1957)国际国内历史风云和重大事件为背景,艺术地再现毛泽东等老一辈无产阶级革命家的精神风采,描绘了新中国朝气蓬勃、欣欣向荣的历史景象,为纪念建党90周年开展党史学习提供了生动的教材。杭州佳平文化艺术策划有限公司是一家以电影电视制作为专业方向的影视公司。该公司成功拍摄浙江省首部非物质文化遗产题材电影故事片《十里红妆》在广州举行的见面会上引起强烈反响。

【成立欧德曼老年心理疏导室】 欧德曼老年心理疏导室是由湖滨街道各社区卫生站站长、3名社会工作师、3名社会助理工作师、1名助理政工师组成的服务团队，联合杭州市第七人民医院专业人员和浙江工业大学心理学专业的志愿者对居民开展一对一的心理咨询。欧德曼老年心理疏导室购买了大量心理健康方面的书籍供老人阅读，并开展丰富多彩的文化活动，如唱红歌文艺表演、老年棋牌比赛、岳庙寻访等活动。欧德曼老年心理疏导室帮助老年人（特别是独居、空巢老人）缓解、释放心理压力。许多老人通过心理疏导室的帮助，逐步适应了现代社会的发展，生活质量得到了提高，能够更好的安度晚年。

【民情观察员参与杭网议事厅访谈节目】 4月21日，“湖滨晴雨”工作室的章丽立、孙新宝2名民情观察员作为居民和社区代表前往杭网议事厅参加了4月热点热议——“说说文明的那些人和事”第二场访谈节目，与广大网友一起探讨关于“文明家庭”的话题。

【杭州美华妇儿医院落户湖滨】 2011年，湖滨街道引进杭州美华妇儿医院，此医院座落在上城区中山中路558号，注册资金5000万元，建筑面积1万平方米，床位数25张，杭州美华妇儿医院定位浙江省最先进的私家妇儿专科医院，服务于周边地区的高端群。

（高　雯）

【开发公益性岗位安置“4050”困难人员】 湖滨街道积极落实再就业援助政策，鼓励下岗职工和失业人员以个人或组织的方式参与社区的便民利民服务、城市管理服务、家政服务、为企事业单位提供各种临时性、突击性劳务，以及以家庭手工业、工艺作坊等创业合作方式进行生产自救。有满足社区及居民公共利益为目的的保安、保绿、保洁、助老助残、就业援助等社区服务性岗位。2011年公益性岗位安置“4050”就业困难人员159人，通过各种渠道鼓励就业困难人员灵活就业1388人，失业人员居家就业575人。做到“出现一个、认定一个、安置一个”，为缓解就业压力、满足失业人员需求、实现充分就业起到了积极作用。

资料　**“4050”**：是指处于劳动年龄段中女40岁以上、男50岁以上的，本人就业愿望迫切、但因自身就业条件较差、技能单一等原因，难以在劳动力市场竞争就业的劳动者。其中，相当一部分是原国有企业的下岗人员，他们为改革作出贡献，但随着年龄增长，就业也越困难。国家对他们实行优惠政策，特殊扶持。

【全力化解“停车难”细化包月受理业务】 湖滨街道推出系列化便民包月停车举措：改变传统通知模式，创新通知思路。通过社区“e家网”，利用微博、群通告、手机群等，确保通知到户，通知到人。开通电话预约业务。为方便无法在工作日内前来递交申请资料的包月车主，街道特推出电话预约业务和工作人员亲自上门服务受理方式。做好信息公开宣传工作。街道停车分部预先将停车包月申请的方式方法、所需条件及包月规则（即先来先停、包月不包位、费用优惠仅限包月路段等）信息通过社区公告栏、告知函等方式进行宣传解释，让更多的车主对包月停车制度有了更多的了解。率先推出残障泊位，做细做实工作。通过调查走访得知辖区内一些残障人员有停车需求，而传统停车位不能满足其需求，湖滨街道停车分部特向上级申报，经批示后在光复路4个点位上改设残障人泊位。

（年鉴编辑部）

清波街道

【概况】 清波街道位于杭州市上城区西南角，东起中河高架桥，南倚吴山风景区，西临西湖，北接西湖大道，辖区面积2.20平方公里，总人口3.42万人，下辖清河坊、定安路、劳动路、清波门、柳翠井巷5个社区，是全市社区数最少的街道。辖区内有行政事业单位及各社会团体217个，大中型商务楼9幢，医院2所，中学1所，小学3所，幼儿园3所，证券（期货）公司2家，银行8家，保险公司2家，工业企业7家，房地产开发公司20家，三产服务业1653家。清波地区历史悠久，曾是南宋皇城所在地，在历史上曾是行政中心，南宋至清的临安府、杭州府署、元朝的江浙中书省、明清的浙江布政司署地址均设在境内。辖区驻有浙江省军区领导机关、中国美术学院、上城区政府、浙江省商业集团、浙江省机电集团等行政事业单位。境内拥有独特的自然景观和人文景观，名胜古迹有柳浪闻莺公园、吴山天风、杭州碑林、于谦故居、胡庆余堂中药博物馆、潘天寿纪念馆、浙江省革命烈士纪念馆、凤凰寺等,南山路文化艺术特色街区、清河坊历史街区、南宋御街三条特色街也在辖区之中。2011 年,清波街道完成内资 53.80 亿元,完成年度计划 3.36 倍,其中市外资金 33.40 亿元,完成年度计划的 2.67 倍;实际到位外资 895 万美元,完成年度计划的 1.12 倍。完成税收总收入 8.70 亿元, 比上年 (指 2010 年, 下同) 增长 33.3%; 地方财政收入完成 4.60 亿元, 比上年增长 27.5%。全年引进企业 172 家,其中基金、金融保险类及其衍生企业等高端产业企业 21 家;宝马、奥迪两家品牌汽车均已开始营业,GMC 旗下高端商务房车入驻南山路,“名车长廊” 品牌进一步打响, 此外, 在杭州市 2010 年度商务楼宇评比中,清波地区有 3 幢入选。以“富民优先、民生为重”为根本出发点,以经济转型升级、健全社会保障、加强公共服务体系建设、完善社会管理体系,保障公共安全、改善小区环境为着力点,解决人民群众最关心、最直接、最现实的利益问题,努力构建民主法治、公平正义、诚信友爱、充满活力、安定有序、人与自然和谐相处的幸福清波。2011 年,街道先后获全国社区服务示范街道、全国城市社会工作示范街道、浙江省卫生街道、浙江省示范基层党校、杭州市文明街道、杭州市统计调查工作先进街道、杭州市发展文化创意产业先进街道、杭州市社会治安综合治理先进集体等荣誉。全年接待来自国家美沙酮维持治疗督导组、全国城市街道社区“创先争优”活动领导小组、中国人民大学专家组、北京市禁毒总队、天津市河北区综治委、新疆哈密市禁毒支队、大连沙河口区黑石礁街道、浙江省人大常委会研究室、浙江省人民政府法制办等省、市、区领导 20 批次、500 人次参观、考察、调研。

【举办首届吴山商圈党建共建论坛】 在首届吴山商圈党建共建论坛上,80 多家驻区机关、企事业单位围绕党建共建话题, 结合各自的党建创新机制和特色做法作了交流与探讨。吴山商圈党委自 2010 年 9 月成立以来,商圈各单位以“服务群众、服务党员、服务商圈、服务发展”为宗旨,通过组织党员分批次开展“党员会客厅”做民情接待员、“老带青”党员结对做“红色”宣传员、担任社区主任助理做社区事务协调员、参与服务企业党务和文化建设项目、参与吴山先锋论坛做理论辅导员等, 逐步建立并完善 “校企社街”四位一体的吴山商圈党建共建模式,下辖 15 个“两新”党组织和 4 个特邀“商圈”规模企业党组织,共为企业和群众办结各类实事、好事 80 余件,为地区失业人员提供创业就业见习岗位 40 余个。本届论坛授予中国美术学院等 20 家单位“吴山商圈党建共建示范单位”称号。

【成立青少年“七彩”小导游服务队】 为了能让市民和游客更好地游览吴山景区的旖旎风光,1 月 12 日,清波街道清河坊社区联合辖区高银巷小学 2~5 年级的 48 名学生成立“七彩”吴山小队、“七彩”于谦小队、“七彩”历博小队、“七彩”古街小队 4 支导游小分队。小导游利用业余时间参加由杭州市历史博物馆免费开展的模拟演练等培训,合格后于寒暑假及节假日配带导游证,手执导游旗,以独特的视角为游客、市民介绍景点,提供引导乘车、信息咨询和指路等服务,充分展现小导游的风采。

区委副书记、区长缪承潮(右)调研街道“名车长廊”。 (清波街道 供稿)

【为聋哑儿童送爱心棉鞋】 1 月 13 日,清波街道定安路社区“彩虹制作社”将 100 双爱心棉鞋捐赠给浙江省聋儿康复中心的百余名聋哑儿童。这 100 双小棉鞋是社区“彩虹制作社”34 名大姐利用闲暇时间亲手缝制的。在

“七彩”小导游服务队在河坊街为游客提供咨询服务 （清波街道 供稿）

区残联的牵线搭桥下，100 双爱心棉鞋找到合适的主人。接收这份特殊的新年礼物后，浙江省聋儿康复中心副主任姜丽萍向区残联及社区爱心妈妈献上“听障无碍，世间有爱”锦旗。

【被评为国民体质监测工作先进监测站（点）】 清波街道国民体质监测站(点)精心组织 20~59 周岁 6 个年龄段共 96 名社区居民参加浙江省第三次国民体质监测工作。其间，街道有针对性地采取内容丰富、多样、直观、科学的形式做好宣传、发动工作，落实各项筹备工作，制定了切实可行的实施方案，科学划分监测对象人数和类别，并提供符合要求的监测场所，参与现场组织与协调，做到了认识到位、组织到位、人员到位、保障到位“四到位”。监测过程中，工作人员认真细致操作，真实掌握了第一手数据，为国民体质监测系统和数据库提供科学依据，保证了此次监测工作的质量。被浙江省体育局评为 2010 年浙江省国民体质监测工作先进监测站(点)。

【中国人民大学专家组调研庭院改善工程】 3 月 15 日，中国人民大学专家调研组到清波街道进行庭院改善等建设专题调研，实地走访、参观劳动路 136~156 号庭院改善后的新面貌；听取街道物业管理改善、危旧房改善和庭院改善的开展情况；了解劳动路社区“民间改善办”首创的“人员专业化、制度规范化、反馈限时化、验收民主化”工作机制内容，并对在庭改过程中，相关职能部门主动放权让位，依托“民间改善办”及时收集群众意见，通过行使监督工程进度、材料质量、资金使用、施工质量、安全检查等方面的权力，优化庭院改善工程质量、改进机关工作作风和提高群众满意度的具体做法表示赞同与肯定。专家调研组一致认为街道“民间改善办”进一步探索了“民主促民生”的有效机制，增强了政府部门服务居民的能力，提高了居民的参与度和积极性，实现了工程质量和居民满意的“双赢”，具有推广与借鉴价值。

【清波街道文化活动中心正式启用】 2 月 21 日，“上城区清波街道文化活动中心启用仪式暨迎春艺术名家大师精品展、锦霞文化艺术工作室、锦霞戏剧艺术公益培训基地揭幕式”在街道文化活动中心小广场举行。该活动中心位于鼓楼和教堂之间，面积 550 平方米，地处清河坊历史街区的核心节点和窗口地段。与省著名越剧演员、全国戏剧梅花奖得主舒锦霞合作，

2 月 21 日，清波街道文化活动中心正式启用。 （清波街道 供稿）

共同开设个人工作室及锦霞戏剧艺术公益培训基地，定期邀请浙江越剧团的演员义务演出经典剧目，定期举办越剧知识讲座、声腔唱法教学培训等公益培训，推动群众性文化艺术事业向高层次、专业化发展。同时，该文化中心还将面向社会有关单位及个人免费开放，不定期举办各类公益文化艺术展览，实现辖区文化资源的共享。

【举办首届根雕艺术精品展】 3月18日，清波街道联合辖区单位徐利君源根艺术馆在街道文化中心举办首届根雕艺术精品展。本次展出的150件风格独特的系列根雕艺术作品多数取材于云南省喀斯特地貌特征环境中的黄檀、紫柚、滇金丝红木等优质根材，其中还有曾在2010上海世博会“中华艺术·国家大师珍品系列荟展——中华木雕精品展”上获特别金奖，由著名根艺美术大师黄榕国创作的作品《归去来兮》等优秀作品。

【举办“核辐射”科普讲座】 为了让社区广大居民能正确面对日本核泄漏事件，消除不必要的恐慌，3月21日，清波街道清波门社区搜寻相关资料，通过筛选、过滤，将有利于居民科学认识核电站、了解和掌握辐射防护知识的信息制作成科普宣传资料，张贴于小区内的公示栏上，在居民家门口举办一场特殊的露天科普宣传活动。活动中，社区志愿者为小区内的居民介绍什么是核辐射、碘防御辐射的原理、防辐射的正确方法、食用碘盐的误区等科普知识。居民纷纷驻足观看和学习，并表示会将这些信息带给身边的亲戚朋友，理性面对日本核泄漏事件。

【“市民观察团”献计献策】 为进一步协助完善南宋皇城遗址“51131”道路街巷综合整治工程整治方案，3月，街道“市民观察团”成员围绕市人大常委会主任王国平提出的打好“南宋、生态、交通、民生”四张牌的要求，主动穿街走巷、审视观察、分组讨论，以实际行动充分发挥其政府决策中的参谋、助手作用。观察活动中，专家、学者和热心社会事业的居民分别对西湖大道、延安南路两条主干道及羊坝头、旧藩署、红门局3条坊巷进行具体走访与调研，提出22条涉及人文、绿化、交通等多方面的针对性的意见和建议，如在“三巷”中增设碑记、铭记、图记等标识，烘托历史建筑文化氛围；调整和增补“两路”出入口处的绿化，丰富绿化景观及形式；采用绿化覆盖的方式解决露天变电箱与周边建筑物风格不统一问题；通过调整紫薇园坐标原点周边绿化来进一步提升其影响力；在西湖大道设置公交换乘中心，通过公交车、地铁、公共自行车3种交通工具“零换乘”缓解该处交通压力以及继续发挥工程“带一把”作用，解决周边道路地势低洼经常容易积水等问题。

【创建“学习型”街道】 清波街道整合资源、创新载体、优化模式、完善举措，通过运用精神文明建设的有效载体，着力开展“人文建设年”系列活动，为辖区居民群众搭建多个可看、可学、可娱乐的活动平台。如每半个月在市民学校开办1次“清波人文讲坛”，邀请浙大讲师图文并茂地解读《论语》、《弟子规》等儒家经典著作；完善街道和社区阅览室的建设，推出图书借阅“一卡通”服务；整合地区单位杭州孔庙、杭州西湖国学馆等资源，推出以弘扬国学精粹为主题的市民日体验活动；借助区域地理、人文和资源优势，创新区域人文旅游资源共享项目，开通人文、廉政文化体验线路；与中国美院签署“艺术实践进社区”校地合作项目，编辑出版《杭州清波地区文化遗产拾零》一书；利用街道文化活动中心场地优势，举办名家书画展、根雕展等利于陶冶情操的艺术展览等，在提升城市品位和文化内涵和提高市民文明素质等方面做出积极贡献。3月20日，《杭州日报》头版报道街道创建“学习型”街道的做法及取得的实效。

【德国拜罗伊特大学学生赴社区学习考察】 3月24日，由巴伐利亚对华高教中心组织的德国拜罗伊特大学哲学与经济专业的学生，在浙江大学外语系学生志愿者陪同下，学习和考察中国政治、经济、社会、文化等。他们参观了清波门社区一门式办公大厅、李渔雕像、永丰堂药店、清波创驿大学生创业实体店、世纪联华超市、清波派出所。对中国政治、经济、社会、文化有了一定程度的感官了解，同时也加深他们对于中国社区的认识，这是一次国际交流，对于扩大社区知名度、提升国际地位起到一定的作用。

【世博会杭州馆正式落户清波地区】 4月2日，世博会杭州馆正式落户在西子湖畔的吴山城隍阁。该馆不仅保留水韵风情等“杭州元素”风貌，还向市民传递“宜居”、“品质之城”、“用美学观念打造城市”等观念。其中，世博会期间让无数游客流连忘返的钱塘狂草、百人话水、杭州人家等展区原汁原味地得到保留，馆内还集中展示杭州在参与世博会过程中各个成功的精彩瞬间，并以此作为杭州参与上海世博会的永恒纪念。除了向世人展示杭州“五水共导”的治水理念外，杭州馆成为杭州与世界各个城市之间交流的一个窗口，向全球展示和传播杭州本土文化。

【“公民警校” 架起警民互动桥梁】 为进一步拓宽警民联系渠道，构建和谐警民关系，架起警民互动协作桥梁，4月11日，劳动路社区与清波派出所南宋御街巡防中队携手开办了上城区第一所“公民警校”。该校以南宋御街警务室为第一教育培训基地，面向清波地区全体居民和商户，通过个人自愿和单位推荐的形式招收学员，有计划地安排部门领导、业务骨干授课，主要讲解安全技能、法律法规等，让辖区居民和商户学习警察课堂中的知识，学会自我保护、自我止损，同时为游客提供有益的建议和帮助。“公民警校”联合社区定期开展走进警营、随警跟班、青少年假期警校等活动。此外，劳动路社区党委还与清波派出所南宋御街巡防中队党委签署了“党建共建合作协议”，依托“公民警校”的资源平台，开展新老党员结对活动。通过系列共建活动，形成年轻警员关心服务老党员，老党员关爱教育新党员互相关爱的浓厚氛围，增强党性观念，牢记党的宗旨，永葆共产党员本色，实现共同进步。

【首推“文明微笑徽章”】 4月，定安路社区为更好地调动辖区居民群众参与文明城市创建工作的积极性，在全市范围内率先设计、推出“文明微笑徽章”，以独特的方式倡导居民把文明“别”在胸前，牢记心间。徽章的正中，一张明亮的笑脸尤为醒目，仿佛向大家诉说着“创建文明城市，从我做起，从点滴做起”的新风尚。社区向3000余户居民家庭发起《创建文明城市倡议书》，并随信附《我的承诺》，只要居民认真填写，做出承诺，就能凭此来社区换取徽章。定安路社区是清波街道次“文明微笑徽章”发放的试点社区，随后，该举措在其他社区铺开实施。

【社村互助解菜农“燃眉”之急】 5月5日，由杭州市人民政府农业和农村工作办公室组织的本地蔬菜进社区专场直销活动走进街道清波门社区。来自杭州市萧山、余杭等地的10家蔬菜生产企业和蔬菜种植大户们将菜摊摆到居民家门口，受到地区群众的青睐与欢迎。居民们解囊相助、结伴购买，以实际行动帮助本地菜农缓解蔬菜“销售难”问题。活动当天，现场22个摊位销售包心菜、青菜(毛毛菜)、芹菜、白花菜、莴苣和萝卜6种主要滞销蔬菜2吨。

【举办夏朋烈士事迹展暨校地党建共建座谈会】 5月19日，由中国美院、清波街道联合主办的夏朋烈士事迹图片进社区巡展活动启动仪式暨校地党建共建座谈会在街道劳动路社区党建活动室举行。中国美院学团党支部书记、学工部副部长陈燕屏，团委书记竺照轩，街道党工委副书记林系州，劳动路社区党委书记段东、主任俞利娟等出席座谈会，中国美院学团党支部成员、学生党员代表，街道团工委及劳动路社区支部书记等20余人参与活动。座谈会上，校地双方还就

文明微笑徽章

（清波街道　供稿）

如何进一步深化校地基层党组织共建模式、创新活动开展形式及如何丰富活动内容作深入交流。最后,所有与会人员观看了纪念夏朋烈士诞辰100周年图片展,共同追思、缅怀这位党的好女儿、艺坛女英烈。

资料　夏朋简介:夏朋(1912~1935),女。近代版画家。原名姚馥。浙江温州人。1929年就读于国立杭州艺术专科学校雕塑系。因积极投入鲁迅倡导的中国新兴版画运动,在1933~1934年先后3次被国民党当局逮捕入狱,受尽折磨,1935年牺牲于狱中。夏朋原是富家小姐,有强烈的爱国心和社会责任感,以木刻版画为武器,投身推翻旧中国不合理社会制度的斗争。版画作品以铲和刻兼用的木刻刀法,形成浑厚奔放、粗犷豪迈的特色。有论者认为:出于女性之手,有如此刚强的艺术风格,难能可贵。为中国新兴版画运动早期版画家之一。版画代表作有1933年创作的《清道夫》等。

【"王丹营养师工作室"挂牌运行】 5月26日,清河坊社区"王丹营养师工作室"正式挂牌开张运行。街道党工委副主任陈鑫坤、计生科科长蔡严珍及浙江淳德中医药博物馆总经理张炯、门诊经理许子培为王丹营养师工作室的挂牌致词并表示祝贺。经过前期7个月的试运行,上城区第一个由社工自己开办的营养师工作室为居民送去实实在在的服务,得到居民的认可,成为大家心中不可缺的营养专家。

【举办校地基层组织共建第二批实践成果展】 6月16日,中国美术学院——清波街道校地基层组织共建第二批实践成果汇报展暨第三批实践活动启动仪式活动在街道文化活动中心举行,35名学生党员志愿者的绘画摄影作品、实践成果集等在展厅展出。活动由街道党工委副书记林系州主持。第二批实践活动期间,街道以"艺术策划、艺术关爱、艺术教育"为宗旨,采用新的技术服务基层党建、打造新的创意文化合作项目、申报新的交互式发展课题和培养新的党组织发展模式,鼓励学生党员和入党积极分子走进社区开展挂职见习志愿服务项目。开展第二批"艺术实践进社区"志愿服务实践活动期间,校地双方开设"24点"PK、DIY风铃、心灵书法家、折纸艺术、小巧嘴和绘画培训等6个公益免费艺术短期培训班,丰富地区青少年课外生活;同时,联合5个社区结合各自地域、文化特色,组织开展国学启蒙、低碳环保、书画创意、手工制作、廉政教育和古迹巡礼等基层文化活动10余个,参与各项活动的地区居民达1520人次。举办各类基层组织共建展览、论坛、讲座10余场,完成相关论文和报告4篇,出版或编印党建共建论坛文集、党员教育图册3套,摄制完成2部基层组织共建文化宣传片。

【"清波创驿"助推青年就业创业显实效】 "清波创驿"青年就业创业平台是清波街道与杭州市人民政府农业和农村工作办公室合作,探索运作"爱心'1+1'大学生创业农产品社区直销店计划"项目。该项目以2010年高校毕业生和在校大学生为活动主体,为低保家庭、困难家庭大学生提供勤工俭学的机会,成立大学生见习与创业活动团队,采用定点定时的优质农副产品售卖活动、在小区或流动摊点推广、网络推销等模式,以"优质农副产品进社区"活动为平台,提高大学生的社会交往和就业能力,同时将销售利润按10%的比例奖励给大学生作为创业资助资金。上城区成功开出大学生创业农产品社区直销店3家,直接帮助解决困难大学生创业就业18人,开展小区定点定时的优质农副产品售卖活动和小区或流动摊点推广30次,共计盈利6万余元,为困难家庭学生提供勤工俭学机会100余次。

【成立"环保交心社"畅通"绿色"谏言渠道】 清波街道探索社区管理体制,于6月在基层社区成立"环保交心社",实施两级联动"交心"机制,通过与群众零距离良性互动,及时了解居民对创建生态文明城区的意见、建议和要求,增强民众对政府的信心,让群众与政府在深度融合中良性互动,形成人人支持绿色环保、人人参与生态发展的良好氛围和强大合力。在面对面谈心工作中,将营造优质生态环境、推进节能减排、倡导绿色出行、清洁美化家园等理念宣传给广大群众,运行"收集资料、定期回访、交心谈心和跟踪管理"工作机制,对居民在环保工作上存在的困惑、投诉等进行释疑解惑并给予妥善处理。做到有问必复、有事能帮、有求必应,促使上下良性互动,推动民主建设与生态环保"双赢"。

【参加全国“双拥”模范城检查汇报会】 6月27日，全国“双拥”模范城检查汇报会在清波街道召开，作为杭州市唯一一个基层(地方)单位接受了全国“双拥”模范城检查考核组的检查考核。总参政治部副秘书长黄柯大校检查考核了清波街道“双拥”工作，省、市有关部门领导陪同。会议由区委副书记、区长缪承潮主持，区委书记陈红英致辞并介绍上城区“双拥”工作的基本情况，街道党工委书记叶素汇报了清波街道“双拥”工作的总体情况。黄柯高度肯定街道的“双拥”工作，认为街道“双拥”工作体现出四大特色。“一把手工程”切实做到高度重视。领导将“双拥”工作作为“一把手”工程重点抓，真正做到领导重视到位。实事拥军效果显著。实事项目做到扎实有效，赋予拥军工作鲜活的生命力，真正做到部队官兵受益，成为部队战斗力提升和任务有效完成的强大推动力和有力保障。工作特色鲜明。街道“双拥”工作特色鲜明，勇于创新，如“五联建”工程、“母子情深”等活动，富有创新意识，亮点纷呈、效果显著。地区社会拥军氛围浓厚。通过多样化活动的开展，充分发挥社会拥军力量，让爱心在军民间得以传递，如街道“双拥”服务基地的开设很有特色。与会领导观看清波街道清波门社区的“双拥”工作宣传片，全面了解街道、社区两级“双拥”网络工作开展情况。

【设立社区荣辱“红黑榜”倡扬文明新风】 为进一步深化全国文明城市创建工作，动员广大居民参与和投身创建活动，清波街道清波门社区不断探索和建立文明创建长效机制，在居民小区公告栏设立文明创建荣辱“红黑榜”，号召广大居民群众争当文明使者，摒弃不文明陋习。该榜单以居民楼道为评比单位，每周邀请党员代表、志愿者、居民代表评比打分，内容涉及文明行为劝导、绿色环境美化、城市文明宣传、关爱未成年人成长、和谐共建服务等10余项文明礼仪表现情况，每一项的成绩均由“笑脸”或“哭脸”来展现。如楼道内无杂物、墙面无牛皮癣，住户踊跃参与节能减排、扶老助残、栽花护草等志愿服务活动，将用“红色笑脸”予以褒扬；若楼道内乱贴乱画，居民乱丢杂物、随地吐痰，出现高空抛物以及损坏公共设施等不文明行为，将用“黑色哭脸”予以警示。已有27个楼道响应，参与人数330人。

【启动第三批“艺术实践进社区”暑期教育活动】 7月11日，中国美术学院——清波街道校地基层组织共建第三批“艺术实践进社区”暑期教育活动启动仪式在街道会议室举行。街道党工委书记叶素、副书记林系州、中国美术学院学工部副部长陈燕屏等出席活动，仪式由街道党工委组织委员童邵恩主持。钱梦恬等39名同学被街道聘任为社区主任助理职务，叶素对第三批艺术实践活动提出殷切希望。第三批挂职志愿者将在暑假期间开展“关爱社区留守儿童”等公益性活动，并以纪念建党90周年为契机，配合杭州市创建全国文明城市活动，推出一系列红色文化宣传和精神文明建设活动，充分调动辖区居民的参与积极性，用自己的青春与汗水继续为“艺术实践进社区”开启崭新的一页。

【清波里弄人文风情获俄罗斯观众青睐】 7月，俄罗斯电视台“家庭”频道旅游栏目以专题记录片的形式深度报道杭州的风土人情，介绍河坊街、西湖等杭州传统旅游景点，并重点拍摄杭州市社会资源国际旅游访问点之一——清波源茂里别具一格的里弄风情和并联式石库门清水砖建筑，展现杭州传统家庭健康闲逸的生活方式和朴实平和的生活态度，受到当地观众

设立文明创建荣辱“红黑榜” (清波街道 供稿)

的好评。“家庭”频道覆盖俄罗斯莫斯科、圣彼得堡等164个大中城市，拥有5600多万名观众，频道收视率在俄罗斯排名第四。

【“三强化”打造星级党员“充电站”】 坚持学以致用的思路，通过“三强化”，扎扎实实抓好党校建设，较好地发挥基层党校主阵地作用。强化阵地意识，夯实办学基础。先后投入10万元，完善教育硬件；推出“两会、两则、两考、两评”体系，丰富“校街社”三级网络教育资源，充分调动党员学习积极性。强化创新意识，拓宽办学思路。针对党员学习中的疑点、工作中的难点、生活中的关注点，坚持课堂教育与课外教育相结合、典型教育与自我教育相结合、领导专题解读与专家报告录像相结合，做到理论性、针对性、灵活性并举，使教学面向基层，紧贴实际。强化实效意识，党校办学出成果。围绕地区经济发展第一要务，紧扣地区面临的新形势，突出“练内功，强素质”的重点，开办各类读书活动10期，业务培训班10期，党课教育6期，参与人数达3200人次，党员受训率95%以上，干部受训率达到100%。7月，街道基层党校被省委宣传部评为省级示范基层党校。

【参与第二届“杭台邻里节”活动】 7月18日，清波街道劳动路社区“小巷总理”段东携清波地区居民家庭代表前往高雄市鼓山区裕兴里参加为期一周的“杭台邻里节”活动。双方以共同继承、弘扬中华民族优秀文化和传统美德为主题，开展内容丰富、形式多样的邻里文化活动，并就两岸旅游、文化、教育、基层建设等领域取得的成效与经验开展深入沟通与交流，以此增进台湾同胞对杭州经济社会、对内地社区发展的了解，加深两岸人民的深厚感情。8月22日，台湾高雄市的10名同胞到清波街道劳动路嘉禾里小区参加第二届“杭台邻里节”活动。与劳动路社区、清河坊社区和柳翠井巷社区的3户居民家庭结对，共栽“两岸邻里亲情树”。游览参观胡雪岩故居、清河坊历史街区、源茂里和南宋御街等景点，深入了解上城区区域内的历史文化底蕴和人文景观内涵，通过交换亲情联系卡、座谈交流、邻里互动等活动，进一步密切两地基层民众之间的友好往来。

【成立全市首个“双拥”讲坛】 为进一步深化“双拥”工作，密切部队与街道的鱼水深情，不断探索新时期“双拥”工作模式，在第84个八一建军节到来之际，清波街道整合共建单位中国美术学院的艺术教育资源，在全市率先探索推出了清波“双拥”讲坛工作模式，不定期地邀请美院教授为子弟兵讲解艺术品鉴赏、名画赏析、陶瓷工艺与色彩搭配等基础知识，并为他们安排国画、油画、书法和水彩画技法教学入门课程。通过开展“艺术进军营”系列活动，丰富驻地官兵精神文化生活，提升部队官兵的文化素养，有效助推学习型军营、学习型街道创建，从而营造良好的特色拥军氛围，全面开创“双拥”工作新局面。

7月27日，清波街道举行庆祝第84个建军节暨清波“双拥”讲坛启动仪式。
（清波街道　供稿）

【开展幸福指数测评体系入户调查工作】 为全面了解居民的生存现状和对街道各项工作开展的满意程度，维护社会和谐、稳定，8月，清波街道通过与浙江大学法学系、浙江财经学院法学系等院校合作，以搭建校街联动平台为抓手，充分发挥校地方案制定、课题立项、文献搜集、集中调研等优势，结合地区经济发展水平、人口分布、文化意蕴等特点，开展以城市居民幸福感量化研究、居民幸福感状况调查、居民幸福感影响因素研究和居民幸福指数拓展性研究为主要内容的幸福指数测评体系建立工作。浙江财经学院主修社会工作者专业的学生志愿者走进街道，分批对辖区内5个社区、800名居民幸福感指数进行走访抽样调查，调查涉及月收入、交通出行、卫生情况、邻里关系、住房条件、辖区绿化、社会治安、自身身体健康、医疗条件和业余生活的满意程度10项内容，并通过设置综合题的方式进一步深化调查活动开展。调查结束后，清波街道邀请专业人士进行数据统计和分析，全面了解居民幸福感及相关内容的现状，为完善居民幸福指数测评体系奠定基础。整个研究项目于2011年12月底完成。

【举办“画说党史”红色主题作品图片展】 为进一步激发地区干部群众敬党、爱党热情，更深入地了解党的发展历程和奋斗征程，7月22日，清波街道整合辖区文化共享资源，联合中国美院在街道文化中心举办“画说党史”——中国美术学院师生校友主题作品图片展。展出的作品中既有反映建党建军，抗战胜利，新中国成立，香港、澳门回归祖国等重大历史事件，也有描绘毛泽东、邓小平、江泽民等领袖人物，以及讲述刘胡兰、雷锋等优秀党员事迹。共计150余幅图片作品展示了土地革命时期、抗日战争时期、解放战争时期和新中国成立等不同历史阶段的重大历史事件及重要人物，真实反映中国共产党自1921年成立以来走过的90年光辉历程。

【“红色家书”温暖流动党员】 针对地区“两新”组织党员少、流动性大、基础薄弱等难题，清波街道自8月以来，向已建立联合支部形式的所有新覆盖单位发放了“两新”企业党组织联盟信，以联盟的形式推进联合支部党建发展。街道党工委按照“地域相邻、横向到边、纵向到底”的原则，整合同楼宇、同路段和同行业的两新党建队伍资源，形成了以联盟区域为点、支部党员为线、联合党支部为面的网状管理体系，将分散于19家非公企业的流动党员100%纳入有效管理。根据区域网格划分，建立党建工作指导员联系制度，选派12名党建经验丰富的党务工作者作为联合支部的党建指导员，帮助非公企业发展党员，指导联合支部开展党建工作。

【老旧小区穿上“防火衣”】 为加强社区公共消防设施建设力度，进一步提高无物业管理小区抗御火灾的能力，清波街道拨出3万余元专项资金，用于配补社区内公共消防设施、器材，住宅楼灭火器配置和室外消火栓所需水枪、水带等器材。楼道配发消防器材310只，张贴悬挂宣传画，消防安全警示牌2600余套，为劳动保障站档案室等特殊场所配上4只二氧化碳灭火器。全部器材于8月底装配完毕，并正式投入使用。同时给670余个无物业管理的楼道全部装上灭火器。

【首家台资创业管理有限公司落户】 8月，清波街道通过与台湾投资方联系与接洽，以突出的投资环境、优质的服务项目及良好的产业基础，成功吸引光阳投资有限公司和檠石上海有限公司两家台资企业投资入股。在辖区注册成立首家台资创业管理有限公司——金库(杭州)创业投资管理有限公司，公司注册资金为32万美元，主要提供企业创业投资管理及咨询业务，致力于发挥创业投资的引导和示范效应，结合发起人专业的投资管理经验、产业资源和品牌影响力，充分整合资金、技术、人才、管理等社会资源，重点扶持上城区相关产业的自主创新、快速成长的创业企业。

【推出劳动保障数字化服务平台】 清波街道将短信平台与行政服务工作进行一体化整合，通过建立电子数据库，以短信业务方式发布最新劳动保障政策法规，为居民提供少儿医保、老年医保参续保、灵活就业、居家就业续签协议提醒以及劳动保障专职人员会议通知、待办任务等工作提示，实现服务效率最大化。为维护劳动关系双方合法权益，及时受理地区劳动者有关劳动争议的咨询和投诉，清波街道劳动保障监察中队在上城区范围内率先推出12小时热线值班制，采取5人轮流值班制，值班周期为7天(含双休日)，值班时间为8:30~20:30。清波地区有需要的用人单位或劳动者可随时拨打0571-87027523进行咨询和投诉。及时收集居民反馈意见，变“被动服务”为“主动帮扶”。截至12月，通过平台发送各类劳动保障服务信息2000多条，受益人数4000余人。

【举办首届社区工作者辩论赛】 9月23日，清波街道举办首届社区工作者辩论赛，这是自2010年以“情景

10 月 20 日,举行上城区"紫薇·原点"人才培养工程启动仪式。

(清波街道　供稿)

模拟"方式开展社工业务知识培训后,在专业社工队伍建设方面推出的又一项创新举措。整场辩论赛分为初赛、半决赛、决赛三轮进行,参赛人员均为街道 5 个社区的社工。参赛选手通过灵活机智、形象生动的语言,将社区工作中较突出的矛盾或较难解决的问题,如计划生育、垃圾分类、准物业管理等进行了正、反方观点的深刻阐述。本次辩论赛得到广大社工的欢迎与认可,改变了以往"填鸭式"的培训,采用了新鲜又实用的辩论赛,考察了大家的沟通及应变能力,对存在分歧的难点问题进行思辨后获得较大的启迪。

【引进 7 家亿元基金公司】 清波街道围绕特色产业,抓好优质资源项目的引入和开发,于 9 月成功引进一家由浙江天堂硅谷股权投资管理集团有限公司投资,认缴资金为 1 亿元的基金公司——浙江天堂硅谷久晟股权投资合伙企业(有限合伙)。这是街道继长信股权投资、长盈股权投资、久融股权投资后从"天堂硅谷"引入的第 4 家亿元基金公司,也是该公司在上城区成立的第 7 家公司。至此,1~9 月,街道成功引进 7 家亿元基金公司,另 3 家是由浙江商裕控股集团投资有限公司等投资成立,有效促使上城区引资结构进一步优化,股权投资产业群聚效应更加明显。

资料　认缴资金:即认缴资本,又称发行资本,是指公司实际上已向股东发行的股本总额,即股东同意以现金或实物等方式认购下来的股本总额。这个概念是《中华人民共和国公司法》提到的股东对本人所应缴纳的全部股本的承诺和认可,但是他和实缴股本是两个概念。认缴资本可能等于注册资本,也可能小于注册资本。实行法定资本制的国家,公司章程所确定的资本应一次全部认足,因此,认缴资本一般等于注册资本。但股东在全部认足资本后,可以分期缴纳股款。实行授权资本制的国家,一般不要求注册资本都能得到发行,所以它小于注册资本。

【打造"智·原点"吴山青年就业创业俱乐部】 上城区"紫薇·原点"是青年人才培养工程的试点单位,清波街道充分整合地区资源,依托吴山商圈的各项优势,从多方面打造"智·原点"吴山青年就业创业俱乐部,人才交流平台,为地区青年和企业提供政策咨询、人才指导、创业氛围营造、项目对接等多项服务。挖掘一批优秀青年,广征"始创勇者"。面向地区大学毕业生或在校大学生、创业者或群体发放"英雄帖",挑选有创业意愿且有较好创业项目的创业就业大学生,并筛选发展前景好、附加值较高、市场竞争力强的创业项目,做好开发、推介和扶持等工作。同时,针对青年创业、就业、见习的不同需求,进一步完善青年人才库和青年人才培养机制;提供一批导师资源,汇聚创业"指路人"。邀请政府相关部门人员、大学教授、人力资源师、优秀企业家等为创业就业青年的创业项目、发展计划、职业规划等"把脉开方",通过理论培训、政策咨询、专题诊断、个案指导等多种方式,给予青年企业战略、投融资、市场营销、人力资源、财税、法律、管理等方面的指导与帮助;构建一个"孵化"基地,夯实创就业起步路。依托"清波创驿"青年就业创业服务中心、地区大学生见习基地等平台,完善大学生就业保障措施,提供登记注册"绿色通道"、小额贷款申请、联系办公场地、租金减免等服务;搭建一个企业家交流平台,力促互动共赢。建立网上无形人才劳动力市场与有形市场的互动机制,开辟大学生与企业之间沟通交流协作的渠道，邀请地区非公企业负责人或创业成功人士，以现身说法、经验介绍、"头脑风暴"、面试模拟会等形式激发大学生创业热情与潜能；打造一个后勤服务站，当好"坚强后盾"。以街道团工委为阵地，做好宣传发动、组织对接、供需洽谈、动态管理及跟踪服务等工作；选树一批创业、就业典型，营造良好氛围。以"十佳创业就业青年"评选、清波青年论坛、创业讲坛、创业事迹报告会等形式挖掘创业典型，充分发挥其在青年创业就业中的导向作用，营造浓厚的青年创业就业氛围。

【建立相识相知的邻里关系】 为进一步弘扬中华民族邻里互助、和睦相处的传统美德，清波街道围绕"携手文明 和谐邻里"活动主题，创新载体，广搭平台，努力提高杭州市第八届"邻居节"活动的实效性、创造性和可操作性，全面推进文明和谐的新型社区建设，促进邻居间的相互了解、相互交往和相互关爱。打好"亲邻牌"。街道各社区注重突出邻里和谐，建立相识相知的邻里关系，坚持"一社区一品牌一特色"，开展"遍访老邻里"、"敲门日"、"情满黄丝带"、"幸福百家宴"、"邻里互助卡"发放等各种富有特色的活动。突出"五型五情"。号召有特长的居民走访慰问残疾人、空巢老人，为其提供志愿服务，并举办"好邻居"论坛，邀请居民探讨围绕文明养犬、物业管理、邻居纠纷、垃圾分类等热点问题，在交流中增进团结，着力打造"友爱型"、"互助型"、"协作型"、"学习型"和"和谐型"五型邻里关系，弘扬真情、友情、亲情、温情和挚情五种邻里之情。倡导"大邻里"概念。突出大邻里、大和谐理念，把辖区单位及外来务工人员作为特殊的邻居，融入到"邻居节"之中，通过来信、来访、组建社企联系队、分片包干、网格化管理、为民办实事项目和举办有益有趣的文体活动等形式，为新杭州人提供多角度、全方位、无盲区的关爱。

【举办韩国留学生书画展】 11月6日，在清波街道文化活动中心举办"问学杭州——韩国留学生李玄周、郑善珠书画作品展"。2名留学生是浙江大学中国艺术研究所博士生，其博士导师是中国书法家协会副主席、浙江省文联副主席、浙江大学和中国美术学院双博导陈振濂。本次画展中50多幅涉及花鸟、山水、鱼虫等多种题材的国画和各体书法作品，既延续中国博大精深的传统书画艺术，又体现中韩两国书画艺术的特点，向市民展现了韩国友人眼中的杭州美。为中韩书画学者相互学习交流和促进两国文化艺术的共融发展搭建了平台，有效增进了两国书画学者的友谊与合作。本次活动持续15天，参观人数2000人次。

【启动退休人员管理服务"3H"工作机制】 为使退休人员更好地享受政府的关怀，11月，清波街道定安路社区劳动保障室建立了"3H"机制，即健康有档案(Health archives)，社区为每一名退休人员建立健康档案，社区工作人员随同医护人员对特殊人员进行定期探望，追踪治疗，使退休人员的健康生活有保障。自管有组织(Help yourselves)，形成"分管领导亲自抓，工作人员具体管，片组组长、成员落实处"网络格局，使企业退休人员进入自我管理的良性状态。有惠民手册(Hand book)，将工作制度、工作流程、岗位职责等制作成劳动保障专版便民服务手册发放到居民家中，已发放便民手册4000份，为地区企业退休人员提供各类惠民服务5000次。

【引入首辆"美式校车"】 清波街道定安路社区小世界国际幼儿园以40余万元引进一辆"美式校车"，是上城区引入的首辆该型号的校车。该车为"卡车头+公交车车身"组合的造型，该设计可以在车辆发生正面碰撞时最大限度吸收撞击能量，有效增强校车安全性能，保护司机及学生安全。车上共配有50个座位，其中有47个学生座位、1个司机座位和2个监护人座位，每个座位都配有安全带。车窗下部封闭，以防止学生在行车途中随意打开车窗造成危险。此外，定安路社区为孩子们成立了一支特殊的"护花使者"队伍，队员由社区志愿者组成，每天两班次，每岗两人，于上午8点半和下午4点，臂戴红袖章，协助维持幼儿上下车的秩序。

【成立社区楼道"漂流书站"】 12月，为方便居民借阅图书，营造地区居民全民学习的良好氛围，清波街道以定安路社区为试点，成立了由118个小组长担任"站长"的"楼道漂流书站"，覆盖辖区60余幢房屋、210个单元，居民只需找到楼道内"站长"提供想要借阅的书目，由"站长"反馈给社区，3天之内，就能送书上门。为进一步深化社区文化建设，调动居民读书兴趣,社区在信息公告栏上张贴“新书瞭望台”和“畅享借阅榜”,向广大居民推荐优质精品图书,凡在社区借书满 10 次以上,并撰写读书心得,即可成为“借书达人”,有机会优先参加区、街道举办的各类学习型活动和人文类讲座。该举措将在其余 4 个社区推广。

【选举产生出席区第九次党代会代表】 12 月 9 日,清波街道召开党员代表大会,选举出席中共杭州市上城区第九次代表大会的代表。区委副书记、区长缪承潮,区委组织部部长黄爱芳作为区委提名候选人参加了会议,清波地区 116 名党员代表出席会议。经过 115 个支部、1791 名党员自下而上的推荐提名、酝酿协商、广泛征求意见,确定 20 名候选人。经区委批复,明确 2 名下放区领导名单。22 名代表的素质、年龄、文化、男女比例结构等各个方面都符合《中国共产党地方组织选举工作条例》的要求和区委的具体规定。与会代表分成 6 个小组对《清波街道出席区第九次党代表大会代表候选人预备人选基本情况》、《选举办法》(草案)及本次选举的监票人、计票人名单进行了讨论,全体通过 22 人作为出席中共上城区第九次代表大会的代表候选人。本次选举工作共收回选票 116 张,与发出的选票数相符,选举有效。经计票合计,缪承潮、黄爱芳等 18 人正式当选为出席中国共产党杭州市上城区第九次代表大会代表。

【获“浙江省卫生街道”称号】 2011 年,清波街道共投入爱国卫生、健康教育、食品与公共场所卫生、绿化养护、庭院改善工程等项目建设资金 4632.20 万元,举办卫生健康讲座 50 余场,健康教育开课率 100%,通过开展“文明在清波”市民文明月、“洁美在清波”市民文明大行动等主题活动,卫生满意度调查满意率 92.5%,群众卫生问题电话投诉整改率 100%。12 月,清波街道获“浙江省卫生街道”称号。

【完成街道人大代表换届选举工作】 12 月 20 日,清波地区人大换届选举投票活动正式展开。16 个选区、38960 名选民参与了投票,其中有效票共 38444 张,有效票率达到 98.7%。各选区投票点现场进行简短投票仪式,工作人员按照引导员、选民认证、发放选票、解说、写票、代写选票等不同分工依次排开。上午 9 时,区委副书记、区长缪承潮到 24 选区投票站,听取有关选举事项的说明,拿出选民证交给工作人员核验,并领取选票,在写票处填写选票,郑重投下自己的一票。清波地区 16 个选区共选举产生 32 名上城区第十四届人大代表,所有代表的当选率均 70%以上。

【推进复合型社工人才队伍建设】 为打造一支结构合理、素质优良的社区工作人才队伍,清波街道创立“五个一”走访制度,规范社区工作者走访工作。以“四化”为目标推进复合型社工人才队伍建设。加强管理,实现队伍建设规范化。出台社区工作目标管理考核办法与细则,根据《上城区社区工作者绩效考核系统实施办法》,将“平衡计分卡”引入社工考核管理体系,社工出勤、奖惩、业绩等情况统一入库考核,实现数字化管理。整合资源,实现队伍建设专业化。引入“社区与院校合作”机制,邀请树人大学、浙江财经学院相关教授联合探讨社会管理及服务创新举措,为社区工作者及院校相关专业学生搭建实习交流平台,不断提升其理论与实践水平。优化载体,实现队伍建设多样化。推广社区“AB 岗”工作制度,充实“一岗多能”综合性人才。打破常规课堂培训模式,将较为常见的居民事务及受理办法及面临的热点、难点融入“情景模拟”、“辩论赛”等载体,以寓教于乐的方式提高社区工作者职业素养。自主创新,实现队伍建设品牌化。不断拓宽社工工作服务领域,引导社工自主创办了“青少年心理导航站”、“王丹营养师工作室”等社会工作服务品牌,既发挥专业社工的特长,又推进社区服务品牌化建设,受到广大居民的好评。

> **资料** **“五个一”**:是指建立一套“前台受理,后台跟踪”督导制度、记录一本民情日记、规范一册民情民意记录、管理一套走访台账和成立一支督导员队伍。

【获“杭州市发展文化创意产业先进街道”称号】 按照上城区“高端产业”的发展定位,在发展、打造文化创意产业的过程中,清波街道重视考虑区域禀赋优势和未来发展优势,同时注重产业的形成、拓展与延伸,充分挖掘吴山商圈的地域、高端楼宇和艺术人才资源,以“连续性、可比性、创新性”为原则,积极为信息服务业、设计服务业、艺术品业和文化休闲旅游业等企业，营造良好的发展环境，努力做好服务和支撑工作。街道共引进文化创意产业企业640家，2011年，实现税收1.80亿元，是上城区唯一获得"杭州市发展文化创意产业先进街道"称号的街道。

【建立社区党风廉政建设"12345"工作机制】 以"公推直选"方式产生社区纪委书记，以多途径培训提升社区纪委书记素质。打造以于谦故居为中心的"廉政文化圈"和"吴山清风·修身之旅"廉政文化体验线2个文化阵地。完善落实社区党风廉政建设学习制度、公开制度以及党风廉政建设责任制3项制度。坚持"以人为本"的方针，开展"4百"活动：走"百家门"活动——网格化服务团；知"百家情"活动——成立市民观察团；解"百家难"活动——启动社区民生立项工作；暖"百家心"活动——启动社区民生立项工作。打造"家庭助廉"、"母子情深、军营教育"的双拥促廉、"颂于谦促廉洁"、"国学促廉洁"、"社区志愿服务促廉"5个廉政品牌。

【创新"四轨"联动机制搭建民生管理"直通车"】 "铺轨"到户，服务对象全覆盖。以300户家庭为单位，形成"枢纽中心"——民生服务站点，把民生服务从重点人群延伸至辖区全部家庭。"接轨"到人，服务需求全收集。发挥群众骨干力量，建立民生"速递员"队伍，进一步畅通渠道，广泛收集服务需求和民声民情。"多轨"驱动，小型服务全解决。依托党建资源服务库设立咨询预约中心、应急处理中心、信息管理中心等，通过开展预约服务、上门服务、菜单服务，实现从服务点到服务圈的转变，打造15分钟生活圈。"并轨"到站，民生需求全聚焦。制定"服务时刻表"，对民生问题予以分门别类，落实挂包责任制、限时办结制和服务承诺制，对服务工作情况实行跟踪督查和动态管理。民生保障"直通车"运行以来，已解决各类民生问题70余件。

【多措并举推动城镇居民医保全覆盖】 利用横幅、电子屏、宣传海报等载体广泛开展医保政策宣传；做好各类保险政策的衔接工作，特别是18周岁高中毕业后的少儿医保转为在校大学生医保、以及大学生毕业后转为城镇职工基本医疗保险。"捆绑"服务、老少兼顾。根据存档信息提醒参保者按时为家中的少年儿童和老人缴纳下一年度医保。实行"进度周报"制度，做到"一周一记录，一月一跟进，一季一反馈"，及时掌握居民办理居民医疗保险参保工作进度。截至2011年底，街道共为704人次提供个体劳动者参续保服务，辖区参加少儿医保1724人次，老年医保287人次。辖区城镇居民的医疗保险基本实现全覆盖。

【举行纪念孔子诞辰2562周年大典】 9月28日，"2011杭州祭孔大典"在孔庙举行，纪念中国伟大的思想家、教育家、儒家学派创始人孔子诞辰2562周年。大典祭文中，借助"西湖申遗"成功的东风，融入杭州特有的西湖文化，在增加中国传统文化思想的影响和生命力的同时，提升杭城的历史文化底蕴。整个祭祀大典仪式包括敬献花篮、恭读祭文、乐舞告祭、行礼等内容。全国各地孔庙代表、浙江省儒学学会代表、杭州各界教师学生代表、孔子后裔代表与市民群众一同戴着金黄色的祭巾参加大典仪式。杭州孔庙已连续成功举办4次祭孔大典。

【打造"一二五"居家养老特色品牌】 "一"指一拨就灵。为60岁以上独居、空巢老人安装"爱心呼叫器"，

9月28日，参加"2011杭州祭孔大典"。 （清波街道　供稿）

在接到老人求助电话的第一时间启动紧急救助预案。“二”指二街齐辉。打造定安路社区“夕阳红为老服务特色街”和劳动路社区“星光老年之家为老服务特色街”,创立老年心理导航站、老年书法艺术沙龙会等10余个特色服务项目。“五”指五送上门。即:送学上门,每周定期上门为离休干部和独居、空巢老人读报;送餐上门,为家里无人照顾、行动不便的独居老人提供送餐上门服务;送医上门,对患有高血压、糖尿病的老人定期随访,为孤寡老人、低保户、残疾人提供免费上门诊疗;送服务上门,为60岁以上老人提供无偿家政服务;送法律上门,组建由地区法律志愿者为主体的义务律师团,主动上门为老年人提供免费法律咨询。(柳景春)

小营街道

【概况】 小营街道地处杭州中心腹地,东临贴沙河,西濒中河,南接望江路,北至庆春路,总面积2.70平方公里,下辖小营巷、金钱巷、西牌楼、紫金、马市街、大学路、葵巷、老浙大、长明寺巷、茅廊巷、梅花碑、姚园寺巷12个社区,总人口9.71万人。辖区内有行政事业单位234个,医院9所,中学5所、小学5所、幼儿园4所,证券(期货)公司13家、银行20家、保险公司15家,工业企业68家,房地产开发公司47家,三产服务业2389家。2011年,小营街道以发展经济、繁荣文化、改善民生为重点,全力打造“实力小营”、“文化小营”、“幸福小营”,推动辖区经济社会又好又快发展。小营街道超额完成全年各项经济指标,经济实力得到大幅提升。街道全年共引进内资20亿元、外资1272万美元,在全区招商引资综合评定中名列第一;实现财政总收入12.07亿元,地方财政收入6.44亿元,成为上城区首个财政总收入突破10亿元的街道,财政总收入和地方财政收入两项指标跟2008年相比均实现翻一番。小营街道文化底蕴深厚,人文景点众多,是毛主席亲临视察过的全国唯一的街道。辖区内有中共杭州小组纪念馆,太平天国听王府,王文韶大宰相府,求是书院,龚自珍、郁达夫、钱学森等名人故(旧)居,汪宅、梅石园等文化遗存,还是戴望舒笔下“雨巷”所在地。街道深入挖掘历史资源,大力发展“红色文化”、“群众文化”、“健康文化”,不断提高区域综合竞争力,打响“文化小营”知名度。在经济、社会各项事业发展的同时,把重点放在推进城市管理、社会保障、社区服务等各项民生工程上。民生项目的有力实施提升了辖区居民的生活品质,推进高品质中心城区的建设,为打造“幸福小营”奠定基础。2011年,小营街道获全国社会工作先进示范街道、浙江省文明街道、杭州市综治先进集体、杭州市人民调解先进集体、杭州市“五五”侨法宣传先进集体、杭州市妇女组织示范街道、杭州市第六次人口普查先进街道、杭州市劳动保障先进单位、杭州市充分就业先进街道、杭州市协税护税工作站先进集体、杭州市“十一五”期间人口和计划生育工作先进集体等荣誉。

【获“浙江省文明街道”称号】 2011年1月,小营街道被中共浙江省委、浙江省人民政府授予省级“文明街道”荣誉称号。文明街道创建工作突出四个方面。在努力提高公民的文明素质上下功夫。把加强思想道德建设作为文明街道创建的基础和中心环节,深入开展公民道德实践活动,培育社会公德、职业道德、家庭美德、个人品德,增强公民社会责任意识;构建文明道德新风尚;深入开展“市民素质提升工程”,有力推动社会主义精神文明建设。在努力满足群众精神文化需求上下功夫。贯彻贴近实际、贴近生活、贴近群众的“三贴近”原则,创新“党建促民生”工作机制,加强街道文化设施建设,开展群众乐于参与的文化活动,培育街道特色文化,不断满足居民求知、休闲、娱乐等需求。在努力改善人居环境上下功夫。加强街道基础设施建设,进一步完善居民居住、出行、购物等功能;推进街道治安综合治理各项措施的落实,健全安全防范体系,提升治安防范与处置能力;加强生态环境建设,着力解决乱张贴、乱搭建、乱设摊、乱停放、乱堆放和乱倒垃圾等问题,维护街道环境整洁有序。在努力提高街道服务水平上下功夫。强化党员干部的服务意识,切实为群众解难题、办实事、谋利益;加快街道服务中心和社区服务场所建设,完善街道服务体系,增强街道服务管理能力;整合民政、公安、卫生和劳动保障等部门的信息资源,为居民提供更好的信息服务。

【被评为“杭州市社区社会组织先进业务主管单位】
创新服务机制,关注服务民生。设立社区民间组织管理服务中心,加大慈善类、自治类、事务类组织的培育力度。加强业务素质培育,提高服务能力。做好专业培训工作,改善社会组织人才队伍结构,提升社会组织服务能力。建立服务评估机制,提高社会效益。建立社会组织评估机制,有效推动社会组织健康发展。加大宣传力度,提高居民认同感。截至2011年底,街道已注册备案社会组织157家,步入规范管理、持续发展的良性轨道。2011年,小营街道被评为杭州市社区社会组织先进业务主管单位。

【征税站被授予先进集体称号】 2011年,小营街道征税站完成税款2100万元,纳税户1878户。征税站夯实征管基础。推进税源科学化、精细化管理,完善档案资料收集,加大纳税评估、税源监控和排查力度,实行"抓大、管中、促小"的专业化税源管理办法。落实税法宣传。紧扣"税收·发展·民生"的宣传主题,开展日常税法宣传和税收宣传月活动,以制作居民手册为契机,提高税法普及率。完善办税大厅软硬件设施,统一着装标识,树立新形象。

【国家副主席习近平复信小营巷社区党委】 2003年12月,时任中共浙江省省委书记习近平亲临视察小营巷社区工作。8年后,小营巷社区党委致信中共中央政治局常委、国家副主席习近平,汇报社区建设和社区党建工作情况。2011年7月12日,习近平专门给小营街道小营巷社区党委复信。收到习近平复信后,小营街道党工委立即开展座谈会专题研究学习贯彻习近平复信精神,加强"一馆两基地双品牌"建设,推动辖区经济社会全面发展。发挥党史教育基地和青少年爱国主义教育基地作用。暑期组织辖区学生3000余人参观中共杭州小组纪念馆,9月组织辖区宗文小营实验学校、时代小学、杭十中等中小学的6000名学生分期分批前往参观。整合中共杭州小组纪念馆、毛主席视察小营巷纪念馆、钱学森故居等辖区历史胜迹,串点成线,打造独具特色的"红色走廊"。纪念馆所有工作人员统一培训,统一服饰,挂牌上岗。通过安装红外线防盗报警系统和保安日夜轮流值班制,确保24小时无"盲点"。在辖区时代小学、杭十中、杭二中东河校区各招募10名学生讲解员,与街道老中青三代党员志愿者、群众志愿者,组成一支50余人的志愿者讲解团队。加快五柳巷居民危旧房改善进程。在小营公园6~8号的小观园饭店内,打造一所集老年人养老、健身、文娱、就餐功能于一体的街道为老服务中心。

资料　习近平复信:"读着你们的来信,我又回想起8年前到小营巷社区考察的情景。这些年小营巷又发生了新的可喜变化,我感到很欣慰。希望你们珍惜荣誉,再接再厉,以建设中共杭州小组纪念馆为契机,充分发挥党史教育基地和青少年爱国主义教育基地的作用,切实加强社区党建工作,把社区建设得更加美好。请转达我对社区全体居民的诚挚问候,祝大家身体健康、工作顺利、生活幸福"。

【树立"雨露万家"品牌推进社会管理创新】 雨露万家基地围绕"衣、食、住、行、医、文、学、娱"等提供服务,内容涉及民生、时尚、公益三大版块。成立"民医馆",吸纳浙江大学城市学院医学院100多名学生党员加入,为辖区居民和单位提供上门看诊服务;与区疾控中心、银江宾馆、八达物流和省化工党组织签订民生项目协议,推出房屋空气检测、定向助学、慰问孤寡老人、侨情沙龙等项目。实效推管理,帮助企业在激烈的市场竞争中抓住商机。促成富阳洞桥镇苗木基地与杭州市东方市政园林公司实现城乡统筹合作;引荐银行助企业解决融资难题等。

【非公企业党组织集中组建成效显著】 小营街道党工委多次召开非公企业党组织会议,制定计划,明确目标,扩大组织覆盖,优化组织设置。对符合组建条件的先行组建,暂不具备组建要求的通过社区党委帮助组建或者采取"联合"、"挂靠"等办法组建。2011年,依托"雨露万家"区域化党建共建工作机制,街道新组建非公企业党组织31家,完成党组织工作覆盖448家,实现非公企业党组织"双覆盖"目标。

【举办第三届钱学森科技文化节】 12月9日,在小营公园举行第三届钱学森科技文化节活动。区委组织部、宣传部相关领导参与赠书活动。同时举办航天航空知识竞赛,街道下属社区、街道机关团工委代表队、钱学森故居代表队共组成7支参赛队伍,围绕"钱学森与中国"、"钱学森与杭州"、"钱学森与科学" 等内容,通过必答、抢答等环节开展竞赛。经过三个环节的

举行小营街道第三届钱学森科技文化节启动仪式　（小营街道　供稿）

比拼，街道团工委代表队获第一名。钱学森科技文化节已成功举办两届，经过不断完善和发展，科技文化节在弘扬科学精神，锻炼青少年动手实践能力，提升个人综合素质方面发挥重要的作用，成为街道、社区群众展示青春与激情，展现学识与才华的重要舞台。本届科技文化节以“纪念钱学森诞辰100周年”为主题，除了开幕式上的竞赛问答，还设立“玩转科学”、“志愿者活动”等系列活动。旨在活动中感悟钱老（钱学森）严谨、求实的科学态度，学习他的崇高精神，发扬他的优良作风。

【举行小营地区第九届全民健身运动会】 5月15日，小营地区第九届全民健身运动会在杭州市体育馆举行。此次运动会由小营街道党工委、街道办事处主办。浙江省体育局群体处处长扬平原，杭州市体育局群体处处长顾俊俭，区人大常委会主任丁晓芳、副主任韦云，副区长宦金元，区政协副主席方莉等领导出席参加。来自辖区的51家单位1200名运动员，进行广播操、1500米、1000米、800米、4×100米、跳长绳、拔河、跳远、铅球等项目的比赛。杭州第二中学、浙江大学医学院附属第二医院、杭州市邮政局分别以总分118、107、105获得团体前三名。这次的运动会参加单位广，人数多，是小营地区历史上规模最大的一次运动会。

【举办“和谐生活　放飞希望”风筝文化节】 11月23日，由小营街道主办、茅廊巷社区和杭州市风筝协会协办的小营街道风筝文化节活动在吴山广场举行。本次活动主题为“和谐生活　放飞希望”，来自小营街道12个社区的风筝爱好者携带标有社区LOGO的风筝参加本次活动。杭州市风筝协会的成员们还带来他们自制的微型风筝。吸引了不少市民驻足观看。小营街道还举办微型风筝制作培训班，详细讲解风筝制作的“四艺”——扎、糊、绘、放过程。为风筝爱好者搭起一个相互学习和交流的平台，展示中国传统工艺美术的魅力，为“2011杭州美术节”增添光彩，展现出一番和谐文明的社会景象。

【开展城乡统筹战略协作】 3月24日，小营街道与富阳市洞桥镇签署五年城乡区域统筹战略协作协议。根据协议，街道与洞桥镇共同开展项目帮扶、党建帮扶、建立项目库推介平台等多项战略合作计划。为洞桥镇正在建设的施肩吾（金银山）文化公园提供50万元项目资金，共同在公园入口处种下“友谊树”。开展村社结对。小营街道小营巷、金钱巷社区与洞桥镇的洞桥村、文村村签订合作协议，就村社建设、党建、民生改善等进行深入交流和探讨。建立经济推介平台。洞桥镇将自己的工业、农业、现代服务业等资源建立数据库，提供给小营街道用以帮助其招商引资、推介社会投资主体开发产业项目，培育产业平台和农村经济增长点。小营街道帮助洞桥镇组织农产品和土特产展销会，举办乡村游活动等。拓展协作领域。协作内容向科技、教育、卫生等社会事业和文化领域延伸，着重推进资源要素优化配置，实现基本公共服务均等化。组织辖区卫生院组成名医义诊队，为120名村民进行义诊。带动现代服务业发展。组织老党员、老干部游览洞桥镇精品旅游景点，为提升洞桥镇景区的建设水平出谋划策。

【拓展招商渠道】 注重楼宇招商，利用远洋大厦、瑞丰国际等相对高端的楼宇引入证券投资机构、金融中介服务等金融企业，形成与下城区“错位发展、联动发展”的格局。同时，做好加速航天通信大楼、华都大厦等楼宇的提升改造工作，形成优质块状经济，推动楼宇经济发展。注重拟上市公司的为企服务，浙江赞宇科技股份有限公司于 2011 年 12 月上市，募集资金 7.20 亿元。辖区内的浙江东方市政园林工程有限公司已完成上市前的静调工作，浙江省物产燃料集团有限公司已完成股份改制。

【垃圾分类工作全面铺开】 小营街道 109 个小区中的 92 个小区已实施垃圾分类工作，开展率为 84.4%。首创"垃圾不落地"收集模式，创新垃圾分类站台式收集。街道垃圾分类工作借用社区网格化管理平台全面铺开。定区块、分责任，将社区的保洁员、协管员分配落实到固定的网格中，定期检查每个网格内垃圾分类准确率和居民对垃圾分类的认知程度，按实际进行奖惩；定人员、强服务，网格内的社工、保洁员等定期上门分发垃圾袋，指导垃圾分类工作；试点使用环保节能的垃圾分类语音提示器，提醒居民正确地投放垃圾。

【垃圾分类工作再添 "新武器"】 小营街道在建国南苑小区垃圾房前安装了环保型的"垃圾分类语音提示器"，该提示器使用太阳能供电，利用电子感应实现语音提示，只要居民距垃圾房 1.50 米左右，"语音提示器"会发出"垃圾请分类投放"等温馨提示语，具强实用性和易可操作性。使用以来，垃圾分类正确率提高 5%以上，人力宣传成本节省 50%以上。

【成立"垃圾不落地"志愿者服务队】 小营街道吸纳浙江工商大学的学生志愿者和社会志愿者，参加"垃圾不落地"工作，开展"五个一"活动。即开展一次问卷调查，形成调研报告；发放一份宣传资料；成立一支由大学生及社区志愿者组成的队伍；以小区为单位，召开一次由学生、社区志愿者、社区居民参与的以推进垃圾分类投放为主题的座谈会；每个小区由志愿者牵头策划一个以垃圾分类投放为主题的节目进行现场展示。

【启动城站商圈美化屋顶绿化整治工程】 此次美化屋顶绿化整治工程涉及周边的中闽大厦、第六空间艺术生活广场等 6 家企事业单位，整治面积 7900 平方米。截至 2011 年 11 月，6 家单位的整治工程已完成立项，并形成最终规划方案和效果图。城站商圈美化屋顶绿化整治工程于 7 月全面施工，11 月竣工，整顿后改变城站火车站周边钢筋水泥黑灰色的色调，形成一道绿意盎然的新景观，展现杭州城市门厅的风采。

【完成庭改"回头看"工程】 自实施庭院改善工程以来，小营街道通过落实"四问四权"、发挥"民间庭改办"作用、杜绝工程遗留问题等举措，2008~2011 年，小营街道庭院改善共完成 51 个立面标段，404 幢房子，涉及住户 20910 户，占全区 6 个街道庭院改善总量的 35.5%。2011 年，新增 12 个社区"回头看"工程，新增 3 个绿化项目，投资总金额 352 万元，完成庭院改善任务。

【推出"分级调解模式"建立规范化调解制度】 为突破传统的纠纷调解模式中个人能力的限制，小营街道综治工作人员在以往调解的基础上建立"分级调解模式"。该模式把调解分为四个调解级别，同时成立一个"和事佬议事团队"。四个调解级别分别为紧急且重要、重要但不紧急、紧急但不很重要、不太紧急且不很重要。"和事佬议事团队"把不同类型的调解案件分配给擅长处置此类型案件者，采取"投票决定，一票否决"(即复杂调解案件事前在议事团队中确定调解人，每人发表三轮意见，最后举手表决，综治专管员有一票否决权)，"和事佬议事团队"每人配通信工具，接收最新调解案件情况，处理日常纠纷调解。

【推出"法制化、人性化"社区戒毒模式】 小营街道现有社区戒毒应执行 8 人、其中有效执行 7 人，正在执行 1 人，有效执行率 87.5%。正在执行社区康复 9 人，接受美沙酮维持治疗人员 27 人，其中坚持 3 个月以上的有 25 人、全年脱失治疗 1 人、美沙酮治疗维持率达 86.7%，各项禁吸、戒毒数据均达标。街道禁毒办建立一人一档的美沙酮维持治疗人员档案及吸毒驾驶人员的造册工作，以杭十中为基地开展禁毒宣传教育进校园系列活动，分别在杭六中、杭八中、杭二中分校等学校开展"社区青少年远离毒品"为主题的课堂教育 4 次，禁毒征文活动 5 次，举办大型禁毒教育宣传活动 5 次，发放《禁毒宣传手册》2000 册，争创禁毒预防教育示范学校,净化校园氛围。

【开展“青春导航”系列行动】 小营街道计生工作以“青春导航”系列行动为载体,开辟“信念导航”、“学习导航”、“创业导航”和“成长导航”等版块,联合辖区中学共同开展“青春在社区闪光”活动。“信念导航”组织青少年到城站火车站为过往旅客送水和纸巾,开展送温暖活动;“学习导航”鼓励青少年与社区军烈属、“五老”家庭结对,在互动交往中学习老一辈人工作生活的闪光点;“创业导航”为同学们提供一个虚拟以物换物的平台,并发放换物积分卡,将换取的物品送给辖区内困难家庭;“成长导航”组织青少年参观爱国主义教育基地,勿忘历史,展望未来,倍加珍惜今天的幸福生活。

【打造“三优”指导中心】 小营街道“三优”指导中心占地1000平方米,内设活动室、咨询室、培训室等10个功能区域。“三优”指导中心主要开展对辖区新婚夫妇、孕期妇女、0~3岁婴幼儿抚养人的知识普及教育工作,切实提高辖区出生人口素质,按照各个目标群体、宝宝成长阶段设计优生、优育、优教、课堂内容,聘请专职人员做好活动安排、记录,并建立网络信息平台,定时向服务对象发送活动信息。为更好地介绍“三优”指导中心的课程设置及各项活动情况,街道向服务对象发放《小营街道“三优”指导中心活动手册》。

【推出居民满意度抽检考核制度】 小营街道采取随机电话抽查的方式,对下辖12个社区的居民满意度进行抽检考核。调查设两类访问对象,一类为街道、社区中四类群体(低保困难家庭、空巢独居老人、残疾人、军烈属服务对象),共抽查144户;另一类为社区普通居民。调查的问题涉及走访落实、服务态度、办事效率、满意率、综合评价5个方面。抽检结果显示,四类特殊服务群体对社区各项工作均表示认可,满意率较高。而普通居民认为在日常走访、相互沟通等方面还不尽人意,满意率偏低。街道将该项考核结果计入社区每月考核。

【完善企退人员“双助”救济圈】 小营街道退管办组织各社区保障员按5000元一档的医疗费用进行明细分类,完善程序实现大病费用实时查询,确保第一时间确定基本受助人员。灵活发放,人员添加及时。对行动不便的老人及残疾人上门发送。及时更新信息库,确保数据完备无误。2011年,街道困难补助人数504人,共发放补助款30.83万元。

【创新社会管理模式打好养老服务“三张牌”】 打好“福利牌”。为辖区内60岁以上有需求的独居、空巢老人重新安装升级版的“一键通”呼叫手机。根据服务需求,老人只需按手机键盘上相应的“红键”、“绿键”、“黄键”呼叫按钮,就能享受专人上门服务。打好“健康牌”。创新老年食堂运转模式,携手蒸功夫餐饮连锁公司,在大学路社区试点开设“日行一膳”营养配送中心,为辖区内老年人提供营养面、养生粥、开胃菜等健康膳食。打好“安全牌”。首推老年“安全出行卡”,卡上写明老年人居住地所在社区名称、地址、电话,并注明家属联系方式和个人所患的主要疾病,以提高老年人外出的安全系数,方便及时提供帮助。

【“三着力”打造扶残助残新局面】 着力推进残疾人康复服务工作。2011年,新建12个康复服务站,建站率100%,67名重点康复病人的“一人一档一康复”方案已由康复医生量身定制完成,并已实施康复服务进家门活动。着力做好残疾人低保申报工作。为605个残疾人办理了单列低保和无劳动能力申报手续,享受低保的困难和残疾人家庭185户,截至2011年底,已帮助15名残疾人走上工作岗位。着力开展残疾人文化活动。以第八届残运会为契机,开展一系列“迎全国残运,当好东道主”的教育宣传、文化娱乐活动,引导广大残疾人参与社会活动,实现自我价值。

【开展国防教育进社区活动】 利用毛主席视察小营巷纪念馆、钱学森故居、太平天国听王府等国防教育阵地及硬骨头六连、空军某高炮营部队、浙江省武警通信总站等单位,举行送知识进军营、送服务进军营、送清凉进军营等活动,让辖区群众吸收国防教育知识、营造国防教育氛围、树立国防教育意识。在八一建军节、国庆节等重大节日期间,开展国防知识普及活动;在民兵整组冬季征兵工作期间,加深应征青年和家长对国防事业的认识和理解;在建国60周年、建党

90周年期间，举行社区红歌会、国防题材影片观映等活动，激发广大居民群众的爱国之心、报国之情、强国之志。

【因地制宜打造全新教育基地】 2011年，小营街道因地制宜打造全新教育基地。勤调研，拾遗补缺提高针对性。广泛调研不同人群的教育需求，整合归纳现行教育体系难以涉及的门类和领域，开展形式多样的教育培训活动，实现学校教育、家庭教育与社区教育的有效衔接。亮品牌，服务落地注重实用性。成立社区“四点半伢儿家”、社区“新杭州人”温馨家园、社区康复之家、居民谈心室等六大教育培训基地，在“星光老年之家”开办初级中式烹调师技能培训班，“一茶一座” 学习教育体验基地携手杭州西湖培训集团开展的“送教进社区”系列活动等已成为家喻户晓的特色品牌。

12月9日，在新兵入伍欢送会上，老红军给新兵戴大红花。（小营街道　供稿）

【辖区为统战成员服务】 建立街道、社区、楼道统战联络员三级网络，成立基层统战组织14个、基层侨联组织13个，制定联系走访、联谊服务等工作制度。通过打造“和家园品牌文化项目”，开辟“和之家”，开展民族宗教政策、民族儒家国学宣讲，举办翰墨香林笔会、戴望舒诗歌节、元宵节送汤圆等各类活动，密切与统战成员的联系。通过加强街道商会建设，先后将辖区浙江纳克莱医药股份有限公司等10家非公企业纳入商会中，充分发挥商会服务街道经济发展的作用。

【开展盲流整治工作】 小营街道紧抓“双重点”集中开展盲流整治工作。在重点时段加派人员巡查，针对早、晚盲流出动高峰时段对盲流进行劝导、驱赶。开展重点地段巡查。对望江立交桥、中河中路新三毛大酒店周边、西牌楼社区和万安桥一带进行重点巡查。对盲流窝点进行集中整治。对于一些顽固性盲流窝点，联合执法、公安等部门对其进行强制取缔。2011年，小营街道在整治盲流行动中，驱赶盲流50余人，拆除盲流窝点6处。

（章　舒）

望江街道

【概况】 望江街道位于杭州市上城区东南部，东临钱塘江、南至望江路、西接贴沙河、北傍清江路，辖区总面积4.10平方公里，下设大通桥、始版桥、兴隆、莫邪塘、清泰门、婺江、耀华、近江东园、近江西园、在水一方和徐家埠11个社区。辖区内有行政事业单位35个，医院4所，中学4所，小学4所，幼儿园6所，银行14家，保险公司2家，工业企业53家，房地产开发公司11家，服务业359家。总人口11.10万人，其中常住人口9.90万人，户籍人口6.70万人。有商务楼宇8幢，总建筑面积约30.09万平方米。2011年，入驻商务楼宇的企业475家。全年实现税收总收入3.27亿元，比上年（指2010年，下同）增长22.1%；地方财政收入1.93亿元，比上年增长22.9%，完成全年目标的115.2%。共引进企业77家，引进内资14.55亿元，完成率103.9%，其中市外资金完成10.52亿元，完成率100.2%；引进合同外资1000万美元，实际外资181.40万美元；全年地区社会消费品零售总额24.98亿元，比上年增长27.7%，完成计划的1.36倍，完成率位列全区6个街道之首。街道骨干企业发展良好，街道前20家重点骨干企业实现税收1.89亿元，比上年增长51.8%。其中新城大厦纳税超亿元，入选“杭州市商务楼宇先进单位50强。引进日信置业、浙江盐业、杭州文广投资控股有限公司等规模上亿的招商引资项目。

全年累计发放养老服务券5617人次,总计服务78163小时,价值123.24万元。以辖区爱心庇护站和浙江省首批"中途之家"为平台,在全面推动残疾人托养服务体系的建设,不断加强残疾人基本生活保障力度的同时,深入实施文化助残工程。街道有35个文化场所面向残疾人提供个性服务,地区残疾人儿童入学率100%。全年为124名无业残疾人办理基本养老保险和医疗保险,安置残疾人就业58人次。全年新增就业岗位3812个,完成年计划1.03倍;实现失业人员再就业4073人,完成年计划2.40倍;其中,安置就业困难人员2512人,完成年计划3.14倍。受理各类劳动纠纷案件70件,帮助索回工资及各类补偿金共计53.60万元。2011年,街道先后获全国模范司法所、全国城市社会工作示范街道、浙江省社区矫正"环沪护城河"工程先进集体、杭州市社会治安综合治理先进单位、杭州市基层文化示范点、杭州市妇女工作先进集体等20余项国家、省、市级荣誉。

【品牌农产品进社区】 以"引领绿色消费、提升品质生活"为主题的杭州市品牌农产品"大篷车"进社区暨2011迎新春送温暖活动在望江街道在水一方社区启动。本次活动由团市委,市农业局,市文广集团,上城区委、区政府,市农村青年兴业带头人协会等单位共同主办,团区委、望江街道等单位承办,副市长何关新出席启动仪式。活动旨在通过流动"大篷车"的形式开进全市各社区、企业,向广大市民宣传现代农业科技、农产品质量安全、展售由农副产品生产基地、厂商直接供货的优质农副产品。同时,流动"大篷车"为居民群众提供农副产品安全、营养膳食等咨询服务,为困难群众送温暖,让群众"菜篮子"拎得更轻松。活动分3个阶段进行:1月5日~3月30日为试行阶段,以流动"大篷车"的形式定时定点对上城区54个试点社区开展宣传、推广和展售,为居民吃上"放心菜"、"便捷菜"、"品牌菜"提供服务。第二阶段为推进阶段(4月1日~6月30日),主要引导相关企业和大学生、志愿者、社区"4050"人员在全市相关社区、企业内以流动"大篷车"的形式进行平价销售农副产品,扩大参与面和服务面。第三阶段为提升阶段,从7月开始,主要由专业农产品销售服务公司在全市进行统一布点,形成配送、销售网络。

【举行日信国际开工奠基仪式】 1月20日,望江街道举行招商引资企业日信置业有限公司重点开发项目——日信国际开工奠基仪式。浙江省国资委、发改委和杭州市相关领导,区委书记陈红英,区委副书记、区长缪承潮出席仪式,并为工程开工剪彩、培土奠基。日信国际主体建筑将在2013年底前竣工交付。

资料　日信国际:项目位于钱江新城核心中央商务区,距西湖约3500米,距钱塘江约800米,距杭州新市民中心约1000米,离杭州城站火车站仅1500米,离汽车南站为500米,离地铁站仅300米。处区域中心地段,项目占地面积8295平方米,总建筑面积为62285平方米,计划总投资8.20亿元,重点打造集大型商场、超市、金融、酒店式办公、休闲娱乐和停车配套等多项功能于一体的"城市客厅型投资性智能商务寓所"。

【启动"质监服务进社区"活动】 3月12日,杭州市质监系统"质监服务进社区"启动仪式在望江街道在水一方社区举行。杭州市质监局党委副书记杨宏鸣、副局长祝平,上城区社区建设委员会主任马丽华、团区委副书记马洪亮等相关领导出席启动仪式。杭州市质量技术监督检测院、宝岛眼镜店等8家单位共30余名计量专家组成的计量服务队现场为百姓讲解计量器具相关常识,并提供眼镜、珠宝玉器等免费检测、鉴定和计量器维修服务,受理计量违法行为举报。活动现场发放宣传资料580份,接受群众咨询130人次,免费为群众测量血压及健康咨询430人次,免费检测珠宝玉石50件。

【举办首届低碳环保节】 望江街道为倡导低碳生活理念,举办地区首届低碳环保节。5月20日,在近江西园社区公园内的"低碳环保节"活动现场,除了携手换宝网共同开展的低碳换宝活动外,还有低碳制作角、幸运大转盘等趣味环保活动。此后每年的5月20日,街道科协都将举办类似低碳环保活动,倡导居民共建低碳品质生活。

【组织辖区企业开展"反哺社会"活动】 望江街道新引进的个人独资企业——杭州恒润文化艺术品有限

3 月 12 日，杭州市质监系统"质监服务进社区"启动仪式在在水一方社区举行。

（望江街道　供稿）

真善美、融邻里情"大型文艺演出等群众文化活动，取得良好的社会效应。

公司与区残联联合成立的上城区残疾人文化艺术展示中心，为残疾人提供字、画、篆刻、手工艺品、雕刻等文化艺术创造、展示和交流的平台。联合杭州近江电影大世界，免费为 10 个社区困难人员播放电影。辖区招商引资企业——物美华东公司杭州望江店参与街道、社区举办的各类招聘会，适时推出 13 项工种 300 个岗位，吸纳失业人员、"4050"人员再就业。与地区 128 家企事业单位签订社会治安综合治理、信访维稳等目标责任书，将共驻、共建、共享活动引向深入。

【被确定为杭州市基层文化建设示范点】 望江街道文化站被评为杭州市基层文化建设示范点，成为上城区唯一一个示范点。先后建立近江东园、在水一方两个生育文化园、居民广场文化活动点，累计投资 500 万元用于换购 1800 平方米社区办公用房；先后成立"俏咚咚"残疾人艺术社和杭州市首个职工艺术团，培养三级社会指导员 200 名，培养各类文艺骨干 1000 名，拥有 40 支文体团队；先后举办望江地区"与奥运同行"全民运动会、以"和谐望江，幸福家园"为主题的第三届地区运动会、第一届文体团队精品节目大荟萃和"学弟子规、扬

【启动"6081 安全卫士"活动】 为推进基层和谐社区建设，确保社区安全稳定，提高社区居民群众的安全感和满意度，在水一方社区围绕"居民自治、邻里互助"的基层工作理念，以群防群治为切入点，5 月 18 日，启动"6081 安全卫士"活动。"6081 安全卫士"分四阶段展开。第一阶段评选身边的"和事佬"；第二阶段围绕"和谐家园"主题开展系列活动；第三阶段邀请社区退休老教师发挥余热，开展一系列教育活动；第四阶段开展自助防火救护。为配合四阶段活动顺利开展，社区组建 5 支小分队：校外辅导小分队、信访联络小分队、物业管理小分队、和事佬调解小分队、业委会督查小分队，加强对社区的服务，开展法制、科学、健康等方面的宣传教育，及时反映民情民意，解决社区纠纷，做好安保和消防工作，确保社区的安全和社会的稳定。

【文明城市创建宣传搬上戏曲舞台】 大通桥社区利用辖区群众文体活动丰富、文体团队多的特点，将居

5 月 18 日，在水一方社区举行"6081 安全卫士"活动启动仪式。

（望江街道　供稿）

民须知的文明城市创建宣传内容编排成剧本，通过三句半、快板、越剧说唱、独角戏、合唱、舞蹈等群众喜闻乐见的表演形式，传递给居民。这些围绕全国文明城市创建精心编排的演出剧目，由社区20多名文体骨干自编自演，其中《人人都来出份力，齐为杭州添光彩》以三句半形式号召居民从身边小事做起，为杭州创建全国文明城市添砖加瓦；《文明城市人民创，垃圾分类好处多》则以快板形式把垃圾的具体分类及如何进行正确分类的知识告诉居民，号召居民做好垃圾分类。

【首推“律师大讲堂”活动】 5月11日，近江东园社区联合浙江世元律师事务所开展“律师大讲堂”活动拉开帷幕。律师大讲堂是为满足辖区群众的法律咨询需求，以社区驻点律师和金牌“和事佬”为主体开设大讲堂，主要以“身边事教育身边人”的方式，为辖区居民提供“六五”普法宣传、矛盾化解、法律援助等相关法律服务。活动分阶段、按步骤实施，方式灵活多样，如集中授课、分类教育、巡回宣传、法律讲座、情景剧表演、模拟法庭、文艺汇演等。活动将基层普法的触角延伸到社区的每个角落，使居民足不出户便能享受到便捷的普法教育和法律服务。

【与富阳受降镇开展城乡协作对接工作】 望江街道出资50万元资助受降镇集镇给水燃气管网改造工程，对320国道以东、中秋路以北、七里路以南的集镇区域实施给水管道工程、燃气管道工程和扩容延伸工程。结合受降镇2011年居家养老工程项目，在生活照料、精神慰藉、医疗保健、文化娱乐等方面提供支持，共同促进和发展双方居家养老服务。围绕街道地区动迁以及受降镇村居改造计划，构建交流互动平台，加强信息沟通和对接。充分挖掘受降镇历史、文化和地域资源，利用黄金周、节假日等节庆日，鼓励街道辖区居民组团“上山下乡”带动当地休闲旅游。

【社区木艺工作室“春光木工坊”开张】 5月12日，杭州首家社区木艺工作室，专供社区青少年进行校外实践和生活体验的“春光木工坊”在近江西园社区正式开张。真正主角则是近江西园社区有名的“木匠达人”、杭州市十大功勋志愿者，79岁的老党员杨茂春。杨老(杨茂春)的老家在义乌，17岁就跟着父亲学做木工。2000年入住近江西园社区，开始为居民送去自制木件。在街道举办“爱心超市”义卖活动中，杨老一次捐出25张小木凳；杭州儿童福利院的孩子缺少坐椅，杨老连夜赶工10多天，捐出30把小椅子。

【探索促进居民自治管理新模式】 7月11日，德国柏林nexus合作管理与跨学科研究所项目主管Kerstin女士带着她的规划小组到望江社会工作服务社。Kerstin此次中国交流之行是应上海市政府法制办邀请，与德国弗里德里希·艾伯特基金会上海协调项目办公室合作推出“规划小组”项目。在望江社会工作服务社工作人员的陪同下，与望江街道各社区基层一线的社会工作者进行学习、交流。Kerstin详细介绍“规划小组”的运作方式，强调“规划小组”的组织、计划的编辑，专家的挑选以及结果的处理，是掌握在一个中立而又独立的项目小组手中，整个过程必须加以结构化以及事先准备，以便确保整个过程顺利。中立性对于“规划小组”的组织是根本的，主持工作必须确保“规划小组”不至于过分地受到个别参加人员或某位专家的观点的影响。Kerstin还与服务社的社会工作者就“规划小组”本土化进行广泛的交流讨论，表示可以将此经验与德国的“规划小组”进行

5月12日，“春光木工坊”开张，老木匠杨茂春传授木艺。（望江街道　供稿）

整合，提炼出适合中国国情的“规划小组”，进一步促进望江街道各社区的居民自治管理。约定今后将定期、不定期开展社会工作学术交流活动。

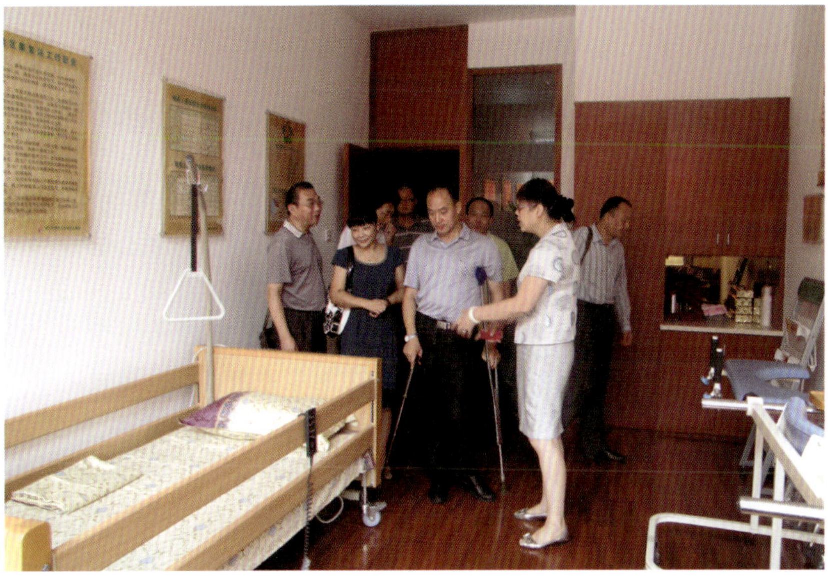
“中途之家”为残疾人打造综合性康复培训基地　　（望江街道　供稿）

资料　“规划小组”：是一种公众参与的方法，20世纪70年代由教授彼得·丹尼尔发明，在德国已经实现60多次，在德国主要由乌珀塔尔大学和nexus研究所两家机构代表和实现。由于在国家政治或规划过程中充分尊重普通公民的选择权，“规划小组”很快传到法国、英国、西班牙、美国、澳大利亚和日本，并与当地文化结合发扬广大，其中在日本，“规划小组”被更名为“公民协商论坛”，过去10年里在日本实现了170多次。

望江社会工作服务社：2009年，望江街道注册成立全市首家民间社工机构，并率先创建以下辖社区、望江社会工作服务社和在杭高校为主体的“两社一校”联动互促机制，为地区社会工作引能引智。街道还依托社会工作服务社，探索建立“人才资源库”，把人才“引进来”、“留下来”，挖掘和引进社会服务工作专业型人才担任督导员，为社区工作者提供科学指导和理论培训，并邀请浙江工商大学等高校社会工作系专业教师、国内外社会工作领域资深顾问等专业人士进行现场指导。同时，选派优秀社会工作者代表前往大型社会工作服务机构、发达城市社区学习交流，建立合作双赢模式。

【推进残疾人“文化共享”工程】　望江街道以“中途之家”为依托，购买各类科普文化读物3000余册，聘请8名辅导老师和管理人员，为残疾人提供送文化上门服务；依托残疾人“俏咚咚”艺术社和残疾人培训基地等阵地，广泛开展残疾人群众性文化活动；并以创建全国文明城市为契机，深入开展“残疾人文明户”评比工作，引导残疾人参与文明城市创建。协调辖区学校资源，通过随班就读、上门送教等多种形式，帮助辖区12名残疾人儿童入校就读，实现地区残疾人儿童入学率100%；通过开展上门指导、电教培训、集中培训等方式，为失业残疾人开展文明礼仪、劳动技能、创业就业等培训，使辖区残疾人参与培训率达70%。街道充分挖掘辖区校园在场地、师资方面的优势，加快推进文化资源共享，引导和推动辖区学校利用节假日向残疾人开放文化资源，街道有35个文化场所为残疾人提供个性服务，进一步将残疾人纳入到社会公共文化活动中。

【打好“民生牌”提升居民生活品质】　发挥“十位一体”城市管理联动机制作用，加大面上巡查力度，狠抓“八小”、“十小”行业整治；拆违、渣土专项整治；流浪乞讨人员整治；街容市貌联合整治等各类整治行动，高标准严要求抓好市场管理工作，全面提升区域环境品质。在全面推广对60岁以上老人网上评估的同时，以网格化管理为依托，将辖区老年人按网格划分，根据老年人身体和家庭情况以及不同的服务需求，建立一人一档的“夕阳档案”，并设立老人数据库和服务记录表，社区工作人员、党员和志愿服务队可依据“夕阳档案”为老年人提供全方位的组团式服务。以辖区爱心庇护站和浙江省首个“中途之家”为平台，开展扶残助残工作，进一步推进民生保障全覆盖。街道为124名无业残疾人办理了基本养老保险和医疗保险，安置残疾人就业58人次，辖区残疾人工作室通过拓展横幅、印花等各类业务，实现年创收8000元。

资料　“八小”行业：主要指的是小食品生产加工厂、小食品店和小餐饮店的食品“三小行业”以及小美容美发店、小歌舞厅、小浴室、小旅馆和小网吧等公共场所的“五小行业”。

“十小”行业:食品加工小作坊、小食杂店、小餐饮店、小药店、小农资店、小菜场、小音像店(包括网吧)、小美容美发店、小客运、小液化气供应点。

【推出“蚂蝗工作室”矛盾调解品牌】 以耀华社区为试点,推出了“蚂蝗工作室”矛盾调解品牌,先后组建矛盾调解组、维稳防控组、维权帮扶组和志愿服务组4个工作小组,邀请专家、居民代表和党员志愿者组成智囊团,合力化解矛盾纠纷。在加强业务培训的同时,通过实施调解责任划片包干、调解个案量化考核、调处成效实时评估,集中开展矛盾调解工作。“蚂蝗工作室”有效处置矛盾纠纷89起,其中一次性解决79起,群体性事件5起,居民满意率97.8%。

资料　蚂蝗工作室:由社区调解委员会、社区民警、律师和社区物业负责人、和事佬队伍共同负责,实现调解主体由“一元化”向“多元化”转变。突出预防与服务两大重点,坚持网格与点片、普法与宣传、枫桥经验与社区实际相结合,重点关注失业、矫正归正、信访、吸毒四类人群,实现调解机制由“化解型”向“服务型”转变。破解调解时间难协调一致的问题,建立了“蚂蝗精神”QQ群,通过视频、多人会话等形式,实现调解方式由“单一式”向“综合式”转变。

【全面构建“效能亮剑”长效机制】 望江街道为下属10个社区配备指纹机,实行上下班考勤制度,严厉杜绝迟到早退现象。社区工作人员在外出走访时,注明外出去向、走访对象及联系方式等,街道“效能亮剑”专项检查小组将不定期对居民进行电话回访确认。在深入开展效能承诺的同时,突出硬性指标,实施工作量化管理。修订和完善32项规章制度和考核办法,重新编印《望江街道制度汇编》,内容涵盖队伍建设、行政管理、廉政建设、效能督查等八大类。督查到位。在成立效能亮剑专项检查小组的基础上,构建以机关中层干部、社区干部和“两代表一委员”为主体的效能监督网络,形成自查、督查、互查、抽查“四查合一”的工作机制。截至12月底,组织开展“四查”12次,通报并整改问题8项。评议到位。以开展效能承诺为契机,畅通“下评上”的渠道。通过发动社区居民开展“效能评议”活动,共收集居民群众对街道、社区作风和效能方面的意见建议46条,满意率100%。

【深化“异乡姐妹心灵港湾”服务工作】 望江街道在联合综治、工会、法律服务、社区妇联等各方力量的基础上,引进一批具有心理辅导工作资质和经验的高校专家学者,共同打造一个融学习、维权、交流于一体的立体式港湾——异乡姐妹心灵港湾。建立“三结合、三定期”制度,结合社区、家庭、社会,定期走访、定期慰问、定期活动;每月14日、28日晚上,由“异乡姐妹心灵港湾”志愿者组织开展“民工大讲堂”,为外来妇女提供一个学习交流、叙述家常、互相帮助的平台;在社区网站上开设“百舸就业”板块,广泛收集就业信息,及时宣传就业帮扶政策,开展就业指南。通过开通“异乡姐妹心灵港湾”服务热线“86583995”接受咨询和预约、开放日咨询师坐诊、不定期举办专题讲座和下岗失业妇女招聘会、提供职业技能免费培训、组织心理素质测试游戏、利用节假日开展咨询活动和便民服务等形式,普及心理学知识和情绪自我调节技巧,提升异乡姐妹法律意识、自我保护和保健意识。

资料　异乡姐妹心灵港湾:2009年7月,望江街道办事处和街道妇联联合成立“异乡姐妹心灵港湾”,为外来流动妇女提供创业就业技能、家庭教育指导、综合素质提升等各方面的教育培训,满足外来流动妇女的学习愿望和发展需求。提供可以倾诉的知己、引领的智者、愉悦的活动,帮助外来流动妇女尽快适应城市生活、融入主流社会、共享品质生活。做好事、解难事,提供娘家般的关爱与帮扶,提供维权法律咨询、心理健康疏导、婚姻家庭调适等方面的服务。

【被授予“全国模范司法所”称号】 2011年,望江司法所被司法部授予“全国模范司法所”荣誉称号,成为杭州市唯一获此殊荣的司法所。望江司法所坚持以“执法为民、稳定大局、服务发展、争创一流”为宗旨;坚持以提高队伍素质和强化组织建设为已任,普法教育经常化、人民调解规范化、法律服务优质化、安置帮教制度化;坚持以“一所、一庭、一室、一队”为抓手，扎实有效地推进司法所规范化建设，不断创新新时期司法理念，其精神风貌和工作业绩多次被各级司法行政部门认可，连续被评为市级人民调解工作优秀指导奖、市人民调解先进集体和“四五”普法先进集体。司法部部长吴爱英，浙江省委常委、省政法委书记王辉忠，浙江省副省长葛慧君，浙江省司法厅厅长赵光君和原省委常委、常务副省长章猛进等领导先后亲临司法所调研司法行政工作，对人民调解、普法宣传和社区矫正工作都给予高度肯定。望江司法所坚持硬件建设与软件建设一起抓，基础管理与特色工作两不放，履行职能与创新工作齐头进，努力为地区群众营造安定、和谐的社会环境，为促进地区经济发展、稳定社会秩序发挥积极有效的作用。望江司法所遵循省司法厅、市、区司法局等业务主管部门的工作部署和要求，从单一性的完成职能工作向多元化综合性工作转变；从协助、配合、服务方式向独立承接工作主体转变；从提高法律综合素质、维护公民基本权益向改善民生为重点的复合性工作转变。同时，司法所规范化建设进入实质性运作阶段，组织机构层次化，构成扎根于基层的广泛网络；工作队伍专业化，打造一支爱岗敬业的优良团队；基础建设规范化，确保日常工作的长效管理；硬件设施规模化，实现3年跨越三大步的蜕变；业务工作亮点化，形成具有望江特色的司法行政工作机制。望江司法所立足辖区实际，不断深化人民调解、安置帮教、法律援助与服务、普法教育等工作，围绕城市改造、企业改制、市场纠纷、拆迁安置等难点、热点问题，以加强社会建设和管理为目标，开创创新社会管理新模式，逐步形成了一套具有望江特色的司法行政工作机制。

资料　“一所、一庭、一室、一队”：“一所”指望江司法所，“一庭”指民间大法庭，“一室”指阳光心语工作室，“一队”指和事佬队伍。

【打造学习型街道】　望江街道通过邀请专家、学者开展讲座，整合挖掘辖区资源，开设望江地区先锋讲堂。以街道分管领导、工作骨干和先进人物为主讲，先后举办“社区建设”、“廉政教育”、“行政管理”和“动迁政策”等讲座6期，利用辖区学校、律师大讲堂、文化活动中心等载体，组织开展全民性法律、理财、健康、文史等知识宣讲8次。以短信平台为依托，改变以往长篇大论的“填鸭式”学习，以“一句话”的形式，实时向机关干部、社区工作人员发送最新的政策方针、创新做法和时事新闻，围绕旧城改造重点，将各地动迁工作经验教训以手机画报的形式向动迁工作人员发送，实现业务培训随身学。在街道报刊《望江风采》上开辟“风采展示”专栏，以心得体会、论文报告、书面答辩等形式，在辖区内开展学习成果展示，同时，重点报道各条块工作创新性做法、经验，引导和鼓励机关干部运用学习成果创造性地开展工作，将成果转化落到实处。

【在非公企业中推行党员管理新模式】　望江街道针对辖区非公有制经济投资主体多元、分布散、流动性大、人员少等特点，在非公企业党组织组建“集中攻坚月”专项行动中，全面推行以街道社会工作党委为中心、各社区党员服务站为支点、以“113网组片”成员为网络的“网格化组建、网络化管理”工作模式，以固定网格应对流动企业、党员。已在辖区11个社区、328家非公企业中建立党组织22个，其中11家企业单建党组织，292家企业建立联合党组织11个，非公企业党组织组建率从3.4%提高到92.4%，党的工作覆盖面达到100%。

资料　“113网组片”：是指社区党建服务网格化管理，即每个网格均做到“一网格、一党组织、三服务队”，充分发挥“网格化管理、组团式服务、片组户联系”工作机制的作用。

【婺江社区和新徐家埠社区投入运作】　9月26日，望江街道召开婺江社区、新徐家埠社区开办大会。婺江社区和新徐家埠社区由原徐家埠社区拆分而来，面积各为0.53平方公里和0.67平方公里。原徐家埠社区是上城区重点工程拆迁安置地，现入住的常住居民总户数4067户，拆迁改建后总户数将达到9000余户。社区区域调整后，现婺江社区和新徐家埠社区户数分别为2904户和1163户。

【首创“民情合议庭”】　2011年5月，望江街道司法所首创以基层党建服务网格化和功能性党小组为依托，以老党员、老干部、老骨干为主力的“民情合议庭”，前移社会管理关口,拓展社会服务领域,及时预防化解各类矛盾纠纷,促进社会矛盾化解由“被动型”向“主动型”转变,社会管理由“治理型”向“服务型”转变,维护基层和谐稳定。扎实社会管理关口,拓展社会服务领域,促进社会矛盾化解,基础性工作得到进一步强化。创新管理模式,扩大覆盖领域。“民情合议庭”参与党组织158个,参与党员人数1124人。调解员通过温馨调解、谈心调解、亲情调解、感化调解、动态调解5种特色调解法,及时化解各类矛盾。创新预防体系,突出源头治理。通过主动预防、联动预防、长效预防体系,把化解矛盾纠纷的重心前移到源头防范、源头治理。创新工作方法,服务重点工程。结合“奋战望江”动迁工作,宣传旧城改造的目的和意义,引导居民理性反映和解决各类问题。“民情合议庭”共收集群众意见建议307条,为群众解决困难问题205件,调处各类矛盾纠纷155起,其中,邻里类78起,物业类23起,家庭婚姻类8起,其他类28起,动迁涉及矛盾纠纷18起。

【合力打造“望江先锋港”工程】 望江街道群团部门以资源整合共建共享的形式,针对不同人群进行全方位管理服务,以党建带动群团合力,联手打造“望江先锋港”工程,激发群团组织齐心合力为望江地区经济社会发展贡献力量。创建新生代杭州人心理辅导站。辅导站开展心理辅导、职业介绍、法律服务、文娱活动等项目,为新杭州人享受到更好的生活提供基础保障,体现工会人文关怀。打造外来人员青少年活动基地。申报杭州市社区教育实验项目和杭州市精神文明建设以奖代拨创新项目,做好基地建设规划、组织网络建设,开展针对外来人员青少年的培训、活动及科研工作,完成实验项目结题。实施离退休干部“三化”服务工程。不断丰富老干部晚年生活,提供就近医疗保健便捷服务,拓宽生活照料服务形式,实现老干部群体价值,做到服务主动化、亲情化、个性化。深化“异乡姐妹心灵港湾”服务工作。进一步完善“港湾”硬件和软件建设,联合综治、工会、法律服务、社区妇联、高校专家学者等各方力量,共同打造一个融学习、维权、交流于一体的立体式“港湾”,帮助辖区妇女实现自我管理和自我服务。

【香港律政司前来参观交流】 10月24日,香港律政司民事法律科高级政府律师梁文亮一行到望江司法所就人民调解、社区矫正工作进行参观交流。梁文亮一行听取望江街道人民调解个案化解的技巧与方法,翻阅制作完整规范的人民调解协议书,认为基层司法所能做到将人民调解与行政调解、司法调解紧密衔接难能可贵,尤其是自创的“五步调解法”、“民情合议庭”的经验和特色值得香港司法机关借鉴,既找准化解矛盾纠纷的新切入点,又能使社会化管理创新的模式得到发挥。

资料 “五步调解法”:“温馨调解”,即尽可能地用和谐的环境与气氛来影响和感染当事人,“递上一杯热茶、展露一个微笑、送上一句问候”,注重调解方法,讲究调解艺术。“谈心调解”,即以随和的圆桌形式替代严肃的法庭审判,用可以缓和双方当事人之间的情绪等话语,拉近与当事人的距离。“亲情调解”,也称情感调解法,即多从人情及社会公德的角度来说服和教育纠纷当事人,用亲情、友情加法律条文进行攻心疏导,达到成功调解。“感化调解”,即启发双方当事人转换角色,换位思考。在考虑个人得失的同时,也要替对方利益着想,做到知彼知己,自我约束。循循善诱进行调解。“动态调解”,善于把握纠纷当事人在调解过程中不同思想状态和意愿,实施有针对性地调解方案。

【“四措并举”共创全国文明城市】 望江街道采取目标化管理。针对梳理出的基础建设、环境卫生、创建台账和创建氛围等四大类、27项问题,明确整改目标,落实责任人和责任领导,以目标化管理推进重点攻坚。采用网格化推进。以“113网组片”深耕党建模式为依托,建立文明创建网格化管理图,以社区书记为责任人,各科室分别蹲点推进,班子成员与下属10个社区挂钩,形成块状推进网格布局;将文明创建各项目标要求条块分解、细化,班子成员每人负责1~2项创建任务,各责任科室、社区和责任人全面落实,形成条状推进网格布局。实行“四查合一”,对文明创建面上和死角进行全覆盖“挑刺”,对创建工作各项问题进行查漏补缺。进行专项性整改。对市、区文明办督查结果和排查出的各项问题,按照职责分工由各职能科室牵头进行专项整治,并结合整改项目、整改成果和责任人等内容,制定专项整改任务表，实施量化考核，确保每天都有整改项目、每天都有整改成果。

资料　“四查合一”：在发动各社区自己查、领导牵头重点查的基础上，立足网格管理，以文明创建巡查小组为骨干，发动文明创建民间督导组面上查，各党建网格内功能性党小组、居民代表一起查，社区、街道、党小组、居民联合查，组团式督查的“四查合一”机制。

【构筑“钱塘左岸”精品文化生活圈】　望江街道立足“钱塘江左岸”人文资源，启动实施“钱塘左岸”精品文化生活圈打造工程。深入推进“文化建设”，立足望江街道文体活动中心，整合心灵港湾、新杭州人文化家园等精神文化载体，构建特色群众文化；依托近江广场改造工程，完善形成融餐饮、休闲娱乐、文化活动为一体的文化广场，凸现人文浓厚的商业文化；挖掘广电中心及周边资源优势，营造传媒娱乐文化。深入挖掘“人文内涵”，根据街道外来人员和老、弱、残人口多的实际，以人文关怀为抓手，在做好保障服务的同时，定期面向特殊群体开展文化上门服务，以开展培训讲座、观看免费电影、开展学习日活动等形式，组织开展联谊会和各类文化娱乐活动，挖掘人文内涵，进一步打响“和谐家园”品牌。深入实施“文化共享”，挖掘辖区校园的资源优势，以单双日错时开放、定点开放等形式，满足居民群众精神文化需求，加快推进文化资源共享。同时，整合地区早教、培训、娱乐等场所和各类艺术团队资源，大力推进文化服务点的建设，努力形成集培训、娱乐、文化、艺术于一体的15分钟“钱塘左岸”文化圈。

【创新社会管理形式】　望江街道围绕加强和创新社会管理，发挥民间组织新作用，通过“民情承包责任制”、“民情日记”、“民情留言黑板”、“谈心角”、“市民抄告单”等新形式，构筑信访工作第一道防线，及时发现和调处矛盾。全年通过分级、归口调处，处理电、信访968件，其中市电396件，区电271件，来访来信40件，社区“12345”共受理261件。对群众反映的信访问题，做到事事有回音、件件有答复，反馈率100%，办结率95%，满意率96%以上。

【实现“一社一品”全覆盖】　望江街道11个社区都创建自己的品牌项目：清泰门社区的“青年创业基地”、莫邪塘社区的“服务夕阳工程”、兴隆社区的“艺术帮扶工作室”、始版桥社区的“准物业示范小区”、大通桥社区的“功能性党小组”、婺江社区的“人文婺江”、徐家埠社区的“和谐动迁 温馨家园”、耀华社区的“蚂蝗工作室”、近江西园社区的“西园青少年基地联盟”、近江东园社区的“1800加油站 有滋有味新东园”、在水一方社区的“6081安全卫士”，实现11个社区11个品牌，“一社一品”全覆盖。

【试点建设党代表工作室】　望江街道依托珊园弄19号“望江先锋港”党员服务中心精心设立党代表工作室。工作室建筑面积115平方米，设有党代表学习室、党代表接待室、党代表谈心室等功能区块。并将工作制度、工作流程、党代表形象、履职承诺等公开上墙，为接待党员群众、走访党员群众、开展党内民主恳谈、组织调研视察、商议党代表提案提议、参与组团惠民服务、开展学习研讨活动等提供规范的制度保障。同时，工作室挑选有工作经验、热心党代表工作的人员担任党代表工作室联络员，组织党工委下属的各支部的党员、入党积极分子到党代表工作室开展志愿服务活动，切实发挥党代表工作室的核心带动和凝聚合力作用。

【调整产业结构推动文创产业】　望江街道以继续深化“一圈两翼”产业布局为抓手，着力打造“环广电中心”文化创意产业圈，不断完善管理平台、服务平台和资金扶持平台。把握旧城改造和接轨新城的重要机遇，在与钱江新城建设、望江地区旧城改造双接轨上下功夫，不断引进高端产业。立足广电中心、清江路休闲服饰特色街和近江休闲娱乐广场3个主要阵地，强招商抓楼宇，推动产业集聚，呈现“传媒广电、创意清江、文化近江”的文创产业集聚立体格局。街道共有文化创意企业133家，辖区文创产业总税收7146.60万元，占街道总税收的25.5%。

【领导参观考察街道社会工作】　4月22日，民政部人事司(社会工作司)副司长柳拯一行4人在浙江省民政厅人教处社会工作处副处长任晓林，区委常委、组织部长黄爱芳,副区长宦金元,民政局局长傅丽萍等领导的陪同下,到望江街道近江东园社区参观考察望江地区社会工作组织建设和民政工作标准化建设开展情况。柳拯一行实地参观了望江社会工作服务社、义工站、社会工作室,详细了解望江地区社会工作开展情况,在听取服务社"一年打基础、两年谋发展、三年上台阶"的发展规划报告后,柳拯表示赞赏,他鼓励服务社全体工作人员要不断培养、发展具有高素质的社工人才队伍,探索出本土化的社会工作发展之路。

【司法部司长肖义舜考察上城区普法工作】 6月20日,司法部法制宣传司司长肖义舜到上城区考察普法工作开展情况并实地视察望江街道近江东园社区普法工作开展落实情况和"法律进社区"工作开展情况。省、市、区相关部门的领导陪同视察。肖义舜一行实地视察近江东园社区,参观社区民主法治宣传室、综治调解室、法律图书角,听取相关工作情况介绍,查阅社区普法档案资料。肖义舜对上城区普法工作和开展"律师进社区"所取得的成绩给予高度评价,特别对近江东园社区推出的"律师大讲堂"活动予以充分肯定。

【整合资源完善离休干部居家养老服务】 依托社区文体中心,为老干部提供社区党员服务站、老年活动室、老年学校、阅览室等学习场所,为卧病在家的老同志送书上门、宣讲上门或电话交流。依托为老服务中心,提供离休干部星级家政服务。对于需要特殊照顾的A类离休干部,按实际需要全部由政府买单;对于普通照顾的B类离休干部,由街道每月发放一定数量的家政服务券。依托社区卫生服务中心,为离休干部提供经常性医疗和保健服务,做好常见病和慢性病的康复治疗。

【"三个有"助推垃圾分类工作】 望江街道开展"三个有"活动推进垃圾分类工作。工作有氛围。以楼道单位通过公开信、倡议书、垃圾分类知识竞答等方式,开展多种形式的宣传活动,组织社区居民、青少年开展垃圾分类体验活动12次。推进有力度。立足志愿者队伍建设,引导500余名志愿者积极参与垃圾分类工作;并出资15万元在各小区建立垃圾分类智能提示系统,对12个小区老旧垃圾房进行生态化改造。责任有落实。与社区和各物业小区签订目标管理责任书,将垃圾分类工作开展情况纳入社区年终评比和小区"文明评比"考核;组织小区物业、垃圾分类专管员、居民代表等,采取定期抽查、不定期暗查和每月全面检查等,对各小区进行检查督促、互检互评,及时表彰激励、督促整改。街道垃圾分类工作已在辖区36个小区内开展。

【社会管理工作实现"三个新"】 发挥民间组织新作用。先后培育建立民间庭改办、民间动迁办、民间督导组和居民评议团4个民间组织,并引导其参与到街道接访、动迁洽谈和绩效考核、述职评议等工作中,通过现场听证、公开述职等方式,推动形成人民问政、百姓督办的良好局面。创建管理服务新平台。以党建网格化管理为基础,以联动机制为依托,将外来人员相关信息制成网格分布图,每块网格设责任小组、责任单位和责任社区,重点加强流动人口动态管理平台的建设。构建人民调解新格局。立足沈寅弟"阳光心语工作室"品牌效应,集中培养一支民间"和事佬"队伍,并通过开展"和事佬"进家门活动,加大民间纠纷调解力度。2011年,民间"和事佬"队伍已成功调解各类纠纷50余起。

【创建"零发案"小区活动】 完善防范网络体系。以街道、社区、派出所、小区物管、居民代表为成员,定期对小区的安全隐患集体"会诊",通过物管公司自查自评、街道综治委和派出所组织考评,逐步完善社会治安防范体系。发挥民间自治力量。发挥"黄哨子、红袖章"志愿者治安巡防队的力量,通过定点核查与随机巡查相结合的方式,重点加强后半夜的小区巡查,全力消除防范盲区和死角。实施奖励激励机制。依托望江派出所信息室对辖区各物业小区的可防性案件进行统计、分析,采用月评、季评、年评的动态管理方式,对当月"零发案"小区发放流动锦旗,对腾峰物业、在水一方互助会等10个当季"零发案"小区分别给予1000元奖励。2011年,望江街道43个小区一季度入室盗窃案比上年下降了40%,22个小区成为"零发案"小区,治安情况得到明显改善。

【"两社一校"联动互促模式初显成效】 "引进来"、"留下来",打造人才高地。望江街道依托社会工作服务社,建立人才资源库,挖掘和引进社会服务工作专业型人才担任督导员，提供科学指导和理论培训,逐步形成“专业指导社工、社工引领志愿者、志愿者服务群众、群众参与志愿者”的多方互动模式。“请进来”、“走出去”,促进合作交流。邀请浙江工商大学等高校社会工作专业教师、国内外社会工作领域资深顾问等专业人士进行现场指导,并选派优秀社会工作者到大型社会工作服务机构、发达城市社区学习交流,建立合作双赢模式。“沉下去”,“提上来”,提升服务水平。通过开办社会工作论坛、亲情(咨询)热线(QQ 群)、义工站和心理咨询服务室,培育“专业社工”、引导“志愿社工”,为社区工作者及辖区居民提供心理疏导、法律维权、社区矫正等相关服务,取得良好成效。

【三大举措加强社工队伍管理】 望江街道以创建全国文明城市为契机，重点突出制度和队伍两大建设，着力提升社工队伍的管理服务水平，取得良好成效。在原有社工管理制度的基础上，紧密结合新形势、新要求,修改并完善《2011 年望江街道社区工作制度》、《2011 年望江街道专职社区工作者管理规定》,将推进地区拆迁改造、创建全国文明城市等内容纳入社区管理体系中来。在抓好日常培训的基础上,邀请区民政局领导、浙江工商大学公共管理学院教授组织辖区全体社工开展为期两天的职业技能培训，以心得体会、论文报告的形式开展学习成果展示,营造“比、学、赶、超”的浓厚氛围。把加强社工管理纳入全年重点工作,在落实机制管理的同时，在每个社区组建由 8~10 名群众监督评议团,以实地监督与月评、季评相结合等方式,对本社区社工的工作情况进行评议,并将评议结果与考核体系挂钩。

【获市、区两级“五好”党支部称号】 望江街道离退休支部获杭州市、上城区两级“五好”党支部荣誉称号。街道开展各类联谊活动,先后成立老年书画班、老年乐曲队,丰富辖区老干部、老党员的文化娱乐生活;开展“上白发门、暖白发心”慰问活动,对辖区高龄老干部、老党员进行一次全面走访,帮助解决困难,将组织关怀及时送到老干部心上。以争创“五好”党支部、大力开展“创先争优”活动为契机,在街道范围内开展“常做常新、余热生辉”主题活动,开辟离退休支部学习场地和学习载体，每月组织 3 次离退休支部学习，确保思想不掉队、队伍不散架。发挥党员余热,为地区发展贡献力量,以老干部、老党员为宣讲骨干,在辖区青少年中开展普法知识、爱国主义教育等知识讲座，引导青少年树立正确的价值观念;成立老党员民情督查团,宣传街道中心工作,收集反映民情民意,为居民提供法律咨询、政策宣讲等各类服务。街道离退休支部组织各类大型政策宣传、教育讲座 6 次,收集整理有关拆迁、治安、环境等各类民情民意 49 条,有效畅通民情渠道,取得显著成效。 (周廷波)

南星街道

【概况】 南星街道位于杭州市上城区南部，东北连万松岭、凤山桥,过飞云江路,与紫阳街道毗邻,东南沿钱塘江中心线与滨江区相望,西北沿玉皇山、凤凰山,与西湖区交界。下辖美政桥、海月桥、馒头山、玉皇山、紫花埠、复兴街、水澄桥、白塔岭 8 个社区,常住人口 4.60 万人。辖区内有行政事业单位 30 个,大中型商务楼 5 幢,医院 1 所,中学 2 所,小学 2 所,幼儿园 3 所,文创企业 202 家,房地产开发公司 8 家,现代服务业803 家。有闸口白塔、梵天寺经幢、施家山吴汉月墓、慈云岭石窟造像、老虎洞窑址、天龙寺、千佛洞、南宋皇城遗址 8 处国家级文物保护单位、还有于子三墓、宋京郊坛下官窟址和中河南端古桥、古泉群等省、市级文物保护单位。2011 年,街道获得全国社区服务先进街道、全国社会工作示范街道、浙江省形势任务教育先进单位、浙江省无烟单位、杭州市先进基层党组织、杭州市双拥共建模范街道、杭州市社会治安综合治理工作先进单位、杭州市劳动和社会保障系统优质服务窗口、杭州市军事训练先进基层武装部、杭州市普法教育依法治市先进单位等 68 项荣誉。

【被评为杭州市现代服务业先进街道】 2011 年,南星街道坚持以复兴商务广场综合体、玉皇山南国际创意产业园为依托,发展现代服务业,进一步落实招商资料交接、楼宇企业定量走访等制度,上门为企服务 60 余次,解决投资入户、子女入学、党员关系转接、计划生育等问题 29 项,惠及企业 40 家,实现政府服务企业的"零距离"。全年引进内资21.60亿元,完成年计划的1.55倍,复兴商圈楼宇空置率由2010年的60%下降到11%。辖区内的复兴国际商务广场被评为杭州市第一批"市政现代服务集聚区"。街道全年实现财政总收入4亿元,地方财政收入1.93亿元,完成年计划的1.20倍。地方财政收入增长42.2%,增幅位列上城区6个街道之首。

【复兴红色联盟创新区域化党建工作】 南星街道坚持"党建为核心、发展为主体、服务为载体"的工作思路,通过打造复兴红色联盟创新区域化党建工作。街道健全"组织推进、资源整合、服务企业"三项机制,坚持以"党员会客厅"为服务主阵地,建立楼宇党建共建代表会议、经济工作例会、商圈联谊会、上门为企服务等四项制度,提供党员管理、项目对接、便民服务、金领课堂、信息连结、商圈联谊六大服务,以党建带动群团工作、以党建带动招商引资。其做法引起市、区领导和有关媒体的关注。市委、区委有关领导分别作出批示,《杭州日报》于7月31日在头版作了报道,省委常委、市委书记黄坤明亲自到复兴红色联盟进行调研、指导,对党建引领优服务、红色联盟促发展的做法予以肯定。

【形成"一长六员"楼道工作法】 南星街道引入楼道自治机制,创新社区管理模式,以一个楼道长担负政策宣传员、环境保护员、民情信息员、扶老助残员、治安调解员、志愿服务员"六大员"职能的楼道工作法,使居民群众成为社区建设的"主人翁"。通过构筑楼道"一长六员",街道进一步壮大志愿服务的骨干力量,拓展服务内容,实现细小服务不出楼道,一般服务不出社区,较好地增强了居民自我教育、自我管理、自我服务的社区自我运作能力。2011年,南星街道组织"一长六员"为居民协调、办实事200多件,整改楼道163个,评出"五好文明楼道"87个、"特色文明楼道"65个。

【计生"三优"指导中心成为省级服务示范点】 1月18日,坐落在海月金棕榈小区的优生、优育、优教"三优"指导中心正式启用。该中心围绕重点目标人群,以"全脑开发、全人发展","生活课堂、随机教育","学玩结合、寓教于乐","全息培育、全程关怀"的"全能宝宝"为发展目标,为社区新婚夫妇、孕产妇、父母及抚养人免费开展12次"三优"培训讲座,进行0~3岁婴幼儿益智亲子活动15场,接待目标人群2500人次,发放"三优"宣传资料2500份,针对不同群体及需要,进行婚之幸福导航、孕之健康护驾、产之爱心启程、育之亲情传递、食之营养餐会、教之快乐学玩的"六站式"爱心指导服务,开设面向婚姻对象的"婚恋训练营"、面向孕期夫妇的"孕产训练营"、面向父母、祖辈及保姆的"教养训练营"以及包含衣食住行综合养育指导的"生活训练营"等培训项目,让社区居民不出远门就能享受到优生、优育、优教服务,实现计生优质服务的跨越发展。5月,"三优"指导中心被确定为省级计划生育"三优"服务示范点。

11月7日,在计生"三优"指导中心举办亲子活动。 (南星街道 供稿)

【构建"一二三四五"多元化矛盾纠纷调处机制】 南星街道以"创和谐、保平安"为目标,完善基层维稳工作机制,探索构建"一二三四五"多元化矛盾纠纷调处机制。落实不稳定因素领导包案制,综合灵活运用法律、经济、行政等手段化解各自工作范围内的矛盾纠纷,以"一包到底"法调处重大事件;按照"吃透依据,查实证据"的"二据"工作法,深入开展调查研究,做到事实清、情况明、依据准、证据足,以“二据”法化解信访积案;坚持以情调解,以情化解,以热心、诚心、耐心“三心”法化解民间纠纷;把法律的理性和情感的人性一同注入调解过程,在调处矛盾过程中赢得民心,以情况调查到位、思想沟通到位、换位思考到位、真情帮助到位的“四到位”法化解复杂疑难纠纷;建立由上级相关职能部门、街道、社区和矛盾双方五方组成的沟通联络协调小组,随时协调引导,共同协商妥善解决问题,以“五方联调”法化解群体性纠纷。

【推出“三三三”居民走访服务机制】 南星街道落实“三三三”居民走访服务机制,全体社区工作者每周三上门走访,每次走访时间不少于三小时,每个月至少走访三十户,了解居民的具体需求,更好地为小区居民提供服务。作为“三三三”走访服务机制的配套措施,社区推出“主任讲坛”,即时进行责任归口。每个工作者将所记录的问题进行整理分类,通过主任讲坛形式,结合社区具体工作职责进行“问题招领”,并规定最迟不超过两个工作日必须回访答复,努力在第一时间对居民作出相应的解释和答复。实行“三三三”居民走访服务机制以来,社区每月走访2400多户家庭,已帮助解决1000个问题,得到广大居民的称赞与好评。

【成立街道“统战联心会所”】 “统战联心会所”作为南星街道统战工作新阵地,打破组织之间、成员之间分割封闭的壁垒,淡化小单位概念,不论统战界别类型、人员性质构成,都统一纳入会所集中活动。会所还制定统战工作通报会、楼宇统战共建代表会、经济工作例会、商圈联谊会等制度,切实发挥统战在促进经济社会建设、服务工作对象中的独特作用。“统战联心会所”在街道、社区和统战人士之间架起一座互信友好、沟通交流的联心桥,增强了街道统战工作的新活力。

【获市“十小”质量安全创先示范特色街(区)称号】 2011年,南星街道复兴南街食品特色街获杭州市“十小”质量安全创先示范特色街(区)称号。在开展创先示范活动中,南星街道结合复兴南街食品特色街的“十小”行业特点,从行业监管长效化、规范化的角度出发,建立《“十小”行业定期检查制度》、《“十小”行业质量安全监管运作机制》、《重大质量安全事故应急预案》等一系列行业质量安全管理机制,并以职能部门驻街整治、“民间食安办”督查、“房东连带责任”管理等多种手段相结合,构建“纵向到底、横向到边、不留盲点、无缝对接”的整规工作协调系统。同时以点带面,街道及时推广复兴南街食品特色街的整治经验,与相关社区签订《年度整规示范创先工作目标责任书》,层层落实整规责任,加大跟踪、回访、督查力度,做到“定时间、定任务、定人员、定措施”,确保三年整规目标保质保量地按期完成。南星地区已形成“十小”质量安全长效化、规范化的管理格局。

【“四廉”举措助推廉洁南星】 以阵地育廉,筹备组建城南人民精神家园,进行理想主义、爱国主义、廉政文化和明礼诚信、团结和谐等价值观念的教育,进一步打造街道“廉政文化基地”;以服务兴廉,依托党员宣讲队、党员读报队、党员喊潮队、党员护河队、党员清洁园、宣教苑等开展实践教育,发挥党员模范带头作用,带动群众踊跃参与;以家庭助廉,积极创建“五好文明”家庭,开展“小手拉大手,廉政进家庭”反腐倡廉活动,举办“我心中的廉政英雄”演讲比赛等,营造家庭助廉氛围;以活动助廉,结合节日文化和传统文化,开展“迎元宵廉政文化”灯谜展、“知荣辱明礼仪”廉政书画展等寓教于乐的廉政文化活动,让群众在快乐中受到了教育,在全街道弘扬“以廉为荣、以贪为耻”的社会新风尚。

【深化弱势群体“四零”工程】 实施居民家庭生活“零贫困”项目,健全信息监督反馈机制及“一户一策”救助机制;实施残障人士关爱“零遗漏”项目,落实基本生活关爱“零遗漏”、残障人士就业服务“零遗漏”和残障人士康复服务“零遗漏”三项措施;实施老年服务“零空白”项目,健全为老服务机制,实现服务机制全覆盖,实施失业人员安置“零盲点”项目,持续深化民生保障服务。2011年,南星地区186户、278人的低保户,86户、205人的困难户,99户、102人的残保户,6户、15人的扩面户,均应保尽保,实现居民家庭动态化的“零贫困”。在助残、为老服务和就业保障方面,为157名残疾人家庭发放9200元电费补助,为167名困难残疾人发放2.87万元电费补助,为106名无业残疾人发放22.39万元社保补助,为8名因病致贫残疾人发放1.10万元特殊困难补助,对复兴敬老院进行社会化运作,提升服务质量,通过为社区老年人安装2405只呼叫器等措施深化为老服务。通过街道人力资源交流和社区就业援助网络,全年开发岗位信息3353条,办理失业登记680人,办理新申领就业援助证183人,新增就业人员2476人,其中就业困难人员359人,确保本地区家庭基本生活贫困、残障人士关爱遗漏、老年需求服务空白和失业人员安置盲点等方面的“四归零”。

【构建“一中心两基点四机制”社会组织发展模式】 建立街道层面的自我发起、自我管理、自我运作“三自”社会组织孵化中心,履行辖区内社会组织“培育、服务、管理”等工作职责。建立社区层面的社会组织服务点、社会组织受理网点(网站),为社会组织提供全程服务,并由专家、街道、社区组成考评小组,确定相关社会组织,承接公共服务项目;依托社区网站,进行内网核查、审批,外网公示,规范公益项目申报、审批、实施、评估等流程。建立人才保障、资金投入、政策扶持、物力激励四大保障机制,使工作人员专业化、公益效益最大化、社会组织规范化、资源配置最优化。

【提升停车“四员”服务管理水平】 南星街道从“按章收费、规范管理、文明服务、礼貌劝导”入手,以当好规范停车劝导员、停车收费服务员、雷锋精神传承员、社会公德倡议员的“四员”来提升管理水平。当好规范停车劝导员,即停车收费员第一时间指导车辆停入公共泊位内,确保有限的停车资源不因乱停而浪费。当好停车收费服务员,即注重收费员的文明礼貌和服务态度,坚持做到停车收费作业“您”字开头、“请”字当先、“谢”字结尾。当好雷锋精神传承员,协助车主做好车辆安全管理。当好社会公德倡议员,即重点加强收费员的思想道德建设,印发《社会公德倡议书》,以身作则,向市民宣传社会公德。2011年,南星停车部共收到各类车主致电、信函表扬30余次。 (毛徐宝)

【实施社工人才培养工程】 建立讲座、演讲、案例分析为主的立体式培训课程;运用社区工作中遇到的各类难点实例,讲授社会工作的方法。通过整合各方力量,南星街道已拥有20名初级社区社会工作人才、10名全能型社区社会工作人才,有效推进了政治坚定、业务精通、作风优良、素质过硬、结构合理、群众满意、组织放心的社工队伍建设。

【三措并举创建省级“无烟单位”】 宣传到位:通过举办社区讲座、发放张贴控烟宣传材料等形式,开展吸烟有害健康的宣传教育和创建无烟单位意义的宣传。自查到位:明确街道城管科义务承担全街道的控烟监督,负责全街道内的吸烟劝阻和控烟检查。监督到位:安排街道控烟监督员对各科室、会议室及大厅、楼道、厕所等公共场所进行巡视、监督,记录无烟环境执行情况,并定期将公共场所的控烟执行情况向创建领导小组汇报。

【“三化”提升党员会客厅功能】 阵地建设标准化:通过落实和利用党员服务中心、办事大厅、远程教育点、党代表和人大代表进社区等措施和资源,发挥综合功能,有条件的社区设立接待谈心室、党员服务热线、党员信息管理网、党员活动室、代表之家、网上会客厅等。服务功能多元化:“党员会客厅”以“有话跟党说、有事向党诉、有难找党帮”为主题,向社区党员群众提供“一站式受理、多元化服务”,逐步成为基层党组织和党员开展活动的阵地,成为在职党员干部服务基层、服务党员、服务群众的平台。运行管理规范化:“党员会客厅”实行敞开式服务、规范化管理,公布服务项目、服务承诺、工作程序,建立、健全并公开来访接待、限时办结、服务承诺、工作程序等制度,接受群众监督,有效发挥基层党组织和党员在构建和谐社区过程中的主体作用。

【南星志愿喊潮队10年保平安】 南星志愿喊潮队建立“三级、两线、一协调”机制确保观潮安全。“三级”,即建立三级组织机构。由街道、派出所主要领导及专职安监人员组成领导小组,负责全街道的宣传、发动、组织、督查及隐患处置;社区建立管理小组,负责社区防潮宣传及喊潮人员组织;喊潮人员成立志愿服务队,每天轮换上岗。“两线”,即“志愿服务一条线”由沿江6个社区及残疾人喊潮队组成,共7支队伍、200多人,确立“定时间、定地段、定人员、定任务、定岗位、定措施,包干到底”的“六定一包”工作责任制;“专职管理线”,由街道安管员及区保安公司、巡特警大队人员组成，主要承担重点部位和危险地段的监管。“一协调”,即建立有关部门的协调网,发现较难处理的问题及时召开协调会,因地制宜解决难点问题。南星街道喊潮志愿者活动实现了10年观潮零伤亡。

【“三元并举”实现老有所养目标】 对南星街道敬老院进行扩建,新增建筑面积500平方米,床位增加15张,专职工作人员增加3名,成为拥有老年娱乐活动中心、配餐中心、洗涤中心、日托中心“四大中心”的综合性敬老院。同时对原有的复兴敬老院进行设施更新，对低保、困难老人施行“特惠政策”,每月只收取老人的低保金额,并给予50元补贴。携手杭州仁和医院,在上城区率先推出以“医护型”为特色的仁和南星养老中心,内部硬件设施配套齐全,设有专属康复护理,配备专业医护人员,实行24小时值班制。在馒头山成立杭州恒康托老中心,拥有床位170张,属酒店公寓式敬老院。在复兴东苑小区兴建针对高龄、残疾等失去生活自理能力老人的“复兴东苑安养院”，引入社会组织——在水一方互助会负责管理运营，形成公建民营的补充式养老服务体系。

【“六面”深化立体城管建设】 推进“路面”洁化,建立“五员”联动、手机短信互动等机制,有效推行垃圾分类“实名制”。推进“立面”亮化,完成美政花园南片立面整治、美政花园北片绿化景观改造等庭改工程。修复美政、复兴南苑等小区道路破损500平方米,对7000只信报箱进行更新。推进“屋面”绿化,设立8个高层监控点,对生态环境质量进行监控,投入28万元进行绿化补种。推进“背面”序化,成立快速清运队伍,清除卫生死角,及时完成城管代整治任务,数字城管及时处理率100%,实施十亩田中心花园改建、小区103处集中晾衣架建造等200多件实事,惠及居民1万人。推进“里面”强化,定期组织教育讲座和专场活动,对居民楼道、房前屋后的堆积物等进行清理整治。推进“水面”净化,依托社区护河服务队等力量,实施“母亲河”保护工程。

【垃圾分类形成“五化”管理新格局】 调动楼宇企业党团员、居民楼道小组长、物业保安、热心居民等担任“宣传员”、“劝导员”、“监督员”、“分拣员”，实施网格化管理。采用手机短信进行信息化管理,将居民垃圾投放情况每日以短信通知各家各户,并对每户居民给出分类指导。以江新苑小区为试点,通过厌氧堆肥法将厨房垃圾就地填埋,转化成可供花草吸收利用的有机肥料。建立全市首个“垃圾分类互动馆”推广科普化管理。成立全市首个垃圾分类居民共建工作室,开展“流动红旗显风采、垃圾分类洁家园”竞赛活动,引入竞赛化管理。

【全力推进小区准物业建设规范化】 成立准物业管理领导小组,由街道主任负责,下设指导保障、监督考核、物业纠纷调解3个小组,分别负责指导保障准物业管理服务中心的全面工作、监督考核和纠纷调解工作。以庭院改善“回头看”工程为契机,充分发挥小区各楼道小组长和志愿者的中坚作用,引导成为准物业小区各种政策讲解的宣传员、各类信息收集反馈的信息员、各类安全隐患检查的安全员,推进小区准物业建设的全面开展。以准物业管理服务中心为平台,完善准物业管理服务的常态化。建立一支专业化服务队伍,规范服务职责和标准,实行24小时全天候应急维修,同时建立、健全准物业管理收费和有偿服务机制。

（年鉴编辑部）

紫阳街道

【概况】 紫阳街道位于上城区南部，地处南宋皇城遗址,因附近有紫阳山而得名。街道东临钱塘江,南连万松岭、飞云江路,西连紫阳山,北靠望江路,下辖上羊市街、彩霞岭、十五奎巷、太庙、候潮门、北落马营、新工、海潮、木场、凤凰、春江、甬江12个社区,总面积3.49平方公里,常住户数41587户,总人口83031人。辖区内有行政事业单位65个,大中型商务楼3幢,医院5所,中学3所,小学7所,幼儿园8所,银行10家,房地产开发公司36家,三产服务业335家,工业企业43家。2011年,紫阳街道实现总税收2.44亿元,比上年(指2010年,下同)增长7.6%;地方财政收入1.42亿元,比上年增长14.8%,完成年度目标的1.08倍。其中地方财政收入占总税收的58.4%,比上年增长3.7%。征收个体税58.25万元,私房出租税457万元。共引进各类企业226家,总注册资金16.97亿元，完成年度目标的1.41倍,其中市外资金9.16亿元,完成年度目标的1.02倍。开展外出招商、敲门招商,赴北京、义乌等地与3家全国500强企业进行走访交流,共商在紫阳发展大计。

【为企服务逐步深化】 发挥街道为企服务分中心作用,落实为企服务工作机制,完善走访企业制度,及时了解和帮助企业解决发展过程中的问题。帮助企业联系各职能部门,协调解决路面停车、设置公共自行车亭、延迟公交末班车等难题;帮助企业联系合适办公场所,解决员工子女入托、入学问题;协助企业人才引进、选拔,建立人才储备队伍。

【庭改危改工程逐步竣工】 重点工程落实“四权四问”和“回头看”查漏补缺,立面整治项目完成竣工验收。实施景观绿化工程共11个标段,完成竣工验收。南星公寓绿化景观工程顺利竣工。

【数字城管抓解决率】 解决数字城管8561件,及时解决率100%;处理“12319”热线投诉、四化长效等抄告89件,整改率100%;实施“代整治”442件,代付经费23.60万元。道路保洁继续进行市场化运作,全年检查街巷33条,清洁度99.1%,比上年高出4.3个百分点,实现年初清洁度99%的目标。

【垃圾分类工作出新招】 完成48座分类垃圾房的改造;加大宣传力度,组织居民参加“万户家庭垃圾分类网上学习”活动、“垃圾分类从我做起”科普竞赛,对60名垃圾分类义务督导员进行相关知识培训;在十五奎巷社区试点将店家垃圾与居民垃圾分开投放,在上羊市街社区首推电子废弃物智能回收箱。成立社工、党员志愿者组成的垃圾分类督促队,每周轮流在垃圾投放高峰期,守候在垃圾桶边,督查居民垃圾分类情况,并为居民讲解分类原则。联合辖区小学、幼儿园设计制作了“喜羊羊和灰太狼”系列的异型分类垃圾桶,“喜羊羊”装可回收物,“懒羊羊”装厨房垃圾,“灰太狼”装有害垃圾,“美羊羊”装其他垃圾,有效提高投放正确率。实行垃圾分类宣传“零遗漏”,在电梯、楼道等处张贴宣传资料;编制垃圾分类“三句半”、顺口溜、绕口令等通俗形式进行宣传;开通“垃圾分类短信平台”,及时发送垃圾分类情况通报及分类知识;采取垃圾分类现场示范法,组织居民现场观摩垃圾分类过程,使垃圾分类深入人心。

【首创“电子废弃物”回收信息化管理模式】 街道以上羊市街社区为试点,联合杭州绿联再生资源有限公司,推出集物联网、信息化技术为一体的“低碳环保卡”,面向社区居民免费发放,有效实现物联网技术再生资源逆向物流。在小区内设置自助式电子废弃物回收箱,居民刷卡后,将条形码贴在手机、MP3、电话机等小件电子废弃物上,通过条形码识别系统,统一处理回收信息和物流,回收后卡内打入回收费;对于电视机、冰箱等大件电子废弃物,只需刷卡预约,可在8小时之内实现上门回收。每次刷卡后,“低碳环保卡”将累计相应积分,年终可凭积分领取奖品。

【防汛抗台抓参与率】 做好老旧小区的防汛抗台工作,通过大项目带动改善太庙、木场等地区面貌,减少低洼积水点;组织社区、居民参与中河防汛抗台演练,提高居民防灾自救水平和应急抢险能力,梅雨季节共出动人员227人次;对太马厂巷51号地质灾害点,紧急疏散居民9户、28人,作为典型案例在全市预防地区灾害座谈会上推广交流。

【完善社区信息化建设】 完善“大管家服务社”和“生命旅程”社会服务信息及全街道志愿者服务信息系统,扩大免费“一按我帮你”和“移动式一键呼叫器”服务项目。拓宽数字电视“社区是我家”平台,吸引居民参与社区管理和社区建设,发挥群众团体、民间组织和中介组织在社区自治中的作用。

【扎实推进社会管理创新】 推广“邻里值班室”,成立89个值班小组,坚持民听、民评、民调,注重居民自我服务、自我教育、自我管理、自我监督,深化居民民主自治。组建“邻里服务中心”,为居民提供准物业管理、养老服务、未成年人服务等有偿、低偿公共服务,探索公共服务市场化运作,已经承接、提供相关业务80余项。搭建“矛盾纠纷大会诊”,整合社会资源,联合部门力量,实行领导包案,坚持矛盾纠纷排查,有效畅通基层信访渠道。2011年,办理信访件504件,接待来访、来电信访居民45批、227人次,有效化解多起积案和群访事件。在春江、北落马营等社区探索建立社区居委会、物业、业主委员会、社区民警“四位一体”的运作机制,发掘高档小区“会所文化”,探索新形势下高档楼盘的社区管理和社区服务新机制。

【着力培育社区社会组织】 出台《社区项目化管理办法》,以项目化管理办法进一步培育“邻里值班室”、“阳光天地”青少年俱乐部、残疾人艺术制作中心、大管家服务社等社区社会组织,让更多的社区社会组织参与社区公共服务,激发广大居民参与社区建设的积极性,对申报的28家社会组织及服务业给予经费、人员、组织、活动各方面的帮助。

【注重社工队伍建设】 紫阳街道185名社工中大专以上学历170人,占总数的91%,其中本科97人;党员65人,占总数的35%;取得初、中级社会工作师分别为41人、11人,占总数的30%。落实“网格化管理制”、“错时工作制”、“分片包干制”等工作制度,实现社工走访常态化,写好民情走访日记,实现社工服装统一化。

【实施民生实事项目】 紫阳街道关注民生,尊重民意,公开征集实事项目,着力解决了一大批人民群众最关心、最现实的实事难题。动员社会资源,完成了凤凰北苑农贸市场的建设,现已开张试营业,同时确立彩霞岭社区黄工厂弄平台改造工程、太庙社区“邻里关爱站”、海潮社区党员治安岗、北落马营社区公益性托管服务、春江社区“颐乐学堂”、候潮门社区银发服务“新干线”、十五奎巷社区开通管道煤气、木场巷社区建设停车场、凤凰社区“365服务社”等10余项民生实事工程,并通过多方努力,均得到有效解决。发放7.20万册“2011年民生实事项目集锦”和“2012年民生实事项目征求意见书”,对2011年实事项目进行总结、归纳,同时征集2012年老百姓集中关注的实事项目。

【扩大慈善帮扶范围】 个性化解决低收入家庭、因病致贫人群的实际困难,深入实施“零贫困家庭”工程、“安居”工程。截至12月,共计586户家庭921人纳入到城市低保保障体系,市级困难家庭人员占街道总人口的1.1%;共发放各类救助款630.37万元。为371户低收入家庭申请了经济适用房;为183户家庭申请了低收入廉租房;第十一次春风行动募集爱心捐款32.50万元。在各社区推广“困难家庭自管小组”组织,实行困难家庭网格化管理,通过社会工作专业方法进行个案案例分析,努力提高困难群体“助人自助”的能力。《人民日报》两次报道了街道的帮扶救助工作。

【打造“没有围墙的养老院”】 紫阳街道依托辖区唯康紫阳老人公寓、青禾居家服务中心等养老服务资源,建立“银发服务新干线”,构建机构养老与居家养老相结合的养老新模式。新干线实行“一站、一圈、一周”为老服务长效机制,旨在打造没有围墙的养老院。“一站”即互助式“银发守望站”,在直箭道巷、候潮公寓、南星公寓、凤山花苑设立4个邻里守望点,聘请80名邻里守望员,帮助孤寡、独居、高龄老人,照顾生活起居。“一圈”即打造“15分钟为老服务生活圈”,整合唯康紫阳老人公寓的食堂、浴房、洗衣房、各社区卫生服务站、星光老年服务日托所、报刊室等资源,为老年人提供集生活服务、就餐服务、医疗服务、便民服务、文化活动一体化“打包”服务。“一周”即把每年重阳节所在的这一周定为“银发服务周”,推出为老便民服务项目,开展理发、推拿、足浴等养生保健及书画、编织、交际舞等文化娱乐服务。使居家养老服务从“特惠型”服务向“普惠型”转变。对辖区内3300名80岁以上的高龄老人发放津贴149.15万元、慰问经费20万元。

【推进居家养老“全覆盖”工程】 整合服务实体。成立民办非企业性质的为老服务组织“青禾居家服务中心”,以青禾居家服务中心为基地,结合大管家服务社、星光老年之家和居家养老服务站形成“三位一体”的社区居家养老服务新模式。共培育34名专业服务人员,服务对象356名老人,累计政府服务时间43062小时,服务支出77.51万元,满意度提升到99.6%;联合高校等科研基地推出“全覆盖”菜单式服务项目,按照“保基本、补不足”的政府职能定位,确定了六大类、50个项目的自助“菜单式”服务。通过居家劳务服务市场化、社会化、标准化、模块化管理与运作,使全街道1.50万名60岁以上的老人,都可以不出社区享受六大类、50个项目的“全覆盖”、“普惠型”、“菜单式”的服务。深化“为老服务联盟”。梳理整合辖区内现有企事业单位,确定个性化服务项目,以团购形式购买服务项目,深化联盟机制。推广社区养老机构、星光老年之家、居家养老服务站“三位一体”服务模式。提供生活照料、生活陪护、家政服务、托管服务、文化娱乐、老年食堂、医疗保健、精神慰藉、信息咨询、应急支持等方面的综合服务,实现为老服务便捷化。

【深化拥军拥属工作】 2011年共慰问军属、烈军属、伤残军人、退伍退休军人、义务兵等各类优抚对象617人,慰问经费38.27万元。开展“三个一”活动,即给退伍士兵一封公开信,告知安置政策、优惠政策,鼓励自谋职业;进行一次家访,了解情况、沟通思想,为其排忧解难;举办一期退伍士兵就业培训,增强职业技能,拓宽就业渠道。

【四举措推进残疾人工作】 以第八届残运会为契机,规范残疾人民间艺术制作中心的运转,拓展制作内容,组织残疾人手工艺培训13次,解决了残疾人的就业问题;夯实“仁爱家园”根基,吸纳了35名智残人员,工疗人员到站率100%;成立紫阳街道残疾人法律救助工作站;提升工疗站基础设施建设,设立办公室、阅览室、医疗室、心理疏导室、活动室、健身房、电脑房、实践活动吧、展示角。深化“残疾人艺术制作中心”作用,组织残疾人开展手工艺制作、来料加工等,拓展培训内容,并帮助联系后期销售,促进残疾人就业。全年共组织开展培训、课程70余次,帮助15名残疾人成功就业。成立残疾人法律援助工作室,聘请2名浙江德名律师事务所专业律师为残疾人提供法律咨询、法律诉讼等服务,解决残疾人法律咨询难、请律师难、打官司难、无力支付费用等问题。维护残疾人合法权益。

【提升就业再就业及退休人员服务标杆】 争创充分就业示范街道、社区,全年新增失业登记1353人,实际失业人员396人,安置失业人员1507人,完成年度考核指标110%,其中就业困难人员实行再就业368人,完成考核指标102%,开发工作岗位4558个,完成考核指标100%,组织失业人员参加适应性培训523人、各类技能培训400人,完成考核目标100%。举办“紫阳论剑”创业论坛,给创业者政策扶持和精神鼓舞,以创业解决就业,以创业带动就业。为街道16602名企业退休人员,发放《紫阳地区企业退休人员温馨服务指南》、《服务手册》,为企业退休人员提供全面服务。

【计生工作实施“网格化管理和管家式服务”】 针对高档楼盘计生管理“难到位”、宣传“难进入”、服务“难延伸”等问题,紫阳街道创新计生服务管理模式,在上羊市街社区创建计生事务自治平台,以春江社区为试点,推出“网格化管理,管家式服务”的计生管理服务新模式,形成社区、物管、业主委员会、居民计生管家员四位一体的格局。按照管理区域划分七大块网格,每个网格设立1名计生管家员,实行“划片包干、标准量化、定期考核”,管理责任人与管理服务区域、管理服务要素、管理服务时段全对应,形成“无缝隙、全覆盖”的管理服务体系。7名计生管家员全部竞聘上岗,在社区统一管理下,协助做好人口信息采集、计生政策宣传、避孕药具发放、计生优质服务落实、违法生育举报等各项计生工作。实现居民“自我教育、自我管理、自我服务、自我监督”体系,走出一条人性化的计生管理服务新路子。2011年,紫阳街道新出生475人,其中男孩243人,女孩232人,计划外出生5人,计划生育率99.0%,完成各项计划生育目标考核指标,新婚532对,综合避孕率100%。

【推广“邻里值班室”工作机制】 紫阳街道大力培育“邻里值班室”等社区民间组织,引导其有效参与社会管理和服务,努力实现重政府作用、向政府主导的社会共同治理转变。推广上羊市街社区经验,推广“邻里值班室”工作机制,成立89个值班小组,坚持民听、民评、民调的原则,注重居民自我服务、自我教育、自我管理、自我监督,疏通居民表达诉求、维护权益、社会协商的渠道。在全省社区社会工作论坛上,紫阳街道就首创的“邻里值班室”社会管理和民主自治经验进行了交流发言,在全省推广。

【探索公共服务市场化运作】 紫阳街道成立了紫阳街道邻里服务中心,进行公共服务市场化运作探索。中心秉承“民有所呼,我有所应”的服务理念,为居民提供准物业管理、养老服务、未成年人服务等有偿、低偿公共服务,2011 年,已经承接、提供 80 多项相关业务。

【完善社会管理体制】 紫阳街道坚持重心下移,源头治理,有效化解矛盾、引导公众走正常信访渠道,维护社会稳定团结。联合部门力量。对需要多个部门共同解决的问题,通过"矛盾纠纷会诊"等形式,主动协调相关部门合力解决;整合社会力量。加强与民间组织的沟通联系,发挥民间组织处理矛盾纠纷的作用。加强与律师、法律援助和服务机构协调联动,组织法律工作者参与处理信访问题,实现全社会整体联动;实行领导包案制。实行"一个信访案、一名包案领导、一套工作方案",开展"一对一"化解;坚持矛盾纠纷排查制。坚持每半月集中排查矛盾纠纷、不稳定因素,发挥基层调解组织的作用,以教育疏导为主,将大量的矛盾纠纷化解在基层。街道通过各种有效方法,有效解决和缓解了杜某某等陈案、积案和永昌坝居民、木材厂退休职工、"五八"城迁等群访事件。

【营造民主法制环境】 街道完善风险评估机制,确定评估内容,规范评估程序和基础资料,防止因决策不当引发社会矛盾。2011 年,落实风险评估 3 起("御街·二十三坊巷"建设项目、永昌坝居民要求拆迁事件和望南地块动迁项目),召开稳定风险评估会、听证会、情况通报会 14 次,发放各类问卷 2500 余份,涉及利益群体 6000 余人。坚持重大矛盾主动介入调处制度,第一时间组织人员赶赴重大矛盾纠纷现场,了解第一手资料,妥善解决纠纷。加强律师进社区工作,发挥律师的信用作用,引导居民走正常司法途径。2011 年,已调解矛盾纠纷 505 件,涉及赔偿金额 55.50 万余元。

【营造和谐社会环境】 全年共接受并处理各类信访 494 件次,反馈率、办结率 100%,满意率 98%,与上年相比总量降幅较大,重复信访明显下降;紫阳街道接待 42 批、236 人次,社区"12345"受理 942 件次,报送紧急信息 98 条。加强对重信、重访和疑难案件的化解,采取一把手亲自包案、亲自处置、亲自上门的工作方法,使"永昌坝居民要求拆迁"、"木材厂退休职工要求追加待遇"等群众关注的信访热点、难点问题得到有效缓解。通过领导接访、多方协调,部门沟通、大力支持,化解了 3 件疑难案件。同时加大安全生产监管力度,与辖区内 1248 家单位、经营户及 13 家短期工程建筑工地签订安全生产目标管理责任书,共出动 1069 人次,检查生产单位 985 家次,查出各类隐患 1035 处,整改率 100%。组织地区单位开展安全生产演练 3 次,社区消防演练 7 次,物业应急演练 4 次。加强消防监管和隐患排查,与 389 家出租房房主签订责任书,整改"多合一"建筑和废品收购站 8 家,取缔群租房和"三合一"建筑 4 家,取缔无营业执照废品收购站 2 家。

【稳定的治安环境】 继续深入开展"严打整治"斗争,全力维护社会治安大局的稳定。不断深化"打黑除恶"专项斗争,继续加大对"两抢"、盗车、扒窃、入室盗窃等多发性侵财犯罪的防控力度。开展"无发案小区"活动,无杀人、伤害致死等重特大刑事犯罪案件,较好地实现了"社会稳定、群众满意"的目标。全年紫阳派出所共受理各类刑事案件 539 起,破 233 起,未发生八类案件和伤害案件;受理治安案件 545 起,破 545 起。

【实施社区矫正工作"1+1+1"工程】 紫阳街道聘请原帮教志愿者组成社区矫正志愿者队伍,并从安置帮教对象中选拔一批教育转化成果显著、有工作能力、改过有为的人员作为协助者。针对街道每一名社区矫正对象确定一名社区矫正工作志愿者和一名社区矫正工作协助者,实行社会志愿者、协助者和矫正对象相结合的社区矫正工作"1+1+1"工程,力争通过共同努力,形成推动矫正对象思想转化的合力及以专门机关为主导、志愿者积极辅助,全社会共同参与的工作格局。开展社区矫正"三防"(防脱管、防漏管、防严重再犯罪)专项活动。现有矫正对象 40 人,新接收 21 人、解矫 20 人、解除 3 人。进行人性化关怀,以人情暖人心,防止重新犯罪。落实反邪教工作措施。加强对重点人员的稳控工作,落实帮教措施,经常走访、经常沟通,无失控、失管人员。加强社区禁毒工作。落实帮教工作,监管措施到位,共有涉毒人员 157 人,纳入社区戒毒 6 人,社区康复 21 人,美莎酮治疗 26 人,脱毒 9 人。

【搭建四类平台促进党建信息化】 搭建电视信息平台。在"96345"数字电视"社区是我家"频道设置"党员之家"栏目,播放各类党建活动信息;通过华数数字电视，播放社区党委选举过程、候选人竞选演说，顺利推进党委选举工作。搭建网络平台。利用“e家网”完善党员信息库实行党员“网上管理”；开通党员QQ群实行党员在线“互动交流”和支部选举“网上票决”；通过支付宝实行党费“网上缴费”；开通党委微博对党组织动态和党员信息实行“网上公开”；开辟街道、社区“网上党校”，开展“视频党课”，设立“党员诉求”专栏，倾听党员心声。搭建手机短信平台。开通移动短信平台，每周发布“手机党报”，定期向党员编发“红色”短信。搭建信息亭平台。在辖区信息亭内设置各社区党建特色、党建成效、党员风采、建党90周年活动等信息。通过搭建四类平台，实现党员管理、信息公开、党员联络、培训教育、党员服务的全程信息化。

【实现组织格局创新】 通过创新组织架构、理顺体制机制、整合区域资源、搭建有效平台、丰富活动载体，基本形成“上下相通、左右联动，纵向到底、横向到边”的区域化大党建工作格局。新建两新党支部10个，覆盖企业112家，做到“一名党员一张情况登记表”、“一个店家一张情况汇总表”。召开了50多家地区单位参加的紫阳街道区域化党建共建会议，签订了共建协议书。成立上城区首个餐饮行业党支部——南宋御街中华美食园行业党支部；结合餐饮企业经营特点和餐饮特色，指导美食园党支部开展争创“党员示范岗”、“党员示范店”、“服务标兵”、“微笑之星” 等评选活动，通过党员挂牌服务和党员示范店承诺、践诺等行动，提升服务质量，提高企业信誉度。

【打造学习型党组织】 创建学习型党组织、学习型单位，采取“四个变式”的举措，打造和构建社会学习、网络学习、媒体学习、讲堂学习“四个平台”。变“被动式”为“主动式”，打造“社会型”学习平台，邀请省、市委党校、劳动监察部门领导为党员群众上课，面对面教授、增加互动；变“注入式”为“互动式”，打造“网络型”学习平台，开设“紫阳先锋”微博理论课堂，激发年轻党员的学习积极性；变“单一式”为“多样式”，打造“媒体型”学习平台，以上羊市街社区为试点，向广大领导干部、群众发送《上羊市街手机报》，开发学习新载体；变“平面式”为“层级式”，打造“讲堂型”学习平台，形成“干部学习新干线”、远程教育平台、社区党校等多层级学习平台，满足不同层次学习需求。

【开展廉政教育活动】 深化权力阳光运行机制，建立重大项目审批制度，做好街道资产审计，强化街道资金、资产管理。制定完善《紫阳街道资产管理办法》、《紫阳街道财务管理办法》，从制度上、源头上保证廉洁从政。加强效能建设，深化作风、执行力建设“两个建设年”和“公述民评”等活动，增强执行实效，转变工作作风。制定、完善《紫阳街道机关工作人员各类假期执行规定》、《紫阳街道工作人员作风和效能问责暂行办法》，完善反腐倡廉责任机制，扎实推进惩防体系建设，积极开展上羊市街、彩霞岭社区廉政文化示范点创建工作，打造信息化廉政教育工作品牌。

【提升代表(委员)履职能力】 认真组织好上城区人大代表闭会期间的活动,组织代表参加了相关培训，提高代表履职能力。组织人大代表外出考察、进社区和企业倾听民意共6次，收集居民意见建议156条。紫阳政协小组2011年共上交提案39件，其中《关注留杭大学毕业生群体努力创造良好就业环境》和《关于充分发挥政协委员界别作用的建议》，被评定为区政协三届五次会议重点提案。同时开展委员集体活动、实地调研和民族宗教运动会等活动。做好人大代表换届选举工作，积极向区政协推荐优秀人员。

【引进高素质人才】 制订《紫阳街道人才队伍发展规划》，对未来几年的人才引进确定了大致的思路和方向。针对紫阳街道公务员老龄化现象严重问题，2011年，新进了4名年轻公务员，2名事业编制人员，充实了人才队伍；对年轻干部实行轮岗制度，到不同科室、不同岗位上锻炼1~2年；实行青年干部挂职重点工程，街道共有15名干部在望南地块改造工程和南宋御街美食园工程挂职锻炼，提高其群众工作和一线工作的能力；鼓励、支持在岗教育，对参加研究生在职教育的3名干部，给予学费、时间等方面的支持。

【文化建设有新成效】 2011年，举办了紫阳地区全民健身趣味运动会、“党在我心中”大型歌咏大赛等大型活动，开展了“我的低碳生活秀”、“全民体验，垃圾分类”等科普宣传活动。新装修街道科教中心,开设各类科普教室。2个社区创建省级体育先进社区,7个社区创建市级体育工作星级社区。坚持党建带团建,完成组织格局创新,开展“基层团建百日攻坚行动”,新增5家非公企业团组织。打响“青字号”品牌,新增省级青年文明号2家,市级2家,区级6家。依托鼓楼志愿服务微笑亭,常年为游客提供开水、指路、应急帮助等志愿服务。开展“爱心义卖”活动,组织辖区青少年出售捐赠物品,所得款捐献给辖区困难青少年。组织4点半后公益性日托营和“候鸟妈妈俱乐部”,关爱外来务工人员及子女。维护妇女权益,慰问困难妇女27人,“六一”助学结对32人。新建企业工会80家,发展工会会员4195人,其中外来务工人员2874人,新吸收6家企业加入街道工商联组织。组织统战人士参加各种比赛和活动。获得市基层侨联先进奖。组织冬季征兵,完成全区征兵任务数的24%。（竹美敏）

【瑞莱克斯大酒店入驻望南地块】 1月30日,紫阳街道引进的注册资金为2000万元的瑞莱克斯大酒店有限公司正式营业。瑞莱克斯大酒店是杭州新香园集团管理公司旗下的酒店之一,位于钱江路与望江东路交叉口,地处望南地块,临近钱江新城,酒店层高18层,占地2.50万平方米,拥有客房400间,会议室10间。该酒店是继物美超市望江店开张后,落户望南地块的大型商务酒店,将大力促进望江东路商业街区的形成和发展。

【浙江金丰典当有限责任公司落户】 9月15日,浙江金丰典当有限责任公司落户紫阳街道,注册资金为3000万元,其中市外资金2250万元。公司主要为中小企业和居民个人提供融资、理财服务,业务范围包括房地产抵押贷款、动产质押贷款、限额内绝当物品的变卖、鉴定评估及咨询服务等,满足中小企业和个人融资需要,具有办理简便性、当期灵活性等特点,是银行贷款等主流金融渠道的有益补充。

【引进浙江正德影视文化发展股份有限公司】 3月25日,紫阳街道引进投资5000万元的浙江正德影视文化发展股份有限公司。该公司主要从事实业投资、影视文化策划、文化艺术交流、广告策划、翻译服务、会展服务等。紫阳街道积极引进文化项目,如文创产业、影视产业,提高文化软实力,趁特色文化发展之势,推动群众文化的发展。

【浙江赛丽新能源有限公司落户紫阳】 8月8日,由赛丽控股集团投资2000万元设立的浙江赛丽新能源有限公司正式落户紫阳街道。该公司主要从事风能、生物质能、光能、海洋能、地热能的新能源投资和开发,以及新能源的技术咨询。公司的成立是赛丽控股集团做大做强经营业务,推进新能源项目的拓展和建设的重要举措,也是紫阳街道积极实施“现代服务业优先”战略,大力推进现代服务业发展又一亮点。

【浙江易士企业管理服务有限公司入驻】 8月25日,浙江易士企业管理服务有限公司落户紫阳街道并实现增资,该公司注册资金5000万元。公司拥有国际化背景及运作管理经验,致力于中国个人电子消费支付业务的开发运用,在上海、杭州均设有分部。易士卡是新一代智能消费服务卡,旨在打造城市个人电子钱包,为持卡人提供方便实惠的消费体验。

【引进中国500强投资企业庞大巴博斯】 7月25日,由中国500强企业庞大汽贸集团股份有限公司投资的杭州庞大巴博斯汽车销售服务有限责任公司正式落户紫阳街道。该公司注册资金500万元,是庞大集团于6月获得巴博斯国内代理权后在杭设立的首家汽车销售企业,主要从事德国奔驰汽车改装品牌巴博斯(Brabus)汽车及配件的销售。庞大集团在2010年中国企业500强和中国服务业企业500强排行中分列第181位和第63位。

【成立外国人管理服务站】 紫阳街道联合紫阳派出所,在外国人较为集中的春江、甬江社区成立外国人管理服务工作站,畅通对外服务渠道,配备管理服务和翻译两支工作人员队伍,通过宣传国家法律、法规和相关政策、及时为境外人员提供服务和帮助、吸引外资注入、规范辖区内外国人管理等。服务站已有常住境外人员642人纳入管理。

【做好望江门外直街整治工作】 加强宣传力度。张贴创建文明城市的通告、海报,悬挂宣传横幅,组织志愿者上街、上门宣传创建工作,争取居民对创建工作的支持。联合管理流动摊贩,社区负责摸底调查并登记,相关职能部门开展定点定时管理,并对部分摊贩进行疏导分流,缓解保洁、保序压力。确保路面保洁不间断。组织保洁人员、沿街商家分批开展普扫作业、巡回保洁,确保每天 5:30~22:00 保洁不间断。成立三支督查队伍。文明督导队,整理无序自行车的停放,规劝商家有序经营;志愿者劝导队,劝导阻止居民和商家乱扔、乱停、乱放、乱挂等不文明行为,维护辖区环境卫生;挑刺纠错队,每天上街检查挑刺,一旦发现问题及时反映给街道、社区,确保创建不留死角。

【三措并举做好文明城市创建工作】 依托"数字城管网络平台"督导检查辖区整治情况,清除卫生死角 32 个,清运垃圾、渣土、堆积物 90 多吨。通过垃圾分类工作服务外包,做好垃圾分类推广。组织机关人员下社区劳动,清理楼道堆积物 6 吨。依托团区委鼓楼"微笑驿站"志愿者服务阵地,派驻 14 名社区志愿者以半月轮班的形式开展全年服务,为居民和游客提供向导引路、免费凉茶、免费理发等服务。组织居民捐出家中闲置物品,由青少年进行爱心义卖,义卖所得捐助给辖区外来务工人员子女。整合社区青少年俱乐部、非遗文化体验站、中国社区展示中心等资源,开展暑期日托班、社区都 Do 城、武强年画体验日、红色话剧日、红色经典参观日等活动,加强未成年人教育。

【成立中华美食园餐饮行业党支部】 9 月 28 日,紫阳街道与中山南路美食夜市管委会进行对接,成立南宋御街中华美食园餐饮行业党支部,现有党员 27 名,涉及企业 9 家,覆盖 14 家,覆盖率 100%,以"支部+商会+管委会"运作模式,组织企业代表交流取经,为餐饮企业开辟绿色通道,全面做好为企服务;主动搭建矛盾化解平台,化解油烟、噪音、气味等争议,减少扰民因素;社企联合举办"厨艺大比拼"、"酬宾大行动"、厨艺免费培训等活动引导企业担当社会责任;组织企业开展"党员活动之家"、"党员示范岗"、"党员示范户"、"规范用工一条街"等创建活动,促进企业和谐发展。

【望江经联社第四届董事会、监事会换届选举】 9 月 24 日,望江经联社以股民直选形式,选举出新一届董事会、监事会成员,通过召开新一届董事会全体会议,选举出董事长、副董事长各 1 名。大会应到股民代表 72 名,实到 70 名,实现依法依规、平稳过渡、和谐共进的预期目标。

【成立邻里服务中心开展老小区准物业管理】 邻里服务中心由紫阳街道社区服务中心上报经区民政局核准注册登记,其性质为自愿举办、自负盈亏的非营利性民办非企业单位。针对辖区内所有缺乏物业管理的小区,开展房屋公共部分小维修、楼道公共设施维修、便民家政服务、管道堵塞疏通服务、绿化养护管理、保洁保安管理等准物业相关事务。筹建阶段的邻里服务中心已经接收了 20 多件相关准物业管理事务,老旧小区从以前"三不管"状态变成"有人管",极大地方便了居民群众生活,强化了社会管理职能。

9 月 28 日,成立中华美食园餐饮行业党支部。 (紫阳街道 供稿)

【建立五项机制助跑就业再就业】 建立全覆盖动态调查机制。每月通过走访调查、户口协查、"五险"核查等途径动态掌握劳动者的基本情况,建立就业情况动态信息库。建立全方位政策宣传机制。通过"一卡、一册、一网、一平台"做好就业政策宣传。建立多渠道岗位开发机制。通过招商企业开发岗位,与工会、商会、"新杭州人"互助会等组织对接开展就业帮扶,强化就业援助员作用,收集第一手岗位资料。建立多形式培训机制。采取"街企"、"街校"等合作模式,开展订单、定向技能培训;创立"紫阳论剑"创业论坛,进行导师创业指导培训,助推成功创业。建立个性化关怀机制。针对不同情况的劳动者,"一对一"开展送信心、送信息、送政策、送技能、送岗位、送援助活动;实行"兜底"保障,承诺"不挑不捡24小时就业"。

10月20日,举行邻里服务中心成立仪式。（紫阳街道　供稿）

资料　**"一卡、一册、一网、一平台":**一卡,即街道失业服务卡;一册,即街道就业创业服务手册;一网,即街道就业创业网站;一平台,即街道短信群发平台。

【办好邻居节打好"邻里"牌】　以中华美食园餐饮行业党支部为依托,联合建新园、西安饭庄、永和园、沈大成等知名餐饮企业开展以"共建邻里情,美食传真情"为主题的大型"邻里美食节"活动,以"美食PK赛"、"和谐百家宴"、"传系黄丝带"、"美味帮你做"等多种形式营造和谐互助氛围。在辖区范围内开展"好邻居"评选活动,由居民推荐、评选出身边家庭和睦、尊老爱幼、诚实守信的好邻居,塑造友爱、互助、文明、和谐的邻里关系。重点打好"紫阳邻里"服务牌。以"邻里值班室"为依托,推出"邻里服务中心"、"邻里关照站"、"邻里监管中心"、"邻里守望台"等一系列载体,成立"邻里敲门服务队",发放"邻里互助卡",开拓邻里活动中心,倡导"天天邻居节"理念。

【打造"无欠薪"街道】　抓宣传,针对木材市场、美食街等重点区域开展咨询活动,发放《中小企业劳动规章制度参考样本》、《劳动纠纷问答》等宣传资料480余册,答复咨询500余人次。抓监管,除了定期联系工会组织、劳资双方代表、商务楼宇业主、物业采集劳动信息外,针对建筑施工、装饰装潢、餐饮服务等欠薪多发行业,组织开展用工情况专项大检查,责令整改用工企业单位37家,涉及劳动者334人。抓调处,建立由劳动监察中队、综治维稳中心、派出所、社区四方联动的快速协调小组,实施24小时欠薪监控调处体系,已成功化解群体讨薪事件3起。抓保障,设立应急周转金50万元,完善企业欠薪预警机制。

（年鉴编辑部）

附　录

Appendix

先进名录

【上城区 2010 年度平安街道】

湖滨街道、清波街道、小营街道、望江街道、南星街道、紫阳街道。

【上城区 2010 上海世博会“环沪护城河”安保先进集体和先进个人】

先进集体

湖滨街道、清波街道、小营街道、望江街道、紫阳街道、南星街道、区安监局、区公安分局、区信访局、区财政局、区维稳办、团区委。

先进个人

刘婷婷　倪柏全　邵红萍　汪　寅　王　勇　张　晖
袁剑敏　潘德明　林建军　唐水林　虞立森　孙建晓
戴兴宝　范荣旦　丁跃明　严洪建　邱伟立　王鹏飞
王　伟　印林艳　高　雯　计胜荣　俞金良　戴　轶
毛利明　张国跃　刘锦平　储德兵　余成刚　李晓君

【2010 年度上城区和谐社区建设示范社区、先进社区、优秀社区工作者和社区工作十年耕耘奖】

和谐社区建设示范社区

上羊市街社区、水澄桥社区、小营巷社区、近江东园社区、北落马营社区、美政桥社区、海月桥社区、近江西园社区、紫花埠社区、在水一方社区、清河坊社区、清波门社区、涌金门社区、彩霞岭社区、金钱巷社区。

和谐社区建设先进社区

徐家埠社区、柳翠井巷社区、凤凰社区、劳动路社区、新工社区、复兴街社区、东坡路社区、茅廊巷社区、定安路社区、葵巷社区、海潮社区、青年路社区、玉皇山社区、东平巷社区、长明寺巷社区、姚园寺巷社区、太庙社区、西牌楼社区、岳王路社区。

优秀社区工作者

陈伟新　许　芳　童邵恩　朱娜婴　蔡　嵘　沈　芹
蒋　程　顾　云　张　蓓　钱建华　陈碧华　张　琦
陈　晖　潘新霞　徐曦华　樊丽娟　赵　敏　王翼瑛
潘海琴　龚肖敏　沈宗弘　吴钥园　叶莲芝　马　俊
陈　鹏　邹紫娟　林渭龙　邹　晶　陈丽娟　贯仕祯
成徐芳

社区工作十年耕耘奖

章丽立　施　俭　王小妹　张晓红　张　英　朱娜婴
章国娟　沈　欣　闻莉莉　孔蓓蕾　金芳芳　张美英
徐利民　韩少华　王俊霞　胡　芸　俞利娟　施　哲
孙　燚　俞美华　马　强　董国政　程冬莲　高竹卿
张　净　许玲玲　韩永华　吴建国　叶亚娜　李小敏
朱　滢　江永生　戚雅妹　赵敏霞　王少民　吴　丹
陈薇勤　欧小兰　殷　群　马建华　韩　玲　徐根娣
叶少青　张　蓓　邵翠文　陈桂芳　苏开建　陈晓萍
王　俊　张　琦　钱建华　张　蕾　王荣发　戚松鹤
吴一鸣　邹晓兰　黄延琪　梁　亮　章依群　陈　波
傅小妹　赵慧英　吕月芬　王　茵　向　琴　郑彩梅
朱静霞　杜桂林　汪将明　周良英　倪国惠　骆永鹰
许灵芝　傅竹伟　赵　敏　袁惠毅　胡永兰　陈美珍
王　颖　余　虹　冯利华　王　敏　陈红娣　王德清
张志红　陈海秋　滕超英　张丽娟　叶志萍　沈宗弘
韩竹梅　戴金娟　吴钥园　童齐放　蒋慧英　吴佳容

王　群　陆巧玲　陈　峰　郑鸳鸯　朱毛毛　沈莲娣
张敏敏　王　贞　应凤娟　赵　越　阮琴华　张玉平
林月妹　房建霞　宋潘华　徐月英　陈卫萍　吴晓娴
胡关明　刘润泉　范安娜　杨惠姐　姜怀婷　陈永林
黄婉芳　李顺勇　林　洁　郑宝香　沈雪鸿　求小娟
吕　敏　吕　萍　李如冰　黄　颖　孔莉萍　刘文美
黄振波　陈丽娟　李　丽　王美华　徐雁文　缪杭毅
陈国珍

【2010年度打造“最清洁城区”暨城市管理先进集体】

优胜单位

区城管执法局、区城管办、湖滨街道办事处、清波街道办事处、小营街道办事处、南星街道办事处、清河坊历史文化特色街区管委会办公室、城站广场管委会办公室。

先进单位

望江街道办事处、紫阳街道办事处、湖滨(南山路)管委会办公室、杭州客运南站管理委员会办公室。

最佳保障单位

区文明办、区监察局、区财政局、区审计局、区卫生局(区爱卫办)。

最佳配合单位

区民政局、区建设局(区绿化办)、区商贸旅游局、上城公安分局、上城国土分局、上城工商分局、上城交警大队、上城规划分局、上城环保分局。

【2010年度上城区无偿献血先进集体和先进个人】

先进集体

浙江大学医学院附属第一医院、浙江大学医学院附属第二医院、浙江省中医院、杭州市第一人民医院、杭州口腔医院有限公司、杭州市电力局、杭州陶瓷品市场、浙江近江集团公司、浙江省公安厅、浙江省妇幼保健院、杭州市第三人民医院、小营街道办事处、湖滨街道办事处。

先进个人

马　英　王惠芬　钱江英　陈跃文　陈华谊　华美凤
谢利鑫　俞兴才　金志惠　陶悦鸣　姚　杰　任　璐
朱旭成　占冬梅　陈　伟　韩剑青　冯来友　冯水娟
严明强　俞文功　左文英　郁加荣　单慧达

【2010年度上城区食品安全工作优秀单位】

湖滨街道办事处、清波街道办事处、小营街道办事处、望江街道办事处、南星街道办事处、紫阳街道办事处、区商贸旅游局、区卫生局、区城市管理行政执法局、上城区公安分局、杭州市质量技术监督局上城分局、杭州市工商行政管理局上城分局、杭州市食品药品监督管理局上城分局。

【上城区第四届非公有制经济人士“优秀社会主义事业建设者”】

余　强　张敬宜　朱明虬　方志达　杨定国　方银军
王卫民　万　渊　毛戈平　谢国强　丁越军　李锦红
毛海枷　边　江　吴建国　杨杰涛　胡美卿　徐王冠
卢　康　夏　阳

【2010年度全区人民调解、社区矫正先进集体及先进个人】

优秀人民调解委员会

湖滨街道调委会、清波街道调委会、长明寺巷社区调委会、西牌楼社区调委会、望江街道调委会、杭州近江水产农副产品综合市场调委会、南星街道调委会、紫花埠社区调委会、紫阳街道调委会、木场巷社区调委会。

优秀调解员

倪百年　金芳芳　蔡　嵘　裘　盛　张雪飞　叶少青
王荣发　李佳佳　陈建民　金意明　徐志华　池晓芳
徐月英　胡关明　王统强　胡智美　金国荣　郑　文
杨耘文　项朝阳　陈国新

优秀调解信息员

罗志荣　张　焱　郑文娟　石新华　陈文英　刘桂秋
陶纯胜　葛佩莲　何锡林　李志荣　齐玉华　张小明
郝素琴　王龙友　吴耀汉　陈志华　成志坚　吕淑英

社区矫正先进集体

湖滨街道青年路社区、小营街道司法所、紫阳街道太庙社区。

社区矫正先进个人

陈曦晔　袁吉良　沈　坚　计胜荣　晋　涛　孔敏繁
陆　宏　石惠敏　裘之奇　应林燕　王小妹　沈　军
金一婧　金　琦　葛文辉　梁　亮　陈鑫根　陈海秋
王翼瑛　印林艳　杨　挺　姚纯琦　徐韦杰　汪彬华

竹美敏

社区矫正优秀志愿者

滕敏艳　吕凯明　程慧玲　孙丽女　蔡国英　俞美丹　陈月娥　桂水根　沈金囡　汤才赓　章家青　蔡　楷　俞荣金　冯巧云　徐　瑛　金永亮　郁曾度　孙临强　宋根富　邹　晶

【2010年度上城区“律师进社区”工作先进个人】

朱敏玲　徐玉泉　王垂军　吴　霞　吴春黎　郑关军　周瑞虎　沈海江　梁月军　骆宝龙

【2010年度上城区维护社会稳定工作先进集体和先进个人】

先进集体

区信访局、区人民法院、区人事局、区民政局、区商贸旅游局、清波街道、小营街道、望江街道、南星街道、玉皇山南指挥部。

先进个人

徐美华　徐文毅　金水根　钱建林　方向华　陈卫国　胡鑫福　徐红卫　吴国平　王　伟　董国政　马水莲　朱　军　祝梅君　樊竹君　李　清　荣德华　刘润泉　李如冰　张　莉

【2010年度上城区社会治安综合治理先进集体和先进个人】

先进集体

杭州市工人文化宫、浙江省中医院、杭州市第一人民医院、杭州市行知幼儿园、湖滨(南山路)特色街区管理委员会、浙江龙翔大厦有限公司、杭州市建设委员会、上城公安分局湖滨派出所、杭州市房产交易中心、杭州市房产管理局、浙江兴合男装大厦有限公司、杭州市惠兴中学、浙江杭州市新华书店有限公司、湖滨市容环境卫生管理所、杭州蔬菜有限公司、杭州市天长小学、杭州时代衣之家百货有限公司、上海浦东发展银行股份有限公司杭州中山支行、杭州维景大酒店有限公司、杭州市房产档案馆、杭州市房地产开发实业有限公司、湖滨街道涌金门社区、浙江省气象局、杭州新丰小吃有限公司、中信银行杭州分行、杭州市工商业联合会、杭州市保安服务总公司、杭州市勇进中学、杭州红泥砂锅有限公司、杭州银行股份有限公司之江支行、杭州市清河坊历史街区管委会、建行杭州吴山支行、杭州市住房制度改革办公室、上城区区级机关行政事务管理中心、杭州市人民防空办公室、清波市容环境卫生管理所、杭州二轻房地产开发有限公司、浙江省公安厅、浙江省水文局、浙江人寿大厦、浙江省邮票局、中国人民财产保险股份有限公司浙江省分公司、浙江大学医学院附属第一医院、浙江大学医学院附属第二医院、中石化浙江省石油分公司、中国工商银行浙江省分行、杭州市医疗保险管理服务局、杭州市第三人民医院、杭州市土特产集团有限公司、杭州市水业集团有限公司、华夏银行杭州分行、杭州中纬实业有限公司、杭州第六中学、杭州花中城大酒店有限公司、中铁二十四局集团浙江工程有限公司、杭州市房产交易产权登记管理中心、上城地税分局、上城公安分局小营派出所、上城公安分局站前派出所、上海铁路局杭州客运段、杭州第十中学、杭州市机动车驾驶员考试服务中心、杭州香溢大酒店股份有限公司、杭州市上城区国家税务局、中国工商银行杭州城站支行、上城小营市容环境卫生管理所、小营街道梅花碑社区、小营街道葵巷社区、浙江近江集团公司、杭州市钱江新城建设指挥部、望江市容环境卫生管理所、上城区建设局城南房管站、政府城市管理办公室汽车场、杭州始版桥幼儿园、杭州市服装职业高级中学、杭州长运客运站场有限公司南站、江干区人民医院、杭州市城市“四自”工程道路综合收费管理处、杭州文化广播电视集团、浙江省长城建设集团股份有限公司、杭州新城房地产开发有限公司、浙江钱塘旅业资产经营管理有限公司杭州钱塘大酒店、杭州望江门小学、杭州市居住区发展中心有限公司、望江街道在水一方社区、望江街道近江东园社区、望江街道兴隆社区、望江街道徐家埠社区、杭州市江滨职业学校、杭州市钱江港航管理处、杭州陶瓷品市场、杭州市南山陵园管理处、南星街道美政桥社区、南星街道复兴街社区、南星街道海月桥社区、南星街道水澄桥社区、上城公安分局紫阳派出所、紫阳街道上羊市街社区、上城区城市管理行政执法大队六中队、杭州华兴实业公司、杭州市江城中学、紫阳街道凤凰社区、紫阳街道北落马营社区、紫阳街道彩霞岭社区、杭州市肿瘤医院、上城区市政园林管理所、杭州中策橡胶有限公司、杭州市培红幼儿园、浙江省水利水电勘测设计院、工商银行杭州江城支行、团区委、区人民法院、区人民检察院、区科技局、区城管执法局。

先进个人

黎　明　杜长林　朱淑娴　周根荣　陈国方　黄山民
张　辉　张增煜　王　斌　来　非　林　扬　张卫平
任文炎　刘　欣　沈莉珍　裘海鹰　何　坚　陈芝群
朱华好　谢茂林　狄亚芳　应方兴　孙　燚　朱华琦
江永志　宋志民　金德义　宓锦强　潘整强　周经纬
胡富生　寇红涛　陆予明　张　宏　郭德胜　陈金伟
郑　刚　王　盛　张　力　孙莉莉　张　华　钱　新
仰　克　章玲敏　李　海　陈建军　朱福明　沈　雄
徐德森　魏　勤　徐　文　寿林华　骆永鹰　陈建民
王翼瑛　王　芳　刘　钦　印林艳　张云燕　郑洪良
吴晓娴　黄　奇　胡小京　莫晓冬　曹栋然　柴　莺
丁伟铭　邹紫娟　马安华　王志龙　汪彬华　许玉石
陈全江　陈建楚　张愉珍　方亚新　金小明　林时鹏

【2010 年度办理人大代表建议、政协委员提案先进单位和先进个人】

先进单位

区委宣传部、区教育局、区民政局、区财政局、区人事局、区建设局、区商贸旅游局、区卫生局、区城管办、上城公安分局、吴山指挥部、上城环保分局。

先进个人

丰宗华　董方铭　徐文毅　陈学军　孔　啸　刘海亭
陶宵云　贾元元　赵金珍　张愉珍　唐惠根　丁炜锋
蔡荣根　洪国新　邱爱珠　石　坚　吴青松　康　奕
陈卫东　徐贤丰

【上城区"十一五"人口和计划生育工作先进单位、先进工作者】

先进单位

浙江大学医学院附属妇产科医院、杭州市第一人民医院、中信银行杭州分行、清波街道柳翠井巷社区居委会、小营街道葵巷社区居委会、小营街道金钱巷社区居委会、杭州市邮政局、望江街道近江东园社区居委会、南星街道水澄桥社区居委会、紫阳街道上羊市街社区居委会。

先进工作者

任虹霞　傅婷梅　齐雨霞　余美兰　李　政　徐根娣
夏　凡　李　洁　许灵芝　龚肖敏　童齐放　陈素珍
王瑞华　孟　敏

【上城区 2010 年度人口和计划生育工作先进单位、先进社区居委会、先进个人】

"三优"促进工作示范街道

南星街道。

基层计划生育居民自治示范街道

紫阳街道。

先进单位

浙江兴合男装大厦有限公司、杭州市房产档案馆、中国工商银行股份有限公司杭州羊坝头支行、浙江省烟草公司杭州市公司、杭州饮食服务集团有限公司杭州知味观、杭州市房地产开发实业有限公司、湖滨街道社区卫生服务中心、杭州公交经营发展公司、浙江省中医院、杭州市行知学前教育集团、中国工商银行股份有限公司西湖支行、中国人民银行杭州中心支行、杭州市公安局、杭州市住房公积金管理中心、杭州西湖风景名胜区湖滨管理处、杭州西湖风景名胜区吴山景区管理处、中国农业银行股份有限公司杭州市中山支行、浙江稠州商业银行、杭州市清波幼儿园、清波街道社区卫生服务中心、望江街道社区卫生服务中心、浙江省公安厅、小营市容环境卫生管理所、浙江省杭州第六中学、浙江省军用饮食供应站、杭州市水业集团有限公司、杭州市土特产集团有限公司、杭州市人民政府城市管理办公室、杭州市电力局、区商贸旅游局、上城区社区学院、杭州市房屋安全鉴定事务管理中心、上城地税分局、杭州市地方税务局稽查一局、杭州市地方税务局开发区税务分局、浙江省杭州市国家税务局、中信银行股份有限公司杭州平海支行、杭州市财政局、杭州市第三人民医院、区国税局、中国电信股份有限公司杭州分公司、杭州市天艺幼儿园、浙江省邮票公司、浙江省杭州市第二中学、杭州市高速公路管理局、杭州娃哈哈集团公司、浙江长城建设集团股份有限公司、望江市容卫生管理所、杭州市始版桥小学、浙江省海河测绘院、杭州市南山陵园管理处、杭州市市区河道监管中心、南星市容环境卫生管理所、杭州白马安达公共交通客运服务有限公司、浙江中烟工业有限责任公司杭州制造部、紫阳市容环境卫生管理所、浙江水利水电勘测设计院、杭州第四医院、杭州中策橡胶有限公司。

先进社区居民委员会

湖滨街道青年路社区居民委员会、清波街道定安路社区居民委员会、小营街道姚园寺巷社区居民委员会、小营街道茅廊巷社区居民委员会、望江街道莫邪塘社区居民委员会、望江街道近江西园社区居民委员会、南星街道海月桥社区居民委员会、南星街道美政桥社区居民委员会、紫阳街道海潮社区居民委员会、紫阳街道凤凰社区居民委员会。

先进工作者

陈鑫坤　封佳本　朱　涛　彭　燕　胡　蓉　岳　和
计胜荣　孙敏男　李　燕　葛彩丽　吕菊鸣　李　赟
王　伏　邢风华　严　琰　王兰英　韩莲子　钱岐君
樊爱军　张香华　徐　霞　胡慧玉　汤毓春　李　瑛
吕　玲　陈　波　谢青萍　龚云芳　陈常君　王丽敏
张　玲　干瑞芳　韩　玲　张　琦　顾雪琴　吴　蓉
沙鸣放　陈艳敏　张　轶　殷琴芬

优秀社区工作者

姜玉敏　储　盼　王　谚　陈薇勤　陈菊明　王　茵
杨洁敏　胡燕燕　徐　君　章　群

优秀流动人口管理员

杨明霞　胡根华　黄旭红　梁美琴　胡国强　邱雄高
丁淑莲　黄校汉　秦萍萍　金红卫

【2009~2010 年度上城区文明单位】

杭州市货运管理服务中心、杭州仁和饭店、杭州市人民政府督查违法建筑办公室、杭州市房产交易中心、杭州联合农村合作银行、杭州市文物保护管理所、杭州吴山书画院有限公司、杭州市回族穆兴小学、杭州市劳动保障咨询服务中心、浙江中通物业发展有限公司、浙江省国际旅行卫生保健中心、浙江东方集团股份有限公司、杭州香溢大酒店股份有限公司、浙江省化工进出口有限公司、浙江中都物业管理有限公司杭州分公司、大众保险股份有限公司浙江分公司、浙江钱塘旅业资产经营管理有限公司、杭州近江艺术幼儿园、浙江恒基消防工程有限公司、浙江天宣实业发展有限、杭州杭派清江服饰市场有限公司、杭州市上城区喜洋洋幼儿园、杭州市市区河道监管中心、浙江迪佛网络科技有限公司。

【上城区“人民满意基层站所(办事窗口)”】

区劳动保障监察大队、区文化市场行政执法大队、区城市管理行政执法大队望江中队、区城市管理行政执法大队清波中队、湖滨市容环境卫生管理所、上城公安分局湖滨派出所、上城公安分局望江派出所、湖滨街道劳动和社会保障管理站、清波街道劳动和社会保障管理站、望江街道计划生育服务站、区国税局纳税服务科(办税服务厅)。

【上城区 2010 年度信访和区长公开电话工作先进单位和先进个人】

区信访工作先进单位

区委办、区委组织部、区委政法委、区信访局、区人大办、区府办、区发改局、区民政局、区司法局、区财政局、区人事局、区劳动和社会保障局、区建设局、区政协办、区人民法院、区城管办、南星街道、湖滨街道、小营街道、玉皇山南指挥部、上城环保分局。

区长公开电话工作先进单位

区纪委、区教育局、区卫生局、区城管行政执法局、望江街道、清波街道、吴山指挥部、上城药监分局、上城规划分局、上城国土分局。

“12345”进社区工作先进单位

东平巷社区、涌金门社区、柳翠井巷社区、清河坊社区、老浙大社区、紫金社区、在水一方社区、近江东园社区、十五奎巷社区、侯潮门社区、白塔岭社区、紫花埠社区。

区信访工作先进个人

赵　鹏　程孝华　郑渭国　傅　萍　殷平凡　陈学军
陈旭晖　丁根法　蔡荣根　吴其文　王　伟　蒋华英
樊竹君　金国强　林渭龙　陈　理　叶　健　汪　洋
胡　青　杨　志

区长公开电话工作先进个人

金董靓　徐文毅　张愉珍　曹　虎　杨　成　邱爱珠
沈　佳　沈叶君　唐坚勇　石　磊　寿林华　张云燕
黄玉珍　陈文俊　姒丽萍

【2010年度上城区十佳公务员、三等功公务员】

十佳公务员

孔　啸　朱乐娟　陈　莉　王国飞　李兔儿　段　东
李仁贤　张建文　金亚敏　卫　东

三等功公务员

黄菊梅　朱玲明　郑晓君　葛张斌　李　坚　郑祖元
姜红华　何一左　沈　宁　邓　飞　徐　勇　卢宏平
吴　恺　张伟敏　王　钢　倪金国　孙　耀　王　艳
夏洪涛　丁春早　任虹霞　戴小花　金国强　胡　蓉
金亚敏

【2010年上城区"六型"政府建设先进单位】

优秀单位

区民政局、小营街道、湖滨街道。

先进单位

区府办、区发改局、区财政局、区城管执法局、紫阳街道。

鼓励奖

区统计局、区卫生局。

【上城区2010年度生态建设与环境保护目标责任制考核先进集体和先进个人】

突出贡献单位

区建设局、区城管办、湖滨街道、紫阳街道。

先进单位

区发改局、区监察局、区教育局、区卫生局、区财政局、区城管执法局、清波街道、上城环保分局、玉皇山南综合整治工程指挥部、吴山地区开发建设指挥部。

优胜单位

区安监局、区文广新局、区科技局、区商贸旅游局、区统计局、区科技工业基地、小营街道、南星街道、望江街道、湖滨地区建设整治指挥部、望江指挥部。

最佳配合单位

区委宣传部、区妇联、团区委。

先进个人

丁　吉　丁　琦　王元屏　王志萍　王金根　王国新
王健伍　史廷谷　冯　华　朱　斌　刘其厚　许宏波
许建生　朱雯娴　孙志刚　杨永清　沈建刚　陈小明
邵竹宏　林晶晶　周　勤　郑　阳　项海刚　胡锦峰
封春林　俞小平　施良兴　施惠民　莫　晨　徐一东
徐贤丰　徐晓勇　曹定卫　虞嘉音

【2010年度上城区志愿服务先进集体和先进个人】

先进集体

区直机关工委、区教育局、区民政局、区建设局、区卫生局、湖滨街道、清波街道、小营街道、望江街道、南星街道、紫阳街道。

示范社区志愿服务站

吴山路社区、东平巷社区、清河坊社区、近江东园社区、徐家埠社区、金钱巷社区、长明寺巷社区、上羊市街社区、北落马营社区、海月桥社区。

先进个人

徐小端　吴汉洲　李阿桃　朱艳萍　赵冰欣　韩丽娜
沈　芹　朱俊丽　吕月芬　周良英　刘　婧　沃　瑾
袁　敏　陈文静　鲍　颖　李云屏　茅佳敏　杨陈秋
竹美敏　钱　蓉　应凤娟　房建霞　夏　衍　张　欢
李　娜　韩林涛　陈　莉　叶向升　徐　翔　张　晖
吴红星　陈亚群　陆　汀　徐光华　周炎珍　田志勇
史丽蓉　徐惟雅　黎　洁　陈　峰

【2010年度防御灾害性天气先进单位与先进个人】

先进单位

区城管办、区城管执法局、区建设局、区绿化办、上城公安分局、上城国土分局、上城交警大队、湖滨街道吴山路社区、清波街道清波门社区、小营街道大学路社区、南星街道馒头山社区、望江街道徐家埠社区、紫阳街道木场巷社区。

先进个人

楼志刚　包兴旺　张　敏　朱宝善　邵竹宏　童跃中
姚　杰　冯来友　金志惠　陈　伟　朱旭成　严民强
陈祝华　金小明　李树平　王　坚　游广敏　屠润良
施　哲　徐晓峰　俞锦华　林月妹　叶　军　吴士伟
方身卿　王跃强　陈金根　林志祥　吴伟林　谢纲强

【上城区企业退休人员健康体检工作先进集体和先进个人】

先进集体

区劳动和社会保障局、区卫生局、湖滨街道办事处、清波街道办事处、小营街道办事处、望江街道办事处、南星街道办事处、紫阳街道办事处、上城区企业退休人员服务中心、湖滨街道社区卫生服务中心、小营街道社区卫生服务中心、南星街道社区卫生服务中心、紫阳街道社区卫生服务中心、清波街道社区卫生服务中心、望江街道社区卫生服务中心。

先进个人

楼佳宁　方本成　陈旭晖　方秋萍　许祥凤　赵丹丹　庄　颖　梁　颖　沈　斌　牛文红　陈　欣　蔡利娟　章慧燕　林建萍　封佳本　嵇晓明　蒋　明　余建敏　王佳丽　尹　岚　樊丽娟　包国强　郑　丽　冯志红　朱慧英　章　瑛　冯海瑛　张　英　鲁　军　翁正伟　朱鸿名　蔡莉莉　岑静聪　朱慧芳　沈连娣　陈　勇　陈鑫坤　费华成　唐兰芳　胡　芸　王小玥　张　净　李一青　袁洲江　马庆文　丛维维　李慧娟　黄振波　谭　辉　尚　飞　罗　原　于淑娟　马海燕　祝来友　徐　玲　张　虹　张瑞英　郑敏芳　陈华琴

【上城区“五五”普法(2006~2010)先进单位和先进个人】

先进单位

区委组织部、区委宣传部、区府办、区人大法工委、区政府法制办、区政协社会法制和港澳台侨委员会、区政法委、区信访局、区人民法院、区财政局、区民政局、区人口和计划生育局、区劳动和社会保障局、区人武部、区城管执法局、上城公安分局、区人事局、区档案局、区统计局、上城消防大队、团区委、区商贸旅游局、区招商局、上城交警大队、清波街道、紫阳街道、小营司法所、杭州娃哈哈集团有限公司、杭州华日实业投资有限公司、杭州金星铜世界装饰材料有限公司、广宇集团股份有限公司、南星水厂、吴山广场管委会、杭州市工人文化宫、赞成宾馆、浙江龙翔大厦有限公司、杭州市服装职业高级中学、杭州市惠兴中学、杭州市第六中学、杭州市天地实验小学、杭州市天长小学、区城市管理行政执法局清波中队、南星工商所、清波派出所、青年路社区、涌金门社区、定安路社区、柳翠井巷社区、小营巷社区、长明寺巷社区、西牌楼社区、在水一方社区、近江东园社区、徐家埠社区、美政桥社区、海月桥社区、玉皇山社区、凤凰社区、海潮社区、十五奎巷社区。

先进个人

黄菊梅　周才娇　刘婷婷　陈国英　王　先　王　菲　李迪刚　潘守卫　陈金朝　应军良　王　勇　宋海伦　葛海萍　陈清亮　徐国强　赵金珍　张愉珍　潘志超　虞立森　魏建军　马　红　杨永清　刘　芳　林友柏　唐惠根　刘海亭　李　嫣　余向平　许玉石　陈　挺　陈芝群　余琴珠　祝　端　沈仲先　何　坚　游广敏　蒋晓伟　孔　啸　丰宗华　任先庭　柳俊峰　陈全江　陈兴义　王岩华　邱伟立　董春强　韦　伟　余晓川　高晓燕　张国荣　李晋楠　周常生　杨　帆　马丽华　金水根　陈　琪　祝宝明　陈　勇　丁建华　章　强　黄涌泉　薛雅冰　钟　黎　沙莉萍　杨盛强　陈永权　许建生　吕振団　郑秋子　王印华　章　琪　周　莹　马黎宪　夏利川　严洪建　陆建华　丁跃明　王鹏飞　金国强　李佳佳　金太路　印林艳　周景峰　胡智美　张雪飞　金一婧　吕月芬　王　芳　张志红　戚雅妹　祝梅君　殷　群　童昭恩　章丽立　芮佳南　胡　韦　吴佳容　鄢　宇　王　群　赵　越

【2010年度建设学习型机关先进单位和先进个人】

先进单位

区委办公室、区委组织部、区委宣传部、区直机关工委、区委老干部局、区人大常委会办公室、区人民政府办公室、区统计局、区教育局、区民政局、区司法局、区财政局、区人事局、区建设局、区招商局、区卫生局、区安监局、区城管办、上城公安分局、区审计局、政协上城区委员会办公室、区纪委(监察局)、区人民法院、区人民检察院、区妇联、团区委、湖滨地区建设整治指挥部、上城国土分局、区国税局、上城药监分局。

先进个人

沈中春　周才娇　毛明秀　颜　扬　顾　蕾　陆晓航　朱久余　裘　是　孙　锦　赵金珍　黄宝森　徐贤丰　戚英华　刘　芬　庄红美　黄国星　魏建军　楼志刚　李国明　孙　永　俞　樑　方春光　陈　蕾　周　晖　余琴珠　杨永清　管林华　黄春晖　张　丽　陈星豪　倪佳佳　俞广新　李亚军　黄　岚　陈晓娟　许晓磊　陈　彬　陈涯芳　陈　晨　程传斌

【上城区党建四大品牌】

品牌先进基层党组织

区司法局机关党总支、区教育局社区学院党支部、区城市管理行政执法局望江中队党支部、区人民政府城市管理办公室紫阳环卫所党支部、区清波街道定安路社区党委、区小营街道老浙大社区党委、区紫阳街道凤凰社区党委、杭州万隆实业有限公司党支部、思美传媒有限公司党支部、浙江华日实业投资有限公司第二党支部。

品牌优秀共产党员

劳吾根　李珍苹　金亚敏　张　芳　张　晖　陈志坚　韩富强　窦承红　谢青萍　邵建始　王志林　钟梅英　曹建国　俞锦华　赵　越　邹紫娟　路　楠　边　江　吴建林　李　军

品牌优秀党务工作者

刘海亭　周　勤　孔蓓蕾　陈　江　李小青　袁明元　邬晓华　刘　斌　陆黎蓉　李典顺

党建工作品牌

非公有制企业党建工作标准化管理规范（区委组织部）、“亲情党课”（区直机关工委）、“湖滨晴雨”党建促民主促民生工作平台（湖滨街道党工委）、吴山商圈区域化大党建模式（清波街道党工委）、“三行动、三共享”党建共建机制（小营街道党工委）、“113 深耕党建”网组片工作机制（望江街道党工委）、党员会客厅（南星街道党工委）、陈峰党代表工作室（南星街道党工委）、党员“邻里值班室”社会管理复合体（紫阳街道党工委）、“红芯”党员教育管理系统（区科技工业基地管理委员会办公室党工委）。

【上城区名校集团和城乡学校互助共同体先进（达标）单位】

名校集团先进单位

胜利学前教育集团、杭师附小教育集团、行知学前教育集团、天长教育集团。

名校集团达标单位

清波学前教育集团、娃哈哈学前教育集团、天艺学前教育集团、始版桥学前教育集团。

城乡学校互助共同体先进单位

崇文实验学校、培红幼儿园、饮马井巷小学、紫阳幼儿园、清河中学、胜利东河幼儿园、紫阳小学。

城乡学校互助共同体达标单位

清泰实验学校、秋涛路小学、大学路小学、抚宁巷小学、回族穆兴小学、娃哈哈小学、高银巷小学、欣欣幼儿园、胜利瑞丰幼儿园。

【2010 年度屋顶整治工程先进单位和先进个人】

优秀组织单位

区建设局、区绿化办、湖滨街道办事处。

优秀配合单位

区招商局、区财政局、区审计局、区城管办、区文广新局、区监察局。

优秀实施单位

杭州解百集团股份有限公司、杭州平海大厦、浙江南方建筑设计有限公司、浙江新源市政园林工程有限公司、杭州星期天园林绿化工程有限公司、杭州市市政公用建设开发公司监理公司、万湖假日酒店。

先进个人

陈伟刚　赵　鹏　谢小敏　黄建南　祝建国　李　勇　陈星豪　陈　勇　徐志忠　方向华　林国平　包挺进　张　敏　韩康明　吕　锋　应军良　卢显臻　欧阳杰　胡建宏　邓海鹰　吕振团　毛素云　姚　杰　于孟良　吴加祥　郑　蔚　张　萍　徐逸峰　许建生　邵竹宏　方晓燕　陈　琳　陈斌宏　山国平

【2010 年度武装工作先进单位和先进个人】

党管武装工作先进单位

湖滨街道、清波街道、南星街道、紫阳街道。

国防动员先进单位

清波街道。

先进基层人武部

紫阳街道人武部。

民兵军事训练先进单位

湖滨街道。

基层民兵工作先进单位

杭州市工行解放路支行、杭州市保安服务总公司、中石化浙江石油总公司、杭州娃哈哈集团有限公司、浙江省长城建设集团公司、杭州东箭贸易有限公司、杭州中策橡胶集团。

党管武装“好书记”

任　平　石小明

后备力量建设先进个人

毛素云　陈　勇

基层武装工作先进个人

黄亭华　卜小宁　褚锦华　黄华亮　舒国云　郑方基　莫晓冬　童贵程　徐永健　胡伟立

【2011 年度上城区“优秀城市美容师”】

屠润良　楼跃明　张乃保　周以家　张玉芹　葛广洋　钱国英　戴金娟　王慧英　李　丽　符连珠　牛顺才　周茶梅　嵇福军　占炳中　刘桂荣　洪灶生　周　晟　高祥松　陈玉珍

【2011 年度上城区社区教育资源共享先进单位和先进个人】

先进单位

湖滨街道办事处、杭州市湖滨消防中队、杭州市天长小学、杭州天地实验小学、清波街道办事处、杭州市文物保护管理所(杭州孔庙)、浙江省杭州第二中学、小营街道办事处、杭州市穆兴小学、杭州瑞丰格琳酒店有限公司、区国税局、杭州市胜利幼儿园、杭州市大学路小学、杭州市饮马井巷小学、杭州第六中学、杭州市清泰实验学校、杭州市始版桥小学、望江街道办事处、杭州市开元中学、杭州市服装职业高级中学、杭州市教育科学研究所附属小学、南星街道办事处、杭州市上城区教育学院附属小学、武警杭州支队三中队、杭州消防支队战勤保障大队复兴中队、杭州市江城中学、紫阳街道办事处、杭州市抚宁巷小学、杭州市秋涛路小学、杭州市金都天长小学。

先进个人

罗　宏　骆　颖　王腾飞　蔡成玛　王　喆　余志华　柴伟明　汪　萍　徐跃峰　朱孝进　朱静霞　谭鹏飞　朱乐源　方　苗　杜文卫　鲁　军　刘天军　庄秋瑛　叶永生

【2010 年度冬季征兵工作先进单位和先进个人】

先进街道

清波街道、紫阳街道。

先进社区和地区单位

吴山路社区、劳动路社区、小营巷社区、金钱巷社区、大通桥社区、紫花埠社区、北落马营社区、新工社区。

先进个人

黄菊梅　严国庆　陈晓明　李　晋　郑丽芳　鲍菊敏　陈伟国　陆　宏　方仁然　鲁　坚　舒国云　应新林　江永生　张品华　许邦群

【2011 年度“感动上城”十佳志愿者】

王　乔　吴晓珠　沈元根　陈卫东　陈渭玲　袁　敏　徐光华　黄君萍　曹嘉娴　傅丽美

先进集体

表 35

2011 年度国家级和部级先进集体

获奖单位	获奖名称	颁奖单位	颁奖时间
上城区	2011 年全国县(市)科技进步考核先进区	科学技术部	2011-11
上城区	2006~2010 全国法制宣传教育先进县（市、区）	中共中央宣传部、司法部	2011-05
上城区	全国质量工作先进单位(2009~2010 年度)	中华人民共和国国家质量监督检疫总局	2011-09
上城区	全国城市社会工作示范城区	中国社会工作协会社区工作委员会	2011-11
上城区	第二批社会工作人才队伍建设试点示范区（县、市）	民政部	2011-02
上城区	第一批民政范围管理标准化建设试点地区	民政部	2011-06
上城区	2011 年度全国社区服务示范城区	中国社会工作协会社区工作委员会	2011-08
上城区科技创业中心	通过国家级科技企业孵化器审核享受 2011 年度税收优惠政策	科学技术部	2011-12
区司法局望江司法所	全国模范司法所	司法部	2011-05
区体育局	2011 年全民健身活动优秀组织奖	国家体育总局	2011-12
区文化馆	文化部“一级文化馆”	文化部	2011-11
区文艺团队联合会吴山千人腰鼓队	全国妇女健身示范站点	全国妇女联合会	2011-03
上城年鉴办	《上城年鉴(2010)》获第五届全国年鉴编校质量评比三等奖	中国版协年鉴工作委员会	2011-09
湖滨街道	2011 年度全国社区服务示范街道	中国社会工作协会社区工作委员会	2011-08
湖滨街道	全国城市社会工作示范街道	中国社会工作协会社区工作委员会	2011-11
湖滨街道东平巷社区	全国城市社会工作示范社区	中国社会工作协会社区工作委员会	2011-11
清波街道	全国城市社会工作示范街道	中国社会工作协会社区工作委员会	2011-11
清波街道	2011 年度全国社区服务示范街道	中国社会工作协会社区工作委员会	2011-08
小营街道	全国城市社会工作示范街道	中国社会工作协会社区工作委员会	2011-11
望江街道	全国城市社会工作示范街道	中国社会工作协会社区工作委员会	2011-11
南星街道	全国城市社会工作示范街道	中国社会工作协会社区工作委员会	2011-11
南星街道	2011 年度全国社区服务示范街道	中国社会工作协会社区工作委员会	2011-08
紫阳街道上羊市街社区	全国人口和计划生育基层群众自治示范村(居)	中华人民共和国国家人口和计划生育委员会、中国计划生育协会	2011-11
紫阳街道	2011 年度全国社区服务示范街道	中国社会工作协会社区工作委员会	2011-08
紫阳街道	全国城市社会工作示范街道	中国社会工作协会社区工作委员会	2011-11
清河坊历史街区管理委员会	2011 年度全国商业街先进集体	中国城市商业网点建设管理联合会、中国步行商业街工作委员会	2011-09
清河坊历史文化街区	中国历史文化名街	文化部、国家文物局、中国历史文化名街推荐委员会	2011-06

续表

获奖单位	获奖名称	颁奖单位	颁奖时间
城站广场管理委员会	中华人民共和国第八届残疾人联合会运动会优秀接待服务单位	中华人民共和国第八届残疾人联合会运动会组委会	2011-12
复兴地区开发总指挥部	杭州复兴国际商务广场城市综合体核心景观区工程获第三届(2011)中国环境艺术奖最佳创作奖;	中国建设文化艺术协会环境艺术专业委员会	2011-12
上城地税分局	国家“五一”巾帼标兵岗	中华全国总工会	2011-02

表 36　2011 年度省级和省属部门级先进集体

获奖单位	获奖名称	颁奖单位	颁奖时间
上城区	2005~2010 年连续六年平安县(市、区)	中共浙江省委、浙江省人民政府	2011-03
上城区	上海世博会期间平安建设工作良好县(市、区)	中共浙江省委建设“平安浙江”领导小组	2011-03
上城区	全省民政工作先进区	浙江省民政厅	2011-03
上城区	“十一五”全省人口和计划生育系统先集体	浙江省人力资源和社会保障厅、浙江省人口和计划生育委员会	2011-06
上城区	浙江省“十一五”计生协工作先进集体	中共浙江省委组织部、浙江省人资保障厅、浙江省人口和计划生育委员会、浙江省计划生育协会	2011-04
上城区	全省第三周期婚育新风进万家活动先进集体	浙江省人口和计划生育委员会	2011-07
上城区	浙江省扶残助残爱心城市(区)	浙江省人民政府	2011-06
上城区	全省法制宣传教育先进县(市、区)	中共浙江省委、浙江省人民政府	2011-06
上城区	浙江省体育强区	浙江省人民政府	2011-12
上城区政府办公室	2010 年度全省政务信息工作考核先进单位	浙江省人民政府办公厅	2011-02
区委宣传部	浙江省社会科学普及工作先进单位	浙江省社会科学界联合会	2011-12
区委宣传部报道组	先进报道组	浙江日报报业集团	2011-12
区侨联	全省侨联系统先进集体	浙江省归国华侨联合会	2011-12
区委老干部局	老干部工作先进集体	中共浙江省委组织部、中共浙江省委老干部局、浙江省人力资源和社会保障厅	2011-12
区委老干部局	浙江省“满意家园”	中共浙江省委老干部局	2011-11
区信访局	2010 年度全省信访工作目标管理考核优秀	中共浙江省委办公厅、浙江省人民政府办公厅	2011-02
区人大机关	2010 年浙江省人大信息工作先进集体	浙江省人大常委会办公厅、浙江省人大常委会研究室	2011-01
区教育局	第四批浙江省中小学生课外文体活动工程示范区	浙江省教育厅、浙江省体育局、共青团浙江省委员会、少先队浙江省工作委员会	2011-02
区教育局	2010 年度全省教育信息工作先进单位	中共浙江省委教育工作委员会办公室、浙江省教育厅办公室	2011-04
区教育局	2011 学年先进发行站二等奖	浙江教育报刊总社	2011-12

续表 36-1

获奖单位	获奖名称	颁奖单位	颁奖时间
区教育局	2011 年度校方责任保险工作先进集体	浙江省教育技术中心	2011-12
区科技局	浙江省第二次全国 R&D 资源清查先进单位	浙江省第二次全国 R&D 资源清查领导小组办公室	2011-10
区科技局	全省县(市、区)防震减灾工作先进单位	浙江省地震局	2011-01
区司法局望江司法所	浙江省社区矫正“环沪护城河”工程先进集体	浙江省社会治安综合治理委员会办公室、浙江省高级人民法院、浙江省人民检察院、浙江省公安厅、浙江省司法厅	2011-01
区司法局清波司法所	浙江省司法行政“世博”安保工作先进单位	浙江省司法厅	2011-02
区矫正工作办公室	浙江省 2011 年度社区矫正“三防”专项活动先进集体	浙江省社区矫正工作办公室	2011-12
区体育局	浙江省先进体育总会	浙江省体育总会	2011-12
区卫生局	2011 年度浙江省卫生应急工作示范县(市、区)	浙江省卫生厅	2011-12
区卫生局	2010 年度浙江省卫生监督信息宣传先进集体	浙江省卫生厅卫生监督局	2011-01
紫阳街道上羊市街社区	全省首批人口计生基层群众自治示范村(居)	浙江省计划生育协会	2011-02
区委宣传部	全省第三周期婚育新风进万家活动先进集体	浙江省人口和计划生育委员会	2011-07
湖滨派出所党支部	先进基层党组织	浙江省公安厅委员会	2011-06
上城公安分局工会	省级“模范职工之家”	浙江省总工会	2011-06
区档案局	全省档案文化建设创新奖	浙江省档案局	2011-12
区档案局	2010 年度全省档案系统推进“平安浙江”建设先进单位	浙江省档案局	2011-01
区人民法院司法警察大队	全省法院优秀司法警察队	浙江省高级人民法院	2011-01
区人民法院执行局	集体二等功	浙江省高级人民法院	2011-01
区人民法院办公室	全省法院信息工作先进集体三等奖	浙江省高级人民法院	2011-01
区人民法院	2010 年度全省破解执行难优秀法院	浙江省高级人民法院	2011-02
区人民法院执行局	集体三等功	浙江省高级人民法院	2011-02
区人民法院办公室	全省“优秀办公室”	浙江省高级人民法院	2011-02
区人民法院	全省法院司法政务工作先进集体	浙江省高级人民法院	2011-07
区人民法院	2010 年度无执行积案先进法院	浙江省高级人民法院	2011-09
区人民法院	全省法院调研工作先进集体	浙江省高级人民法院	2011-12
区人民法院	全省政法系统“集中清理涉法涉诉信访积案活动”先进集体	中共浙江省委政法委员会	2011-12
区人民检察院	浙江省先进基层检察院	浙江省人民检察院	2012-01
区妇联	《上城区妇女发展规划终期监测评估报告》、《上城区儿童发展规划终期监测评估报告》特等奖	浙江省妇女儿童工作委员会	2011-09

续表 36-2

获奖单位	获奖名称	颁奖单位	颁奖时间
区科学技术协会	浙江省"十一五"科普工作先进单位	浙江省科学技术协会	2011-11
望江街道外来人员公寓青少年活动基地	浙江省青少年思想道德建设实践活动基地	浙江省关心下一代工作委员会	2011-05
湖滨街道	浙江省学习型党组织建设工作先进单位	中共浙江省委组织部、中共浙江省委宣传部	2011-12
湖滨街道	浙江省优秀宣讲团	中共浙江省委宣传部	2011-01
湖滨街道东平巷社区	浙江省先进社区社会组织	浙江省民政厅	2011-12
湖滨街道东平巷社区	浙江省"三优"示范社区	浙江省人口计划生育局	2011-11
湖滨街道东平巷社区	第六次全国人口普查先进集体	浙江省统计局、浙江省第六次人口普查领导小组办公室	2011-10
湖滨街道东坡路社区	大学生公共文化服务实践基地	浙江省文化服务研究中心、杭州师范大学人文学院	2011-11
湖滨街道吴山路社区	浙江省充分就业社区	浙江省人力资源和社会保障厅	2011-05
湖滨街道涌金门社区	浙江省"侨界之家"三星级社区	浙江省归国华侨联合会	2011-02
湖滨街道青年路社区	浙江省档案规范化社区	浙江省档案局	2011-03
湖滨街道东平巷社区	浙江省计划生育居民自治先进社区	浙江省人口计划生育委员会	2011-06
清波街道	2009~2010年度浙江省示范基层党校	中共浙江省委宣传部	2011-07
清波街道	浙江省爱国卫生街道	浙江省爱国卫生运动委员会办公室	2011-12
清波街道	2010年度先进团委	共青团浙江省委	2011-01
清波街道清波门社区	浙江省充分就业社区	浙江省人力资源和社会保障厅	2011-05
清波街道清波门社区	浙江省爱国卫生先进单位	浙江省爱国卫生运动委员会	2011-01
清波街道定安路社区	第五批省级绿色社区	浙江省环境保护厅	2011-12
清波街道定安路社区	浙江省充分就业社区	浙江省人力资源和社会保障厅	2011-05
小营街道	浙江省文明街道	中共浙江省委、浙江省人民政府	2011-01
小营街道	浙江省红十字奉献服务奖	浙江省红十字会	2011-02
小营街道老浙大社区	浙江省充分就业社区	浙江省人力资源和社会保障厅	2011-05
小营街道小营巷社区	浙江省民主法治社区	浙江省司法厅、浙江省民政厅、浙江省人民政府法制办公室	2011-02
小营街道小营巷社区	2006~2009年度浙江省群众体育先进单位	浙江省体育局	2011-11
小营街道小营巷社区	浙江省文化示范社区	浙江省文化厅	2011-11
小营街道西牌楼社区	浙江省爱国卫生先进单位	浙江省爱国卫生运动委员会办公室	2011-01
小营街道西牌楼社区	浙江省充分就业社区	浙江省人力资源和社会保障厅	2011-05
小营街道马市街社区	第五批省级绿色社区	浙江省环境保护厅	2011-12
小营街道葵巷社区	浙江省爱国卫生先进单位	浙江省爱国卫生运动委员会办公室	2011-01
小营街道葵巷社区	浙江省和谐示范社区	浙江省民政厅	2011-01
小营街道金钱巷巷社区	第六次全国人口普查先进单位	浙江省统计局、浙江省第六次人口普查领导小组办公室	2011-10
小营街道梅花碑社区	浙江省城市体育先进社区	浙江省体育局	2011-12

续表 36-3

获奖单位	获奖名称	颁奖单位	颁奖时间
小营街道紫金社区	2010 年度全省法制宣传橱窗征集评选活动优秀奖	浙江省普法教育领导小组办公室	2011-02
小营街道长明寺巷社区	浙江省城市体育先进社区	浙江省体育局	2011-12
望江街道	浙江省社区矫正“环沪护城河”工程先进集体	浙江省社会治安综合治理委员会办公室、浙江省高级人民法院、浙江省人民检察院、浙江省公安厅、浙江省司法厅	2011-01
望江街道在水一方社区	浙江省民主法制社区	浙江省司法厅	2011-01
望江街道在水一方社区	浙江省爱国卫生先进单位	浙江省爱国卫生运动委员会	2011-01
望江街道耀华社区	浙江省城市体育先进社区	浙江省体育局	2011-12
望江街道大通桥社区	浙江省城市体育先进社区	浙江省体育局	2011-12
望江街道婺江社区	浙江省平安家庭示范社区	浙江省妇女联合会	2011-12
南星街道	浙江省无烟单位	浙江省爱国卫生运动委员会办公室	2011-05
南星街道	全省第三周期婚育新风进万家活动先进集体	浙江省人口和计划生育委员会	2011-07
南星街道	第六次全国人口普查先进集体	浙江省统计局、浙江省第六次人口普查领导小组办公室	2011-10
南星街道优生优育优教指导中心	浙江省优生优育优教指导中心省级示范点	浙江省人口和计划生育委员会	2011-07
南星街道水澄桥社区	浙江省社区规范化档案室	浙江省档案局	2011-01
南星街道玉皇山社区	浙江省爱国卫生先进社区	浙江省爱国卫生运动委员会办公室	2011-01
南星街道水澄桥社区心理慰藉服务队	浙江省先进社区社会组织	浙江省城乡社区建设领导小组	2011-11
南星街道海月桥社区	浙江省气象防灾减灾示范社区	浙江省气象局办公室	2011-12
南星街道紫花埠社区	第五批省级绿色社区	浙江省环境保护厅	2011-12
南星街道人武部	杭州市军事训练先进基层武装部	浙江省杭州警备区	2011-02
南星街道美政桥社区	浙江省充分就业示范社区	浙江省人力资源和社会保障厅	2011-05
紫阳街道民政科	第六次全国人口普查先进集体	浙江省统计局、浙江省第六次人口普查领导小组办公室	2011-10
紫阳街道综治科	2011~2012 年度省级示范综治工作中心	浙江省社会治安综合治理委员会	2011-06
紫阳街道城管科	浙江省卫生街道	浙江省卫生厅	2011-12
紫阳街道计生科	全省第三周期婚育新风进万家活动先进集体	浙江省人口和计划生育委员会	2011-07
紫阳街道上羊市街社区	浙江省民主法治社区	浙江省人民政府	2011-09
紫阳街道上羊市街社区	全省首批人口计生基层群众自治示范村（居）	浙江省计划生育协会	2011-02
紫阳街道上羊市街社区	浙江省文明社区	浙江省精神文明建设委员会	2011-01
上城国土资源分局	2006~2010 年度浙江省国土资源系统“五五”普法先进单位	浙江省国土资源厅	2011-04
上城地税分局	《浙江税务》先进通联组一等奖	浙江省城方地税局	2011-01

续表 36-4

获奖单位	获奖名称	颁奖单位	颁奖时间
上城地税分局	《浙江地税年鉴》2010 年度资料征集县、市(区)局先进集体	浙江省城方地税局	2011-03
上城地税分局	2010 年度省级青年文明号	浙江省"青年文明号、青年岗位能手"活动组委会	2011-12
上城地税分局	2011 年度省级巾帼文明岗	浙江省妇女联合会	2011-03
上城地税分局	2010 年度全省地方税务系统优秀调研先进单位	浙江省地方税务局	2011-02
上城地税分局	《浙江税务》先进基层税收宣传联系点	浙江省城方地税局	2011-03
上城工商分局	2011 年度全省工商系统政务信息工作先进单位	浙江省工商局	2011-12
上城工商分局城站工商所	2011 年度红盾风采——五星级文明规范工商所	浙江省工商局	2011-12
上城工商分局望江工商所	2011 年度红盾风采——四星级文明规范工商所	浙江省工商局	2011-12
中国社区建设展示中心	2010 年度浙江省青年文明号	浙江省"青年文明号、青年岗位能手"活动组委会	2011-12
上城消防大队湖滨中队	党员先锋岗	浙江省公安厅	2011-07

表 37　　2011 年度市级先进集体

获奖单位	获奖名称	颁奖单位	颁奖时间
区委办	2010 年度全市党委系统信息工作先进单位	中共杭州市委办公厅	2011-04
上城区	2010 年度杭州区、县(市)党政领导科技进步与人才工作目标责任制考核优秀单位	中共杭州市委、杭州市人民政府	2011-11
上城区	2010 年度杭州市双拥工作目标考核优秀单位	中共杭州市委、杭州市人民政府	2011-03
上城区	2010 年度人口和计划生目标管理责任制考核优秀单位	杭州市人民政府办公室	2011-01
上城区	第十二届中国杭州西湖国际博览会先进集体	中共杭州市委	2011-03
上城区	2010 杭州西博会国际烟花大会项目特别奖	中共杭州市委	2011-03
上城区	2010 中国杭州名师名校长论坛项目铜奖	中共杭州市委	2011-03
上城区	第二届南宋御街国际旅游文化节观光活动项目铜奖	中共杭州市委	2011-03
上城区	2010 年度杭州市中东河综合整治与保护开发工程突出贡献单位	中共杭州市委办公厅、杭州市人民政府办公厅	2011-05
上城区	杭州市实施"十一五"妇女儿童发展规划先进区	杭州市人民政府办公厅	2011-10
上城区	2010 年度杭州市区生活垃圾分类优秀实施单位	杭州市人民政府办公厅	2011-08

续表 37–1

获奖单位	获奖名称	颁奖单位	颁奖时间
区委组织部	2010 年度杭州市中东河综合整治与保护开发工程先进集体	中共杭州市委办公厅、杭州市人民政府办公厅	2011–05
区委宣传部	杭州市创建全国文明城市工作先进集体	中共杭州市委、杭州市人民政府	2011–12
区人民检察院	2006~2010 年普法教育依法治市先进集体	中共杭州市委	2011–08
区委政法委	2010 年度市级维护稳定工作先进单位	中共杭州市委、杭州市人民政府	2011–01
区直机关工委	2007~2011 年杭州市党员干部结对帮扶困难家庭活动先进集体	中共杭州市委	2011–11
区信访局	2011 年度杭州市“12345”市长公开电话工作先进集体	中共杭州市委、杭州市人民政府	2011–03
区信访局	2010 年度杭州市信访工作目标管理考核优秀	中共杭州市委、杭州市人民政府	2011–03
区教育局	杭州市 2010 年度社会治安综合治理先进单位	中共杭州市委、杭州市人民政府	2011–01
区教育局	2009~2010 年度杭州市文明单位	中共杭州市委、杭州市人民政府	2011–02
区教育局	杭州市实施“十一五”妇女儿童发展规划先进集体	杭州市人民政府	2011–10
区教育局	2006~2010 年普法教育依法治市先进单位	中共杭州市委、杭州市人民政府	2011–08
区民政局	2010 年度杭州市住房保障工作先进单位	杭州市人民政府办公厅	2011–05
区民政局	全国社区管理和服务创新实验区杭州市标准化建设试点单位	杭州市人民政府	2011–12
区民政局	杭州市 2010 年度社会治安综合治理先进单位	中共杭州市委、杭州市人民政府	2011–01
区司法局	杭州市 2010 年度社会治安综合治理先进单位	中共杭州市委、杭州市人民政府	2011–01
区司法局	2006~2010 年普法教育依法治市先进单位	中共杭州市委、杭州市人民政府	2011–08
区建设局	2007~2011 年杭州市党员干部结对帮扶困难家庭活动先进集体	中共杭州市委	2011–11
区建设局	杭州市 2010 年度社会治安综合治理先进单位	中共杭州市委、杭州市人民政府	2011–01
区建设局	2010 年度杭州市中东河综合整治与保护开发工程先进单位	中共杭州市委办公厅、杭州市人民政府办公厅	2011–05
区建设局	2010 年度杭州市文物工作先进单位	杭州市人民政府办公厅	2011–03
区危改办	2010 年度市区危旧房改善和历史建筑保护优秀项目	杭州市人民政府办公厅	2011–05
区建设局	2010 年度杭州市建筑业产值超百亿管理单位	杭州市人民政府办公厅	2011–03
上城区建筑业管理站	2010 年度杭州市建筑业管理先进集体	杭州市人民政府办公厅	2011–03
区劳动和社会保障局	杭州市实施“十一五”妇女儿童发展规划先进集体	杭州市人民政府办公厅	2011–10

续表 37-2

获奖单位	获奖名称	颁奖单位	颁奖时间
区卫生局	杭州市 2007~2011 年党员干部结对帮扶困难家庭活动先进集体	中共杭州市委	2011-11
区市政绿化河道监管中心	2010 年城市河道长效管理先进基层单位	杭州市人民政府	2011-07
市政所汽车场	2011 年杭州市城区抗雪防冻先进基层单位	杭州市人民政府	2011-04
区城管办	2010 年杭州市庭院改善工程先进集体	杭州市人民政府	2011-08
区城管办	2010 年度杭州市区生活垃圾工作分类优秀实施单位	杭州市人民政府办公厅	2011-08
区庭改办	2010 年杭州市庭院改善工程先进集体	杭州市人民政府	2011-08
区城管办	2010 年度数字城管工作先进集体	杭州市人民政府	2011-09
小营环卫所	杭州市市容环卫工作先进集体	杭州市人民政府	2011-10
区市政所	2011 年杭州市防灾减灾工作先进集体	杭州市人民政府	2011-11
区城管办	杭州市创建全国文明城市工作先进集体	中共杭州市委、杭州市人民政府	2011-12
上城公安分局	杭州市 2010 年度维护稳定工作先进单位	中共杭州市委	2011-01
上城公安分局	杭州市 2010 年度社会治安综合治理先进单位	中共杭州市委、杭州市人民政府	2011-01
区妇联	杭州市实施"十一五"妇女儿童发展规划先进单位	杭州市人民政府办公厅	2011-10
湖滨派出所党支部	杭州市先进基层党组织	中共杭州市委	2011-06
区委宣传部	联动宣传先进单位	中共杭州市委	2011-03
上城交警大队	杭州市 2010 年度社会治安综合治理先进单位	中共杭州市委、杭州市人民政府	2011-01
区西博办	联动宣传先进单位	中共杭州市委	2011-03
湖滨街道	2010 年度杭州市健康单位	中共杭州市委办公厅	2011-04
湖滨街道	2010 年度杭州市中东河综合整治与保护开发工程先进集体	中共杭州市委办公厅、杭州市人民政府办公厅	2011-05
湖滨街道	2006~2010 年普法教育依法治市先进单位	中共杭州市委、杭州市人民政府	2011-08
湖滨街道	杭州市"十一五"人口和计划生育工作先进集体	杭州市人民政府办公厅	2011-01
湖滨街道	杭州市 2010 年度社会治安综合治理先进单位	中共杭州市委、杭州市人民政府	2011-01
湖滨街道	2009~2010 年度杭州市无偿献血先进集体	杭州市人民政府办公厅	2011-02
湖滨街道	2010 年度杭州市区生活垃圾分类工作优秀实施单位	杭州市人民政府办公厅	2011-08
湖滨街道东坡路社区	2009~2010 年度杭州市和谐社区	杭州市人民政府	2011-03
湖滨街道东坡路社区	2010 年度杭州市区生活垃圾分类工作先进社区	杭州市人民政府办公厅	2011-08
湖滨街道东坡路社区	杭州市精品社区旅游示范基地	杭州市人民政府	2011-12
湖滨街道吴山路社区	杭州市健康单位	中共杭州市委、杭州市人民政府	2011-04

续表 37-3

获奖单位	获奖名称	颁奖单位	颁奖时间
湖滨街道吴山路社区	2010年度杭州市区生活垃圾分类工作先进社区	杭州市人民政府办公厅	2011-08
湖滨街道涌金门社区	2010年度杭州市区生活垃圾分类工作先进社区	杭州市人民政府办公厅	2011-08
湖滨街道青年路社区	2010年度杭州市区生活垃圾分类工作先进社区	杭州市人民政府办公厅	2011-08
湖滨街道东平巷社区	杭州市文明示范社区	中共杭州市委、杭州市人民政府	2011-03
湖滨街道东平巷社区	2010年度杭州市区生活垃圾分类工作先进社区	杭州人民政府	2011-08
湖滨街道岳王路社区	2010年度杭州市区生活垃圾分类工作先进社区	杭州市人民政府办公厅	2011-08
清波街道	2010年度社会治安综合治理先进单位	中共杭州市委	2011-01
清波街道	2010年度杭州市文明街道	中共杭州市委、杭州市人民政府	2011-02
清波街道	2010年度杭州市区生活垃圾工作分类优秀实施单位	杭州市人民政府办公厅	2011-08
清波街道	2010年度杭州市中东河综合整治与保护开发工程最佳支持单位	中共杭州市委、杭州市人民政府	2011-05
清波街道党工委吴山商圈党委	先进基层党组织	中共杭州市委	2011-06
清波街道	杭州市“十一五”人口和计划生育工作先进集体	杭州市人民政府办公厅	2011-01
清波街道社区服务中心	杭州市社区服务业先进单位	杭州市人民政府办公厅	2011-12
清波街道清波门社区	2010年度杭州市区生活垃圾分类工作先进社区	杭州市人民政府办公厅	2011-08
清波街道清波门社区	2009~2010年度杭州市和谐社区	中共杭州市委、杭州市人民政府	2011-03
清波街道劳动路社区	2009~2010年度杭州市和谐社区	中共杭州市委、杭州市人民政府	2011-03
清波街道清河坊社区	杭州市精品社区旅游示范基地	杭州市人民政府	2011-12
清波街道柳翠井巷社区	杭州市精品社区旅游示范基地	杭州市人民政府	2011-12
清波街道柳翠井巷社区	杭州市健康单位	中共杭州市委办公厅、杭州市人民政府办公厅	2011-04
小营街道	杭州市“十一五”人口和计划生育工作先进集体	杭州市人民政府办公厅	2011-01
小营街道	2010年度杭州市老旧小区物业管理改善工作优秀实施单位	杭州市人民政府	2011-03
小营街道	2010年度杭州市区生活垃圾分类工作优秀实施单位	杭州市人民政府办公厅	2011-08
小营街道	2010年度杭州市街巷广告整治先进单位	杭州市人民政府	2011-01
小营街道	2010年度社会治安综合治理先进单位	中共杭州市委、杭州市人民政府	2011-01
小营街道老浙大社区	2010年度杭州市区生活垃圾分类工作先进社区	杭州市人民政府办公厅	2011-08

续表 37-4

获奖单位	获奖名称	颁奖单位	颁奖时间
小营街道老浙大社区	庭院改善工程优秀社区	杭州市人民政府	2011-08
小营街道小营巷社区	杭州市党史教育基地(毛主席视察小营巷纪念馆)	中共杭州市委	2011-06
小营街道小营巷社区	2010年度杭州市区生活垃圾分类工作先进社区	杭州市人民政府办公厅	2011-08
小营街道西牌楼社区	2010年度杭州市区生活垃圾分类工作先进社区	杭州市人民政府办公厅	2011-08
小营街道马市街社区	杭州市城市体育先进社区	杭州市人民政府	2011-03
小营街道大学路社区	杭州市市民健康学校	杭州市人民政府	2011-06
小营街道大学路社区	杭州市城市基层体育工作三星级社区	杭州市人民政府	2011-12
小营街道茅廊巷社区	2009~2010年度杭州市和谐社区	中共杭州市委、杭州市人民政府	2011-03
小营街道梅花碑社区	杭州市城市河道长效管理先进集体	杭州市人民政府	2011-06
小营街道紫金社区	2009~2010年度杭州市和谐社区	中共杭州市委办公厅	2011-03
小营街道长明寺巷社区	2010年度杭州市区生活垃圾分类工作先进社区	杭州市人民政府办公厅	2011-08
小营街道长明寺巷社区	杭州市健康单位	中共杭州市市委、杭州市人民政府	2011-04
望江街道	2010年度社会治安综合治理先进单位	中共杭州市委、杭州市人民政府	2011-01
望江街道	杭州市"十一五"人口和计划生育工作先进集体	杭州市人民政府	2011-01
望江街道	2010年度社会治安综合治理先进集体	中共杭州市委、杭州市人民政府	2011-01
望江街道	2010年度社会治安综合治理先进集体	中共杭州市委、杭州市人民政府	2011-01
望江街道	三桥农贸市场评为市健康单位	中共杭州市委办公厅、杭州市人民政府办公厅	2011-04
望江街道	2006~2010年普法教育依法治市先进单位	中共杭州市委、杭州市人民政府	2011-08
望江街道	2010年度杭州市信访工作"三无"乡镇(街道)	中共杭州市委办公厅、杭州市人民政府办公厅	2011-08
望江街道	2006~2010年普法教育依法治市先进单位	中共杭州市委、杭州市人民政府	2011-08
望江街道	2010年度数字城管工作先进集体	杭州市人民政府	2011-09
望江街道	三桥农贸市场荣获杭州市样板市场	杭州市人民政府	2011-11
望江街道近江西园社区	杭州市健康社区	中共杭州市委办公厅、杭州市人民政府办公厅	2011-04
望江街道近江东园社区	杭州市健康单位	中共杭州市委办公厅、杭州市人民政府办公厅	2011-04
望江街道近江东园社区	2010年度杭州市区生活垃圾分类工作先进社区	杭州市人民政府办公厅	2011-08
南星街道	2010年度社会治安综合治理先进单位	中共杭州市委、杭州市人民政府	2011-01
南星街道	杭州市征兵工作先进基层单位	杭州市人民政府、浙江省杭州警备区	2011-02
南星街道	杭州市"十一五"人口计生工作先进集体	杭州市人民政府	2011-01
南星街道	2009~2010年度杭州市无偿献血先进单位	杭州市人民政府办公厅	2011-02
南星街道	2006~2010年普法教育依法治市先进单位	中共杭州市委、杭州市人民政府	2011-08

先进个人

表 38　　2011 年度国家级和部级先进个人

单位	姓名	获奖名称	颁奖单位	颁奖时间
区物价局	阮建民	全国价格监督检查办案能手	国家发展和改革委员会	2011-05
区教育局	周常生	民盟中央先进个人	中国民主同盟中央委员会	2011-03
区政府	陈红英	2011 年全国县、(市)科技进步考核先进个人	科学技术部	2011-11
区政府	顾文友	2011 年全国县、(市)科技进步考核先进个人	科学技术部	2011-11
区政府	王印华	2011 年全国县、(市)科技进步考核先进个人	科学技术部	2011-11
上城公安分局巡特警大队二中队	隋瑞福	全国政法系统优秀党员干警	中共中央政法委员会	2011-06
湖滨街道涌金门社区	陈伟新	全国社区社会工作之星	中国社会工作协会社区工作委员会	2011-11
清波街道劳动路社区	王　银	“创先争优在社区”有奖作品征集活动文字类三等奖	民政部	2011-06
清波街道劳动路社区	俞利娟	“创先争优在社区”有奖作品征集活动文字类三等奖	民政部	2011-06
清波街道劳动路社区	俞利娟	全国社区社会工作之星	中国社会工作协会社区工作委员会	2011-11
望江街道在水一方社区	夏正林	全国残疾人康复工作先进个人	中国残疾人联合会	2011-09
望江街道近江西园社区	胡国梁	全国孝亲敬老之星	全国敬老爱老助老主题教育活动组委会	2011-07
南星街道美政桥社区	陈　峰	全国社区社会工作之星	中国社会工作协会社区工作委员会	2011-11
南星街道	戴小花	全国残疾人康复工作先进个人	中国残疾人联合会	2011-09
紫阳街道上羊市街社区	管艳娟	全国社区社会工作之星	中国社会工作协会社区工作委员会	2011-11
紫阳街道凤凰社区	胡　韡	全国街道社会工作模范	中国社会工作协会社区工作委员会	2011-11
吴山指挥部	曹兢业	2011 年度全国商业街先进个人	中国城市商业网点建设管理联合会、中国步行街工作委员会	2011-09
湖滨街道	叶　榕	全国街道社会工作十大标兵	中国社会工作协会社区工作委员会	2011-11
广宇集团	王轶磊	2011 中国房地产百强企业家	中国房地产研究会、中国房地产业协会、中国房地产测评中心	2011-05

表 39　　2011 年度省级和省属部门级先进个人

单　位	姓名	获　奖　名　称	颁　奖　单　位	颁奖时间
区委宣传部	陈宏萍	浙江省社会科学普及工作先进个人	浙江省社会科学界联合会	2011-12
区侨联	毛健儿	全省侨联系统先进个人	浙江省归国华侨联合会	2011-12
区物价局	胡　杰	“12358”价格举报电话开通十周年全省价格举报工作先进个人	浙江省物价局	2011-07
区教育局	李　敏	2010 年度全省教育信息工作先进个人	中共浙江省委教育工作委员会办公室、浙江省教育厅办公室	2011-04
区科技局	阮芳萍	浙江省第二次全国 R&D 资源清查先进个人	浙江省第二次全国 R&D 资源清查领导小组办公室	2011-10
区民政局	张光复	浙江省 2009 年冬季退役士兵安置工作先进个人	浙江省人民政府、浙江省军区	2011-01
区司法局湖滨司法所	来　艳	浙江省社区矫正“环沪护城河”工程先进个人	浙江省社会治安综合治理委员会办公室、浙江省高级人民法院、浙江省人民检察院、浙江省公安厅、浙江省司法厅	2011-01
区司法局小营司法所	贾雪林	浙江省社区矫正“环沪护城河”工程先进个人	浙江省社会治安综合治理委员会办公室、浙江省高级人民法院、浙江省人民检察院、浙江省公安厅、浙江省司法厅	2011-01
区司法局	陈建楚	浙江省司法行政”世博“安保工作先进个人	浙江省司法厅	2011-02
区司法局	赵志年	全省 2006~2010 年法制宣传教育先进个人	中共浙江省委、浙江省人民政府	2011-06
区人事局	刘海亭	浙江省人事信息宣传先进个人	浙江省人力资源和社会保障厅	2011-10
区政府	刘志安	“十一五”期间关心人防建设“好区长”	浙江省人民防空办公室	2011-01
区建设局	陈星豪	浙江省“十一五”时期建设人才工作先进个人	浙江省住房和城乡建设厅	2011-12
区卫生局卫生监督所	唐水林	全省卫生系统优秀共产党员	浙江省卫生厅	2011-06
上城公安分局治安一大队	于　华	浙江省“巾帼建功”标兵	浙江省妇女联合会	2011-01
上城公安分局巡特警大队二中队	隋瑞福	个人二等功	浙江省公安厅	2011-08
上城公安分局清波派出所	陈全江	全省公安机关优秀共产党员	浙江省公安厅	2011-07
中共上城区委	袁建祥	征兵工作先进个人	浙江省人民政府、浙江省军区	2011-09
区人武部	楼复进	优秀党务工作者	浙江省军区政治部	2011-06
上城公安分局	沈　坚	基层征兵优秀工作者	浙江省征兵办	2011-09
区人民法院	程雪原	个人二等功	浙江省高级人民法院	2011-01
区人民法院	许宏波	全省法院信息工作先进个人	浙江省高级人民法院	2011-01
区人民法院	周继勇	个人三等功	浙江省高级人民法院	2011-02
区人民法院	张连根	全省法院对外委托管理工作先进个人	浙江省高级人民法院	2011-03

续表 39-1

单 位	姓名	获 奖 名 称	颁 奖 单 位	颁奖时间
区人民法院	金亚敏	全省政法系统优秀党务工作者	中共浙江省委政法委员会	2011-07
区人民法院	周 莹	全省法院刑事审判先进个人	浙江省高级人民法院	2011-11
区人民检察院	易 琦	全省政法机关优秀党员干警	中共浙江省委政法委员会	2011-06
湖滨街道东坡路社区	吴国平	第六次全国人口普查先进个人	浙江省统计局、浙江省第六次人口普查领导小组办公室	2011-10
湖滨街道涌金门社区	陈伟新	第六次全国人口普查先进个人	浙江省统计局、浙江省第六次人口普查领导小组办公室	2011-10
湖滨街道吴山路社区	朱 虹	第六次全国人口普查先进个人	浙江省统计局、浙江省第六次人口普查领导小组办公室	2011-10
湖滨街道涌金门社区	陈伟新	浙江省优秀社区工作者	浙江省城乡社区建设领导小组办公室	2011-12
清波街道劳动路社区	裘 盛	第六次全国人口普查先进个人	浙江省统计局、浙江省第六次人口普查领导小组办公室	2011-10
清波街道定安路社区	周 娜	第六次全国人口普查先进个人	浙江省统计局、浙江省第六次人口普查领导小组办公室	2011-10
清波街道柳翠井巷社区	韩 佳	第六次全国人口普查先进个人	浙江省统计局、浙江省第六次人口普查领导小组办公室	2011-10
清波街道	郑美娟	第六次全国人口普查先进个人	浙江省统计局、浙江省第六次人口普查领导小组办公室	2011-10
清波街道	许玲玲	第六次全国人口普查先进个人	浙江省统计局、浙江省第六次人口普查领导小组办公室	2011-10
清波街道清波门社区	程 洁	第六次全国人口普查先进个人	浙江省统计局、浙江省第六次人口普查领导小组办公室	2011-10
清波街道清波门社区	程冬莲	浙江省优秀社区工作者	浙江省城乡社区建设领导小组办公室	2011-11
清波街道清波门社区	张 净	浙江省创建充分就业社区先进个人	浙江省人力资源和社会保障厅	2011-12
清波街道清河坊社区	翁 清	第六次全国人口普查先进个人	浙江省统计局、浙江省第六次人口普查领导小组办公室	2011-10
清波街道劳动路社区	陈 敏	2011 年浙江省安全生产知识竞赛二等奖	浙江省总工会	2011-07
小营街道	宋菊华	第六次全国人口普查先进个人	浙江省统计局、浙江省第六次人口普查领导小组办公室	2011-10
小营街道	全为群	第六次全国人口普查先进个人	浙江省统计局、浙江省第六次人口普查领导小组办公室	2011-10
小营街道老浙大社区	陈颖洁	第六次全国人口普查先进个人	浙江省统计局、浙江省第六次人口普查领导小组办公室	2011-10
小营街道马市街社区	童佳涟	第六次全国人口普查先进个人	浙江省统计局、浙江省第六次人口普查领导小组办公室	2011-10
小营街道大学路社区	邵翠文	第六次全国人口普查先进个人	浙江省统计局、浙江省第六次人口普查领导小组办公室	2011-10
小营街道大学路社区	童诚礼	第六次全国人口普查先进个人	浙江省统计局、浙江省第六次人口普查领导小组办公室	2011-10

续表 39-2

单　位	姓名	获　奖　名　称	颁　奖　单　位	颁奖时间
小营街道茅廊巷社区	赵敏霞	第六次全国人口普查先进个人	浙江省统计局、浙江省第六次人口普查领导小组办公室	2011-10
小营街道金钱巷社区	陈碧华	第六次全国人口普查先进个人	浙江省统计局、浙江省第六次人口普查领导小组办公室	2011-10
小营街道紫金社区	徐丽君	第六次全国人口普查先进个人	浙江省统计局、浙江省第六次人口普查领导小组办公室	2011-10
小营街道长明寺巷社区	钱建华	第六次全国人口普查先进个人	浙江省统计局、浙江省第六次人口普查领导小组办公室	2011-10
望江街道	韩剑青	浙江省控烟积极分子	浙江省爱国卫生运动委员会	2011-05
望江街道	朱　涛	全省第三周期婚育新风进万家活动先进个人	浙江省人口和计划生育委员会	2011-07
望江街道近江西园社区	张茜蓉	浙江省首届体育社团运动会103自选拳二等奖、228九节鞭二等奖	浙江省体育局	2011-09
望江街道	吴芝兰	第六次全国人口普查先进个人	浙江省统计局、浙江省第六次人口普查领导小组办公室	2011-10
望江街道	吕洪英	第六次全国人口普查先进个人	浙江省统计局、浙江省第六次人口普查领导小组办公室	2011-10
望江街道清泰门社区	余　虹	第六次全国人口普查先进个人	浙江省统计局、浙江省第六次人口普查领导小组办公室	2011-10
望江街道在水一方社区	王　茵	第六次全国人口普查先进个人	浙江省统计局、浙江省第六次人口普查领导小组办公室	2011-10
望江街道近江西园社区	朱娜伽	第六次全国人口普查先进个人	浙江省统计局、浙江省第六次人口普查领导小组办公室	2011-10
望江街道近江东园社区	朱静霞	第六次全国人口普查先进个人	浙江省统计局、浙江省第六次人口普查领导小组办公室	2011-10
望江街道婺江社区	周良英	第六次全国人口普查先进个人	浙江省统计局、浙江省第六次人口普查领导小组办公室	2011-10
望江街道兴隆社区	张志红	第六次全国人口普查先进个人	浙江省统计局、浙江省第六次人口普查领导小组办公室	2011-10
望江街道莫邪塘社区	张　瑾	第六次全国人口普查先进个人	浙江省统计局、浙江省第六次人口普查领导小组办公室	2011-10
南星街道紫花埠社区	程正竹	第六次全国人口普查先进个人	浙江省统计局、浙江省第六次人口普查领导小组办公室	2011-10
南星街道海月桥社区	赵　越	第六次全国人口普查先进个人	浙江省统计局、浙江省第六次人口普查领导小组办公室	2011-10
南星街道	翁正伟	第六次全国人口普查先进个人	浙江省统计局、浙江省第六次人口普查领导小组办公室	2011-10
南星街道	戴小花	第六次全国人口普查先进个人	浙江省统计局、浙江省第六次人口普查领导小组办公室	2011-10
南星街道水澄桥社区	胡燕燕	第六次全国人口普查先进个人	浙江省统计局、浙江省第六次人口普查领导小组办公室	2011-10

续表 39-3

单 位	姓名	获 奖 名 称	颁 奖 单 位	颁奖时间
南星街道玉皇山社区	张丽娟	第六次全国人口普查先进个人	浙江省统计局、浙江省第六次人口普查领导小组办公室	2011-10
南星街道馒头山社区	吴钥园	第六次全国人口普查先进个人	浙江省统计局、浙江省第六次人口普查领导小组办公室	2011-10
南星街道水澄桥社区	吴佳容	浙江省优秀社区工作者	浙江省城乡社区建设领导小组办公室	2011-11
南星街道美政桥社区	陈　鹏	第六次全国人口普查先进个人	浙江省统计局、浙江省第六次人口普查领导小组办公室	2011-10
紫阳街道综治科	王鹏飞	浙江省司法行政系统教育改造矫治工作先进个人	浙江省司法厅	2011-04
紫阳街道新工社区	徐雁文	有特殊贡献治安人员三等奖	浙江省公安厅	2011-02
中国社区建设展示中心	陈　军	浙江省优秀社区工作者	浙江省城乡社区建设领导小组办公室	2011-11
中国社区建设展示中心	朱　盛	浙江省优秀社区工作者	浙江省城乡社区建设领导小组办公室	2011-11
紫阳街道上羊市街社区	芮佳南	浙江省优秀大学生村官	中共浙江省委组织部、中国共产主义青年团浙江省委员会	2011-11
杭州绿盛集团有限公司	林　东	浙江省社会科学重点研究基地——浙江工商大学浙商研究院专家	浙江省浙商研究中心、浙江工商大学浙商研究院	2011-01
杭州绿盛集团有限公司	林　东	蓝色海洋青春建功行动涉海创业导师	浙江省青年企业家协会、共青团浙江省委	2011-05
上城国土资源分局	陈祝华	全省地质灾害防止工作先进个人	浙江省国土资源厅	2011-05
上城地税分局	李雪丰	《浙江税务》优秀通讯员	浙江省城方地税局	2011-01
上城地税分局	何文博	地税系统省级“大集中”工程表扬人员	浙江省城方地税局	2011-02
上城地税分局	章春军	2010 年度浙江省“纳税服务之星”	浙江省城方地税局	2011-03
上城地税分局	李雪丰	《浙江地税年鉴》2010 年度资料征集先进工作者	浙江省城方地税局	2011-03
上城地税分局	董　峰	2010 年度全省深化推进企业分离发展服务业工作先进个人	浙江省城方地税局	2011-03

表 40

2011 年度市级先进个人

单位	姓名	获奖名称	颁奖单位	颁奖时间
区委宣传部	吴红星	创建全国文明城市工作先进个人	中共杭州市委、杭州市人民政府	2011-12
区委政法委	胡建根	2010 年度社会治安综合治理先进个人	中共杭州市委、杭州市人民政府	2011-01
区委政法委	倪柏全	2010 年度维护稳定工作先进个人	中共杭州市委、杭州市人民政府	2011-01
区直机关工委	陶丽南	2007~2011 年杭州市万名党员干部结对帮扶万户城乡困难家庭活动先进个人	中共杭州市委	2011-11
区信访局	裘　是	2010 年度杭州市信访工作先进个人	中共杭州市委、杭州市人民政府	2011-02
区信访局	施佳强	2010 年度杭州市基层信访和“12345”工作先进个人	中共杭州市委、杭州市人民政府	2011-02
湖滨街道	王岩华	2010 年度杭州市基层信访和“12345”工作先进个人	中共杭州市委、杭州市人民政府	2011-02
小营街道	朱　军	2010 年度杭州市基层信访和“12345”工作先进个人	中共杭州市委、杭州市人民政府	2011-02
区民政局	朱　坚	2007~2011 年杭州市万名党员干部结对帮扶万户城乡困难家庭活动先进个人	中共杭州市委、杭州市人民政府	2011-11
区民政局	陈祖鹏	杭州市殡葬改革先进个人	杭州市人民政府	2011-05
区建设局	陈星豪	2007~2011 年杭州市万名党员干部结对帮扶万户困难家庭活动先进个人	中共杭州市委、杭州市人民政府	2011-11
区政府	陈星豪	2010 年度中东河综合整治与保护开发工程先进个人	中共杭州市委办公厅、杭州市人民政府办公厅	2011-05
区政府	潘薇娜	2010 年度中东河综合整治与保护开发工程先进个人	中共杭州市委办公厅、杭州市人民政府办公厅	2011-05
区政府	邵竹宏	2010 年度中东河综合整治与保护开发工程先进个人	中共杭州市委办公厅、杭州市人民政府办公厅	2011-05
区政府	熊　娟	2010 年度中东河综合整治与保护开发工程先进个人	中共杭州市委办公厅、杭州市人民政府办公厅	2011-05
区建设局	徐晓光	杭州城区 2010 年度绿化先进个人	杭州市人民政府办公厅	2011-03
区建设局	刘肖红	杭州城区 2010 年度绿化先进个人	杭州市人民政府办公厅	2011-03
区建设局	陈学群	2010 年度杭州市建筑业管理先进个人	杭州市人民政府	2011-03
区建设局	陈国新	2008~2011 年杭州市“1+x”社会结对帮扶活动先进个人	中共杭州市委	2011-11
区执法大队	许书岭	创建全国文明城市工作先进个人	中共杭州市委、杭州市人民政府	2011-12
区卫生局	周　勤	杭州市 2007~2011 年万名党员干部结对帮扶万户困难家庭活动先进个人	中共杭州市委	2011-11

续表 40-1

单 位	姓 名	获 奖 名 称	颁 奖 单 位	颁奖时间
区人口和计划生育局	夏 勤	第四届杭州人口奖	杭州市人民政府办公厅	2011-07
西博办	康云强	第十二届中国杭州西湖国际博览会先进工作者	中共杭州市委	2011-03
西博办	徐娟姝	第十二届中国杭州西湖国际博览会先进工作者	中共杭州市委	2011-03
西博办	潘德明	第十二届中国杭州西湖国际博览会先进工作者	中共杭州市委	2011-03
西博办	王毅军	第十二届中国杭州西湖国际博览会先进工作者	中共杭州市委	2011-03
区教育局	周常生	第十二届中国杭州西湖国际博览会优秀工作者	中共杭州市委	2011-03
上城公安分局	章 强	2010 年度社会治安综合治理先进个人	中共杭州市委、杭州市人民政府	2011-01
区残联	俞坚民	“十一五”期间杭州市残疾人工作先进个人	中共杭州市委办公厅、杭州市人民政府办公厅	2011-12
区残联	杜玉娟	“十一五”期间杭州市残疾人工作先进个人	中共杭州市委办公厅、杭州市人民政府办公厅	2011-12
湖滨街道吴山路社区	娄李嘉	2010 年度杭州市区生活垃圾分类工作先进个人	杭州市人民政府办公厅	2011-08
湖滨街道东坡路社区	吴 涵	2011 年杭州市廉租房工作先进个人	杭州市人民政府	2011-05
湖滨街道	王岩华	2010 年度社会治安综合治理先进个人	中共杭州市委、杭州市人民政府	2011-01
清波街道	陈兴义	2010 年度社会治安综合治理先进个人	中共杭州市委、杭州市人民政府	2011-01
清波街道	罗立中	2011 年度后备力量基层规范化建设先进个人	杭州市人民政府	2011-09
清波街道	朱俊丽	创建全国文明城市工作先进个人	中共杭州市委、杭州市人民政府	2011-12
清波街道	郑树荣	“十一五”期间杭州市残疾人工作先进个人	中共杭州市委办公厅、杭州市人民政府办公厅	2011-12
清波街道	蔡严珍	“十一五”期间杭州市人口和计划生育工作先进个人	中共杭州市委办公厅、杭州市人民政府办公厅	2011-07
清波街道清波门社区	沈志远	2010 年度杭州市区生活垃圾分类工作先进个人	杭州市人民政府办公厅	2011-08
清波街道清河坊社区	余 香	2010 年度杭州市区生活垃圾分类工作先进个人	杭州市人民政府办公厅	2011-08
清波街道劳动路社区	楼跃明	2010 年度杭州市区生活垃圾分类工作先进个人	杭州市人民政府办公厅	2011-08
清波街道劳动路社区	段 东	2010 年杭州市绿化积极分子	杭州市人民政府	2011-03
清波街道定安路社区	郑 宁	2010 年度杭州市区生活垃圾分类工作先进个人	杭州市人民政府办公厅	2011-08

续表 40-2

单 位	姓名	获 奖 名 称	颁 奖 单 位	颁奖时间
清波街道柳翠井巷社区	金璧如	2010 年度杭州市区生活垃圾分类工作先进个人	杭州市人民政府办公厅	2011-08
小营街道	徐晓峰	2010 年度杭州市区生活垃圾分类工作先进个人	杭州市人民政府办公厅	2011-08
小营街道	刘国萍	杭州城区 2010 年度绿化先进个人	杭州市人民政府办公厅	2011-03
小营街道	郑 扬	2011 年城区抗雪防冻工作先进个人	杭州市人民政府办公厅	2011-04
小营街道	吴晓忆	杭州市社区服务业先进个人	杭州市人民政府办公厅	2011-12
小营街道	宋菊华	“十一五”期间杭州市残疾人工作先进个人	中共杭州市委办公厅、杭州市人民政府办公厅	2011-12
小营街道	陆建华	2010 年度社会治安综合治理先进个人	中共杭州市委、杭州市人民政府	2011-01
小营街道老浙大社区	戚雅妹	2010 年度杭州市区生活垃圾分类工作先进个人	杭州市人民政府办公厅	2011-08
小营街道小营巷社区	朱元富	2010 年度杭州市区生活垃圾分类工作先进个人	杭州市人民政府办公厅	2011-08
小营街道小营巷社区	周雪红	2010 年度杭州市区生活垃圾分类工作先进个人	杭州市人民政府办公厅	2011-08
清波街道定安路社区	郑 宁	2010 年度杭州市区生活垃圾分类工作先进个人	杭州市人民政府办公厅	2011-08
小营街道西牌楼社区	张 蓓	2010 年度杭州市区生活垃圾分类工作先进个人	杭州市人民政府办公厅	2011-08
小营街道西牌楼社区	张 蓓	杭州城区 2010 年度绿化先进个人	杭州市人民政府	2011-03
小营街道紫金社区	吴 英	2010 年度杭州市区生活垃圾分类工作先进个人	杭州市人民政府办公厅	2011-08
望江街道	朱恩峰	杭州农贸市场管理十佳经理	杭州市人民政府	2011-11
望江街道近江西园社区	史力军	2010 年度杭州市区生活垃圾分类工作先进个人	杭州市人民政府办公厅	2011-08
望江街道近江西园社区	朱娜伽	2010 年度杭州市区生活垃圾分类工作先进个人	杭州市人民政府办公厅	2011-08
望江街道近江东园社区	黄彩霞	2010 年度杭州市区生活垃圾分类工作先进个人	杭州市人民政府办公厅	2011-08
望江街道近江东园社区	朱静霞	2006~2010 年度杭州市级普法教育依法治市先进工作者	中共杭州市委、杭州市人民政府	2011-08
南星街道	陈少华	2010 年度维护稳定工作先进个人	中共杭州市委、杭州市人民政府	2011-01
南星街道馒头山社区	吴钥园	杭州市防汛抗台工作先进个人	杭州市人民政府	2011-05
南星街道紫花埠社区	陆巧玲	2010 年度杭州市区生活垃圾分类工作先进个人	杭州市人民政府办公厅	2011-08
南星街道	张品华	杭州市后备力量基层规范化建设先进个人	杭州市人民政府、杭州警备区	2011-08

续表 40–3

单 位	姓名	获 奖 名 称	颁 奖 单 位	颁奖时间
南星街道水澄桥社区	韩竹梅	2010 年度杭州市区生活垃圾分类工作先进个人	杭州市人民政府办公厅	2011–08
紫阳街道	李一青	2010 年度社会治安综合治理先进个人	中共杭州市委、杭州市人民政府	2011–01
紫阳街道城管科	王群飞	2011 年度"停车新政"工作先进个人	中共杭州市委、杭州市人民政府办公厅	2011–09
紫阳街道城管科	向亮春	2010 年度杭州市区生活垃圾分类工作先进个人	杭州市人民政府办公厅	2011–08
紫阳街道城管科	叶 军	2010 年度杭州市区生活垃圾分类工作先进个人	杭州市人民政府办公厅	2011–08
玉皇山南综合整治工程指挥部	龚理政	2010 年度市域网络化大都市和新城、城市综合体推进工作先进个人	中共杭州市委、杭州市人民政府	2011–09
杭州海兴电力科技有限公司	张向程	杭州市成绩突出科技工作者	杭州市人民政府	2011–07

文件辑录

2011 年普法依法治区工作意见

2011 年是"十二五"规划启动之年，也是"六五"普法依法治区规划制定、启动、实施之年，做好 2011 年的普法依法治区工作意义重大。普法依法治区工作的指导思想是：坚持以邓小平理论和"三个代表"重要思想为指导，坚定不移地贯彻落实科学发展观，紧紧围绕科学发展这个主题，突出转型发展这条主线，以"三项重点工作"为着力点，全面推进普法依法治区，为建设"具有国际水准的高品质中心城区"提供公平正义的法治环境和优质高效的服务环境。

一、承上启下，认真做好"六五"普法启动工作

1. 认真制定"六五"普法依法治区工作规划。根据中央和省、市的要求，区依普办将组织力量，认真制定全区"六五"普法依法治区工作规划。各部门、街道要根据区委、区政府转发的《上城区第六个五年法制宣传和依法治区规划(2011~2015)》(以下简称《规划》)要点，结合各自实际，制定本部门、街道的"六五"依法治理普法工作规划，报区普法依法治区办公室备案；基层单位的"六五"依法治理普法工作规划和年度依法治理普法工作计划，报其主管部门依法治理普法工作领导小组批准后实施。

2. 全面启动上城区"六五"普法依法治区工作。《规划》经区依普领导小组讨论通过后由区委、区政府下发。结合贯彻落实第七次全国法制宣传教育工作会议精神，将在二季度召开全区"五五"普法总结表彰暨"六五"普法启动大会，全面部署"六五"普法依法治区工作。各部门、街道也要适时召开总结、启动大会，传达学习区"五五"普法总结表彰暨"六五"普法启动大会精神，有重点的安排好本单位的依法治理普法工作。

3. 健全组织，认真抓好"六五"普法启动宣传。各部门、街道应根据依法治理普法工作领导小组的人员、

机构变动情况，及时进行调整、补充，健全各项工作制度，完善创新机制，确保《规划》的贯彻落实。要以《规划》启动为契机，大力宣传“六五”普法在服务经济社会发展、维护社会和谐稳定、推进“法治上城”建设方面的重要意义，集中宣传上城区“六五”普法规划具有上城特色的新举措、新亮点，为“六五”普法规划开好局、起好步营造良好的舆论氛围。

二、创新载体，不断提高法制宣传教育实效

4. 进一步增强法制宣传教育的针对性。坚持以人为本，服务群众，结合人民群众最关心、最直接、最现实的利益问题，突出学习宣传宪法，进一步增强全体公民的宪法意识、爱国意识、国家安全统一意识和民主法制观念,形成崇尚宪法、遵守宪法，维护宪法权威的良好氛围，使宪法得到一体遵行。深入开展社会主义法治理念教育，引导党员干部和公民牢固树立依法治国、执法为民、公平正义、服务大局和坚持党的领导的理念。深入开展促进经济发展、保障和改善民生、加强社会管理、反腐倡廉建设等方面法律法规的学习宣传，服务经济社会又好又快发展、促进社会和谐稳定。深入开展推进社会矛盾化解、社会管理创新、公正廉洁执法等法律法规的宣传，推进三项重点工作深入开展。

5. 促进“法律六进”活动常态化、制度化。要将领导干部学法纳入各级党委中心组学习内容，纳入干部培训内容；定期举办领导干部法制讲座、区管干部任职前法律知识考试等做法。积极推动中小学生法制教育教材、师资、课时、效果“四落实”。开展重点项目、重点工程、重点领域专项法制宣传和法律服务。推进法律进工地、进市场、进企业、进社区、进城郊结合部、进出租房，积极开展外来务工人员、社会闲散人员、特殊人群的专项法制宣传教育。加强对建筑业、餐饮业、服务业等劳动密集型行业的法制宣传教育，指导建立民工法律学校和职工法律学校，提供师资、教材等帮助。

6. 积极推进法制宣传教育工作理念创新、载体创新和形式创新。以群众喜闻乐见的形式开展普法活动，努力实现法制宣传网络化、数字化、市场化、个性化。进一步丰富节假日、主题日法制宣传活动，延伸和拓展流动普法系列活动渠道。积极开展“公益普法，社会责任”——“六五”普法媒体行法制宣传和法律服务活动，积极开展“浙江法治宣传月”、“12·4”全国法制宣传日、上城区法治文化节活动，进一步扩大法制宣传教育的影响力和渗透力。

7. 深入推进“律师进社区”工作。认真落实《关于开展“律师进社区”工作的实施意见》(上委办〔2010〕2号)，促进“律师进社区”工作规范化、常态化、长效化。充分发挥“律师进社区”工作指导协调小组的作用，下大力组织相关专业人员对社区法律问题进行研讨，形成能促进“律师进社区”工作开展的调研材料。定期对社区律师、司法所长、社区联系人进行专题培训，进一步提高工作水平。

三、依法治理，努力提升社会法治化管理水平

8. 以创建全国文明城市为契机，继续深化法治上城、“法治区(县、市)”创建活动，积极探索和制定“法治街道”创建标准，开展“法治街道”创建工作，搭建“法治城区”与“民主法治社区”的桥梁，构建“区——街道——社区”三位一体的创建模式，及时总结推广经验，树立典型，提高创建水平。

9. 认真贯彻国务院《全面推进依法行政实施纲要》和《关于加快推进法治政府建设的意见》，大力推进政府职能转变，探索实施政府管理与公共服务标准化项目建设，不断创新公共服务体制，改进公共服务方式。健全科学民主决策机制，坚持把依法行政纳入到法制化轨道。开展依法行政示范单位、依法办事示范单位创建活动，推进依法行政，促进法律有效实施。

10. 扎实推进“民主法治社区”创建工作。加强居民委员会组织建设和制度建设，健全完善居民自治章程、居民公约和社区成员代表会议、社区居委会和居务公开等工作制度，推广社区民主理财；社区成员代表会议逐步做到每季度不少于一次，保障居民群众对社区建设的参与权和决策权。进一步深化“法律顾问”和“律师进社区”工作，不断提升“民主法治社区”创建质量，积极探索有效举措，确保工作成效。

11. 深化依法治校示范单位活动，推进学校依法治理。引导各学校依照法律法规制定和完善各项规章制度，保证学校各项工作有法可依、有章可循。引导各学校完善教职工代表大会制度，推行民主管理、民主监督、校务公开。引导各学校制定本校普法规划及年度工作要点，并按照规定开设法制课，预防学生违法犯罪，维护学生的合法权益。开展优秀法制副校长评选表彰活动，鼓励广大法官、检察官、警察、律师担任

中小学校法制副校长，促进依法治校。

12. 推进“诚信守法企业”创建工作。总结“诚信守法企业”创建试点经验，积极宣传“诚信守法企业”创建考评体系及相关政策。广泛动员企业参与省级“诚信守法企业”创建工作，鼓励企业积极承担社会责任。

四、完善机制，切实保障“六五”普法顺利开展

13. 健全组织领导体制。以“六五”普法启动为契机，进一步完善“党委领导、人大监督、政府实施、政协支持、全社会共同参与”的组织领导体制。各部门、街道主要负责人，要切实加强依法治理普法工作的组织和领导，健全依法治理普法工作责任机制，并参照区普法依法治区工作目标考核标准，建立相应的综合考评体系，加大对依法治理普法工作的检查考核力度。

14. 加强普法队伍建设。各部门、街道要重点加强普法队伍建设，及时调整、充实、组建普法讲师团、普法志愿者、普法宣传员、普法联络员等专兼职结合的法制宣传教育骨干队伍，定期举办法制宣传业务培训，进一步提高普法队伍素质。要积极创建普法人才库，注重发挥人才库的优势，通过定期召开例会、课题研究、开设论坛等方式，全面推进依法行政和建设法治上城。

15. 完善协作保障机制。要进一步加强部门、街道的交流沟通，更好的理顺各部门、街道相互间的工作协调机制，真正形成领导有力、职责明晰、分工协作、规范有序、上下联动、多方配合、协调运行、整体推进的的良好工作格局。各部门、街道要切实加强对“六五”依法治理普法工作的保障，做到人员、经费、工作“三落实”。普法经费要专款专用，并逐步加大投入。

16. 探索理论引导实践。围绕法治区（县、市）创建和依法治区的目标考核标准，结合“区——街道——社区”三位一体创建模式的开展，细化研究各项考核标准的指标，为践行普法宣传和司法工作、文化建设、“法治政府”建设、部门依法治理工作的“大融合”提供理论支撑。要充分发挥行政机关目标责任考核及普法依法治区工作目标考核激励机制作用，进一步营造和推动全区“大普法”格局。

中共杭州市上城区委员会
杭州市上城区人民政府
2011 年 4 月 7 日

关于在全区开展治庸治懒治散“效能亮剑”专项行动的实施方案

为了进一步深化作风建设工作，积极转变机关作风，全面提升行政效能，大力优化发展环境，加快推进区委、区政府各项重大项目重点任务，为上城区“十二五”开好局、起好步提供良好的作风保证，根据《2011年全市深化作风建设工作的实施意见》（市委办〔2011〕8 号）和《关于在全市开展深化作风建设治庸治懒治散“效能亮剑”专项行动的实施意见》（市作风〔2011〕2 号）的精神和要求，经区作风建设领导小组研究，决定在全区开展治庸治懒治散“效能亮剑”专项行动（以下简称“效能亮剑”专项行动）。现制定以下实施方案：

一、指导思想

以邓小平理论和“三个代表”重要思想为指导，深入贯彻落实科学发展观，认真学习贯彻区委八届十次全会和《上城区 2011 年深化作风建设和执行力建设工作的实施意见》精神，以“创新服务、干在实处、开好新局”为主题，以“治庸、治懒、治散”为突破口，深化作风建设工作，努力增强机关干部队伍职工特别是领导干部的责任意识和执行力，提高党员干部“创先争优”的积极性和自觉性，以良好的作风、争先的激情、旺盛的干劲，扎实推进区“十二五”开局之年各项任务落实，全面建设“具有国际水准的高品质中心城区”。

二、工作目标

（一）治庸提能力

大力整治在一些机关干部职工特别是在少数领导干部中存在的业务欠精、能力欠强、工作标准欠高、自我要求欠严，工作上避重就轻、不敢直面矛盾、不敢攻坚破难、不善于做群众工作，不愿争创一流，得过且过、平庸无为等突出问题，切实提高机关干部职工正确执行政策、抢抓发展机遇、勇于创先争优、善做群众工作、解决实际问题、推动科学发展、促进社会和谐的能力。

(二)治懒增效率

大力整治在一些机关干部职工中存在的工作缺乏激情、缺乏锐气、缺乏闯劲、干劲和拼劲，精神不振、暮气沉沉、不思进取、不敢担当，办事不用心、工作不主动、服务不到位、责任不落实，不作为、慢作为、乱作为等突出问题，努力激发机关干部职工的昂扬锐气和创业激情，提高工作主动性和自觉性，提升工作效率和工作效能。

(三)治散聚合力

大力整治机关干部职工中存在的心浮气躁、心高气傲、重权轻责，纪律涣散、自由散漫、我行我素，思想不统一、精力不集中、班子不团结、谋人不谋事等突出问题，切实把机关干部的思想和精力集中到干事创业上来，加强班子团结，凝聚工作合力。

(四)发展添动力

着力转变机关作风，促进机关干部职工勤政廉政，推动"创先争优"，优化发展环境，切实解决人民群众反映强烈的机关干部作风和效能方面突出问题，扎实推进区委、区政府各项重大项目重点任务的落实，努力为开好新局、科学发展增添新的动力、提供坚强保障。

为此，在"效能亮剑"专项行动中，全区广大机关干部职工还要牢记"五要五不要"：一要爱岗敬业、争创一流，不要不思进取、甘于平庸；二要谋事尽责、务实高效，不要敷衍塞责、得过且过；三要严明纪律、令行禁止，不要自由散漫、我行我素；四要团结协作、共事共为，不要本位主义、分工分家；五要文明办公、热情服务，不要官僚作风、衙门习气。

三、基本原则

(一)坚持围绕中心、优化环境

增强广大党员干部"优环境促发展从我做起"的责任意识，着力解决一些影响中心工作和发展环境的突出问题，努力为"十二五"发展营造风清气正的良好环境。

(二)坚持执政为民、改善民生

全面贯彻以人为本、执政为民的要求，充分发挥群众监督作用，着力解决人民群众反映强烈的突出问题，努力实现好、维护好、发展好人民群众的根本利益。

(三)坚持全程监督、即整即改

把监督检查和整改落实贯穿于专项行动全过程，全面加强对机关工作人员存在"庸、懒、散"问题的监督检查，发现问题、立即整改、严格问责。

(四)坚持人人参与、务求实效

通过各种形式和途径，引导全区广大干部群众积极有序地参与专项行动，特别是领导干部要带头参与专项行动，做到制度面前没有特权、制度约束没有例外，确保行动取得实效。

四、工作任务

全区"效能亮剑"专项行动时间安排在5~8月，具体分为动员部署、监督检查、评述整改、建章立制四个阶段。全区各单位要严格按照本《实施方案》的要求，精心谋划、周密组织、统筹安排，认真落实专项行动的各项任务。

(一)明确职责亮承诺

全区各单位要紧密结合本单位机关作风和效能建设的实际，以效能承诺全覆盖为基础，努力提高"效能亮剑"专项行动的针对性、可行性和实效性。

1. 细化行动方案。根据本《实施方案》的要求，及时制定本单位"效能亮剑"专项行动计划，进一步明确和细化专项行动的重点内容、具体安排、责任分工和组织保障，确保专项行动有条不紊顺利推进。

2. 全面动员部署。以"好作风开新局"为主题，加强宣传教育，进一步提高广大机关干部对专项行动的思想认识。同时，抓紧通过各种会议形式，对本单位开展"效能亮剑"专项活动，进行全面动员部署，认真抓好组织实施。

3. 抓好效能承诺。对照"五要五不要"的规定，采取上下联动、分级承诺的办法，做到"效能亮剑"专项行动人人知晓、层层落实。各单位和干部职工个人分别签订的效能承诺书，通过一定形式进行公示，主动接受群众监督。

(二)强化监督查落实

认真学习贯彻《杭州市机关工作人员作风和效能

问责暂行办法》(以下简称《问责办法》),尤其是对照《问责办法》中列举的问责情形,制定有效管用的检查方法,积极开展监督检查工作,确保检查结果公平、公正、公开,切实加大效能问责力度。

1. 单位自查。全区各单位对照《问责办法》的有关规定,对本单位机关干部中可能存在的庸、懒、散等作风和效能问题进行认真自查,努力把问题解决在内部、解决在萌芽,进一步形成良好的团队精神和作风。

2. 明察暗访。充分发挥公开投诉电话作用,形成新闻媒体监督、机关监督、人大监督、政协监督、社会监督的强大合力。区作风办要组织全区政风行风监督员,并邀请部分党代表、人大代表、政协委员、民主党派人士、居民代表和退居二线老同志参加,对区级机关及其下属单位开展专项活动情况,进行随机暗访抽查。

3. 重点督查。督查主要围绕五个重点:加强对区委区政府重点任务进展情况开展监督检查,特别是对创建全国文明城市、质量强区省级试点、推进社会管理创新等重大决策部署执行情况的监督检查。对重大项目进展情况开展监督检查,特别是对区委、区政府着力推进的重大项目,如南宋皇城遗址"51131"道路街巷综合整治工程、望江地区保障性住房建设、中山中路御街扫尾、停车场库建设、十大"为民办实事工程"等重大项目推进情况的监督检查。加强对2010年度综合考评社会评价意见整改情况开展监督检查,督促有关单位抓好社会评价意见的整改落实。加强对政治纪律和组织人事纪律执行情况的监督检查,严格执行"5个严禁、17个不准、5个一律"的换届纪律,为换届工作营造风清气正的良好氛围。加强群众对机关作风和效能问题的投诉的跟踪督查,及时查处和解决一批群众反映的突出问题。

(三)评议整改促实效

全区各单位要把"效能亮剑"专项行动寓于服务群众之中,采取多种形式接受群众监督评议,着力解决人民群众关注的热点、难点问题,确保"效能亮剑"专项行动取得实效。

1. 强化为民服务理念。组织干部职工学习领会"五服务、五不让、三不说"的为民服务理念,在办公场所、办事窗口公布、张贴具体内容,结合实际落实具体工作措施。"五服务"是指:群众上门,热情服务;群众咨询,耐心服务;群众在场,不停服务;群众需要,延伸服务;群众困难,主动服务。"五不让"是指:不让工作在我手中延误,不让差错在我这里发生,不让群众在我这里冷落,不让规定在我这里走样,不让上城形象因我受损。"三不说"是指:不负责的话不说,不符合身份的话不说,不文明的话不说。

2. 开展"公述民评"活动。要通过提升"公述民评"的层级和影响力,推进"效能亮剑"专项行动深入开展。全区各单位要组织机关中层干部、基层站所负责人和重点岗位人员,向服务和监管对象述职述廉,解答提问,接受评议。针对"公述民评"活动中群众提出的意见,在一定范围内公开整改目标、措施和效果,努力获得群众的认可和支持。

3. 推行"一线工作法"。鼓励机关干部职工深入基层、深入群众、深入一线,服务基层、服务群众,做到力量向一线倾斜、政策在一线落实、问题在一线解决、能力在一线锻炼、作风在一线转变、形象在一线树立、成效在一线检验。

4. 开展评议整改活动。各单位要针对明查暗访中发现的问题和"公述民评"活动中群众提出的意见,制定整改措施,并在一定范围内向社会公开整改措施、目标和效果,通过作风和效能问题的"自我亮剑",以整改促作风转变、以整改促效能提升,努力提高群众满意率。

(四)建章立制保长效

"效能亮剑"专项活动要在建章立制上下工夫,善于把解决突出问题与建立长效机制有机结合起来,做到标本兼治、综合治理,注重实效、着眼长效。

1. 加大制度建设力度。继续坚持以制度管人管事,不断规范和完善具有针对性和实效性的管理制度。要认真总结提炼"效能亮剑"专项行动中形成的好做法、好经验,表彰先进典型,推广先进经验,及时把成熟的做法转化为制度和规定,巩固扩大专项行动成果,建立、健全作风效能建设的长效机制。

2. 加大制度执行力度。认真落实上党课、蹲点调研、扶贫帮困等作风建设八项制度和岗位责任制度、服务承诺制、限时办结制等效能建设"8+1"制度,增强制度执行意识,强化制度执行实效。区作风办要组织人员开展经常性的监督检查,严肃查处违反制度的人和事,努力使制度成为机关干部自觉遵守的行为准则。

3. 加大网上效能监察力度。要进一步构建权力阳光运行机制，不断拓展行政审批和公共服务事项网上运行范围，优化完善“数字监察”系统的效能监测功能，通过建立具有实时监控、预警纠错、效能评估等功能的效能监察专网，努力实现办事进度可知、办事效率可控，办事效果可测，把政务公开、依法行政、提高效率、源头防腐有机地结合起来，积极为深化机关作风效能建设提供有效途径。

五、工作要求

全区各单位要进一步增强政治意识、大局意识和责任意识，把开展“效能亮剑”专项行动作为当前深化作风建设、推动科学发展的一项重要工作，切实抓紧抓好，抓出成效。

(一)加强领导

各单位要切实加强对治庸治懒治散“效能亮剑”“专项行动的组织领导，领导班子特别是主要领导要作好表率，真正做到一级带一级，一级做给一级看。全区专项行动在区委、区政府领导下，由区作风建设领导小组牵头协调，区作风办具体承担组织实施工作，具体抓好工作落实。各单位也要组建相应工作机构，制订具体实施方案，落实工作措施，确保领导力量、工作责任、监督检查、整改落实“四个到位”。

(二)营造氛围

充分运用《信息简报》、《上城报》、“上城网”、“政府门户网站”等媒体，及时报道专项行动进展情况，大力宣传全区各单位开展专项行动的好经验、好做法，加强舆论引导，树立先进典型。同时，将区“96666”机关作风效能投诉电话作为专项行动投诉电话向全社会公开，广泛接受群众投诉，及时抓好投诉问题的查处，曝光一批“庸、懒、散”反面典型，强化舆论监督，形成全区上下共同支持参与的整体合力。

(三)边整边改

对专项行动中发现的各类问题，要坚持边整边改，即知即改，发现一起，整改一起。同时要按照有关党纪法规以及市作风和效能问责暂行办法严格追究责任。实行“五个一律”：对群众反映的问题，一律快查快办；问题查实的，一律依纪依法处理；造成不良影响的，一律通报批评或媒体曝光；受到市或区作风办两次以上通报批评或市级以上媒体两次以上曝光的，一律取消所在单位评优评先资格；对发现问题该查不查的，该依纪依法处理不处理的，该整改不认真整改的，一律追究该单位主要领导的责任。

(四)注重实效

专项行动要坚持动真格、求实效，围绕区委、区政府提出的经济社会发展各项目标任务，把开展专项行动与深入开展“创先争优”活动、创建文明机关活动、推进党风廉政建设和服务企业、服务基层、服务群众“三服务”活动结合起来，确保专项行动在转变作风、提高效能、解决问题、服务发展、改善民生上取得实实在在的成效。

中共杭州市上城区委办公室

2011 年 6 月 8 日

上城区学前教育三年行动计划
(2011～2013 年)

学前教育是国民教育体系的重要组成部分，对人的全面和谐发展具有重要意义。为贯彻落实《中共中央国务院关于印发〈国家中长期教育改革和发展规划纲要(2010~2020 年)〉的通知》(中发〔2010〕12 号)和《中共杭州市委、杭州市人民政府关于加快推进学前教育均衡优质发展的若干意见》(市委〔2010〕22 号)精神，解决上城区幼儿入园高峰，缓解入园压力，满足广大群众对优质学前教育的需求，特制定本计划。

一、发展现状

(一)基本情况

2007 年以来，为了有效破解老百姓“入园难”问题，满足人民群众“好入园、入好园”的迫切需求，上城区在推进名园集团化战略、理顺街道办幼儿园管理体制、保障学前教育经费投入,规范各类幼儿园管理、探索幼儿园人事制度改革、加强幼儿园教师队伍建设、重视督导评估促进均衡发展等八个方面开展了工作,取得了显著成果,被命名为首批"杭州市学前教育强区",名园集团覆盖率位居全市第一,在全市率先实现生均公用经费全覆盖。截至 2010 年底,上城区共有幼儿园 20 所(37 个园区),其中教育部门办幼儿园 9 所 26 个园区,其他部门企事业办幼儿园 6 所,民办幼儿园 5 所, 等级幼儿园覆盖率 100%, 名园集团覆盖率 89%,优质学前教育资源覆盖率 97.6%,城乡互助共同体覆盖率 100%。2010 年,学前三年入园幼儿共 7029 人,继续保持 100%入园率。学前第四年入园幼儿 849 人,入园率为 38%,学前教育资源总量尚显不足。全区共有幼儿教师 650 人,教师资格证持有率为 93.1%。学历合格率 100%,其中大专及以上学历 616 人,占教师总数的 94.8%,硕士研究生以上学历 4 人,本科以上学历 299 人。幼教高级及以上职称 219 人,占 33.7%,其中小中高职称 11 人,占 1.6%。有省、市教坛新秀 40 名,区级教坛新秀 164 名。

2010 年, 上城区学前教育事业费支出为 2850 万元,占同级教育事业经费的 8.05%;安排学前教育专项经费 300 万元。安排预算内学前教育生均公用经费定额标准 180 元,覆盖本区范围内所有幼儿园,学前教育事业经费安排一定比例列入财政预算,并做到逐年增长。

(二)存在主要问题

上城区学前教育存在的问题主要有:优质学前教育资源相对短缺;总量的不足导致区域内部分地区资源紧张;区内企事业单位办园规模出现萎缩,班级数量相对减少; 城市住宅小区配套幼儿园建设缓慢,尚不能满足市民对托幼一体化的高要求;公办、民办幼儿园的比例还需协调;民办幼儿园的办园条件有待提高,师资编制配备还需到位,幼教队伍的整体素质有待提升。

二、发展目标

(一)总体目标

努力构建政府主导、多元并举、公益性和普惠性共存、资源相对充足、优质协调、覆盖全面、布局合理、充满活力的学前教育体系,为适龄幼儿提供高质量的学前教育,保障幼儿健康快乐成长。到 2013 年,全区学前 3 年幼儿入园率达到 100%, 全区标准化建设达标幼儿园占幼儿园总数的 60%以上,等级幼儿园在园幼儿人数占在园幼儿总数的 90%以上,优质学前教育覆盖率达到 90%以上。新开办 3 至 4 所幼儿园,新创 3 至 4 所省一级幼儿园。继续推进"托幼一体化"工作,进一步实施 "共同成长工程",0~5 岁儿童家长和看护人受训率达到 98%以上。公办事业编制基本配备到位,幼儿教师大专及以上学历达到 96%以上,教师资格证持有率达 96%以上, 保教人员持证上岗率达到 100%。

(二)年度目标

到 2011 年底, 完成列入杭州市政府考核项目新建 2 所、改建 2 所幼儿园目标任务,完成胜利幼儿园胜利园区、大学路园区改扩建任务;修订出台《上城区幼儿园布局规划》,努力解决资源不足难题;抓好三支队伍建设,即管理队伍,专业队伍,工勤队伍;实施四大工程,即全能幼师人才蓄水工程、幼教精英海外研训工程、卓越园长团队成长工程、保育规范全员全程工程,有效打造全能型师资;实施民办幼儿园优质、规范扶持工程,修订完善《上城区学前教育专项资金管理办法》;新增事业编制幼儿教师 71 名;名园集团覆盖率达到 90%以上;继续保障 100%学前 3 年入园率,初步缓解托幼一体难题。

至 2012 年底, 新建配套幼儿园 2 所 (望南地区 R22-03 地块配套幼儿园、望南地块 R22-05 地块配套幼儿园),增加班级数 24 个,购置小营地块公建用房,改建为公办胜利幼儿园早教园, 新增公办班级数 6 个; 租赁湖滨或清波地块幼儿园增加班级数 9 个;省一级幼儿园增加 3 个,特级、甲级幼儿园增加 3~4 个,幼儿教师资格证持证上岗率达 95%,继续新增事业编制教师 40 名左右;幼儿园标准化建设完成率达 50%,进一步解决入园难问题。

至 2013 年底, 新建配套幼儿园 3 所 (南星单元 R22-B05 地块配套幼儿园和望江单元望北地块 R22-10 配套幼儿园、紫阳单元 R22-G07 配套幼儿园),增加班级数 30 个,购置复兴地块场地,改建为幼儿园,新增班级数 15 个;幼儿园标准化建设完成率达 60%;教师学历合格率保持 100%, 其中大专及以上学历要达到教师总数的 96%, 继续新增事业编制教师 40 名左右;公民办幼儿园比例协调,优质规范民办幼儿园在园幼儿人数占在园幼儿总数20%左右;办园条件和教育质量进一步均衡优质,保持学前三年入园率100%,学前第四年入园率稳步上升,区域内市民入园难题基本解决。

三、具体措施

(一)制定实施幼儿园建设规划,全力实现硬件配置均衡

1. 制订出台专项规划。根据杭州市学前教育工作要求,以及未来人口出生状况和外来人口变化趋势,制订完善《2011~2020上城区学前教育布局(布点)专项规划》。通过规划布局和实施,确保辖区内适龄儿童均能就近接受优质的学前教育;每一个网片(街道)辖区内有2所甲级以上幼儿园,每一网片(街道)辖区有1所及以上省一级幼儿园和示范性早教基地,形成布局均衡,覆盖全面的优质学前教育服务网络。

2. 高质保障考核项目。2011年市政府对上城区建设考核项目是2所新建幼儿园、2所改建幼儿园。2所新建幼儿园项目分别是胜利幼儿园新城园区和望江地区R22-8地块幼儿园(行知幼儿园新陶园区)。2所改建幼儿园分别是小世界幼儿园和紫阳幼儿园。成立建设领导小组,实时全程管理,定期联合协调,确保高质量完成市级考核任务。

3. 全力解决资源不足难题。按照市委〔2010〕22号文件"通过三年时间,基本解决现有幼儿园园舍不足问题"要求,盘活现有资源,并通过购置、租赁、置换等方法切实解决幼儿园用房问题。

4. 加快标准化园舍建设。制定3年标准化园舍建设计划和分步实施方案,对现有幼儿园进行达标验收。对不符合标准的幼儿园要限期整改,到2013年幼儿园标准化建设完成率达60%以上。

(二)改革公共财政支出方式,有效保障经费投入均衡

对辖区所有公办幼儿园实行"收支两条线"。公共财政向幼儿园的支出按照班级数和幼儿数进行拨付,采取以下措施:

1. 单列财政预算。在教育事业经费中安排一定比例的学前教育事业经费,并将其列入财政预算,做到逐年增长。2011年,学前教育事业经费占同级教育事业费的8%以上。

2. 下拨公用经费。公共财政安排学前教育预算内生均公用经费达到本区小学预算内生均公用经费的三分之一以上,并做到逐年增长,覆盖到区域内每一所幼儿园。2011年预算安排学前教育生均公用经费定额标准180元,2012年和2013年继续确保学前教育预算内生均公用经费达到区内小学生标准三分之一以上,并逐渐向二分之一靠近。

3. 设立专项经费。在年度预算中安排学前教育专项经费,并对民办幼儿园教师待遇、生均公用经费、租赁经费、开办经费、奖励经费、教育资助等补助在预算中设立学前教育发展专项资金。

4. 完善管理制度。修订完善《上城区学前教育专项资金管理办法》等相关制度,多渠道筹集学前教育经费,加大对学前教育经费的投入,提高学前教育发展经费的保障力度。

(三)创新人事管理制度,促进师资配置均衡

1. 探索分配制度改革。继续在区教育局属幼儿园内推出"建立绩效考核,推行同岗同薪"的创新举措,实行"淡化身份、按岗定薪、岗变薪变"的分配方法,强调绩效考核,形成"轻身份、重岗位"的分配机制,确保按幼儿园每班2教1保加管理的人员编制标准下拨经费。同时在职称评审、晋岗晋职、评优评先等各方面创设统一平台和平等机会,实现幼儿园教师由"身份管理"转向"岗位管理"、由传统的行政任用关系向"平等协商、双向选择"的聘用关系转变。对在区教育局属幼儿园的非事业编制老师,工资福利待遇继续做到同岗同酬。积极主动地向区域内民办幼儿园、部门企事业办幼儿园及其上级主管部门宣传推广分配制度改革。

2. 推行教师无障碍流动。通过"刚性流动"和"柔性流动"相结合、"刚柔并济"的方式促使各幼儿园之间实现教师流动。"刚性流动"即通过干部和教师的竞聘、调动等方式从师资力量强的幼儿园中选拔优秀人才到师资力量相对薄弱的幼儿园中担任园长、副园长和教学、科研骨干,促进幼儿园之间的师资相对均衡。"柔性流动"是指通过支教、挂职等方式,使幼儿园之间实现教师互派交流。主要方式:由师资力量强的幼儿园派出名师、骨干教师到师资相对薄弱的幼儿园进行业务指导与帮扶;鼓励薄弱幼儿园派出年轻教师到名园中去挂职锻炼和学习。2011年起,严格按市文件要求核增落实10%比例的名园集团核心幼儿园事业编制，用于名园集团建设，推进教师无障碍流动。

3. 加强编制管理。按照《关于进一步做好幼儿园教职工编制核定和人员配备工作的通知》(杭编办〔2009〕99号)文件精神，根据2011年上城区公办幼儿园班级数、核定教师编制数。按照上城区幼儿园教师总数10%左右的比例，核增公办幼儿园事业编制，专项用于民办幼儿园教育教学工作。逐年配备上城区公办幼儿园事业编制教师，力争到2015年，区公办幼儿园事业编制教师基本配备到位。2011年，拟新配备公办幼儿园事业编制幼儿教师71名。其中31名已列入招聘计划并组织实施；在此基础上，上半年计划针对公办幼儿园在职非公办教师再定向招聘40名。2012、2013年计划平均每年新配备公办幼儿园事业教师40名左右。

4. 提升队伍素质。2011年起将重点抓好三支队伍，实施四大工程，有效打造全能型师资。

三支队伍即管理队伍、专业队伍、工勤队伍。管理队伍培养目标：打造一支能说会写，有创造力，感染力，懂管理，能示范，有国际视野，脚踏实地，梯度适宜的管理干部队伍。专业队伍培养目标：实施素质提升工程，打造全能型幼儿教师。工勤队伍培养目标：进一步提升保育、保健、食堂、保安等工勤人员(占全区教职工40%)对本职工作的认识及服务幼儿的技能水平，从而整体提升管理服务水平，满足家长对均衡优质学前教育的实际需求。

四大工程即全能幼师人才蓄水工程，幼教精英海外研训工程，卓越园长团队成长工程，保育规范全员全程工程。全能幼师人才蓄水工程：提前招聘，储备人才，加强培养，岗位成长。幼教精英海外研训工程：2011年启动学前教育高端人才海外研训工程，2011年上半年选拔人才，进行培训后暑期分赴海外专项进修培训。卓越园长团队成长工程：确定培养人选3~5人，每人辅以区内外特级名师为顾问，配置青年骨干教师2~3人，形成研究、学习、实践型团队，开展课题研究，开创教学特色，体现物化成果，强化成果宣传，争取"十二五"期间本区实现幼儿园特级教师零的突破。保育规范全员全程工程：2011年全面启动杭州地方性标准化规范《幼儿园保育工作规范》，学习规范、落实规范。

(四)深化各项学前教育改革，全面促进事业均衡优质

1. 深化学前教育改革。贯彻落实教育部印发的《幼儿园教育指导纲要(试行)》(教基〔2001〕20号)，树立以幼儿全面和谐发展为本的教育理念，遵循幼儿身心发展规律，坚持保育与教育相结合原则，以游戏为基本活动形式，注重对幼儿进行情感态度、行为习惯、智力能力的培养，为幼儿提供安全、健康、丰富的生活和活动环境，保障幼儿快乐健康成长，避免和防止片面追求超前教育和幼儿教育"小学化"。

2. 高质完成三年规划制订实施。完善幼儿园三年规划制定。2011年3月起，各幼儿园在对应中小学的指导下，通过召开社区大会、对全体教职工的访谈、头脑风暴法、SWOT分析法等手段与途径，对幼儿园发展面临的主要问题进行广泛交流征求意见，根据自身的实际情况确立本园的优先发展领域，运用好各种资源，实现发展愿景和具体目标。2011年6月，区教育局组织专家团队对其形成的规划进行论证，指导修改，9月起正式实施。

3. 健全城乡支援机制。加大优质学前教育资源向农村辐射力度，深入推进与临安、富阳"城乡互助共同体"、"城乡统筹"的创建结对活动，开展骨干教师送教下乡、博客网络教研、城乡亲子活动等，实现优质学前教育资源共享。

4. 推进社区早期教育。构建区政府统筹，以街道、社区为依托，教育、卫生、妇联等部门协同运作的社区早期教育服务网络。每个街道至少设立1个社区儿童早期教育资源中心，每年为社区0~3岁儿童家长及看护人员提供6次免费的早期教育指导服务，不断提高家长的科学育儿能力。

5. 加大民办幼儿园扶持力度。鼓励多元化办学，积极调动各方面力量，广泛吸纳和引进社会资金，拓宽幼儿园办园渠道，积极鼓励、支持民办园发展，到2013年使全区民办幼儿园数目占到全区幼儿园数的20%~30%。重点扶持一批办园方向正确、办园质量高的具有国际化视野和现代化水准的民办幼儿园成为上城区的示范园。加强对民办幼儿园的调研，认真研究民办幼儿园办园中存在的问题，落实解决问题的对策。开展形式多样的结对帮扶支教活动，帮助新设立的民办幼儿园提高办园水平。在加大民办幼儿园教育专项经费投入的同时，加强对民办幼儿园的审核、监督、指导、管理，完善年审工作、完善对民办幼儿园督导评估制度、安全督查制度，规范其办园行为。

(五)加强组织领导，确保学前教育健康有序发展

1. 强化责任落实。区各有关部门要明确责任分工，各司其职、通力合作，加强对学前教育事业发展的指导、服务和管理。每年召开由有关部门参加的学前教育联席会议，研究学前教育发展政策，协调解决学前教育事业发展中的热点、难点问题。

2. 加强督导考核。区政府教育督导室负责制定区学前教育督导评估标准，对本计划实施情况进行督导检查和责任考核。

3. 广泛开展宣传。要充分利用报刊、网络、电视等媒体，采取多种形式，广泛宣传发展学前教育的重要意义，深入宣传学前教育政策法规、基本要求和科学规律，努力营造全社会关心支持学前教育的良好氛围，充分调动社会各界积极性和主动性，促进上城区学前教育又好又快发展。

上城区人民政府办公室

2011 年 4 月 29 日

上城区"128"人才提升工程实施意见
(2011～2015 年)

为更好实施人才强区战略，加快培养造就一批能够引领和支撑上城区经济社会发展的年轻学术技术带头人，根据《杭州市上城区"十二五"人才发展规划(2011~2015 年)》精神，现就上城区深入实施上城区"128"人才提升工程提出意见如下：

一、指导思想

以邓小平理论和"三个代表"重要思想为指导，深入贯彻落实科学发展观，牢固树立人才资源是第一资源、人人都可以成才和以人为本的理念，积极推进人才强区战略，紧密结合社会经济发展需要，紧紧围绕上城区"十二五"期间加快构建"五主多副"现代产业体系的目标，以提升自主创新能力为核心，以更加开放的视野，按照"滚动培养、跟踪管理、鼓励竞争、动态考核"的要求，创新体制机制、加大培养力度，努力建设一支数量充足、结构合理、既有拔尖领军又有后备骨干梯度配备的专业技术人才队伍，为建设"具有国际水准的高品质中心城区"提供坚实的专业技术人才保障和智力支持。

二、工作目标

"十二五"期间，按三个层次新选拔和培养 110 名中青年专业技术人才。其中第一层次：10 名能跟踪国际、国内科技前沿，引领本学科产业发展，能进入市"131"人才工程第一、二层次的学术技术带头人。第二层次：20 名能进入市 131 第三层次、具有较高学术技术造诣，能支撑全区学科建设、产业发展和科技创新的后备学术技术带头人。第三层次：80 名在各自领域成绩显著，起骨干核心作用的优秀专业技术骨干。在"128"人才提升工程中，力争造就一定数量的，在上城区企事业管理中为大幅度提高经营管理水平作出重要贡献的中青年领导干部。

"128"人才提升工程分三个阶段进行：

第一阶段：(2011 年 1~6 月)为启动阶段。主要任务是宣传发动，统一认识，选拔确定第一批培养人选，制定并落实有关培养措施，开始实施提升计划。

第二阶段：(2011 年 7 月~2014 年 12 月) 为全面选拔、培养阶段。按提升计划完成选拔任务，并通过各项培养措施，使大部分培养人选的水平接近培养目标。

第三阶段：(2015 年 1~12 月) 为全面考核验收阶段。通过考核找出差距，采取措施加大培养力度，全面完成培养目标，并搞好验收。

三、选拔标准和程序

选拔的对象是：在自然科学领域取得创新性理论成果，或在工程技术领域取得重要发明创造、技术创新和成果转化的科研人员；具有战略思维、善于管理、市场运作能力较强的企业经营管理人才；在人文社会科学领域取得重要研究成果，丰富和完善学科理论，取得显著经济和社会效益的专家学者，以及其他为上城区经济社会发展作出重要贡献、取得较大成绩的青年优秀人才。

（一）选拔原则

1. 培养人选在全区生产、科研、文化、教育、卫生等领域优秀专业技术人员中选拔产生。

2. 培养人选的选拔，应着眼于上城区经济发展和产业结构调整的需要，结合实施以“五主多副”为重点的发展战略，更加重视在文化创意、旅游休闲、金融服务、电子商务、信息软件、物联网、生物医药、节能环保、新能源等“十二五”期间全区重点发展的产业领域中从事专业技术工作的优秀中青年人员。

3. 培养人选的选拔，应公开条件、公平竞争、公正选拔。

4. 上城区“128”人才提升工程培养对象，入选省“151”、市“131”人才培养人选者，可直接进入“128”人才提升工程培养计划相应的层次，继续接受培养，培养经费按就高原则，不再重复核拨。

（二）选拔条件

1. 基本条件：“128”人才工程培养人员必须热爱社会主义祖国，拥护中国共产党领导，遵纪守法，恪守科学和职业道德，有良好的团队合作精神，有严谨的治学态度和刻苦钻研、开拓创新精神和强烈的事业心，身体健康。

2. 各层次的具体选拔条件：“128”人才提升工程培养计划推荐培养人选，除符合上述基本条件外，还应分别符合以下各层次对应的具体条件：

第一层次：年龄在45周岁以下，具有高级专业技术资格。理论基础深厚，专业知识扎实，具有较高学术造诣，学术视野宽广，能跟踪了解本学科专业前沿领域和发展趋势。有很强的科研、技术创新能力和团队核心带动作用，曾承担过市级以上重点课题、项目、基金研究工作，获得市级以上科研成果奖励或其他有影响力的社会奖项，发明创造获得发明专利授权；在国内外一流学术刊物上发表过一定数量的高水平论文，出版过有重要学术技术价值或社会影响的著作；在本专业领域有重大的学术技术创新，取得的成果产生了显著的经济社会效益。

第二层次：年龄在45周岁以下，一般应具有中级以上专业技术资格。掌握本学科的理论基础和专业知识，了解本学科国内外现状和本专业前沿发展趋势，有较强的科研、技术创新能力和团队核心带动作用。曾参加市级以上或承担区级重点科技项目研究工作，获得市级以上科研成果奖励或其他较有影响力的社会奖项，发明创造获得授权发明专利；发表过一定数量的高水平论文，出版过著作；在本专业领域有较为重要的学术技术创新，取得的成果产生了较好的经济社会效益。

第三层次：年龄在40周岁以下，一般应具有中级以上专业技术资格。掌握本学科专业知识，了解本学科专业国内外技术发展动态，具有一定的创新能力和团队协作精神。曾参加区级以上有关部门重点科技项目工作， 获得区级有关部门科研成果奖励；发表过较高水平论文；在本专业领域取得的学术技术成果带来了一定的经济社会效益。

3. 培养对象一般应具有中级以上职称或大学本科以上学历，掌握一门以上外语，具有翻译本专业外文资料的能力和熟练的计算机应用能力。

（三）选拔程序

选拔工作分2次开展，2011年选拔66人（第一层次6人、第二层次12人、第三层次48人），2013年选拔44人（第一层次4人、第二层次8人、第三层次32人）。选拔工作由区“128”人才提升工程协调小组负责，协调小组由区委组织部（区委人才办）、区委宣传部、区人事局、区发改局、区教育局、区科技局、区财政局、区建设局、区商贸旅游局、区文广新局、区卫生局等单位组成，日常工作由区人事局负责协调。

1. 培养人选的选拔采取组织推荐和个人自荐相结合的办法。区属事业单位根据选拔条件择优推荐，报送主管部门；辖区企业按财政级次报所属街道办事处。

2. 主管部门（街道办事处）在单位推荐的基础上，按照公开、平等、竞争、择优原则，组织有关专家对推荐人选进行评议，确定等级，列出人选推荐顺序，报送区人事局。

3. 区人事局对推荐人选提出初审意见，向区“128”人才提升工程协调小组提交建议人选名单。

4. 经协调小组审定后的培养人选名单以区政府办的名义发文公布。

四、培养措施

以五年为一个培养周期,重点从以下方面做好培养工作。

(一)加大培养资金投入力度

“128”人才提升工程实施期间,对入选的第一、二、三层次培养人选,区政府分别给予每人3万元、2万元和5000元的培养经费,人选所在单位(主管部门)应按照不低于1:1的比例给予配套资助经费。培养人选所在单位要制定切实可行的经费管理办法,坚持专款专用。培养经费只能用于提高培养人选的学术、技术水平所必需开支,即用于资助培训、进修、研修、考察和参加国内外学术交流活动,购置必要的图书、资料和出版学术著作及资助培养人选主持的科研项目等。企业的培养经费在“管理费用——技术开发费”科目中列支,事业单位的培养经费在“其他费用”或“事业发展基金”科目中列支。

(二)加强学术技术交流和知识更新

鼓励和支持培养人选参加各种形式的学术技术交流和知识更新培训等活动,增进培养人选间的相互交流与合作,不断拓展人选学术技术视野,提高科研和经验管理水平。充分创造条件,每两年组织部分人选参加国内外的培训考察和学术休假活动。

(三)坚持实践中培养和使用相结合

结合生产科研实际,在创新实践中培养和使用人才,鼓励和支持培养人选承担技术创新项目、重点学科、重点实验室、高新技术研发中心和企业技术中心等学术技术平台建设。用人单位对培养人选要充分信任,放手使用,要为培养人选提供重要的科研岗位和科研项目,积极配备团队助手,注重发挥他们在团队中的核心骨干作用,为培养人选施展才能提供广阔舞台。

(四)营造良好环境,完善激励机制

把“128”人才提升工程中的优秀人选推荐到市新世纪“131”优秀中青年人才培养计划、“享受政府特殊津贴人员”、省“新世纪151人才工程”等各项人才工程。建立培养人选年度体检制度,进一步改善他们的医疗保健条件。为上城区经济社会发展做出突出贡献的培养人选,要及时给予表彰奖励。对涌现出来的创业创新先进典型人物事迹要大力宣传。对在科学研究上有重大突破或有重大社会效益和经济效益的科研成果,可结合各类评奖项目,给予奖励。各用人单位要健全收入分配机制,对于培养人员待遇,根据其能力水平、业绩贡献大小予以重点倾斜。培养人选所在单位要为他们创造宽松民主的创新氛围、工作环境,并在科研经费、实验设备、工作场所等方面给予重点保障。

五、管理和考核

(一)健全分级管理体系

健全和完善人才工程的分级管理体系,自上而下、分层次的确保人才培养提升工作有序进行。协调小组负责总体规划、宏观协调、监督指导以及其他重大事项的决策。区人事局负责工程实施的日常管理,包括人员选拔、培养、考核、核拨资金、指导协调和检查监督等。各主管部门(街道办事处)负责本部门培养人员的管理协调工作,指导和督促用人单位落实培养措施,协调解决人员培养过程中出现的问题;负责考核培养人选所在单位按规定应投入的配套培养资金是否到位,以及核拨的专项资助资金使用、管理及资助项目进展情况。选拔工作列入区委、区政府对区级机关的年度目标考核和党政领导班子人才工作目标考核。各用人单位负责制定具体培养计划,制订培养目标体系及其各项指标,抓好人员培养、考核、评价、激励和保障等各项工作。

(二)加强考核监督工作

结合单位年度工作考核,每两年对培养人选进行一次定期考核。考核工作要从职业道德、理论水平、专业能力和工作业绩四个方面进行,重点是专业能力和工作业绩,考核结果作为表彰激励、淘汰的重要依据。培养期间,学术技术水平显著提升,科研工作取得突破性进展或重要成果的培养人员,经专家评议,可直接列入高一层次进行培养;对弄虚作假、丧失或违背学术技术带头人所必备的政治条件和道德标准的,用人单位应及时报告区人事局,经协调小组核实后,予以淘汰。在对培养人选进行考核的同时,对人选所在单位的培养计划、配套培养经费的落实情况以及培养经费使用管理等情况进行考核。具体考核由区人事局另行布置。

对培养人选在5年培养期满后进行综合考核评估,综合考核按照个人总结、所在单位评价、专家评议、区“128”人才提升工程协调小组审定相结合的方式进行。对达到培养目标、基本达到培养目标的培养人选,发给“杭州市上城区128人才证书”。

(三)加强组织领导

深化部门协商机制,充分发挥区“128”人才提升工程协调小组在研究制定政策、调动各方力量、协调解决重大问题中的作用。协调小组各成员单位要明确职责分工,整合培养资源,注重本部门各类人才培养与区“128”人才工程的层次衔接,进一步发挥职能优势,形成工作合力,推动工程深入实施。各部门、街道要充分认识这项工作在加强高层次人才队伍建设、推动经济社会发展中的重要地位和作用,建立健全党政领导班子联系培养人员制度,密切与培养人员的联系。加大对“128”人才工程的舆论宣传力度,积极营造有利于学术技术带头人成长的良好社会氛围。

上城区人民政府办公室

2011年7月5日

上城区“三江两岸”生态景观保护与建设三年行动计划

为全面贯彻落实市委工作会议和市委十届八次、九次全会精神,加快推进城乡区域统筹发展,推进生态文明建设,根据《市委办公厅、市政府办公厅关于加快推进“三江两岸”生态景观保护与建设的实施意见》,特制订如下三年行动计划。

一、指导思想

以邓小平理论、“三个代表”重要思想为指导,全面贯彻落实科学发展观,深入贯彻市委工作会议和市委十届八次、九次全会精神,按照生态文明建设的要求,以改善水环境质量、构建生态保护带、打造黄金生态旅游线为出发点,整合钱塘江北岸各类自然和人文等旅游资源,实施全面整治和景观提升,推进规划转型、环境保护、旅游宜居,力争用五年左右的时间,把上城区打造成为“三江两岸”地区经济发展的新“蓝海”、生态文明建设的示范区。

二、总体目标

上城区“三江两岸”生态景观保护与建设以五年为期,一年全面启动,力争三年基本完成。即到2013年,影响水体质量和沿岸景观环境的问题得到全面整治、打造出有上城文化底蕴的人文旅游休闲区,努力实现“生态环境优美、生态经济发达、生态文化厚重、社会发展和谐”的四大目标;

(一)生态环境优美

逐步完善城市建设环境基础设施项目,使大气、水的环境质量持续改善,历史文化遗迹得到发掘与保护,自然旅游资源得到开发与利用。环境质量提升目标:全年环境空气质量优良天数达到310天以上;水环境功能区水质达标率达到功能区要求。

(二)生态经济发达

逐步推进产业结构调整和优化升级,以特色品牌建设为核心,生态经济成为新的经济增长点,推动钱塘江沿岸的经济快速增长、综合实力显著增强。经济指标改善目标:全区财政总收入突破百亿大关,地方财政收入达到70亿元。

(三)生态文化厚重

在“三江两岸”沿岸的区域牢固树立生态文明理念,积极开展生态文明创建,着力提升群众的生态文明素养,大力推行绿色消费方式,生态文明道德文化体系基本建立。充分挖掘沿江人文旅游及宗教历史文保价值,提升上城区的生态文化历史底蕴。

(四)社会发展和谐

逐步提高居民生活品质,突出环境问题得到有效解决,“三江两岸”上城段环境更加秀美、交通更加发达、百姓安居乐业。目标:生态文明宣传普及率达到90%以上,社会公众对生产生活环境的满意度达到85%以上。

三、区域范围

“三江两岸“上城区范围:钱塘江上城区段即钱塘江北岸钱塘江一桥到三桥段共约8.4公里范围,以及此段江岸沿线可视范围,主要在南星街道、紫阳街道、望江街道的行政范围内,南临钱塘江,西北以虎跑路至玉皇山麓至凤凰山脚为界,沿万松岭路至江城路,往北以秋涛路至清江路及钱江三桥为止。

四、保护和建设的主要任务

通过实施"四项工程",以项目带动的方式形成大产业、促进大发展。

(一)保护水源水质

努力提高环境预警能力,建立水环境和空气环境预警监测监控体系,建立、健全预警制度,完善应急预案,提高应急处置水平;积极参与区域环境联合执法,配合构建天罗地网工程。

1. 沿线排污口调查整治工作。全面开展"三江两岸"沿线排污口的调查及整治。此项工作由上城环保分局负责实施,区城管办等配合。

2. 环境安全和应急工程。配合建立和完善水环境和空气环境预警监测监控体系,提高"三江两岸"沿线环境预警和应急能力;完善水污染突发事件应急预案,提高事故应急处置水平。此项工作由上城环保分局牵头落实。

3. 内河水质改善工程。完成新开河等城市内河的污染源整治、清淤及水生植物修复等工程,提升区域水环境质量,确保出境断面水质达标。此项工作由区城管办与区绿化办牵头落实。

4. 江堤安防工程。充分发挥巡防队及区、街道、社区喊潮队的力量,加大巡防频次,确保沿江防潮设施情况和周边居民群众的安全。此项工作由区安监局与上城公安分局牵头落实。对于堤塘的保洁和绿化责任部门为区城管部门,堤塘的维修与维护由省钱管局杭州管理处负责。

(二)促进产业转型

按照"五主多副"的要求,推动沿江产业转型升级,加快构筑现代产业体系。全力提升现代商贸服务业和金融业,发展总部型都市工业及楼宇经济。打造以观光游览、休闲度假、会展商务为核心的多元化旅游产业,加大对重点节能与环保产业发展的扶持力度,全力打造起一条高附加值的沿江产业带。

5. 区块产业提升工程。沿江重点区域发展高新技术产业和现代服务业,加快形成节约、环保、高效的产业体系。推进复兴商务广场城市综合体建设。深化其作为首批现代服务业集聚区的产业链,积极发展总部经济和楼宇经济。此项工作由区发改局负责实施。

6. 园区生态化改造工程。全力推进山南国际设计创意产业园的生态化建设,将原为仓储及粗加工为主的片区改造成为文化创意产业与金融产业的集聚区,将原有的污染地块转变成为财富高地、创意天堂。此项工作由玉皇山南指挥部负责实施。

(三)加快环境整治

进一步完善污水管网、泵站等环境基础设施建设。加快沿江道路之江路的改造和整治工作,逐步构建沿江景观游径系统。

7. 城镇环境基础设施工程。对沿岸区域公建单位的污水进行截污纳管,能截尽截,提高截污率,强化源头监管。深入推进生活垃圾分类收集和无害化、减量化、资源化处置。此项工作由区城管办负责实施。

8. 地块改造工程。全面推进望江地区改造,加快望南地块、望北地块、近江片等处的安置房与配套设置建设,提升人文居住的精致空间。此项目由望江指挥部负责实施。完成甘水巷、安家塘、玉皇山南、南观音洞周边、樱桃山景中村农居、白塔岭地块等环境整治项目。此项目由玉皇山南指挥部负责实施。

9. 污染控制工程。控制沿岸区域的工地施工扬尘污染和道路扬尘污染,重点对之江路段开展联合执法,对改装车、工程车进行专项整治,控制其扬尘、噪声污染,减少其对周边居民的影响。优化交通组织方案,打造之江路的畅通工程;对超速行驶的违章行为加大整治力度,配合市环保局严控汽车尾气的污染。此项工作由上城交警大队、区建设局、区执法局、上城环保分局负责实施。

(四)开发人文旅游

对沿线自然景观旅游资源进行保护和开发,对沿线历史文化、历史文物建筑进行挖掘、保护与利用,打造一条以生态文明为主线的黄金生态旅游线。实施景观串联,通过点、线、面相结合的生态景观综合整治,重点做好对沿江旅游景点指示标志设置,沿江旅游景点码头设置和重点景观的升级改造。建设景观文化展示工程,开展生态文明示范工程和历史文化展示工程建设。

10. 景观保护和开发工程。对沿线自然景观资源进行保护和开发,结合生态文明创建工作,推进沿线浙江第一码头、白塔公园(海月水景公园、樱桃山生态公园)、江洋畈公园、八卦田公园、将台山南宋佛教公园等旅游景点的挖掘及保护,完成樱桃山顶景点建设、大畈鱼塘等旅游公建的建设。此项工作由相关玉皇山南指挥部负责实施,上城环保分局等配合。

11. 历史修复改善保护工程。完成大资福庙地段文化保护恢复与安家塘历史建筑保护等历史保护工程。将大资福庙、白云庵、天龙寺、吴汉月墓等宗教历史文化、历史文物建筑进行保护与利用,串珠成链,使之成为沿江历史文化的古迹之路。此项工作由相关玉皇山南指挥部负责实施,区商贸旅游局、区建设局等配合。

12. 沿江生态景观规划设计工程。围绕将钱塘江上城段打造成一条精彩纷呈的秀美景观廊道开展前瞻性规划,完成"三江两岸"上城区段的集功能、景观、生态、旅游、交通、经济于一体的生态景观规划设计工作。此项工作由上城规划分局负责实施。

五、实施步骤

(一)启动阶段(2011 年)

成立上城区"三江两岸"领导机构和工作机构,全面调查摸底,制订实施意见,编制三年行动计划和年度工作方案,召开动员会议。(2011 年 1~6 月)

(二)实施阶段(2011~2012 年)

影响水体质量和两岸景观环境的问题得到全面整治,环境基础设施和旅游基础设施基本完善,一批有特色的人文旅游休闲示范区逐步建成。

(三)深化阶段(2012~2013 年)

全面完成整治各项工程,黄金生态旅游线基本建成。做好成果巩固和内容深化工作。开展考核验收、经验总结与推广工作。

六、保障措施

(一)组织保障

建立上城区"三江两岸"生态景观保护与建设工作领导小组(以下简称领导小组),由区委、区政府主要领导任组长、副组长,各区有关部门和街道为成员单位。领导小组负责上城区"三江两岸"生态景观保护与建设工作的组织领导、任务分解、综合协调、目标考核等。领导小组下设环境整治办公室和生态建设办公室,环境整治办公室设在上城环保分局,由上城环保分局主要负责人任办公室主任,主要负责环境整治类工作的组织协调、督促检查、目标考核、任务落实等;生态建设办公室设在区统筹办,由区统筹办主要负责人任办公室主任,主要负责人文旅游开发工作的组织协调、督促检查、目标考核、任务落实等。

(二)资金保障

走多渠道、多层次、多方位和产业化筹资的新路子,积极多方筹措资金。在政府投资的基础上,吸引社会力量及资金来参与实施,推进项目完成。同时积极争取市财政以奖代补形式给予"三江两岸"生态景观保护与建设工程或项目的补助资金。

(三)机制保障

建立相应的监督考核制。上城区"三江两岸"生态景观保护与建设工作纳入综合考评内容,同时列入区政府年度目标责任考核。建立区级层面的信息通报制度以及工作例会制度。设立区"三江两岸"生态景观保护与建设工作现场办公室,各成员单位派精兵强将进行现场办公。

中共杭州市上城区委办公室
杭州市上城区人民政府办公室
2011 年 7 月 27 日

上城区全民健身实施计划(2011~2015 年)

为进一步发展群众体育事业,根据《全民健身条例》(国务院令第 560 号)、《全民健身计划(2011~2015)》(国发〔2011〕5 号)和《杭州市全民健身计划(2011~2015 年)》精神,结合上城区实际,制定本实施计划。

一、指导思想

深入贯彻落实科学发展观,坚持体育事业公益性原则,强化政府公共服务职能,整合社会体育资源,逐步构建可持续发展的全民健身公共服务体系,保障公民参加体育健身活动的合法权益,提高全区人民身体素质、健康水平和生活品质,促进社会和谐发展。

二、目标任务

到 2015 年,全区居民体育健身意识进一步增强,经常参加体育锻炼人数逐步增加,身体素质明显提高,基本形成全民健身公共服务体系。

(一)贯彻落实国务院颁布的《全民健身条例》和《全民健身计划(2011~2015年)》

强化政府公共服务职能，提高全民健身意识，构建具有上城特色的亲民、便民、利民的全民健身公共服务体系，实现体育公共服务均等化。

(二)经常参加体育锻炼人数逐步增加

全区居民体育意识和科学健身素养普遍增强，体育健身成为更多人的基本生活方式。每周参加体育锻炼活动不少于3次、每次不少于30分钟、锻炼强度中等以上的人数比例保持在48%以上。学生在校期间每天至少参加1小时的体育锻炼活动。提高中青年人群参加体育锻炼人数比例，提高老年人、残疾人参加体育锻炼人数比例。

(三)全区居民身体素质进一步提高

每年进行国民体质测试1000人以上，全区居民达到《国民体质测定标准》合格标准以上的人数比例达到90%以上(不包括在校学生)。在校学生普遍达到《国家学生体质健康标准》基本要求，其中达到优秀标准的人数比例超过25%，耐力、力量、速度等体能素质明显提高。

(四)公共体育设施建设有较大发展

社区全民健身设施达到全覆盖的基础上，做好器材更新和维修。加快发展体育设施共享工程，新建社区多功能运动场所20处以上。建有1个标准400米塑胶田径场，新增1个区级综合体育健身中心。人均使用体育场地面积达到1.2平方米以上。实现公共体育设施开放率达到100%，学校体育设施开放率达到100%。

(五)全民健身活动内容更加丰富

在大力开展群众喜闻乐见的健身项目同时，充分依托自然山水优势，围绕钱塘江、吴山和中、东河全力打造具有上城特色的三大健身圈，加大宣传力度，加快设施和制度配套，使人与自然、运动与环保有效结合，协调发展。

(六)全民健身组织网络更加健全

在已经完成人群体协、地区体协全覆盖的基础上，依托区体育总会加快行业体协和单项体育协会的建立和发展，形成遍布全区、规范有序、富有活力的社会化全民健身组织网络。

(七)全民健身指导员队伍进一步发展

全区拥有各级社会体育指导员人数达到1200人以上，并不断提高他们的业务素质和技能，在科学健身辅导、场地开放管理、健身活动组织和基层体育职能考核中，充分发挥他们的作用。

(八)推进体育强区建设

2011年，全区实现全部街道获得省级城市体育先进街道以上荣誉，全部社区获得市级城市体育先进社区以上荣誉的基础上，实现上城区获得省级体育强区称号。到2015年，70%的社区达到市三星级以上体育工作标准。

三、主要措施

(一)认真贯彻执行国务院颁布的《全民健身条例》、《全民健身计划(2011~2015)》、《公共文化体育设施条例》(国务院令第382号)和省、市《全民健身条例》等群众体育法律法规

进一步强化政府公共体育服务职能，努力实现公共体育服务均等化，切实保障公民参加健身的权利，定期会同有关部门对全区开展全民健身计划实施情况进行评估。

(二)加强全民健身宣传教育，不断增强群众健身意识，形成浓厚的健身氛围，使体育健身成为广大群众自觉的重要的生活方式

通过报纸、宣传单、网络等形式，宣传科学健身知识，倡导健康生活方式。

(三)大力发展街道、社区体育。以杭州市城市体育工作示范街道和社区体育星级评选为抓手，推动街道、社区体育工作的全面发展

努力提升社区体育设施品质，完善社区体育组织建设。推进社区体育健身俱乐部和单项体育协会组织建设，充分调动社会体育指导员的工作积极性，使其在体育队伍建设、体育活动开展、体育设施维护管理、科学健身辅导等方面发挥重要作用。加快社区多功能运动场所建设，落实配套政策，努力推进辖区公益性体育设施向社区居民开放。

(四)切实加强青少年体育

广泛开展“阳光体育运动”，全面实施《国家学生体质健康标准》，保证中小学生每天一小时的体育锻炼时间，在继续加强体育教学的同时，全面开展田径、三棋、三大球、三小球等受学生广泛欢迎的竞赛活动，丰富广大青少年学生课外体育活动。继续开展学生生存教育，达到上城区儿童人人学会游泳的工作目标。推动体育特色学校、体育传统项目的学校建设，注重学校体育特色和学生体育特长发展。

（五）重视发展老年人体育

健全老年人体育协会、体育健身俱乐部和体育健身团队。公共体育设施对老年人提供便利和优惠。社区体育服务兼顾老年人，配置适合老年人锻炼的健身设施，开展适合老年人特点的健身活动，运用各项形式宣传科学健身知识。

（六）着力推动职工体育

重视培养社会体育指导员和高水平体育人才。充分发挥行业体育协会、职工体育协会作用，广泛建立职工体育俱乐部和体育健身团队，开展符合单位特点和职工喜闻乐见的体育健身和竞赛活动。坚持开展工间（前）操，开展《国家体育锻炼标准》达标测验和体质测试活动。有条件的单位可定期举办全民健身运动会。

（七）大力推进残疾人体育

健全残疾人体育组织，培养为残疾人服务的体育教师和社会体育指导员，组织开展残疾人体育健身活动。实施“助残健身工程”，为残疾人建设就近方便的体育健身设施。加快公共体育设施无障碍改造，为残疾人参加体育活动提供便利。

（八）大力开展各类群众性体育活动

以8月8日全国全民健身日和6月杭州市全民健身月为重要载体，通过环湖、沿江健身走、登山等传统群体活动，依托自然山水优势，围绕钱塘江、吴山和中、东河全力打造三大健身圈。通过定期举办区综合性运动会、大众体育节和不定期举办单项体育赛事活动，引导全区各级各类单位开展形式多样，参与广泛的全民健身活动，形成区域联动、各具特色的全民健身新局面。

（九）继续推行体育锻炼标准和体质测定标准

加快国民体质监测站（点）和公益性测试人员队伍建设，完善国民体质监测制度，每年测定总数不少于1000人涵盖不同年龄人数的样本量，定期向社会公布国民体质检测结果，并向上级上报测试数据，完成国家、省、市下达的国民体质监测任务。

四、保障措施

（一）完善全民健身政策保障

要深入贯彻落实《中华人民共和国体育法》、《全民健身条例》、《公共文化体育设施条例》、《全民健身计划（2011~2015）》等国家法律、法规和指导性文件，结合《浙江省全民健身条例》、《浙江省全民健身计划（2011~2015）》、《杭州市全民健身条例》要求，制定相关规范性文件，为全民健身事业持续发展提供完善的政策保障。

（二）加大全民健身事业投入

要按照《全民健身条例》规定，将全民健身事业纳入国民经济和社会发展规划，将全民健身工作所需经费列入财政预算。彩票公益金应当根据国家有关规定主要用于全民健身事业，并加强监督管理。加强基础建设和重大全民健身活动的经费投入，对公益性全民健身事业单位和服务机构给予必要的经费保障。逐步建立政府花钱买服务机制，为广大群众健身活动提供优惠服务。补助学校体育设施对外开放专项经费。

（三）加快各类体育设施建设

要制定全区公共体育设施发展规划，特别要加大区级和街道多功能体育运动场地的建设。新建、改建、扩建住宅区，建设单位应当按照城市规划和建设的要求同步建设公共体育设施。继续做好全民健身苑（点）建设、维护和管理工作，充分利用公园、绿地、广场等公共场所和河边、湖边、江边等山水自然条件，建设公共体育设施以及健身游步道等户外运动设施。

（四）不断提高各类体育设施的利用率

加快体育设施共享工程建设，努力实现各类体育设施向社会开放，其中公共体育设施开放率达到100%。

（五）提高公共体育服务能力

加强社会体育指导员培训和管理工作，建立投入和激励机制，进一步发挥社会体育指导员的作用。通过提高全民健身公共信息服务，宣传科学健身观念和方法，提高全民科学健身素养。做好民族民间传统体育项目发掘整理工作，将优秀民族民间传统体育项目纳入“非物质文化遗产”名录。建立全民健身基础数据统计体系，做好国民体质监测和全民健身状况调查工作。

上城区人民政府办公室

2011年9月5日

关于进一步加快推进养老服务工作的实施意见

为积极应对人口老龄化挑战,完善社会养老服务体系,提高老年人生活品质,建设“具有国际水准的高品质中心城区”,根据《浙江省人民政府关于加快推进养老服务体系建设的意见》(浙政发〔2008〕72号)、《中共杭州市委 杭州市人民政府关于加快推进养老服务事业发展的意见》(市委〔2010〕24号)精神,结合上城区实际和养老服务“十二五”规划要求,特制定本实施意见。

一、指导思想

以科学发展观为指导,按照“政府主导、政策扶持、社会参与、市场推动”的总体思路,加快推进养老服务社会化、专业化、标准化、信息化建设,建立、健全与人口老龄化进程相适应、与经济社会发展相协调,以居家养老为基础、机构养老为补充、社会(社区)服务为依托的养老服务体系,努力实现养老服务惠及全体,覆盖全民。

二、基本原则

1. 坚持社会化发展原则。坚持政府主导,综合采取政府购买服务、公建民营、民办公助等形式,运用市场化运作手段,鼓励支持社会力量参与养老服务事业,提高养老服务的效能和水平。

2. 坚持体系化发展原则。始终坚持机构养老、居家养老和星光老年之家协调发展,坚持硬件建设与软件建设“两手抓”,加快构建完善的养老服务体系。

3. 坚持标准化发展原则。积极推进养老服务标准化建设,完善服务对象评估体系,建立完善菜单式供给方式,规范服务内容,提高服务满意度。

4. 坚持信息化发展原则。合理利用“内外三网”(“e家人”社区事务综合管理系统、杭州社区网和数字电视社区网)和《养老服务对象评估系统》软件,实现外网申请、内网受理与评估、审核与审批、外网反馈与评价的信息化、自动化,进一步提高工作效能。

三、养老服务工作的目标任务

加快推进养老服务工作,是落实科学发展观的重要实践,是保障和改善民生的重要内容。要立足全区发展实际,科学规划,加强政府投入和政策扶持,鼓励社会参与,多管齐下提升养老服务水平。

(一)总体目标

到2012年,全区享受机构养老服务人数达到老年人口总数的3%以上,社会办养老服务机构床位数占总床位数的比例力争达到80%。居家养老服务“全覆盖”工程全面实施,政府购买上门服务的人数占老年人口总数的7%以上。到2014年,各街道、社区的为老服务设施建设达到省、市要求,全区超前实现杭州市提出的“9064”养老格局,即老年人口中,以社区为依托、社会化服务协助的自主居家养老占90%;享受政府购买服务的居家养老占6%;入住养老机构集中养老的占4%。该目标纳入全区国民经济和社会发展指标体系内容,同步实施,同步考核。

(二)主要任务

1. 加强养老机构设施建设。利用区内、区外资源,通过整合、置换、购买、联建、合作等手段,新建、改建一批养老机构,并按照“管办分离”原则,采取“公建民营”、“民办公助”等形式进行运作管理。采取向区外购买的方式扩充机构养老床位2000张,通过整合挖掘区内资源的方式扩充床位1000张,到2014年,新增床位数3000张,努力实现享受机构养老人数达到老年人口总数的4%。到2015年,护理和关怀床位数增加到200张以上。

2. 加大街道社区为老服务设施建设力度。到2014年,各街道建成1~2个以星光老年之家为依托的综合性养老服务中心,设施面积不小于800平方米;各社区提升星光老年之家功能,设施面积达到20平方米每百户。同时,进行体制与运作机制的创新,最大限度地发挥为老服务设施的服务功能,满足老年人日常养老的需求,为实现养老服务新格局奠定扎实基础。

3. 全力推进居家养老“全覆盖”工程。深化和拓展居家养老政府救助、补贴,加大居家养老政府购买服务力度,提高享受居家养老服务老年人的覆盖面,2011~2015年期间,每年享受政府购买上门服务的老人比例达到7%以上。同时,在推进实施中完善服务功能,开发新的服务方式,拓展新的服务内容。

4. 加快养老服务信息化平台建设。设立区“养老服务信息处理中心”,实现呼叫受理、呼叫联动、服务追踪和服务对象满意度反馈、自动生成报表以及对服务实体进行质量评估等,为政府购买服务提供依据。调整原有“一键通”呼叫服务功能,财政安排专项资金采购服务平台,并辅以为空巢、独居老人安装“一键通”呼叫终端和老人机。发挥应急救助、公共服务与养老服务三项功能,有效整合各类服务实体,及时响应老年人各类需求。

5. 加快养老服务社会化联动机制建设。实行区、街道、社区与养老服务实体“三级管理,四级运作”,区成立养老服务工作领导小组,街道建立综合性养老服务中心,社区建立养老服务工作站,服务实体负责对老年人的上门服务。在此基础上,整合卫生、司法、教育、文化、体育等职能部门优势,相应成立养老服务、医疗卫生、生活照料、文化教育、司法维权五个指导分中心,为居家养老服务提供组织保障。整合有一定规模、服务优、信誉好的企业,招标选择养老服务的承接实体。

四、加大养老服务社会化体系建设的扶持力度

根据老、小城区的特殊情况,探索实践社会化养老的路子,有的放矢地培育一批社会化养老服务机构,在宣传落实省、市各类优惠政策的基础上,制定实施更加积极的扶持政策,加大财政补助力度,促成养老服务社会化体系全面、协调、可持续发展。

(一)养老机构的补助

按照大力扶持、合理补贴的思路,在省、市养老服务机构扶持政策的基础上,适当加大财政补贴力度。对2011年6月以后自建非营业性社会办养老机构用房,经评估合格,床位数达到50张以上,每张养老床位给予9000元补助;床位数50张以内的,每张养老床位给予6000元补助。租用养老用房(包括公建民营)且租用5年(含)以上,经评估合格,养老床位一次性增长50张(含)以上,每年每张养老床位给予1500元补助;一次性增长50张以内的,每年每张养老床位给予1000元补助,补助期为5年。对营利性养老机构,经评估合格,按照非营利性养老服务机构享受的补助标准的60%进行补偿。

提高对城区社会办养老服务机构的寄养补助,营利性社会办养老服务机构接收杭州市户籍老人入住的,经评估合格,给予每人每月35元的寄养补助;对非营利性社会办养老服务机构接收杭州市户籍老人入住的,经评估合格,给予每人每月60元的寄养补助。

鼓励本辖区内持有效期内低保证、困难证家庭的老年人入住富阳等区(县、市)非营利性养老机构,对跨区域养老的老年人,给予每人每月300元的补助,用于抵扣入住床位费;在居家养老服务全覆盖中,经《养老服务对象评估系统》评估的A~D类老年人,其居家养老服务经费可以带入异地非营利性养老机构使用。

(二)星光老年之家的补助

对具备生活照料、医疗护理、文体活动、教育学习等基本养老功能的“星光老年之家”给予补助,补助资金用于支持“星光老年之家”开展养老服务工作,不断完善服务功能和服务内容,实现“星光老年之家”的稳步发展。到2012年底前,各街道新建成面积800平方米以上的综合性养老服务中心,经验收合格,一次性给予50万元财政补贴,每年给予15万元的运作经费;各社区按照20平方米每百户的要求提升和改建的星光老年之家,经验收合格,一次性给予10万元的补贴,每年给予5万元的运作经费。对已经按照上述标准建成并运作良好的,经评估合格,每年给予5万元的运作经费。托老所作为养老服务机构,其托老床位可作为养老床位计算,凡街道、社区新增单一性的日托所,经验收合格,根据面积大小,一次性给予3~5万元的补助,每年给予3万元的运行补助。积极扶持鼓励星光老年之家、法人服务实体创办老年食堂,对新增的老年食堂,经验收达标后,一次性给予10万元的政府补助,每年给予水、电、气等适当补贴。建立星光老年之家评估机制,凡享受政府补助的星光老年之家必须经过民政登记,并参加杭州市民政局统一组织的信用评估,每年补助经费发放与评估结果挂钩。

(三)居家养老上门服务的价格补贴

“居家养老”补贴金采取政府出资购买服务,改变“服务券”发放形式,按照养老服务信息处理中心提供的服务时间和满意度情况,定期向居家养老服务实体统一支付。根据国民经济发展和市场规律,从2011年10月起,上门服务的价格由原来的每小时15元调整到每小时18元,逐年调整。鼓励社会力量参与居家养老服务，为广大老年人提供周到便捷的服务；鼓励“4050”人员到养老服务机构就业，凡服务实体招收本区“4050”人员从事养老服务工作的，按市、区现有政策给予补贴。

五、工作要求

1. 统一思想，提高认识。养老服务事业是落实科学发展观的重要实践，社会文明进步的重要标志，保障和改善民生的重要内容，建设“具有国际水准的高品质中心城区”的重要体现。各部门和街道要切实增强责任感和使命感，把养老服务事业发展摆上重要议事日程，采取有效措施，狠抓工作落实。同时，把居家养老工作纳入各街道和部门考核。

2. 明确规定，依法发展。明确养老服务机构的权利和义务，对养老服务机构的市场准入、行业标准、日常管理、合法权益的保护、违法行为的处罚、机构撤销后的财产清理以及养老服务配套设施的建设等予以明确规定，使兴办养老服务机构“有章可循、有法可依”，实现养老服务机构法制化、规范化发展。

3. 落实政策，强化保障。贯彻落实省、市、区文件规定的各类养老服务机构建设和运营的优惠政策，加强资金支持，优化融资环境，保障社会养老机构的大力发展。同时，切实加强对各类各项基金资金的审计监督和运行监管，确保其运营安全和使用效率。

4. 加大宣传、营造氛围。要通过舆论大力宣传尊老爱老传统美德，明确家庭养老责任，强化子女的养老责任和意识。大力宣传和表彰尊老、爱老的先进事迹和典型，营造全社会关注、关心和支持养老服务事业的氛围。倡议全社会关心养老服务的发展，积极推动志愿服务，倡导义工服务及互助服务。同时，强调老年人在老龄社会中的主体作用，树立老年人“自立、自助、互助”的养老观念，更新养老消费观念。

5. 加强协调，密切配合。区民政、司法、教育、卫生、文化体育、群团组织及各街道要明确职责、密切配合、齐抓共管、形成合力，促进我区养老服务事业快速发展。

本意见由区民政局负责解释，扶持政策从2011年10月1日起执行。

中共杭州市上城区委办公室

杭州市上城区人民政府办公室

2011年9月20日

关于推进上城区残疾人托(安)养工程的实施办法

为进一步加强残疾人保障工作，加快推进全区残疾人托(安)养工程，全面提升残疾人生活品质。现结合实际，制定如下实施办法。

一、指导思想

坚持以人为本，创新服务举措。加快推进残疾人社会保障体系和服务体系建设，依据现有残疾人的客观需要，实施针对性的建立托(安)养等一系列保障措施，实现对所有残疾人的全员覆盖，进一步提升残疾人生活保障水平，共享社会发展带来的品质生活。

二、实施对象

具有上城区户籍并持第二代《中华人民共和国残疾人证》的残疾人。

三、工作措施

1. 开展集中托养。对生活不能自理或不能完全自理，且家庭无介护能力或家庭介护有困难的残疾人，实施集中托养。

2. 提供居家安养上门服务。对重度残疾人提供居家安养上门服务，发放居家安养生活照料服务券。

3. 发放特别护理费。对生活不能自理或不能完全自理，家庭有一定介护能力，生活困难的残疾人发放特别护理费。

4. 实施残疾人津贴制度。对未享受政府有关优惠政策的残疾人，由政府提供补助津贴。

四、申请条件和补贴标准

(一)集中托养

1. 申请条件：生活不能自理或不能完全自理，家庭无介护能力或介护有困难，且适合托养的残疾人。

2. 补助标准：持《杭州市困难家庭救助证》的残疾对象或家庭，将政府给予的各类基本救助金缴托养机构后，不足部分由财政全额补助；持《杭州市残疾人基本生活保障证》且经济状况列入低收入范围的家庭，将政府给予的各类基本救助金缴托养机构后，不足部分由财政补助70%；持《杭州市残疾人基本生活保障证》的残疾人家庭，将政府给予的各类基本救助金缴托养机构后，不足部分由财政补助50%。有集中托养需求的一般残疾对象，收费标准参照市有关规定执行。

(二)居家安养上门服务

1. 申请条件：凡属于重度残疾人(60周岁以下的言语听力残疾人除外)，均可享受居家安养上门服务。

2. 补助标准：残疾等级为一级，每月可享受政府提供10小时的居家安养上门服务。残疾等级为二级，每月可享受政府提供5小时的居家安养上门服务。对情况特殊的重度残疾人，生活不能自理或不能完全自理，家庭介护能力弱，依据其家庭经济状况，每月可享受政府提供的15~45小时不等的居家安养上门服务。

(三)特别护理费

1. 申请条件：残疾人本人生活不能自理或不能完全自理，家庭具有一定介护能力，经济状况困难，且暂不适宜集中托养的残疾人。所发放的护理费原则上由残疾人本人支配。

2. 补助标准：持《杭州市困难家庭救助证》的家庭，每月发放特别护理费600元；持《杭州市残疾人基本生活保障证》且经济状况列入低收入范围的残疾人家庭，每月发放特别护理费400元。

(四)残疾人津贴制度

未享受上述三项政策及社会保险补贴的残疾人，每人每年享受500元特殊津贴。

五、审批程序

1. 本人申请。由申请人向其户籍所在社区提出申请，并提交以下相关资料：杭州市上城区核发的《中华人民共和国残疾人证》原件及复印件；《身份证》和户口簿原件及复印件；《杭州市困难家庭救助证》、《残疾人基本生活保障证》、《杭州市低收入家庭证明》原件及复印件。

2. 社区受理。社区应依据本办法的具体申请条件，在《服务申请表》上签署意见，连同申请人提交的相关证件复印件，一并上报街道残联。

3. 街道初审。街道残联应按照本办法的规定，对社区上报的申请人的相关材料进行审核，并报区残联。

4. 区残联审批。区残联应及时将审核、审批的结果函告相应街道，符合集中托养条件的残疾对象由街道残联负责通知，并及时给予办理集中托养手续；符合申请发放特别护理费和居家安养服务券的残疾人家庭，经区残联审批同意后及时给予发放；街道核实的，按规定可享受政府给予的特殊津贴的对象，原则上每半年上报一次，由区残联审核后，每半年发放一次。

六、工作要求

残疾人是一个迫切需要全社会关心、关爱的弱势群体，加强残疾人生活保障服务，实行托(安)养等工作是区委、区政府实施的一项民心工程，要提高认识，形成合力，抓好落实，满腔热忱地做好各项工作。

1. 各街道、社区要积极开展调查摸底工作，以全面了解上城区生活不能自理或不能完全自理残疾人家庭的生活及托(安)养需求状况，采集、录入各类详尽数据，为区政府制定托(安)养相关政策和出台有关服务保障措施提供可靠依据。

2. 各街道要精心部署全面实施，要集中学习本办法，领会精神，准确掌握，尤其对各社区在实施过程中，要进行全面的指导督促，发现问题及时解决。

3. 区残联要综合各方意见，依据本办法有关标准与工作要求，举办一期培训班，进行专门培训。使调查摸底详尽周密，申报初审准确无误，各项保障措施落实到位。

4. 区残联及各街道、社区要以实施本办法为契机，大力推进信息化建设，完善现有工作软件，提升该项工作在调查、申报、受理、审批、资金发放等环节的信息化运作水平，提高办事效率，增加工作透明度，促进残疾人工作标准化水平提高。

上城区人民政府办公室

2011年11月3日

索 引

Index

·说 明·

一、本类目设主题索引、表、图和资料4个分目。

二、主题索引采用分析索引方法，按索引条目第一字汉语拼音(同音字按声调)顺序排列；第一字相同，按第二字音序排列。依次类推。

本年鉴的“特载”、“大事记”、“附录”和“彩色图版”均未做主题索引。

三、索引条目第一字为数字的，在“0~9”中查找。

四、类目、分目用黑体字标示。标引词后的阿拉伯数字表示内容所在页码。数字后的拉丁字母a、b分别表示从左到右第一、二栏。

五、表、图、资料按序号排列。

主题索引

0—9

A

B

K

L

W

Z

表

图

资料

就业更加充分、保障更加有力、劳动关系和谐

2011年，上城区创建充分就业城区和创业型城区通过市级考评。全年新增就业2.44万人，失业人员实现就业1.33万人，就业困难人员再就业4400人。落实区促进就业专项资金2292万元，完善"应帮尽帮"就业帮扶体系。在三年中共有7846人签订协议，其中大学生1921人。有5732人次享受居家就业社保费补贴，共1182.20万元。

全年养老保险参保103483人，净增参保9031人；工伤保险参保115865人，净增参保11022人；生育保险参保97187人，净增参保6056人。医疗保险覆盖面更广，城镇居民医疗保险参保率95%以上。

全年受理投诉举报案件297件，市、区长专线94件，讨薪135.70万元；专、巡查3547家企业。督促1401家用人单位补签劳动合同5671份，社会保险开户107家。行政处罚36家，罚款17.25万元。行政处理1起。处理突发事件10起，涉及人数72人。书面审查6972家，发放宣传资料2万份。创新劳动保障监察工作机制，坚持"说和"式柔性调解，实现劳动争议立案连续下降。劳动关系和谐稳定。

斐济总统夫人参观姐妹手工坊

武警上城区中队官兵参加创业培训

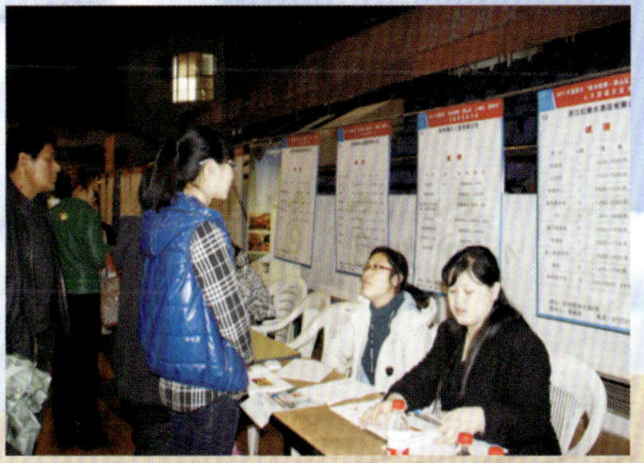

2011年富阳市"城乡统筹——萧山区、上城区、富阳市"人力资源交流大会。

2011年度技能大赛颁奖现场

南宋御街·中山路

800年前，这里是一轴定皇城的南宋天街；100年前，这里是百业俱兴的福地。这条承载着历朝历代的期许、辉煌与寥落，寄托着无数人旧日情怀所向往的“御街”，在千年后褪去旧日颜色，华丽转身进入新世纪，以“恢复城市记忆，展示御街风采”为宗旨，2008年1月18日，杭州市中山路综合保护与有机更新工程全面启动，为这一有着千年历史的南宋御街带来第三个黄金时期。精心修缮的南宋御街•中山路，于2009年9月30日正式对外开放。早在南宋时期，中山路清河坊一带酒楼茶肆鳞次栉比，是杭城商贾云集之地。开街后，最富杭州城市基因的南宋御街重拾繁华。如今的御街，既是杭州城“老字号”的集聚地，又是文化创意产业特色街；既是最传统的，又是最时尚的；既是最东方的，又是最国际的；既是最生活化的，又是最具创业活力的。行走在南宋御街上，自南向北，分别有展现现代生活时尚的历史杭州民俗文化复兴区、近代杭州生活展示区、现代杭州时尚生活体验区以及未来杭州创意文化创业生活引领区。在“吃、住、行、游、购、娱”中追忆昔日南宋御街繁华景象，感受当下杭城生活品质。

景区咨询电话：+86-571-87813477

http://www.qinghefang.com.cn

上城区人口和计划生育局

2011年，上城区计划生育工作重点为关注民生，提升服务。推行计划生育家庭系列保险，扩大投保对象范围，提高保额，拓展生育关怀项目；修改出台《上城区计划生育公益金实施办法》，提高扶助标准，将帮扶人群惠及到流动人口，首创“少生快富”大学生创业扶持项目，培育两个区级“少生快富”项目点并开展大学生创业挑战赛。打造“三优”服务品牌，承办杭州市婚育新风进万家暨“三优”促进现场会、浙江省全能宝宝“优生两免”科普周启动仪式等大型活动。强化部门协作，出台《上城区关于加强和创新流动人口服务管理推进流动人口计划生育基本公共服务均等化实施方案》，制定流动人口管理员绩效管理考核办法，在全市率先推出“八免四送”服务机制，发放亲情联盟服务卡，营造“15分钟服务网”；发挥基层自治组织的作用，在全省率先建立居民自治一体化、服务管理信息化、队伍建设专业化、制度评估标准化、优质服务均等化的“五化合一”计生群众自治新模式，并在全省人口计生领域群众自治现场会上进行经验交流。2011年，上城区计划生育符合率98.8%，新婚和待孕优生咨询指导率100%，孕前优生检测率100%，群众满意率85%以上。

省、市领导参观上羊市街社区居民自治工作。

举行区流动人口均等化“八免四送”服务宣传月启动仪式

区计生协会举行大学生创业挑战赛

南星街道“三优之歌”专题演出

12月29日，举行全省人口计生领域群众自治现场会。

上城区城市管理行政执法局

2011年，上城区城市管理行政执法局(以下简称区行政执法局)围绕建设“具有国际水准的高品质中心城区”的战略目标，以城管执法智能管控平台为载体，建立城管执法规范化管理工作新机制，以全新的城管执法形象更好地履行城市管理为公众服务的职能。运用标准化方法逐步创新城市管理行政执法长效管理工作机制，实现队伍建设制度化、执法行为规范化、市容秩序管理长效化、工作绩效考核量化。严查各类违法行为，消除热点、难点问题，2011年，处理群众来信、来访和来电，处理率100%，反馈率100%，满意率99%以上。深入开展作风建设，开展“创先争优”活动，丰富群团文化建设。夯实效能建设，以“公述民评”为载体，找准社会监督立脚点；以“效能亮剑”为载体，确立工作责任心支撑点；以“创文明单位”为载体，挖掘基层作风着力点。

2011年，区行政执法局被评为市级文明单位，杭州市创文明城市先进集体、杭州市纪检监察先进集体，省建委系统道德模范单位。7月，区行政执法局组建的合唱队代表上城区在杭州市庆祝建党90周年系列演出中获全市13区县(市)第二名。“城管执法智能管控平台”通过2011年省科学技术成果鉴定。

城管执法智能管控平台工作室

执法队员徒步巡查

执法人员夜间巡查建筑工地

杭州市公安局上城区分局

2011年，全区社会治安状况总体平稳，没有发生重大的刑事、治安案件，火灾和公共安全事件，群体性事件均在可控范围之内。全区 110 报警56552起，比上年（指2010年，下同）下降3.8%，共受理刑事案件4964起，比上年下降12.1%，破刑事案件1691起，与上年基本持平，共移送起诉703人，比上年上升7%。坚持"零容忍"理念，对严重刑事犯罪案件保持快侦快破，及时组织侦破"3·24"中学生被绑架案、"4·25"系列持刀抢劫案等群众关注的恶性案件。全年命案发2破2，五类恶性案件发7破7，侦破率100%。全区共发生火灾36起，比上年下降50%，抢救被困群众29名，疏散被困群众85名，实现人员"零伤亡"，抢救财产价值509.60万元。看守所实现连续第14年安全无事故。全年有7个集体荣立三等功，1人荣立二等功，27人荣立三等功。巡特警大队夜巡中队队长隋瑞福被评为"全国政法机关优秀干警"，清波派出所副所长、南宋御街巡警中队队长陈全江被评为"全省优秀共产党员"。深化队伍科学管理，推出了24项日常政治思想工作制度，在《杭州政法》第44期作为经验刊载。建立了全员网上绩效考核平台，强化队伍日常管理，年度队伍思想政治工作被推荐到浙江省公安厅参加特色创新考评。

治安防控机动队进行路面盘查

1月18日，湖滨派出所召开2010年度向群众汇报工作会议。

开展警营开放活动

2月2日，开展火灾隐患排查工作。

服务民生 提升品质

上城区人民政府城市管理办公室

上城区人民政府城市管理办公室在区委、区政府的正确领导下，在区人大、区政协的大力支持下，全体干部职工发扬“兢兢业业、任劳任怨、团结拼搏、勇于创新、乐于奉献”的城管人品质精神，坚持以“理念创新引领品质城管”思想为指导，以“服务民生，提升品质”理念为引领，努力提升城市管理水平，实现了“城管上水平，百姓得实惠”的目标。2011年，连续第8年获得杭州市城市管理目标考核一等奖。城市管理工作综合考评成绩创历史新高，在全市10项优胜项目评比中，庭院改善、垃圾分类、市政养护、道路保洁、河道管理、停车收费和创新管理7项工作被评为优胜，其中6项全市第一。

省委常委、市委书记黄坤明（左一）等市领导慰问区环卫工人

市委副书记、市长邵占维（左二）调研区垃圾分类工作

中河高架复兴立交绿化

获创建全国文明城市工作先进集体

努力实现城市管理让群众更具幸福感

全市绿化提升改造样板路解放路新貌

望仙阁亮化提升工程

全市背街小巷“回头看”样板路小营巷新貌

二十三坊之茶啾弄新貌

二十三坊之四牌楼新貌

二十三坊之勤远里新貌

杭州市大学路小学

我们全体大学路人把弘扬“览大学真”精神，打造“日新教育”品牌作为学校发展的行动指南，为学生提供优质教育，办人民满意学校。借助“日新俱乐部”引领全体师生逐步树立“读书、健身、博学”的生活理念，享受学习、工作的幸福。

——校长汪萍寄语

杭州市大学路小学创建于1958年，先后获得浙江省标准化学校、浙江省红十字达标学校、浙江省规范化数字档案学校、杭州市人民满意学校、杭州市小班化教育实验学校、杭州市击剑体育传校、杭州市语言文字规范化示范学校、杭州市文明单位、杭州市绿色学校、杭州市巾帼文明示范岗等先进称号50多项。

学校倡导“尊重天性 服务学生 提高素养 奠基未来”的办学理念，以管理有序、教育创新、品学兼优、人文和谐为立校宗旨，围绕“培育乐学自信、善思互助的新学子，培养严谨求实、厚基创新的新教师，构建精致开放、大气和谐的新校园”三大目标，形成品质立校、博学启智、体育强身、实践炼能的办学特色，实现学校可持续发展。

日新校园　大气和谐

行政团队　敬业奉献

魅力击剑　喜获丰收

杭州市天长小学

杭州市天长小学创办于1927年，是杭州市实验学校、杭州市人民满意学校、浙江省文明单位、浙江省先进单位、浙江省绿色学校、浙江省教育科研先进单位、浙江省书法实验基地、浙江省示范家长学校、全国红旗大队、全国百所名校之一。

2011年，学校先后举办班主任专业成长高端论坛、班主任的专业细节——班主任专业成长论坛和全国第八届亲近母语教学论坛，辛意云、曾维范、梅子涵、周益民等名师走进了天长。学校深化“金钥匙科技节”、“白天鹅艺术节”、“游学”、“红苹果”等德育品牌，完善二、四年级自主春游活动，逐渐构建以国家课程为主，校本课程、特色课程、微型课程为辅的课程体系，创编《天长自主学习手册》、《天长语文读本》等。2011年，学校赴国际交流20余人，省内外交流90余人；取得科研成果8项，其中国家级2项，省级1项；获得浙江省健康学校（铜奖）、杭州市依法治校示范校等全国、省、市区级奖项11项。

校长楼朝辉

班主任专业成长高端论坛专家合影

10月，学校启动“生活中的？”综合学科活动。

12月，学校白天鹅合唱团参加演出。

杭州市清泰实验学校

（浙江外国语学院附属实验学校）

杭州市清泰实验学校是一所具有50多年历史的九年一贯制学校，为浙江外国语学院附属实验学校，是杭州市小班化教育实验学校。先后获得全国百佳英雄中队、全国优秀红领巾社团、省首批德育工作先进单位、省义务教育Ⅱ类标准化学校、市首批文明学校、市中学生行为规范达标学校、市示范平安校园、市综合治理先进单位、市爱国卫生先进单位、市社区共建先进单位、市教育场地资源共享先进单位、市绿化先进单位、区和谐校园、区文明学校等荣誉称号，连续多年被评为杭州市人民满意学校。

学校以“一样的生命，不一样的精彩让每一个学生都有自己的靓丽与精彩”为教育理念，培养学生成为“平凡素养+持续发展”的现代合格公民。学校英语教学、机器人教学、体育特色项目（田径、软式垒球、足球、乒乓球与中国象棋）、艺术特色项目（手工编织、合唱与舞蹈）等在全国、省、市各类竞赛中多次获奖。

学校校本课程——软式垒球

浙江外国语学院附属实验学校揭牌仪式

学校组织区初中田径队在2011年市中小学生田径运动会中获团体总分第一名

学校全景图

杭州市惠兴中学

杭州市惠兴中学由满族人氏瓜尔佳·惠兴于1904年创办。学校处于杭州市中心，占地面积8666.67平方米，建筑面积1.40万平方米。现有教职工76人，省特级教师1名，区特级教师1名，中学高级教师26名，一级教师33名。学校以让优质教育惠及千家万户，让幸福成长伴随每个孩子的办学宗旨，以引领全体教师专业成长，促进每位学生全面发展的办学理念，以让优秀学生拔尖，使后进学生进步，不让一个孩子掉队和让学生全面发展，使学生身心和谐，不让一个孩子失败的教育理念，坚持培养高素养、宽视野、善交往、敢创新的人才。学校的“一九〇”传统教育被列入全国50个英雄中队行列，成为学校一项宝贵的德育资源。男、女排球是学校因地制宜挖掘潜能的亮点，学校男、女排球队曾34次在市中学生排球比赛中获得冠军。

省教育厅副厅长刘希平（前排中）到校调研

外籍教师授课

2011年1月，举行ANCE结业式。

杭州第十中学

2011年是杭州第十中学（以下简称杭十中）改革之年，根据区教育局的整体规划，杭十中扩大办学职能，于2月迎来宗文实验学校的初三学生，9月开始招收初一新生。

杭十中正处于从高中教育到初中教育的转型期，学校尝试高、初中教师同课异构，内容一样，教学形式不一，展示别样风采。同时为帮助学生顺利地跨过小学到初中这个“坡”。推出语文、数学、英语、科学等一系列中小精品衔接课。为进一步提升学校办学品位，打造英语特色和美术特色教学，在区教育局的支持下，5月17日，学校与杭州新东方学校进行了合作办学的签约仪式，达成两校之间的战略合作伙伴关系，实现优质资源共享。同时，美术特色教学取得很好的成绩，成为《美术报》（中国美术学院和浙江日报报业集团联合主办）教育示范基地。

学校开展教育国际交流，与德国舒博特·乌尔梅高级一级中学、德国宾根思特凡·格奥格一级文理学校、日本爱媛县立三崎高中建立一年一度的师生互访和互派客席学生的制度。2011年5月，德国宾根思特凡·乔治一级文理学校教师来校进行为期两周的交流。两校在教学管理、教育科研、资源共享、学生交流等方面进行研讨，相互学习、相互促进、共同发展。

校长朱孝进（左二）与杭州新东方学校校长吕伟胜签订合作办学协议

2011年5月，与德国宾根思特凡·乔治一级文理学校教师交流。

精品衔接课堂：王勤老师在上作文指导课

高中老师上初中科学课：安全用电

学生画展

杭州市服装职业高级中学

杭州市服装职业高级中学是杭州市上城区唯一一所中等职业学校，为全国服装协作组理事和浙江省服装教研大组理事长学校、浙江省服装教育集团副理事长单位、浙江省服装专业实训基地。学校现开设服装设计与工艺、服装设计与表演、服装制作与营销3个专业，其中服装设计与工艺专业为主干专业，被浙江省教育厅认定为首批省级示范专业。现有班级23个，学生数748人。教师66人，其中高级教师25人，“双师型”教师占专业教师总数的100%。学校教学成绩显著，2011年，中级工合格率超过94.8%，学生一次就业率达到98%，高职考试上线率95%。2011年，学校获杭州市绿色学校、2010年度上城区教师培训荣誉奖、教育技术工作达标学校2011年度教育科学和谐发展荣誉奖（管理类）、“综合治理”先进单位、“信访工作”先进单位、“后勤管理”先进单位等荣誉。

毕业设计展示会

成人节

艺术节文艺汇演

湖滨指挥部

2011年，湖滨旅游商贸特色街区、南山路艺术休闲特色街区引进、利用内资1760万元，外资8900万美元，实际到位4690万美元，超额完成全年招商引资任务；两条街区全年营业额合计为24亿元，创历史新高；利用有限的环境资源发展街区经济，自主创收工作实现零突破，全年实现创收20.45万元。开展安全生产检查，建立旅游执法中队和旅游服务咨询点并开展工作，与公安、行政执法等部门联手成立保安综合巡逻队伍，街区综合管理水平上新台阶。实施湖滨路美化家园工程，对绿化做整体提升、改造，获杭州市美化家园工程特色单位第一名。2011年，两条街区均被命名为市级商业特色街区，均被评为2011年度商业特色街先进单位。湖滨街区获得2010年度市级"洁美窗口"竞赛规范单位称号；南山路街区获得2010年度市级"洁美窗口"竞赛达标优胜单位称号；南山路被评为社会资源国际旅游优秀访问点。

市委副书记、市长邵占维（前排中）视察湖滨名品街。

湖滨名品街实景

杭州山南国际创意产业园

杭州山南国际创意产业园（以下简称园区）位于杭州上城区玉皇山南地区。园区占地面积133.33万平方米，以陶瓷品市场转型升级为抓手，分期分批对玉皇经联社原有仓储功能及山南地区简易粗加工形态进行调整提升，规划10个组团，用于办公的建筑面积约25万平方米。截至2011年，累计完成4万平方米（包括凤凰山组团、天龙寺组团）更新项目，地下停车库、配套物管公司及餐饮企业均已到位并投入使用，马儿山二期、安家塘、甘水巷、樱桃山、目术塘5个组团正在更新。

园区坚持以发展文化创意、金融创投为业态导向，全面带动城市有机更新，加快地区经济发展方式转型步伐。一期招商基本完成，累计签约、入驻企业75家，其中文化创意类企业53家，金融投资类企业22家。包括国内4A广告公司思美传媒、毛戈平形象设计学校、浙江南方建筑设计有限公司、浙江赛伯乐投资管理有限公司等各行业龙头企业均已入驻园区办公，产业格局初步形成。玉皇山南地区经济结构得到优化，税收产值显著提升。2011年，园区税收突破亿元大关，物业收入突破千万元。

园区建设得到了省、市领导的高度重视和支持。省委常委、常务副省长陈敏尔，省委常委、市委书记黄坤明，省委常委、组织部部长蔡奇，市委副书记、市长邵占维等领导多次到园区调研考察，对园区发展作出高度评价。2011年，山南创意园成功入选杭州市首批现代服务业重点类集聚区。

①园区企业
②山南创意园实景图
③山南创意园实景图

④
⑤ ⑦
⑥

④山南创意园实景图
⑤山南创意园实景图
⑥山南创意园实景图
⑦园区企业南方设计院内部实景图

杭州市地方税务局上城税务分局

杭州市地方税务局上城税务分局（以下简称上城税务分局）是杭州市地方税务局的派出机构，由杭州市地方税务局垂直管理，下设7个科室，现有正式在职干部、职工71人，其中党员49人。2011年，上城税务分局贯彻执行省委、省政府“八八”战略和“两创”总战略，推进分离发展服务业工作，提高税源管理精细化水平，提升纳税服务品质，支持企业转型发展，立足三基不断提升干部队伍战斗力，获全国“五一”巾帼标兵岗、省级巾帼文明岗和省级青年文明号等称号。2011年，累计组织各项收入72.85亿元，比上年（指2010年，下同）增长15.8%。其中税收收入44.31亿元，比上年增长12%；地方财政收入41.71亿元，比上年增长31.8%，有效保障地方可用财力，促进地方经济建设和社会发展。

区长缪承潮（左三）到上城地税分局视察工作

领导班子指导业务工作

获上城区综合考评先进单位

杭州市食品药品监督管理局上城分局

杭州市食品药品监督管理局上城分局（以下简称上城药监分局）以保障群众饮食用药安全为己任，提升监管水平、解决监管难题、巩固监管基础、深化监管工作，基本实现全区食品、药品安全形势的平稳可控。2011年，组织药械专项检查10次，牵头开展食品安全专项检查11次，食品安全联合执法8次。食品、药品宣传活动12次，检查涉药企业589家次，其中检查医疗机构110家次，完成GSP认证和跟踪检查6家，处理食品、药品投诉举报97起，监督抽样药品141批次，出动执法人员1180人次，处理案件18起，结案17起，涉案金额10余万元，罚没款8100元，没收假劣药货值2200元。2011年，上城药监分局被评为市药监系统先进集体、药品与医疗器械不良反应监测工作先进集体。

开展食品安全检查

与社区共建食品药品安全工作

开展食品药品安全宣传活动

杭州捷尔思阻燃化工有限公司

杭州捷尔思阻燃化工有限公司（以下简称捷尔思）成立于2001年4月，是一家集研发、生产、销售于一体的阻燃系列产品的省级高新技术企业，拥有独立的省级无卤阻燃材料高新技术企业研究开发中心。注册资金500万元。先后承担国家、省、市各级研发和产业化项目近20项，获国家发明专利6项，成为浙江省千家“发展之星”企业之一，多次获杭州市创新型企业称号。发明专利的产业化生产和销售使得企业迅速发展，2011年销售额达到1.28亿元，直接研发经费投入1444万元，占企业销售收入总额的11.2%。

捷尔思坚持“自主创新”和“自有品牌”的发展战略，坚持创新活动必须结合市场的发展理念，重视新产品的开发与创新。拥有一批高素质、极具创新性的专业技术研发人员。人员配置合理，突出重点岗位，保证企业高效运转。同时聘请国内知名院校和业内权威专家担任技术顾问，保证科研开发高起点，在技术上形成可持续竞争力。与浙江大学、浙江工业大学、北京理工大学建立了长期稳定的合作关系。与GE、杜邦、美国GLS、广东金发等行业著名企业保持常年技术合作关系。通过产品开发，形成以专利为核心，结合独特的产品配方和加工工艺等专有技术，产品质量达到国际同类产品水平。公司本着“创新、质量、服务”的理念，一直保持无卤阻燃技术处于国内领先水平。其中II型多聚磷酸铵已成为全球三大生产商之一，在国际上得到世界500强企业和行业龙头企业的认可。

上城区行政中心／科技文化馆

中河高架路

东河改造工程

杭州市城建设计研究院有限公司

杭州市城建设计研究院有限公司(以下简称公司)始建于1952年，于2003年9月转制为有限责任公司。公司遵循“务实、诚信、优质、创新”经营理念，为杭州市城市建设作出较大贡献，承担了省内外城市的大型建筑和市政工程项目设计，取得了较好的社会效益、经济效益和环境效益。

公司拥有建筑工程设计甲级、市政公用设计综合甲级资质，还具备地铁轻轨设计、公路、建筑装饰、建筑智能化、工程咨询和施工图审查等资质。公司推行ISO 9001:2000版质量管理标准，保持质量体系的正常运行和持续改进，确保公司工程设计符合顾客和法律、法规的要求，提高顾客满意度。

公司坚持“信誉第一，质量至上，产品优质，服务周到，持续为顾客创造价值”的经营方针，为建设项目提供全过程优质服务，为城市建设奉献精品。公司获得国家詹天佑奖、全国勘察设计行业优秀设计奖、新中国成立60周年“百项经典暨精品”工程奖、浙江省建设工程钱江杯(优秀设计)和杭州市建设工程西湖杯(优秀设计)等50余项奖项。被评为全国勘察设计行业优秀民营企业、首批浙江省勘察设计行业诚信单位、浙江省工商企业信用AAA级守合同重信用单位、2008年度杭州市发展文化创意产业先进单位等。

杭州万隆实业有限公司

杭州万隆实业有限公司（以下简称万隆）始建于清同治三年(1864年)，生产销售杭式腊肠、杭州酱鸭、火腿、风腿、家乡南肉等食品， 百年口味，回味百年。秉承百年万隆的优良传统，万隆在杭州良渚工业园区建有现代化的厂房，设备先进，管理规范，生产健康、营养、美味的特色肉制品，打响了“万隆”在同行业内的黄金品牌，美誉驰名中外。

万隆香肠、酱鸭，传承百年，销售领先！

地址：杭州定安路6号　　电话：400-688-0822　0571-88964987

景陽觀

杭州市著名商标

始創于光緒三十三年

杭州景阳观调料酱品有限公司

杭州景阳观调料酱品有限公司（以下简称景阳观）始创于清光绪三十三年（1907年），是全国四大著名酱菜店之一。2002年，万隆实施新拓展，成为“景阳观”的唯一股东，使百年老店景阳观焕发勃勃生机。景阳观用传统工艺和现代技术相结合，在保证酱菜的脆度和口感的同时又保证食品安全。由于产品质量过硬，健康美味，到河坊街排队购买景阳观酱菜的人群络绎不绝，“熙熙攘攘景阳观”也成为河坊街的一大景观。

去油解腻 景阳观酱菜！

地址：杭州定安路6号　　电话：400-688-0822　0571-88964987

杭州新丰小吃有限公司

虾肉馄饨制作现场

新丰小吃是在原“新丰点心店”的基础上于1996年开设的一家本土化的连锁经营餐饮企业。

改革开放后，新丰小吃在杭州率先跳出传统经营的小圈子，走向现代化经营之路，改变原小吃店“脏、乱、差”的状况。新丰小吃定位为大众化特色小吃，以杭州风味为主，经营品种已扩展为8大系列80余种，主要产品有被评上中国名点的“特味大包、虾肉小笼、虾肉馄饨、喉口馒头、牛肉粉丝”等。新丰小吃已发展21家连锁分店（市区有12家），各门店坚持“招牌、环境、产品、服务、质量”的统一。品种丰富，味美质优，方便快捷，经济实惠，担当了优质快餐的角色，受到广大消费者青睐。

面板师傅在用机器压面

新丰小吃创出了名品牌，开辟了大市场，创造了餐饮经济的奇迹，取得了较好的社会效益和经济效益，多次被区政府命名为“重点骨干企业”和“重点纳税大户”，先后被市政府命名为“特色小吃名店”、“商贸特色企业品牌”、“我心目中的杭州品牌”、“杭州餐饮企业30强”、“杭州餐饮业功勋企业”、“杭州市社会责任建设先进企业”等，还被评为浙江省餐饮先进企业、浙江省社区商贸服务业示范企业、浙江省百城万店无假货活动示范企业。新丰小吃模范履行社会责任，支持社会公益事业，在汶川和玉树两次地震中捐款36万元，在“春风行动”中捐款10多万元。

整洁卫生的蒸灶台

文三路店外景

庆春路店内顾客满堂

叶晨阳：浙江泓酒汇商贸股份有限公司董事长、浙江泓酒汇餐饮管理有限公司董事长、政协杭州市上城区委员会委员、杭州市温州商会常务副会长、杭州市酒类流通行业协会副会长。

泓酒汇为国内专业的葡萄酒商场，它集世界各国葡萄酒的展示、销售、会所、VIP会员俱乐部为一体，营业面积达6000平方米。一、二楼商场设有“旧世界”国家的波尔多馆、勃艮第馆、香槟馆、普罗旺斯馆、意大利馆、西班牙馆、德国馆、葡萄牙馆、匈牙利馆、罗马尼亚馆、奥地利馆和“新世界”国家的澳大利亚馆、新西兰馆、美国馆、加拿大馆、智利馆、阿根廷馆、南非馆、中国馆及器皿雪茄馆。超五星标准倾力打造的“泓酒汇国际公馆”位于泓酒汇三楼、四楼及空中花园，为国内最顶尖的以葡萄酒为主题的专业会所，设有中餐厅、西餐厅、葡萄酒鉴赏厅、多功能厅、雪茄吧及培训中心等。

泓酒汇颠覆了传统葡萄酒原始、落后、仅靠口碑相传的“人脉营销”模式，开创专业化大卖场集约化、规模化的先河。泓酒汇将以国际化、专业化、多样化的高度和视野，本着“健康品质、时尚生活”的服务理念，弘扬并推进葡萄酒产业和文化的发展，为各国葡萄酒及其酒商提供良好的展示与销售平台，是一个多样的、专业的葡萄酒鉴赏与消费场所。

泓酒汇坐落在市中心距离西湖不足1000米的西湖大道与“南宋御街”交叉口。原建筑“万源绸庄”始建于1883年，为杭州市文物保护建筑，因其优雅和华贵的巴洛克风格而让游客流连忘返。

红酒莫斯提拉图除了普通的莫斯提拉图外，还有极品莫斯提拉图（2004/2006年的深宝石红色的干红葡萄酒，原产自法国贝尔热拉克产区，具有AOC等级，有梅洛、品丽珠、马尔贝克3个品种）。莫斯提拉图出自拉图庄园酿酒师斯蒂芬·德拉戈的工艺，酒出同师，显示名门风范，被伦敦奥运会赞助商相中。